车险理赔查勘与定损

第 4 版

王永盛　主编

机 械 工 业 出 版 社

本书以新保险法、商业车险新条款以及相关国家标准为指导，系统介绍了汽车保险理赔中的核心内容——查勘与定损，从保险原理、汽车及汽配知识、事故车维修基础、车险条款解读、现场查勘技术、汽车损失评估、人伤医疗核损等多方面阐述查勘与定损的专业知识和技能，是汽车保险查勘人员、评估人员、核损人员、核赔人员业务学习的专业资料。

图书在版编目（CIP）数据

车险理赔查勘与定损/王永盛主编. —4 版. —北京：机械工业出版社，2019.7（2022.1 重印）
ISBN 978-7-111-63306-8

Ⅰ.①车… Ⅱ.①王… Ⅲ.①汽车保险—理赔—基本知识—中国 Ⅳ.①F842.63

中国版本图书馆 CIP 数据核字（2019）第 153693 号

机械工业出版社（北京市百万庄大街 22 号　邮政编码 100037）
策划编辑：赵海青　责任编辑：赵海青
责任校对：刘鸿雁　责任印制：单爱军
北京虎彩文化传播有限公司印刷
2022 年 1 月第 4 版第 5 次印刷
184mm×260mm · 28.5 印张 · 778 千字
4701—6200 册
标准书号：ISBN 978-7-111-63306-8
定价：99.00 元

电话服务　　　　　　　　网络服务
客服电话：010-88361066　机 工 官 网：www.cmpbook.com
　　　　　010-88379833　机 工 官 博：weibo.com/cmp1952
　　　　　010-68326294　金 书 网：www.golden-book.com
封底无防伪标均为盗版　机工教育服务网：www.cmpedu.com

前　言

　　转眼之间，《车险理赔查勘与定损》(第3版)已经出版五年之久。承蒙广大汽车保险业读者的厚爱和机械工业出版社的努力，第3版的发行量远远地超过了我的预期。由于从2015年开始我国进行了机动车商业保险的改革，商业车险保险条款与费率发生了较大的变化，加上车险理赔人员从业资格考试开始实行，人伤在车险赔付中所占比例不断增加等情况变化，编者作为车险理赔人员从业资格大纲的起草者，深感有责任、有必要引导车险理赔查勘定损从业人员加强系统学习，掌握查勘理赔定损应知应会的知识和技能，规范进行查勘与定损，减少理赔争议，故而重新对本书进行修订，以飨读者。修订的思路如下：

　　(1) 紧跟新法规、新标准。按照2015年新修订的保险法、商业车险改革新条款以及相关国家标准对各章节相关内容进行全面更新。

　　(2) 突出新难点、新重点。由于人伤事故环境与法律的变更，以及人们对健康权、生命权意识的高度提升，涉及人伤的事故成为车险理赔的新难点，有必要进行详细解读。

　　此次修订对原来的每一章都进行了修改、补充或内容上的更新。为了让读者加深对知识的理解，巩固学习成绩，以及应对车险查勘定损从业资格考试，每一章节都增加了练习题，方便读者复习。

　　本书第一、第二、第四、第五、第六、第八章由王永盛、沈志翔编著，第二章第七节由刘延青与王永盛编著，第三章由鲁植雄编著，第七章由王永盛、尹维剑编著，第九章由王永盛与李景芝编著，第十章由王永盛、张一公与祁从芒编著，刘大勇为每章配备了相应的练习题，全书由王永盛、沈志翔统稿。

　　由于编者水平有限，书中难免会有错误和瑕疵，请读者不吝指正，编者深表谢意，编者邮箱 wangyongsheng987@126.com。

编　者

目　　录

《车险理赔查勘与定损》第 4 版二维码资源

名称	扫一扫	名称	扫一扫
案例 1-1		案例 1-8	
案例 1-2		案例 1-9	
案例 1-3		案例 1-10	
案例 1-4		案例 1-11	
案例 1-5		案例 1-12	
案例 1-6		案例 1-13	
案例 1-7		延伸阅读 机动车商业保险 示范条款	

第一章 保险基本知识

第一节 风险的概念

一、什么是风险

广义的风险一般是指某种事件发生的不确定性。只要某一事件的发生存在着两种或两种以上的可能性，那么该事件即存在着风险。从风险的一般含义可知，风险既可以指积极结果，即盈利的不确定性，也可以指损失发生的不确定性。狭义的风险是指损失发生的不确定性。

二、风险的特性

1. 风险的客观性

自然界的地震、台风、瘟疫、洪水，社会领域的战争、冲突、恐怖活动、意外事故等，都不以人们的意志为转移，它们是独立于人的意识之外的客观存在。这是因为无论是自然界的物质运动，还是社会发展的规律，都是由事物的内部因素所决定的，是由超过人们主观意识而存在的客观规律所决定的。人们只能在一定的时间和空间内改变风险存在和发生的条件，降低风险发生的频率和损失程度，但是，从总体上看，风险是不可能彻底消除的，如交通事故每天都在发生。因此，风险是客观存在的。

2. 风险的普遍性

自从人类出现后，就面临着各种各样的风险，如自然灾害、意外事故、疾病、伤害、战争等。随着科学技术的发展、生产力的提高、社会的进步以及人类的进化，又产生新的风险，且风险事故造成的损失也越来越大。在当今社会，个人面临生、老、病、死、意外伤害等风险；企业则面临着自然风险、意外事故、市场风险、技术风险和政治风险等，甚至国家机关和政府机关也面临各种风险。总之，风险渗入社会、企业和个人生活的方方面面，风险无处不在，无时不在。以汽车为例，交通事故发生在社会的各个地方、各个方面、各个时间，汽车风险是风险普遍性的最好范例。

3. 风险的社会性

风险与人类社会的利益密切相关，即无论风险源于自然现象、社会现象，还是源于生理现象，它必须是相对于人身及其财产的危害而言的。自然现象本身无所谓风险，如地震对大自然来说只是自身运动的表现形式，也可能是自然界自我平衡的必要条件。只是因为地震会对人们的生命和财产造成损害或损失，所以才对人类形成一种风险。因此，风险是一个社会范畴。没有人，没有人类社会，就无风险可言。

4. 风险的不确定性

风险及其所造成的损失总体上来说是必然的、可知的，但在个体上却是偶然的、不可知的，具有不确定性。正是风险的这种总体上的必然性与个体上的偶然性(即风险存在的确定性和发生的不确定性)的统一，才构成了风险的不确定性，主要表现如下：

1）空间上的不确定性。如火灾，就总体来说，所有的房屋都存在发生火灾的可能性，而且在一定时间内必然会发生火灾，并且必然会造成一定的经济损失。这是客观存在的。但是具体到某一幢房屋来说，是否发生火灾，则是不一定的。又如，交通事故每年每月都会发生，但人们却无法预知何地会发生交通事故。

　　2）时间上的不确定性。例如，人总是要死亡的，这是人生的必然现象，但是何时死亡，在健康的时候是不可能预知的。又如，交通事故每年每月都会发生，但人们却无法预知何时会发生交通事故。

　　3）结果上的不确定性。即损失程度上的不确定性。例如，交通事故每年每月都会发生，但人们却无法预知发生交通事故是否会造成人身伤亡或财产损失以及损失程度。

5. 风险的可测定性

　　个别风险的发生是偶然的，不可预知的。但通过对大量风险事故的观察会发现，风险往往呈现出明显的规律性。运用统计方法去处理大量相关的偶发风险事故，其结果可以比较准确地反映风险的规律性。根据以往的资料，利用概率论和数理统计的方法可测算出风险事故发生的概率及损失程度，并且可建立损失分布的数理模型，作为风险估测的基础。

　　比如，死亡对于个别人来说是偶然的不幸事件，但是经过对某一地区人的各年龄段死亡率的长期观察统计，就可以准确地编制出该地区的生命表，从而测算出各个年龄段的人的死亡率。又如，交通事故对于每一个驾驶人来说是偶然的不幸事件，但是经过对某一地区发生各种交通事故进行长期观察统计，就会发现驾驶人的驾龄、年龄、性别、婚否与交通事故发生率有一定的规律性，从而可以测算出各类驾驶人的交通事故率。

6. 风险的发展性

　　风险会因时间、空间因素的发展变化而变化。人类社会自身进步和发展的同时，也创造和发展了风险，以汽车的产生和发展为例，交通事故被公认为是时刻发生的现代战争。网络上的计算机有遭受黑客和计算机病毒攻击的风险。尤其是当代高新科学技术的发展和应用，使风险的发展性更为突出。

三、风险的构成要素

　　风险是由多种要素构成的，这些要素的共同作用决定了风险的存在、发生和发展。一般认为，风险由风险因素、风险事故和损失构成。

1. 风险因素

　　风险因素是指促使某一特定损失发生或增加其发生的可能性或扩大其损失程度的原因，包括引起或增加风险事故发生概率和加重损失程度的条件。它是风险事故发生的潜在原因，是造成损失的内在或间接原因。例如，对于建筑物而言，风险因素是指建筑材料和建筑结构等；对于人体而言，则是指健康状况和年龄等；对于汽车而言，则是指汽车技术状况和驾驶人的技术水平等。根据性质不同，风险因素可分为实质风险因素、道德风险因素和心理风险因素三种类型。

　　1）实质风险因素。它是指有形的、并能直接影响事物物理功能的因素，即某一标的本身所具有的足以引起或增加损失机会和加重损失程度的客观原因与条件，如汽车的制动性能、操纵性能等。

　　2）道德风险因素。道德风险因素是与人的品德修养有关的无形的因素，即指由于个人不诚实、不正直或不轨企图，故意促使风险事故发生，以致引起社会财富损毁和人身伤亡的原因或条件，如偷工减料引起的工程事故、人为制造的"交通事故"、被盗事件等。

　　3）心理风险因素。心理风险因素也是与人的心理状态有关的无形的风险因素，即指由于人的不注意、不关心、侥幸或存在依赖心理，以致增加风险事故发生的机会和加大损失的严重程度的因素。例如，车主为汽车购买了盗抢险，晚上不再将汽车停在车库内，从而增加了汽车被盗窃的可能性；企业投保了财产保险后放松了对财物的保护，物品乱堆乱放，吸烟者随意丢弃烟蒂，加大了火灾发生的可能性；或者在火灾发生时不积极施救，心存侥幸，消极观望，任其损失扩大等，都属于心理风险因素。保险人通常通过设立免赔率或免赔额来控制被保险人心理风险因素。然而，中国内地的机动车辆保险从20世纪90年代出现了不计免赔特约险，并且，该险种在保险实务中大行其道，致使心理风险加大，机动车辆保险出险率也因此大幅提升。

2. 风险事故

风险事故是指造成生命财产损失的偶发事件，是造成损失的直接的或外在的原因，是损失的媒介物，即风险只有通过风险事故的发生才能导致损失。例如，汽车制动失灵酿成车祸而导致车毁人亡，其中制动失灵是风险因素，车祸是风险事故。如果仅有制动失灵而无车祸，就不会造成人员伤亡。如果说风险因素还只是损失发生的一种可能性，那么，风险事故则意味着风险的可能性转化为现实性，即风险的发生。因此，它是直接引起损失后果的意外事件。

3. 损失

风险为损失的不确定性。由于风险的存在，就有发生损失的可能，如财产价值或个人所得的减少或丧失。但这种财产或所得的损失必须以"非故意"所导致的损失为限。因此，在风险管理中，损失是指非故意的、非预期的、非计划的经济价值的减少，即经济损失，这是狭义的损失定义。一般以丧失所有权或预期利益、支出费用、承担的责任等形式为主，而像精神打击、政治迫害以及折旧、馈赠等在保险的范畴内均不能作为损失。

通常，损失可分为两种形态，即直接损失和间接损失。直接损失是由风险事故导致的财产本身的损失和人身伤害；而间接损失则是由直接损失引起的额外费用损失、收入损失、责任损失等。间接损失的金额往往很大，有时甚至超过直接损失。**特别注意：保险范畴内的间接损失与法律上的间接损失不一定相同，保险范畴内的间接损失在法律上有时是直接损失。**

4. 风险因素、风险事故、损失三者的关系

风险因素、风险事故、损失三者的关系可以通过风险结构图（图1-1）来加以说明。

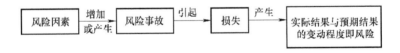

图1-1 风险结构图

如图1-1所示，风险因素、风险事故、损失三者的关系是，风险因素的存在引起或加大了事故发生的可能性，而风险事故一旦发生则会导致损失。

从风险因素和风险事故间的关系来看，风险因素只是风险事故产生并造成损失可能性或使可能性增加的条件，它并不直接导致损失，只有通过风险事故这个媒介才会产生损失，也可以说风险因素是产生损失的内在条件，而风险事故是外在条件。

四、风险的度量

风险的客观性说明风险是可以度量的。实际结果与预期结果的差异程度，实际上就是风险的大小。风险的大小主要取决于以下指标。

1. 损失频率

损失频率是指在一定时期内一定数目（n 个）的风险单位可能发生损失的次数（m 个）。

损失频率为

$$f = \frac{m}{n} \tag{1-1}$$

通常用分数或百分率来表示损失频率。损失频率高意味着风险事故发生频繁；反之，则风险事故较少发生。

以汽车为例，根据近20年的统计资料，得知在一定时期内（通常为一年），机关单位用小型客车平均100辆中有8辆发生碰撞损失事故，则该类汽车碰撞损失频率为8%。机动车保险的损失频率在整个财产保险中属于较大的一个险种。

2. 损失概率

当观察的风险单位数目足够多时，损失频率f在数值上近似等于损失概率，当观察的风险单位数目无限多时，损失频率f在数值上就等于损失概率。

损失概率为

$$p = \lim_{n \to \infty} \frac{m}{n} \tag{1-2}$$

机动车保险的损失概率在整个财产保险中属于较大的一个险种。

3. 损失幅度

损失幅度是衡量损失程度的量，是指在一定时期内，特定数量的风险标的单位可能遭受的最大损失的数值。

风险事故造成的损失呈一定的规律。重大恶性事故的发生频率低，但损失幅度大，会在相当时期内造成恐惧心理；那些经常发生的事故其损失频率高，单个事故损失幅度小（如汽车风险），但累积损失是不容忽视的。

机动车保险的损失幅度在其损失险中一般较小，在责任险中相对较大，在整个财产保险中属于较小的一个险种。

4. 损失期望值

损失期望值是根据一定时期内一定条件下大量同质标的损失的经验数据计算的平均损失。它反映了所评价的目标总体在一定情况下损失的一般水平。

损失期望值为

$$\bar{x} = \sum_{i=1}^{n} x_i p_i \tag{1-3}$$

式中　x_i——损失结果观测值；

　　　p_i——损失结果发生概率；

$i = 1$，2，…，n，观测值个数。

机动车保险的损失期望值在整个财产保险中属于较小的一个险种。

5. 标准差

标准差反映的是损失的变动程度，说明损失与损失期望值的偏离程度。在损失平均值一定的情况下，标准差大则说明偏离程度大，风险较大；反之风险较小。

标准差为

$$S = \sqrt{\sum_{i=1}^{n} (x_i - \bar{x})^2 p_i} \tag{1-4}$$

机动车保险的标准差在整个财产保险中属于较小的一个险种。

6. 差异系数

差异系数是用来综合反映观察标的的损失变动范围与损失期望值之间相互关系的指标，可以表示为标准差与损失期望值之比。显然，该指标较单纯用损失期望值及标准差来评价风险要全面。

差异系数为

$$v = \frac{S}{\bar{x}} \tag{1-5}$$

一般说来，损失期望值大的风险未必就大，而标准差大小也应相对于损失期望值来说，否则难以衡量风险的大小。如同样的标准差，若损失期望值小，则损失波动范围较大，风险较大；若损失期望值很大，则表明波动范围相对较小。

五、风险成本

风险成本是指由于风险的存在和风险事故的发生，人们所必须支出的费用和预期经济利益的减少。风险成本包括风险损失的实际成本、风险损失的无形成本和预防与控制风险损失的成本。

1. 风险损失的实际成本

风险损失的实际成本是由风险造成的直接损失成本和间接损失成本共同构成的。

1）风险直接损失成本是指风险造成的财产及人身实际损失成本。风险是客观存在的，它的产生、形成与发展是不以人的主观意志为转移的。风险一旦成为现实，会直接造成不同程度的有形和无形经济损失。从时间上讲，全球交通事故时刻都在发生；从空间上讲，总有一些地方在发生交通事故。

2）风险间接损失成本是指某一风险损失的发生而导致的该财产本身以外的损失成本以及与之相关的他物和责任等的损失成本，它包括：

① 营运收入损失的成本。它包括营业中断损失、连带营业中断损失、成品利润损失、应收账款减少的损失和租金收入损失。

② 风险造成的额外费用增加损失。它包括租赁价值损失的成本、额外费用损失成本和租权利益损失的成本。

③ 责任风险的成本。它是指因侵权、违约等行为而导致他人或财产损失所应负的法律赔偿责任。其责任风险的成本大小要以法院判决作为依据。

2. 风险损失的无形成本

风险损失的无形成本是指风险的存在对个人以及社会构成的一种潜在的不利影响。风险损失的实际成本是直接的、明显的，而风险损失的无形成本在一定程度上则更甚于实际成本。因为人们每天面对更多的是损失发生的可能性和损失发生的不确定性，所以从一定意义上讲，风险的存在本身就是一种潜在的可怕的不利影响。

1）风险的存在导致人们的忧虑和恐惧，这种忧虑与恐惧的大小取决于不确定性和程度、潜在的损失后果、人们处置损失后果的经济力量以及社会中个人与群体对风险的态度等诸多因素。就地震风险而言，地震发生的一瞬间将导致惨重的财产损失和人员伤亡，而目前对地震灾害的预测能力有限，使人们对地震风险的存在具有非常严重的忧虑与恐惧感。在某些情况下，因人们的忧虑和恐惧造成的间接损失甚至可能超过地震本身造成的直接经济损失。

2）风险的存在影响社会资源的最佳配置。从宏观上考察，风险的存在，在某种程度上限制和阻碍着社会资源(土地、自然资源、劳动力资源、资金、技术和知识等)的最优配置。由于风险的存在，以及风险发生可能产生损失后果，使得人们愿意将许多社会资源投入到风险较低的部门和行业，而不愿投向风险较大且集中的部门和行业，从而引起社会资源分配上的不平衡。一些部门供过于求，而另一些部门供不应求，使社会资源不能合理分配和充分利用，造成社会资源使用中的浪费和损失。在某些经济活动领域，由于风险的高度集中，投资者望而生畏，这些经济活动对社会的作用又非常大，如汽车运输业，由于《中华人民共和国道路交通安全法》（以下简称《道交法》）以及最高人民法院《关于审理人身损害赔偿案件适用法律若干问题的解释》的出台，汽车运输业的第三者责任风险大幅提高，出台并落实相应配套的汽车保险条款与费率，才能促进汽车运输业的健康发展。

从微观上讲，风险与不确定性的存在，可能使企业或家庭放弃有关计划和限制某些活动。例如，由于潜在洪水灾害的存在，企业可能放弃在某些地方建厂的决策；由于汽车第三者责任风险加大，人们可能放弃购买汽车的愿望。由于对潜在风险的忧虑，企业和家庭可能会缩短某些计划的期限，相对而言，人们对短期计划比长期计划更有把握或具有更多一些的确定性。因为潜在风险存在，企业和家庭往往会提留较多的风险资金和备用资金以备不测事件。

3）风险的存在影响新资本的形成，从而影响社会再生产活动。资金的运用与再生产活动一样，也是一个不断追加扩大的过程。资金只有在不断的运用中，才能充分实现其增值性。对于投资者而言，风险与收益是一对孪生兄弟。一般来说，风险越大，投资收益也越大；风险越小，投资收益也就越小。若再生产活动中的风险较小，则资金的运用渠道便能很通畅，这样有利于资金的积累，为发展下一个再生产活动提供资金保障。相反，如果再生产活动中风险因素多且影响面广，那么资金的积累会受阻，导致生产建设资金不足，从而影响整个社会的再生产活动。

3. 预防和控制风险损失的成本

为预防和控制风险损失，必须采取各种措施，从而造成费用支出。各项费用的支出构成了预防和控制风险损失的成本，这种成本既包含了预防和控制风险的直接成本和个体成本，又包含了间接成本和总体成本。预防和控制风险的费用包括：购置用于预防和减损的设备及其维护费、咨询费、安全及管理人员费、训练计划费、施救费、试验费、宣传费及研究费等。

六、风险的种类

1. 静态风险和动态风险

依据风险产生的环境，风险可分为静态风险与动态风险。

1）静态风险。静态风险是指在社会经济正常的情况下，自然力的不规则变化或人们的过失行为所导致的风险。静态风险可以在任何社会经济条件下发生。雷电、霜冻、地震、暴风、暴雨、瘟疫等这些由于自然原因发生的风险，火灾、破产、伤害、夭折、经营不善等这些由于疏忽发生的风险，都属于静态风险。静态风险较动态风险而言，其变化比较规则，可以通过大数法则加以测算，对风险发生的频率作统计估算。静态风险多为可保风险。机动车辆保险的所保风险多属于此。

2）动态风险。动态风险是指由于社会经济、政治、技术以及组织等方面发生变动而产生的风险。如人口的增长、资本增加、生产技术的改造、消费者选择的变化等引起的风险。动态风险的变化往往不规则，难以用大数法则进行测算。动态风险一般为不可保风险。机动车辆保险也不保此类风险。

2. 纯粹风险与投机风险

依据风险的性质，风险可分为纯粹风险与投机风险。

1）纯粹风险。纯粹风险是指只有损失机会而无获利可能的风险。比如房屋所有者面临的火灾风险、汽车所有者面临的碰撞风险等，当火灾或碰撞事故发生时，人们便会遭受经济利益上的损失。静态风险一般为纯粹风险，商业保险公司目前仍以承保纯粹风险为主要业务，机动车辆保险也不例外。

2）投机风险。投机风险是指既有损失机会又有获利可能的风险，如股票、赌博等。投机风险的后果有三种：一是"有盈利"；二是"有损失"；三是"无盈利无损失"。保险不保投机风险。

3. 自然风险、社会风险、政治风险和经济风险

依据风险产生的原因，风险可分为自然风险、社会风险、政治风险和经济风险。

1）自然风险。自然风险是指因自然力的不规则变化引起的种种现象而导致对人们的经济生活和物质生产及生命安全等所产生的威胁。地震、水灾、火灾、风灾、雹灾、冻灾、旱灾、虫灾以及各种瘟疫等自然现象是经常大量产生的。自然风险是机动车辆保险主要承保的风险之一。

2）社会风险。社会风险是指由于个人或团体的行业，包括过失行为、不当行为对社会生产及人们生活造成损失的可能性，如盗窃抢劫、玩忽职守及故意破坏等行为对他人的财产或人身造成损失的可能性。盗窃抢劫是机动车辆保险主要承保的风险之一。

3）政治风险。政治风险又称国家风险，是指在对外投资和贸易过程中，因政治原因或订约双方所不能控制的原因，债权人可能遭受损失的风险。例如，因输入国发生战争、革命、内乱而终止货物进口；因输入国实施进口或外汇管制，对输入货物加以限制或禁止输入；因本国变更外贸法令，输出货物无法送达输入国等，造成合同无法履行而形成的损失风险。在机动车辆保险中基本不存在政治风险。

4）经济风险。经济风险是指在生产和销售等经营活动中，由于受各种市场供求关系、经济贸易条件等因素变化的影响，或经营决策失误，对前景预期出现偏差等，从而导致经济上遭受损失的风险，比如生产的增减、价格的涨跌、经营的盈亏等方面的风险。机动车辆保险中的停驶损失险属于经济风险。

4. 财产风险、人身风险、责任风险和信用风险

依据风险标的，风险可分为财产风险、人身风险、信用风险和责任风险。

1）财产风险。财产风险是指法人或自然人自有或代管的一切有形财产，因发生风险事故、意外事件而遭受的损毁、灭失或贬值的风险。它包括：

① 财产遭受的直接损失风险，机动车辆损失保险属于此。

② 因财产遭受的直接损失而导致的间接损失风险，机动车辆保险通常不保此风险。

2）人身风险。人身风险是指由于人的生、老、病、死的生理规律所引起的风险，以及由于自然、政治、军事和社会等方面的原因所引起的人身伤亡风险。人身风险所致的损失一般有两种：一种是收入能力的损失；另一种是额外费用损失。机动车辆保险不属于此范畴。

3）信用风险。信用风险是指在经济交往中，权利人与义务人之间，由于一方违约或违法致使另一方遭受经济损失的风险，如进出口贸易中，出口方（或进口方）会因进口方（或出口方）不履约而受损。机动车辆按揭保险属于此类风险。

4）责任风险。责任风险是指个人或团体的行为违背了法律、契约的规定，对他人的身体伤害或财产损毁负法律赔偿责任或契约责任的风险。责任风险中所说的"责任"通常是指法律上应负的责任，只有少数情况属于契约责任。

通常，汽车风险按风险标的来划分，由汽车的损失风险和责任风险两部分组成，汽车的损失风险是指汽车在存在和使用的过程中，因自然灾害以及意外事故（包括过失事故和无过失事故）所造成的汽车财产本身的毁损和灭失风险。汽车的责任风险是指汽车在存在和使用的过程中，因意外事故（包括过失事故和无过失事故）致使第三者遭受人身伤亡或财产损失，依法（现在专指

《中华人民共和国侵权责任法》）应当由汽车的所有者或使用者承担的经济赔偿责任。

除此之外，还存在其他的风险分类方法。

风险依其是否可以加以有效地管理可以分为可管理风险和不可管理风险两类。可管理风险是以人类的智慧、知识及科技的有效方法予以管理的风险；不可管理风险是以人类目前的智慧、知识及科技水平均无法以有效措施予以管理的风险。不过，风险是否可以管理是相对的，随着科技的进步，人们认识水平的提高，不可管理的风险也会转变为可管理的风险。

风险依其是否可以被商业保险公司承保常分为可保风险和不可保风险两大类。可保风险是指可用商业保险方式加以管理的风险。静态风险、财产风险、人身风险、责任风险、信用风险等都是可保风险。汽车的常见风险属于可保风险。动态风险、投机风险等都是不可保风险。一般而言，可保风险都是可管理风险，但是不可保风险却不一定是不可管理的风险。不可保风险仅仅是指商业保险无法处理的风险，某些不可保风险确实可以通过其他方式加以处理。

第二节　保险的要素与特征

一、保险的含义

保险可以从不同的角度进行定义。从经济的角度看，保险是分摊意外事故损失的一种财务安排。通过保险，少数不幸的被保险人的损失由包括受损者在内的所有被保险人分摊，是一种非常有效的财务安排。从法律的角度看，保险是一种合同行为，是一方同意补偿另一方损失的一种合同安排，提供损失赔偿的一方是保险人，接受损失赔偿的另一方是被保险人。投保人通过履行缴付保险费的义务，换取保险人为其提供保险经济保障的权利，体现民事法律关系主体之间的权利和义务关系。从社会的角度看，保险是社会经济保障制度的重要组成部分，是社会生产和社会生活"精巧的稳定器"。从风险管理角度看，保险是风险管理的一种方法，通过保险，可以起到分散风险、消化损失的作用。

《中华人民共和国保险法》（以下简称《保险法》）对保险的定义："保险，是指投保人根据合同约定，向保险人支付保险费，保险人对于合同约定的可能发生的事故因其发生所造成的财产损失承担赔偿保险金责任，或者当被保险人死亡、伤残、疾病或者达到合同约定的年龄、期限时承担给付保险金责任的商业保险行为。"

二、保险的要素

保险的要素是指进行保险经济活动所应具备的基本条件。一般地说，现代商业保险的要素包括以下内容。

1. 可保风险的存在

可保风险是指符合保险人承保条件的特定风险。一般地说，理想的可保风险应具备以下条件：

1）风险必须是纯粹的风险。即风险一旦发生，便成为现实的风险事故，只有损失的机会，没有获利的可能。

2）风险必须具有不确定性。风险的不确定性有三层含义，即风险是否发生是不确定的；风险发生的时间是不确定的；风险发生的原因和结果等是不确定的。

3）风险必须使大量标的均有遭受损失的可能。这一条件要求大量的性质相近、价值相近的风险单位面临同样的风险。

4）风险必须有导致重大损失的可能。这一条件的含义是，风险一旦发生，由其导致的损失是被保险人无力承担的（这是汽车保险实务中实施绝对免赔的理论基础），是一种发生重大损失的可能性较大、遭受重大损失的机会较小的风险。

5）风险不能使大多数的保险对象同时遭受损失。这一条件要求损失的发生具有分散性，因此保险人在承保时应力求将风险单位分散。

6）风险必须具有现实的可测性。保险的经营要求制定准确的费率，费率的计算依据是风险发生的概率及其所导致标的损失的概率，因此，风险必须具有可测性。

汽车风险是典型可保风险。

2. 大量同质风险的集合与分散

保险的经济补偿活动的过程，既是风险的集合过程，又是风险的分散过程。保险人通过保险将众多投保人所面临的分散性风险集合起来，当发生保险责任范围内的损失时，又将少数人发生的风险损失分摊给全体投保人，即通过保险的补偿或给付行为分摊损失或保证经营稳定。保险风险的集合与分散应具备两个前提条件：

1）大量风险的集合体。互助性是保险的特征之一，保险实现互助的方法在于集合多数人的保费，补偿少数人的损失。大量风险的集合，一方面是基于风险分散的技术要求，另一方面是概率论和大数法则原理在保险经营中得以运用的前提。

2）同质风险的集合体。所谓同质风险，是指风险单位在种类、品质、性能、价值等方面大体相近。如果风险为不同质风险，那么风险损失发生的概率就不相同，这样，风险也就无法进行统一集合与分散。此外，由于不同质的风险，损失发生的频率与幅度是有差异的，若对不同质的风险进行集合与分散，则会导致保险经营财务的不稳定。

汽车具备大量同质风险。

3. 保险费率的厘定

保险在形式上是一种经济保障活动，而实质上是一种商品交换行为，因此，制定保险商品的价格，即厘定保险费率，便成为保险的一个基本要素。但是，保险商品交换行为又是一种特殊的经济行为，为保证保险双方当事人的利益，保险费率的厘定要做到如下几点。

1）遵循费率厘定的基本原则。保险费率的厘定应当遵循的基本原则是适度性原则、合理性原则和公平性原则。

① 适度性原则。指保险费率的确定应当能够足以抵补一切可能发生的损失以及有关的营业费用。但是保险费率是否适度应当是就保险人整体业务而言的。单个业务保险费率不适度，不等于保险人对被保险人的利益有所侵害，还应当结合保险人的经营和效益决定。

② 合理性原则。指保险费率不应在抵补一切可能发生的损失以及有关的营业费用后，获得过多或者超额的利润。如果保险费率厘定不遵循合理性原则，保险监督管理部门将采取措施使保险费率控制在其规定的幅度范围内。

③ 公平性原则。指被保险人的风险状况与其承担的保险费率要尽量一致，或者说被保险人能按照风险的大小、比例分担保险的损失与费用。此外，保险费率厘定公平性原则同样也是就整个保险产品定价而言的，也要求保险人收取的保险费与被保险人缴纳的保险费在保险商品交换上是对价的。

2）以完备的统计资料为基础，运用科学的计算方法。保险费率的厘定是依据历史的资料预测未来。如财产保险纯费率的厘定是以平均保额损失率来测算损失概率，因而必须选择适当的历年保额损失率，而且，每年的保额损失率必须基于大量的统计资料，从中筛选一组比较稳定的保额损失率数列。根据大数法则的要求，保额损失率指标必须有足够的年数，一般至少需要有保险事故发生比较正常的连续 5 年以上的资料，而不能以 1 年为限。因为各年的保额损失率只是频率值，具有不稳定性，只有将若干年的保额损失率加以平均，才能接近损失概率。然而，这也仅仅是厘定费率的基本依据，考虑到以后年度的变化因素，通常又会在平均保额损失率的基础上，另加一次、二次或三次均方差数值，作为风险附加。

3）接受国家或政府保险监管机关的审核或备案。保险费率竞争同样是保险市场竞争的有效手段之一。为防止各保险公司间保险费率的恶性竞争，一些国家对于保险费率的厘定，采取同业公会制定统一费率予以制约或由国家保险监管部门审定某些费率。

案例1-1

4. 保险基金的建立

保险的分摊损失与补偿功能是建立在具有一定规模的保险基金基础之上的。保险基金是用以补偿或给付因自然灾害、意外事故和人体自然规律所致的经济损失、人身损害及收入损失，并由保险公司筹集、建立起来的专项货币基金。它主要来源于开业资金和保险费，其中保险费是形成保险基金的主要来源。由于保险性质和经营上的特殊性，保险基金具有来源的分散性和广泛性、总体上的返还性、使用上的专项性、赔付责任的长期性和运用上的增值性等特点。

保险基金是保险业存在的现实的经济基础，也是保证保险企业财务稳定性的经济基础，与此同时，保险基金也制约着保险企业的业务经营规模。从保险公司财务管理的角度看，保险基金是以各种准备金的形式存在的。就财产保险与责任保险而言，保险基金表现为未到期责任准备金、赔款准备金、总准备金和其他准备金几种形式；就人身保险准备金而言，保险基金主要以未到期责任准备金形式存在。可见，保险的赔偿与给付的基础是保险基金。此外，保险基金也是保险公司进行投资活动的基础。

5. 保险合同的订立

作为一种经济关系，保险是投保人与保险人之间的商品交换关系，这种经济关系需要有关法律关系对其进行保护和约束，即通过一定的法律形式固定下来，这种法律形式就是保险合同。风险的最基本特征是不确定性，这就要求保险人与投保人应在确定的法律或契约关系约束下履行各自的权利与义务。倘若不具备在法律上或契约上规定的各自的权利与义务，那么，保险经济关系便难以成立。

三、保险的特征

1. 经济性

保险是一种经济保障活动。保险的经济性主要体现在保险活动的性质、保障对象、保障手段、保障目的等方面。保险经济保障活动是整个国民经济活动的一个有机组成部分，其保障对象即财产和人身直接或间接属于社会生产中的生产资料和劳动力两大经济要素；其实现保障的手段，最终都必须采取支付货币的形式进行补偿或给付；其保障的根本目的，无论从宏观角度还是从企业微观的角度，都是为了经济发展。

2. 商品性

在商品经济条件下，保险是一种特殊的劳务商品，保险业属于国民经济第三产业。因此，保险体现了一种等价交换的经济关系，也就是商品经济关系。这种商品经济关系直接表现为个别保险人与个别投保人之间的交换关系，间接表现为在一定时期内全部保险人与全部投保人之间的交换关系。

3. 互助性

保险具有"一人为众，众为一人"的互助特性。保险在一定条件下分担了个别单位和个人所不能承担的风险，从而形成了一种经济互助关系。这种经济互助关系通过保险人用多数投保人缴纳的保险费所建立的保险基金对少数遭受损失的被保险人提供补偿或给付而得以体现。

4. 法律性

从法律角度看，保险是一种合同行为。保险是依法按照合同的形式体现其存在的。保险双方当事人要建立保险关系，其形式是保险合同；保险双方当事人要履行其权利和义务，其依据也是保险合同。

5. 科学性

保险是以科学的方法处理风险的有效措施。现代保险经营以概率论和大数法则等科学的数理理论为基础，保险费率的厘定、保险准备金的提存等都是以科学的数理计算为依据的。

第三节 保险的种类

保险种类繁多，在分类方面没有固定的原则和严格的标准。常用的划分方式如下所述。

一、保险形式的种类

1. 按保险的性质分类

按保险的性质分类，保险分为社会保险、商业保险和政策保险。

社会保险是指以法律保证的一种基本社会权利。其职能是对全体公民或劳动者因遭遇年老、疾病、生育、伤残、失业和死亡等社会特定风险而暂时或永久失去劳动能力、失去生活来源或中断劳动收入时的基本生活需要提供经济保障，其主要项目包括养老保险、医疗保险、失业保险和工伤保险等。

商业保险则是指投保人根据合同约定，向保险人支付保险费，保险人对于合同约定的风险导致的被保险人的财产损失承担赔偿责任。商业保险一般是自愿保险。

政策保险则是政府为了某种政策目的，运用普通保险的技术而开办的一种保险。具体项目有国民生活保险、农业保险、进出口信用保险等。

2. 按保险的实施方式分类

按保险的实施方式分类，保险分为自愿保险和强制保险。

自愿保险是指保险双方采取自愿方式签订保险合同。自愿保险的保险关系是当事人之间自由决定、彼此合意后所成立的合同关系。保险人也可以根据情况决定是否承保、怎样承保。投保人可以自行决定是否投保、向谁投保、中途退保等，也可以自由选择保障范围、保障程度和保险期限等。

强制保险也称法定保险，是保险人和投保人以法律、法规为依据而建立的保险关系。如我国对火车、轮船、飞机旅客的意外伤害保险就是采用强制保险方式实施的。强制保险具有全面性和统一性的特点，表现在：凡是法令规定范围内的保险对象，不管是否愿意，都必须依法参加保险。实施强制保险通常是为了满足政府某些社会政策、经济政策和公共安全方面的需要。机动车辆交通事故强制责任保险(简称交强险)则属于典型的强制保险。

3. 按承保方式分类

按承保方式分类，保险分为原保险、再保险、重复保险和共同保险。

原保险是投保人与保险人直接签订保险合同而建立保险关系的一种保险。

再保险是指保险人将其承担的保险业务，部分转移给其他保险人的一种保险。再保险是保险的一种派生形式。原保险是再保险的基础和前提，再保险是原保险的后盾和支柱。

重复保险是指投保人以同一保险标的、同一保险利益、同一风险事故分别与数个保险人订立保险合同，且保险金额总和超过保险价值的一种保险。

共同保险是指几个保险人，就同一保险利益、同一风险共同缔结保险合同的一种保险。在实务中，数个保险人可能以某一家保险公司的名义签发一张保险单，然后每一家保险公司对保险事故损失按承保比例分担保险责任。

二、保险业务的种类

现代保险业务的框架是由财产保险、人身保险、责任保险、信用保证保险四大部分构成的。即保险业务的种类有以下几种。

1. 财产保险

财产保险是指以财产及其相关利益为保险标的，因保险事故发生导致财产利益损失，保险人以保险赔款进行补偿的一种保险。财产保险有广义与狭义之分。广义的财产保险包括财产损失保险、责任保险、信用保证保险等；狭义的财产保险是以有形的物质财富及其相关利益为保险标的的一种保险，其内容包括火灾保险、海上保险、汽车保险、航空保险、工程保险、利润损失保险以及农业保险等。

2. 人身保险

人身保险是以人的身体或生命为保险标的的一种保险。当被保险人在保险期内因保险事故的发生而伤残、死亡或生存到保险期满，按合同约定的条件，保险人给付保险金。由于人身保险的保险标的的价值无法用货币衡量，其保险金额可根据投保人的经济生活需要和缴付保险费的能力由双方协商确定。根据保障范围的不同，人身保险可以分为人寿保险、意外伤害保险和健康保险等。

3. 责任保险

责任保险是以被保险人依法应负的民事赔偿责任或经过特别约定的合同责任为保险标的的一种保险。责任保险可单独承保。责任保险的种类包括机动车辆第三者责任保险、公众责任保险、产品责任保险、职业责任保险以及雇主责任保险等。

4. 信用保证保险

信用保证保险是指以信用关系为保险标的的一种保险，它是一种担保性质的保险。按担保对象的不同，信用保证保险可分为信用保险和保证保险两种。

信用保险指权利人向保险人投保债务人的信用风险的保险。

保证保险是被保证人（债务人）根据权利人（债权人）的要求，请求保险人担保自己信用的保险。

第四节　保 险 合 同

一、保险合同概念及特征

1. 保险合同的概念

所谓保险合同，是投保人与保险人之间约定保险权利和义务的协议。投保人是指根据与保险人约定的保险合同向保险人支付保险费的人，这种支付是投保人的义务，但同时有根据保险合同的约定从保险人那里获取保险保障的权利。保险人是指与投保人订立保险合同，并有履行在约定的保险事故发生或在约定保险事件出现或者期限届满时赔偿责任或者给付保险金的义务的保险公司。

2. 保险合同的特征

由于保险业是一种特殊行业，所以保险合同既具有合同的一般特性，即必须遵守国家的法律、法规；但同时具有其自身特征。

1）保险合同是双方有偿合同。在投保人和保险人订立保险合同时，投保人必须向保险人支付一定的保险费，当约定的保险事件出现或期限届满时，投保人可以从保险人那里获得赔偿；而保险人在收取投保人的保险费后，就必须承担保险合同约定和法律规定的保险责任。因此保险合同是一种双方有偿的合同。

案例1-2

2）保险合同是附和合同。一般的商议合同的条款是签约双方通过互相协商来制定的。而保险合同是附和合同，保险合同的基本条款及费率是保险人根据国家的有关法律和科学计算制定出来的，投保人对保险合同的条款没有商议的余地，如果投保人同意投保，就必须接受保险合同的基本条款，若提出修改，也只能在保险人预先准备的附加条款范围内选择。当然有些特殊险种的保险合同可以通过投保人和保险人双方协商制定。

案例1-3

3）保险合同是射幸合同。即投保人与保险人订立保险合同后，投保人不一定能从保险人那里获得保险合同所订立的条款中的权益，如果保险事件没有出现，那么投保人的保险费就全部送给保险人，自己得不到一分钱的回报，但一旦保险事件发生，投保人可以从保险人那里获得数倍于保险金的回报。由于保险事件发生的不确定性，从保险人那里获得回报的投保人也是不确定的，而且也是少数的。保险合同是射幸合同，体现了保险"人人为我，我为人人"的思想，这也是保险业迅速发展的动力之一。

4）保险合同是最大的诚信合同。任何合同都必须建立在诚信的基础上，否则就会出现民事纠纷，甚至刑事案件。保险合同尤为如此，投保人在投保时，必须如实告知保险人有关投保标的的情况和保险人的提问，而保险人也必须向投保人说明保险合同的主要内容，否则保险合同无效。

5）保险合同具有法定性。虽然很多保险合同是建立在投保人自愿的基础上，保险人无权干涉或强制投保人购买保险及购买何种保险；但有些保险是国家法定保险，如机动车保险中的强制第三者责任险就是法定保险，所有车辆都必须购买此险种，对于没有购买第三者责任险的机动车，公安交管部门将拒绝给予年审。

二、保险合同的种类

1. 按保险标的的内涵分类

1）财产保险合同。财产保险是指投保人以财产及相关利益为保险标的，当保险事件发生导致其财产损失时，保险人以货币或实物进行赔偿的一种险种。财产保险又可分为火灾保险、海上保险、汽车保险、货物运输保险、航空保险、工程保险以及农业保险等。

2）责任保险合同。责任保险是投保人依法应负有的民事赔偿责任或经过特别约定的合同责任为保险标的的一种保险。

3）人身保险合同。人身保险是以人的身体或生命为保险标的的保险，又可以分为人寿保险、意外伤害保险和健康保险。

4）信用保证保险合同。信用保证保险是以经济合同所制定的有形财产或预期应得的经济利益为保险标的的一种保险。信用保证保险是一种担保性质的保险，根据担保对象的不同，可分为信用保险和保证保险。

2. 按保险标的的价值分类

1）定值保险合同。定值保险合同是投保人以保险标的的实际价值或估计价值作为保险价值，并在合同上注明了保险金额。如果保险事件发生，保险人须按保险合同约定的保险价值赔偿，若保险标的全损，不管其出险时的实际价值如何，保险人都必须按约定的保险价值赔偿；若是部分损失，则按实际损失赔偿。定值保险合同一般适用于特殊的保险标的，如古玩、字画等，由于其本身的价值难以确定，需要保险双方事先约定一个固定的价值作为保险价值进行保险。在国际保险市场上，由于运输货物的市场价格在起运地、中途和目的地都不相同，为保障被保险人的实际利益，避免赔款时因市价差额而带来的纠纷，习惯上也采用定值保险合同。船舶险亦然。

2）不定值保险合同。不定值保险合同是指双方当事人在订立保险合同时不预先确定保险标的的保险价值，而是按照保险事故发生时保险标的的实际价值确定保险价值的保险合同。《保险法》第五十五条第二款规定，"投保人和保险人未约定保险标的的保险价值的，保险标的的发生损失时，以保险事故发生时保险标的的实际价值为赔偿计算标准。"

投保人和保险人在签订不定值保险合同时，只约定一个保险人赔偿的最高限额作为保险金额。机动车保险的损失险均为不定值保险合同。例如：一辆汽车在投保时的市价为 20 万元，出险时的市价只有 12 万元，那么保险人就只按出险时的实际价值 12 万元赔偿。

3）足额保险合同。足额保险合同是指在出险时约定的保险金额与保险标的的实际价值相等的保险合同。必须指出的是，保险金额不能大于出险时保险标的的实际价值，否则就违反了《保险法》中的"保险金额不得超过保险价值"的规定，保险人只按实际价值赔偿。

4）不足额保险合同。不足额保险合同是约定的保险金额小于保险标的的出险时的实际价值的保险合同。签订不足额保险合同的投保人在保险事件发生时，只能获得保险标的的部分赔偿。

5）超额保险合同。超额保险合同是指约定的保险金额大于保险标的的出险时的实际价值的保险合同。造成超额保险合同的主要原因：一是投保人想获得超过保险价值的赔偿；二是投保人在投保时高估了保险标的的实际价值；三是保险标的的市价下跌了。不管出于什么原因，根据我国《保险法》第五十五条规定，"保险金额不得超过保险价值；超过保险价值的，超过部分无效，保险人应当退还相应的保险费。"在保险事件发生时，投保人只能得到保险标的的实际价值的赔偿。

3. 按保险人承保的方式分类

1）原保险合同。原保险合同是指投保人与保险人直接签订的保险合同。大部分保险合同都属于原保险合同。

2）再保险合同。再保险合同是指保险人为减少承保风险，在签订原保险合同之后，保险人再与其他保险人签订的保险合同。再保险合同的保障对象是原保险合同的保险人。

三、保险合同的主体

所有与保险合同有关系的人都称为保险合同的主体。保险合同的主体是由投保人一方和保险人一方共同组成的。

1. 投保人一方

1）投保人。《保险法》第十条规定："投保人是指与保险人订立保险合同，并按照保险合同负有支付保险费义务的人。"投保人既可以是具有民事行为能力的自然人，也可以是具有民事权利能力的企业法人、其他经济组织、农村承包经营户、个体经营户；但不管投保人属于哪类人，都必须对其投保的保险标的具有保险利益，否则，即使与保险人订立了保险合同，也不产生法律效力。

2）被保险人。被保险人是指其财产或人身受保险合同保障、享有保险金请求权的人。被保险人是在保险事件发生时实际受损的人。在财产保险合同中，对被保险人一般没有特殊的资格限制，基本上与对投保人的要求一致，因此投保人与被保险人往往是同一个人，只是在合同订立时与履行时由于其权利与地位不同而产生的不同称呼。在人身保险合同中，由于保险标的是人的身体和寿命，被保险人只能是有生命的自然人；无民事行为能力和限制民事行为能力的人也可以是被保险人。但在以死亡为给付保险金条件的人身保险合同中，无民事行为能力的人不能成为被保险人，只有父母为其未成年子女投保人身保险时，可以不受上述规定限制。通常在人身保险合同中，投保人与被保险人有两种情况：一种是投保人为本人订立保险合同时，当保险合同一经成立，投保人即被保险人；另一种是投保人为他人订立保险合同时，投保人与被保险人分属两人。

3）受益人。受益人是指人身保险合同中由被保险人或投保人指定的享有保险金请求权的人。在财产保险合同中，因为领受保险金的一般是被保险人自己，所以没有受益人的规定。只有在人身保险合同中才会出现受益人，受益人没有任何资格限制，自然人、自然人中的无民事行为能力和限制民事行为的人、法人及其他合法经济组织都可以被指定为受益人，投保人和被保险人也可以为受益人。受益人是人身保险合同特有的主体，他在保险事件中几乎不承担什么义务，只有在保险事件发生时必须及时通知保险人或索赔时提供单证。一般来说人身保险合同中的被保险人拥有优先受益权，也就是说只要被保险人活着，被保险人就是保险金的请求权人，只有在被保险人死亡的情况下，受益人才享有受益权。受益人获得受益权的唯一方式是被保险人或投保人的指定，《保险法》规定了指定及变更受益人的方式和程序，受益人的受益权受法律保护，其他任何人或组织不得侵害其受益权。

2. 保险人一方

1）保险人。《保险法》第十条规定："保险人是指与投保人订立保险合同，并按合同约定承担赔偿或者给付保险金责任的保险公司。"保险人与投保人订立保险合同时，享有从投保人那里收取保险费的权利，一旦保险事件发生，必须承担赔偿保险金的义务和责任。保险人不是任何人或组织都可以的，在我国它必须是合法取得经营保险业务的股份有限公司和国有独资公司。

2）保险代理人。《保险法》第一百一十七条规定："保险代理人是根据保险人委托，向保险人收取佣金，并在保险人授权范围内代为办理保险业务的机构或者个人。"保险人必须与保险代理人签订代理合同或授权书确定其代理权限，保险代理人在进行业务活动时，即推销保险产品，是以保险人的名义办理保险业务，保险人必须对其代理权限范围内的业务或活动承担法律责任。一般来说，个人保险代理人只能代理人身保险，其他保险业务则由单位保险代理人代理。保险合同的主体除了上述主体之外，还有保险经纪人和保险公估人等。

四、保险合同的客体

一份具有法律效力的保险合同，有了主体，还必须有客体。所谓保险合同的客体，就是保险标的。保险合同的种类不同，保险标的即保险合同的客体也不同；财产保险合同的客体是财产及相关利益，而人身保险合同的客体是人的寿命或身体。

五、保险合同的内容

保险合同的内容是投保人方和保险人方之间的权利与义务，用条款的方式写在保险合同中，当保险合同生效后，双方都必须遵守保险合同中的内容。保险的内容又分为基本内容和约定内容。

1. 保险合同的基本内容

保险合同的基本内容是《保险法》规定必须列入的基本条款，是任何种类的保险合同必不可少的组成部分，也是制定保险合同条款和安排保险合同格式的法律依据。保险合同的基本内容如下。

1）保险合同主体的名称和住所。保险合同的主体在财产保险合同中包括保险人、投保人和被保险人；在人身保险合同中包括保险人、投保人、被保险人和受益人。名称是代表单位或个人主体的符号，住所是指法律确认的自然人的生活住所或法人的主要办事机构所在地。保险合同主体的名称和住所是当事人在遵守或履行保险合同内容的必要条件。

2）保险标的。保险标的是保险合同的客体，是当事人双方的权利和义务共同所指的对象。在财产保险合同中保险标的是财产及相关利益；在人身保险合同中保险标的是人的寿命或身体。保险标的不但是判断投保人或被保险人对保险标的的有无保险利益、保险标的是否符合法律规定的根本依据，而且还是确定保险价值、保险金额以及保险费率的重要依据。

3）保险责任。保险责任是指保险人依据保险合同约定的必须承担赔偿或给付保险金责任的风险项目。保险责任通常由保险人制定，保险人根据不同的险种和相应的风险制定出保险责任条款并载明于保险合同中。因此，保险人并不对保险标的的所有风险承担责任，而仅对与投保人在保险合同约定的风险项目承担责任。险种和风险不同，保险责任也不同。

4）责任免除。责任免除是指保险合同约定的保险人不承担赔偿或给付保险金责任的风险项目，责任免除又称除外责任或责任除外。责任免除的风险通常包括：损失巨大而且无法计算或预见的风险项目，如地震和战争风险就是责任免除的项目；还有道德风险，如人身保险合同中的受益人故意谋杀被保险人，这也是责任免除的。由于责任免除涉及被保险人或受益人的利益，责任免除条款必须在保险合同中载明，同时投保人在投保时，保险人必须对投保人说明责任免除条款。

5）保险期间和保险责任开始时间。保险期间是保险合同所持续的有效时间，在保险期间内，保险人必须按保险合同约定的保险条款为被保险人提供保险保障。保险期间的确定方式一般有两种：一种是保险合同上约定的时间期限就是保险期间，它可以按自然日期计算，如某年某月某日保险合同开始生效到某年某月某日保险合同结束，这一段时间内保险人必须为被保险人提供保险保障，这段时间称为保险期间。另一种是按保险事件从开始到终止的时间来确定，这种保险期间可以是一个运行期，也可以是一个工程期，还可以是一个生长期。保险责任开始时间是保险人承担被保险人保险责任的开始时刻，一般是以某年某月某日某时表示，如保险合同约定2019年6月1日开始生效，按惯例这份保险合同的保险责任开始时间是2019年6月1日零点。

6）保险价值和保险金额。保险价值是保险合同订立时保险标的的实际价值或在保险事故发生时保险标的所具有的实际价值。保险价值是确定保险金额的依据，保险价值的大小一般以投保时保险标的的市场价格为基本依据，并随市场价格的变化而变化，比如汽车的保险价值就是如此。当保险标的无市场参考价格时，保险人和投保人在签订保险合同时共同商定其价值，并在保险合同上载明。人的价值是无价的，所以人身保险不存在保险价值问题。

保险金额是投保人对保险标的的实际投保的金额，也是保险人承担给付保险金的最高限额。对于财产保险合同，有市场参考价格的保险标的，保险金额不得超出保险标的的实际价值；若保险金额超出保险标的的实际价值，保险人在理赔时只按保险标的的实际价值赔偿，超出部分无效。对于人身保险，因为人是无价的，所以人身保险的保险金额一般可根据被保险人或受益人的实际需要和投保人交付保险费的能力来确定。保险金额是计算保险费的基础，也是保险人承担保险责任的最高限额，在签订保险合同时，必须有明确的约定。

7）保险费。保险费是投保人为使保险人承担保险责任而向保险人支付的费用，是建立保险基金的资金的来源。保险费一般由三部分组成，即基本保险费、附加保险费以及异常风险附加保险费。基本保险费是保险人准备在保险事故发生时给付被保险人或受益人的保险金部分，保险人必须把这部分保险费储存起来，随时准备承担赔付责任，因此这部分保险费又称为责任准备金。附加保险费是保险人经营保险业所需要的各项费用，包括从业人员工资、场地租金、税收及利润等。异常风险附加保险费是保险人为了应付危险事故超常发生时所需要增加的费用，也就是在基本保险费的基础上再加上一个安全系数。保险合同中的保险费是根据保险金额和保险费率计算出来的，即保险费等于保险金额乘以保险费率。保险费率是保险人根据不同的险种确定的，保险费率等于保险费除以保险金额。保险费可根据保险合同的规定，由投保人一次付清，也可以分期付清。一般来说，在汽车保险中绝大多数保险合同，只有在支付了保险费后保险合同才有效。

8）保险金赔偿或给付办法。在财产保险合同中的保险金称为保险金赔偿，而在人身保险中的保险金称为保险金给付。只有在保险事故发生或保险合同约定的给付保险金条件具备时，被保险人或受益人才有权请求保险人依保险合同的约定赔偿或给付保险金。当被保险人或受益人向保险人请求保险金赔付时，保险人应根据保险合同中的约定及时赔付保险金；保险人拒不赔付或延迟赔付，都必须承担违约责任。保险金的赔付办法和保险金的多少，应根据保险合同中的约定赔付，如果没有约定，则按法律规定进行赔付。

9）违约责任和争议处理。违约责任是指保险合同当事人一方违反保险合同的约定，必须向另一方当事人承担相应的违约责任。在保险合同中已约定了违约责任的，就按约定的承担违约责任；对于在保险合同中没有约定的，须依照违约责任的一般原则办理。保险合同一经生效就具有法律效力，当事人违约就必须承担相应的法律责任，这是保险合同法律效力的必然要求，也是保证保险合同正常履行的基本条件。

争议处理是指保险合同发生争议时的解决方法。一般争议处理的解决方法主要有协商、仲裁或诉讼。通常当保险合同发生争议时，当事人双方应首先通过协商解决；协商解决不了，可向有关行政机关提出仲裁；不服行政仲裁，则向法院提出诉讼。保险合同应当对通过仲裁或诉讼解决争议加以约定。

10）订立保险合同的时间。订立保险合同的时间是指保险人同意承保后，在投保单上签字盖章的同时所注明的时间。保险合同的订立时间对于认定保险合同的订立日、判断保险利益的存在、保险危险的发生先后有着十分重要的意义。

2. 保险合同的约定内容

当保险合同的基本内容不能完全表达当事人双方的意愿时，当事人双方通过协商约定的内容或条款，称为保险合同的约定内容。保险合同的约定内容是《保险法》所允许的，在订立保险合同的约定内容时，保险合同的约定内容不得与其他法律、法规相抵触，也不得违背最大诚信原则。

六、保险合同的形式

保险合同的形式主要有投保单、保险单、保险凭证、暂保单和批单等五种。

1. 投保单

投保单是投保人向保险人申请订立保险合同的书面文件，是合同要约。内容一般包括投保人、被保险人或受益人的地址、保险标的、坐落地址、投保险别、保险金额、保险期间以及保险费率等。投保单是保险人承保的依据，投保人必须如实填写，否则当保险事故发生时，投保人、被保险人或受益人的索赔要求就得不到满足。

2. 保险单

保险单是保险人和投保人之间订立保险合同的正式书面形式。一般由保险人签发给投保人。

保险单的内容通常有保险项目、保险责任、责任免除及附注条件等。保险单将保险合同的全部内容详尽列明，包括双方当事人的权利义务和保险人应承担的风险责任。保险单是保险合同双方当事人确定权利义务和在保险事故发生后保险人赔付的主要依据。

3. 保险凭证

保险凭证是保险人签发给投保人来证明保险合同已经订立的书面文件，又称小保单和保险卡。保险凭证是一种简化的保险单，与保险单具有同等的法律效力。在保险凭证上除了没有保险条款外，有保险单上所有的项目，并在保险凭证上声明以保险单上的保险条款为准。

4. 暂保单

暂保单是保险人或保险代理人向投保人出具保险单或保险凭证之前签发的临时保险凭证。它的作用是证明保险人同意投保人投保。其内容也相对比较简单，仅有当事人双方约定的重要项目，如保险标的、保险金额、保险费率、承保险种、被保险人姓名以及当事人双方的权利义务等。暂保单一般具有与保险单或保险凭证同等的法律效力。暂保单的有效期限通常只有 30 天，一旦保险单或保险凭证出具，暂保单自动失效。在保险单出具前，保险人也可终止暂保单，但保险人必须提前通知被保险人。机动车辆保险业务中基本上没有暂保单。

5. 批单

批单是保险人应投保人或被保险人的要求出具的修改或更改保险单内容的证明文件。批单的形式有两种，一种是在原保险单或保险凭证上批注；另一种是一张变更保险合同内容的附贴便条。有批单的保险合同内容，以批单为准，所以批单是保险单中的一个重要组成部分。

七、保险合同的订立、变更、解除和终止

1. 保险合同的订立

保险合同的订立是指投保人和保险人在意思表示一致时双方订立保险合同的行为。保险合同是当事人就保险事件达成的协议，在协议中分别载明了自己的义务和权利。保险合同在订立时，首先投保人必须有投保意愿，并向保险人提出保险要求即合同要约。然后保险人表示承担投保人提出的保险要求即承约。因此保险合同必须经过投保人的要约和保险人的承约两个阶段才能订立。

1) 要约阶段。绝大多数保险合同是要约式合同，要约阶段是投保人向保险人提出保险要求的意思表示。投保人的要约是保险合同订立的必须和首要程序，投保人的要约是书面要约形式，即投保单。投保单是保险人事先制定的，其内容包括保险合同的基本条款和承保的项目，投保人按照投保单所列举的内容逐一填写。投保人在填写保险单时，必须如实填写。《保险法》第十七条规定：订立保险合同，采用保险人提供的格式条款的，保险人向投保人提供的投保单应当附格式条款，保险人应当向投保人说明合同的内容。对保险合同中免除保险人责任的条款，保险人在订立合同时应当在投保单、保险单或者其他保险凭证上作出足以引起投保人注意的提示，并对该条款的内容以书面或者口头形式向投保人作出明确说明；未作提示或者明确说明的，该条款不产生效力。

2) 承约阶段。承约阶段是保险人同意投保人提出的保险要求的意思表示。也就是说，保险人认可和接受了投保人在投保单上提出的所有条件，并同意在双方合意的条件下承担保险责任。保险人承约可以由保险人自己作出，也可以由保险代理人作出。

保险合同在订立过程中，一般来说，投保人是要约人，保险人是承约人。从投保人填写投保单，到保险人出具保险单就完成了合同订立的一个要约与承诺的过程，即投保人与保险人就保险

合同条款达成协议，因此保险合同就成立了。但有的时候，保险人在同意承保的同时，又向投保人提出一些附加条件，这种附加条件称为新的要约。投保人只有接受这种新要约，保险合同方可成立。

保险合同的生效是指保险合同对当事人双方发生约束力，即合同条款产生法律效力。一般来说，合同成立即生效。但是保险合同多为附条件合同，以交纳保险费为合同生效的条件。同时，我国保险实务中普遍实行"零点起保"，所以，保险合同是在合同成立后的某一时间生效。保险合同生效前发生的保险事故，保险人不承担保险责任。投保人与保险人可在保险合同中约定，保险合同一经成立就发生法律效力。

2. 保险合同的变更

保险合同的变更是指在保险合同有效期内，投保人和保险人通过协商，在不违反有关法律、法规的情况下，变更保险合同的内容。保险合同的变更方式主要有如下几种。

1）保险合同的主体变更。

① 保险人变更。一般情况下，保险人变更是不可能的。但当出现保险人破产、被责令停业、被撤销经营保险业许可等情况时，会导致保险人变更。为了保护被保险人或受益人的权利，各国保险法都规定原保险人必须将持有的有效保险合同转移给其他保险人，这样保险人变更了，但保险合同的权利和义务没变。《保险法》第八十四条对保险人的变更也作出了明确的规定。另外保险公司的合并或分立，也可能导致保险人的变更。

② 被保险人的变更。被保险人的变更通常出现在财产保险合同中。如保险标的因继承或转让等导致保险标的的所有权或经营权发生转移时，原被保险人已失去对保险标的的保险利益，此时被保险人变更为对保险标的的所有者。此外，被保险企业的合并或分立、被保险家庭的分家等，都可能导致被保险人的变更。

③ 投保人的变更。投保人的变更一般出现在人身保险合同中，因为人身保险合同保险的期限长，还可分期付款，在保险合同有效期内，可能出现投保人死亡或投保人因婚变而不愿接续缴费等情况，为使保险合同接续有效，就要变更投保人；此外，以债务人为被保险人的人寿保险合同，债权人即投保人将债权转移他人后，只要被保险人同意，债权的受让人将接替原债权人为投保人。

④ 受益人的变更。在人身保险合同中，被保险人可以变更为受益人，投保人在被保险人同意下也可变更受益人，被保险人变更为受益人是一种单方民事行为，无须经保险人认可或同意，但应当书面通知保险人。

2）保险合同客体的变更。保险合同客体的变更是指在保险合同的有效期内，投保人和保险人通过协商，变更保险标的的保险范围。必须指出的是，保险标的是客体，而客体是不可能变更的，因此保险合同客体的变更是在保险标的不发生更换的前提下，保险标的的范围发生部分变更。如财产保险合同中，保险标的出现种类变化、数量增减、用途改变、危险程度增加、保险价值明显增加或减少等情况时，被保险人可以向保险人提出保险合同客体变更的申请。人身保险合同的客体是被保险人的生命或寿命，因此一般不可能出现被保险人变更的情况，只有少数险种，如意外伤害保险合同中，如果被保险人职业发生变化，可能导致客体的变更。

3）保险合同内容的变更。保险合同内容的变更是指当事人双方权利和义务的合同条款的变更。当投保人或被保险人提出增加或减少保险费、改变保险费的支付方式、扩大或缩小保险责任范围和条件、扩大或缩小责任免除范围和条件、延长或缩短保险期限等要求时，会导致保险合同内容的变更。保险合同客体变更时，也往往引起保险合同内容的变更。

4）保险合同变更的程序。投保人或被保险人向保险人提出变更保险合同的书面申请。保险人审核变更请求后，作出相应决定，如需增加保险费的，投保人应按规定补缴，如应减少保费的，保险人须返还。保险人签发批单，保险合同变更生效。

3. 保险合同的解除

保险合同的解除是指在保险合同有效期限内，当事人双方依法或根据保险合同的约定解除保险合同的行为。保险合同的解除分为投保人解除和保险人解除。

1）投保人解除保险合同。保险合同是合意合同，因此保险合同只要不是《保险法》规定的不得解除合同的险种，投保人在保险合同有效期内可以随时解除保险合同。如我国《保险法》第五十条规定："货物运输保险合同和运输工具航程保险合同，保险责任开始后，合同当事人不得解除合同。"

2）保险人解除保险合同。为保证被保险人或受益人的权利，《保险法》有明确的规定，保险人不得随意解除保险合同，只有在投保人、被保险人或受益人有违约或违法行为时，保险人才能解除保险合同。我国《保险法》规定保险人可以解除保险合同的情况主要有如下几种。

① 投保人不履行如实告知义务。《保险法》第十六条规定："投保人故意或者因重大过失未履行前款规定的如实告知义务，足以影响保险人决定是否同意承保或者提高保险费率的，保险人有权解除合同。"这条规定说明，只要投保人存在不履行如实告知义务事实，不管是故意还是过失，都有可能导致保险人解除保险合同。《保险法》第十六条还规定了保险人对故意不履行和过失不履行两种情形不同的解除保险合同的方法。

前款规定的合同解除权，自保险人知道有解除事由之日起，超过30日不行使而消灭。自合同成立之日起超过两年的（指人寿保险），保险人不得解除合同；发生保险事故的，保险人应当承担赔偿或者给付保险金的责任。

投保人故意不履行如实告知义务的，保险人对于合同解除前发生的保险事故，不承担赔偿或者给付保险金的责任，并不退还保险费。

投保人因重大过失未履行如实告知义务，对保险事故的发生有严重影响的，保险人对于合同解除前发生的保险事故，不承担赔偿或者给付保险金的责任，但应当退还保险费。

保险人在合同订立时已经知道投保人未如实告知的情况的，保险人不得解除合同；发生保险事故的，保险人应当承担赔偿或者给付保险金的责任。

② 被保险人或受益人谎称发生保险事故骗保。《保险法》第二十七条规定："未发生保险事故，被保险人或者受益人谎称发生了保险事故，向保险人提出赔偿或者给付保险金请求的，保险人有权解除合同，并不退还保险费。"

这条规定了保险人解除保险合同的两个条件，一是谎称发生了保险事故，二是提出了索赔。这两个条件缺一不可，否则保险人不得解除保险合同。

③ 投保方故意制造保险事故。《保险法》第二十七条还规定："投保人、被保险人故意制造保险事故的，保险人有权解除合同，不承担赔偿或者给付保险金的责任。"这条规定明确指出，只要投保方有故意制造保险事故的事实，不管其是否进一步提出索赔请求，保险人即可解除保险合同。

《保险法》第四十三条还规定："投保人故意造成被保险人死亡、伤残或者疾病的，保险人不承担给付保险金的责任。投保人已交足二年以上保险费的，保险人应当按照合同约定向其他权利人退还保险单的现金价值。"

受益人故意造成被保险人死亡、伤残、疾病的，或者故意杀害被保险人未遂的，该受益人丧失受益权。第四十三条其实是专指人寿保险。

④ 投保方不履行安全责任。《保险法》第五十一条规定："投保人或被保险人未按照约定履

行其对保险标的安全应尽责任的，保险人有权要求增加保险费或解除合同。"在保险合同中，投保人或被保险人对保障保险标的的安全有明确的责任条款的，如果不履行这些责任条款，保险人当然有权要求增加保险费，甚至可以解除保险合同。

⑤ 保险标的的危险程度增加。《保险法》第四十九条规定："因保险标的转让导致危险程度显著增加的，保险人自收到前款规定的通知之日起30日内，可以按照合同约定增加保险费或者解除合同。保险人解除合同的，应当将已收取的保险费，按照合同约定扣除自保险责任开始之日起至合同解除之日止应收的部分后，退还投保人。"

被保险人、受益人未履行本条规定的通知义务的，因转让导致保险标的的危险程度显著增加而发生的保险事故，保险人不承担赔偿保险金的责任。

这条规定说明，被保险人将保险标的的危险程度增加的事实及时通知了保险人，保险人也要视保险标的的危险程度增加的大小，决定以后的行为，如果保险标的的危险程度增加不大，可以默认或提出增加保险费，如果保险标的的危险程度增加太大，即风险太大，可以解除保险合同。

3）保险合同解除的程序。先由解约方向对方发出解约通知书，然后经双方协商一致后解除合同，如果协商不一致，可通过仲裁或诉讼解决。

4. 保险合同的终止

保险合同的终止是指保险合同双方当事人取消保险合同确定的权利和义务的行为。当合同终止后，保险合同的法律效力也就终止了，当事人双方失去其享有的权利，当然也不用履行其应承担的责任。保险合同的终止可分为以下几种。

1）自然终止。保险合同的自然终止是指保险合同期限届满而即刻终止，这是保险合同终止最普遍、最基本的方式。保险期间未发生任何保险事故，期满后保险合同自然终止。保险期间发生保险事故，保险人赔付保险金后，但不是全部保险金额，合同将继续有效，这种情况在机动车辆保险中最常见，直至保险期满而自然终止。

2）义务履行而终止。义务履行而终止是指保险事故发生后，保险人履行了赔付保险金的全部责任，导致合同终止。这里的全部责任，是指发生了保险人应当按约定的保险金额全部赔付的保险事故。保险人承担了保险合同约定的应承担的全部责任，因此因保险人履行了全部义务而导致合同终止。

3）当事人行使终止权而终止。当事人行使终止权是指保险标的发生部分受损，在保险人赔偿后，双方当事人都可以终止合同的情况。如果是投保人终止合同，必须在保险人赔偿后30天内提出。除合同约定不得终止合同以外，保险人也可以终止合同，但应当提前15天通知被保险人，并将保险标的的未损部分的保费，在扣除已经给予保障期间的应收部分后，退还给投保人。

4）解除合同而终止。保险合同的解除就是提前终止合同，合同双方当事人失去保险合同约定的权利和义务。

八、保险合同的履行

在保险合同的有效期内，当事人双方都必须履行自己在保险合同中约定的义务，以保证对方行使自己的权利。保险合同的履行分投保方履行和保险人履行两种。

1. 投保人义务的履行

1）履行缴纳保险费义务。向保险人缴纳保险费是投保人最基本的义务，投保人必须按照保险合同约定的缴费期限、保险费数额、缴纳方式履行自己的缴费义务。投保人未能履行缴纳保险费义务时，保险人可以中止甚至终止保险合同，也可以拒绝承担保险责任。在财产保险合同中，一般要求投保人一次性缴清保险费。在人身保险合同中，合同约定一次性缴纳的，投保人必须一次把保险费缴清；合同约定分期缴纳的，投保人须按时缴纳，在这种分期缴纳保险费的人身保险合同中，投保人按时缴纳保险费是保险合同持续有效的根本条件。

2）履行维护保险标的安全的义务。保险合同生效后，投保人或被保险人必须切实履行根据法律、合同约定的维护保险标的的安全的义务。同时在合同有效期内，还要随时接受保险人对保险标的的检查，对保险人提出的安全建议必须采取有效的整改措施。如果投保人或被保险人未履行上述义务，保险人有权要求增加保险费或解除合同。

3）履行保险标的的危险增加通知保险人义务。保险标的的危险增加是指在保险合同有效期内，保险标的的出现了订立保险合同时双方当事人未曾估计到的危险情况。例如，在人身保险合同中被保险人的工作改为危险性大的工作，在财产保险合同中保险标的的用途改变等，保险标的的这些变化，都有可能增加保险标的的危险，也可以说保险人的承保风险增加。当保险标的的危险增加后，投保人或被保险人应及时通知保险人，这是投保人或被保险人的义务。如果投保人或被保险人没有把保险标的的危险增加通知保险人，那么，因保险标的的危险程度增加而发生的保险事故，保险人不承担赔偿责任。

4）履行出险通知义务。出险通知是指在保险合同约定的保险事故发生后，被保险人及时通知保险人。履行出险通知义务，是为了便于保险人及时采取施救措施，避免保险事故的扩大和损失的增加；也有利于保险人保护现场，能更好地、公平地核定损失和事故责任。保险合同一般都有约定，投保人或被保险人履行出险通知义务的期限，如果超过了期限，由此造成的损失扩大，保险人将不承担扩大部分的保险责任；有些合同甚至规定，若投保人或被保险人未及时履行出险通知义务，保险人可拒绝承担保险责任。

5）履行积极施救义务。当保险事故发生后，被保险人应尽可能积极采取施救措施，防止危险事故扩大，尽量减少损失；否则，因此而扩大的保险标的的损失，保险人有权拒绝承担赔付责任。

2. 保险人义务的履行

1）履行赔付保险金义务。履行赔付保险金义务是保险人在保险合同中最基本的义务，也是保险最基本的目的。保险合同既是特殊的有偿合同，又是射幸合同；投保人支付保险费，向保险人购买保险，目的就是一旦保险事故发生，被保险人或受益人可从保险人那里获得数倍于保险费的赔偿。所以保险事故一旦发生并经确定，保险人应该及时、迅速、准确、合理地履行赔付保险金义务；否则，由此造成被保险人或受益人损失的，保险人除赔付保险金外，还要承担违约责任。

2）履行承担施救及其他合理费用义务。当保险事故发生后，为降低事故损失，减少保险人的赔付保险金额，投保人采取施救措施，是投保人的义务；但承担在施救过程中的费用及其他费用是保险人必须履行的义务。这些费用一般包括：

① 施救过程中的费用。在保险事故发生时，为阻止事故的继续和扩大，减少保险标的的损失，投保人或被保险人履行施救义务而采取施救措施，必然会付出各种施救费用，只要这种费用是必需的、合理的，保险人应当全额承担。

② 保险事故发生后支出的费用。保险事故发生后，为保护好事故现场，等待事故性质的鉴定，妥善处理损失或未遭损失的保险标的，被保险人也要付出一定的费用，这部分费用也应由保险人承担。

③ 核定事故性质和评估保险标的损失的费用。这部分费用主要用于核定事故的性质、原因所支付的勘察及鉴定费用，评估保险标的的损失程度而支付的费用等。

④ 仲裁或诉讼等其他费用。如果保险事故是由第三者造成的，投保人或被保险人为了保险

人利益，向第三者索赔时，需要仲裁或诉讼所支付的费用，保险人应承担这部分费用。

九、保险合同的解释和争议的处理

1. 保险合同的解释

保险合同的解释是对保险合同约定的条款的理解和说明。保险合同生效后，在双方当事人履行自己的权利和义务时，对保险合同的不同解释，往往会影响双方当事人各自的权利和义务，从而造成保险纠纷，同时，由于保险是一项扶弱扶困的具有公益性的事业，对保险合同的不同理解和解释，还有可能导致社会的不稳定。因此必须规范保险合同的解释，保险合同的解释原则如下。

1）文义解释。文义解释就是对保险合同中条款的文字按照通用的、一般的含义来解释。具体的方法如下：保险合同中的用词应按通用文字含义并结合上下文来解释；保险合同的专业术语应按该行业通用的文字含义解释；同一合同出现的同一词的含义应一致。

2）意图解释。当保险合同的某些条款文义不清、用词混乱或含糊时，必须采用意图解释的原则来解释，即以当时订立保险合同的真实意图来解释合同。在实际操作中，应尽量避免意图解释，防止意图解释过程中可能出现的主观性和片面性。

3）有利于被保险人或受益人的解释。由于保险合同中的条款通常是由保险人事先制定的，保险人在制定保险合同条款时，会充分考虑其自身利益，投保人在订立保险合同时，只能同意或不同意接受保险条款，而一般不能修改合同条款。当保险合同某些条款出现模棱两可、语义含混不清或一词多义时，必须用有利于被保险人或受益人的原则来解释保险合同。这不仅是《中华人民共和国合同法》（以下简称《合同法》）和《保险法》所规定的，而且有利于保护弱势群体。

4）尊重保险惯例。保险业是一个特殊的、专业性极强的行业，在长期的业务经营活动中，保险业产生了许多专业用语和行业习惯用语，这些用语为世界各国保险经营者所承认和接受，所以在解释保险合同中的这些用语时，不仅要考虑其一般含义，而且还要考虑其在保险合同中的特别含义，即在这种情况下，按尊重保险惯例的原则来解释保险合同。

案例1-4

2. 保险合同争议的处理

当投保人、被保险人或受益人和保险人对保险合同出现了各自的解释，又无法达成妥协时，便产生了保险合同的争议。保险合同争议的处理方法通常有两种：一是仲裁，二是诉讼。仲裁机关或人民法院应当用有利于被保险人或受益人的原则来解释保险合同，并作出公正的裁决。

第五节 保险的基本原则

一、保险利益原则

1. 保险利益原则概述

《保险法》第十二条："保险利益是指投保人或被保险人对保险标的具有的法律上承认的利益。"它实际上体现了投保人或被保险人与保险标的之间存在的利害关系。如果保险标的安全，投保人或被保险人可以从中获益；而一旦保险标的受损，被保险人必然会蒙受损失。正是由于保险标的与被保险人的经济利益息息相关，投保人才会为保险标的投保以转嫁各种可能发生的风险，而保险公司通过风险分摊来保障被保险人的经济利益。投保人对保险标的不具有保险利益的，保险合同无效。其他国家的保险法对此也都有明确的规定。所以，保险利益是保险合同成立的必要条件之一。

2. 保险利益成立的条件

保险利益是保险合同得以成立的前提，保险利益必须符合下列条件。

1）必须为法律上所认可的利益。法律上所认可的利益又称为适法的利益，即法律上承认的利益。也就是说，只有得到法律认可和保护的利益受到损害才能构成保险利益。不法利益，不论当事人是何种意图，均不能构成保险利益，所签订的保险合同均无效。如投保人以盗窃的汽车或购买来的赃车投保，该保险合同无效。此外，法律上不予承认或不予保护的利益也不构成保险利益。

2）必须为经济上的利益。经济上的利益是可以用货币计算和估价的利益，又称金钱上的利益。如果被保险人遭受的损失不是经济上的，就不能构成保险利益。例如，政治利益的损失、竞争失败、精神创伤等，可能与当事人有利害关系，但这种利害关系不是经济上的，就不构成可保利益。如果因上述原因导致当事人的经济损失，则可以构成保险利益。行政处分、刑事处罚等虽也可造成当事人经济损失，但从公共利益出发，对于此类经济损失，保险不予保障。

3）必须是确定的利益。确定的利益是指已确定或可以确定的利益。它包括两层含义：其一是能够用货币估价的。如古董、名字画可能价值连城，但如果投保就必须有一个确定的货币金额，利益的多少将以这个价格来确定。对于无价之宝，没有办法确定其价格，保险人就无法承保。随着现代经济的发展，真正的"无价之宝"越来越少，绝大多数财产都可以确定其价格。其二是这种确定的利益是指事实上或客观上的利益，而不是当事人主观估计的利益。这种事实上的利益包括现有利益和期待利益。现有利益比较容易确定，期待利益就容易引起争议。过去，像法国海事条例就对期待利益的保险明文禁止。随着保险技术的发展与完善，期待利益也可以准确地计算出来，如利益损失保险就是直接以期待利益作为保险标的的保险。

3. 保险利益原则存在的意义

保险利益原则规定，投保人对保险标的要具有法律上承认的利益，否则保险合同无效。坚持保险利益原则的意义主要在于以下方面。

1）避免赌博行为的发生。保险与赌博都具有射幸性，但保险与侥幸图利的赌博有本质的区别，保险利益决定了保险人不可能额外获利。因保险基金通过大数法则由广大投保人分担，即使没有得到赔款，也不会导致投保人负担很重。这就可以有效地避免保险成为赌博和类似赌博的行为。

2）防止道德风险。这是指被保险人为了索取保险人的赔偿而违反道德，故意促使保险事故的发生，或者在发生保险事故时放任损失的扩大。如果投保人对于保险标的不具有保险利益而与保险人订立保险合同，就极容易发生道德风险。以汽车保险为例，如果投保人在无保险利益的情况下订立了汽车保险合同，则保险汽车随时有被破坏和焚毁的可能。反之，即使保险标的因保险事故受损，被保险人最多也只能获得原有的利益。因此，保险利益原则可有效地防止发生道德风险。

3）有效地限制了保险补偿的程度。财产保险以损害补偿为目的，当保险事故发生时，被保险人所能获得的赔偿额度以保险利益为最高限度。也就是说，投保人或被保险人对超过保险标的实际价值的部分，不具有保险利益。如某车主将其价值20万元的汽车投保，在保险事故发生时，他最多只能得到20万元的保险赔款。即便是他投保了25万元的保险金额，并多交了保险费，也不能获得超过车辆价值以外的赔款，因为他对超过其车辆实际价值的部分金额没有保险利益，投保是无效的。因此，保险利益原则可以有效地限制保险赔偿的程度。

4. 保险利益的转移与消灭

1）保险利益的转移。保险利益的转移是指在保险合同的有效期内，投保人将保险利益转移给受让人，而保险合同仍然有效。一般保险利益转移有继承、让与和破产三种原因。

对于继承来说，国际上大多数国家的立法承认，对于财产保险中的被保险人死亡，其继承人可以自动获得保险利益。也就是说，继承人的保险利益在保险合同中继续存在。就人身保险而言，情况有所不同。对于死亡保险和两全保险，被保险人死亡，保险人就应当承担保险金的给付责任，保险合同终止；如因其他原因或因除外责任导致被保险人死亡，因保险标的消失，保险合同同样终止，不存在保险利益的转移问题。只有当人身保险合同为债权、债务等一般利害关系而订立，则在被保险人死亡的情况下，继承人仍可继承该人身保险合同的利益。

在财产保险中，保险利益是否因保险标的的让与而转移，各国立法规定不一。德国、日本、法国、瑞士和我国的台湾地区，承认保险利益随保险标的的让与而转移，保险合同继续有效。而像奥地利等国家规定，保险标的如果是不动产，保险利益可以转移；如果为动产，则保险利益不得转移，保险合同因保险标的的让与而失效。在我国，对于保险标的让与后保险利益是否转移，没有法律的明确规定。但在保险业务实践中，对某些险种，如海上货物运输保险，承认保险标的让与后，保险合同继续生效。

在财产保险中，被保险人破产，保险利益转移给破产债权人和管理人，但通常规定一个有效的期限。在期限内，保险合同继续有效，发生保险事故后，破产债权人和管理人享有请求权。

2）保险利益的消灭。对于财产保险，一旦保险标的的灭失，保险利益就消失。对于人身保险，被保险人因规定的除外责任而死亡，如自杀、因被判死刑而枪决等，均构成保险利益的消失。

5. 保险利益的时效

在财产保险中，一般要求从保险合同订立到合同终止，始终都存在保险利益，如果投保时具有保险利益，发生损失时已丧失保险利益，则保险合同无效，被保险人无权获得赔偿。但为了适应国际贸易惯例，海洋货物运输保险的保险利益在时效上具有一定的灵活性，规定在投保时可以不具有保险利益，但索赔时被保险人对保险标的必须具有保险利益。

二、最大诚信原则

1. 最大诚信原则及其存在的原因

1）最大诚信原则的含义。所谓诚信是指诚实可靠、坚守信誉，这是订立各种合同的基础。鉴于保险关系的特殊性，法律对于诚实信用的要求超过其他民事活动。如果投保人欺诈或隐瞒，就有可能导致保险人判断失误和上当受骗，故保险合同也被称为"最大诚信合同"。

所谓最大诚信原则是指保险合同双方当事人对于与保险标的有关的重要事实，应本着最大诚信的态度如实告知，不得有任何隐瞒、虚报、漏报或欺诈。这是任何当事人在保险合同有效期内，履行自己的义务所应遵的基本原则之一。

2）最大诚信原则存在的原因。所谓重要事实是指那些足以影响保险人判别风险大小、确定保险费率或影响其决定承保与否及承保条件的每一项事实。对保险人而言，它可以使保险人有效地选择风险和控制风险，有利于维护保险活动的经营秩序；对于被保险人而言，最大诚信原则可以确保其承担的保险费率合理。被保险人对保险标的的情况最清楚，而对于保险合同的条款内容，保险人最清楚。因此，只有如实告知，诚实信用，双方当事人才能互相清楚。

为此，《保险法》第五条规定："保险活动当事人行使权利、履行义务应当遵循诚实信用原则"；第十七条规定"订立保险合同，采用保险人提供的格式条款的保险人向投保人提供的投保单位应当附格式条款，保险人应当向投保人说明合同的内容。"

2. 最大诚信原则的内容

最大诚信原则的内容主要是告知、保证、弃权与禁止反言。

1）告知。告知分为狭义的和广义的告知两种。狭义的告知仅指合同双方当事人在订约前与订约时，互相据实申报与陈述。广义的告知是指合同订立之前、订立时和合同有效期内，投保人应对已知的或应知的和保险标的有关的实质性重要事实，向保险人作口头的或书面的申报，保险人也应将与投保人利害直接相关的实质性重要事实据实通告投保人。最大诚信原则所指的告知是广义的告知，对于保险人来说，通常称为据实说明义务；对于投保人或被保险人来说，通常称为如实告知义务。这种告知并不是保险合同的组成部分，但对保险合同的签订与履行至关重要。

告知的内容包括：

① 合同订立时，保险人应当主动向投保人说明保险合同条款内容，以及费率和其他可能会影响投保人作出投保决定的事实。

② 合同订立时，根据询问，投保人或被保险人对于已知的与保险标的及其危险有关的重要事实作如实回答。

③ 保险合同订立后，如果保险标的的危险增加，被保险人应当及时通知保险人。

④ 保险事故发生后，被保险人应及时通知保险人。

⑤ 重复保险的投保人，应将重复保险的相关情况通知保险人。

⑥ 保险标的转让时，投保人应及时通知保险人，经保险人同意继续承保后，方可变更合同。

保险人的告知形式包括明确列明和明确说明两种。明确列明是指保险人只需将保险的主要内容明确列明在保险合同中，即视为已告知被保险人；明确说明是指保险人在明确列明的基础上，还需要对投保人进行明确的提示和正确的解释。在国际上，通常只要求保险人采用明确列明的告知形式。我国为更好地保护被保险人的利益，要求保险人采用明确说明的告知形式，需要对保险条款、责任免除等保险的主要内容加以解释。

2）保证。这是指投保人或被保险人在保险期内，担保对某一投保事项的作为和不作为，或担保某一事项的真实性。投保人或被保险人违反保证条款，无论是否给保险人造成损害，保险人均有权解除合同，并不承担赔偿或给付保险金的责任。

保证分为明示保证和默示保证。明示保证是以语言、文字和其他习惯方式在保险合同内说明的保证。保险人为慎重起见，在保险合同中安排一个固定格式，让投保人承认保单上的保证条款，这是保险单的一部分，投保人必须遵守。默示保证是指在保险单中，虽没有文字明确列出，但在习惯上已经被社会公认为是投保人或被保险人应该遵守的事项，如要求被保险的车辆必须有正常的行驶能力等。

3）弃权与禁止反言。弃权是指保险人放弃其在保险合同中可以主张的某些权利。禁止反言是指保险人已放弃某种权利，明确日后不得再向被保险人主张这种权利。

3. 违反最大诚信原则的处理

1）违反告知义务，可以视情况决定是否从违约开始废止保险合同，也可以对某一个索赔案拒绝赔付。违反告知义务主要表现为遗漏、隐瞒、伪报、欺诈等行为。受害方有如下权利：

① 废除保险合同。

② 如果涉及欺诈行为，除了可以废除保险合同外，还可以向对方索赔损失。

③ 可以放弃上述两种权利，保险合同继续生效。

2）受害方必须在发现违反最大诚信原则的合理时间内选择上述权利，否则，被认为自动

案例1-5

案例1-6

案例1-7

案例1-8

案例1-9

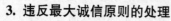

放弃。

我国《保险法》第十六条对违反最大诚信原则有如下具体规定：

订立保险合同，保险人就保险标的或者被保险人的有关情况提出询问的，投保人应当如实告知。投保人故意或者因重大过失未履行前款规定的如实告知义务，足以影响保险人决定是否同意承保或者提高保险费率的，保险人有权解除合同。

前款规定的合同解除权，自保险人知道有解除事由之日起，超过三十日不行使而消灭。自合同成立之日起超过二年的，保险人不得解除合同；发生保险事故的，保险人应当承担赔偿或者给付保险金的责任。投保人故意不履行如实告知义务的，保险人对于合同解除前发生的保险事故，不承担赔偿或者给付保险金的责任，并不退还保险费。

投保人因重大过失未履行如实告知义务，对保险事故的发生有严重影响的，保险人对于合同解除前发生的保险事故，不承担赔偿或者给付保险金的责任，但应当退还保险费。

保险人在合同订立时已经知道投保人未如实告知的情况的，保险人不得解除合同；发生保险事故的，保险人应当承担赔偿或者给付保险金的责任。

保险事故是指保险合同约定的保险责任范围内的事故。

三、近因原则

1. 近因原则的含义

保险的基本职能就是对被保险人的经济损失进行充分而及时的补偿，近因原则是确定保险损失赔偿责任的一项基本原则。

保险关系上的近因，并非是指在时间上或空间上与损失最接近的原因，而是指造成损失的最直接、最有效的、起主导作用或支配性作用的原因。在风险与保险标的损失关系中，如果近因属于被保风险，保险人应负赔偿责任；近因属于除外风险或未保风险，则保险人不负赔偿责任。

由于保险事故发生的原因有时很复杂，如果有多个原因同时起作用，近因就是导致损失结果的决定性的原因。近因原则是指危险事故的发生与损失结果的形成有直接的因果关系，保险人才对发生的损失负赔偿责任。

2. 保险事故中近因的判定

根据保险实践，产生事故损失的原因可分为单一原因造成的损失、多种原因相关联造成的损失和原因不明的损失三种类型。

1）判定单一原因造成的损失的近因。单一原因是指事故的近因只有一个，不是属于保险责任，就是属于除外责任，保险人只负责赔偿由于承保风险造成的损失。如某汽车投保了盗抢险，汽车丢失的近因是被盗窃，因此保险人应负赔偿责任。

2）判定多种原因相关联造成损失的近因。在保险业务中常常会遇到某一事故损失是由几种原因同时造成的，其中有保险单上列明的保险责任，有除外责任，也有未列明的其他原因。如果能分清各种原因对损失的影响程度，保险人就可以对其应负担的损失给予赔偿。但有时分不清主次原因，应该按照下列规定判定损失近因：

① 保险合同上未列明的其他原因导致所造成的损失，一般属于保险责任，应给予赔偿。

② 由除外责任导致保险责任发生所造成的损失，一般不属于保险责任，不予赔偿。

③ 由保险责任导致的除外责任所造成的损失，一般应给予赔偿。

3）判定原因不明损失的近因。这一般要根据客观事实进行推断。首先，要广泛收集造成损失的各种资料，为判定近因作准备；然后，根据所掌握的资料，科学地分析造成损失的主要原因，从而正确确定近因。

3. 判定保险事故近因的原则

保险实践表明，保险责任近因的判定，应从事故的起因对事件的作用大小来考虑，而不是从时间的先后顺序上考虑，一般应遵循以下原则。

1）如果事故是由保险责任和其他未指明的原因同时导致的，保险责任为近因。

2）如果事故是由保险责任与除外责任同时导致的，除外责任为近因。

3）如果事件有连续性，最初的事件为近因。

4）如果发生损失的各因素可以分开，保险人仅负责保险责任，除外责任及保险责任以外的风险不予负责；如果发生损失的各因素不能区分开，保险人负全部损失的赔偿责任。

案例1-10

四、损失补偿原则

1. 损失补偿原则的含义

损失补偿原则是指保险标的发生保险责任范围内的损失时，保险人给予被保险人的补偿，只能使被保险人在经济上恢复到受损前的状态，而不允许被保险人通过索赔额外获得经济利益。这种损失补偿有两层含义：其一是投保人与保险人订立保险合同后，一旦发生保险责任范围内的损失，被保险人就有权获得全面而充分的赔偿，以补偿保险标的的损失；其二是保险人对被保险人的赔偿，恰好能使保险标的恢复到保险标的发生损失以前的状况，保险赔偿不能高于实际损失。保险人的赔偿额不仅包括被保险人的实际损失价值，还包括被保险人花费的施救费用、诉讼费用等，其目的就是为了鼓励被保险人积极抢救保险标的，以减少损失。如果补偿超过了保险标的的实际损失，就使被保险人因保险事故的发生获得了额外利益。这样，可能会产生许多不良后果。因为保险的职能是补偿被保险人因保险事故造成的损失，从而达到社会安定的目的。如果保险能够给被保险人带来额外的利益，就可能导致个别不法之徒故意制造保险事故，以此谋取好处，诱发道德风险，为社会带来新的危害和不稳定因素。因而，所确定的"保险人支付的赔偿限额不应该超过被保险人的实际损失"的损失补偿原则，可有效地杜绝保险上的投机和不法行为，防范道德风险的发生。

2. 损失补偿原则的限制条件

1）以实际损失为限。在补偿性保险合同中，保险标的遭受损失后，保险赔偿以被保险人所遭受的实际损失为限，全部损失全部赔偿，部分损失部分赔偿。

2）以保险金额为限。保险金额是指保险人承担赔偿或者给付保险金责任的最高限额。赔偿金额只能低于或等于保险金额而不能高于保险金额。因为保险金额是以被保险人已收取的保费为条件确定的保险最高责任限额，超过这个限额将使保险人处于不平等地位。即使发生通货膨胀，仍以保险金额为限。

3）以保险利益为限。保险人的赔偿以被保险人所具有的保险利益为前提条件和最高限额。被保险人所得的赔偿以其对受损保险标的的保险利益为最高限额。财产保险中，如果保险标的受损时财产权益已经全部转让，则被保险人无权索赔；如果受损时保险财产已转让，则被保险人对已转让的财产损失无索赔权。

3. 损失补偿的派生原则

（1）代位原则 代位原则是损失补偿原则的派生原则。保险的代位，指的是保险人取代被保险人的求偿权和对标的的所有权。代位原则是指保险人依照法律或保险合同的约定，对被保险人遭受的损失进行赔偿后，依法取得向对损失负有责任的第三者进行追偿的权利，或取得被保险人对保险标的的所有权。

代位原则只在财产保险中适用，不适合于寿险合同。寿险中的被保险人死亡，受益人可以同时得到保险人给付的保险金和加害人支付的赔偿金，因为人的价值无法确定，不存在额外受益问题。

代位原则由代位追偿和物上代位两部分组成。

1）代位追偿。

① 代位追偿又称为权利代位，是指在财产保险中，由于第三者的过错致使保险标的发生保险责任范围内的损失，保险人按照保险合同的约定给付了保险金后，有权将自己置于被保险人的地位，获得被保险人有关该项损失的一切权利和补偿。

《保险法》第六十条明确规定："因第三者对保险标的的损害而造成保险事故的，保险人自向被保险人赔偿之日起，在赔偿金额范围内代位行使被保险人对第三者请求赔偿的权利。"《合同法》和《中华人民共和国财产保险合同条例》对代位追偿也作了类似的明确规定。保险合同的代位追偿制度在很多国家的法律中均作了规定，如日本的法律规定："保险人支付保险标的的全部保险赔偿金额后，应当代位取得被保险人对残余物的一切权利。"

保险合同中的代位追偿，实际上是保险补偿原则的延伸和派生。财产保险合同是经济补偿合同，具有经济补偿性，保险人只能对被保险人的实际损失进行补偿。在财产保险中，因第三者对保险标的的损害而造成保险事故的，受害人（被保险人）与致害人、被保险人与保险人之间存在两种不同的法律关系。一方面，根据被保险人与保险人因保险标的有关利益签订的保险合同而产生的民事合同法律关系，当发生合同约定的保险事故时，保险公司依约承担赔偿责任。另一方面，受害人（被保险人）与致害人之间是一种因侵权行为而产生的一种民事侵权法律关系，致害人按照有关法律规定承担民事赔偿责任。当由于第三者原因导致的保险事故发生后，被保险人既可以根据保险合同向保险人索赔，也可以根据有关法律向致害人请求予以赔偿。另外由于财产保险合同是补偿性合同，被保险人不能因为发生保险事故既向保险人索赔又向致害人索赔，从而获得超出其损失金额的赔偿。因此，被保险人如果向保险人提出赔偿要求，根据保险合同的约定，保险人支付被保险人的保险赔偿金后就取得向第三者追偿的权利，被保险人将与第三者之间的债权转让给保险人，从而在保险人与第三者之间形成一种特殊的债权债务关系。实质上，保险人代位追偿权的取得是一种债权的转让。只要保险人支付了赔偿金，被保险人就自动地将向第三者追偿的权利转让给保险人。这符合保险合同的补偿原则和公平原则。

② 代位追偿权产生的条件。代位追偿权是保险人取得被保险人作为受害人的地位，行使向致害人（侵权者）进行民事侵权索赔的权利。根据《保险法》的有关规定及保险原则，代位追偿权的产生应具备以下条件：

a）保险标的的损失必须是由第三者造成的，依法应由第三者承担赔偿责任。所谓第三者是指保险人与被保险人以外的人。造成损失的原因主要包括：

i 由于第三者的侵权行为造成保险标的的损失，第三者依法应该承担民事赔偿责任。例如因第三者的碰撞造成保险车辆的损失。

ii 第三者违反合同约定依法应承担违约责任。由于第三者的故意或者过失使保险标的遭受损失，或无论第三方有无过错造成保险标的的损失，根据合同约定都应承担的民事赔偿责任。

iii 第三者的不当得利。如保险标的丢失后，第三方非法占有保险标的。

b）保险标的的损失是保险责任范围内的损失，根据保险合同的约定，保险公司理应承担赔偿责任。如汽车保险中的车辆损失险，保险车辆因碰撞发生保险事故造成损失，根据保险合同的约定，保险公司应负责赔偿。如果不属于保险责任范围内的损失，则不适用代位追偿。

c）代位追偿权的产生必须在保险人给付保险金之后，保险人才能取代被保险人的地位与第三者产生债务债权关系。

③ 代位追偿权的行使。代位追偿的对象是负民事赔偿责任的第三者，既可以是法人、自然人，也可以是其他经济组织。被保险人的近亲属过失行为造成的被保险财产损失，不适用代位追偿的规定。

a）代位追偿的范围。

i 保险人通过代位追偿得到的第三者的赔偿额度，只能以保险人支付给被保险人的实际赔偿的保险金额为限，超出部分的权利属于被保险人，保险人无权处理。

ii 如果被保险人向有责任的第三者请求并得到全部赔偿，保险人不再履行任何赔偿义务，无代位追偿可言。

iii 如果被保险人向有责任的第三者请求并得到部分赔偿，他仍然有权向保险人提出索赔要求，保险人的赔偿责任是保险标的的实际损失与被保险人已获得第三者赔偿的差额。对于此差额部分，保险人具有代位追偿权。

按照各国的法律，如果被保险人放弃向第三者的追偿权，他也同时放弃了向保险人请求赔偿的权利。保险人既可以以被保险人的名义，也可以以保险人的名义，还可以以双方的名义行使代位追偿权。保险人以被保险人的名义行使追偿权，是因为保险合同具有补偿性的特点，被保险人不得重复获得经济补偿，而不是保险人代替第三者赔偿经济损失后被保险人再向第三者追偿。

b）代位追偿权的时效。代位追偿权虽然基于保险合同法律关系而产生，一旦保险人取得后，它又成为独立于保险合同法律关系以外的另一种债权的法律关系。由于代位追偿实际上是债权的转让，是被保险人将债权转让给保险人，仍适用于被保险人与第三者之间的一种特定债权债务关系，不能以保险合同的法律关系来确定代位追偿的时效与管辖权。这就需要保险人在代位追偿中，一定要注意时效问题，尽快处理完保险赔偿并取得被保险人的支持，积极有效地在法律规定的时效内向第三者进行追偿，维护自己的合法权益。

为防止被保险人因作出某种承诺而损害保险人的利益，各国法律均对代位追偿权的行使作出了规定。如规定保险事故发生后，如为第三者的责任，被保险人在向保险人提出赔偿请求的同时，应向负有责任的第三者也提出赔偿要求，或者采取措施保留保险人的代位追偿权；被保险人向负有责任的第三者作出的任何承诺，或与其达成某种协议时，都应征得保险人的同意。否则，如因被保险人的作为或不作为而致使保险人的代位追偿权遭到损害时，保险人有权在赔款中予以相应的扣减。

《保险法》第六十一条对代位追偿权的行使作了明确规定："保险事故发生后，保险人未赔偿保险金之前，被保险人放弃对第三者请求赔偿的权利的，保险人不承担赔偿保险金的责任。保险人向被保险人赔偿保险金后，被保险人未经保险人同意放弃对第三者请求赔偿的权利的，该行为无效。被保险人故意或因重大过失致使保险人不能行使代位请求赔偿的权利的，保险人可以扣减保险或者要求返还相应的保险金。"

目前，我国各保险公司的机动车辆保险条款一般对此都有明确规定，例如太平洋财产保险股份有限公司的机动车辆综合险中规定：保险事故发生后，保险人未赔偿保险金之前，被保险人放弃对第三方请求赔偿权利的，保险人不承担赔偿责任；保险人向被保险人赔偿后，被保险人未经保险人同意放弃对第三方请求赔偿权利的，该行为无效；由于被保险人的过错致使保险人不能或不能充分行使代位请求赔偿权利的，保险人可以相应扣减保险赔偿金。

案例1-11

作为保险人在行使代位追偿权时应注意两种错误观念：一是认为保险人只承担被

保险人有责任的事故造成的损失；一是认为只要保了险，尽管被保险人没有责任，只要致害人不予支付事故损失，经被保险人请求愿意将向第三方追偿的权利转让给保险人，保险人就应该对被保险人受到的损失全部进行赔偿。前一种观念错误地将汽车保险理解为责任保险。后一种观念忽视了"保险合同是一种有价合同，保险行为是建立在保险合同基础上的一种商业行为"的道理，合同双方当事人应按照合同规定的权利与义务进行索赔与赔偿。

案例1-12

2）物上代位。物上代位是指保险标的在发生保险责任事故遭受损失后，在履行了对被保险人的赔偿义务后，保险人就代位取得对受损的保险标的的所有权。《保险法》第五十九条对此有具体规定："保险事故发生后，保险人已支付了全部保险金额，并且保险金额相等于保险价值的，受损保险标的的全部权利归于保险人；保险金额低于保险价值的，保险人按照保险金额与保险价值的比例取得受损保险标的的部分权利。"

（2）分摊原则　这是损失补偿原则的又一个派生原则，它的特点是被保险人所能得到的赔偿金，由各保险人采用适当的办法进行损失分摊，因此它适用于重复保险。

分摊原则是指投保人对同一标的的、同一保险利益、同一保险事故分别与两个以上保险人订立保险合同的，构成重复保险，其保险金额的总和往往超过保险标的的实际价值。发生事故时，按照补偿原则，不能由几个保险人同时赔偿实际保险金额，只能由这几个保险人根据不同比例分摊此金额，以免造成重复赔款。

案例1-13

无论采用什么原则进行损害补偿，被保险人获得的赔偿总额以实际损失为限，不受保险人的多少影响。也就是说，被保险人不能获得超过实际损失以外的不当利益。

1）损失分摊的条件。损失分摊的条件必须是同样的保险利益、同一保险标的的、相同的风险及同一保险期间。

2）损失分摊的方式。保险人之间的赔款分摊方式有比例责任制、责任限额制、优先赔偿制等。

① 比例责任制。比例责任制是指当损失发生时，如果保险合同均属有效，按照各保险合同中承保的保险金额占总保险金额的比例分摊损失，但其赔偿总额不能超过保险标的的实际价值的分摊方式。汽车保险的综合责任险一般采用这一方式分摊。

② 责任限额制。责任限额制是指在假定无其他保险合同的情形下，就单个保险合同计算其补偿责任，再按照各保险合同的独立责任的比例分摊损失金额的分摊方式。

③ 优先赔偿制。优先赔偿制是指以多个保险合同的生效先后作为保险赔偿的顺序，后生效的保险单赔偿先生效的保险单保险金额以外的部分的分摊方式。因这种分摊方式不符合公平原则，所以目前很少使用。

第六节　保险公估

一、保险公估的起源

1666 年的伦敦大火之后，财产保险业内出现了两个极为突出的问题：

1）大面积火灾造成大量的保险标的同时出险，并且损失严重，经营火灾保险的财产保险公司的理赔查勘定损人员面临人手不够和专业水平不够的问题。两个问题中尤以后者极为突出。

2）大面积火灾造成大量的保险标的同时出险，并且损失严重，经营火灾保险的财产保险公司普遍出现惜赔现象。由于惜赔，保险理赔纠纷案急增，此时保险业的惜赔问题成为了社会问题，为了保险业的健康发展，有识之士一致认为，应由第三方独立处理保险理赔工作，保险公估人应运而生。

保险公估产生的近因是保险理赔纠纷。

保险公估业的雏形大约始于18世纪。在英国，保险理赔工作的高技术含量就已使保险公司内部专门从事理赔工作的人员难于应付。当时的理赔工作仅仅是由公司内部雇员进行现场查勘，查勘工作不但需要丰富的经验，更要相应的专业知识和技能，能够对保险标的发生损害的原区、程度、保险责任划分作出正确合理的判断，提出进一步赔偿建议，并在必要时运用法律手段协助保险人处理赔案。这种复杂的要求对于保险公司，特别是一些新成立、规模较小的公司而言是一项难题。理赔工作的成败轻者影响到保险公司的短期利润，重者会败坏公司信誉，降低其偿付能力，导致公司破产、倒闭，进而威胁保险行业、整个社会的稳定。此时，权宜之计就是将与保险理赔内容相关的各行各业的工程技术人员纳入保险理赔环节，协助保险人开展理赔业务。这些人员运用自己的专业知识向保险公司提供有关赔偿的建议，他们只与保险人相关联，相当于保险人的雇员或代理人。到了19世纪初，大多数开展火灾保险业务的保险公司都采用雇佣独立的专门技术人员作为其代理人，这类人就被称为"估价人"。可以算是保险公估人的雏形。估价人涉及建筑、测量、估价、买卖、商业及法律各个行业，并由此逐渐发展出财产估价公司。

随着火灾保险业务的进一步开展和赔案的增多，保险公司因依赖本身雇员及建筑商、测量师等各类代理人处理赔案而导致的串谋骗赔事件屡见不鲜，给保险业的发展带来了极大的损害。货运保险公司亲自赶到现场，查勘货物损失情况极为不便且不现实，到了19世纪中叶，英国防火保险委员会在研讨保险人处理各种灾难赔案时，基于上述原因和诸多考虑，认为由保险公司草率赔款实属不当，于是提出应由独立的并且具有相应法律地位的代理人即估价人负责赔案损失的调查。1867年，该委员会又进一步提出保险公司在支付赔款时，必须委托独立人士提供关于火灾原因的调查报告，使调查结果免受双方利害关系人的左右，具有客观公正性。英国防火保险委员会同时又批准并通过了一张"估价人"名单，名单列有估价人自行说明的专业技能，保险公司则必须在此名单目录中挑选，以备赔案时聘请之用。从此，雇佣独立公估人作为一种行业习惯被各保险公司接受并沿袭下来，保险公估业也开始崭新的历程。

1941年，英国保险公估人成立了自己的专业协会——公估师协会。

旧中国保险公估机构称为"公证行"，我国香港和台湾地区仍沿用至今。

二、保险公估的定义与分类

1. 公估人与保险公估人的区别

我国2002版《保险法》第一百二十三条，保险人和被保险人可以聘请依法设立的独立的评估机构或者具有法定资格的专家，对保险事故进行评估和鉴定。笔者认为这里的评估机构和具有法定资格的专家，应理解为公估人，所作的评估和鉴定是保险事故损失评估和鉴定，即损失是多少。而保险公估人不仅要对保险事故损失评估和鉴定，还要对保险责任进行认定，即该不该赔，该按多少比例赔。这是公估人与保险公估人的根本区别。2009年我国保险法修订时，考虑我国无真正意义的保险公估人，故将该条款从2009版中删除。

从20世纪80年代初，我国恢复保险业，到21世纪初这20年左右，我国有公估而几乎没有保险公估，我国的商检部门、技术监督部门、船检部门、资产评估公司、价格认证中心等各类机构都在直接或间接从事公估，但这些机构在保险事故损失评估和鉴定上有时与保险公估人也有差异，因为有时评估和鉴定标准不一样。例如，某汽车实际价值为10万元，由于保险事故造成损失需要修理，经评估修理费用需6万元，这时保险公估人认为可以修理，其原因是保险合同约定，只有修理费用达到或超过 80% 才能按推定全损处理（即值得修理），而价格认证部门按照达到或超过 50% 就可按推定全损的标准认为该车不值得修理。又如，有的汽车损失保险条款规定汽车发生保险事故以修为主，而有的汽车损失保险条款规定汽车发生保险事故以换为主，非保险公估人是不论保险合同是如何约定的，均按本行业规定进行评估与鉴定。

　　根据我国《保险公估人管理规定》第二条，保险公估人是指经中国保险监督管理委员会批准，依照本规定设立，专门从事保险标的评估、勘验、鉴定、估损、理算等业务，并据此向保险当事人合理收取费用的公司。

　　因此，公估人不能再替代保险公估人。

2. 保险公估人的分类

　　1）主要接受保险人委托的保险公估人。主要接受保险人委托的保险公估人，其实应该称之为查勘、检验代理人。严格意义上说，他们不是保险公估人，他们的佣金来自于保险人，在遵守《合同法》《保险法》《保险公估人管理规定》等相关法律、法规以及尊重保险合同的前提下，最大限度维护保险人利益是他们的职责。我国现有的保险公估公司多数属于这一类。占我国保险公估市场的 90% 以上。

　　2）主要接受被保险人委托的保险公估人。与前面相反，这类保险公估人只接受被保险人的委托，其实他应该叫索赔代理人。严格意义上说，他们也不是保险公估人，他们的佣金来自于被保险人，在遵守《合同法》《保险法》《保险公估人管理规定》等相关法律、法规以及尊重保险合同的前提下，最大限度维护被保险人利益是他们的职责。我国现有的保险公估公司属于这一类的相对较少，但是，近几年出现明显上升之势，从占我国保险公估市场的 1% 左右急速上升至 5% 左右。

　　3）主要接受保险人和被保险人（或投保人）共同委托的保险公估人。这是真正意义上的保险公估人，他们公平、公正、专业，社会影响较大，常为保险监管机关推荐的保险公估人，通常在签订保险合同时，被保险双方约定为保险合同的查勘、检验和理算人。有时甚至合同中约定了查勘、检验和理算费用的确定及支付方法。一旦发生保险事故，被保险人就立即通知保险公估人进行查勘与定损。我国有一些投资人，在投资成立保险经纪公司的同时，同时投资成立这样一类保险公估公司，但为数不多，并且业务规模较小。在保险发达国家，这类保险公估人相对较多。

　　4）独立公估人。在一些西方保险业发达的国家，有一些资深公估师，他们是某一领域专家，他们不受雇于一家公估机构，而常作为多家保险公估机构、保险人的顾问，以另一种方式从事保险公估活动。

　　以上四类保险公估人都是商业保险公估人。

　　5）只接受监管机关或司法机构委托的保险公估人。只接受司法委托的保险公估人，通常是保险监管机关、保险协会或同业公会设立的仲裁机构。他们通常不属于商业保险公估人，不以营利为目的。不属于公司行为，不是我国《保险公估人管理规定》所指的保险公估公司。

习　　题

一、单项选择题

1. 车险的"案均赔款"金额更加接近以下哪个概念？（　　　）

A. 损失概率　　　B. 损失幅度　　　C. 损失期望值　　　D. 标准差

答案：C

2. 风险的存在导致的忧虑和恐惧，这属于风险损失的什么成本？（　　　）

A. 实际成本　　　B. 无形成本　　　C. 间接成本　　　D. 额外成本

答案：B

3. 下列不属于可保风险应具备的条件是(　　)。

A. 风险必须具有现实的可测性

B. 风险必须有导致重大损失的可能

C. 风险不能使大量标的均有遭受损失的可能

D. 风险不能使大多数的保险对象同时遭受损失

答案：C

4. 保险业务种类分为财产险、人身保险、责任保险和(　　)。

A. 信用保证保险　　B. 意外险　　　C. 重疾险　　　　D. 大病医疗保险

答案：A

5. 在各种合同形态中，合同双方当事人相互享有权利、承担义务的合同叫做(　　)。

A. 有偿合同　　　B. 双务合同　　　C. 射幸合同　　　D. 附和合同

答案：B

6. 保险合同自(　　)成立。

A. 保险人向投保人签发保险单或者其他保险凭证后

B. 投保人交付保险费后

C. 投保人提出保险要求，经保险人同意承保，并就合同的条款达成协议

D. 投保人与保险人约定的保险事故发生时

答案：C

7. 保险合同的客体是(　　)。

A. 投保人于保险标的上的保险利益

B. 保险标的本身

C. 保险标的价值

D. 保险金额

答案：A

8. 下列关于保险利益确立条件的说法正确的是(　　)。

A. 保险利益只要是经济上可确定的利益即可

B. 保险利益不一定是在经济上可确定的利益

C. 保险利益一定不是在经济上可确定的利益

D. 保险利益必须是能够以货币来计算、衡量和估价的利益

答案：D

9. 投保人在投保时如果故意不如实告知的(　　)。

A. 保险人无权解除合同，若发生保险事故，应负赔偿责任

B. 保险人有权解除合同，且对于保险合同解除前发生的保险事故，既不负赔偿责任，也不退还保险费

C. 保险人有权解除合同，但不退还保险费

D. 保险人有权解除合同，对于保险合同解除前发生的保险事故不承担赔偿责任，但可以退还保险费

答案：B

10. 对损失补偿原则表述正确的是(　　)。

A. 所谓损失补偿原则，是指投保人投保后，凡有损失的保险人都应予以赔偿

B. 所谓损失补偿原则，是指当保险事故发生使被保险人遭受损失时，保险人在其责任范围内对被保险人所遭受的实际损失进行赔偿

C. 损失补偿原则就是损失多少赔偿多少

D. 损失补偿原则既适用于财产保险，也适用于人身保险

答案：B

11. 保险公估行业产生的近因是(　　)。

A. 保险理赔纠纷　　　B. 保险业大发展　　　C. 行业分工　　　D. 专业化

答案：A

12. 保险公估人和"公估人"根本区别在于(　　)。

A. 是否参与定责　　　B. 确定损失　　　C. 评估风险　　　D. 鉴定事故

答案：A

二、多项选择题

13. 以下哪些是风险的特性？(　　)

A. 客观性　　　B. 普遍性　　　C. 不确定性　　　D. 社会性

答案：A、B、C、D

14. 下列属于保险特征的是(　　)。

A. 经济性　　　B. 商品性　　　C. 互助性　　　D. 法律性

答案：A、B、C、D

15. 下列哪些属于保险的要素？(　　)

A. 可保风险的存在　　　　　　　B. 大量同质风险的集合与分散

C. 保险费率的厘定　　　　　　　D. 保险基金的建立

答案：A、B、C、D

16. 按照承包方式保险分为(　　)。

A. 原保险　　　B. 再保险　　　C. 重复保险　　　D. 共同保险

答案：A、B、C、D

17. 保险合同终止原因有(　　)。

A. 保险期间届满终止　　　　　　B. 保险标的灭失而终止

C. 履约终止　　　　　　　　　　D. 因行使解除权而终止

答案：A、B、C、D

18. 因履行交强险合同发生争议的，双方可以通过哪种方式解决？(　　)

A. 协商　　　B. 仲裁　　　C. 诉讼　　　D. 上访

答案：A、B、C

19. 在(　　)情况下，保险人可解除保险合同。

A. 投保人故意隐瞒事实不履行如实告知义务

B. 投保人、被保险人或受益人故意制造保险事故

C. 财产保险中，投保人、被保险人未按约定履行其对标的安全应尽之责任

D. 人身保险中，合同效力中止超过两年

答案：A、B、C、D

20. 保险合同的签订和执行必须遵守的原则包括(　　)。

A. 最高限额原则　　　B. 代位求偿原则　　　C. 近因原则　　　D. 可保利益原则

答案：B、C、D

21. 代位求偿权的前提条件（   ）也可以依据民法向第三者要求赔偿。

A. 保险标的损失的原因是保险责任事故

B. 是由于第三者的行为所致

C. 被保险人可以依据保险合同向保险人要求赔偿

D. 保险人取得代位求偿权是在履行了赔偿责任之后

答案：A、B、C、D

22. 保险公估人按照委托人不同，共分为哪几种？（   ）

A. 被保险人委托　　　B. 保险人委托　　　　　C. 共同委托　　　　D. 独立公估人

答案：A、B、C、D

第二章　汽车基本知识

第一节　汽车的组成

一、汽车的组成

汽车通常由发动机、底盘、车身和电气设备四个部分组成。

1. 发动机

汽车发动机是将汽车燃料的化学能转变成机械能的一个机器。大多数汽车都采用往复活塞式内燃机，它一般由曲柄连杆机构、配气机构、燃料供给系统、冷却系统、润滑系统、点火系统（汽油发动机）、起动系统等部分组成。

2. 底盘

汽车底盘接受发动机的动力，将发动机的旋转运动转变成汽车的水平运动，并保证汽车按照驾驶人的操纵正常行驶。底盘由传动系统、行驶系统、转向系统和制动系统四部分组成。

传动系统是指将发动机的动能传递到车轮上的全部动力传动装置，并能实现动力的接通与切断、起步、变速、倒车等功能。它由离合器、变速器、传动轴和驱动桥等部件组成。

行驶系统是将汽车各总成、部件连接成一个整体，支撑整车，并将旋转运动转变成汽车的直线运动，实现汽车的平顺行驶。它由车架、车桥、车轮和悬架等部件组成。

转向系统是指用来控制汽车行驶方向的系统。它由转向盘、转向器和转向传动机构组成。

制动系统是指用来使行驶中的汽车按照需要降低速度、停止行驶和在坡道上驻车的系统。它由制动控制部分、制动传动部分、制动器等部件组成，一般汽车制动系统至少有两套各自独立的制动装置，即行车制动装置和驻车制动装置。

3. 车身

汽车的车身是驾驶人工作的场所，也是装载乘客和货物的场所。车身应为驾驶人提供方便的操作条件，以及为乘客提供舒适安全的环境并保证货物完好无损。

4. 电气设备

汽车的电气设备用于汽车发动机的起动、点火、照明、灯光信号及仪表等监控装置。我国汽车电气系统的电压均采用12V和24V，负极搭铁。汽车的电气设备包括电源组、发动机起动系统、点火系统、照明装置、信号装置、仪表以及各种电气设备，其中各种电气设备包括如微处理机、卫星导航系统、各种人工智能装置等，这些设备显著地提高了汽车的性能。

图2-1和图2-2为货车和轿车的总体结构。

二、汽车的组成与价格

各种汽车四大组成部分占汽车的组成的价格比重各有不同，汽车四大组成部分在汽车中占汽车直接成本的比重见表2-1。

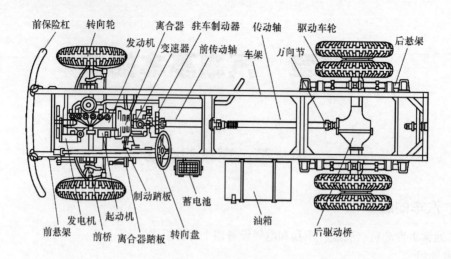

图 2-1　货车的总体结构

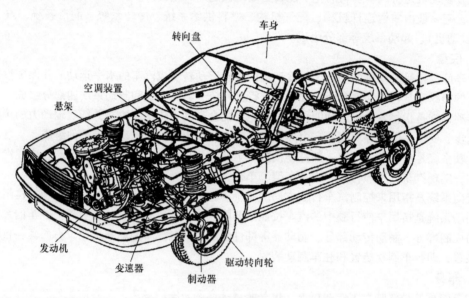

图 2-2　轿车的总体结构

表 2-1　汽车组成与价格比重　　　　　　　　　　（单位:%）

车类 组成	货车	越野车、自卸 车、牵引车	专用车	客车	轿车	半挂车
发动机附离合器总成	20~25	15~25	10~20	15~20	10~20	10~15
底盘	20~40	30~50	20~35	15~25	15~25	30~50
车身	5~15	5~15	10~35	20~40	15~35	10~20
电气设备	5~15	5~15	10~20	10~30	10~40	5~15

注：此表为笔者的经验数据，仅供同行参考。

第二节 汽车的分类

一、机动车辆的分类

汽车属于机动车家族中的一员，我国现行的国家标准《机动车辆及挂车分类》（GB/T 15089—2001）中将机动车辆及挂车分类如下：

1）L类（两轮或三轮机动车辆）。

2）M类（至少有四个车轮并且用于载客的机动车辆）。其中M类汽车又分为

① M_1类（包括驾驶人在内座位数不超过9座的载客车辆）。

② M_2类（包括驾驶人在内座位数超过9座，且最大设计总质量不超过5000kg的载客车辆）。

③ M_3类（包括驾驶人在内座位数超过9座，且最大设计总质量超过5000kg的载客车辆）。

3）N类（至少有四个车轮并且用于载货的机动车辆）。其中N类汽车又分为

① N_1类（最大设计总质量不超过3500kg的载货车辆）。

② N_2类（最大设计总质量超过3500kg，但不超过12000kg的载货车辆）。

③ N_3类（最大设计总质量超过12000kg的载货车辆）。

4）O类［挂车（包括半挂车）］。其中O类汽车又分为

① O_1类（最大设计总质量不超过750kg的挂车）。

② O_2类（最大设计总质量超过750kg，但不超过3500kg的挂车）。

③ O_3类（最大设计总质量超过3500kg，但不超过10000kg的挂车）。

④ O_4类（最大设计总质量超过10000kg的挂车）。

5）G类（M类、N类越野车）。

通常，我们将M类、N类、M类或N类与O类的组合和G类机动车辆都称为汽车，也是本书中所指的汽车。

二、公安管理机动车分类

为了便于机动车辆技术检验、核发牌证以及进行专门管理，公安机关根据《机动车登记规定》制定了《机动车登记工作规范》（2012年11月30日公安部公交管〔2012〕333号文件），《机动车登记工作规范》（公安部令第124号）将机动车类型分类和使用性质分别分类如下。

1. 机动车类型分类

见表2-2。

表2-2 机动车类型分类

分类		结构术语	说明
汽车	载客	普通客车	车身为长方体或近似长方体，单层地板，一厢或两厢式结构，安装座椅的载客汽车
		双层客车	车身为长方体或近似长方体，双层地板，一厢或两厢式结构，安装座椅的载客汽车
		卧铺客车	车身为长方体或近似长方体，单层地板，一厢或两厢式结构，安装卧铺的载客汽车
		铰接客车	车身为长方体或近似长方体，单层地板，由铰接装置连接两个车厢且连通，安装座椅的载客汽车
		越野客车	车身结构为一厢式或者两厢式，所有车轮能够同时驱动，接近角、离去角、纵向通过角、最小离地间隙等技术参数按照高通过性设计的载客汽车
		轿车	车身结构为两厢式且乘坐人数不超过5人，或者车身结构为三厢式且乘坐人数不超过7人的载客汽车。但同一型号车辆可增加乘坐人数的除外

（续）

分类		结构术语	说　明
汽车	载货	普通货车	载货部位的结构为栏板的载货汽车，不包括具有自动倾卸装置的载货汽车
		厢式货车	载货部位的结构为封闭厢体且与驾驶室各自独立的载货汽车
		封闭货车	载货部位的结构为封闭厢体且与驾驶室连成一体，车身结构为一厢式载货汽车
		罐式货车	载货部位的结构为封闭罐体的载货汽车
		平板货车	载货部位的地板为平板结构且无栏板的载货汽车
		集装箱车	载货部位为框架结构且无地板，专门运输集装箱的载货汽车
		自卸货车	载货部位具有自动倾卸装置的载货汽车
		特殊结构货车	载货部位为特殊结构，专门运输特定物品的载货汽车，如运输小轿车的双层结构载货汽车，运输活禽、畜的多层结构载货汽车
	其他	半挂牵引车	不具有载货结构，专门用于牵引半挂车的汽车
		专项作业车	装置有专用设备或器具，用于专项作业的汽车，如洒水车、吸污车、水泥搅拌车、起重车、医疗车等
		三轮汽车	载货部位为栏板结构，具有三个车轮的货车
		普通低速货车	载货部位为栏板结构，具有四个车轮的低速货车
		厢式低速货车	载货部位为封闭厢体结构且与驾驶室各自独立，具有四个车轮的低速货车
		罐式低速货车	载货部位为封闭罐体结构，具有四个车轮的低速货车
		自卸低速货车	载货部位具有自动倾卸装置，具有四个车轮的低速货车
电车		无轨电车	以电动机驱动，设有集电杆，架线供电的电车
		有轨电车	以电动机驱动，设有集电杆，架线供电，有轨道的电车
摩托车		二轮摩托车	装有两个车轮的摩托车
		正三轮摩托车	装有与前轮对称分布的两个后轮，仅有驾驶人座位的摩托车
		正三轮载客摩托车	装有与前轮对称分布的两个后轮的具有载客装置的摩托车
		正三轮载货摩托车	装有与前轮对称分布的两个后轮的具有载货装置的摩托车
		侧三轮摩托车	在两轮车摩托车的一侧装有边车的摩托车
轮式自行机械		轮式装载机械	具有装卸设备的轮胎式自行机械
		轮式挖掘机械	具有挖掘设备的轮胎式自行机械
		轮式平地机械	具有平整设备的轮胎式自行机械
挂车		普通全挂车	载货部位为栏板结构的全挂车
		厢式全挂车	载货部位为封闭厢体结构的全挂车
		罐式全挂车	载货部位为封闭罐体结构的全挂车
		平板全挂车	载货部位的地板为平板结构且无栏板的全挂车
		集装箱全挂车	载货部位为框架结构且无地板，专门运输集装箱的全挂车
		自卸全挂车	载货部位具有自动倾卸装置的全挂车
		普通半挂车	载货部位为栏板结构的半挂车
		厢式半挂车	载货部位为封闭厢体结构的半挂车
		罐式半挂车	载货部位为封闭罐体结构的半挂车
		平板半挂车	载货部位的地板为平板结构且无栏板的半挂车

（续）

分类	结构术语	说明
挂车	集装箱半挂车	载货部位为框架结构且无地板，专门运输集装箱的半挂车
	自卸半挂车	载货部位具有自动倾卸装置的半挂车
	特殊结构半挂车	载货部位为特殊结构，专门运输特定物品的半挂车

2. 按使用性质分类表

见表2-3。

表2-3　按使用性质分类

分类		说明
营运	公路客运	专门从事公路旅客运输的机动车
	公交客运	城市内专门从事公共交通客运的机动车
	出租客运	以行驶里程和时间计费，将乘客运载至其指定地点的机动车
	旅游客运	专门运载游客的机动车
	租赁	专门租赁给其他单位或者个人使用，以租用时间或者租用里程计费的机动车
	网络预约出租	从事网络预约出租汽车，如滴滴专车
	教练	专门从事驾驶技能培训的机动车
	货运	专门从事货物运输的机动车
	危化品运输	专门用于运输剧毒化学品、爆炸品、放射性物品、腐蚀性物品等危险化学品的机动车
非①营运	警用	公安机关、国家安全机关、监狱、劳动教养管理机关和人民法院、人民检察院用于执行紧急职务的机动车
	消防	公安消防部队和其他消防部门用于灭火的专用机动车和现场指挥机动车
	救护	急救、医疗机构和卫生防疫部门用于抢救危重病人或处理紧急疫情的专用机动车
	工程救险	防汛、水利、电力、矿山、城建、交通、铁道等部门用于抢修公用设施、抢救人民生命财产的专用机动车和现场指挥机动车
	幼儿校车	专门从事运载3岁以上学龄前幼儿上下学的校车
	小学生校车	专门从事运载小学生上下学的校车
	其他校车	除了幼儿校车和小学生校车以外的其他专用校车
	营转非	原为营运机动车，现改为非营运机动车
	出租转非	原为出租客运机动车，现改为非营运机动车

①　非营运机动车没有对应细类的，使用性质确定为非营运。

2012年7月31日《机动车类型术语和定义》（GA802—2014）第1号修改单又对机动车使用性质进行了修改，在"非营运"对应的"分类"和"说明"中，删除"幼儿校车""小学生校车""其他校车"三行。其实，此修改单是在特殊的社会背景下，为了发展校车所作的政策调整，校车为非营业车也是阶段性的产物。

按公安部GA802—2014《机动车类型术语和定义》对机动车进行分类，车辆类型是根据机动车规格术语和机动车结构术语确定的机动车分类。机动车规格术语见表2-4。

表2-4 机动车规格术语分类表

分类			说明
汽车	载客汽车①	大型	车长大于等于6000mm或者乘坐人数大于等于20人的载客汽车
		中型	车长小于6000mm且乘坐人数为10~19人的载客汽车
		小型	车长小于6000mm且乘坐人数小于等于9人的载客汽车，但不包括微型载客汽车
		微型	车长小于等于3500mm且发动机气缸总排量小于等于1000mL的载客汽车
汽车	载货汽车	重型	总质量大于等于12000kg的载货汽车
		中型	车长大于等于6000mm或者总质量大于4500kg且小于12000kg的载货汽车，但不包括低速货车
		轻型	车长小于6000mm且总质量小于4500kg的载货汽车，但不包括微型载货汽车、三轮汽车和低速货车
		微型	车长小于等于3500mm且总质量小于等于1800kg的载货汽车，但不包括三轮汽车和低速货车
		三轮（三轮汽车）	以柴油机为动力，最大设计车速小于等于50km/h，总质量小于等于2000kg，长小于等于4600mm，宽小于等于1600mm，高小于等于2000mm，具有三个车轮的货车。其中，采用转向盘转向、由传动轴传递动力、有驾驶室且驾驶人座椅后有物品放置空间的，总质量小于等于3000kg，车长小于等于5200mm，宽小于等于1800mm，高小于等于2200mm
		低速（低速货车）	以柴油机为动力，最大设计车速小于70km/h，总质量小于等于4500kg，长小于6000mm，宽小于等于2000mm，高小于等于2500mm，具有四个车轮的货车
	专项作业车		专项作业车的规格术语分为重型、中型、轻型、微型，具体参照载货汽车的相关规定确定
	有轨电车		有轨电车的规格术语参照载客汽车的相关规定确定
摩托车		普通	最大设计车速大于50km/h或者发动机气缸总排量大于50mL的摩托车
		轻便	最大设计车速小于等于50km/h，且若使用发动机驱动，发动机气缸总排量小于等于50mL的摩托车
挂车②		重型	总质量大于等于12000kg的挂车
		中型	总质量大于等于4500kg且小于12000kg的挂车
		轻型	总质量小于4500kg的挂车

① 对《公告》记载的乘坐人数为区间的载客汽车(包括以载运人员为主要目的的专用汽车)，以上限确定其规格术语。乘坐人数包括驾驶人。

② 不适用于设计和技术特性上需由拖拉机牵引的挂车。

三、汽车类型的术语和定义

我国国家标准《汽车和挂车类型的术语和定义》(GB/T 3730.1—2001)中将广义上的汽车分为有动力的汽车和无动力的挂车，有动力的汽车和无动力的挂车组成汽车列车。其中，将汽车分为乘用车、商用车。汽车、乘用车、商用车、挂车和汽车列车分别定义如下。

1. 汽车(motor vehicle)

由动力驱动，具有4个或4个以上车轮的非轨道承载的车辆，主要用于：载运人员和/或货物；牵引载运人员和/或货物的车辆；特殊用途。

2. 乘用车(passenger car)

在其设计和技术特性上主要用于载运乘客及其随身行李和/或临时物品，包括驾驶人座位在内最多不超过9个座位。它也可以牵引一辆挂车。

1）普通乘用车[saloon(sedan)]。车身：封闭式，侧窗中柱有或无。车顶(顶盖)：固定式，硬顶。有的顶盖一部分可开启。座位：4个或1个以上座位，至少两排。后座椅可折叠或移动，以形成装载空间。车门：2个或4个侧门，可有1个后开启门。

2）活顶乘用车(convertible saloon)。车身：具有固定侧围框架可开启式车身。车顶(顶盖)：车顶为硬顶或软顶，至少有两个位置：

① 封闭。

② 开启或拆除。可开启式车身可以通过使用一个或数个硬顶部件和/或合拢软顶将开启的车身关闭。座位：4个或4个以上座位，至少两排。车门：2个或4个侧门。车窗：4个或4个以上侧窗。

3）高级乘用车(pullman saloon)。车身：封闭式。前后座之间可以设有隔板。车顶(顶盖)：固定式，硬顶。有的顶盖一部分可开启。座位：4个或4个以上座位，至少两排。后排座椅前可安装折叠式座椅。车门：4个或6个侧门，也可有1个后开启门。车窗：6个或6个以上侧窗。

4）小型乘用车(coupe)。车身：封闭式，通常后部空间较小。车顶(顶盖)：固定式，硬顶。有的顶盖一部分可开启。座位：2个或2个以上的座位，至少一排。车门：2个侧门，也可有1个后开启门。车窗：2个或2个以上侧窗。

5）敞篷车[convertible(opentourer)]。车身：可开启式。车顶(顶盖)：车顶可为软顶或硬顶，至少有两个位置：第一个位置遮覆车身；第二个位置车顶卷收或可拆除。座位：2个或2个以上的座位，至少一排。车门：2个或4个侧门。车窗：2个或2个以上侧窗。

6）舱背乘用车(hatchback)。车身：封闭式，侧窗中柱可有可无。车顶(顶盖)：固定式，硬顶。有的顶盖一部分可以开启。座位：4个或4个以上的座位，至少两排。后座椅可折叠或可移动，以形成一个装载空间。车门：2个或4个侧门，车身后部有1舱门。

7）旅行车(station wagon)。车身：封闭式。车尾外形可提供较大的内部空间。车顶(顶盖)：固定式，硬顶。有的顶盖一部分可以开启。座位：4个或4个以上的座位，至少两排。座椅的一排或多排可拆除，或装有向前翻倒的座椅靠背，以提供装载平台。车门：2个或4个侧门，并有1后开启门。车窗：4个或4个以上侧窗。

8）多用途乘用车(multipurpose passenger car)。上述1）~7）车辆以外的，只有单一车室载运乘客及其行李或物品的乘用车。但是，如果这种车辆同时具有下列两个条件，则不属于乘用车而属于货车：

① 除驾驶人以外的座位数不超过6个；只要车辆具有可使用的座椅安装点，就应算"座位"存在。

② $P-(M+N\times68)>N\times68$

式中　P——最大设计总质量；

　　　M——整车整备质量与1位驾驶人质量之和；

　　　N——除驾驶人以外的座位数。

9）短头乘用车(forward control passenger car)。一种乘用车，它一半以上的发动机长度位于车辆前风窗玻璃最前点以后，并且转向盘的中心位于车辆总长的前四分之一部分内。

10）越野乘用车（off road passenger car）。在其设计上所有车轮同时驱动（包括一个驱动轴可以脱开的车辆），或其几何特性（接近角、离去角、纵向通过角、最小离地间隙）、技术特性（驱动轴数、差速锁止机构或其他行驶机构）和它的性能（爬坡度）允许在非道路上行驶的一种乘用车。

11）专用乘用车（special purpose passenger car）。运载乘员或物品并完成特定功能的乘用车，它具备完成特定功能所需的特殊车身和/或装备。例如：旅居车、防弹车、救护车、殡仪车等。

3. 商用车辆（commercial vehicle）

在设计和技术特性上用于运送人员和货物的汽车，并且可以牵引挂车，乘用车不包括在内。

1）客车（bus）。在设计和技术特性上用于载运乘客及其随身行李的商用车辆，包括驾驶人座位在内座位数超过9座。客车有单层的或双层的，也可牵引一挂车。

2）半挂牵引车（semi trailer towing vehicle）。装备有特殊装置用于牵引半挂车的商用车辆。

3）货车（goods vehicle）。一种主要为载运货物而设计和装备的商用车辆，它能否牵引一挂车均可。

4. 挂车（trailer）

就其设计和技术特性需由汽车牵引才能正常使用的一种无动力的道路车辆，用于载运人员和/或货物及特殊用途。

1）牵引杆挂车（draw bar trailer）。至少有两根轴的挂车，具有：一轴可转向；通过角向移动的牵引杆与牵引车连接；牵引杆可垂直移动，连接到底盘上，因此不能承受任何垂直力。具有隐藏支地架的半挂车也作为牵引杆挂车。

2）半挂车（semi trailer）。车轴置于车辆重心（当车辆均匀受载时）后面，并且装有可将水平或垂直力传递到牵引车的连接装置的挂车。

3）中置轴挂车（centre axle trailer）。牵引装置不能垂直移动（相对于挂车），车轴位于紧靠挂车的重心（当均匀载荷时）的挂车，这种车辆只有较小的垂直静载荷作用于牵引车，不超过相当于挂车最大质量的10%或1000N的载荷（两者取较小者）。其中一轴或多轴可由牵引车来驱动。

5. 汽车列车（combination vehicles）

一辆汽车与一辆或多辆挂车的组合。

1）乘用车列车（passenger/car trailer combination）。乘用车和中置轴挂车的组合。

2）客车列车（bus roadtrain）。一辆客车与一辆或多辆挂车的组合。各节乘客车厢不相通，有时可设服务走廊。

3）货车列车（goods roadtrain）。一辆货车与一辆或多辆挂车的组合。

4）牵引杆挂车列车（draw bartractor combination）。一辆全挂牵引车与一辆或多辆挂车的组合。

5）铰接列车（articulated vehicle）。一辆半挂牵引车与具有角向移动连接的半挂车组成的车辆。

6）双挂列车（double roadtrain）。一辆铰接式列车与一辆牵引杆挂车的组合。

7）双半挂列车（double semi trailer roadtrain）。一辆铰接式列车与一辆半挂车的组合。两辆车的连接是通过第二个半挂车的连接装置来实现的。

8）平板列车（platform roadtrain）。一辆货车和一辆牵引杆货车挂车的组合；在可角向移动的货物承载平板的整个长度上载荷都是不可分地置于牵引车和挂车上。为了支撑这个载荷可以使用辅助装置。这个载荷和/或它的支撑装置构成了这两个车辆的连接装置，因此不允许挂车再有转向连接。

四、按用途分类

随着汽车用途的日趋广泛，汽车结构装置不断地改进，种类也越来越多。汽车分类方法也较多，主要是按用途和结构来分类，还有的按有关标准法规分类。

国家标准《汽车和挂车类型的术语和定义》(GB/T 3730.1—2001)规定了在公路、城市道路和非公路上行驶的国产汽车的分类:

中国汽车划分为 8 大类。

1. 载货汽车

依公路运行时厂定最大总质量(GA)划分如下:

1) 微型货车($GA \leqslant 1.8t$)。

2) 轻型货车($1.8t < GA \leqslant 6.0t$)。

3) 中型货车($6.0t < GA \leqslant 14t$)。

4) 重型货车($GA > 14t$)。

2. 越野汽车

依越野运行时厂定最大总质量(GA)划分如下:

1) 轻型越野汽车($GA \leqslant 5t$)。

2) 中型越野汽车($5.0t < GA \leqslant 13t$)。

3) 超重型越野汽车($GA > 24t$)。

3. 自卸汽车

依公路运行时厂定最大总质量(GA)划分如下:

1) 轻型自卸汽车($GA \leqslant 6t$)。

2) 中型自卸汽车($6.0t < GA \leqslant 14t$)。

3) 重型自卸汽车($GA > 14t$)。

4) 矿用自卸汽车。

4. 牵引车

牵引车依牵引车上是否承受纵向载荷划分如下:

1) 半挂牵引车。

2) 全挂牵引车。

5. 专用汽车

专用汽车依结构和用途划分如下:

1) 厢式汽车。

2) 罐式汽车。

3) 起重举升汽车。

4) 专用自卸汽车。

5) 仓棚式汽车。

6) 特种结构式汽车。

6. 客车

依车长(L)划分如下:

1) 微型($L \leqslant 3.5m$)。

2) 轻型($3.5m < L \leqslant 7m$)。

3）中型($7m<L\leqslant10m$）。

4）大型客车（$L>10m$）。

中大型客车又可分为城市、长途、旅游及团体客车。

5）特大型客车。特大型客车指铰接和双层客车。

7. 轿车

依发动机排量（V）划分如下：

1）微型轿车（$V\leqslant1L$）。

2）普通轿车（$1L<V\leqslant1.6L$）。

3）中级轿车（$1.6L<V\leqslant2.5L$）。

4）中高级轿车（$2.5L<V\leqslant4L$）。

5）高级轿车（$V>4L$）。

8. 半挂车

依公路运行时厂定最大总质量（GA）划分如下：

1）轻型半挂车（$GA\leqslant7.1t$）。

2）中型半挂车（$7.1t<GA\leqslant19.5t$）。

3）重型半挂车（$19.5t<GA\leqslant34t$）。

4）超重型半挂车（$GA>34t$）。

五、按结构分类

1. 按汽车的行走方式进行分类

1）轮式汽车。是用车轮作为行走装置的汽车。

2）履带式汽车。是用履带作为行走装置的汽车。

2. 按动力装置进行分类

1）内燃机汽车。是用内燃机作为动力装置的汽车。通常，内燃机汽车按使用燃料的种类又可别分如下：

① 汽油机汽车。是指发动机使用汽油作为燃料的汽车。

② 柴油机汽车。是指发动机使用柴油作为燃料的汽车。

③ 气体燃料汽车。是指发动机使用天然气、煤气等气体作为燃料的汽车。

④ 液化气体汽车。是指发动机使用液化气体（液化石油气）为燃料的汽车。

2）电动汽车。是以电动机作为动力装置的汽车。根据电源形式可将电动汽车分为：

① 无轨电车。是从架线上接受电力，以电动机开动的大客车。

② 电池汽车。是用蓄电池作为电源的电动汽车。

3. 按发动机的位置分类

1）前置发动机汽车。是将发动机安装在车辆前部的汽车。

2）后置发动机汽车。是将发动机安装在车辆后部的汽车。

3）中置发动机汽车。是将发动机安装在前后桥之间的地板下方的汽车。

4. 按驱动方式进行分类

1）前轮驱动汽车。是指用前轮作为驱动轮的汽车。

2）后轮驱动汽车。是指用后轮作为驱动轮的汽车。

3）全轮驱动汽车。是指前后轮都可以作为驱动轮的汽车。

5. 按发动机位置和驱动方式进行分类

1）前置前驱动(FF)汽车。是指前置发动机、前轮驱动的汽车。

2）前置后驱动(FR)汽车。是指前置发动机、后轮驱动的汽车。

3）后置后驱动(RR)汽车。是指后置发动机、后轮驱动的汽车。

4）中置后驱动(MR)汽车。是指中置发动机、后轮驱动的汽车。

6. 按承载方式进行分类

1）承载式车身汽车。是指车身作为承载基础件(无车架)的汽车。

2）非承载式车身汽车。是指车架作为承载基础件的汽车。

第三节　车辆识别代号编码、汽车型号编制规则和汽车标牌

一、车辆识别代号(VIN)管理规则

现在世界各国汽车公司生产的汽车大部分使用了车辆识别代号(Vehicle Identification Number,VIN)。"VIN"由一组字母和阿拉伯数字组成，共17位，又称17位识别代号编码。它是识别一辆汽车不可缺少的工具。VIN的每位代码代表着汽车的某一方面信息参数。按照识别代号编码顺序，从VIN中可以识别出该车的生产国别、制造公司或生产厂家、车的类型、品牌名称、车型系列、车身形式、发动机型号、车型年款、安全防护装置型号、检验数字、装配工厂名称和出厂顺序号码等。我国原机械工业部于1996年12月25日发布了《车辆识别代号(VIN)管理规则》，规定："1999年1月1日后，适用范围内的所有新生产车必须使用车辆识别代号"。国家发展和改革委员会公告(2004年第66号)颁布了新的《车辆识别代号(VIN)管理规则》，从2004年12月1日起实行。原管理规则作废。国家标准《道路车辆 车辆识别代号(VIN)》(GB 16735-2004)于2004年7月12日由国家质检总局、国家标准化管理委员会正式批准，于2004年10月1日实施。国家标准《道路车辆 车辆识别代号(VIN)》(GB 16735—2004)与《道路车辆 世界制造厂识别代号(WMI)》(GB 16737—2004)标准配套使用，在全国范围内规范车辆的生产，为管理提供依据。《道路车辆 车辆识别代号(VIN)》(GB 16735—2004)是在《道路车辆 车辆识别代号(VIN)位置与固定》(GB/T 16735—1997)、《道路车辆 车辆识别代号(VIN)内容与构成》(GB/T 16736—1997)两项已有国家标准的基础上进行适当调整、修改形成的，代替上述两项推荐性国家标准。

1. 基本要求

1）每一辆汽车、挂车、摩托车和轻便摩托车都必须具有车辆识别代号。

2）在30年内生产的任何车辆的识别代号不得相同。

3）车辆识别代号应尽量标示在车辆右侧的前半部分，易于看到且能防止磨损或替换的车辆结构件上。

4）9人座或9人座以下的车辆和最大总质量小于或等于3.5t的载货汽车的车辆识别代号应永久地标示在仪表板上靠近风窗立柱的位置，在白天不需移动任何部件便能从车外分辨出车辆识别代号。

5）车辆识别代号的字码在任何情况下都应是字迹清楚、坚固耐久和不易替换的。车辆识别代号的字码高度：若直接打印在车辆结构件上，则字高应不小于7mm，深度应不小于0.3mm；其他情况字高应不小于4mm。

6）车辆识别代号仅能采用下列阿拉伯数字和大写罗马字母：

1 2 3 4 5 6 7 8 9 0

A B C D E F G H J K L M N P R S T U V W X Y Z

（字母 I、O、Q 不能使用）

7) 车辆识别代号标示在车辆或标牌上时，应尽量标示在一行，此时可不使用分隔符。特殊情况下，由于技术原因必须标示在两行时，两行之间不应有空行，每行的开始与终止处应选用一个分隔符。

8) 车辆识别代号在文件上标示时应标示在一行，不允许有空隔，不允许使用分隔符。

9) 车辆识别代号还应标示在产品标牌上（两轮摩托车和轻便摩托车可除外）。

10) 车辆识别代号可采用人工可读码形式或机器可读的条码形式进行标示，若采用条码，应符合国家标准《车辆识别代号条码标签》（GB/T 18410—2001）的要求。

2. 基本内容

车辆识别代号由三个部分组成：第一部分，前3位，世界制造厂识别代号（WMI）由 WMI 可识别车辆产地；第二部分，第4~9位，车辆说明部分（VDS）；第三部分，第10~17位，车辆指示部分（VIS），如图2-3所示。

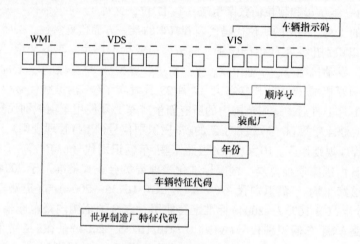

图 2-3   车辆识别代号

1) 第1位：生产国别码。见表2-5。

表 2-5   生产国别码

国家	代码	国家	代码	国家	代码
美国	1	德国	W	意大利	Z
加拿大	2	韩国	K	泰国	M
墨西哥	3	中国	L	瑞典	Y
美国	4	英国	S	日本	J
巴西	9	法国	V	西班牙	E
澳大利亚	6	瑞士	T		

2) 第2~3位：生产厂代码。见表2-6。

表 2-6　生产厂代码

中国 LA-L0	LSV	上海大众	德国 W(德国) 8(阿根廷) 9(巴西)	WD3、WDB、8A3、8AB、9BM、3MB	戴姆勒克 莱斯勒
	LFV	一汽大众			
	LDC	神龙富康			
	LEN	北京吉普		WV1、WV2、WV3、WVM	大众
	LHG	广州本田			
	LKD	哈飞汽车			
	LSY	沈阳金杯		WBA/WBS/WB1/4US	宝马
	LSG	上海通用			
	LS5	长安汽车			
日本	JAA、JAJ、JAL	五十铃	美国 1A-10, 4A-40, 5A-50 2(加拿大) 3(墨西哥)	1FD、1FT	福特
	JA5、JB5、JJ5、JMA、JP5	三菱		1G0、1G9、1G9	通用
	JSA	铃木			
	JT1、JT7	丰田		1B3、4P3	克莱斯勒
	JT6、JT8	雷克萨斯			
	JHM、JH4、1HG	本田			

3) 第 4 位：车身及底盘系列代码。

4) 第 5 位：发动机类型代码。

5) 第 6~7 位：车型代码。

6) 第 8 位：乘客保护装置情况代码。

7) 第 9 位：VIN 检验数代码。车辆识别代码的第 9 位是检验位，检验位可用 0~9 中任一数字或字母"X"表示。其他位置的数字和字母代表的意义各厂家含义可能不同，但在 VIN 码的其他 16 位字码确定后，按规定的方法(国家防伪机密)计算得出第 9 位的检验位。

8) 第 10 位：车型年款代码。年份代码按表 2-7 规定使用(30 年循环一次)。

表 2-7　标示年份的代码

年份	代码	年份	代码	年份	代码	年份	代码
1981	B	1991	M	2001	1	2011	B
1982	C	1992	N	2002	2	2012	C
1983	D	1993	P	2003	3	2013	D
1984	E	1994	R	2004	4	2014	E
1985	F	1995	S	2005	5	2015	F
1986	G	1996	T	2006	6	2016	G
1987	H	1997	V	2007	7	2017	H
1988	J	1998	W	2008	8	2018	J
1989	K	1999	X	2009	9	2019	K
1990	L	2000	Y	2010	A	2020	L

9) 第 11 位：总装工厂代码。

10) 第 12~17 位：出厂序号代码。

3. 车辆识别代号编码示例

中国北京吉普汽车有限公司(BJC)VIN 示例如下：

L E 4 E J 6 8 W A V 5 7 0 0 3 2 1
1 2 3 4 5 6 7 8 9 10 11 12 13 14 15 16 17

第1位：生产地理地区代码。由ISO统一分配亚洲地区代码（J~R）。中国定为"L"。

第2~3位：生产厂被批准备案的车型类别代码。BJC（北京吉普汽车公司）使用为"E"，4—BJ2021系列。

第4位：厂定最大总质量分级代码。D—1360kg；E—1360~1814kg；F—1815~2267kg；J—3176~3628kg。

第5位：（按驱动车轮和方向盘位置）车型种类代码。J—4×4左置转向盘；T—4×2右置转向盘。

第6位：对BJ2020和BJ2022系列的装配类型代码。

1—装配线上装配；2—非装配线上装配，对BJ2021系列的车型系列代码；

2—经济型（用于BJ7250和BJ7250L）；6—中档型（用于BJ2021E和BJ2021EL）；7—高档型（用于BJ2021E6Y，BJ2021A6，BJ2021E6L和BJ2120A6L）。

第7位：车身类型代码。

1—2门软顶；2—2门玻璃钢硬顶；3—2门金属硬顶；6—4门软顶；7—4门玻璃钢硬顶；8—4门金属硬顶。

第8位：发动机类型代码。A—2.2L四缸化油器式汽油机；W—2.5L四缸化油器式汽油机；H—2.5L四缸多点燃油喷射式汽油机；D—2.7L四缸化油器式汽油机；V—4L六缸多点燃油喷射式汽油机；F—2.8L柴油机。

第9位：（对BJ2020和BJj2022系列）工厂检验代码。（对BJ2021系列的包装代码）

5—BJ2021E　　　　普通四缸电喷切诺基；

A—BJ2021EL　　　四缸电喷长轴距切诺基；

6—BJ2021E6Y　　普通六缸电喷切诺基；

B—BJ2021E6L　　六缸电喷长轴距切诺基；

8—BJ7250　　　　普通两轮驱动化油器发动机切诺基；

C—BJ7250L　　　两轮驱动化油器发动机长轴距切诺基；

9—BJ2021A6　　　普通自动变速六缸化油器发动机切诺基；

D—BJ2021A6L　　自动变速六缸电喷长轴距切诺基；

0—BJ7250E　　　普通两轮驱动电喷切诺基；

Z—BJ7250EL　　　两轮驱动四缸电喷长轴距切诺基。

第10位：车辆年度型（年款）代码。

V—1997；W—1998；X—1999；Y—2000；1—2001；2—2002；3—2003；4—2004；5—2005；6—2006；7—2007；8—2008；9—2009；A—2010。

第11位：装配工厂代码。5—BJC（北京吉普汽车有限公司）总装厂。

第12~17位：出厂顺序号代码。

第12位为日历年的末位数字，如：1997年第12位为7，1998年第12位为8。依次如此类推。第13~17位按照每个日历年的生产顺序从00001~99999顺序编排（顺序号根据不同装配线和非装配线装配车辆分别编号，可由所在装配车间控制）。例：a. BJ2020装配线上1998年生产的第1辆汽车其顺序号为800001；b. BJ2021装配线上1999年生产的第1000辆汽车其顺序号为901000；c. 试制车间2000年生产的第10辆汽车其顺序号为000010。

说明：此识别代号根据BJC的VIN管理规则规定而编制的，仅供读者参考。

二、国产汽车型号的编制规则

1988 年，我国颁布了《汽车产品型号编制规则》(GB9417—1988)，该标准规定了编制各类汽车产品型号的术语及构成，适用于新设计定型的各类汽车和半挂车，不包括军事特种车辆(如装甲车、水陆两用车等)，目前该标准已作废，但行业仍在延用，本书仅作简要介绍。

1. 汽车产品型号的构成

汽车的产品型号由企业名称代号、车辆类别代号、主参数代号、产品序号组成，必要时附加企业自定代号，如图 2-4 所示。

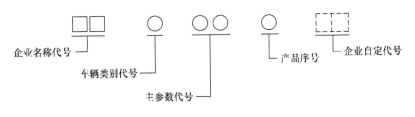

□ — 用汉语拼音字母表示

○ — 用阿拉伯数字表示

□ — 用汉语拼音字母或阿拉伯数字均可

图 2-4　汽车产品型号的构成

说明：为了避免与数字混淆，不应采用汉语拼音字母中的"I"和"O"。

对于专用汽车及专用半挂车还应增加专用汽车分类代号，如图 2-5 所示：

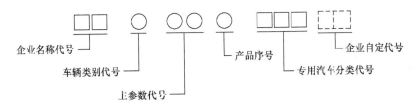

图 2-5　专用汽车及专用半挂车的专用汽车分类代号

2. 基本内容

1) 企业名称代号。企业名称代号位于产品型号的第一部分，用代表企业名称的两个或三个汉语拼音字母表示。

2) 车辆类别代号。各类汽车的类别代号位于产品型号的第二部分，用一位阿拉伯数字表示，按表 2-8 规定。

表 2-8　各类汽车类别代号

车辆类别代号	车辆种类	车辆类别代号	车辆种类
1	载货汽车	5	专用汽车
2	越野汽车	6	客车
3	自卸汽车	7	轿车
4	牵引汽车	9	半挂车

3）主参数代号。各类汽车的主参数代号位于产品型号的第三部分，用两位阿拉伯数字表示。

① 载货汽车、越野汽车、自卸汽车、牵引汽车、专用汽车与半挂车的主参数代号为车辆的总质量(t)。牵引汽车的总质量包括牵引座上的最大总质量。当总质量在100t以上时，允许用三位数字表示。

② 客车及客车半挂车的主参数代号为车辆长度(m)。当车辆长度小于10m时，应精确到小数点后一位，并以长度(m)值的十倍数值表示。

③ 轿车的主参数代号为发动机排量(L)。应精确到小数点后一位，并以其值的十倍数值表示。

④ 主参数的数字修约按《数字修约规则》的规定。主参数不足规定位数时，在参数前以"0"占位。

4）产品序号。各类汽车的产品序号位于产品型号的第四部分，用阿拉伯数字表示，数字由0、1、2……依次使用。当车辆主参数有变化，大于10%时，应改变主参数代号，若因为数字修约而主参数代号不变时，则应改变其产品序号。

5）专用汽车分类代号。见表2-9。

表2-9　结构特征代号

结构类型	结构特征代号	结构类型	结构特征代号
厢式汽车	X	特种结构汽车	T
罐式汽车	G	起重举升汽车	J
专用自卸汽车	Z	仓栅式汽车	C

专用汽车分类代号位于产品型号的第五部分，用反映车辆结构和用途特征的三个汉语拼音表示。结构特征代号按表2-9的规定，用途特征代号另行规定。

6）企业自定代号。企业自定代号位于产品型号的最后部分，同一种汽车结构略有变化而需要区别时，例如：汽油、柴油发动机，长、短轴距，单、双排驾驶室，平、凸头驾驶室，左、右置转向盘等，可用汉语拼音字母和阿拉伯数字表示，位数也由企业自定。供用户选装的零部件（如暖风装置、收音机、地毯、绞盘等）不属结构特征变化，应不给予企业自定代号。

3. 汽车产品型号示例

1）EQ1141。EQ代表生产企业名称为中国第二汽车制造厂，第一个1代表汽车类型为载货汽车，后面的14代表主参数为总质量14t，最后的1代表生产序号为1。

2）XMQ6122。XMQ代表厦门金龙旅行车制造有限公司，6代表汽车类型为客车，12代表主参数为车长12m，2代表生产序号为2。

3）FV7160GIF。FV代表生产企业名称为一汽车大众汽车股份有限公司，7代表汽车类型为轿车，16代表主参数为排量为1.6L，0为生产序号代表捷达车，后面的企业自业代号G代表发动机为每缸5气门，I代表发动机为电子喷射式，F代表第三代车身。

三、国产汽车标牌

国家标准《道路车辆　产品标牌》(GB/T 18411—2018)对汽车标牌的主要规定如下。

1. 形式

汽车标牌的形式如图2-6a所示，虚线上部为规定区，虚线下部为自由区。新能源混合动力汽车标牌的型式如图2-6d、2-6e所示。

2. 尺寸

汽车标牌的尺寸可由制造厂根据产品的具体形式及固定位置确定，应满足明显、清晰易于识别阅读的要求。

3. 标牌的位置

1）每一辆车都应有标牌。标牌应位于汽车右侧；如受结构限制，亦可放在便于接近和观察的其他位置。例如：半承载式车身、非承载式车身结构的汽车在右纵梁上；一厢式车身在车身内部右侧；两厢式车身、三厢式车身的汽车在发动机舱内右侧。

2）标牌的位置应是不易磨损、替换、遮蔽的部位。

3）标牌的固定位置应在产品说明书中标明。

4. 标牌的固定

1）标牌应永久地固定在不易拆除或更换的汽车结构件上。比如车架、底盘或其他类似的结构件上。

2）标牌应牢固地、永久地固定，不损坏不能拆卸。应保证标牌不能完整地拆下移到他处使用。

5. 标牌的内容

1）规定区的内容要求。

① 标示出汽车制造厂厂标、商标或品牌的文字或图案。

② 标示出汽车制造厂合法的名称全称及备案的世界制造厂识别代号（WMI）。

③ 如果车辆通过了型式认证，标示出型式认证编号。

④ 标示出进行备案了的车辆识别代号（VIN）。

⑤ 应标示出汽车制造厂编制的汽车的产品型号。

⑥ 应标示出发动机型号、最大净功率或排量。

⑦ 应标示出汽车的主要参数。

对于载货汽车应标示出最大设计总质量、最大设计装载质量、座位数。

对于客车应标示出最大设计总质量、额定载客人数。

对于乘用车应标示出最大设计总质量、座位数。

对于半挂牵引车应标示牵引座最大设计静载荷、牵引销孔直径、最大设计牵引质量。

对于特种车应标示出能够反映出其主要功能的技术参数。

对于非完整车辆应标示出整备质量、最大设计总质量。

对于半挂车应标示牵引销直径、作用在牵引车上的最大设计静载荷、最大设计总质量、外形尺寸（长宽高）。

对于半挂车应标示作用在连接装置上的最大设计静载荷、外形尺寸（长宽高）。

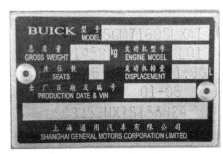

a)

b)

c)

d)

e)

图 2-6　汽车标牌

⑧ 应标示出汽车产品的生产序号。

⑨ 应至少标示出汽车产品的生产年月。

2）自由区的内容要求。对非完整车辆提出内容要求，对完整车辆未提出要求（图2-6b 所示上海通用别克自由区无空白，图2-6c 所示北京现代伊兰特自由区有内容）。

6. 其他要求

1）标牌上所用的汉字及阿拉数字、罗马字母的字高应不小于4mm。若将标牌内容直接打印在汽车部件上，则打印字高不小于7mm。

2）出口汽车的标牌，可将汉字与外文并列标注，亦可根据使用国的要求制作标牌。

四、常见进口汽车标牌

进口汽车大多数也有标牌，标牌上常有底盘型号、VIN码、车架号（出厂序号）、发动机型号、发动机号码、变速器型号、车身颜色、内饰颜色、汽车重量、轮胎型号、轮胎气压等主要技术参数。汽车出口国正规出口的汽车，汽车上的标牌大多用英文书写，下面列举几种常见的具有代表性的汽车英文标牌以及中文含义。

1）福特（FORD）标牌如图2-7所示。

MFD BY FORD MOTOR CO. IN U. S. A

DATE: 12.94   GVWR: 5347LB—2425KG

FRONT GAWR: 2714LB   REAR GAWR: 2683LB

1231KG   1216KG

THIS VEHICLE CONTORMS TO ALL APPLICABLE FEDERAL MOTOR VEHICLE SAFETY AND BUMPER STANDARDS IN EFFECT ON THE DATE OF MANRFACTURE SHOWN ABOVE

VEH. IDENT. NO: 1FARP43MZJX100001

TYPE: PASSENOEP

2A

EXLER10R PAINT COLORS

BODY	VR	MCDG	INT.	TAOE	R	S	AX	TR
5R	TP	SEP	GG	TRIMA	2	B	8	TBB BB

美国福特汽车公司制造

日期: 12.94   车辆总重: 5347LB—2425kG

前轴重量: 2714LB   后轴重量: 2683LB

1231kG   1216kG

该车出厂时，符合出厂日期前联邦政府所有的安全和防撞标准

车辆识别码: 1FARP43MZJX100001

车辆类型: 小客车

2A(漆号代码)

EXLER10R PAINT COLORS

车身	顶篷	饰条	车身材料	主座椅	收音机	天窗	驱动桥传动比	TR
5R	TP	SEP	GG	TRIMA	2	B	8	变速器代码等

图2-7 福特汽车标牌

2）丰田（TOYOTA）标牌如图 2-8 所示。

| TOYOTA MOTOR CORPRATION JAPAN |
| MODEL MS122L—SEMGE |
| ENGINE 5M 2797 cc |
| FRANE NO. MS133—038595 |
| COLOR TRIM 保安基准适合 |
| 202 JW31 |
| TRANS/AXLE W55 F312 |
| PLANT/G.V.W A21 |
| トヨタ自动车株式会社 |

| 丰田汽车公司 日本 |
| 型号 MS122L—SEMGE |
| 发动机 5M |
| 车架号码 MS133—038595 |
| 颜色 饰条 保安基准适合 |
| 202 JW31 |
| 变速器型号 W55 F312 |
| 生产厂 A21 |
| 丰田汽车公司 |

图 2-8 丰田汽车标牌

3）奔驰（MERCEDES BENZ）标牌如图 2-9 所示。

MDF BY MERCEDES BENZ AG STUITGART 07/94
GVWR 4365 GAWR FRONT/REAR 2135/2230 LBS
GVWR 1980 GAWR FRONT/REAR 970/1010 KG

THIS VEHICLE CONTORMS TO ALL APPLICABLE US.
FEDERAL MOTOR VEHICLE SAFETY，BUMFFR，AND THEFT
PREVENTION STANDARDS IN EFFECT ON THE DATE OF
MANUFACTURE SHOWN ABOVE

WDBHA28EXSF013216 PASSENGER CAR

奔驰公司制造 出厂日期 07/94
车辆总重 4365 前后轴重量 2135/2230 LBS
车辆总重 1980 前后轴重量 970/1010 KG

该车出厂时，符合出厂日期前联邦政府所有的安全、防撞和防盗标准

车辆识别码：WDBHA28EXSF013216 轿车

图 2-9 奔驰汽车标牌

对于无标牌或一时找不到标牌的进口汽车，可利用 VIN 码通过《世界汽车识别代号（VIN）技术规范手册》查得。

第四节 汽车的主要技术参数和性能指标

一、汽车的主要技术参数

1. 尺寸参数

国家标准《汽车、挂车及汽车列车外廓尺寸、轴荷及质量限值》（GB 1589—2016），以及国家标

准《机动车运行安全技术条件》(GB 7258—2017)均规定，我国道路车辆的汽车总长极限尺寸：

1）外廓尺寸限值。

① 栏板式、仓栅式、平板式、自卸式货车及其半挂车的外廓尺寸应不超过表 2-10 规定的最大限值。

表2-10　栏板式、仓栅式、平板式、自卸式货车及其半挂车外廓尺寸的最大限值　　（单位：mm）

车辆类型			长度	宽度	高度
仓栅式货车 栏板式货车 平板式货车 自卸式货车	二轴	最大设计总质量≤3 500kg	6 000	2 550	4 000
		最大设计总质量>3 500kg，且≤8 000kg	7 000		
		最大设计总质量>8 000kg，且≤12 000kg	8 000		
		最大设计总质量>12 000kg	9 000		
	三轴	最大设计总质量≤20 000kg	11 000		
		最大设计总质量>20 000kg	12 000		
	双转向轴的四轴汽车		12 000		
仓栅式半挂车 栏板式半挂车 平板式半挂车 自卸式半挂车	一轴		8 600		
	二轴		10 000		
	三轴		13 000		

② 其他汽车、挂车及汽车列车的外廓尺寸应不超过表 2-11 规定的最大限值。

表2-11　其他汽车、挂车及汽车列车的外廓尺寸的最大限值　　（单位：mm）

车辆类型			长度	宽度	高度
汽车	三轮汽车[①]		4 600	1 600	2 000
	低速货车		6 000	2 000	2 500
	货车及半挂牵引车		12 000[②]	2 550[③]	4 000
	乘用车及客车	乘用车及二轴客车	12 000	2 550	4 000[④]
		三轴客车	13 700		
		单铰接客车	18 000		
挂车	半挂车		13 750[⑤]	2 550[③]	4 000
	中置轴、牵引杆挂车		12 000[⑥]		
汽车列车	乘用车列车		14 500	2 550[③]	4 000
	铰接列车		17 100[⑦]		
	货车列车		20 000[⑧]		

① 当采用转向盘转向，由传动轴传递动力，具有驾驶室且驾驶人座椅后设计有物品旋转空间时，长度、宽度、高度的限值分别为 5 200mm、1 800mm、2 200mm。

② 专用作业车车辆长度限值要求不适用，但应符合相关标准要求。

③ 冷藏车宽度最大限值为 2 600mm。

④ 定线行驶的双层城市客车高度最大限值为 4 200mm。

⑤ 运送45t集装箱的半挂车长度最大限值为 13 9500mm。

⑥ 车厢长度限值为 8 000mm（中置轴车辆运输挂车除外）。

⑦ 长头铰接列车长度限值为 18 100mm。

⑧ 中置轴车辆运输列车长度最大限值为 22 000mm。

2）外廓尺寸的其他要求。

① 车辆间接视野装置单侧外伸量不应超出车辆宽度250mm。

② 车辆的顶窗、换气装置等处于开启状态时不应超出车辆高度300mm。

③ 汽车的后轴与牵引杆挂车的前轴之间的距离不应小于3 000mm。

3）半挂牵引车和半挂车的要求。

① 半挂车前回转半径不应大于2 040mm。

② 半挂车牵引销中心轴线到半挂车车辆长度最后端的水平距离不应大于12 000mm（运送45英尺集装箱的半挂车除外）。

③ 运送标准集装箱的半挂牵引车鞍座空载时高度（牵引主销中心位置的高度）应满足以下要求：

——运送高度为2 591mm标准集装箱的半挂牵引车，不应超过1 320mm；

——运送高度为2 896mm标准集装箱的半挂牵引车，不应超过1 110mm。

4）平板专用半挂车、消防车、清障车、混凝土泵车、汽车起重机、油田专用作业车的要求。

① 低平板专用半挂车应符合（GB 1589—2016）中4.1～4.6条款要求，但车辆宽度最大限值为3 000mm。

② 消防车、清障车、混凝土泵车、汽车起重机、油田专用作业车的要求。

车辆长度满足（GB 1589—2016）中4.1～4.6条款要求，车辆宽度和高度不应超过表2-12规定最大限值。

表2-12　消防车、清障车、混凝土泵车、汽车起重机、油田专用作业车宽度和高度的最大限值

（单位：mm）

车辆类型	宽度	高度
消防车、清障车、混凝土泵车、油田专用作业车	2 500	4 00
汽车起重机	3 000	4 000

5）轴距。轴距是指通过车辆同一侧相邻两车轮的中点，并垂直于车辆纵向平面的二垂线之间的距离，如图2-10a所示。

对于三轴以上的车辆，其轴距由从最前面的相邻两车轮之间的轴距分别表示，总轴距则为各轴距之和，如图2-10b所示。

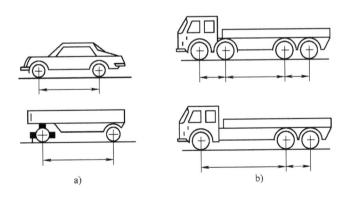

a)　　　　　　　　　　　b)

图2-10　轴距

6）轮距。汽车轴的两端为单车轮时，轮距为车轮在支撑平面上留下的轨迹的中心线之间的距离，如图2-11a所示。

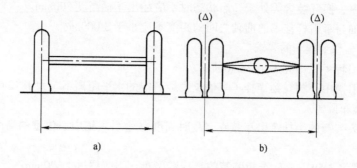

a)   b)

图 2-11　轮距

汽车车轴的两端为双车轮时，轮距为车轮中心平面（双轮车中心平面为外车轮轮辋内缘等距的平面）之间的距离，如图2-11b所示。

7）前悬。前悬是指通过两前轮中心的垂面与抵靠在车辆最前端（包括前拖钓、车牌及任何固定在车辆前部的刚性部件），并且垂直于车辆纵向对称平面的垂面之间的距离，如图2-12所示。

8）后悬。后悬是指通过车辆最后车轮轴线的垂面与抵靠在车辆最后端（包括牵引装置、车牌及任何固定在车辆前部的刚性部件），并且垂直于车辆纵向对称平面的垂面之间的距离，如图2-13所示。

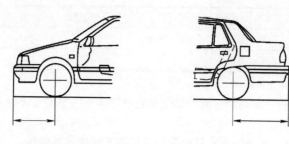

图 2-12　前悬　　　　　图 2-13　后悬

国家标准《汽车、挂车及汽车列车外廓尺寸、轴荷及质量限值》（GB 1589—2016），以及国家标准《机动车运行安全技术条件》（GB 7258—2017）均规定：

客车及封闭式车厢（或罐体）的汽车及挂车后悬应小于或等于轴距的65%。专用作业车在保证安全的情况下，后悬可按客车后悬要求核算，其他车辆后悬应小于或等于轴距的55%。车辆长度小于16000mm的发动机后置的铰接客车，在保证安全的情况下，后悬可不超过轴距的70%，汽车及挂车的后悬应小于或等于3500mm（中置轴车辆运输挂车除外）。

9）最小离地间隙。最小离地间隙是指车辆支撑平面与车辆上的中间区域内最低点之间的距离。中间区域为平行于车辆纵向对称平面且与其等距离的两平面之间所包含的部分，两平面之间的距离为同一轴上两端车轮内缘最小距离的80%，如图2-14所示。

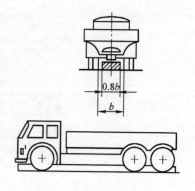

图 2-14　最小离地间隙

10）接近角。接近角是指车辆静载时，水平面与切于前轮轮胎外缘的平面之间的最大夹角，前轴前面任何固定在车辆上的刚性部件不得在此平面的下方，如图2-15所示。

11）离去角。离去角是指车辆静载时，水平面与切于车辆最后车轮轮胎外缘的平面之间的最大夹角。位于最后车轴后面的任何固定在车辆上的零部件不得在此平面的下方，如图2-16所示。

图2-15　接近角　　　　　　　　　　图2-16　离去角

12）转弯直径。转弯直径是指当转向盘转到极限位置时，内、外转向轮的中心平面在车辆支撑平面上的轨迹圆直径，如图2-17a所示。

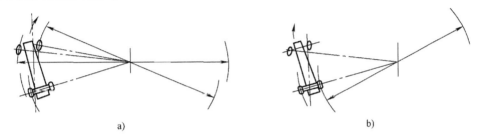

a)　　　　　　　　　　　　　　　　b)

图2-17　转弯直径和非转向内轮转弯直径

由于转向轮的左右极限转角一般不相等，故有左转弯直径与右转弯直径之别。

为转向轮的中心平面在车辆支撑平面上的轨迹圆直径有实际意义，称为非转向内轮转弯直径，如图2-17b所示。

13）通道圆与外摆值。汽车和汽车列车（不计具有作业功能的专用装置的突出部分）必须能在同一个车辆通道圆内通过，车辆通道圆的外圆直径D_1为25.00m，车辆通道圆的内圆直径D_2为10.60m。汽车和汽车列车由直线行驶过渡到上述圆周运动时，任何部分超出直线行驶时的车辆外侧面垂直面的值（车辆外摆值）T不得大于0.80m（测量方法如图2-18所示）。

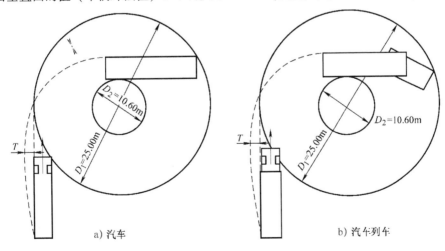

a) 汽车　　　　　　　　　　　　b) 汽车列车

图2-18　车辆通道圆与外摆值示意图

2. 质量参数

1）最大允许轴荷限值。轴荷是指汽车满载时各车轴对地面的垂直载荷。国家标准《汽车、挂车及汽车列车轴荷及质量限值》（GB 1589—2016），以及国家标准《机动车运行安全技术条件》（GB 7258—2017）均有规定。

① 汽车及挂车的单轴、二轴级及三轴组的最大允许轴荷不应超过该轴或轴组各轮胎负荷之和，且不应超过表2-13规定的最大限值。

表2-13　汽车及挂车的单轴、二轴级及三轴组的最大允许轴荷值　（单位：mm）

类型			最大允许轴荷限值
半轴	每侧单轮胎		7 000①
	每侧双轮胎	非驱动轴	10 000②
		驱动轴	11 500
二轴组	轴距<1 000mm		11 500③
	轴距≥1 000mm，且<1 300mm		16 00
	轴距≥1 300mm，且<1 800mm		18 000④
	轴距≥1 800mm（仅挂车）		21 000
三轴组	相邻两轴之间距离≤1 300mm		21 00
	相邻两轴之间距离<1 300mm，且≤1 400mm		24 00

① 安装名义断面宽度不小于425mm轮胎的车轴，最大允许轴荷限值10 000kg；驱动轴安装名义断面宽度不小于445mm轮胎，则最大允许轴荷限值为11 500kg。

② 装备空气悬架时最大允许轴荷的最大限值为11 500kg。

③ 二轴挂车最大允许轴荷限值为11 000kg。

④ 汽车驱动轴为每轴每侧双轮胎且装备空气悬架时，最大允许轴荷的最大限值为19 000kg。

② 对于其他类型的车轴，其最大允许轴荷不应超过该轮胎数乘以3000kg。

2）最大允许总质量限值。汽车、挂车及汽车列车的最大允许总质量不应超过各车轴最大允许轴荷之和，且不应超过表2-14规定的限值。

表2-14　汽车、挂车及汽车列车的最大允许总质量限值　（单位：mm）

车辆类型			最大允许总质量限值
汽车	三轮汽车		2 000①
	乘用车		4 500
	二轴客车、货车及半挂牵引车		18 000②
	三轴客车、货车及半挂牵引引		25 000③
	单铰接客车		28 000
	双转向轴四轴货车		31 000③
挂车	半挂车	一轴	18 000
		二轴	35 000
		三轴	40 000

（续）

	车辆类型		最大允许总质量限值
挂车	牵引杆挂车	二轴，每轴每侧为单轮胎	12 000④
		二轴，一轴每侧为单轮胎、另一轴每侧为双轮胎	16 000
		二轴，每轴每侧为双轮胎	18 000
	中置轴挂车	一轴	10 000
		二轴	18 000
		三轴	24 000
汽车列车		三轴	27 000
		四轴	36 000⑤
		五轴	43 000
		六轴	49 000

① 当采用转向盘转向、由传动轴传递动力、具有驾驶室且驾驶人座椅后设计有物品放置空间时，最大允许总质量限值为 3 000kg。

② 低速货车最大允许总质量限值为 45 000kg。

③ 当驱动轴为每轴每侧双轮胎且装备空气悬架时，最大允许总质量限值增加 1 000kg。

④ 安装名义断面宽度不小于 425mm 轮胎，最大允许总质量限值为 18 000kg。

⑤ 驱动轴为每轴每侧双轮胎并装备空气悬架、且半挂车的两轴之间的距离大于或等于 1 800mm 的铰接列车，最大允许总质量限值为 37 000kg。

3）消防车、清障车、混凝土泵车、汽车起重机、油田专用作业车的要求。

① 各轴最大允许轴荷不超过 13 000kg。

② 最大允许总质量不应超过 55 000kg。

二、汽车的主要性能指标

汽车的主要性能包括动力性、燃油经济性、制动性、操纵稳定性、行驶平顺性、排放污染及噪声。

1. 汽车的动力性

从获得尽可能高的平均行驶速度的观点出发，汽车的动力性可用以下三个指标来评定。

1）汽车的最高车速。汽车的最高车速是指在平直良好的路面上（水泥路面和沥青路面）汽车所能达到的最高行驶速度。

2）汽车的加速能力。汽车的加速能力是指汽车在行驶中迅速增加行驶速度的能力。

汽车的加速能力常用汽车的原地起步加速性和超车加速性来评价。

① 原地起步加速性是指汽车由停车状态起步后以最大的加速强度加速，并恰当地选择最有利的换档时机，逐步换至最高档后达到某一预定的距离或车速所需的时间。一般常用 0—400m 所需的时间来表示；也可用 0—100km/h 所需的时间来表示。

② 超车加速性是指汽车用最高档或次高档由某一预定车速（该档最低稳定车速或 30km/h）全力加速至某一高速所需时间。这段时间越短，说明超车加速能力越强，从而可以减少超车过程中的并行时间，有利于保障安全。

3）汽车的爬坡能力。汽车的爬坡能力是指汽车满载时在良好的路面上以最低前进档所能爬行的最大坡度。

2. 汽车的燃油经济性

汽车在一定的使用条件下，以最小的燃油消耗量完成单位运输工作的能力称为汽车的燃油经济性。

汽车的燃油经济性常用一定运行工况下汽车行驶 100km 的燃油消耗量或一定燃油量能使汽车行驶的里程来衡量。

在我国及欧洲，燃油经济性指标的单位为 L/100km，即行驶 100km 里程所消耗的燃油升数。可见，其数值越大，汽车的燃油经济性越差。在美国，汽车燃油经济性的单位为 mile/usgal，即每加仑燃油能行驶的英里数。可见，其数值越大，表明燃油经济性越好。这项指标是用作比较相同载质量的汽车的燃油经济性或分析同一汽车的燃油经济性的。

对于不同的载质量的汽车在相同的运行条件下完成单位运输工作量的燃油经济性的评价则常用完成单位货物周转量的平均燃油消耗量来衡量，其单位为 L/100t·km。

3. 汽车的制动性

汽车的制动性能直接关系着汽车的行车安全。只有在保证行车安全的前提下，才能充分利用汽车的其他使用性能，诸如提高汽车的行驶速度，提高汽车的机动性能等。

汽车的制动性主要由制动效能、制动抗热衰退性能和制动时汽车的方向稳定性三个方面来评价。

1）制动效能。制动效能是指汽车迅速降低行驶速度直至停车的能力。制动效能是制动性能最基本的评价指标，它由一定初速度下的制动距离、制动减速度和制动时间来评定。

制动距离与行车安全有直接关系，而且最直观，因此管理部门通常按制动距离制定安全法规。

2）制动抗热衰退性。汽车的抗热衰退性是指汽车高速制动、短时间多次重复制动或下长坡连续制动时制动效能的热稳定性。

3）制动时汽车的方向稳定性。制动时汽车的方向稳定性是指汽车在制动时按指定轨迹行驶的能力，即不发生跑偏、侧滑或失去转向的能力。通常，规定一定宽度的试验通道，制动稳定性良好的汽车，在试验时不允许产生不可控制的效能使它偏离这条通道。

4. 汽车的操纵稳定性

汽车的操纵稳定性包含着互相联系的两部分内容，一个是操纵性，一个是稳定性。操纵性是指汽车能够及时而准确地执行驾驶人的转向指令的能力；稳定性是指汽车受到外界扰动（路面扰动或突然阵风扰动）后，能自行尽快地恢复正常行驶状态和方向，而不发生失控，以及抵抗倾覆、侧滑的能力。

5. 汽车的行驶平顺性

汽车行驶时，对路面不平度的隔振特性，称为汽车的行驶平顺性。

汽车行驶时，路面的不平度会激起汽车的振动；当这种振动达到一定程度时，将使乘客感到不舒适和疲劳，或使运载的货物损坏。振动引起的附加动载荷将加速有关零部件的磨损，缩短汽车的使用寿命。车轮载荷的波动会影响车轮与地面之间的附着性能，因而关系到汽车的操纵稳定性。

汽车的振动随行驶速度的提高而加剧。在汽车的使用过程中，常因车身的强烈振动而限制了行驶速度的发挥。

6. 汽车的排放污染物

汽车排放污染主要有三个排放源：一是由发动机排气管排出的发动机燃烧废气，汽油车的主要污染物成分是一氧化碳（CO）、碳氢化合物（HC）、氮氧化物（NO_x），而柴油车除了这三种有害物外还排放大量的颗粒物；二是曲轴箱排放物，由发动机在压缩及燃烧过程中未燃的碳氢化合物由燃烧室漏向曲轴箱再排向大气而产生，主要是碳氢化合物；三是燃料蒸发排放物，主要燃油箱的燃料蒸发而产生。

汽车污染物各排放源相对排放量见表 2-15 所示。

表 2-15　汽车污染物各排放源相对排放量　　　　　　　（单位:%）

	CO	HC	NO$_x$
曲轴箱	1~2	15~25	1~2
燃油系统	0	15~25	0
排气管	98~99	55~70	98~99

7. 汽车的噪声

按照噪声产生的过程，汽车噪声源大致可分为与发动机转速有关的声源和与车速有关的声源。图 2-19 说明了这些基本噪声源。

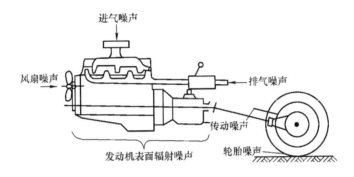

图 2-19　主要噪声源示意图

与发动机转速有关的噪声源主要有进气噪声、排气噪声、冷却系风扇噪声和发动机表面辐射噪声。由发动机带动旋转的各种发动机附件(如空气压缩机、发电机等)的噪声，也属此类。

与车速有关的噪声源包括传动噪声(变速器、传动轴)、轮胎噪声、车体产生的空气动力噪声。

为了有效地控制城市交通噪声，我国制订了各种机动车辆的噪声标准，规定了机动车辆的车外、车内噪声的测量方法及限值标准[《汽车加速行驶车外噪声限值及测量方法》(GB 1495—2002)]。

第五节　汽车的使用寿命

汽车的使用寿命是指从技术和经济上分析汽车的使用极限。

汽车在使用过程中由于磨损、老化等原因其性能随着使用年限(或行驶里程)的增加而逐渐下降，到了一定期限就应报废，这是一种自然规律。

如果把汽车的使用寿命无限地延长，不断地进行维修，用很高的代价来持续车辆运行，这就必然会出现车况下降，需消耗大量的配件和材料，花费较多的劳动工时，致使维修费用急剧上升。由于车辆老旧，其动力性、经济性都将大幅下降，造成燃、润料消费增加。此外，小修频率上升，零部件的可靠性与汽车完好率下降，同时还会使汽车的平均技术速度下降，排气污染与噪声严重。必须更新现有劣等汽车，提高工作效率，降低费用，减少污染。所以研究汽车的使用寿命对汽车评估具有重要意义。

一、汽车使用寿命的分类

1. 技术使用寿命

技术使用寿命是指汽车从开始使用至其主要机件到达技术极限状态而不能再继续修理时为止的总工作时间或总行驶里程。这种极限的标志，在结构上是零部件的工作尺寸、工作间隙，在性能上常表现为汽车总体的动力状态或燃、润料的极度超耗。

汽车的技术寿命主要取决于各部分总成的设计水平、制造质量、合理的使用与维修。汽车到达技术寿命时，应对汽车进行报废处理，其零部件也不能再作配件使用。汽车保养、维修工作做得越好，汽车的技术寿命会越长，但一般随着汽车使用时间的延长，汽车维修费用也将增加。

2. 经济使用寿命

汽车的经济使用寿命是指汽车使用到相当里程和使用年限，对其进行全面经济分析之后得出汽车已到达不经济合理、使用成本较高的寿命时刻。

所谓全面经济分析，就是从汽车作用总成本出发，分析汽车制造成本、使用与维修费用、使用者管理开支、汽车当前的折旧以及市场可能变化等一系列因素，经过分析作出综合的经济评定，并确定其经济是否合理，能否继续使用。

3. 合理使用寿命

汽车的合理使用寿命是以汽车经济使用寿命为基础，考虑整个国民经济的发展和能源节约等因素，制定符合当地实际情况的使用期限。也就是说汽车已经到达了经济寿命，但是否要更新，还要视当地的实际情况来定，如更新资金、有无理想的汽车等因素，为此，各国根据上述情况制定出汽车更新的技术政策，考虑国民经济的可能并加以修正，规定汽车的使用年限。

汽车技术、经济和合理使用寿命三者的关系一般可用下式表示：

技术使用寿命>合理使用寿命≥经济使用寿命

我国 2012 年公布了《机动车强制报废标准规定》（以下简称《规定》），该《规定》明确根据机动车使用和安全技术、排放检验状况，国家对达到报废标准的机动车实施强制报废的，自 2013 年 5 月 1 日起施行新规定。机动车使用年限及行驶里程参考值如表 2-16 所示。

表 2-16　机动车使用年限及行驶里程参考值汇总表

车辆类型与用途				使用年限/年	行驶里程参考值/万 km
汽车	载客	营运	出租客运　小、微型	8	60
			出租客运　中型	10	50
			出租客运　大型	12	60
			租赁	15	60
			教练　小型	10	50
			教练　中型	12	50
			教练　大型	15	60
			公交客运	13	40
			其他　小、微型	10	60
			其他　中型	15	50
			其他　大型	15	80
			专用校车	15	40
		非营运	小、微型客车、大型轿车	无	60
			中型客车	20	50
			大型客车	20	60

（续）

车辆类型与用途			使用年限/年	行驶里程参考值/万 km
汽车	载货	微型	12	50
		中、轻型	15	60
		重型	15	70
		危险品运输	10	40
		三轮汽车、装用单缸发动机的低速货车	9	无
		装用多缸发动机的低速货车	12	30
	专项作业	有载货功能	15	50
		无载货功能	30	50
挂车	半挂车	集装箱	20	无
		危险品运输	10	无
		其他	15	无
	全挂车		10	无
摩托车	正三轮		12	10
	其他		13	12
轮式专用机械车			无	50

注：1. 表中机动车主要依据《机动车类型 术语和定义》(GA 802—2008)进行分类；标注 * 车辆为乘用车。

　　2. 对小、微型租客运汽车(纯电动汽车除外)和摩托车，省、自治区、直辖市人民政府有关部门可结合本地实际情况，制定严于表中使用年限的规定，但小、微型出租客运汽车不得低于 6 年，正三轮摩托车不得低于 10 年，其他摩托车不得低于 11 年。

二、汽车经济使用寿命

1. 概述

汽车经济使用寿命是汽车经济使用的理想时期，研究汽车的使用寿命，主要是研究汽车的经济使用寿命。

发达国家对汽车经济使用寿命进行了大量的研究工作，有资料表明，在一辆汽车的整个使用时期内，汽车的制造费用约占全部使用期内总费用的15%左右，而汽车的管理、使用、维修费用则占85%左右。所以现代汽车的经济使用寿命的长短，很重要的一点就是在汽车设计制造时，必须充分预测到车辆今后可能的使用维修费用。如果汽车在长期运用中，能保持其使用维修费用低，则其经济使用寿命将较长；反之，则较短。

发达国家的汽车使用期限完全按经济规律确定，除考虑车辆本身的运行费用增长外，还考虑新车型性能的改进和价格下降等因素。表 2-17 列出了几个主要汽车大国的载货汽车的平均经济使用寿命。

表 2-17　主要国家的载货汽车平均经济使用寿命　　　　（单位：年）

国别	美国	日本	德国	法国	英国	意大利	中国
平均经济使用寿命	10.3	7.5	11.3	12.1	10.6	11.2	10

2. 汽车经济使用寿命的指标

汽车经济使用寿命的指标如下。

1）年限。年限是指以汽车从开始投入运行到报废的年数作为使用寿命的指标。这种方法除考虑运行时的损耗，还考虑车辆停放期间的自然损耗。这种方法计算比较简单，但是不能充分真实地反映汽车的使用强度和使用条件，造成同年限的车辆差异较大。

2）行驶里程。行驶里程是指以汽车从开始投入运行到报废期间总的行驶里程数作为使用期限的指标。这种方法反映了汽车的真实使用强度，但反映不出运行条件和停驶期间的自然损耗。

对于专业运输车辆，由于其运行条件差异较大，会由于虽然使用年限大致相同，但累计行驶里程相差悬殊的情况。在汽车运输业，大多数以行驶里程作为考核车辆各项指标的基数。然而对于在用汽车评估，一般以行驶里程为参考依据。

3）大修次数。汽车在使用过程中，当动力性和经济性下降到一定程度，已无法用正常的维护和小修方法使其恢复正常技术状况时，就要进行大修。

运输技术部门除用里程作为指标外，也用大修次数作为指标。在汽车报废之前，截止到第几次大修最为经济，需权衡买新车的费用加旧车未折完的损失和大修费用加经营费用的损失，来预测截止到某次大修最经济合算。

3. 影响汽车经济使用寿命的因素

为了提高在用汽车的质量，以提高经济效益的观点来进行分析，找出影响汽车经济使用寿命的因素。

1）汽车的损耗。从汽车的有形损耗和无形损耗两个方面进行分析。

无形损耗是指由于技术进步、生产的发展，出现了性能好、生产效率高的新型车，或原车型价格下降等情况，促使在用汽车提前更新。实际上是旧车型相对新车型的贬值，这个问题将在后面的章节里详述。

有形损耗是指车辆在使用过程中本身的损耗。它包括磨损、锈蚀、腐蚀等自然损耗，以及燃料、润滑料费用的增加，维护保养费用的增加。

2）使用强度。不同的使用者，对车辆的使用强度差异比较大，各种车辆的使用强度从每年1万 km 至15万 km 不等，常见车辆使用强度见表 2-18。显然，使用强度越大，其经济使用寿命越短。

表 2-18　车辆使用强度　　　　　　　　　　　　　　（单位：万 km/年）

私家车	商用车	出租车	公交车	长途客车	大货车
1~3	2~5	10~15	8~12	10~20	8~12

3）使用条件。

① 道路条件。道路对汽车使用寿命影响很大，直接影响车辆技术速度。道路条件差，车辆技术速度就慢，燃料消耗增大，车辆磨损增大，经济使用寿命则短。

② 自然条件。我国幅员辽阔，各地自然、地理条件差异较大，温度、湿度、年降雨量、空气中的含氧量、沙尘含量差异较大，造成车辆的经济使用寿命也有一定的差异。

4）经济水平。我国各地的经济水平差异也很大，东南沿海经济发达，中西部经济较落后，如出租车的使用年限从 3 年至 8 年不等，有的地方 8 年后还可以使用，这也造成了车辆的经济使用寿命的差异。

第六节　汽车的合法手续检查

汽车的合法手续是指汽车上路行驶，按照国家法规和地方法规应该办理的各项有效证件和应该交纳的各项税费凭证。汽车属于特殊商品，它的价值包括车辆实体本身的有形价值和各项手续构成的价值，只有手续齐全，才能办理正常的过户、转籍，发挥汽车的实际效用。没有合法手续的汽车通常不能作为保险标的。汽车的合法手续如下。

一、汽车来历凭证

根据《机动车登记规定》第三十八条，汽车来历凭证是指：

1）在国内购买的机动车，其来历凭证是全国统一的机动车销售发票或者二手车销售发票（图2-20）。在国外购买的机动车，其来历凭证是该车销售单位开具的销售发票及其翻译文本。

2）人民法院调解、裁定或者判决转移的机动车，其来历凭证是人民法院出具的已经生效的《调解书》《裁定书》或者《判决书》以及相应的《协助执行通知书》。

3）仲裁机构仲裁裁决转移的机动车，其来历凭证是《仲裁裁决书》和人民法院出具的《协助执行通知书》。

4）继承、赠予、中奖和协议抵偿债务的机动车，其来历凭证是继承、赠予、中奖和协议抵偿债务的相关文书和公证机关出具的《公证书》。

5）资产重组或者资产整体买卖中包含的机动车，其来历凭证是资产主管部门的批准文件。

6）国家机关统一采购并调拨到下属单位未注册登记的机动车，其来历凭证是全国统一的机动车销售发票和该部门出具的调拨证明。

7）国家机关已注册登记并调拨到下属单位的机动车，其来历凭证是该部门出具的调拨证明。

8）经公安机关破案发还的被盗抢且已向原机动车所有人理赔完毕的机动车，其来历凭证是保险公司出具的《权益转让证明书》。

二、机动车行驶证

《机动车行驶证》是由公安车辆管理机关依法对汽车进行注册登记核发的证件，它是机动车取得合法行驶权的凭证。《中华人民共和国道路交通管理条例》第十七条规定，机动车行驶证是汽车上路行驶必需的证件，《中华人民共和国机动车登记管理办法》规定机动车行驶证是旧汽车过户、转籍必不可少的证件。机动车行驶证样式如图2-21所示。

《中华人民共和国机动车行驶证》（GA 37—2008）规定，为了防止伪造，行驶证塑封套上有用紫光灯可识别的不规则的与行驶证卡片上图形相同的暗记，并且行驶证上按要求粘贴车辆彩色照片，因此机动车行驶证识伪办法：一是查看识伪标记；二是查看汽车彩照与实物是否相符；三是查看行驶证纸质、印刷质量、字体、字号与车辆管理部门核发的行驶证进行比对，对有怀疑的行驶证可去发证的公安车辆管理部门核实。最常见的伪造是行驶证副页上的检验合格章，车辆没有按规定时间到车辆管理机关去办理检验手续，却私刻公章私自加盖检验合格章。现在，许多地方采用电脑打印检验合格至××年×月并加盖检验合格章的办法来增加防伪能力。车辆管理部门规定超过两年未检验的汽车按报废处理。汽车保险从业人员要对副页上的检验合格章，即行驶证的有效期特别重视。

a) 机动车销售统一发票

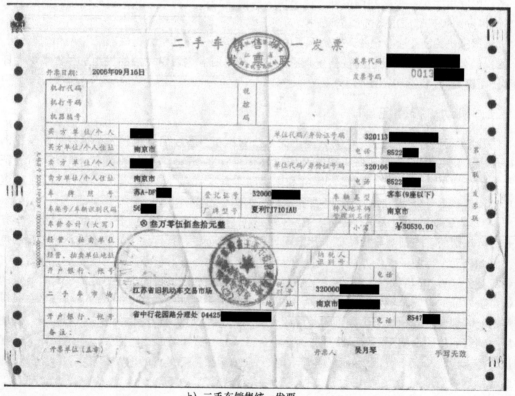

b) 二手车销售统一发票

图 2-20 购车发票

中华人民共和国机动车行驶证

号牌号码_____车辆类型_____

所有人_____

住　　址_____

品牌型号_____使用性质_____

　　　　　发动机号_____

发证机关章　车辆识别代号_____

　　　　　注册登记日期_____发证日期_____

中华人民共和国机动车行驶证副页

号牌号码_____车辆类型_____

总质量_____整备质量_____

核定载质量_____准牵引总质量_____

核定载客_____驾驶室共乘_____

货箱内_____后轴钢板_____

部尺寸_____弹簧片数_____

外廓尺寸_____

检验记录_____

图 2-21　机动车行驶证

三、机动车登记证书

　　根据 2001 年 10 月 1 日起实施的《中华人民共和国机动车登记办法》，在我国境内道路上行驶的机动车，应当按规定经机动车登记机构办理登记，核发机动车号牌、机动车行驶证和机动车登记证书。

　　机动车所有人申请办理机动车各项登记业务时均应出具机动车登记证书；当登记信息发生变动时，机动车所有人应当及时到车辆管理所办理相关手续；当机动车所有权转移时，原机动车所有人应当将机动车登记证书随车交给现机动车所有人。现在，机动车登记证书还可以作为有效资产证明，到银行办理抵押贷款。

　　机动车登记证书同时也是机动车的"户口本"，所有机动车的详细信息及机动车所有人的资料都记载在上面，证书上所记载的原始信息发生变化时，机动车所有人应携证到车管所作变更登记。这样，"户口本"上就有机动车从"生"到"死"的一套完整记录。

　　公安车辆管理部门是机动车登记证书的核发单位。凡 2001 年 10 月 1 日之后新购机动车，都随车办好了证书，凡 2001 年 10 月 1 日之前购车未办领机动车登记证书的机动车所有者，必须补办机动车登记证书。

　　机动车登记证书是汽车保险人员必须认真查验的手续，机动车登记证书与机动车行驶证相比内容更详细，一些风险参数必须从机动车登记证书获取，如使用性质的确定等。机动车登记证书如图 2-22 所示。

机动车登记证书编号：×××××××××××

注册登记摘要信息栏

I	1.机动车所有人/身份证明名称/号码			
	2.登记机关	3.登记日期	4.机动车登记编号	

过户、转入登记摘要信息栏

II	机动车所有人/身份证明名称/号码			
	登记机关	登记日期	机动车登记编号	
III	机动车所有人/身份证明名称/号码			
	登记机关	登记日期	机动车登记编号	
IV	机动车所有人/身份证明名称/号码			
	登记机关	登记日期	机动车登记编号	
V	机动车所有人/身份证明名称/号码			
	登记机关	登记日期	机动车登记编号	
VI	机动车所有人/身份证明名称/号码			
	登记机关	登记日期	机动车登记编号	
VII	机动车所有人/身份证明名称/号码			
	登记机关	登记日期	机动车登记编号	

第 1 页

注册登记机动车信息栏

5.车辆类型		6.车辆品牌	
7.车辆型号		8.车身颜色	
9.车辆识别代号车架号		10.国产/进口	
11.发动机号		12.发动机型号	
13.燃料种类		14.排量/功率	Ml/ kW
15.制造厂名称		16.转向形式	
17.轮距	前 后 mm	18.轮胎数	
19.轮胎规格		20.钢板弹簧片数	后轴 片
21.轴距	mm	22.轴数	
23.外廓尺寸	长 宽 高 mm	33.发证机关章	
24.货厢内部尺寸	长 宽 高 mm		
25.总质量	kg	26.核定载质量	kg
27.核定载客	人	28.准牵引总质量	kg
29.驾驶室载客	人	30.使用性质	34.发证日期
31.车辆获得方式		32.车辆出厂日期	

第 2 页

图 2-22 机动车登记证书

四、机动车号牌

车牌，俗称牌照，也指车辆号牌，分别悬挂在车辆前后，通常使用的材质是铝、铁皮、塑料或纸质，在上面刻印车子的登记号码、登记地区或其他的相关信息。

车牌是对各车辆的编号与信息登记，其主要作用是通过车牌可以知道该车辆的所属地区，也可根据车牌查到该车辆的主人以及该车辆的登记信息。

1. 车牌分类、规格、颜色及适用范围

（1）新能源汽车专用号牌　采用绿底黑字，黑框线，新能源汽车号牌为渐变绿色，大型新能源汽车号牌为黄绿双拼色，如图 2-23 所示。

a）小型新能源汽车号牌式样　　　　　　　b）小型新能源汽车号牌式样
（D 代表纯电动汽车）　　　　　　　　　　（F 代表非纯电动新能源汽车）

c）大型新能源汽车号牌式样　　　　　　　d）大型新能源汽车号牌式样
（D 代表纯电动新能源汽车）　　　　　　　（F 代表非纯电动新能源汽车）

图 2-23　新能源汽车号牌

（2）大型汽车号牌　采用黄底黑字，黑框线，适用于中型（含）以上载客、载货汽车和专项作业车、半挂牵引车、电车，如图 2-24 所示。

a）前号牌　　　　　　　　　　　　　　　b）后号牌

图 2-24　大型汽车号牌

（3）挂车号牌　采用黄底黑字，黑框线，适用于全挂车和不与牵引车固定使用的半挂车，如图2-25所示。

（4）小型汽车号牌　采用蓝底白字，白框线，适用于中型以下载客、载货汽车和专项作业车，如图 2-26 所示。

图 2-25 挂车号牌    图 2-26 小型汽车号牌

（5）使、领馆汽车号牌 采用黑底白字，红"使""领"字，白框线，适用于驻华使、领馆汽车，如图 2-27 所示。

a）使馆汽车号牌   b）领馆汽车号牌

图 2-27 使、领馆汽车号牌

（6）港澳入出境车号牌 采用黑底白字，白"港""澳"字，白框线，适用于港澳地区出入内地的汽车，如图 2-28 所示。

a）香港入出境车号牌   b）澳门入出境车号牌

图 2-28 港澳入出境车号牌

（7）教练车号牌 采用黄底黑字，黑"学"字，黑框线，适用于教练用汽车，如图 2-29 所示。

图 2-29 教练车号牌

（8）警车号牌 采用白底黑字，红"警"字，黑框线，适用于汽车类警车，如图 2-30 所示。

a）警用汽车前号牌   b）警用汽车后号牌

图 2-30 警车号牌

（9）消防救援车辆 采用白底黑字，配以红色汉字"应急"，如图 2-31 所示。

图 2-31 消防救援车号牌

（10）普通摩托车号牌　采用黄底黑字，黑框线，如图 2-32 所示。

a）普通摩托车前号牌

b）普通摩托车后号牌

图 2-32　普通摩托车号牌

（11）轻便摩托车号牌　采用蓝底白字，白框线，如图 2-33 所示。

a）轻便摩托车前号牌

b）轻便摩托车后号牌

图 2-33　轻便摩托车号牌

（12）使馆摩托车号牌　采用黑底白字，红"使""领"字，白框线，如图 2-34 所示。

a）使馆摩托车前号牌

b）使馆摩托车后号牌

图 2-34　使馆摩托车号牌

（13）教练摩托车号牌　采用黄底黑字，黑"学"字，黑框线，如图 2-35 所示。

a）教练摩托车前号牌

b）教练摩托车后号牌

图 2-35　教练摩托车号牌

（14）警用摩托车号牌　采用白底黑字，红"警"字，黑框线，如图 2-36 所示。

图 2-36　警用摩托车号牌

（15）消防救援摩托车辆 采用白底黑字，配以红色汉字"应急"，如图 2-37 所示。

（16）低速车号牌 采用黄底黑字，黑框线，适用于低速载货汽车、三轮汽车和轮式自行机械车，如图 2-38 所示。

图 2-37 消防救援摩托车号牌

图 2-38 低速车号牌

（17）临时行驶车号牌 如图 2-39 所示。

a）行政辖区内使用的临时
行驶车号牌正面

b）行政辖区内使用的临时
行驶车号牌背面

图 2-39 临时行驶车号牌

（18）跨行政辖区使用的临时行驶车号牌 如图 2-40 所示。

a）跨行政辖区使用的临时
行驶车号牌正面

b）跨行政辖区使用的临时
行驶车号牌背面

图 2-40 跨行政辖区使用的临时行驶车号牌

（19）试验用机动车的临时行驶车号牌 如图 2-41 所示。

a）试验用机动车的临时行驶车号牌正面

b）试验用机动车的临时行驶车号牌背面

图 2-41 试验用机动车的临时行驶车号牌

（20）特型机动车的临时行驶车号牌　如图 2-42 所示。

　a）特型机动车的临时行驶车号牌正面　　　　　　b）特型机动车的临时行驶车号牌背面

图 2-42　特型机动车的临时行驶车号牌

（21）区域内行驶的临时入境汽车号牌　如图 2-43 所示。

　a）区域内行驶的临时入境汽车号牌正面　　　　　　b）区域内行驶的临时入境汽车号牌背面

图 2-43　区域内行驶的临时入境汽车号牌

（22）跨区域行驶的临时入境汽车号牌　如图 2-44 所示。

　a）跨区域行驶的临时入境汽车号牌背面　　　　　　b）跨区域行驶的临时入境汽车号牌正面

图 2-44　跨区域行驶的临时入境汽车号牌

（23）区域内行驶的临时入境摩托车号牌　如图 2-45 所示。

（24）跨区域行驶的临时入境摩托车号牌　如图 2-46 所示。

图 2-45　区域内行驶的临时　　　　　　图 2-46　跨区域行驶的临时
　　　　入境摩托车号牌　　　　　　　　　　　　入境摩托车号牌

（25）拖拉机号牌　如图 2-47 所示。

a）正式拖拉机号牌　　　　　　　　　　　　b）教练拖拉机号牌

图 2-47　拖拉机号牌

（26）临时行驶拖拉机号牌　如图 2-48 所示。

a）临时行驶拖拉机号牌正面　　　　　　　　b）临时行驶拖拉机号牌背面

图 2-48　临时行驶拖拉机号牌

（27）民航号牌　绿底白字。车牌以"民航"二字开头，用于机场摆渡车，机场专用作业车等　如图 2-49 所示。

图 2-49　民航号牌

2. 各地区车牌代号

车牌号除了前两位要按照国家规定，其他都可以自由选定。

现行民用车牌为 92 式，自 1994 年 7 月开始全国使用。

车牌第一位是汉字：代表该车户口所在的省级行政区，为各（省、直辖市、自治区）的简称，比如：北京是京，上海是沪，湖南是湘，重庆是渝，山东是鲁，江西是赣，福建是闽……

车牌第二位是英文字母：代表该车户口所在的地级行政区，为各（地级市、地区、自治州、盟）字母代码，一般按省级车管所以各地级行政区状况分划排名：字母"A"为省会、首府或直辖市中心城区的代码，其后字母排名不分先后。

在编排地级行政区英文字母代码时，跳过 I 和 O，O 往往被用作警车或机关单位，部分省市车牌号如表 2-19 所示。

表 2-19　部分省市车牌号含义

省市代号	车牌号	省市代号	车牌号
北京市(京)	京 A(包括公交)、京 B(出租车)、京 C、京 D(警车)京 E、京 F、京 G、京 H、京 J、京 K、京 L、京 M、京 N、京 P、京 Q(北京市城区)，京 Y(北京市远郊区)	天津市(津)	津 A(包括公交,警车)、津 B、津 C、津 D、津 E(出租车)、津 F、津 G、津 H、津 J、津 K、津 L、津 M、津 N、津 P、津 Q、津 R

（续）

省市代号	车牌号	省市代号	车牌号
河北省（冀）	冀A石家庄、冀B唐山、冀C秦皇岛、冀D邯郸、冀E邢台、冀F保定、冀G张家口、冀H承德、冀J沧州、冀O省直属机关、冀R廊坊、冀T衡水	山西省（晋）	晋A太原、晋B大同、晋C阳泉、晋D长治、晋E晋城、晋F朔州、晋H忻州、晋J吕梁、晋K晋中、晋L临汾、晋M运城
内蒙古自治区（蒙）	蒙A呼和浩特、蒙B包头、蒙C乌海、蒙D赤峰、蒙E呼伦贝尔、蒙F兴安盟、蒙G通辽、蒙H锡林郭勒盟、蒙J乌兰察布、蒙K鄂尔多斯、蒙L巴彦淖尔、蒙M阿拉善盟	辽宁省（辽）	辽A沈阳、辽B大连、辽C鞍山、辽D抚顺、辽E本溪、辽F丹东、辽G锦州、辽H营口、辽J阜新、辽K辽阳、辽L盘锦、辽M铁岭、辽N朝阳、辽P葫芦岛
吉林省（吉）	吉A长春、吉B吉林市、吉C四平、吉D辽源、吉E通化、吉F白山、吉G白城、吉H延边朝鲜族自治州、吉J松原、吉K长白山保护开发区	黑龙江省（黑）	黑A哈尔滨、黑B齐齐哈尔、黑C牡丹江、黑D佳木斯、黑E大庆、黑F伊春、黑G鸡西、黑H鹤岗、黑J双鸭山、黑K七台河、黑L哈尔滨所属县及县级市、黑M绥化、黑N黑河、黑P大兴安岭地区、黑R黑龙江农垦管局（垦区）
上海市（沪）	沪A、沪B、沪C（远郊区，不能进外环线）沪D、沪E、沪F、沪G、沪H、沪J、沪K、沪L、沪M、沪N（市区）、沪AX、沪BX、沪DX（私营出租）	江苏省（苏）	苏A南京、苏B无锡、苏C徐州、苏D常州、苏E苏州、苏F南通、苏G连云港、苏H淮安、苏J盐城、苏K扬州、苏L镇江、苏M泰州、苏N宿迁、苏U苏州增补
浙江省（浙）	浙A杭州、浙B宁波、浙C温州、浙D绍兴、浙E湖州、浙F嘉兴、浙G金华、浙H衢州、浙J台州、浙K丽水、浙L舟山	安徽省（皖）	皖A合肥、皖B芜湖、皖C蚌埠、皖D淮南、皖E马鞍山、皖F淮北、皖G铜陵、皖H安庆、皖J黄山市、皖K阜阳、皖L宿州、皖M滁州、皖N六安、皖P宣城、皖R池州、皖S亳州
福建省（闽）	闽A福州（除平潭县）、闽B莆田、闽C泉州、闽D厦门、闽E漳州、闽F龙岩、闽G三明、闽H南平、闽J宁德、闽K省直系统、平潭综合实验区	江西省（赣）	赣A南昌、赣B赣州、赣C宜春、赣D吉安、赣E上饶、赣F抚州、赣G九江、赣H景德镇、赣J萍乡、赣K新余、赣L鹰潭、赣M南昌增补、省直系统、赣S（原赣T）江西省国家安全系统
山东省（鲁）	鲁A济南、鲁B青岛、鲁C淄博、鲁D枣庄、鲁E东营、鲁F烟台、鲁G潍坊、鲁H济宁、鲁J泰安、鲁K威海、鲁L日照、鲁M滨州、鲁N德州、鲁P聊城、鲁Q临沂、鲁R菏泽、鲁S莱芜、鲁U青岛补增、鲁V潍坊补增、鲁W省直属机关、鲁Y烟台补增	河南省（豫）	豫A郑州、豫B开封、豫C洛阳、豫D平顶山、豫E安阳、豫F鹤壁、豫G新乡、豫H焦作、豫J濮阳、豫K许昌、豫L漯河、豫M三门峡、豫N商丘、豫P周口、豫Q驻马店、豫R南阳、豫S信阳、豫U济源
湖北省（鄂）	鄂A武汉、鄂B黄石、鄂C十堰、鄂D荆州、鄂E宜昌、鄂F襄阳、鄂G鄂州、鄂H荆门、鄂J黄冈、鄂K孝感、鄂L咸宁、鄂M仙桃、鄂N潜江、鄂P神农架林区、鄂Q恩施、鄂R天门、鄂S随州、鄂AW省直属机关	湖南省（湘）	湘A长沙、湘B株洲、湘C湘潭、湘D衡阳、湘E邵阳、湘F岳阳、湘G张家界、湘H益阳、湘J常德、湘K娄底、湘L郴州、湘M永州、湘N怀化、湘S省直系统、湘U湘西土家族苗族自治州

(续)

省市代号	车牌号	省市代号	车牌号
广东省(粤)	粤A广州、粤B深圳、粤C珠海、粤D汕头、粤E佛山(除顺德南海区)、粤F韶关、粤G湛江、粤H肇庆、粤J江门、粤K茂名、粤L惠州、粤M梅州、粤N汕尾、粤P河源、粤Q阳江、粤R清远、粤S东莞、粤T中山、粤U潮州、粤V揭阳、粤W云浮、粤X佛山顺德区、粤Y佛山南海区、粤Z港澳进入内地车辆	广西壮族自治区(桂)	桂A南宁、桂B柳州、桂C桂林、桂D梧州、桂E北海、桂F崇左、桂G来宾、桂H桂林荔浦增补、桂J贺州、桂K玉林、桂L百色、桂M河池、桂N钦州、桂P防城港、桂R贵港
海南省(琼)	琼A海口、琼B三亚、琼C三沙琼北地区市县(文昌市、琼海市、万宁市、临高县、澄迈县、定安县、屯昌县)琼D琼南地区市县(五指山市、东方市、昌江黎族自治县、白沙黎族自治县、乐东黎族自治县、陵水黎族自治县、保亭黎族苗族自治县、琼中黎族苗族自治县)、琼E洋浦经济开发区、琼F儋州市	重庆市(渝)	渝A、渝B、渝C、渝D、渝F、渝G、渝H、渝N(国有政企专用牌照)
四川省(川)	川A川G成都、川B绵阳、川C自贡、川D攀枝花、川E泸州、川F德阳、川G成都补增、川H广元、川J遂宁、川K内江、川L乐山、川M资阳、川Q宜宾、川R南充、川S达州、川T雅安、川U阿坝藏族羌族自治州、川V甘孜藏族自治州、川W凉山彝族自治州、川X广安、川Y巴中、川Z眉山	贵州省(贵)	贵A贵阳、贵B六盘水、贵C遵义、贵D铜仁、贵E黔西南布依族苗族自治州、贵F毕节、贵G安顺、贵H黔东南苗族侗族自治州、贵J黔南布依族苗族自治州
云南省(云)	云A昆明、云C昭通、云D曲靖、云E楚雄彝族自治州、云F玉溪、云G红河哈尼族彝族自治州、云H文山壮族苗族自治州、云J普洱、云K西双版纳傣族自治州、云L大理白族自治州、云M保山、云N德宏傣族景颇族自治州、云P丽江、云Q怒江傈僳族自治州、云R迪庆藏族自治州、云S临沧	西藏自治区(藏)	藏A拉萨、藏B昌都、藏C山南、藏D日喀则、藏E那曲、藏F阿里地区、藏G林芝、藏H西藏驻四川天全县车辆管理所、藏J西藏驻青海格尔木市车辆管理所
陕西省(陕)	陕A西安、陕B铜川、陕C宝鸡、陕D咸阳(除杨陵区)、陕E渭南、陕F汉中、陕G安康、陕H商洛、陕J延安、陕K榆林、陕V杨陵	甘肃省(甘)	甘A兰州、甘B嘉峪关、甘C金昌、甘D白银、甘E天水、甘F酒泉、甘G张掖、甘H武威、甘J定西、甘K陇南、甘L平凉、甘M庆阳、甘N临夏回族自治州、甘P甘南藏族自治州
青海省(青)	青A西宁、青B海东、青C海北藏族自治州、青D黄南藏族自治州、青E海南藏族自治州、青F果洛藏族自治州、青G玉树藏族自治州、青H海西蒙古族藏族自治州	宁夏回族自治区(宁)	宁A银川、宁B石嘴山、宁C吴忠、宁D固原、宁E中卫

（续）

省市代号	车牌号	省市代号	车牌号
新疆维吾尔自治区(新)	新A乌鲁木齐、新B昌吉回族自治州、五家渠、新C石河子、新D奎屯、新E博尔塔拉蒙古自治州、新F伊犁哈萨克自治州(除奎屯市)、新G塔城、新H阿勒泰、新J克拉玛依、新K吐鲁番、新L哈密、新M巴音郭楞蒙古自治州、新N阿克苏、阿拉尔、新P克孜勒苏柯尔克孜自治州、新Q喀什(除叶城县)、图木舒克、新R和田(加叶城县)、新S昆玉		

3. 车牌规格辨识（表2-20）

表2-20 车牌规格辨识

序号	分类	外廓尺寸/mm×mm	颜色	数量	适用范围
1	大型汽车号牌	前：440×140 后：440×220	黄底黑字黑框线	2	中型（含）以上载客、载货汽车和专项作业车；半挂牵引车；电车
2	挂车号牌	440×220	黄底黑字黑框线	1	全挂车和不与牵引车固定使用的半挂车
3	小型汽车号牌	440×140	蓝底白字白框线	2	中型以下的载客、载货汽车和专项作业车
4	使馆汽车号牌	440×140	黑底白字，红"使""领"字白框线	2	驻华使馆的汽车
5	领馆汽车号牌	440×140	黑底白字，红"使""领"字白框线	2	驻华领事馆的汽车
6	港澳入出境车号牌	440×140	黑底白字，白"港""澳"字白框线	2	港澳地区入出内地的汽车
7	教练汽车号牌	440×140	黄底黑字，黑"学"字黑框线	2	教练用汽车
8	警用汽车号牌	440×140	白底黑字，红"警"字黑框线	2	汽车类警车
9	普通摩托车号牌	前：220×95 后：220×140	黄底黑字黑框线	2	普通二轮摩托车和普通三轮摩托车
10	轻便摩托车号牌	前：220×95 后：220×140	蓝底白字白框线	2	轻便摩托车
11	使馆摩托车号牌	前：220×95 后：220×140	黑底白字，红"使""领"字白框线	2	驻华使馆的摩托车
12	领馆摩托车号牌	前：220×95 后：220×140	黑底白字，红"使""领"字白框线	2	驻华领事馆的摩托车
13	教练摩托车号牌	前：220×95 后：220×140	黄底黑字，黑"学"字黑框线	2	教练用摩托车
14	警用摩托车号牌	220×140	白底黑字，红"警"字黑框线	1	摩托车类警车

（续）

序号	分类	外廓尺寸 mm×mm	颜色	数量	适用范围
15	低速车号牌	300×165	黄底黑字黑框线	2	低速载货汽车、三轮汽车和轮式自行机械车
16	临时行驶车号牌	220×140	天（酞）蓝底纹黑字黑框线	1	行政辖区内临时行驶的机动车
			棕黄底纹黑字黑框线		跨行政辖区临时移动的机动车
			棕黄底纹黑字黑框线黑"试"字		试验用机动车
			棕黄底纹黑字黑框线黑"超"字		特型机动车，指轴荷和总质量超限的工程专项作业车和超长、超宽、超高的运输大型不可解物品的机动车
17	临时入境汽车号牌	220×140	白底棕蓝色专用底纹，黑字黑边框		临时入境汽车
18	临时入境摩托车号牌	88×60			临时入境摩托车
19	拖拉机号牌	按 NY 345. 1−2005 执行			上道路行驶的拖拉机

4. 车牌临时牌照

汽车临时牌照是指汽车还未正式落户前由公安车管部门发放的临时车辆行驶证明。临时号牌的使用带有时限性和区域性。符合下列条件之一者，可向当地车管所申领临时号牌：

① 从车辆购买地驶回使用地时，需在购买地车管所申领临时号牌。

② 车辆转籍，已缴正式号牌时，需在当地车管所申领临时号牌，以便驶回本地。

③ 在本地区未申领正式号牌的新车，需驶往外地改装时，需在本地申领临时号牌，改装完毕，在当地申领临时号牌驶回原地区。

④ 尚未固定车籍需要临时试用的。

办理临时号牌的时候，申领者需持有单位介绍信、车辆来历证明、合格证，以及其他有关证明（除介绍信存档外，其余退还给申领者），到车管所办理。办理时应讲明车辆行驶起止地点和使用临时号牌的时间。经管理人员审查和对车辆进行检查合格后，发给临时号牌，并签署有效期和起止地点。

5. 识别车辆假牌套牌的技巧

（1）从号牌字体观察　机动车号牌字体是全国统一标准，伪造号牌的底色偏蓝或偏黄，字体整体较瘦或偏胖，或在字体拐弯处有异常。突出表现：

1）用白色或黑色不干胶字体粘贴在与号牌同大小的蓝底或黄底的板面上，充当号牌。

2）在真号牌上挖空个别字体，然后拼补而成。

3）把真号牌每个字体竖直剪下，然后再组合拼装固定在铁板上。

4）在真号牌上采用粘贴、遮盖、涂色、磨损等方式涂改个别字体：比如把"F"变成"E"、把"C"变成"O"、把"1"变成"L"、把"Q"变成"O"、把"L"变成"U"等。

（2）从号牌形状观察　真号牌形状整体划一，视觉感受良好；假号牌长短、宽窄、角边等形状尺寸各式各样，只要细加端详就能发现。

（3）从号牌着色与反光观察　真号牌着色均匀，且只有凸出的部分着色；假号牌一般为制作者用毛笔或刷子沾油漆刷描出来，往往着色不平且有接纹。同时，一些凹陷位置也有着色，做工较粗糙。

真牌在太阳光照射下不反光，但在灯光直射下反光；假牌在太阳光照射下站在一定角度看会发光，但在灯光直射下是暗光，不会反光。

（4）从号牌悬挂安装观察　真号牌的安装位置、悬挂姿态、固封螺母等都有明确而严格的要求。而假号牌则不是把前后牌挂错位置，就是故意把号牌字体倒立悬挂，或者把假号牌放在风窗玻璃前面，或着用其他物品遮挡，让人难以辨认。有的还采用真假号牌混挂，一般前车牌悬挂真牌，后车牌悬挂假号牌，以此来对付电子眼的摄像抓拍取证。

（5）从号牌材质仔细观察　真号牌材质是选择高密度铝板定制而成的，较为结实，表面膜抠不动；假号牌大都是采用的铁板材质或塑料材质制作而成，表面膜能用手抠下来。

（6）用手触摸仔细观察　用手触摸车牌，尤其是触摸号牌周边棱角处，由于假牌并非一次性成形，所以字体边缘会留有棱角，即使经过打磨过难掩盖痕迹。拆下车牌，其背面也有敲打过的痕迹，真号牌则没这些现象。

（7）从车辆驾驶人神色观察　俗话说："做贼心虚，说谎脸红"，使用假号牌的驾驶人同样有此心理。只要从司乘人员的眼光、语言、动作等方面入手多查多问、察言观色，即可发现使用假号牌车辆驾驶人的反常举动和心理状态，从中判断是否使用假号牌。

（8）从全国联网微机中查找比对　采用查找、比对是利用高科技有效整治假号牌的一记重招。通过交通民警查询车辆登记档案，对机动车所有人、登记机关、登记日期、车辆类型、车辆识别代码、发动机号码等信息进行比对，即可识别该车使用的是否为假号牌。

五、车辆购置税

车辆购置税是由车辆购置附加费演变而来的，2000年10月22日，中华人民共和国国务院令（第294号）签发《中华人民共和国车辆购置税暂行条例》，规定自2001年1月1日起，车辆购置附加费改成车辆购置税，由国家税务局征收，资金的使用由交通部门按照国家有关规定统一安排使用，车辆购置税的征收标准，是按车辆计税价的10%计征。在取消消费税后，它是购买汽车后最大的一项费用。车辆购置税凭证如图2-50所示。

按照国家规定车辆购置税的征收和免征范围如下。

1. 车辆购置税的征收范围

汽车、摩托车、电车、挂车、农用运输车。具体征收范围依照《车辆购置税征收范围表》执行。

2. 车辆购置税的免税、减税

1）外国驻华使馆、领事馆和国际组织驻华机构及其外交人员自用的车辆，免税。

2）中国人民解放军和中国人民武装警察部队列入军队武器装备订货计划的车辆，免税。

3）设有固定装置的非运输车辆，免税。

4）有国务院规定予以免税或者减税的其他情形的，按照规定免税或者减税。

六、车船使用税

国务院1986年9月15日发布了《中华人民共和国车船使用税暂行条例》（国发〔1986〕90号），从1986年10月1日实施。根据规定，凡在我国境内拥有并使用车船的单位和个人，为车船使用税的纳税义务人（不包括外商投资企业、外国企业和外国人）。车船拥有人与使用人不一致时，仍由拥有人负责缴纳税款。车船使用税完税凭证如图2-51所示。

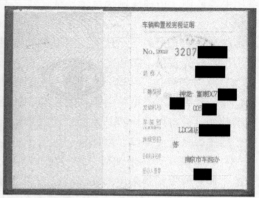

图 2-50　车辆购置税凭证

图 2-51　车船使用税凭证

汽车车船使用税由各地地方税务局征收，客车按座位数分类计征，货车按净吨位计征。各地的征收标准、滞纳金不尽相同，大约每年每辆车从数十元至数百元不等。

七、汽车强制保险

我国从 2006 年 7 月 1 日起施行机动车交通事故责任强制保险(简称交强险)，详见第五章。

第七节 汽车配件基础知识

一、国产汽车配件的类型

在汽车制造业、维修业和配件经营业中，通常将汽车零部件、汽车标准件和汽车材料三种类型的产品统称为汽车配件。

1. 汽车零部件

汽车的零部件都编入相应车型的配(备)件目录，并标有统一规定的零部件编号。汽车零部件又分为以下类别。

1) 零件。零件是汽车的基本制造单元，它是不可再拆卸的整体，如活塞、气门、行星齿轮、半轴齿轮、转向节、保险杠支架等。

2) 合件。由两个或两个以上的零件组装，起着单一零件作用的组合件称为合件。如带盖的连杆、成对的轴瓦、带气门导管的缸盖等。合件的名称常以其中的主要零件而命名。例如，带盖的连杆，则命名为连杆。

3) 组合件。由几个零件或合件组装，但不能单独完成某一机构作用的组合体称为组合件。如离合器压板及盖等。有时也将组合件称为"半总成"。

4) 总成件。由若干零件、合件、组合件装成一体，能单独起着某一机构作用的组合体称为总成件，如发动机总成、离合器总成、变速器总成、前桥总成、后桥总成等。

5) 车身覆盖件。通常由冷轧钢板经冲压、点焊形成，主要起着分割车身空间的作用。如发动机罩、行李舱罩、前翼子板、车门等。

6) 车身结构件。现代汽车中的乘用车大多采用承载式车身，其车身中梁、柱、部分挡板，它们是保证汽车定位尺寸的结构件，通常用高强度钢板制成。由于材料理化性能与车身覆盖件有较大的差异，所以必须注意不可混淆。

2. 汽车标准件

按国家标准设计与制造，对同一种零件统一形状、尺寸、技术要求，能通用在各种机器和设备上，并具有互换性的零件称为标准件。例如螺栓、垫圈、键、销、标准轴承等。其中适用于汽车的标准件称汽车标准件。

3. 汽车材料

汽车材料这里指的是汽车运行材料，如各种油料、冷却液、制冷剂、轮胎、蓄电池等。汽车标准件和汽车材料大多是非汽车生产企业生产，而由汽车行业使用，汽车标准件和汽车材料通常不编入各车型相应的配(备)件目录，汽车材料还常被称为汽车的横向产品。

二、国产汽车配件的编号规则

1. 国产汽车配件的编号规则

在我国，汽车零部件编号按中国汽车工业联合会于1990年1月1日颁布实施的《汽车产品零部件编号规则》统一编制。其方法如下：

1) 汽车零部件编号。汽车零部件编号由企业名称代号、组号、分组号、件号、结构区分号、变更经历代号(修理件代号)组成，如图2-52所示。

结构区分号位于组号或分组号之后，表示该组或该分组的系统总成或装置的不同结构；结构区分号位于件号之后表示该零件总成或总成装置的不同结构。

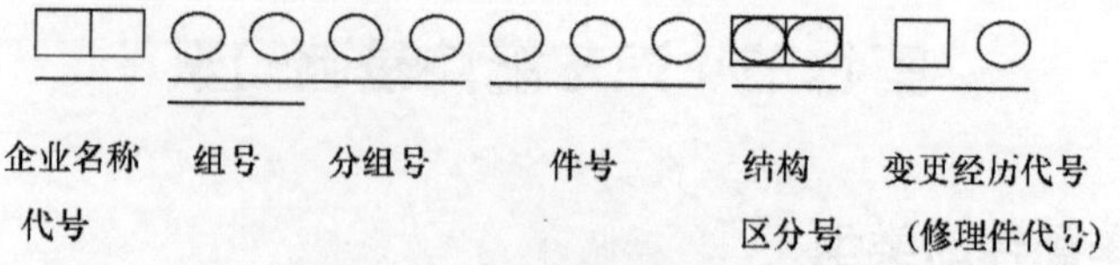

图 2-52　汽车零部件编号

2）不属于独立总成的零部件编号。对于不属于独立总成的连接件或操纵件，其编号的构成形式如图 2-53 所示。

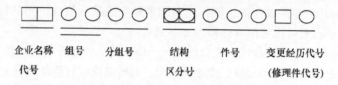

图 2-53　不属于独立总成的零部件编号

3）属于独立总成的零部件编号。对于属于独立总成的零部件，其编号的构成形式如图 2-54 所示。

企业名称　组号　　分组号　　　结构　　　件号　　变更经历代号
代号　　　　　　　　　　　　区分号　　　　　　　（修理件代号）

图 2-54　属于独立总成的零部件编号

上列各图中，□表示汉语拼音字母，○表示阿拉伯数字，◯表示汉语拼音字母或阿拉伯数字均可。

2. 对国产汽车配件的编号规则的说明

1）标准的主题内容及适用范围。

① 适用于新设计定型的各类汽车和半挂车的零件、总成和总成装置图的编号规则。

② 适用于各类汽车和半挂车的零件、总成和总成装置图的编号，但不包括专用半挂车的专用装置部分的零件、总成和总成装置图的编号。

2）标准用术语。

① 组号。用 2 位数字表示汽车各功能系统内分系统的分类代号。

② 分组号。用 4 位数字表示总成和总成装置图的分类代号，前 2 位数字代表它所隶属的组号，后 2 位数字代表它在该组内的顺序号。

③ 件号。用 3 位数字表示零件、总成和总成装置图的代号。

④ 结构区分号。用 2 个字母或 2 位数字区别同一类零件、总成和总成装置图的不同结构、性能、尺寸参数的特征代号。

⑤ 变更经历代号。用一个字母和一位数字表示零件、总成和总成装置图更改过程的代号。当零件或总成变化较大，但首次更改不影响互换的用 A1 表示，依次用 A2、A3……当零件或总成首次更改影响互换时，则用 B1 表示；若再次更改影响互换时，则依次用 C、D……表示。

⑥ 修理件代号。在标准尺寸的基础上尺寸加大或减小的修理件，按其尺寸加大或减小顺序进行编号。其代号用 2 号汉语拼音字母表示，前一个字母表示修理尺寸级别，后一个字母为修理件代号，用"X"表示。如某一修理件有 3 组尺寸时，其代号为"BX""CX""DX"。当该组修

理件尺寸进行更改影响互换时，应相应更改尺寸组别代号，其字母根据更改前所用的最后字母依次向后排列。如更改影响互换时，标准尺寸的更改经历代号为"E"，则相应修理件代号为"FX""GX""HX"。

3）汽车零部件编号中组号和分组号的编制。国产汽车产品零部件编号共有 58 个组号、638 个分组号。其分组情况如下（各组号内均有缺号，故起止号与分组号总数不尽相同）：

① 组 10，发动机，共 22 个分组：1000～1021。

② 组 11，供给系，共 25 个分组：1100～1124。

③ 组 12，排气系，共 7 个分组：1200～1206。

④ 组 13，冷却系，共 14 个分组：1300～1313。

⑤ 组 15，自动变速器，共 5 个分组：1500～1504。

⑥ 组 16，离合器，共 6 个分组：1600～1605。

⑦ 组 17，变速器，共 6 个分组：1700～1705。

⑧ 组 18，分动器，共 5 个分组：1800～1804。

⑨ 组 19，副变速器，共 3 个分组：1900～1902。

⑩ 组 20，差速器，共 5 个分组：2000～2004。

⑪ 组 21，电驱动装置，共 6 个分组：2100～2105。

⑫ 组 22，传动轴，共 11 个分组：2200～2210。

⑬ 组 23，前桥，共 12 个分组：2300～2311。

⑭ 组 24，后桥，共 11 个分组：2400～2410。

⑮ 组 25，中桥，共 10 个分组：2500～2509。

⑯ 组 27，支撑连接装置（牵引车用），共 17 个分组：2700～2716。

⑰ 组 28，车架，共 11 个分组：2800～2810。

⑱ 组 29，悬架，共 21 个分组：2900～2920。

⑲ 组 30，前轴，共 3 个分组：3000～3002。

⑳ 组 31，车轮及轮毂，共 7 个分组：3100～3106。

㉑ 组 32，承载轴，共 3 个分组：3200～3202。

㉒ 组 33，后轴，共 3 个分组：3300～3302。

㉓ 组 34，转向器，共 13 个分组：3400～3412。

㉔ 组 35，制动系，共 34 个分组：3500～3533。

㉕ 组 36，电子设备，1 个分组：3600。

㉖ 组 37，电气设备，共 59 个分组：3700～3758。

三、日本丰田汽车配件知识简介

在我国，进口或合资品牌的汽车繁多，在汽车工业发达的国家，各汽车制造厂的零部件分类、编号并无统一规定，各厂有各厂的编制规则。日本丰田汽车公司作为世界最大的汽车制造厂之一，代表国际汽车先进的汽车配件编码规则，以下以丰田为例介绍。

1）零件类型。丰田汽车零件分为维修零件、附件、矿物油三大类。

① 维修零件。维修零件是汽车中最主要的组成部分。如果由于已到使用寿命或发生故障而导致零件损坏，则必须用新零件将它更换掉，从而使汽车又能正常工作。维修零件对于汽车保持行驶性能、安全性和舒适性是非常重要的。

② 附件。附件是指增加客户驾驶愉快和舒适性的那些设备。这些设备包括空调器、音响设

备、座椅罩、雪橇架和许多其他装置。

③ 矿物油。矿物油通常是指润滑油。它用于发动机和变速器内因摩擦产生热和磨损的部位。"矿物油"也包括LLC(长寿命冷却液)和制动液。

2) 维修零件的分类。维修零件按其组成可划分如下:

① 单个零件。以最小单位供应的单个零件,如前转向灯罩。

② 分总成。通过焊接、铆接、热压配合等方法把两个以上的单个零件组合在一起,如机油泵转子组。

③ 总成。由二个以上单个零件或分总成装配成的组合件,如分电器总成。

④ 组件。为了便于修理,由一个主要零件与几个小零件组合成一个组件,如开关总成。

⑤ 套件。套件是指在修理中应同时全部更换的一组零件,如制动主缸套件。

3) 纯牌零件。纯牌零件是指经过汽车制造厂严格质量检验过的那些零件。它们的性能和质量完全满足规定的汽车要求。除了纯牌零件以外的那些零件称为"仿制零件"。

经过丰田公司质量检验的零件称为"丰田纯牌零件",具有以下特性:

① 由于它们与装在新汽车上的零件完全相同,因此能完全满足丰田汽车的要求。

② 质量和性能极佳,且零件很耐用,这是因为它们通过丰田汽车公司严格的质量检验。

③ 通过丰田销售网,可以在任何时间、任何地点购买到。

零件号系统分为普通零件、标准和半标准件、组件和套件、工具附件、矿物油五大类。

① 普通零件。普通零件由基本号、设计号组成,对于具有规定颜色、尺寸的零件还有辅助代号,如图2-55所示。

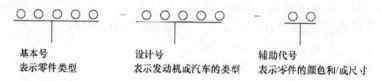

图 2-55　普通零件

下面说明零件号的构成,如图2-56所示。

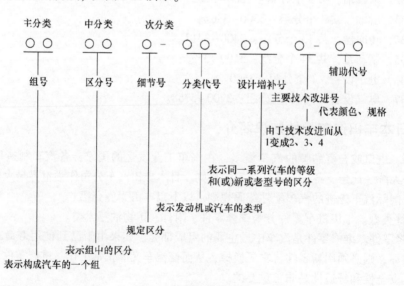

图 2-56　零件号的构成

普通零件包括单个零件和由两个以上零件组成的部件，零件号规则有所不同。

a）单件零件。编号规则如图2-57所示。

图2-57　单件零件编号规则

例如：53811——前翼子板（左），53812——前翼子板（右），48811——前平衡杆。

b）分总成。编号规则如图2-58所示。

图2-58　分总成编号规划

例如：67001——前车门总成（左），67002——前车门总成（右），43502——前轮毂。

c）总成。编号规则如图2-59所示。

图2-59　总成编号规则

例如：19000——发动机总成，11400——气缸体总成，81110——前照灯总成。

② 标准和半标准件。

a）标准件。标准件是指那些材料质量、形状、尺寸等按照丰田汽车公司标准标准化后的零件，例如六角螺栓、螺母、垫圈、螺钉等，编号如图2-60所示。

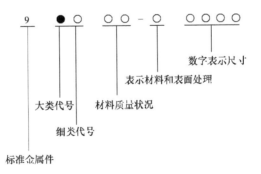

图2-60　标准件编号规则

其中，第二位的"大类代号"分别用阿拉伯数字1~5表示，其代号意义：1—螺栓，2—双头螺柱，3—螺钉，4—螺母或垫圈，5—铆钉或开口销。

例如：凯美瑞2.4L前照灯安装垫的编码90075—06132。

b）半标准件。半标准件是指那些类似于标准件的非标准件，例如特殊螺钉、轴承、油封

表 2-21 丰田汽车各零

●●○○○○○ — ○○○○○○(表示基本号的组号部分)

		0	1	2	3	4
	0					修理套件
发动机和燃油相关部件	1		发动机非运动件 No.1(气缸盖/机体/曲轴轴承/曲轴箱)	发动机非运动件 No.2(油底壳//安装支架/气门座圈)	发动机运动件(活塞/曲轴/凸轮轴/进气门和排气门/正时带)	
	2		燃油系统 No.1(化油器)	燃油系统 No.2(喷油泵)	燃油系统 No.3(输油泵/燃油滤清器/燃油泵)	送风机
传动系和底盘零件	3		干式单片离合器(摩擦式)	离合器 液力耦合器/液力变矩器	变速器 No.1(手动)	变速器 No.2(自动驱动)
	4		差速器	后桥盘式车轮制动器/轮毂盖/差速锁定控制	前桥	动力(动力转向/动力制动)
车身零件	5		车架 No.1(车架)	车架 No.2(保险杠)	前车身 No.1(散热器格栅/发动机舱盖/翼子板)	前车身 No.2
	6		车身侧面 No.1(后侧板)	车身侧面 No.2(保险杠)	车顶	后车身 No.1(行李箱板/后板/后车窗玻璃)
	7		座椅 No.1(座椅)	座椅 No.2(座椅调节器)	座椅 No.3(座椅安全带)	车内饰件(扶手/遮阳板/辅助抓手)
电气零件	8		灯类	配线	仪表和钟	开关
		标准件	半标准件			
	9	特殊螺栓、轴承、油封等①	六角螺栓	螺栓	螺钉	螺母和垫圈

① 包括节温器、火花塞、机油滤清器、V带、熔丝和灯泡。

件大类按其功能分类表

5	6	7	8	9
			附件(一般附件和矿物油)	工具
润滑系统(机油泵/机油滤清器)	冷却系统(散热器/水泵/风扇)	进气/排气系统 No.1(空气滤清器/消声器/排气管)	进气/排气系统 No.2(净化器)	
排放控制装置(EGR)	调速器等	发电机/交流发电机/电压调节器	起动电动机/蓄电池	空气压缩机/真空泵
变速器 No.3(自动)	变速器 No.4(分动器动力输出)	传动轴装置/驱动轴	绞盘/翻斗	
转向器	制动器 No.1(驻车制动器)	制动器 No.2(盘式制动器/鼓式制动器)	悬架 No.1(弹簧/减振器/高度控制)	悬架 No.2(主动式悬架)
车顶部件 No.1(车顶面板/仪表板)	车顶部件 No.2(风窗玻璃)	地板 No.1(横梁/大架)	地板 No.2(地板面板/地板踏脚垫/操纵箱)	地板 No.3
后车身 No.2(载货车/专用车)	后车身 No.3	车门 No.1(车门面板/车门饰件)	车门 No.2(功能零件)(车门铰链)	车门 No.3(功能零件车门把手/锁芯)
车外零件 No.1(饰条/饰件/商标)	车外零件 No.2(挡泥板/阻流板)	燃油箱/燃油泵	加速踏板连接杆/加速踏板	后座椅(使用商用汽车)
刮水器/洗涤器/点烟器	收音机/天线/扬声器/警报器	汽车取暖器/外视镜等	自动调光器/汽车冷却液/空调器	灯控制系统
半标准件				
铆钉/销/键等	固定板/座垫等	滚柱轴承	内胎	功能零件(V带/熔丝/灯泡等)

等，编号规则如图 2-61 所示。

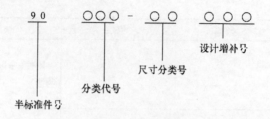

图 2-61 半标准件编号规则

例如：90369——前轮轴承，90919——点火高压线。

③ 组件和套件。组件和套件的编号规则如图 2-62 所示。

例如：04111——发动机大修包，04438——半轴防尘组件，04465——前制动蹄片。

④ 工具。工具编号规则如图 2-63 所示。

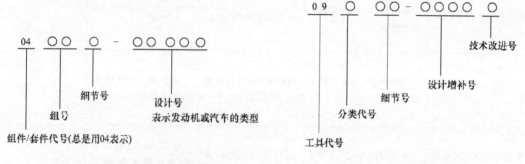

图 2-62 组件和套件编号规则

图 2-63 工具编号规则

说明：工具由随车工具和维修汽车必需的专用维修工具(SST)组成。

⑤ 附件和矿物油。附件和矿物油编号规则如图 2-64 所示。

其中，第三位的分类代号的规则如下：

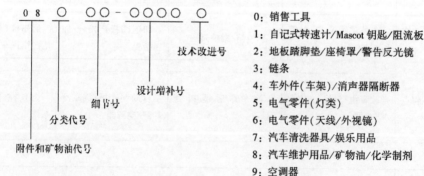

0：销售工具

1：自记式转速计/Mascot 钥匙/阻流板

2：地板踏脚垫/座椅罩/警告反光镜

3：链条

4：车外件(车架)/消声器隔断器

5：电气零件(灯类)

6：电气零件(天线/外视镜)

7：汽车清洗器具/娱乐用品

8：汽车维护用品/矿物油/化学制剂

9：空调器

图 2-64 附件和矿物油编号规则

4）丰田零件编号标准

丰田汽车零件大类按其功能进行分类，其前两位代码见表 2-21。

四、奔驰汽车零部件的编号规则

奔驰汽车是世界最早正式生产的汽车，在世界汽车生产领域具有重要的地位，一直代表着世界汽车发展的方向和潮流，其配件编码也非常具有代表性。

1. 配件编号规则

奔驰汽车配件主要分为基本件、电器件、辅助件和装饰特殊件，其编号规则如下：

1）基本件。由 10 位阿拉伯数字组成，编号规则如图 2-65 所示。

2）电器件。由 10 位阿拉伯数字组成，以"0"开头，编号规则如图 2-66 所示。

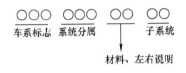

图 2-65　基本件编号规则　　　　　　图 2-66　电器件编号规则

3）辅助件。由 12 位阿拉伯数字组成，前三位为"0"，其编号规则如图 2-67 所示。

4）装饰件、特殊件。由英文字母"B"和 8 位阿拉伯数字共 9 位组成，编号规则如图 2-68 所示。

图 2-67　辅助件编号规则　　　　　　图 2-68　装饰件、特殊件编号规则

2. 系统分属编号规则

系统分属编码的前两位为分组号，用 2 位阿拉伯数字来代表其系统内部的分类。

1）发动机系统分组编号规则。奔驰发动机系统编号规则见表 2-22。

表 2-22　奔驰发动机部件分组编号规则

组　　号	内　　容
01	发动机机体(缸体、缸盖……)
03	运动零件(活塞、连杆……)
05	正时系统(凸轮轴,进、排气门……)
07	喷射系统(喷油器、分油器……)
09	空气滤清器(空气滤清器座、空气流量计……)
13	转向系统(转向泵……)
14	进、排气歧管
15	电气备件(分火头、线、凸轮轴感应装置……)
18	润滑系统(油底壳、机油泵……)
20	发动机冷却系统(水泵、风扇叶……)
22	发动机支承架(发动机支座、支架……)
54	发动机线缆、线束(喷油器线……)

注：以上组号表示发动机分为几个组(分系统)，可帮助判别零件所在的具体位置。

2）底盘部件分组编号规则。奔驰底盘系统编号规则见表2-23所示。

表2-23　奔驰底盘部件分组编号规则

组号	内　　容
21	发动机总成可分离件，如膨胀塞、传动带
24	发动机支承
25	离合器
26	换档机构
27	变速器总成可分离件，如油管、换档机构
29	制动踏板、离合器踏板、加速踏板
30	节气门拉索或节气门信号单元
31	车尾挂车钩
32	弹簧、悬架和液压系统
33	前轴
35	后轴
40	车轮
41	传动轴
42	制动系统，ABS（防抱死）、ASR（防侧滑）、ESP（电子稳定程序）等
46	转向系统
47	供油系统
49	排气系统，如排气管、消声器
50	散热器、膨胀水箱
52	底盘或油底壳下挡板，进气管道盖
54	发动机及底盘的电气系统
58	附件、工具包
60	全车身
61	底板
62	前围、仪表台支架
63	侧围、后翼子板
64	室内后座挡板
65	车顶
67	前后风窗玻璃
68	全车盖板件，车头盖、出风口、室内盖板等
69	室内外及行李舱饰板、饰条、遮阳板、室内后视镜
72	前门
73	后门
75	后行李舱盖、锁、字牌
78	天窗
80	全车门、前座靠背、后头枕、空调用真空系统
82	仪表、灯光、开关等舒适系统电气装置

（续）

组号	内 容
底　盘	
83	空调系统，暖风机、鼓风机、调节开关、风道、管路
86	前照灯及风窗玻璃清洗装置
88	中网、前后杠、翼子板等车身附贴件
91	前驾驶席座椅
92	后座椅
99	特殊配置

3）其他零部件分组编号规则。奔驰其他零部件系统分组编号规则见表2-24。

表2-24　奔驰其他部件分组编号规则

组号	内容	组号	内容
21	单元附件	61	车底铁板基础
24	发动机支承	62	前围
25	离合器	63	车身侧板
26	手动变速机构	64	尾挡板
27	自动变速机构	65	车顶
28	分动器（四驱车）	67	风窗玻璃
29	加速踏板机构	68	车身内装饰
30	节气门控制机构	69	车身外装饰
31	车架	72	前车门
32	弹簧和减振器	73	后车门
33	前桥悬架	74	尾门
35	后桥悬架	75	行李舱盖
40	车轮	78	天窗系统
41	传动轴	80	真空系统
42	制动系统	82	电气系统
46	转向系统	83	加热和通风系统
47	燃油系统	86	前风窗清洗系统
49	消声器	88	覆盖附件
50	散热器	91	前排座椅
52	车底保护通风系统	92	后排座椅
54	电气设备附件	93	折叠座椅（四驱车）
58	随车工具附件	99	特殊装置
60	车体		

五、其他品牌汽车零部件的编号规则

世界各大品牌汽车的配件编码都不尽相同，没有严格的规律可循，下面简单介绍一些常见品牌汽车的配件编码规则。

1. 奥迪汽车配件编码规则

1）奥迪汽车的配件编码一般由10位阿拉伯数字和
英文字母组成，如图2-69所示。例如C3 100的前翼子
板的编码为：

443821105（左侧），443821106（右侧）

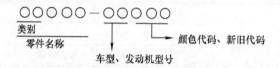

图2-69 奥迪汽车配件编码

2）奥迪汽车配件主组分类。

主组 1——发动机

主组 2——油箱、油管、排气系统、制冷
系统

主组 3——变速器

主组 4——前轴、差速器、转向器

主组 5——后桥

主组 6——车轮、制动系统

主组 7——手操纵系统、脚踏板系统

主组 8——车身

主组 9——电气系统

主组 0——附件

大众汽车的配件编码与其几乎相同。

2. 日产汽车配件编码规则

1）日产汽车配件规则。一般由10位阿拉伯数字或英文字母组成，如图2-70所示。

图2-70 日产汽车配件规则

2）配件类别代码（第一、二位）。见表2-25。

表2-25 日产配件分组代码表

序　号	代　码	分　组　名　称	
1		发动机部分	
2	26	灯具	
	27	冷气	
		电器	
3	31/32	变速器	
	37	传动	
	38	半轴	
4、5	40/44	底盘	前/后轮
	54/55		前/后悬架
	49		转向
6	62	前幅	前保险杠
			中网
	63		翼子板
	65		头盖

（续）

序　号	代　码		分 组 名 称
7	78	后幅	后翼子板
8	801/802	中部，尾部	前门/后门
	84	中部，尾部	后盖
	85		后杠
9			安全气囊+其他附件

习　题

一、单项选择题

1. 汽车越高级，其中（　　）占的价格比重越大。

A. 发动机　　　　B. 底盘　　　　　　C. 车身　　　　　　D. 电器设备

答案：D

2. 汽车按照用途共分8类，其中数量最大的轿车，属于第（　　）类。

A. 1　　　　　　B. 2　　　　　　C. 7　　　　　　D. 8

答案：C

3. 三轴客车车长限制为（　　）。

A. 12000mm　　　B. 13700mm　　　C. 18000mm　　　D. 20000mm

答案：B

4. A技术使用寿命 B 经济使用寿命 C 合理使用寿命，这三者的关系一般为（　　）。

A. A＞B＞C　　　B. A＜B＜C　　　C. A＞C≥B　　　D. A＞B≥C

答案：C

5. 中国载货汽车平均经济使用寿命为（　　）年。

A. 7.5　　　　　B. 10　　　　　C. 10.3　　　　D. 12.1

答案：B

6. 黄底黑字黑框线是哪种汽车的号牌？（　　）

A. 小型汽车　　　B. 外籍汽车　　　C. 境外汽车　　　D. 大型汽车

答案：D

二、多项选择题

7. 汽车由以下几部分组成？（　　）

A. 发动机　　　　B. 底盘　　　　　　C. 车身　　　　　　D. 电器设备

答案：A、B、C、D

8. M_3 类的汽车是具有以下哪些特征的客车？（　　）

A. 9座以上　　　B. 9座以下　　　C. 不超过5t　　　D. 超过5t

答案：A、D

9. 轻型货车符合以下哪些特征？（　　）

A. 车长小于6m　　B. 总质量小于4500kg　C. 车长大于3.5m　　D. 非三轮或低速货车

答案：A、B、C、D

10. 按照发动机和驱动的方式分类，汽车分为（　　）。

A. 前置前驱　　　　B. 前置后驱　　　　C. 后置后驱　　　　D. 中置后驱

答案：A、B、C、D

11. 车辆的17位编码一般位于（　　）。

A. 前风窗玻璃左下角　　　　　　　　B. 位于避振器座的位置

C. 位于驾驶室前防火墙处　　　　　　D. 散热器框架上方的车辆名牌

答案：A、B、C、D

12. 车辆识别代号VIN编码由三部分构成，都是哪三部分？（　　）

A. 世界制造厂识别代号　　　　　　　B. 汽车车型代号

C. 车辆说明部分　　　　　　　　　　D. 车辆指示部分

答案：A、C、D

13. 车辆识别代号VIN在保险实践中的作用是什么？（　　）

A. 确定标的车辆，防范控制投保风险　　B. 确定标的物价值合理确定保费

C. 确定更换件数量种类，确定修复价格　　D. 确定标的车辆车主

答案：A、B、C

14. 某车型的产品型号为HG7350AB，关于分类和主参数，哪个是对的？（　　）

A. 轿车　　　　B. 客车　　　　C. 3.5L排量　　　　D. 车身长度3.5m

答案：A、C

15. 汽车铭牌的安装要求要点为（　　）。

A. 尽量安装在汽车前进方向右侧　　　B. 尽量安装在结构件上

C. 要求无法拆卸　　　　　　　　　　D. 要求无法被完整拆卸

答案：A、B、D

16. 轿车尺寸的三种类型为（　　）。

A. 紧凑型　　　　B. 中级　　　　C. 高级　　　　D. 豪华型

答案：A、B、D

17. 柴油车的主要排放污染物为（　　）。

A. 一氧化碳　　　　B. 碳氢化合物　　　　C. 氮氧化合物　　　　D. 颗粒物

答案：A、B、C、D

18. 汽车经济使用寿命的指标有（　　）。

A. 年限　　　　B. 行驶里程　　　　C. 大修次数　　　　D. 保养次数

答案：A、B、C

19. 国内购买的机动车，主要的来历凭证有（　　）。

A. 全国统一的机动车销售发票　　　　B. 全国统一的二手车销售发票

C. 《权益转让证明》　　　　　　　　D. 公证机关《公证书》

答案：A、B

20. 下列哪些选项属于汽车的合法手续检查内容？（　　）

A. 车辆合格证　　　　B. 购置税　　　　C. 车船税　　　　D. 交强险

答案：A、B、C、D

21. 国产汽车配件的编号包含企业代号、组号和（　　）。

A. 分组号　　　　B. 件号　　　　C. 结构区分号　　　　D. 变更经历代号

答案：A、B、C、D

第三章　事故汽车修理基本知识

第一节　汽车修理的分类与工艺过程

汽车经过使用后，其各部零件由于磨损和损伤，逐渐丧失了工作能力。汽车修理的目的就是恢复汽车的使用性能。

汽车修理是用修理或更换车辆零部件的方法，为恢复汽车完好技术状态或工作能力和寿命而进行的作业。汽车修理必须根据国家有关部门发布的有关规定和修理技术标准及工艺要求进行，确保修理质量。

一、汽车修理作业的分类

根据我国现行的汽车维修制度规定，汽车修理按作业范围可分车辆大修、总成大修、车辆小修和零件修理。

1. 车辆大修

车辆大修是新车或经过大修后的车辆在行驶一定里程后，经技术鉴定，需拆散进行彻底的恢复性修理。按我国汽车维修制度规定，当发动机附离合器、货车车架或客车车身两个总成之一需要大修时，应结合其他需修总成组织汽车大修。汽车大修时，需将汽车的全部总成解体，并对全部零件进行清洗、检验分类，更换不可修零件，修复可修零件，并按大修技术标准进行装配、试验，以达到恢复汽车技术性能的目的。

2. 总成大修

总成大修是总成经一定的行驶里程后，其基础件或主要零件出现破裂、磨损、变形，需要拆散进行彻底修理，以恢复其技术性能，使各个总成的工作寿命趋于平衡，以延长汽车的大修间隔里程。

3. 车辆小修

车辆小修是用修理或更换个别零件的方法，保证或恢复汽车工作能力的运行性修理，其目的是为了消除汽车个别零部件或总成在运行中临时出现的故障或维护作业中发现的隐患。对于有规律的损伤，可作为计划性小修，结合各级维护作业，经检查后按附加作业进行。

4. 零件修理

零件修理是对已发生损伤、变形、磨损的零件，在符合经济原则的前提下，利用校正、喷涂、电镀、堆焊和机械加工等修复方法进行修复，以恢复零件的配合尺寸、几何形状和表面性能。

目前，汽车大修越来越少，广泛采用视情况维修方法。

二、汽车修理作业的基本方法

汽车修理作业的方法，要根据企业自身条件决定。

1. 就车修理法

就车修理法是指汽车在修理过程中，从车上拆下的总成、组合件、零件，除换用新零件外，原车的其他总成、组合件、零件经修理后仍装回原车，这种修理方法称为就车修理法。

由于各总成、组合件、零件的损坏程度不同，修理工作量和所需修复的时间也各不相同，因而经常影响修理装配工作的连续性，且修理周期较长。对修理车型复杂、送修单位不一的小型汽车修理厂大多采用这种方法。

2. 总成互换修理法

总成互换修理法是指汽车在修理过程中，除车架或客车车身应原件修复外，其余需修总成（或组合件）都可用周转总成（或组合件）代用。也就是说，只要车架或车身修复后，就可用其他互换总成来装配汽车，换下的总成另行安排修理，修竣后补充到周转总成库，以备下次使用。这种修理方法称为总成互换修理法。这种修理方法由于利用了周转总成（或组合件），可以保证修理工作的连续性，缩短停厂日，并可对总成组织专业化修理，提高修理质量。它适用于车型单一、送修单位较集中的大型汽车修理厂。

总成修理也可采用两种修理方法：总成中零部件不互换代用和互换代用。

三、汽车维修作业的方式

汽车维修作业的方式一般分为定位作业法和流水作业法。

1. 定位作业法

定位作业法是指汽车的拆散和装配都固定在一定的工作位置上完成，而拆卸后的修理工作可分散至各专业组进行，其优点是占地面积小、所需设备简单、拆卸和装配工作不受限制。其缺点是总成及组合件的工艺路线较长且劳动强度大，一般适用于规模不大的或承修车型较复杂的汽车修理厂。

2. 流水作业法

流水作业法是指汽车的拆卸和装配均在流水线上进行。流水线可为连续流水和间歇流水两种，前者是指汽车的拆卸装配是在始终流动着的流水线上进行的，而后者则是每流至某一工位时停歇一段时间，待完成规定的作业后，继续流至下一工位。这种作业方式的优点是专业化程度高，总成和组合件的工艺路线短，但需要完善的设备和较大的投资，因此，只适于大型汽车修理厂。

四、汽车修理工艺过程

汽车修理可分成许多工艺作业，按规定顺序完成这些作业的过程称为工艺过程。由于汽车修理组织的方法不同，其工艺过程也不相同。

1. 就车修理时的大修工艺过程

采用就车修理法时汽车大修工艺过程如图3-1所示，汽车经验收并进行外部清洗后，拆成总成，然后再拆成零件，并加以清洗。零件经检验后区分为可用的、不可用的和需修的三类，可用的零件送去配套库；需修的零件送到零件修理车间，修复后再送到配套库。当一辆车的零部件配套齐全后，送总成装配车间进行总成装配和试验，最后将试验合格的总成总装成汽车，并经路试调整消除缺陷，进行外表喷漆等作业后交车。

2. 总成互换修理时的大修工艺过程

采用总成互换修理法时的汽车大修工艺过程如图3-2所示，汽车大修时将验收并经外部清洗的汽车拆成总成，修理汽车的车架，然后用备用总成库的周转总成、部件和组合件装配成汽车，而拆下的总成经拆、检和分类修理后，进行总成装配和试验，合格的修竣总成交备用总成库，以备其他车辆修理时使用。

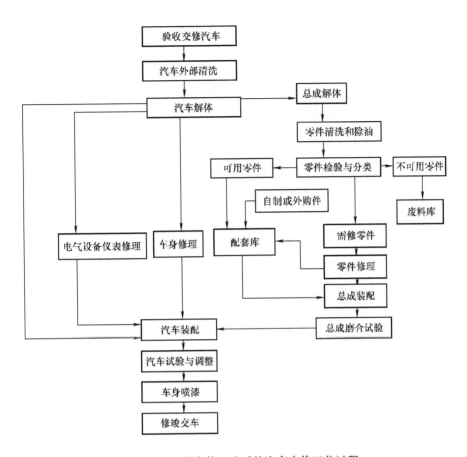

图 3-1　采用就车修理法时的汽车大修工艺过程

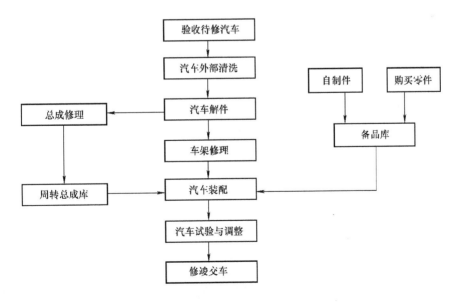

图 3-2　采用总成互换修理法时的汽车大修工艺过程

第二节 汽车零件的损伤

汽车零件的损伤按其产生的原因可分为四类：磨损、变形、疲劳和蚀损。

零件的磨损使它原有的尺寸、形状和表面质量等发生变化，同时也破坏了配合副原有的配合特性。实践表明，零件磨损是导致汽车失去工作能力的主要原因。即使在正常的使用情况下，汽车零件的磨损也是不可避免的，但应力求降低零件的磨损速率，延长它们的使用寿命，从而提高汽车的可靠性和耐用性。

零件变形可能产生弯曲、扭曲、挠曲等损伤。基础件变形是造成轴线平行度、垂直度和同轴度等几何公差过大的主要原因。基础件变形对总成和汽车的修复质量及寿命有很大的影响。

疲劳损伤是指承受交变载荷的零件，由于材料的疲劳，在应力远低于材料强度极限的情况下所产生的破裂、折断等损伤。

汽车零件的蚀损可分为腐蚀与穴蚀两类。周围介质与零件金属产生化学或电化学反应称为腐蚀。穴蚀是某些与液体接触的零件所特有的损伤，损伤处呈聚集的孔穴状。柴油机缸套外表面的穴蚀成为影响柴油机使用寿命和可靠性的一个关键性的问题。

一、磨损

磨损是汽车零件损坏的主要原因，也是汽车故障形成和技术状况变化的主要原因。

磨损是指由于摩擦而使零件表面物质不断损失的现象，是摩擦副相互作用的结果。根据表面物质损失的机理，磨损分为以下四类。

1. 黏着磨损

黏着磨损指相互作用的摩擦副间产生表面物质撕脱和转移的磨损。

黏着磨损易发生在承受载荷大、滑动速度高、润滑条件差的摩擦表面。此时，摩擦副间产生大量热，使表面温度升高并形成局部热点，塑性变形增大，材料强度降低。这又使得摩擦副间的润滑油膜遭到破坏，进一步加剧了摩擦过程，表面温度进一步上升。如此逐渐恶化，最终形成局部热点间的"定位焊"现象。"定位焊"部位由于相互运动再被撕开，从而形成表面物质的撕脱和从一个摩擦表面到另一个摩擦表面的转移。

黏着磨损是破坏性极强的磨损，黏着磨损一旦发生，便能在很短时间内对零件表面造成严重损坏，从而使相应机构的功能立即丧失。在汽车零件中，产生黏着磨损的典型实例是"拉缸"和"烧瓦"。汽车主减速器缺少润滑油时，其锥齿轮也很容易产生黏着磨损。

在汽车使用过程中，应注意避免黏着磨损的发生。黏着磨损的产生除与零件材料的塑性和配合表面的粗糙度有关外，还与工作条件(如工作温度、压力、摩擦速度)和润滑条件有关。因此，在汽车工作过程中，要设法改善上述条件特别是润滑条件，防止黏着磨损的发生。

2. 磨料磨损

磨料磨损指由夹在摩擦副间微粒的作用下产生的磨损。微粒通常是坚硬、锐利的颗粒物质，当其存在于相互运动着的摩擦表面间时，可研磨并刮伤摩擦表面，破坏润滑油膜，从而使零件磨损速度加快。

磨料主要是来自外界空气中的尘土、油料中的杂质、零件表面的磨屑及燃烧积炭。因此，避免油料(燃油、润滑油)污染，保持"三滤"(空气滤清器、机油滤清器、燃油滤清器)技术状况良好，可大大减轻磨料磨损。

易于发生磨料磨损的部位主要有气缸壁、曲轴颈、凸轮轴凸轮表面、气门挺杆等。

3. 表面疲劳磨损

表面疲劳磨损是指在摩擦面间接触应力反复作用下，因表面材料疲劳而产生物质损失的现象。

在交变载荷作用下，摩擦表面产生塑性变形和裂纹并逐渐积累、扩展，润滑油渗入裂纹，而在交变压力下产生的楔入作用进一步加剧了裂纹形成过程，使之加深、扩展，从而导致表面材料剥落。

汽车上的齿轮、滚动轴承、凸轮等，在经过一定使用时间后，摩擦面所产生的麻点或凹坑均是表面疲劳磨损的典型例子。

4. 腐蚀磨损

腐蚀磨损是指在腐蚀和摩擦共同作用下导致零件表面物质损失的现象。

在腐蚀介质作用下，零件表面产生腐蚀产物。由于摩擦的存在，腐蚀产物被磨掉，腐蚀介质又接触到未被腐蚀的金属，再次产生新的腐蚀产物，使腐蚀向深处发展。腐蚀产物的不断生成和磨去，使摩擦表面产生了物质损失。

二、变形

零件尺寸和形状改变的现象称为变形。残余应力、过载或受力不均、汽车超载运行、维修质量、高温等都会造成零件变形。

零件变形，特别是基础件变形，改变了与相关零件的配合关系，对机构的功能有很大影响。试验表明，由于发动机缸体变形使气缸轴线对曲轴轴线的垂直度在 200mm 长度上从 0.05mm 增加到 0.18mm 时，气缸磨损增大 30%。从零件应力的来源看，产生变形的原因为工作应力、内应力和温度应力。

零件承受外载荷时，在零件内产生工作应力。在汽车上，有许多形状复杂、厚薄不一的铸件或焊接件。这些零件在加工过程中，常会产生较大内应力，虽然经过人工处理除去了大部分内应力，但仍有部分内应力残存下来。如薄厚不同的铸件冷却时，外层冷却快，中心部分冷却慢。这样在外层冷却收缩后中心部分再冷却收缩时，便会产生拉应力。在厚薄不匀的接触面处，薄的部分冷却快，而厚的部分冷却慢。这样，在薄壁处冷却收缩后，较厚部分再冷却收缩时，接触面处就会产生压应力。温度应力由于零件受热不匀、温差大而产生。温度高的区域热膨胀大，温度低的区域热膨胀小，从而在温差大的区域，因膨胀变形量不同而产生拉应力。

温度差不仅会产生温度应力，还可能引起变形，同时温度过高还会使材料的屈服点降低，使零件的永久性变形易于发生。

以上各种应力叠加，当超过材料的屈服点时，便会导致零件变形。

三、疲劳

零件在交变应力作用下，经过较长时间的工作而发生断裂的现象称为零件的疲劳。疲劳断裂与静负荷下的断裂不同，其特点如下：破坏时的应力远低于材料的抗拉强度，甚至低于屈服极限；塑性材料和脆性材料零件在交变应力作用下的疲劳断裂，都不产生明显的塑性变形，断裂是突然发生的。因此，具有很大的危险性，常造成严重的事故。

按产生应力的载荷性质分类，断裂可分为一次加载断裂和疲劳断裂。

一次加载断裂指零件在一次静载荷或动载荷作用下发生的断裂。载荷过大时，零件内产生的工作应力过大，若与其他形式的应力叠加后超过了材料的强度极限，便可导致零件断裂。

实际上，在汽车正常使用时，其零部件发生一次加载断裂的情况很少。汽车超载过多及遇到过大的行驶阻力或动载荷时，一次加载断裂可能发生。如车轮掉入坑中，钢板弹簧折断；汽车突然碰撞障碍物，传动系统零部件受到阶跃载荷而断裂。

疲劳断裂是在交变载荷作用下，经历反复多次应力循环后发生的断裂。汽车零件的断裂故障中，60%~80%属于疲劳断裂。

疲劳断裂发生在应力低于屈服强度的情况下，断裂前一般不产生明显的塑性变形。断裂是在交变应力产生的疲劳裂纹积累、扩展到一定程度后突然发生的。首先，在交变应力作用下，零件表面出现疲劳裂纹。这些裂纹通常出现在存在材料缺陷或应力集中的区域。裂纹在应力反复作用下逐渐加深和扩展，使零件强度大大降低。当受到较大载荷时，零件就会突然断裂。

汽车前轮转向节轴颈根部较易发生疲劳断裂，由于断裂前疲劳裂纹经历了较长时期的积累和发展过程，因此可采用无损探伤技术早期发现裂纹，从而避免因断裂而引发的事故。

四、蚀损

蚀损指在周围介质作用下产生表面物质损失或损坏的现象。按发生机理的不同，其可分为腐蚀、气蚀和浸蚀。

1. 腐蚀

腐蚀指零件在腐蚀性物质作用下而损坏的现象。汽车上较易产生腐蚀破坏的零部件有燃料供给系统和冷却系统的管道及车身、驾驶室、车架等裸露的金属件等。

2. 气蚀

气蚀又称穴蚀，指在压力波和腐蚀共同作用下产生的破坏现象。气蚀经常发生在与液体接触并有相对运动的零件表面。如湿式气缸套外壁、水泵叶轮表面等。

液体中一般溶有一定的气体，当压力降低时，便会以气泡形式析出；若液体中某些部分的压力低于液体在当时温度下的饱和蒸汽压，液体也会蒸发形成气泡。压力升高后，气泡崩破产生压力波，不断冲击与其相接触的金属零件表面氧化膜并使其破坏，促使液体对金属表面的腐蚀逐步向深层发展而形成穴坑。发动机工作时，活塞上下敲击气缸壁产生振动。当缸壁外表面因振动稍离开冷却液时，缸壁外表面处压力降低，于是低压区液体蒸发产生气泡，并向缸壁外表面低压区集中；压力再次升高后，气泡在靠近缸壁处崩破，产生的压力波冲击缸壁外表面的氧化膜，使其遭到破坏。如此循环往复，氧化膜不断生成又不断被破坏，使腐蚀得以发展而在缸壁外表面形成许多麻点状的直径为 0.2~1.2mm 的穴坑。气蚀严重时，零件表面可呈泡沫海绵状，直至穿透。图 3-3 为柴油机缸套外壁被气蚀后的情况。

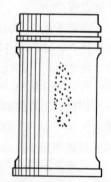

图 3-3　被气蚀后的柴油机缸套外壁

3. 浸蚀

由于高速液流对零件的冲刷导致其表面物质损失或损坏的现象称为浸蚀。易发生浸蚀的零部件有气门、进气歧管等。

在高速液流冲刷下，零件表面的氧化膜被破坏，继而重新产生。如此周而复始，导致冲刷表面产生麻点、条纹或凹坑，使零件损坏。

五、其他损伤

除以上原因外，老化、失调、烧蚀、沉积等也是汽车某些零部件发生故障的重要原因。

老化指零件由于材料受物理、化学和温度变化影响而逐渐损坏或变质的故障形式。老化常发生于汽车上的非金属零件，如轮胎、油封、膜片等及电器元件如电容器、晶体管等，可使其破损、断裂或失去应有功能。

失调指某些可调元件或调整间隙由于调整不当，或在使用中偏离标准值而引起相应机构功能降低或丧失的故障形式。如怠速调整螺钉松动可使怠速供油量过大，从而使怠速排放污染物 CO、HC 超标。

零部件在强电流、强火花作用下会发生烧蚀，其正常工作性能将降低或丧失。易发生烧蚀的汽车零部件有发动机分电器白金触点、火花塞电极、各种照明灯泡和电子元件等。

磨屑、尘土、积炭、油料结胶和水垢等沉积在某些零件工作表面，可引起其工作能力降低或丧失。如空气滤清器、机油滤清器堵塞，燃烧室积炭，气缸盖、气缸体和散热器冷却水道中积有水垢等。

第三节　汽车零件的修复方法

汽车在使用过程中，由于配合零件的自然磨损、变形、破裂或其他损伤，改变了零件原有的几何形状和尺寸，破坏了零件的配合特性和工作能力，从而影响部件、总成的正常工作。汽车零件的修复就是在经济、合理的原则下，恢复零件的配合特性和工作能力。

汽车零件的修复是汽车修理工艺的重要组成部分，也是提高经济效益的重要来源。根据零件的磨损特性，通过合理的修复，可提高其耐磨性，延长总成的使用寿命。

科学技术的发展为汽车零件的修复提供了多种工艺方案，这些修复方法各有其特点和适用范围。在具体确定零件修复的工艺时，必须分析零件的结构特点和使用要求，根据各种修复工艺的实质和特点，通过技术经济的统筹分析予以确定。

一、汽车零件修复方法的分类

汽车零件的修复方法可根据零件缺陷的性质进行分类。

1. 磨损零件

磨损零件的修复方法如下：

1）对已磨损的零件进行机械加工，使其重新具有正确的几何形状和配合特性，并获得新的几何尺寸。

2）利用堆焊、喷涂、电镀和化学镀等方法对零件的磨损部位进行增补，或采用胀大（缩小）、镦粗等压力加工方法，增大（缩小）磨损部位的尺寸，然后进行机械加工，恢复其名义尺寸、几何形状和规定的表面平整度。

2. 变形零件

变形零件的修复可采用：①压力校正法；②火焰校正法。

3. 断裂、裂纹、破损零件

断裂、裂纹、破损零件可采用：①焊接；②钎焊；③钳工、机械加工等方法。

汽车零件修复方法的分类如图 3-4 所示。

二、汽车零件的修复方法

汽车在使用过程中，因磨损、疲劳、变形和腐蚀等原因，改变了零件的原始尺寸、形状、表面质量和零件间的配合性质，致使零件或总成丧失工作能力。为了恢复零件的工作能力和配合性质，可以用新的零件更换失效的零件，还可以修复失效的零件。在许多情况下，对失效的零件进行修复比更换新件有明显的优势。

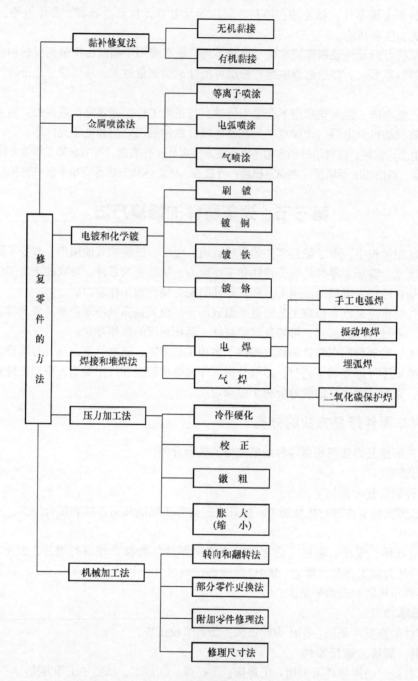

图 3-4 汽车零件修复方法的分类

零件的常用修复方法有机械加工修复法、焊修修复法、黏接修复法、矫正修复法、电镀修复法、喷涂修复法等。

1. 机械加工修复法

机械加工是零件修复过程中最基本和最主要的方法。它既可以作为一种独立的手段直接修复零件，也可以是其他方法的准备或最后加工必不可少的工序。

汽车零件机械加工修复法中，又主要采用修理尺寸法和镶套修复法。

1）修理尺寸法。修理尺寸是指将零件磨损表面通过机械加工恢复其正确的几何形状，并与相配合零件恢复配合性质的一种加工方法。

修理尺寸法在汽车维修中应用十分广泛。主要用于配合副磨损后修复，其中包括缸筒、缸套、活塞、曲轴与轴承、转向节主销与主销承孔等。

修理尺寸法使各级修复尺寸标准化，便于加工和供应配件，但是它要求零件加工后有正确的几何形状和粗糙度，而且要按规定标准加工，这就使加工余量大，使修理次数减少。

修理尺寸法能大大地延长复杂零件和基础件的使用寿命，它简便易行，经济性好，但为了保证零件有足够的强度，尺寸的增大(孔)或缩小(轴)应有一个限度。由于零件强度的限制，采用修理尺寸法到最后一级时，零件就要采用镶套、堆焊、喷涂电镀等方法才能恢复到基本尺寸。

2）镶套修复法。镶套修复法是指零件在使用中，只是局部的磨损或损坏，在其结构和强度容许条件下，可将其磨损部分切削小(对轴)或镗大(对孔)，然后，再用静配合的方法镶套、加工，使零件恢复到基本尺寸的修复方法。

汽车发动机的气缸套、气门座圈、气门导管、飞轮齿圈以及各种铜套的镶配都是采用这种修复方法。

镶套法可以恢复基础件的局部磨损，延长基础件的使用寿命；应用镶套法一次可以使磨损了的零件恢复到基本尺寸，为以后的修理提供了方便；而且镶套工艺简单，没有复杂的操作和加工；不需大型设备，成本低；质量容易保证；不需要高温，零件又不易变形(注意过盈量不要过大)和退火，但它的应用受到零件的结构和强度的限制。

2. 焊接修复法

汽车零件的磨损、破裂、断裂、凹坑、缺损等多种情况下均能采用焊接修复法。由于焊修的零件可得到较高的强度，焊层容易控制，且一般焊接修复使用的设备简单、成本低、易掌握，因此，它已成为一种应用广泛的零件修复方法。

焊接修复法就是用电弧或气体火焰的热量，将焊条(或丝、料)与零件金属熔化(钎焊则不熔化)，以填补零件的磨损，使其恢复零件的完整。汽车零件的焊接修复方法很多，且各具特点。

按焊修工艺和方法不同，汽车零件的焊修可分为补焊、堆焊、喷焊和钎焊。

3. 电镀修复法

汽车上许多重要的零件是用优质合金钢制造的，加工精度高，在使用过程中，只磨损 $0.01 \sim 0.05$mm 就不能继续使用了。这种情况用电镀法修复最为方便。为了恢复零件的尺寸，只刷镀上薄薄一层快速镍，比原来淬火表面层还耐磨。气缸套镀铬，可大大地延长大修间隔里程，并节约燃润料。各种铜套用缩小内径后外径加大镀铜法修复，可节约大量贵重金属铜。除上述耐磨镀层外，还有装饰性镀层(镀金、银、镍)、防锈镀层(汽车保险杠、门把手以及前照灯罩的电镀)、特殊镀层(防渗碳镀铜、防氮化镀锡、提高导电性镀银)等。

总之，用电镀法不仅可以恢复零件的尺寸，而且能够改善零件的表面性能。同时，因电镀过程中温度不高，不会使零件变形，也不会影响零件原来的热处理结构。电镀可以采用有槽和无槽电镀(如刷镀)等方式进行。

4. 黏接修复法

黏接修复法是采用黏合剂把断裂或两个独立零件进行黏补或连接的一种工艺方法。黏接是利用黏合剂渗入被黏零件表面粗糙不平的空隙中，固化产生机械镶嵌作用、黏合剂分子间的相互吸引与黏合剂分子对被黏零件的扩散作用和化学反应的化学键作用，实现对被黏零件的黏补和连接。

黏接修复具有以下的特点：

1）黏接时温度低，不改变基体的金相组织，不产生热应力和变形，接头的应力均匀，不产生应力集中。

2）不需要设备，成本低，几乎能黏接任何金属和非金属、相同的和不同的材料，适用范围广，对极硬、薄、小的零件采用黏接最为方便。

3）黏合剂密封性好，耐酸、碱、油、水和腐蚀，不需进行防腐、防锈等处理。

4）黏接强度较低，耐高温和耐冲击性能较差，黏合剂多易燃、有毒，某些黏合剂需自行配制，工艺要求严格。

在汽车修理中，黏接可用于缸体、散热器、蓄电池壳的堵漏密封，制动蹄与摩擦衬片的连接。

5. 矫正修复法

零件在使用过程中常会发生弯曲、扭曲、翘曲等变形。利用外力或火焰使零件产生新的塑性变形，消除原有变形，恢复零件变形前的正确形状，其修复方法称为矫正修复法。汽车零件修复中的常用矫正方法有压力矫正、火焰矫正和敲击矫正。

1）压力矫正。零件的压力矫正是利用金属材料的塑性，通过外加的静载荷使零件产生反向变形，恢复零件正确形状的矫正方法。压力矫正多在室温下进行，如果零件的塑性较差或尺寸较大，也可以进行适当加热。压力矫正应用很普遍，对一般金属零件均可采用，如轴类零件、车架、连杆等。

2）火焰矫正。火焰矫正用氧气—乙炔对变形零件进行局部快速加热，并辅以浇注冷却水快速冷却，靠加热部位的冷缩应力作用来矫正零件。火焰矫正时，对变形零件弯曲凸起处的一点或几点进行加热和急剧冷却。加热时加热区的金属膨胀，膨胀的金属又受到周围冷金属的限制，随温度的提高，这部分金属逐渐达到塑性状态。由于金属在热状态下的塑性变形在冷却过程中不会恢复原状，所以冷却后造成收缩量大于膨胀量，变形的零件得到矫正。

火焰矫正具有矫正效果好、效率高，矫正后变形稳定，对零件的疲劳强度影响小等优点，一般用于平板和尺寸较大、形状复杂的零件。

火焰矫正能力和加热温度成正比。从提高效果来说，加热温度应高一些，但温度过高会使金属再结晶而晶粒粗大，改变金相组织结构，一般加热温度在200~800℃。加热时，加热点的温度上升要快，加热面积要小，如果加热时间过长，加热面积过大，将使整个零件温度升高，减弱矫正能力。加热深度增大，矫正能力也增加。一般加热深度为零件厚度的40%时，矫正效果较好。加热深度继续增加，矫正效果反而降低，零件全部烧透则不起矫正作用。

3）敲击矫正。敲击矫正是用锤子敲击零件，使其部分产生塑性变形被延展，恢复零件的几何形状。敲击矫正的矫正精度容易控制，效果稳定，一般不需要进行热处理，且不降低零件的疲劳强度。但是，它不能矫正弯曲量太大的零件，通常，零件的弯曲量不能超过零件长度的0.03%~0.05%。

曲轴是复杂形状的零件，曲轴工作时在外力作用下，两曲柄臂间有并拢的趋势，使曲轴产生弯曲变形。弯曲部位在曲柄臂与轴颈的转角处。敲击矫正修复则用锤子敲击曲柄臂的内侧，使内侧金属伸张膨胀，曲柄臂的外侧不动，曲柄臂则会产生向外扩张的趋势，使两曲柄臂恢复平行，从而使曲轴轴线的不直得到纠正。

第四节　车身修复中的焊接技术

一、焊接的种类

按照焊接过程的物理特性不同，焊接方法可归纳为三大类，即熔化焊、压焊和钎焊，如图

3-5所示。

1. 熔化焊

熔化焊是将被焊金属在焊接部位加热到熔化状态,并向焊接部位加入熔化状态的金属(焊条),冷凝以后,两块被焊件即形成整体的焊接方法。根据熔化方式不同,熔化焊又分成气焊、电弧焊、等离子弧焊等几种方法。其中气焊、电弧焊在汽车修理中使用最多。

2. 压焊

用电极对金属焊接点加热使其熔化并施加压力,使之焊接在一起的方法称为压焊。各种压焊中,电阻焊的定位焊方法在汽车制造业中是不可缺少的(如车身定位焊)。因为定位焊不会使焊件产生变形,所以在汽车修理中获得了广泛应用。

3. 钎焊

钎焊是采用熔点低于母材的钎料(钎焊填充材料)加热熔化滴在焊接区域,将工件焊接成一体的焊接方法,如铜焊、锡焊。由于钎焊时,工件受热的温度低于工件材料的熔点,不影响工件的整体形状,被广泛应用于对散热器、油箱等的修理作业中。

以上焊接方法中的电阻定位焊、熔极惰性气体保护焊(MIG焊)、管状焊丝电弧焊(FCAW焊)、钨极惰性气体保护焊(TIG焊)、等离子弧焊、氧乙炔焊、软钎焊、硬钎焊等被广泛应用于汽车钣金焊接修复中。汽车制造厂使用的各种最佳焊接方法如图3-6所示。

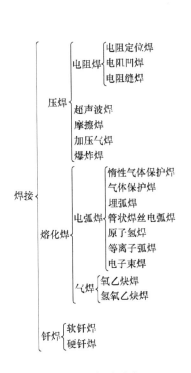

图3-5 焊接种类

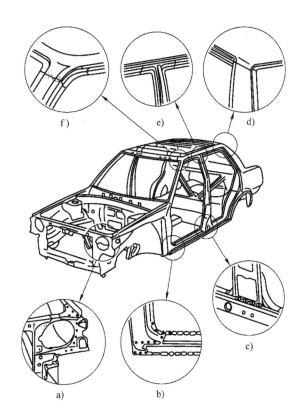

图3-6 汽车制造厂使用的各种最佳焊接方法
a)、b) 电阻定位焊 c) CO_2 气体保护焊
d)、e)、f) 钎焊

二、惰性气体保护焊

1. 组成

惰性气体保护焊是利用惰性气体将电极、电弧区以及焊接熔池置于其保护之下的电弧焊接方式，简称为气体保护焊。用于保护焊的惰性气体主要有氩气和二氧化碳气体两种气体。前者俗称为氩弧焊，后者称为 CO_2 气体保护焊。图3-7所示为 CO_2 气体保护焊的示意图。

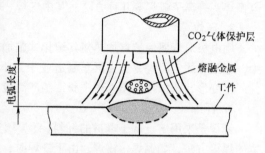

图3-7　CO_2 气体保护焊

惰性气体保护焊的组成如图3-8所示。惰性气体保护焊使用一根焊丝，焊丝和电极以一定的速度自动进给，在母材和焊丝之间出现短弧，短弧产生的热量使焊丝熔化，因而将母材连接起来。由于焊丝以稳定的速度自动送丝，这种方法又可称为半自动电弧焊接法。在焊接过程中（图3-8），用惰性气体对焊接部位进行保护，以免母材受到空气的氧化。所使用的惰性气体的种类由需要焊接的母材而决定。大多数钢材都用二氧化碳（CO_2）进行气体保护（图3-8）。而对于铝材，则根据铝合金的种类和材料的厚度，分别采用氩气或氩、氮混合气进行保护。在氩气中加入 4%~5%（体积分数）的氧气，用这种气体进行保护时，甚至可以焊接不锈钢。

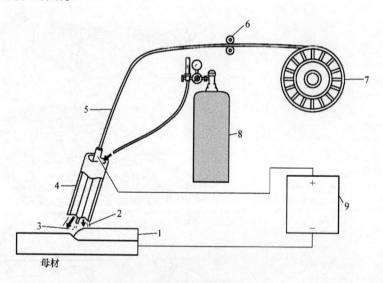

图3-8　惰性气体保护焊的组成

1—焊缝金属　2—CO_2 气体　3—电弧　4—焊枪喷嘴　5—焊丝　6—送丝滚轴

7—焊丝卷轴　8—CO_2 气瓶　9—焊机电源

2. 焊接位置

与电弧焊、气焊相同，气体保护焊焊接位置也有平焊、横焊、立焊和仰焊四种，如图3-9所示。

平焊一般容易进行，焊接速度较快，焊接质量易于保证，只要不是在汽车上施焊，应尽量采用平焊。

水平焊缝进行横焊时，应使焊炬向上倾斜，以尽可能避免重力对熔池的影响。

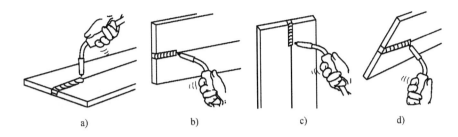

图 3-9 惰性气体保护焊的焊接位置

a）平焊 b）横焊 c）立焊 d）仰焊

立焊时，可根据具体情况选用向上立焊法、向下立焊法或立角焊法。对于气体保护焊应以向上立焊法为主，手工电焊则以向下立焊法为主。

仰焊是最难掌握的，为避免熔化金属脱落引起事故，一定要用较低的电压、短电弧和小熔池相配合。施焊时，将喷嘴推向工件，防止焊丝向熔池之外移动。

3. 焊接形式

CO_2 气体保护焊的焊接形式有六种，如图 3-10 所示。

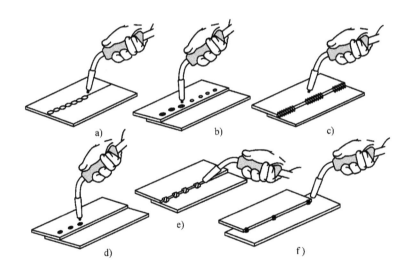

图 3-10 CO_2 气体保护焊的焊接形式

a）连续焊 b）塞焊 c）连续定位焊 d）、f）定位焊 e）搭接定位焊

1）定位焊。定位焊实际上是临时定位焊，用于保持两焊件相对位置固定不变的一种替代措施。定位焊各焊点之间的距离与母材厚度有关，大致是厚度的 15~30 倍，如图 3-11 所示。

2）连续焊。焊炬连续、稳定地沿焊缝移动形成连续焊缝，图 3-12 所示为连续焊示意图。

3）塞焊。两块金属板叠在一起，在其中一块板上钻有通孔，将电弧穿过此孔并被熔化金属所填满而形成的焊点称为塞焊。用塞焊替代铆接、螺钉连接是使用非常广泛的工艺方法。

4. 焊接缺陷及原因分析

惰性气体保护焊常见的焊接缺陷及产生的原因见表 3-1。

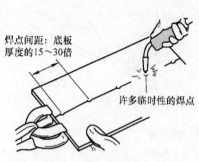

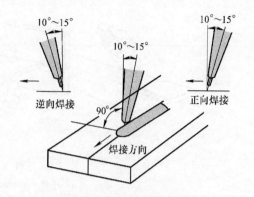

图 3-11 定位焊接　　　　　　　　　　图 3-12 连续焊接

表 3-1 惰性气体保护焊常见的焊接缺陷及产生原因

缺　陷	缺陷状态	说　明	主　要　原　因
气孔和凹坑		气体进入焊接金属中会产生气孔或凹坑	1) 焊丝上有锈迹或水分 2) 母材上有锈迹或污物 3) 不适当的阻挡(喷嘴堵塞、变曲或气体流量过小) 4) 焊接时冷却速度太快 5) 电弧太长 6) 焊丝规格不合适 7) 气体被不适当地封闭 8) 焊缝表面不干净
咬边		咬边是由于过分熔化的母材形成一个凹槽,使母材的横截面减小,严重降低了焊接部位的强度	1) 电弧太长 2) 焊炬角度不正确 3) 焊接速度太快 4) 电流太大 5) 焊炬送进太快 6) 焊炬角度不稳定
熔化不透		这种现象发生在母材与焊接金属之间,或发生在两种熔敷金属之间	1) 焊接进给不适当 2) 电压较低 3) 焊接部位不干净
焊瘤		角焊比对接焊更容易产生焊瘤。焊瘤会引起应力集中而导致过早腐蚀	1) 焊接速度太慢 2) 电弧太短 3) 焊炬送进太慢 4) 电流太小
焊接熔深不够		此种缺陷是由于金属板熔敷不足而产生的	1) 电流太小 2) 电弧过长 3) 焊丝端部没有对准两层金属板的对接位置 4) 槽口太小

（续）

缺　陷	缺陷状态	说　明	主　要　原　因
焊接溅出物过多		过多的溅出物在焊缝的两边形成许多斑点和凸起	1）电弧过长 2）母材金属生锈 3）焊炬角度太大
溅出物（焊缝浅）		在角焊缝处容易产生溅出物	1）电流太大 2）焊丝规格不正确
垂直裂纹		裂纹通常只发生在焊缝顶部表面	焊缝表面被脏物弄脏（油漆、油污、锈斑）
焊缝不均匀		焊缝不是均匀的流线形，而是不规则的形状	1）导电嘴的孔被损坏或变形，焊丝通过嘴口时发生振动 2）焊炬不稳
烧穿		焊缝内有许多孔	1）焊接电流太大 2）两块金属之间的坡口槽太宽 3）焊炬移动速度太慢 4）焊炬至母材之间的距离太短

三、电阻定位焊

1. 应用

电阻定位焊是汽车制造厂在流水线上对整体式车身进行焊接时最常用的一种方法（图3-13）。据估计，在各汽车制造厂对整体式车身进行的焊接中，有90%~95%都采用电阻定位焊。电阻定位焊还广泛应用于汽车遮阳顶的安装和汽车的改装。

电阻定位焊适用于焊接整体式车身上要求焊接强度好、不变形的薄型零部件。常见的应用范围包括车顶、窗洞和门洞、车门槛板以及许多外部壁板。由于整体式车身修理对强度的要求较高，经常要使用挤压式电阻定位焊机，所以修理人员必须知道如何调整焊接机、如何进行试焊和焊接。

2. 电阻定位焊的优点

电阻定位焊具有许多优点，主要有如下几点：

1）焊接成本低，不消耗焊丝、焊条和气体。

2）清洁。焊接时不产生烟或蒸气。

3）焊接部位灵活，且对镀锌板的焊接有效。

4）焊接质量高，速度快。在1s内便可焊接高强度钢、高强度低合金钢或低碳钢工件，焊接强度高、受热范围小，工件不易变形。

3. 电阻定位焊的焊接原理

电阻定位焊是利用电流通过接触点加热，并在外加压力作用下使接触点附近的金属熔化，经冷凝后形成焊点的一种焊接方法。电阻定位焊机如图3-14所示。图中右端有两个电极，通过上面的加压手柄即可获得所需的压力。将两块金属板夹持在电极之间，通电，加压一段时间，即可形成电阻焊点。

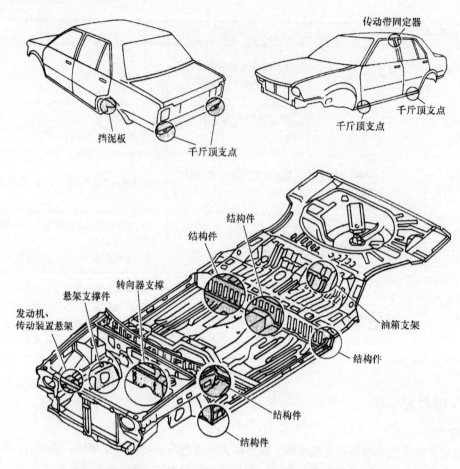

图 3-13　汽车生产过程中车身上进行电阻定位焊的主要部位

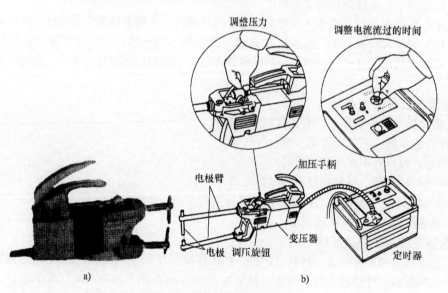

图 3-14　电阻定位焊机的组成
a) 外形　b) 组成

4. 电阻定位焊的三要素

通常将压力、电流和加压时间定为电阻定位焊的三要素。

1）压力。电阻定位焊的焊接强度与电极施加在金属件上的压力有直接的关系。压力太小，会产生焊接溅出物；压力太大，会使焊点过小，降低焊接强度（图 3-15）。具体操作时应遵守设备使用规程规定的压力范围。

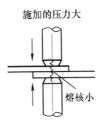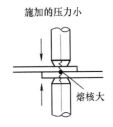

图 3-15　电极头的压力

2）电流。给金属件加压后，通电，一股很强的电流流经两金属接触区，利用电阻作用发热，使温度上升，使金属熔化并且熔合在一起，如图 3-16 所示。如果电流太大或压力太小，将会产生内部溅出物；减小电流或增加压力，可以使焊接溅出物降低到最小程度，形成良好的焊点。电阻定位焊时电流与压力之间是相互关联的，必须注意同时调节，焊接质量才能得以保证。

3）加压时间。加压时间是电阻定位焊极为重要的因素。在加压时间内，金属通过电流，熔化和熔合在一起。加压完毕，电流停止，熔化部位开始冷却凝固成圆且平的焊点，如图 3-17 所示。加压时间不可少于电阻定位焊机用户使用说明书上的规定值。

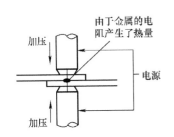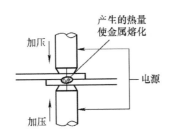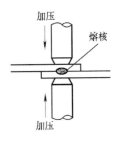

图 3-16　电流　　　　　　　　　　　　　　图 3-17　加压时间

四、氧乙炔焊

氧乙炔焊俗称为气焊，它是熔化焊的一种形式。气焊是利用乙炔和氧气在一个腔内混合，通过喷嘴点燃产生高温，将焊条和母材金属熔化焊接在一起的。

尽管采用气焊难免会使被焊钣金件产生变形，但就目前多数汽修厂家而言，气焊仍然是一种通用的焊接方法。对于某些特殊的钣金工艺，气焊还是必不可少的。

1. 组成

氧乙炔焊主要由气瓶、减压阀、气管、焰炬等组成（图 3-18）。

1）气瓶。用来盛装氧气和乙炔气。

2）减压阀。用来将从储气罐来的气压降至所需压力和保持气流量稳定。每个减压阀上有一个气瓶压力表和工作压力表。氧气的工作压力为 34.5~690kPa（5~100psi），乙炔气的工作压力为 6.9~82.7kPa（1~12psi）。

3）气管。用来连接焰炬与气瓶上的减压阀。

4）焰炬。把来自气瓶的氧气和乙炔气按适当比例混合起来，并产生熔化钢的火焰。焰炬主要有焊炬和割炬两种。

使用焊炬之前，应根据焊件的板厚、焊接方法选择适用的焊嘴。一般薄板选用小号焊嘴，厚板选用大号焊嘴。焊嘴装在焊炬端部时应拧紧。

点燃焊炬之前，应先检查焊嘴、气阀及其管道有无漏气现象。检查方法是先打开氧气阀1/4圈，再打开乙炔阀门1圈，检查有无堵塞和漏气，确认其可靠之后再点燃火焰。点火后，焊嘴应朝下方，并远离可燃物。此时，缓慢开启氧气阀，火焰将由黄色的乙炔焰变成蓝色的火焰，称为碳化焰，如图3-19b所示。碳化焰焰心是蓝白色的，外围包着一层蓝色的火焰，轮廓不十分清楚，外焰呈橘红色。慢慢关闭乙炔阀直到焊嘴处呈现一个很清晰的内焰心，这时称为中性焰，如图3-19a所示。中性焰的焰心也是蓝白色的，轮廓清晰，外焰呈淡橘红色。继续关闭乙炔阀门或打开氧气阀门，焊嘴处将出现一个更小的淡蓝色焰心，此时称为氧化焰，如图3-19c所示。氧化焰内心看不清楚，焊接时会发出急剧的"嗖嗖"声。

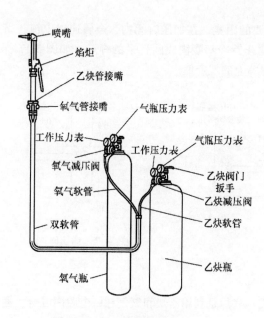

图3-18 氧乙炔焊接设备的组成

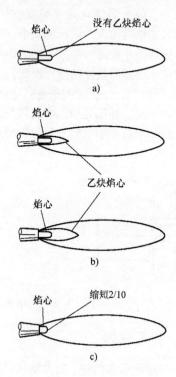

图3-19 各种氧炔火焰示意图
a) 中性焰 b) 碳化焰 c) 氧化焰

2. 气焊的操作方法

气焊的操作方法有左焊法和右焊法两种。焊炬从右向左移动的焊接方法称为左焊法；焊炬从左向右移动的焊接方法称为右焊法，如图3-20所示。

左焊法操作简单，适于薄板及低熔点材料的焊接。右焊法火焰指向焊缝，熔池保护效果好，不易产生气孔、夹渣，热量利用效率高，焊缝冷却较慢，适用于焊接较厚的或高熔点材料。

开始起焊时，由于焊件温度较低，可加大焊嘴与焊件的倾角，加快预热速度；当起焊处形成白亮的熔池时，再减小倾角进入正常焊接；焊接收尾时，焊件温度较高，应减小倾角，加快送焊丝速度

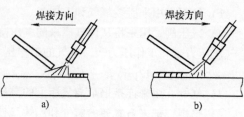

图3-20 气焊的操作方法
a) 左焊法 b) 右焊法

和焊接速度，直到熔池填满，火焰再慢慢离开。

3. 汽车钣金气焊注意事项

为了获得良好的焊接质量，用气焊焊接时一定要做到焊丝和焊缝两边的金属材料三者同时熔化，并及时移动焊炬和填充焊丝。由于汽车钣金件的厚度较小，都在1mm左右，焊接时，焊炬停留稍久，板料就会被烧穿；焊炬移动过快，焊件熔化不良。过早填充焊丝焊件熔化不良，焊接不牢固；焊丝填充稍迟，焊件难免被烧穿。为避免出现这些不良结果，钣金气焊应注意如下事项：

1）考虑到汽车钣金件的特性，气焊时应选用小号焊炬、3号以下的焊嘴，焊丝直径为2mm左右的焊丝，采用中性火焰。

2）焊缝一次完成，焊接速度要快，绝不可反复烧焊。

3）焊炬的移动要平稳，焊丝则以涂抹形式的动作熔于熔池之中。

4）部件边缘裂缝的焊接应从裂缝尾部(裂缝止端)开始起焊，焊嘴应指向焊件外面，减少部件受热，防止前焊后裂。

5）长焊缝的焊接，事先应将连接处修整对齐，并按要求间隔定位焊后再行焊接。焊接长焊缝，一般应从中间向两端依次交替焊接而成。

6）挖补焊接，事先应将补丁板料在平台上普遍捶击一遍，可以减小焊接变形。

五、钎焊

1. 钎焊的原理

钎焊的目的只有一个，即密封。

气焊和电焊都是要将焊件材料加热到熔化状态，然后，将焊丝(条)熔化滴入熔池，待冷却后形成焊缝，将被焊接件焊牢。钎焊则与此不同，只将焊件材料(母材)加热而不熔化，利用低熔点的钎料填充在焊件衔接处，使被焊材料焊接在一起(图3-21)。

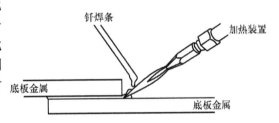

图 3-21 钎焊的原理

2. 钎焊的类型

钎焊有两种类型，即软钎焊和硬钎焊。

用熔点低于427℃的有色金属合金为钎料的焊接称为软钎焊。软钎料熔化流进两个连接面之间的空隙，黏附这两个表面并凝固在一起，如锡焊。用熔点高于427℃的金属钎料进行钎焊称为硬钎焊，如铜焊。汽车钣金修理中如散热器、汽油箱、装饰钣金、车身缺陷等修理都离不开钎焊。

钎焊必须借助于焊剂，否则无法焊接成功。

3. 钎焊设备的组成

钎焊设备与氧乙炔焊的设备相同，主要有氧乙炔焊炬、钎焊条、焊接护目镜、手套、焊炬点燃器等，如图3-22所示。

电弧钎焊的原理与气体保护焊接相同。不过电弧钎焊使用氩气和钎焊金属来代替惰性气体保护焊中的 CO_2 或 Ar/CO_2 混合气(图3-22)，还需要专用的钎焊丝。电弧钎焊施加在母材金属上的热量很少，因此过热很小，很少发生母材的变形或弯曲。与前面介绍过的将黄铜熔敷在母材金属上的方法相比，电弧钎焊缩短了焊接和抛光的时间。另外，电弧钎焊不产生有毒物质。

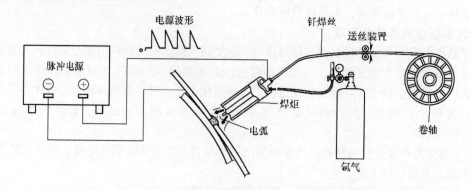

图 3-22 钎焊设备的组成

为了提高钎焊材料的质量，例如流动性、熔化温度、与母材的相容性和强度等，钎焊材料都由两种或两种以上金属的合金构成。汽车车身所用的钎焊条的主要成分为铜和锌。

第五节 汽车钣金修复与更换

一、汽车钣金件修复常用工具

从事汽车钣金修理所使用的机具与设备，大致分为手工工具、动力工具以及动力设备三大类，了解和掌握钣金修理机具与设备性能、用途和作业技巧，才能顺利地完成相应的钣金修理工作。

1. 手工工具

汽车钣金修复常用的手工工具见表3-2。

表 3-2 汽车钣金修复常用手工工具

工具名称	功用	图形
球头锤	球头锤是一种所有钣金作业都能使用的多用途工具。它用于校正弯曲的基础构件、修平部件和钣金件粗成型阶段。球头锤的质量应在 290~450g 之间	
橡胶锤	橡胶锤主要用于修整表面微小的凹陷，而不损坏表面的光泽。软面锤一端是硬面的(钢制)，另一端是软面的(可更换橡胶头)，适用于修理铬钢件或其他精密部件，而不损坏表面的光泽	
铁锤	铁锤的手柄较短，适于空间较小的钣金作业使用	
镐锤	镐锤是专门维修小凹陷用的工具，镐锤的尖顶用于将凹陷敲出，其平端头与顶铁配合作业可以去除微小的凸点和波纹	板上的小凹陷

（续）

工 具 名 称	功　　用	图　　形
冲击锤	冲击锤锤头形状一端是圆形，锤顶的表面近乎是平的。这种锤顶面大，打击力散布在较大的面积上，适于矫正凹陷板材的初始作业或加工非表面的钣件 变形大的凹陷表面用冲击锤，另一端凸起顶面敲击下凹的金属下表面，使之逐渐恢复平整	
精修锤	精修锤的锤面较冲击锤小，锤面隆起的锤头适于修平表面微小高凸点和波纹的顶端。带有锯齿面或交错缝槽面的精修锤，适用于表面收缩作业，以便修整被过度捶打而产生的延伸变形	
垫铁	垫铁也叫抵座，是在敲击金属板料时用来衬托金属板料反面的工具。其材料多为中碳钢，而形状各异	
修平刀	主要用于抛光金属表面，把修平刀置于修整表面上，再用锤子敲打。如果整修表面空间受到限制不易使用垫铁时，修平刀可以代替垫铁使用	
撬镐	利用撬镐穿过车身固有的洞口，可以对车门侧板的凹点进行撬击，以消除凹陷	
凹坑拉出器	凹坑拉出器的顶端呈螺纹尖端形式，或呈钩形形式。螺纹尖端可以旋紧在孔中，利用套在杆中部的冲击锤向外冲击手柄端面，同时向外拉手柄，可以慢慢拉起凹点	
拉杆	拉杆用于修复凹坑。将拉杆的弯钩插入所钻的孔，勾住凹坑两侧向外提拉，视具体情况在周围轻轻捶击，将凹坑拉起，同时敲打其隆起点，经整平后用气焊修补孔洞，喷漆复原	
金属剪	用以剪开不锈钢等硬金属	

（续）

工具名称	功 用	图 形
板材剪	特殊的铁皮剪刀，用来剪断车身钣金件中被损坏的部分，其断口清洁、准直，容易焊接	
划针	划针是用来在板料上划线的基本工具。一般由中碳钢或高碳钢制成，长度约为120mm，直径为4~6mm。为了能使其在板料上划出清晰的标记线，划针尖端非常锐利，尖端角度一般在15°~20°之间，且具有耐磨性。弯头划针用于直头划针划不到的地方	
划规	用于划折边线，它可沿板料边缘以等距离引线	1—不可调式 2—可调式
门手柄工具	门手柄是以钢丝弹簧夹在门板上，弹簧夹呈马蹄铁形，装在手柄轴上。利用门手柄工具将弹簧夹撑开，才能将手柄抽出来	

2. 动力工具

汽车钣金修理的动力工具包括气动工具和电动工具两类。汽车钣金修理常用动力工具见表3-3。

表3-3 汽车钣金修理常用动力工具

工具名称	功 用	图 形
气动扳手	扳手的输出端具有带碰珠的正方形短杆，将套筒一端插到扳手输出端，另一端套在螺母上，启动气门通压缩空气即可实现拧紧或拧松螺纹的作业	
气动钻	气动钻用压缩空气作动力驱动气马达旋转达到钻孔目的	

（续）

工具名称	功　用	图　形
气动旋具	气动旋具可用于各种螺钉(机制螺钉、塑料自攻螺钉、钣金螺钉、复合金属板自钻孔螺钉、精密装配件上的精密螺钉)的旋紧	
气动打磨机	气动打磨机一般用于喷漆车间。气动打磨机有两种：盘式打磨机和轨道式精打磨机。盘式打磨机又分为复合作用打磨机与单一运动盘式打磨机，适用于粗打磨	
气动手提式振动剪	俗称风剪，用于剪切钢板	
手提电动砂轮机	手提电动砂轮机主要用来磨削不易在固定砂轮机上磨削的零件，如发动机舱盖、驾驶室、翼子板及车身蒙皮等经过焊修的焊缝，可用手提电动砂轮机磨削平整	手提电动砂轮机结构 1—护罩　2—砂轮　3—长端盖 4—电动机　5—开关　6—手柄
真空吸尘器	用于车内除尘	
热风枪	热风枪用于乙烯树脂车顶修理、塑料件修理、板面热压装配及快速干燥作业	
龙门剪板机	龙门剪板机是目前常用的一种剪板机械，其最大特点是工作效率高，剪切质量好，操作方便，可剪切多种厚度的板料	
折弯压力机	板料折弯压力机主要是对板件作直线弯曲，即折边。采用简单的通用模具，可把金属板料压制成一定的几何形状	1—横梁　2—工件　3—滑块(工作台)

二、汽车钣金件修复方法

1. 敲击修理法

对小范围的局部凸起、凹陷可采用敲击法修理小而浅的凸痕及凹痕，使金属产生延展变形而恢复到原来的形状，如图 3-23 所示。

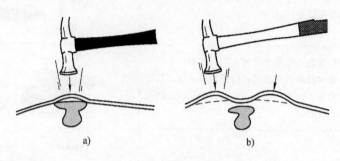

图 3-23　敲击修理法
a）局部凸起　b）局部凹陷

2. 撬顶修理法

用修平刀（或匙形板）、尖头工具（如各种撬镐）撬顶凹陷部位，使凹陷逐渐恢复原来形状，如图 3-24 所示。

3. 拉伸修理法

采用拉出装置将凹陷拉出，也是常用的凹陷整形方法之一。拉出装置包括吸杯、拉杆、专用拉出器。气动凹陷拉出器如图 3-25 所示，其端部有一个吸杯产生真空，惯性锤施加的力将金属凹陷部位拉回到原来形状。

拉杆式拉出器的一端的螺钉拧入凹陷部位事先打通的孔中，一手握住手柄，另一手用力将重物向手柄方向反复拉动即可将凹陷消除，然后再用填料将通孔堵住。为了避免打孔带来的不便，也可以在凹陷部位定位焊上销钉代替拧入螺钉，待拉出之后再用刀具切除焊点，从而保持原金属表面的完整性。

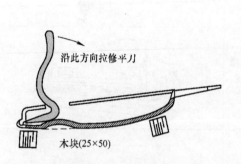

图 3-24　撬顶修理法

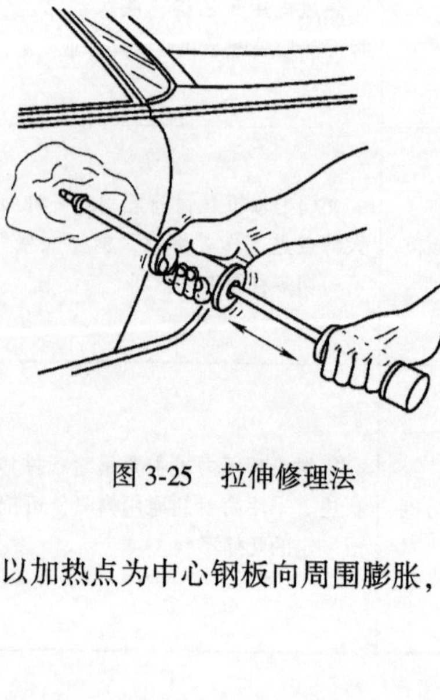

图 3-25　拉伸修理法

4. 加热收缩法

对钣金凹陷处中点局部快速加热，温度升高过程中以加热点为中心钢板向周围膨胀，对周边产生压应力。

当温度继续上升时，钢板局部烧红变软，解除了中心区的压力，使周围钢板恢复变形。烧红区域被压缩而变厚，周围钢板可以自由变形伸展恢复形状。

对于局部加热点，可以突然进行喷水或用湿布贴敷，使加热部位突然冷却，钢板立即收缩，中心部位产生对于周边的拉伸载荷，强力将周边向中心拉伸，与变形过程中产生的压缩载荷相抵消，以恢复原来形状，如图 3-26 所示。

5. 起褶法

起褶法是处理拉伸变形的一种方法，如图 3-27 所示，它并不使金属发生加热收缩变形，而是用锤子和砧铁在拉伸变形部位做出一些褶来。操作时，使锤砧错位，用鹤嘴锤轻轻敲击而使拉伸部位起褶。起褶的地方会比其他部位略低。在填实填满后，再用锉刀或砂纸将这一部分打磨得与其他部分齐平。

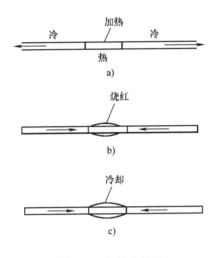

图 3-26 加热收缩法

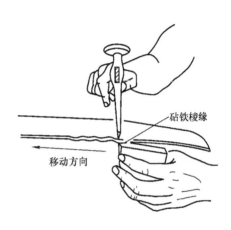

图 3-27 起褶法

三、钣金件的更换

车身是用机械连接和焊接两种方法将构成车身众多的钣金件连接在一起的。对于非结构性的或装饰性的钣金件，如汽车的翼板、后顶侧板、舱罩，可以焊接到整体式车身上，也可以用螺栓、铆钉与之相连接。更换这些钣金件时，只需拆卸固定件即可。结构性钣金件与整体式车身都焊接在一起，从散热器支架到后端板构成一个整体框架。这些结构性钣金件在焊接之前，都是以凸缘或配合表面的形式相互连接在一起，组装完毕再进行焊接的。因此，拆卸此类钣金件需要了解它们之间的连接关系才能顺利进行。整体式车身的结构性钣金件有散热器支架、内挡泥板、地板、车门槛板、发动机室侧梁、上部加强件、下车身后梁、内部的护槽、行李舱地板等。

修理结构性钣金件时，应遵照制造厂所规定的办法，特别是切割钣金件时更为重要。不要割断可能降低乘员安全的区域、涉及汽车性能区域和关键性尺寸控制区域的钣金件，这是切割钣金件应遵从的统一原则。

整体式车身的高强度钢板区域的钣金件受损后必须更换，绝对不允许用加热办法来矫直高强度钢板。图 3-28 所示为汽车高强度钢板分布区。这些钣金件受损，必须切除更换。

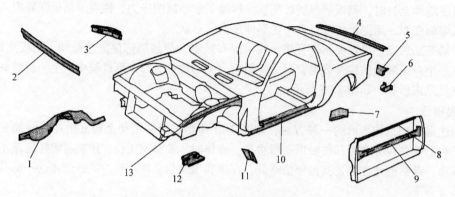

图 3-28　汽车高强度钢板分布区

1—发动机室外梁　2—风窗下部的加强件与外伸支架　3—车身锁支柱至车轮罩的角撑
4—后端板保险杠保持器　5—保险杠支架处的后端板加强件　6—保险杠座上的乘员室
板梁加强件　7—乘员室内部板梁的延伸件　8—安全带处门内板的加强件　9—车门外
板条加强杆和加强件　10—车门槛外板　11—下围板处的发动机室侧梁加强件
12—稳定杆处的发动机室侧梁加强件　13—外边和下边发动机室上梁钣金件

使用各种金属加工方法可以消除金属表面的鼓起、凹坑和皱褶，但有些钣金件损坏严重，无法就车修理，必须更换新件，需要从车身上将这些钣金件拆卸下来。拆卸更换顺序如图3-29所示。

车身结构性钣金件在制造时是用定位焊连接在一起的，拆卸钣金件主要措施是将焊点分离。分离焊点的方法很多，主要有钻去焊点法、等离子焊枪切除焊点法、錾去焊点或磨削焊点法。拆卸定位焊钣金件时先应弄清焊点的数目和排列方法，做到心中有数，避免盲目操作。

钣金件的连接可以采用紧固件，也可以采用焊接。安装钣金件采用紧固件方法最为简单快捷，但事前必须确认新钣金件对中，安装后相邻钣金件间的间隙均匀一致。焊接方法，对中和配合情况由于钣金件之间有配合装置保证，一般不必重新测量评估。但焊接更换钣金件有大量的准备工作需事前做好，否则，更换后质量难以保证。

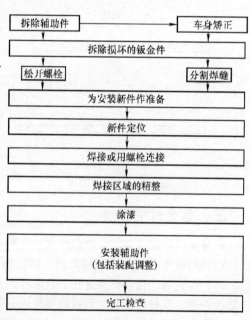

图 3-29　钣金件更换的基本步骤

第六节　车身矫正

一、车身矫正的目的

通过外力的牵拉，使车身表面几何形状和尺寸恢复到原有状态的工艺过程称为矫正。伴随着矫正的进程，有时还对局部进行必要的修整，使之更好地复原。

车身矫正的目的：一是消除表面缺陷；二是使车身准直，恢复汽车动力性能；三是消除碰撞造成的车架及车身的应力和应变。

二、车身矫正设备

1. 车身固定设备

对于车身的拔拉牵引矫正，必须保证车身固定，否则，在拉力作用之下会产生整体位移，达不到牵引矫正的目的(液压顶杆在车身内部两点之间的顶推不受此限)。

车身固定器主要是用来夹持车身某一部位，且其底座又能用螺栓固定在地板导轨上，使整个车身处于固定位置的装置。

汽车固定好后，就可以沿任意方向、绕车身360°进行牵拉了。

2. 简易式车身牵引器

简易式车身牵引器牵拉时，先将车身用固定器固定在工作台上，利用立柱与工作台之间的拉链系统对车身牵引。这种装置便于移动，可以安放在任何损伤部位进行牵引，但每次只能沿一个方向拉拔。

3. 可移动式矫正台

图 3-30 所示为可移动式矫正台。矫正台纵梁上有两根可以移动的横梁，横梁安装有固定器。固定器位置可以自由调节。矫正台上装有若干套可以自由旋转的液压支架牵引装置。将车身固定在矫正台后，利用液压牵引即可进行所需的矫正。矫正车身侧面时，将液压牵引装置移装到纵梁上即可。可移动式矫正台的纵梁下装有轮子，便于移动到任意位置，是一种实用性很强的矫正设备。

在台式矫正台上装上定位器，即可根据定位器匹配的情况判断牵引矫正是否完成，而不必进行测量。

4. 轻便液压杆系统

利用手摇液压泵提供压力能，通过液压驱动(各种用途的液压缸)，实现推、拉、顶、扩等动作的装置统称为轻便液压杆系统。

图 3-30 可移动式矫正台

在液杆两端装上适当的端头，可以满足车身内部两点间矫正尺寸的需要，适用于推压、展宽、夹紧、拉拔、延伸各种情形，其端头的形式是不相同的。

三、车身矫正方法

1. 车身矫正顺序

车身矫正一般应按先长度矫正，再倾斜矫正，最后高度矫正的顺序进行。

2. 车身矫正基本原理

由于碰撞使车身产生了变形，矫正这些变形总是伴随着施力拉拔的过程。拉拔力的方向应当与碰撞力的方向相反，且根据实际的矫正情况还要适当调节拉力方向，以达到更理想的效果，如图3-31所示。当碰撞较轻，损伤比较简单时，用这种方法很有效。但是，当出现皱褶时，简单地使用拉拔方法就难以使车身恢复原状，需要根据各个钣金件的恢复情况，改变力的方向与大小才能奏效。

3. 牵引方法

牵引方法有多种多样，常见的单一牵引装置牵引方法如图 3-32 所示。

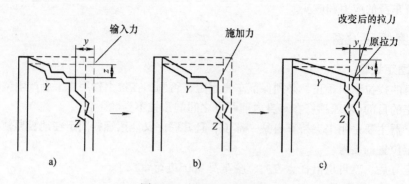

图 3-31　矫正时加力方向

a) 输入力在沿 Y 和 Z 方向引起破坏　b) 施加力的方向与输入方向相反

c) 如果 Y 和 Z 方向修复的程度不同，相应地改变拉力方向

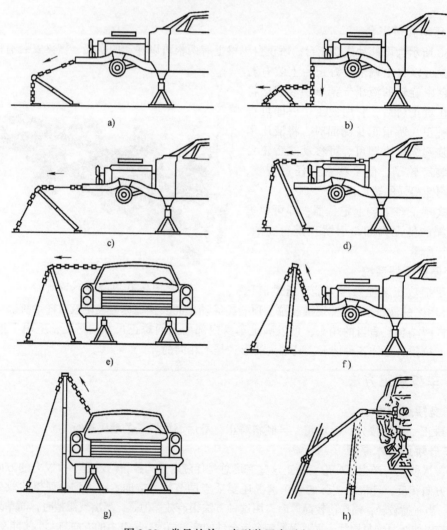

图 3-32　常见的单一牵引装置牵引方法

a) 向下向外牵拉　b) 通过一根链条向下牵拉　c) 向外直拉　d) 加上伸长管进行较高位置的牵拉　e) 通过带有伸长管的顶杆在车顶上牵拉　f) 向上向外的牵拉　g) 车顶上的向上牵拉　h) 典型的推压安装方式

第七节 车身涂装修复

汽车车身油漆喷涂技术造就了汽车五彩缤纷的颜色,然而不同的道路、变化的环境和气候等因素难免会造成汽车车身表面的碰划伤、变形、漆膜老化、脱落及底层金属锈蚀等损伤。对各种表面损伤的修复工艺,实际上比制造厂大面积喷涂的难度要大,因此,它就成为汽车油漆生产厂和汽车修理厂研究的课题。

一、喷漆设备

喷漆一般采用空气喷涂方法,空气喷涂系统由空气压缩机、喷枪、空气滤清器及软管设备组成,如图3-33所示。

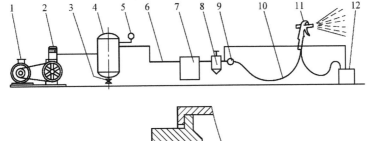

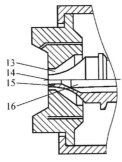

图3-33 空气喷涂系统

1—电动机 2—空气压缩机 3—排污阀 4—储气罐 5、9—气压表 6—输漆管路
7—空气滤清器 8—减压阀 10—软管 11—喷枪 12—供漆装置 13—空气喷口
14—漆喷口 15—漆喷嘴 16—供漆针阀

1. 空气压缩机(图3-34)

空气压缩机为喷涂施工提供所必需的压缩空气。其要求是必须满足压力稳定和足够的需用量,必须是无水、无尘及干燥的。

空气压缩机按外形,可分为立式、卧式两种;按放置方式,可分为移动式和固定式压缩机;按工作方式,可分为一级压缩机和二级压缩机;按工作原理,可分为膜片式、活塞式和旋转式三种,其中活塞式压缩机应用较广。

2. 喷枪

喷枪是喷漆工艺体系的关键设备。虽然不同的喷枪有许多通用的零件,但每种类型或型号的喷枪只适用于一定范围的作业。选择合适的喷枪是用最短时间完成高质量作业的保证。

喷枪由枪体与喷枪嘴组成。枪体又分为空气阀、漆流控制阀、雾型控制(即漆雾扇形角度调节)阀、气压调节阀、扳机、手柄。喷枪嘴由气帽、喷漆嘴和顶针组成,如图3-35所示。

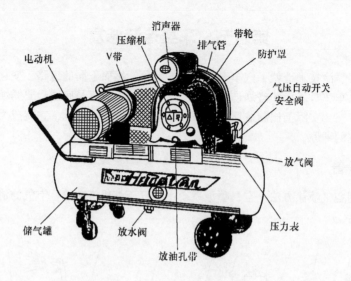

图3-34 小型移动式空气压缩机

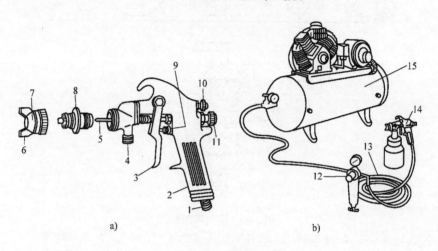

图3-35 喷枪

a) 构造　b) 连接方法

1—进气口　2—枪身(手柄)　3—扳机　4—流体(涂料)入口　5—针阀(顶针)
6—气帽角　7—气帽　8—喷漆嘴　9—空气阀　10—雾型控制阀　11—漆流控制阀
12—气压调节阀　13—气管　14—喷枪　15—打气泵

3. 喷漆烤漆房

喷漆烤漆房也称喷烤两用房，集喷洒与烤漆于一体，采用高强钢组件式房体、无接缝式天花过滤棉，配合进风过滤系统及正向风压，确保进入房内的空气能100%净化。全自动循环进风活门，使烤漆时的热空气以循环方式在烤漆房内循环，配合房体的夹心式隔热棉，升温及保温效果特佳。喷漆烤漆房还采用无影灯式日光照明光管，色温与太阳光线极为接近，令颜色校对更准确。全自动操控仪表台一经预调，便能自动提供适当的喷漆、挥发、烤烘、冷却等工序所需的时间及温度。

当作为喷漆室时，外部空气吸入经过滤纯度可达99%，加热后送入室内，使室内温度可控制在20~22℃，同时从天花板送下的暖空气(空气流速为16~40m/min)，顺重力方向至地面，并被抽出，经水旋器分离出漆雾和空气，其中空气被净化后排出室外，可消除对大气的污染，如图3-36a 所示。

喷涂完毕后，工件需静置 10min 左右，随即打开加热器对吸入的空气加热，空气的流速为 3m/min 左右，此时的空气流动为室内封闭式循环，为车体液层干燥；室内的温度可在常温至 100℃ 内任一温度保持恒温，按干燥工艺进行控制。该自动程序系统操作方便，在烤漆时，空气的流入量可降低至 10%~20%，当温度加热到需要的标准时，指示灯发出短暂的闪烁。在烤漆的最后阶段，加热器关闭，然后逐渐冷却到室温。开门前，应将室内废气排出，把车移出室外，进行喷漆循环，如图 3-36b 所示。

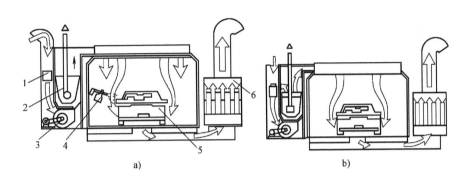

图 3-36 喷漆烤漆房的工作示意图

a）喷漆时 b）烤漆时

1—合成过滤器 2—加热器 3—鼓风机 4—喷漆系统 5—轿车 6—漆雾过滤器及排气装置

二、车身涂膜修复材料

1. 底漆

底漆是车身表面的基础涂料，其作用，一是防止金属表面的氧化腐蚀，二是增强金属表面与腻子（或面漆）、腻子与面漆之间的附着力。因此对底漆的要求如下：防锈能力和附着能力强；另外作为两涂层之间的媒介层，要使两者紧密地结合而不发生"咬底""揭皮"现象，底漆还应有合理的配套；后二道底漆还应具有微填充作用。

附着力和底漆漆面的强度，除了与成膜物质有关，在施工中还与涂膜的厚度、均匀度、干燥程度、漏涂、稀释剂的正确使用及施工环境、表面清洁处理（如去锈、去油）有关。

国产常见汽车底漆有酚醛底漆、沥青烘干底漆、醇酸底漆、环氧树脂底漆、过氯乙烯底漆、磷化底漆、聚氨酯底漆、硝基底漆、丙烯酸底漆等。

除国产底漆之外，较常用的还有进口底漆，主要有美国杜邦底漆、英国 ICI 底漆、德国鹦鹉牌底漆、意大利爱犬牌底漆、美国 PPG 牌底漆等。

2. 中间层涂料

中间层涂料是介于底漆与面漆之间的涂层，所用的涂料简称中涂。中涂的主要功用是提高被涂物表面的平整和光滑度，封闭底漆层的缺陷，以提高面漆层的鲜艳性和丰满度，提高装饰性，增加涂膜厚度，提高耐水性。对于表面平整度好、装饰性要求不太高的载货车和轻型车，几乎不喷中涂，以降低涂装成本。对于装饰性要求高的中、高级轿车，则需采用中涂。

国外汽车生产厂的中间涂层涂料一般分为通用底漆、腻子、二道浆、封闭底漆。而国内汽车修补漆，则根据涂料的功能分为腻子、二道浆、封闭底漆，将通用底漆并入二道浆中。

1）通用底漆。又称底漆二道浆，它可直接涂布在金属表面，具有底漆的功能，又具有一定的填平能力。一般采用"湿碰湿"工艺涂布两道，以代替底漆和二道浆，达到简化工艺的目的。

2）腻子。俗称填密。它是一种专供填平表面用的含颜料、体质颜料较多的涂料，刮涂在底涂层上。刮腻子仅能提高工件表面的平整性和装饰性，而对整个涂膜则害多利少，因为腻子涂层易老化、开裂，再加上手工涂刮和打磨的劳动强度大，所以汽车生产厂早就通过提高加工技术和管理水平来确保零件表面的平整度，流水线生产的汽车已不再使用腻子。市售腻子主要供汽车修补用。

3）二道浆。又称喷涂腻子。它的功用介于通用底漆和腻子之间，对被涂工件表面的微小缺陷（不平之处）有一定的填平能力，颜料和填料含量比底漆多，比腻子少，颜色一般为灰色。采用手工喷涂和自动静电喷涂，具有良好的湿打磨性，打磨后可得到非常平滑的表面。

4）封闭底漆。它是涂面漆前的最后一道中间层涂料。其漆基含量介于底漆和面漆之间，涂膜光亮。漆基一般是由底面漆所用的树脂配成。

3. 面漆

汽车基材不仅要有底漆的防腐、防锈，在汽车修补中用腻子填平凹凸表面，更重要的是要用面漆来涂装，提高对金属的保护。因此面漆不但要有优良的装饰性，漆面色彩鲜艳、光亮丰满，而且需有良好的保护性，漆面须有耐热、耐水、耐油、耐磨、耐化学腐蚀等性能。

面漆的好坏，取决于本身性能的好坏，但如果底漆涂面不清洁，凹陷没填好，研磨不平滑，在面漆涂装后，这些漆面的缺陷就完全暴露无遗了。所以在面漆涂装前，对之前各道工序必须严格检查，对所使用的喷枪及涂料的种类、特性和施工方法，必须完全了解。特别是对保证施工质量的问题，必须严格控制，保证提高美观性和良好的保护性。面漆的品种繁多，性能各异，面漆的主要类别见表3-4。

表3-4　面漆的主要类别

类 别 名 称	主 要 组 成
溶剂挥发型	1）硝基纤维素涂料 2）热塑性丙烯酸树脂涂料 3）各类改性丙烯酸树脂涂料，如硝基纤维素改性、醋酸丁酸纤维素改性等
氧化固化型	1）醇酸树脂涂料 2）丙烯酸改性醇酸树脂涂料
双组分添加固化剂 固化型	1）丙烯酸—聚氨酯树脂料 2）聚酯—聚氨酯树脂料 3）丙烯酸—环氧树脂料
热固化型	1）氨基醇酸树脂料 2）氨基丙烯酸树脂料
催化固化型	1）湿固型有机硅改性、丙烯酸树脂涂料 2）过氧化物引发固化丙烯酸树脂涂料 3）胺蒸气固化聚氨酯树脂涂料

4. 辅料

在汽车的喷涂施工中常用的辅助材料有稀释剂、助剂、防潮剂、催干剂、脱漆剂、上光剂等。

1）稀释剂。稀释剂是汽车喷漆主要的辅助材料，其作用是调稀喷漆黏度，使之有利于喷涂施工。

常用稀释品可分为国产与进口两大类。国产稀释剂的种类、组成、性能及用途见表3-5。进口稀释剂产品主要有英国的 P850—1275 稀释剂，P850—1292 稀释剂；荷兰的 123 慢干硝基稀料，123 特慢干信那水；德国的 352—91 稀释剂等。

表 3-5 国产稀释剂一览表

型号与品名	组成、性能与用途
X—1 硝基漆稀释剂	又称甲级信那水、香蕉水、硝基稀释剂等。是由酯、酮、醇、苯类溶剂混匀过滤而成，其中酯、酮类溶剂含量较高。对硝基漆有优良的溶解性能，也溶于各种热塑性丙烯酸漆。主要用于硝基清漆、磁漆、底漆等调稀，还用于硝基清漆、磁漆、底漆等调稀，还用于稀释各种热塑性丙烯酸漆
X—2 硝基漆稀释剂	又称乙级信那水、香蕉水、冲淡剂等，是由酯、酮、醇、苯类溶剂组成，但酯、酮溶剂的用量比较低。溶解力次于 X—1，主要用于硝基底漆、腻子调稀或清洗硝基漆施工工具等，可节约 X—1 稀料，利于降低喷漆成本
X—3 过氯乙烯漆稀释剂	简称过氯乙烯稀料，由酯、酮、苯类溶剂混匀过滤而成。对过氯乙烯漆溶解力良好，挥发速度适中。主要用于稀释过氯乙烯底漆、磁漆、清漆及腻子，也可稀释各种热塑性丙烯酸漆
X—4 氨基漆稀释剂（氨基稀料）	是由二甲苯与醇混合而成的，对氨基漆溶解性能优良。主要用于氨基烤漆、氨基锤纹漆及氨基中涂漆、底漆调稀，也可稀释环氧酯底漆或短油度醇酸漆。但不能用于稀释氨基静电漆
X—5 丙烯酸漆稀释剂	由醋酸丁酯、醋酸乙酯、乙醇、丁醇及苯类溶剂混合过滤而成，对丙烯酸漆稀释能力良好，挥发适中。专供丙烯酸漆类的调稀，也可稀释硝基漆
X—6 醇酸漆稀释剂（醇酸稀料）	由二甲苯与 200 号溶剂汽油或松节油调制而成，对醇酸漆有优良的溶解性。不但适于调稀各种长、中、短油度醇酸磁漆、清漆及底漆，也适于稀释酯胶与酚醛等低档漆
X—7 环氧漆稀释剂（环氧稀料）	由二甲苯、丁醇及酮类或醚类溶剂调制而成。对环氧漆有优良的溶解力和流平性。主要用于稀释环氧清漆、磁漆及底漆或腻子，也可稀释普通氨基烤漆
X—8 沥青稀释剂（沥青漆稀料）	由重质苯与煤油等溶剂混合而成。对沥青漆有较好的溶解性和流平性。主要用于稀释烘烤型沥青漆，但不能用于自干型沥青漆调稀，否则漆面不易干透
X—10 聚氨酯漆稀释剂	由无水环乙酮与无水二甲苯等组成。对聚氨酯漆溶解能力强，但气味大，有毒。主要用于聚氨酯类漆的调稀
X—19 氨基静电漆稀释剂（氨基静电稀料）	由苯类、石油溶剂或煤焦油溶剂及高沸点导电溶剂（如二丙酮醇等）调制而成。对氨基静电漆的溶解性优良，并能降低漆质的电阻。专用于氨基静电漆的调稀，使其具有良好的流平性。但不能用于稀释普通氨基漆，以防漆面产生流淌、流挂
X—29 过氯乙烯漆稀释剂（无苯氯乙烯稀料）	由抽余油、200# 溶剂汽油、酯及酮类溶剂混合组成。对过氯乙烯漆稀释能力良好，挥发速度适中，低毒，主要调稀过氯乙烯磁漆、清漆、底漆

2）助剂。汽车喷漆常用助剂有增塑剂、增稠剂、防沉淀剂及防橘皮剂等。

① 增塑剂又称增韧剂，主要用于硝基漆中，以提高漆面的弹性和抗张强度，防止漆面发脆或龟裂，常用品种有邻苯二甲酸二丁酯等。

② 增稠剂主要用于醇酸类漆中，以防止漆面产生流挂。常用品种有硬脂酸铝、有机膨润土等。

③ 防沉淀剂主要用于磁漆、底漆中，以防止在储存中颜料沉淀。常用品种有硬脂酸铝、滑石粉等。

④ 防橘皮剂主要用于氧化固化型清漆和色漆中，以防止表面产生橘皮或干皮。常用品种有丙酮肟等。

3）防潮剂。防潮剂主要用于硝基漆和过氧乙烯漆及挥发干燥型漆中。其作用是防止漆面在潮湿环境中吸潮泛白。常用防潮剂产品有 F—1 硝基漆和 F—2 过氯乙烯漆防潮剂。

4）催干剂。催干剂是醇酸漆、酚醛漆、酯胶漆及调制油性腻子等不可缺少的一种辅助材料。

① 国产催干剂常用产品有 G—1 钴催干剂、G—2 锰催干剂、G—3 铝催干剂及 G—9 混合催干剂等。

② 进口催干剂常用品种有德国产 965—32 底漆催干剂、521—10 加速催干剂、352—228 金属底油催干剂，英国产 P210—77 催干剂，荷兰产 123 催干剂等。进口催干剂通常配套使用，多用于底漆中或中间漆层中。

5）脱漆剂。脱漆剂主要用于对旧漆的清除。国产脱漆剂主要有 T—1 脱漆剂、T—2 脱漆剂和 T—3 脱漆剂。进口脱漆剂主要品种有英国的 P271—PJ—255 脱漆剂，它适于进口硝基旧漆的脱漆。实际上，国外各大油漆厂家均有各种油漆配套的脱漆剂，使用时可根据各品牌油漆配套性要求进行选用。

三、涂料的选配调色和调制

1. 选配

搞清楚所需要修补车辆原来的涂装工艺以及每一道涂层所采用的涂料，是做好汽车修补涂装非常重要的一步。这要从汽车总装厂那里得到有关信息。

汽车涂装工艺由当初最原始的 2C2B 发展到今天的最高达 7C5B，即二涂二烘和七涂五烘，涂膜的总厚度也由原来的 30~40μm 增加到 130~150μm，逐步实现了由低级到高级的过渡，能够初步满足汽车工业对不同档次车辆涂装的要求。汽车总装厂通常所采用的涂装工艺大体上可归纳为以下几类：

1）底漆—腻子—本色面漆。

2）底漆—腻子—中间涂料—本色面漆。

3）底漆—腻子—中间涂料—单层金属闪光漆。

4）底漆—腻子—中间涂料—金属闪光底色漆—罩光清漆。

5）底漆—腻子—中间涂料—本色底色漆—罩光清漆。

6）底漆—腻子—防石击中间涂料—中间涂料—金属闪光底色漆—罩光清漆。

7）底漆—腻子—中间涂料—金属闪光底漆—底色漆—罩光清漆。

8）底漆—腻子—防石击中间涂料—中间涂料—金属闪光底漆—底色漆—罩光清漆。

上述涂装工艺中，第 1）类是汽车工业发展初期所采用的涂装工艺，国外基本不采用了，但在我国的一些低档车辆如载货车、农用车、公共汽车等仍然采用；第 2）、3）类在国外被用于大型车辆，如巴士、货车等中档车上，国内则用于小型面包车、各种微型车等中、高档车上；第 4）、5）类则用于轿车的涂装中；第 6）、7）类是最近几年发展成功的一种新型的涂装工艺，其中的金属闪光底漆不同于以往的金属闪光底色漆。在这一道涂层中不含着色的透明颜料，只有铝粉、珠光粉之类的闪光颜料，在底色漆中则仅仅含有某些透明的着色颜料，不含闪光颜料。采用这类涂装工艺，涂膜装饰性更为优越，外观显得更加美观、豪华、别致；铝粉和珠光粉的排列更为规整、闪烁均匀，立体感强。观察这类涂膜时，能明显地感受到它的不同寻常的丰满度、深度，其艺术感染力更为强烈。

如果只能得到涂装工艺的有关信息，但无法了解到配套涂料的品种，就要根据各类涂料各自不同的特性和匹配要求进行选配。一般应根据被涂物面材料、使用环境、施工条件及经济效果等进行合理的选配。尤其注意底漆、腻子、面漆三者的合理配套，一般来说，涂层之间采用同类涂料配套是最简单切合实际的办法，但有时候不同品种之间的合理搭配，反而可以使整个涂装工艺显示出更为优异的性能，但如果调配不当，会产生涂膜间附着力差、起层、脱落、咬底、泛色等现象，严重影响施工质量。

2. 调色

调色实际上就是把两种或两种以上的色母均匀混合，调出所需要颜色的过程。

调色的方法包括：经验性的手工调色和借助调色设备进行调色。经验性的手工调色就是凭经验，按照调色原理进行。一些小型汽车修理厂没有调漆设备，采取的办法是拿着所需喷漆的车身样板，到调色中心调制购买所需涂料（调色中心就是某种涂料品牌的专卖店，可向汽车修理厂提供调好颜色的汽车修补漆）。

目前，车身涂装修理的调色工作基本上借助于调色设备进行，既省时又准确，提高了喷涂的效益和质量。目前国内借助调色设备的方法有胶片调色和计算机调色两种。

3. 调制

调色工作完成后，对于双组分涂料下一步的工作就是加入固化剂，然后根据涂料使用说明书的要求及环境温度的不同加入稀释剂进行稀释，以达到要求的施工黏度；对于其他涂料则直接加入稀释剂进行稀释。

涂料黏度的大小直接影响施工质量。黏度过高将会使表面粗糙不均、产生针孔和气孔等缺陷；黏度过低则会造成流挂、失光使涂膜形成不丰满。不同的涂膜对涂料的黏度要求也有所不同，所以，车身涂装作业中应根据技术要求调整黏度，并养成使用黏度计进行测量的习惯。

四、涂装前表面预处理

汽车涂装前表面预处理是涂装施工前必须进行的工作，它关系到涂膜的附着力和使用寿命，直接影响涂装质量。

表面预处理的方法很多，具体采用哪种，应根据被涂物的用途、要求、施工方法以及涂料品种等具体条件决定。表面预处理的大致程序是清洗、除油、除锈，根据使用要求，还可进行化学处理和机械加工等。

1. 清洗

彻底清洗车上的泥土、污垢和其他异物。清洗一般是先使用纯净水冲，再用中性肥皂水或车辆清洗剂清洗，然后用水彻底漂净，以清除水溶性污染物。清洗时尤其注意门边框、行李舱、发动机舱盖缝隙和轮罩处的污垢，如果不清除干净，新涂装的涂膜上就可能会沾上很多污点。

2. 除油

该方法是用洁净的干抹布浸上表面清洁剂清除表面涂膜的油溶性污染物，如沥青、蜡、硅酮抛光剂、润滑油及其他油性污垢。

3. 清除旧涂膜

汽车清洗好后，要仔细检查车身表面，寻找涂膜破损迹象，如气泡、龟裂、脱落、锈蚀以及在烤补、气焊等修理过程中引起的部分损坏。对于上述破损，必须将旧涂膜清除掉，清除程度可根据旧涂膜的损坏程度和重新涂装后的质量要求，进行全部和部分清除。对部分清除的，可将损坏部位及四周损伤的旧涂膜用铲刀除去，旧涂膜豁口四周要铲成坡口，有利于刮涂腻子时接口过渡方便。常用的清除旧涂膜的方法有以下几种。

1）手工清除旧涂膜法。

2）机械清除旧涂膜法。

3）喷砂、喷丸清除旧涂膜法。

4）化学清除旧涂膜法。

5）火焰烤铲清除旧涂膜法。

6）烧碱（氢氧化钠）清除旧涂膜法。

4. 除锈

汽车在使用过程中，不断受到大气等多种方式的腐蚀而被锈蚀，锈蚀可表现为表面锈蚀、锈坑及大面积锈蚀等形式。发现锈蚀后，应及时采取相应措施，进行除锈处理。除锈的方法主要有手工除锈、机械除锈、喷射法除锈、化学除锈和电化学除锈等。

5. 磷化处理

汽车车身经表面处理后，一般可直接涂头道底漆。对经过酸洗的金属表面，在粗糙处理后，要进行磷化处理，即涂刷一层磷化底漆，使金属表面与底漆之间增加附着力。

五、底漆层的喷涂

汽车车身表面处理完毕后，就可进行底漆层喷涂处理。

合适的底涂层是面漆耐久、美观的前提，如果底涂层不好，面漆的外观就会受影响，甚至出现裂纹或剥落。底漆层包括底漆、中间涂料和腻子。

1. 底漆喷涂

汽车车身经过涂装前表面处理后，一般可以直接喷涂头道底漆，对经过酸洗除锈的金属表面，在粗糙处理后，可涂一层底漆，使金属表面与底漆之间增加附着力。头道底漆主要用于金属表面的防锈和防腐，增加腻子与车身金属表面的黏着作用。

当只用底漆不足以填平磨痕及其他伤痕时，采用底漆二道浆可以进一步完成打底和填充工作。涂封闭底漆，是为了阻止面漆中溶剂被疏松的底漆二道浆吸收。这三种底涂层可同时使用，也可分开单独使用，或者以不同的方式组合使用。具体用法，应根据被涂物表面状况和工件大小而定。如果旧面漆是喷漆，而新面漆是磁漆，为了得到较好的附着力，就必须使用封闭剂。

涂装完第一道底漆之后，要按照底漆的使用要求，留出闪干时间，然后再喷涂2~3道涂层，以增加涂膜厚度，每道之间都应留出闪干时间。如果是局部维修喷涂，后底漆涂层应比前涂层稍宽几厘米。

当底漆干透之后，用磨块或打磨机打磨至平整光滑，最好用320号砂纸打磨。如果还留有很细小的磨痕，可再按上述方法喷涂1~2道底漆就可填平了。

底漆的施工要求：施工应以喷涂为主，要求涂刷均匀地漏涂，无流痕。

2. 打磨腻子

打磨腻子也叫做填密。是将腻子刮涂在凸凹不平的工件表面上并打磨，为涂装提供一个平整、光滑的喷涂表面。

　　刮涂腻子的常用工具有钢刮刀、橡胶刮板、嵌刀（脚刀）、腻子盘、腻子托板等，如图3-37所示。打磨的方法：可用手工打磨，也可用机械打磨，如图3-38所示，可干磨，也可湿磨。

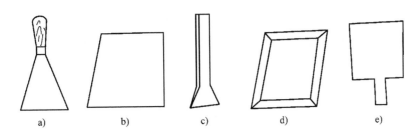

图3-37　刮涂腻子常用工具

a）钢刮刀　b）橡胶刮板　c）嵌刀（脚刀）　d）腻子盘　e）腻子托板

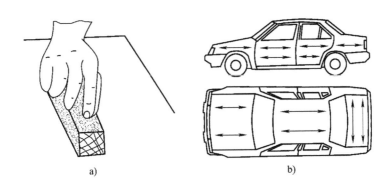

图3-38　打磨腻子

a）手工打磨　b）打磨方向

3. 中涂层漆的喷涂

　　根据配套性原则选用，中涂层漆可选用单组分快干中涂漆或双组分中涂漆。

　　使用中涂层涂料时，应添加特殊干硬化剂，按2∶1的体积比调配混合后，再用稀释剂调整黏度，喷涂气压为392～490kPa，喷涂两道，涂膜厚度约50μm，在60℃环境温度下烘烤20～30min或在20℃环境中空气干燥12h左右。

　　喷涂中涂层漆后，为了消除表面缺陷，可用填眼灰填补细小砂眼和微小缺陷，自然干燥30～60min后，用400～500号水砂纸打磨，磨光后再用水冲洗干净，当表面清洁、干燥后，可进行面漆喷涂。

六、面漆喷涂

1. 面漆喷涂工艺流程

　　面漆喷涂的工艺流程如图3-39所示。

选定面漆涂装工艺 → 施工环境准备 → 遮盖不应喷涂的车身部位 → 面漆配比 → 调节喷枪 →
喷漆 → 干燥 → 打蜡抛光 → 拆除遮盖 → 质量检查 → 修饰

图3-39　面漆喷涂工艺流程

2. 喷涂方法、路线

喷涂方法有纵行重叠法、横行重叠法、纵横交替喷涂法。喷涂路线应按从高到低、从左到右、从上到下、先里后外的顺序进行。在行程终点关闭喷枪，喷枪第二次单方向移动的行程与第一次相反，喷嘴与第一次行程的边缘平齐，雾型的上半部与第一次雾型的下半部重叠，重叠幅度为第二层与上一层重叠 1/3 或 1/2，如图 3-40 所示。

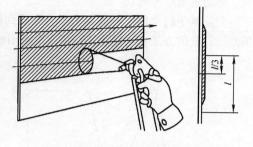

图 3-40　喷涂的重叠方式

七、喷漆过程中的缺陷

喷漆过程可能产生多种多样的缺陷，常见的缺陷及形成原因见表 3-6。

表 3-6　喷漆缺陷及形成原因

序　号	现　象	形　成　原　因
1	表面不规则	空气中酸雨(或碱)使颜料发生化学反应
2	颜色扩散	重新喷漆前各种可溶性染料污染了原有的漆面
3	气孔	1）表面清洁处理不当，有水汽 2）用稀释剂不当，干燥过快 3）漆层太厚，溶剂来不及挥发，日后成气孔 4）压缩空气管道有污染，带进油、水、气
4	漆面上出现一层乳白色的薄雾（混浊）	1）空气中的水分在漆面上冷凝 2）气压过大 3）稀释剂挥发太快
5	粉化	颜料粉末不再受到黏结剂的作用产生的缺陷： 1）使用的稀释剂或冲淡剂有误，降低了漆面的耐久性 2）油漆混合不均匀 3）漆层失效 4）修整金属漆面时进行了过多的喷涂
6	剥落	由硬物碰撞引起小漆片和基体之间失去黏结力
7	开裂	1）漆层过厚 2）干燥时间短 3）原材料混合不良 4）添加剂有误
8	微裂漆面失去光泽	属于开裂的初始阶段
9	细裂纹以一种无规则的图案将某一部分交织在一起	车间温度太低，原有漆层的表面张力小于应力
10	漆层中有灰尘	1）没有对表面适当清洁、吹除灰尘和用黏性布擦拭 2）空气调节器过滤器有故障 3）工作部位脏 4）进气过滤器变脏 5）喷枪脏

（续）

序　号	现　象	形　成　原　因
11	漆面无光泽	1）在稀释剂挥发之前进行了磨光 2）使用了不平衡的稀释剂 3）表面不干净 4）内涂层未干就喷涂了面漆 5）用碱性清洁剂清洗表面 6）抛光质量差
12	薄边开裂	1）在内涂层上喷涂的面漆太厚或太湿，内涂层所含的溶剂没有时间向外挥发 2）原材料混合不均匀 3）稀释剂不合适 4）表面未经彻底清洁 5）干燥不适当 6）用油灰过多
13	缩孔，喷漆结束后漆面上出现小孔	1）表面未经清洁准备 2）原有漆层修理时使用了各种添加剂，硅的含量增加 3）压缩空气管道污染
14	隆起	1）使用了互不相容的材料，起化学反应 2）干燥时间太短 3）原有漆层与新漆层不匹配 4）表面未彻底清洁 5）稀释剂不合适
15	色斑金属漆中铝粉浮在漆面上	1）使用稀释剂不当 2）未将各种原材料混合均匀 3）喷涂漆层太湿 4）喷枪与工件距离太近 5）喷漆直径不均匀 6）车间温度太低
16	粒状表面油漆结合性能差，形成"橘皮"现象	1）喷枪使用不当，气压低，喷射面太大，油漆未到达表面就开始干燥 2）温度太高 3）不适当的干燥 4）每层之间干燥时间太短 5）稀释不合适 6）未充分混合
17	脱皮	1）喷漆之前未进行清洁准备 2）未对金属表面适当处理 3）原料混合不均匀 4）漆封剂不合适

第八节　汽车非金属构件的修复

随着非金属材料在汽车上的广泛应用,非金属材料的修复方法也越加受到重视。目前,在汽车车身上应用较广泛的非金属材料主要是玻璃钢和塑料板件。

一、车用玻璃修复

国外从 20 世纪 80 年代开始大量使用玻璃钢材料制作车身,如欧洲菲亚特轿车以玻璃钢的片状模塑料制作外翼、后盖及前后门,并用聚碳酸酯及改性聚苯醚制造前后保险杠、内翼板之类的车身部件。英国 Courtesy Lotus 汽车公司的四座轿车,甚至采用了全玻璃钢车身(不饱和聚酯玻璃钢)。

我国在汽车车身局部采用玻璃钢化已较普及,如保险杠、发动机舱盖及弯度较大形状复杂的车身部件等。随着原材料的不断开发利用,玻璃钢材料在汽车上的应用也日益增多。

1. 车用玻璃的类型

1) 回火强化玻璃。回火强化玻璃是经过热处理的整块玻璃,其抗冲击性能高于同等厚度的普通玻璃。回火强化玻璃的强度源于其表面较高的压应力,由于这种应力的作用,不能对回火后的玻璃进行钻孔、切割或打磨。回火强化玻璃破碎后呈颗粒状,损伤的玻璃因其内锁结构而使得透明度较差,因此回火强化玻璃绝不能用于风窗玻璃,而只能用于侧窗或后窗玻璃。

2) 层压安全玻璃(夹层玻璃)。层压安全玻璃是由两层玻璃中间夹一层透明塑料构成。这种玻璃破碎后,中间的透明塑料层会把碎玻璃黏住,因而避免散落造成人身伤害。所用的塑料通常是透明的,不会影响任何角度上的视线,因此层压安全玻璃可用于风窗玻璃。

3) 着色玻璃。层压安全玻璃和回火玻璃都可以着色。在有色层压玻璃中含有着色的乙烯基材料,可以滤掉阳光中的大部分眩光。这种风窗玻璃可以减轻眼睛受刺激的程度和疲劳程度,还可以防止车内的零部件褪色。有些车辆采用仅上部着深色的风窗玻璃来遮挡太阳的眩光。配有空调系统的车辆,一般都采用有色玻璃。

4) 除霜玻璃。在玻璃内可设置除霜电热丝。在热处理前将导电的金属粉末按电热丝的形状印制在玻璃表面上,在热处理过程中金属粉末就会烧结在玻璃表面上。自除霜玻璃一般用于后车窗。

5) 天线玻璃。收音机用天线可设置在层压安全玻璃(风窗玻璃)的夹层内,也可烧制在回火强化玻璃(后车窗玻璃)的表面上。有些玻璃上则并排地同时设置有电热丝和天线。

6) 抗裂安全玻璃。抗裂安全玻璃与传统的层压玻璃相似,但在玻璃的内表面上又增加了一层或多层塑料。这种玻璃只用于风窗玻璃,破碎后不易散落。

7) 模压玻璃。模压玻璃更加贴近车辆需要的轮廓,是承载式车身汽车上采用的最新式的玻璃。这种玻璃的特点是玻璃和固定在它边缘上的塑料装饰条配套供应。

2. 玻璃钢板材的修复

对玻璃钢板件局部撞伤应进行挖补修复。对板件连接处裂缝可进行胶黏修复。

1) 补板制作。玻璃钢构件有各种成形方法,如手糊成形、喷射成形、缠绕成形、模压成形等。对于补板制作,一般采用手糊成形。

手糊成形,即接触成形或不加压成形,是在阳模或阴模上用手工将树脂及玻璃纤维织物一层层铺盖上去,经滚压后固化而成。制作一种形状的补板通常用阴模,可以得到光滑的外表面。阴模可用木材、石膏、水泥、金属或玻璃钢等材料制作。操作时,应先在模具上涂以脱模剂,然后铺料,在表面层稍多加些树脂,操作过程中应注意以下问题:

① 使树脂均匀分布并固化完全,必须掌握树脂的合理配方及固化工艺。

② 使玻璃纤维层均匀或按局部加强要求分布各处，注意玻璃纤维表面与树脂界面应结合牢固，除了采用表面处理剂外，有时可适当加压片刻。

③ 手糊成形时应注意排出气泡，防止补板中空。

④ 制品表面应美观平整，符合修补要求。

⑤ 补板厚度应根据原板厚度和挖补处结构强度要求确定。

2）补板黏结。为提高黏结强度，一般采用环氧树脂黏结。这是一种含有环氧基的高分子化合物，应用最多的是双酚A型环氧树脂，由环氧氯丙烷和双酚A在氢氧化钠催化下缩聚而成。使用时加入固化剂。如果黏度较大，可适当加入稀释剂。修理时，为方便起见，常选用室温固化剂，如乙二胺、二乙烯三胺等。稀释剂有活性稀释剂和非活性稀释剂。活性稀释剂（如环氧丙烷丁基醚等），可掺入树脂的固化反应，对固化后的树脂性能影响不大；非活性稀释剂（如丙酮、苯等），不掺入树脂的固化反应，必须在树脂浸渍玻璃纤维后烘烤掉，以免残留气泡，为加强固化树脂，可在修补处用红外线灯适当加热。

修补时应注意将修补处清洁干净，使黏结强度提高。另外，黏结面积应尽量大些。

3. 玻璃的修补技术

1）玻璃擦痕的修复。玻璃属高硬度物质，其表面的擦痕不可能用抹布擦去，只会越擦越脏，甚至把抹布上的污垢涂抹在擦痕的凹槽中，形成一条条的黑道子。消除玻璃表面擦痕的正确方法是使用玻璃磨光药品和器具。

风窗玻璃磨光设备，主要包括清洗剂、增光粉和磨光头。在作业时，首先用玻璃清洗剂净化擦痕或划痕（已在玻璃里面标明）和其周围的玻璃。必要时用刀片刮去污垢，把搅拌好的增光粉（乳剂）涂在被浸湿的磨光头上，磨光头以1100r/min的速度旋转并加稍许压力在擦痕上往复移动，直到擦痕消失，用清水洗净玻璃上残留的磨光剂即可。

2）风窗玻璃炸点的修补。高速行驶的汽车能带起路面上的小砂石。这些砂石如果撞击到快速行驶的汽车风窗玻璃上，极易对汽车风窗玻璃造成伤害，有的能形成一个个小炸点（图3-41）。这些小炸点不但影响汽车的美观，还会干扰驾驶人的视线。消除汽车风窗玻璃上的小炸点，现在已形成一种专门技术。用这种技术消除玻璃炸点，首先要用专用的玻璃清洁剂清洗炸点，清理碎屑。然后用专用的钻机在炸点处打孔，如图3-42所示。清洗钻孔去除渣滓后用吹风机吹干，并在车内、车外分别固定好专用的反光盘和三角固定架，向风窗玻璃夹层内注射适量的专用玻璃补充液后，再使用专用的真空加压工具使玻璃补充液填充炸点的所有缝隙和缺损处。这些玻璃补充液经专门设计的紫外线烤灯烘干后，再经反复研磨，炸点便完全消失。为了使修补后的炸点与风窗玻璃的完整部分一致，还可以涂上一层特制玻璃防护液并抛光擦亮。

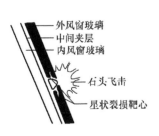

图 3-41 飞石撞击玻璃

图 3-42 玻璃修补

并非所有的汽车风窗玻璃都能修补，按照目前的修补技术，只能修补复合（夹层）风窗玻璃上的炸点，而且是在玻璃非应力区上的炸点。钢化玻璃、区域钢化玻璃上的炸点用这项技术是修补不了的。这项技术特别适用于那些炸点较少或市面上很难寻觅的风窗玻璃，如某些进口量较少的豪华型汽车的风窗玻璃。

二、车用塑料件修复

塑料是以树脂为主要成分，在一定温度和压力下塑造成一定形状，并在常温下能保持既定形状的高分子有机材料。

随着汽车工业的发展，汽车车身各种零部件越来越多地使用各种塑料制成，特别是车身前端，包括保险杠、格栅、挡泥板、防碎石板、仪表工作台、仪表板等。图3-43所示为现代汽车的外部常用塑料件部位图。图3-44所示为现代汽车的内部常用塑料件部位图。

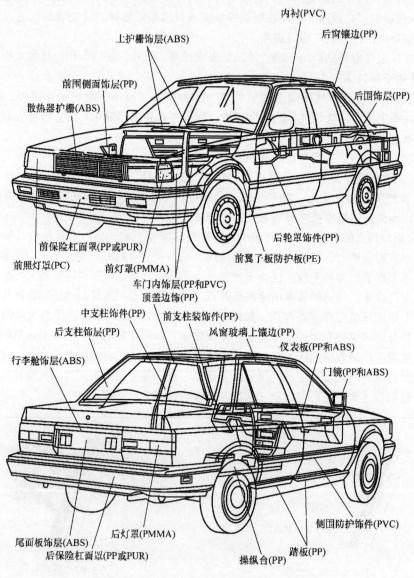

图 3-43　现代汽车的外部常用塑料件部位图

由于塑料比钢板轻得多，已成为各汽车制造商减轻自重、节省燃油的重要手段。由于塑料具有高的强度和重量比，重量减轻并不意味着强度降低。用塑料制造车身已不再是想象，因此掌握塑料件的更换与修理变得越来越重要。

塑料在汽车上的推广和运用，就产生了修理碰伤的新方案。许多损坏的汽车可以经济地修理而用不着更换，特别是不必从车上拆下零件。划痕、擦伤、撕裂和刺穿都可修理，此外，某些零件更换不一定有现货供应，但修理往往可以迅速地进行，从而缩短了修理工期。

1. 塑料的种类

目前，汽车上应用的塑料按塑料的物理化学性能可划分如下：

1）热塑性塑料。这种塑料可以重复地加热软化，其化学成分并不发生变化。受热后它就变软或熔化，而冷却后即变硬，这种塑料可以用塑料焊机焊接。

2）热固性塑料。这种塑料在加热和使用催化剂或紫外光的情况下发生化学变化。硬化后得出永久形状，即使重复加热或使用催化剂也不会变形。不能用塑料焊机焊接。

如图 3-45 所示，更充分地说明了热与这两种塑料的关系。一般说来，热固性塑料的修理方法是化学黏合剂黏合，而热塑性塑料的修理方法是焊接。

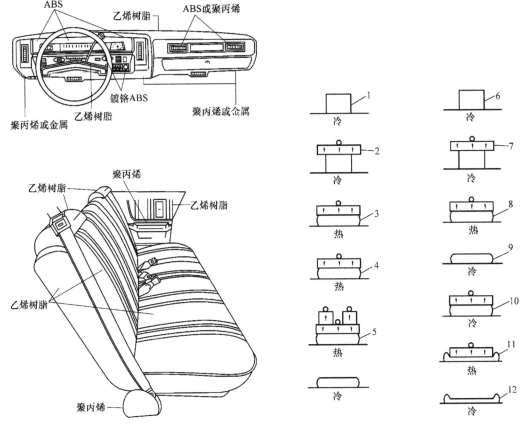

图 3-44　现代汽车的内部常用塑料件部位图

图 3-45　热固性塑料和热塑性塑料的热效应
1—热固性塑料　2、7—施加压力　3、8—塑性变形
4—继续加热不变形　5—再加压力仍不变形
6—热塑性塑料　9、12—塑料硬化
10—塑料不变形　11—塑料再变形

不同车型、不同部位所用的塑料不尽相同，即使是同一年款、同一部件的汽车也有可能使用不同的塑料。这通常是因为汽车制造厂商更换了配件供应商，或者是改变了设计或生产工艺。

表 3-7 列出了常见的汽车塑料及其应用，还列出了它们的国际标准代号、正式化学名称、应用部位及理化属性。

表 3-7 汽车常用塑料国际标准代号、正式化学名称、应用部位及理化属性

国际标准代号	化学名称	应用部位	理化属性
ABS	丙烯腈-丁二烯-苯乙烯共聚物	车体板、仪表板、护栅、灯罩	热塑性
ABS/MAT	玻璃纤维强化硬质丙烯腈-丁二烯-苯乙烯共聚物	车身板	热固性
EP	环氧树酯	玻璃钢车身板	热固性
EPDM	乙烯-丙烯-二烯共聚物	保险杠防撞条、车身板	热固性
PA	聚酰胺	外部装饰板	热固性
PC	聚碳酸酯	前照灯罩、仪表罩	热塑性
PMMA	聚甲基丙烯酸甲酯	灯罩(有色透光部分)	热塑性
PPO	聚苯撑氧	镀铬件、护栅、灯框、仪表框、装饰件	热固性
PE	聚乙烯	内防护板、内装饰板，窗帘框架、阻流板	热塑性
PP	聚丙烯	保险杠、前围板、内饰件、防砾石板、风扇护罩、仪表台	热塑性
PS	聚苯乙烯	韧性添加剂	热塑性
PUR	聚氨基甲酸乙酯	保险杠、车体板、垫板	热固性
PVC	聚氯乙烯	内衬板、软质垫板	热塑性
RIM	反应注模聚氨基甲酸乙酯	保险杠	热固性
RRIM	强化反应注模聚氨基甲酸乙酯	车身外板	热固性
SAN	苯乙烯-苯烯腈	内装饰板	热固性
TPR	热塑橡胶	窗帘框架	热固性
TPUR	热塑性聚氨基甲酸乙酯	保险杠、防砾石板、垫板、软质仪表板	热塑性
UP	聚酯	玻璃钢车身板	热固性

2. 塑料的鉴别

对于种类不明的塑料可用如下方法进行鉴别。

1）查看压在塑料件上的国际标准代号，即 ISO 代码。现在正规的汽车零配件生产厂商都使用这种代码，通常要将零件从车上拆下后从零件的内表面才能看到所标的 ISO 代码。

2）查阅车身维修手册，手册中一般都标出了每个塑料件所用的材料。由于汽车生产厂商经常会更改塑料零件的供应商及工艺，使用车身维修手册时应查阅相应的版本。

过去使用的"燃烧法"现在已不主张使用，原因有三：一是燃烧产生有毒气体，对人体有害；二是停车场、修理厂使用明火都是不安全的；三是目前许多塑料都是复合材料，复合材料有多种成分，燃烧法根本无法鉴别。

另有一种鉴别不明种类塑料的可行性方法，即假定它是一种具有可焊性的热塑性材料，在该

零件的隐蔽部位或损伤处进行试焊，如图 3-46 所示。

可试用几根焊条，直到其中的一种能够焊合为止，如果有一种焊条能与之焊合，那么未弄清的塑料为热塑性塑料，材质为与能焊合那种焊条理化性能相同或相近的材料。反之为热固性材料。大多数塑料焊接设备供应商能够提供六种左右的塑料焊条，不同焊条颜色不一样，材质也不一样。

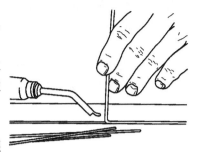

图 3-46　试焊

3. 塑料的修理方法

根据塑料的理化属性，塑料分为热塑性塑料和热固性塑料，相应的修理方法分为塑料焊接法和化学黏结法。

1）塑料焊接法。塑料焊接与金属焊接相似。这两种焊接都要使用热源和焊条；焊接方法包括碰焊、填焊和搭焊，都基本相同；接头的类型也大致相同，而且强度的评定方法也相似。然而，由于两种材料在物理特性上的差异，在焊接时又有明显的差异。能够熟练焊接金属的技工，不一定会焊接塑料。

焊接金属时，焊条与基体材料熔为一体。金属有确定的熔点，而塑料在软化温度和烧焦或燃烧的温度之间有很大的熔化温度范围。此外，与金属不同的是，塑料传热性能差，加热不易均匀。因此，在塑料表面下的塑料部分还未完全软化时，塑料焊条和塑料表面就会烧焦或燃烧。在焊接温度下分解的时间比在焊接中使塑料软化所需的时间短，所以塑料焊机的工作温度范围要比金属焊机小得多。

由于塑料焊条不会完全熔化，所以在焊接前后看来没有变样。从事焊接金属的技工往往会认为这样的塑料焊接是不完全的，理由很简单，因为只有焊条的外表面熔化，其内芯仍然是硬的。焊工可向焊条施加压力，使它进入焊区并形成永久结合。切去热源后，焊条回复原状。所以，即使在焊条和基体材料之间获得牢固、永久的结合，焊条的形状还是和焊接前非常相像，所不同的只是在焊缝两侧有熔流带。

焊接塑料时，材料在热量和压力的适当结合下熔融在一起。采用常用的手工焊接方法时，这种结合是靠用一只手向焊条施加压力，而同时用焊炬的热气把焊条和基体材料加热并保持适当的"扇展动作"来实现，如图 3-47 所示。获得良好的焊接质量，在于保持压力、温度的稳定和平衡。压力过大会使焊缝扩大，而温度过高会使塑料烧焦、熔化和变形。

2）化学黏结法。化学黏结法优于塑料焊接法主要在于热塑性塑料和热固性塑料都可以采用化学黏结法修理，而只有热塑性塑料可以焊接。

化学黏结法主要有双组分组合黏结法（俗称双管胶或 AB 胶）和氰基丙烯酸酯（CAs）（俗称瞬间胶）黏结法两种。

① 双组分组合黏结法。双组分组合黏结法是以聚酯、环氧树脂或氨基甲酸乙酯作为基体树脂，与固化剂组合使用。

② 氰基丙烯酸酯黏结法。氰基丙烯酸酯黏结法在近几年来有了很大的变化，使用很多新的配方。氰基丙烯酸酯又称超级胶。对于大多数塑料修理来说，并不推荐使用氰基丙烯酸酯，由于它经不起日晒雨淋，不能保证修理件耐用。在强度和弹性相同的情况下，使用氰基丙烯酸酯来修复比其他方法速度快。适用于各种塑料，对于材质没有其他塑料修理那么重要。应当说明，氰基丙

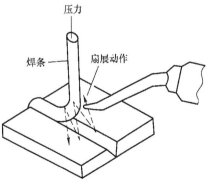

图 3-47　适当的加热与加压才能获得良好的塑料焊接质量

烯酸酯在各种塑料上使用并不是一样好，还没有可靠的规律。如果决定使用氰基丙烯酸酯，应选择质量可靠的品牌，严格按使用说明去做。

一般说来，双组分组合黏结法与氰基丙烯酸酯黏结法的主要区别在于，双组分组合黏结法的黏结处韧性较好，而氰基丙烯酸酯黏结法黏结处韧性较差，不适合有韧性要求的材料。氰基丙烯酸酯黏结法的优点是速度快，使用方便。

习　题

一、单项选择题

1. 惰性气体保护焊属于(　　　)。

A. 熔化焊　　　　　　B. 压焊　　　　　　C. 钎焊　　　　　　D. 摩擦焊

答案：A

2. "稀释剂"属于车身涂装修复材料中的是(　　　)。

A. 底漆　　　　　　B. 中涂　　　　　　C. 底漆　　　　　　D. 辅料

答案：D

二、多项选择题

3. 汽车修理作业分为(　　　)。

A. 车辆大修　　　　　B. 总成大修　　　　C. 小修　　　　　　D. 零件修理

答案：A、B、C、D

4. 根据维修企业自身条件，修理作业的整体工艺路线有(　　　)。

A. 就车修理法　　　　B. 总成互换修理法　　C. 矫正修复发　　　D. 机械加工修复法

答案：A、B

5. 磨损的主要形式有(　　　)。

A. 黏合磨损　　　　　B. 磨料磨损　　　　C. 表面疲劳磨损　　D. 腐蚀磨损

答案：A、B、C、D

6. 蚀损是在周围介质作用下产生表面物质损失或损坏的现象，包含(　　　)。

A. 腐蚀　　　　　　B. 气蚀　　　　　　C. 侵蚀　　　　　　D. 损坏

答案：A、B、C

7. 矫正修复法有(　　　)。

A. 压力矫正　　　　　B. 火焰矫正　　　　C. 敲击矫正　　　　D. 机械矫正

答案：A、B、C

8. 属于电弧焊的是(　　　)。

A. 埋弧焊　　　　　　B. 电子束焊　　　　C. 电阻定位焊　　　D. 超声波焊

答案：A、B

9. 整体式车身的"非结构性"钣金件有(　　　)。

A. 机罩　　　　　　B. 翼子板　　　　　C. 地板　　　　　　D. 散热器支架

答案：A、B

10. 常用的钣金工具有(　　　)。

A. 各种锤子　　　　　B. 垫铁　　　　　　C. 划规　　　　　　D. 修平刀

答案：A、B、C、D

11. 车身矫正的目的有(　　　)。

A. 消除表面缺陷 B. 增强车身强度

C. 车身准直、让动力性能恢复 D. 消除车架和车身内部应力

答案：A、C、D

12. 涂装前表面处理的大致内容有（　　）。

A. 清洗 B. 除油 C. 除锈 D. 化学处理

答案：A、B、C、D

13. 汽车的非金属构件包括（　　）。

A. 车用玻璃 B. 玻璃钢板材 C. 热塑性塑料 D. 热固性塑料

答案：A、B、C、D

第四章 相关法律法规基本知识

第一节 保险法基础及相关条款释义

一、保险法基础知识

1. 保险法的基本构成

保险法主要包括保险合同法、保险业法和其他方面的保险特别法。它们分别调整不同领域和不同范围的保险关系，并且构成保险法律体系。

1）保险合同法。所谓保险合同法是保险法的重要组成部分和基础。保险合同法是规范保险双方当事人、关系人权利义务的法律、法规的总称，调整的是保险合同关系。

保险合同法的内容范围规定了保险合同的基本原则、保险合同的基本内容、保险合同的订立、履行、变更、解除或终止以及保险合同纠纷的处理等事项。

目前，中国尚无一部独立的保险合同法，但逐步形成和确立了保险合同法的基本体系和内容。涉及的法律法规包括《经济合同法》《财产保险合同条例》《海商法》《中华人民共和国保险法》，确立了中国保险合同法的基本体系和内容。

2）保险业法。所谓保险业法是对保险企业进行管理和监督的法律、法规的总称。保险事业的健康发展，不仅与广大被保险人及其关系人密切相关，而且对国民经济的稳定和社会安定有重大影响。必须以法律的形式进行规范约束，因为：

① 保险公司的设立与经营，既关系到众多经济组织企业能否顺利进行生产和经营活动，又涉及广大民众的利益。

② 保险业各种组织之间存在着分工协作和竞争等关系，国家必须通过立法来协调它们的关系、规范它们的行为，保证保险市场健康发展。

③ 国家保险监督管理部门对保险业的监督管理也必须依法进行。保险业法是保险监督管理部门行为规范化的依据。

《中华人民共和国保险法》和《保险公司管理规定》，这两部法律法规对我国保险企业的设立、保险公司的经营范围、保险企业的偿付能力、保险准备金和再保险等，都有具体的规定和法律要求。另外，中外合资保险公司、外商独资保险公司在中国境内的分公司在其设立、业务范围和终止与清算上，还要符合《中华人民共和国外资保险公司管理条例》及其细则的要求。

3）保险特别法。所谓保险特别法是指保险合同之外，具有商法性质的、规范某一特殊保险关系的法律法规。它一般不超过保险合同法的原则规定，但更为具体、细致，是各种具体保险经营活动的直接依据。如《海商法》中的海上保险内容，是专门规范有关海上保险的各种法律规定；《简易人身保险法》是专门规范有关人身保险合同关系的保险特别法。

2. 保险法的一般规定

1）保险法的调整对象。保险法以保险关系为调整对象。保险法主要由保险合同法、保险业法构成，而保险关系体现为保险合同关系和保险监管关系，因此保险合同法以保险合同关系为调整对象，保险业法则以保险监管关系为调整对象。

① 保险合同主体之间形成的保险合同关系是保险合同法的调整对象。保险作为一种商品或劳务是通过保险人与投保人签订保险合同的方式提供的。利用合同这种法律形式可以充分反映当事人双方的真实意愿，同时针对未来可能发生的争议，合同制度可以充分证明和保护当事人拥有来自合同的权利。并且，调整保险人与投保人、被保险人、受益人之间以及因保险代理、保险经纪和保险公估活动等产生的保险合同主体之间的保险合同关系的保险合同法，构成了保险法的核心内容。

保险合同法在我国《保险法》中共三节内容，包括合同的"一般规定""财产保险合同"和"人身保险合同"。

② 国家及其授权机构对保险经营者的监管关系是保险业法的调整对象。保险业的不断发展使其成为日益影响社会公众利益的重要部门。因此，为了确保其充足的偿还能力，充分发挥保险的经济补偿职能及"社会稳定器"的作用，保证保险业务开展的公平交易和优质服务，保证保险双方的合法利益，制裁保险市场中各种不正当竞争行为和非法行为，维护保险市场的正常秩序，必然产生国家对保险机构的监管关系。这种监管关系在我国主要包括机构监管关系、业务监管关系和财务管理关系。

我国《保险法》涉及的"保险公司""保险经营规则"和"保险业的监督管理"的内容，主要就是调整国家及其授权机构对保险公司的保险监管关系的保险业法。

2）保险法的立法目的。我国《保险法》的立法目的是规范保险活动，保护保险活动的当事人的合法权益，加强对保险业的监督管理，促进保险事业的健康发展。

① 规范保险活动。我国《保险法》从国家立法的角度来讲，是为了使我国保险市场的各个市场主体的活动有法可依，违法必究，运用法律手段规范各市场主体的行为。

② 保护保险活动当事人的合法权益。《保险法》明确各个保险活动当事人必须站在平等的立场上，不允许一方限制他方权利，也不允许一方依据经济上或行政上的优势，向对方发号施令，要求双方必须平等地享有权利并承担义务。保险活动双方当事人的合法权益都受到《保险法》的保护。

③ 加强对保险市场的监督管理。保险是经营风险的行业，其职能决定了它与社会上几乎所有法人和自然人有密切联系，保险业的健康经营直接关系到整个社会秩序的稳定和人民生活的安定；其次，保险业具有很强的专业性，当保险市场竞争激烈时，易导致保险公司为争取业务而盲目降低费率、提高佣金，削弱自身偿还能力，最终损坏被保险人利益，或保险市场形成垄断而随意提高保险费，增加投保人负担。因此，对保险业实施严格的监管，目标是建立一整套严格的宏观监督调节机制，在制度上保证保险具有良好的社会效益，而在制度构建中，保险立法是关键和基础性的环节。

④ 促进保险事业的健康发展。《保险法》的制定、出台和实施，可以规范保险活动，保护保险活动当事人的合法权益；通过保险立法及其实施加强对保险业的监督管理，才可能最终实现保险业的健康发展。

3）保险法的适用范围。所谓法的适用范围就是指法律的效力范围，包括在时间上的效力、在空间上的效力、在对人的效力以及种类上的效力。

① 保险法在时间上的适用范围。保险法在时间上的适用范围也就是保险法在时间上所具有的效力。一般来说，法律的效力自实施之日发生，至废止之日停止。保险法一般规定了其实施时间，保险法效力的终止日，多数立法不加规定，一般直至法律明文废止、修改时，或新的相关法律规范颁布时才停止效力。即按照法律"新法优于旧法"的原则，在新的法律、法规生效后，

原有的法律、法规的效力自然终止。

② 保险法在空间上的适用范围。法律的空间效力是指地域效力，即法律在哪个范围内有效。《保险法》遵循的是法律上的属地原则（属地原则是指对所管辖地区内的一切人，不论其是本国人或是外国人，法律都具有效力），即《保险法》适用于中华人民共和国的领土、领海、领空以及根据国际法、国际惯例应视为我国的一切领域。

③ 保险法对象的适用范围。法律的对人的效力，是指法律对哪些人具有效力。《保险法》适用于在我国境内从事保险活动的公民、法人和其他组织。作为中华人民共和国境内从事保险活动的人，既包括投保人、被保险人和受益人等保险需求者，也包括保险代理人、保险经纪人和保险公估人等保险中介者，甚至还包括保险监管者——保险监督管理委员会的监督人员。

④ 保险法在种类上的适用范围。《保险法》适用于商业保险，商业保险是保险人双方当事人自愿订立保险合同，以投保人交付保险费为条件，由保险人对保险事故进行偿付的一种经济保障制度。由于海上保险的特殊性，许多国家和地区，用单行的《海上保险法》来调整海上关系，我国在《海商法》单列一章进行规范约束的方式，所以《保险法》在《海商法》未规定的前提下，适用于海上保险；《保险法》不适用于农业保险，农业保险在世界各国都属于政策性保险，它不以盈利为目的，而以国家的大力扶持为发展的前提条件。

4）保险法的基本原则。所谓保险法的基本原则是指集中体现保险法的本质和基本精神，主导整个保险法体系，为保险法调整保险关系所应遵循的根本准则，也是保险立法、执法和司法所应遵循的基本原则。我国的《保险法》规定了以下几项原则。

① 遵守法律及行政法规的原则。根据我国《保险法》第四条规定，从事保险活动必须遵守法律、行政法规。法律及行政法规是国家为维护社会经济生活的正常、合理的秩序而制定的，任何公民、法人及其组织在进行民事活动、经济活动时，都必须遵守法律及行政法规，才能受到法律的保护，任何违反法律、行政法规的行为，都将受到法律的制裁，保险行为也不例外。

② 遵守自愿原则。我国《保险法》规定：从事保险活动必须遵循自愿原则；投保人和保险人订立保险合同，应当遵循自愿订立的原则，我国《保险法》第十一条规定：可见，我国的保险立法十分重视保险的自愿原则。订立保险合同，应当协商一致，遵循公平原则确定各方的权利和义务。除法律、行政法规规定必须保险的外，保险合同自愿订立。

自愿原则是指保险双方当事人在从事保险活动时应当表达真实的意思，在法律、行政法规允许的范围内，根据自己的意愿订立、变更和终止保险法律关系的原则。民事主体订立保险合同应遵循平等互利、协商一致的原则，充分表达自己的真实意愿，才符合自愿原则的要求。

③ 遵循诚实信用的原则。我国《保险法》第五条规定：保险活动当事人行使权利，履行义务应当遵循诚实信用原则。诚实信用原则是指民事主体在保险活动中，为维护保险双方当事人的利益，必须诚实、守信用，不得隐瞒欺骗。任何一方对诚实信用原则的违背，都是对保险法的违背。

诚实信用原则是社会道德规范在法律上的体现。《保险法》规定诚实信用原则，既符合《民法通则》的规定（民事活动应当遵循诚实信用原则），又符合保险的特点。

a）保险人在承保时，通常是根据投保人或被保险人对保险标的（保险标的是指作为保险对象的财产及其有关利益或者人的寿命或身体）风险状况的陈述，决定是否承保。而且，保险标的在参加保险后一般仍由被保险人控制。因此，投保人、被保险人等是否诚实守信，直接影响到保险人的承保风险状况。

b）保险公司的情况，投保人一般很难掌握，保险合同的条款和费率专业性、技术性很强，投保人、被保险人一般很难理解，如果保险人不诚实、不守信用，被保险人、受益人的合法权益就难以得到保障。

按照诚实信用原则的要求，从事保险活动的民事主体，在保险合同的订立和履行过程中，都必须诚实、守信用地履行义务并行使权利。保险公司、保险中介人还须以诚信为原则，依法自觉接受主管机关的监督管理。

④ 遵守专业经营原则。专业经营原则是指经营商业保险业务的，必须是按照本国保险法律规范设立的专业公司。这是一条国际通行原则。经营商业保险业务，必须是依照本法设立的保险公司，其他单位和个人不得经营商业保险业务。《保险法》对保险公司作了较严格的规定，即设立保险公司必须经保险监督管理部门批准，必须有相应的资本金、具备若干条件等。

规定专业经营原则是由保险的特殊性决定的。因为：

a）保险公司是负债经营，保险基金是对全体被保险人的负债，一旦保险公司经营不善甚至破产，会损害广大被保险人的利益，甚至影响到社会的安定。

b）保险业具有很强的专用性和技术性，只有经过严格审查具备法定资格的公司才能经营商业保险。

c）保险公司之间以及保险业的各种组织之间存在着分工协作或竞争等关系，为了协调它们之间的关系，规范它们的行为，保障保险市场的健康发展，需要坚持专业经营原则。

⑤ 遵循境内投保原则。我国《保险法》第七条规定："在中华人民共和国境内的法人和其他组织需要办理境内保险的，应当向中华人民共和国境内的保险公司投保。"

这里的"境内"包括三层含义：

a）"境内"约束的对象是作为投保人的法人和其他组织，这里的法人和其他组织既包括我国境内的中国法人和非经济组织，又包括我国境内的外国法人和其他组织。

b）"境内"主要是指投保标的是坐落或存放于我国境内的固定资产或流动资产。

c）"境内"是指经营场所在我国境内的保险公司，既包括我国的民族资本保险公司（或称中资保险公司），又包括中外合资保险公司和外国保险公司在我国境内设立的分公司。

⑥ 遵循公平竞争原则。我国《保险法》第一百一十五条明确规定："保险公司开展业务，应当遵循公平竞争原则，不得从事不正当竞争。"所谓公平竞争是指竞争主体之间在价格公正、手段合法、条件平等的前提下展开的竞争。

《保险法》将公平竞争原则用法律的形式予以规定，有助于维护保险市场秩序，纠正、减少或避免保险市场上的无序而混乱的竞争，保护广大被保险人的合法权益，避免保险人之间的"自杀"性竞争，将保险市场行为纳入规范化、法制化的轨道。

1993 年 9 月 2 日我国颁布了《反不正当竞争法》，具体规定了一系列应该严格禁止的不正当竞争行为。据此，保险公司和保险中介人既要遵循《保险法》规定的公平竞争原则，又要遵守《反不正当竞争法》，自觉维护公平竞争，反对不正当竞争，促进保险市场的健康发展。

二、保险合同法

1. 保险合同概述

1）保险合同的概念。合同是当事人之间确立、变更、终止民事权利、义务关系的协议。保险合同作为合同的一种，是投保人与保险人约定保险权利、义务关系的协议。投保人和保险人作为依照保险合同建立的保险法律关系的双方当事人，其法律地位是平等的，任何一方不得把自己的意志强加给对方。双方达成的保险合同具有法律约束力，任何单位和个人不得干预。按照保险合同，投保人应向保险人交付约定的保险费，保险人则应在约定的保险事故发生时，履行赔偿或给付保险金的义务。

2）保险合同的一般法律特征。保险合同是合同的一种，而且根据保险合同所调整的保险法律关系在经济生活中的地位和作用，保险合同又属于合同法所调整的经济合同的一种，但保险经济合同是一种较为特殊的经济合同。因此，保险合同既具有一般经济合同所共有的法律特征，又具有自身特有的法律特征。

保险合同是经济合同的一种，因此与一般经济合同具有相同之处，具体表现在：

① 保险合同是当事人双方的法律行为。保险合同的当事人须意思表示一致，达成协议，合同才能成立。

② 保险合同当事人在签订合同时所处的法律地位是平等的。保险合同当事人在保险合同订立过程中均可以自由表示自己的意志，任何一方对另一方的限制与强迫，都违背合同自愿的原则，由此签订的合同无法律效力。

③ 保险合同是合法的法律行为。保险合同之所以能够发生法律效力，受到国家法律的保护，是因为所签订的保险合同是合法的。因此，订立保险合同时，无论是内容还是主体、客体，都必须符合国家法律、法规或有关规定。

④ 保险合同的当事人必须是具有行为能力的自然人或法人。只有具备完全行为能力的当事人，才能理智、审慎地处理自己的事务，既通过自己的行为取得法律所赋予的权利，也如约履行自己的义务。

3）保险合同的自身法律特征。我国《保险法》颁布实施，使我国保险业的发展进入了一个有法可依的阶段。但是，在保险纠纷诉讼中，许多同种类型、同样性质的诉讼案件，只是由于司法管辖在地域上的差别，而使诉讼结果大相径庭。这种情况进一步导致了保险合同纠纷的增多，引起了保险业者和保险消费者的困惑，还严重影响了司法的统一。这既有立法上的原因，也有司法上的问题，归结起来，重要原因是忽视了保险合同的自身法律特性。

① 保险合同是非要式合同。根据合同的成立是否需要特定的形式，可将合同分为要式合同与非要式合同。要式合同是指法律要求必须采取一定形式或完成一定程序才能成立的合同，如专利转让合同必须采用书面形式才能成立。非要式合同是指法律对合同的成立不要求必须具备一定的形式或履行一定的程序的合同。如一般的买卖合同既可以采用口头方式订立，也可以采用书面方式订立，任何一种方式都可以导致合同成立，双方愿意采用书面形式，法律上也不禁止。区分要式合同和非要式合同的法律意义在于：要式合同未采用特定的形式或履行特定的程序，合同不算成立，原则上不发生法律效力。

② 保险合同是诺成性合同。以合同的成立是否须交付标的物或完成其他给付为标准，可将合同分为诺成性合同和实践性合同：诺成性合同是指当事人各方意思表示一致即成立的合同。例如，铁路运输合同只要托运人和承运人就货物运输的时间、路线等事宜达成一致意见，该合同就成立，而不论货物是否已交付到承运人之手；实践性合同是指除双方当事人的意思表示一致以外，尚须交付标的物或完成其他给付才能成立的合同。例如，赠与合同除了赠与人和受赠人双方当事人意思表示一致之外，只有赠与人把相关财产实际转移到受赠人手中，该合同才成立。区分诺成性合同与实践性合同的法律意义在于两者的成立时间不同：诺成性合同自当事人就合同主要条款达成协议时成立；实践性合同当事人只就合同主要条款达成协议，合同并不能成立，只有在当事人双方达成协议且存在一方当事人交付标的物等行为时，合同才能成立。

③ 保险合同是有偿合同。有偿合同是指因为享有一定的权利而必须偿付一定对价的合同。保险合同以投保人支付保险费作为对价换取保险人对风险的保障。投保人与保险人的对价是相互的，投保人的对价是向保险人支付保险费，保险人的对价是承担投保人转移的风险。

④ 保险合同是双务合同。双务合同是指合同双方当事人相互享有权利、承担义务的合同。保险合同的被保险人在保险事故发生时，依据保险合同享有请求保险人支付保险金或补偿损失的权利，投保人则负有支付保险费的义务；保险人享有收取保险费的权利，具有承担约定事故发生时给付保险金或补偿被保险人损失的义务。

⑤ 保险合同是附合合同。附合合同是指其内容不是由当事人双方共同协商拟订，而是由一方当事人事先拟就，另一方当事人只是作出是否同意的意思表示的一种合同。保险合同可以采用保险协议书、保险单或保险凭证的形式订立。在采用保险单和保险凭证形式时，保险条款已由保险人事先拟订，当事人双方的权利义务已规定在保险条款中，投保人一般只能作出是否同意的意思表示，而不能对条款的内容作出实质性的变更。当然，投保人可以与保险人协商，增加特别约定条款，或对保险责任进行限制与扩展，但一般只能在原有保险条款的基本结构和内容下进行改变。

⑥ 保险合同是射幸合同。射幸一词来源于拉丁语 aleatoria，与 alea（意为死亡）和 aleator（意为玩骰子）有联系。射幸合同是民事合同的一种，是指合同的效果在订约时不能确定的合同，即合同当事人一方并不必然履行给付义务，而只有当合同约定的条件具备或合同约定的条件发生时才履行。保险合同是一种典型的射幸合同：投保人根据保险合同支付保险费的义务是确定的，而保险人仅在保险事故发生时，承担赔偿或给付义务，即保险人的义务是否履行在保险合同订立时尚不确定，而是取决于偶然的、不确定的保险事故是否发生。但是，保险合同的射幸性是就单个保险合同而言的，而且也是仅就有形保障而言的。

⑦ 保险合同是最大诚信合同。凡民事活动，当事人都应遵守诚信这一原则，保险合同也不例外，我国《保险法》第五条规定："保险活动当事人行使权利、履行义务应当遵循诚实信用原则。"鉴于保险关系的特殊性，法律对诚实信用程度的要求远远大于其他民事活动。因为保险标的在投保前或投保后均在投保方的控制之下，而保险人通常只是根据投保方的告知来决定是否承保以及承保的条件。此外，投保方对保险标的的过去情况、未来事项也要向保险人作出保证。所以，投保方的道德因素和信用状况对保险经营来说关系很大。保险经营的复杂性和技术性使得保险人在保险关系中处于有利地位，而投保人处于不利地位。这就要求保险人在订立保险合同时，应向投保人说明保险合同的内容。在约定的保险事故发生时，履行赔偿或给付保险金的义务等。所以，保险合同较一般合同对当事人的诚实信用的要求更为严格，故称最大诚信合同。

2. 保险合同的三要素

任何民事法律关系都包括主体、客体和内容这三个要素，缺少其中任何一个都不能成立民事法律关系。其中民事法律关系的主体是指在民事法律关系中独立享有民事权利和承担民事义务的当事人；民事法律关系的客体是指当事人之间的权利义务所指向的对象；民事法律关系的内容是指民事主体之间在民事法律关系中享有的经国家法律确认的民事权利和民事义务。保险合同作为合同的一种，当然也必须包括主体、客体和内容这三个要素，否则，合同不能成立。

1）保险合同的主体。保险合同的主体有三类，包括保险合同当事人、保险合同关系人以及保险合同辅助人。保险合同当事人是指订立保险合同并享有和承担保险合同所确定的权利义务的人，包括保险人和投保人；保险合同关系人是指在保险事故发生时或保险合同约定的条件满足时，对保险人享有保险金请求权的人，包括被保险人和受益人；保险合同的辅助人是指协助保险合同当事人和关系人办理保险合同有关事项的人，包括保险代理人、保险经纪人和保险公估人。

2）保险合同的客体。保险合同的客体，是指保险合同双方当事人权利和义务所共同指向的对象，即保险利益。由于保险利益是指投保人对保险标的具有的法律上承认的利益，很难直观感受到，往往通过保险标的将其反映出来。简言之，保险利益与保险标的是内容与形式的关系，保险利益是内容，保险标的是形式，保险标的是保险利益的载体。

那么什么是保险标的呢？保险标的是指作为保险对象的财产及其有关利益或者人的寿命和身体。此类标的物既可以是有形财产，也可以是行为、责任，甚至是人的寿命或身体等。因此，各种财产、民事权利、民事责任、人的身体和寿命等都可以作为保险标的。但是，保险机制所提供的保障作用，不是为了保险标的本身的安全，而是投保人和被保险人在保险标的上所具有的保险利益，保险的目的是为了使这种利益不至于因保险事故的发生而遭受损害或其他不利后果。因此，保险合同的客体应该是保险利益而非保险标的。

3）保险合同的内容。保险合同的内容有狭义和广义之分：狭义的保险合同内容仅指合同当事人依法约定的权利和义务；广义的保险合同内容则是指以双方权利义务为核心的保险合同的全部记载事项。在这里我们所讲的保险合同内容指的是广义的保险合同的内容。

由于保险合同一般都是依照保险人预先拟订的保险条款订立的，因而在保险合同成立后，双方当事人的权利和义务就主要体现在这些条款上。按照保险条款的目的和作用不同，可将其分为基本条款和附加条款。

① 基本条款。又称普通条款，是指保险人在事先准备的保险单上，根据不同险种而规定的有关保险合同当事人双方权利义务的基本事项。它往往构成保险合同的基本内容，是投保人和保险人签订保险合同的依据。

② 附加条款。又称单项条款，是指保险合同当事人双方在基本条款的基础上所附加的，用以扩大或限制原基本条款中所规定的权利和义务的补充条款。它产生的原因主要在于：①扩大基本条款的伸缩性，以适应投保人的特别需要；②变更原保险单的合同内容，如扩大承保危险责任、增加保险标的的数量等，也可以用以减少原规定的除外责任或缩小原规定的承保范围。

在保险实务中，一般把基本条款所规定的保险人承保的危险叫做基本险；附加条款所规定的保险人承保的危险叫做附加险。保险条款的这种特殊构成决定了投保人只有在投保基本险的基础上，才能投保附加险，而不能单独投保附加险。

三、保险业法

1. 保险公司

1）保险公司的概念。保险公司是依法设立的专门经营保险业务的企业。它通过向投保人收取保险费，建立保险基金，为社会提供保险保障并以此获得相应的利润。保险公司是独立的法人企业，其经营对象是风险，提供的产品是保险保障，保险公司的经营目的是获取利润。我国《保险法》将保险人界定为与投保人签订保险合同，并承担赔偿或给付保险金责任的保险公司。

2）保险公司的特征。保险公司作为法人企业，具有与一般企业共同的特征：保险公司是独立的商业性经济组织，它的经营动机是经济利益的驱动，独立承担经济责任。

保险公司由于是以风险为经营对象，以提供保险保障获得利润，因此保险公司又具有其固有的特征。

① 保险公司以保险保障作为参加交换的对象。保险公司以提供保险保障，以保险服务来实现它的经济目的。

② 保险公司的信用属性。保险公司对被保险人承担的保险责任是未来风险事件发生时赔偿或者给付保险金。当发生保险事故时，能否按照签订保险合同时承诺支付保险金，完全依靠保险公司的信用。

③ 保险公司的金融属性。保险公司是通过向投保人收取保险费，建立保险基金来保障被保险人的，被保险人的风险损失通过保险公司而分摊给所有的未遭受风险损失的投保人承担，它起了融资人的作用。

④ 保险公司的风险性。由于保险公司以风险为经营对象，而风险具有不确定性和偶然性，不为保险公司左右。所以，保险公司的经营本身具有风险性。

2. 保险经营规则

保险经营规则可分为保险经营范围规则和保险公司经营规则。

1）保险经营范围规则。保险经营范围是指法律允许或禁止保险组织或非保险组织兼营或兼业的范围。兼营的含义是保险组织是否可以同时经营财产保险业务与人身保险业务。兼业的含义是保险组织是否可以兼业经营保险以外的其他业务，非保险组织是否可以兼业保险或类似保险的业务。

我国《保险法》第九十五条规定了保险公司的业务范围：

① 财产保险业务。包括财产损失保险、责任保险、信用保险等保险业务。

② 人身保险业务。包括人寿保险、健康保险、意外伤害保险等保险业务。

同一保险人不得同时兼营财产保险业务和人身保险业务；但是，经营财产保险业务的保险公司经保险监督管理机构核定，可以经营短期健康保险业务和意外伤害保险业务。

保险公司的业务范围由保险监督管理机构依法核定。保险公司只能在被核定的业务范围内从事保险经营活动。

保险公司不得兼营保险法及其他法律、行政法规规定以外的业务。

2）保险公司经营规则。保险公司作为保险市场的经营主体，在经营保险业务的过程中需要遵守一定的规则，如保险基金规则、偿付能力规则、保险资金运用规则、再保险规则等，共同构成了保险公司的经营规则。

① 保险基金规则。保险基金的运用上，我国《保险法》第九十七条规定："保险公司应当根据保障被保险人利益、保证偿付能力的原则，提取各项责任准备金""保险公司提取和结转责任准备金的具体办法由保险监督管理机构制定。"

a）未到期责任准备金的提取和结转。所谓未到期责任准备金，是指保险人在会计年度决算末，按规定将本年度未到期的，应属于下一年度的保险责任的部分保费或储金提存，作为应付下一年度发生保险事故时的准备赔付资金。我国《保险法》第九十七条规定："保险公司应当根据保障被保险人利益、保证偿付能力的原则，提取各项责任准备金""保险公司提取和结转责任准备金的具体办法由保险监督管理机构制定"。

b）未决赔款准备金的提取。所谓未决赔款准备金，是在会计年度决算期以前发生的赔案，因尚未赔付而提存的准备金。我国《保险法》第九十八条规定："保险公司应当按照已经提出的保险赔偿或者给付金额，以及已经发生保险事故但尚未提出的保险赔偿或者给付金额，提取未决赔款准备金。"

c）公积金的提取。公积金是指保险公司根据国家法律、行政法规及国家财务会计制度等规定提取的储备金。我国《保险法》第九十九条规定："保险公司应当依照有关法律、行政法规及国家财务会计制度的规定提取公积金。"

d）保险保障基金的提取。保险保障基金是保险公司依法提存并交保险监督管理部门集中管理的保险公司的后备基金。我国《保险法》第一百条规定："为了保障被保险人的利益，支持保险公司稳健经营，保险公司应当按照保险监督管理机构的规定提存保险保障基金""保险保障基金应当集中管理，统筹使用""保险保障基金管理使用的具体办法由保险监督管理机构制定。"

② 偿付能力规则。偿付能力是保险公司履行赔偿或给付责任的能力。它是保险公司资金力量与自身所承担的赔付责任的比较，资产减去负债后的余额越大，偿付能力越强。具备相应的偿还能力，意味着保险公司具备足以对被保险人履行赔偿、给付保险金的经济能力，意味着保险公司能正常发展业务。

偿付能力规则作为保险公司的经营规则，主要体现为规定保险公司的最低偿付能力。我国《保险法》第一百○一条规定："保险公司应当具有与其业务规模相适应的最低偿付能力。保险公司的实际资产减去实际负债的差额不得低于保险监督管理机构规定的数额；低于规定数额的，应当增加资本金，补足差额。"

③ 再保险规则。再保险称为分保。保险人将其承担的保险业务，以承保形式，部分转移给其他保险人的，称为再保险。再保险是在保险人与保险人之间形成的一种合同关系。保险公司在经营中采取再保险方式，将自己承担的保险责任的一部分分保给专业再保险公司或兼营再保险公司，以减轻自己的责任，分散风险，并可扩大自己的业务经营能力。

我国《保险法》对再保险的有关内容作了若干法律规定，这些规定就是我国现行的再保险规则。

a）经营财产保险业务的保险公司当年自留保险费，不得超过其实有资本金加公积金总和的四倍。

b）保险公司对每一危险单位，即对一次保险事故可能造成的最大损失范围所承担的责任，不得超过其实有资本金加公积金总和的百分之十；超过的部分，应当办理再保险。

c）保险公司对危险单位的计算办法和巨灾风险安排计划，应当报经保险监督管理机构核准。

d）保险公司应当按照保险监督管理机构的有关规定办理再保险。

e）保险公司需要办理再保险分出业务的，应当优先向中国境内的保险公司办理。

f）保险监督管理机构有权限制或者禁止保险公司向中国境外的保险公司办理再保险分出业务或者接受中国境外再保险分入业务。

④ 保险资金运用规则。保险资金的运用包括对保险公司的资本金、公积金和各项准备金的运用。由于保险费收入和赔付支出存在的时间差和规模差，使保险资金具有投入运用的要求，通过对保险资金的运用，获得保险投资收益，降低保险成本，从根本上降低保险费，刺激保险需求的增加。保险业的特点决定了保险资金的运用必须遵守一定的规则，我国由于目前保险市场和资本市场均不健全以及保险资金运用的人才匮乏等原因，对保险资金的运用限制较为严格，我国《保险法》第一百○六条规定："保险公司的资金运用必须稳健，遵循安全性原则，并保证资产的保值增值。保险公司的资金运用，限于在银行存款、买卖政府债券、金融债券和国务院规定的其他资金运用形式。保险公司的资金不得用于设立证券经营机构，不得用于设立保险业以外的企业。保险公司运用的资金和具体项目的资金占其资金总额的具体比例，由保险监督管理机构规定。"

3. 保险业的监督管理

保险业的监督管理是指国家对保险业实施的监督管理，即国家保险监督管理部门根据保险法对保险人、保险中介人及其分支机构进行监督管理，以规范保险活动、保护保险当事人的合法权益，促进保险事业的健康发展。

1）保险监督管理实施的手段。保险监管系统在保险监管中的具体方式、方法称为保险监管手段，主要有行政手段、法律手段和经济手段。

① 行政手段。行政手段是指依靠行政组织的权威，运用行政的力量，按照行政隶属关系进行调控。具有见效快、权威性强和约束力大等特点。

② 法律手段。法律手段是指运用国家立法机关制定的法律、条例、规定等来监管保险活动。具有强制性、刚性以及较大的稳定性。

③ 经济手段。经济手段是指运用分配杠杆监管保险活动的方法。

通过综合各种监管手段，使之相互组合，彼此匹配，行政手段、经济手段相互结合，法律手段作为行政手段和经济手段的依据，法律手段还可以制约行政手段的不正常干预，发挥各种手段的整体效应，有效控制和监督保险市场。

2）保险公司的监督管理体系。构建我国的保险公司监督管理体系，需要加强保险公司的预防性监管，建立有效的偿付基金制度，完善援救制度。

① 加强保险公司的预防性监管。根据我国《保险法》，加强预防性监管主要从三方面入手：

a）组织设立。我国《保险法》第六十七条和第九十四条对保险公司的设立在法律方面、财务方面、人才方面和管理方面作了严格规定。

b）财务状况。我国《保险法》对保险公司运用资本金、保证金、最低偿付能力、各种准备金的提取、承保金额的控制和资金运用的监控作了规定。

c）业务质量。我国对保险业务质量的监控主要通过核定保险费率、核定保险种类来指导保险公司正确对待业务发展，从而提高业务质量，保证保险业健康稳定地发展。

② 建立偿付基金制度。建立偿付基金制度，设置偿付基金管理机构，对费率的制定、偿付基金的支出和偿付基金的合理运用，对于维护被保险人的利益、稳定保险体系发挥重要作用。

偿付基金主要用于补偿因保险人破产而受损失的社会成员，其目的主要是保护保单持有者及其他债权人的利益。当破产发生时，保险监管机关确定一家保险公司作为该保证基金的服务公司，调查未支付的赔款并与债权人一起对破产公司的资产进行清算。

③ 援救性监管。在保险公司出现偿付能力危机时，保险监督管理部门从被保险人利益出发，保护整个保险体系的安全，采取由保险监督管理委员会牵头的联合救援或者直接行政接管，在正确区分偿付能力的暂时性与偿付能力危机的前提下，采取紧急援助行动，维护保险业的正常稳定发展。

3）保险中介人的监督管理。对保险中介机构及其从业人员的监督管理是国家主管部门对保险业进行监督管理的另一重要内容。保险中介机构包括保险代理机构、保险经纪机构等。由于它们对保险关系的形成和实现起着重要作用，我国《保险法》第五章"保险代理人和保险经纪人"、2001年11月中国保险监督管理委员会颁布的《保险代理机构管理规定》《保险经纪公司管理规定》等相应的法律、法规建立注册与许可证制度、任职资格、反不正当营业行为制度，对保险中介人进行严格管理。

4. 保险监管部门

1998年11月18日，中国保险监督管理委员会正式挂牌成立，它属于国务院直属事业单位，是全国商业保险的监管机关。根据国务院授权履行行政管理职能，依照法律、法规统一监督管理市场。

中国保险监督管理委员会的主要任务是：拟定有关商业保险的政策法规和行业规划，依法对保险企业的经营活动进行监督管理和业务指导，依法查处保险企业违法违规行为，保护被保险人的利益，维护保险市场秩序，培育和发展保险市场，完善保险市场体系，推进保险改革，促进保险企业公平竞争，建立保险业风险评价和预警系统，防范和化解保险业的风险，促进保险企业稳健经营与业务的健康发展。

第二节 道路交通安全法律法规及相关条款释义

一、概述

1. 道路交通安全法概述

1) 道路交通安全法概念。道路交通安全法有广义和狭义两种理解。狭义的道路交通安全法是指国家颁布的关于道路交通的专门法典,即指2003年10月28日颁布的,2004年5月1日施行的《中华人民共和国道路交通安全法》(以下简称《道路交通安全法》)。广义的道路交通安全法是指国家为对道路交通进行管理而制定的所有法律、法规的总称。在宪法、基本法和其他法律、法规中也存在一些有关道路交通安全的规定,虽然这些法律、法规不是道路交通安全法典,但其有关道路交通安全的规定对道路交通安全同样具有约束力,所以称其为广义的道路交通安全法。

2) 道路交通安全法的性质。道路交通安全管理是国家行政管理的重要组成部分,所以在我国的法律体系中,道路交通安全法应属于行政法的范畴。

3) 道路交通安全法的调整对象。道路交通安全法调整的对象是道路交通关系。道路交通关系是指人们在进行道路交通活动和与道路交通有关的活动中所发生的各种关系,是公安机关交通管理部门参与其间,并起主导作用的关系。

2. 道路交通安全法的立法宗旨

1) 维护道路交通秩序。

2) 预防和减少交通事故。

3) 保护人身安全,保护公民、法人和其他组织的财产安全及其他合法权益。

4) 提高通行效率。

3. 道路交通安全法的基本原则

1) 依法管理原则。

2) 方便群众原则。

3) 保障道路交通有序、安全、畅通原则。

4) 道路交通安全管理工作与经济建设和社会发展相适应原则。

4. 道路交通安全法的效力范围

1) 道路交通安全法的空间效力。道路交通安全法适用于我国主权领域范围内道路交通安全管理。"道路"是指公路、城市道路和虽在单位管辖范围但允许社会机动车通行的地方,包括广场、公共停车场等用于公众通行的场所。车辆在道路以外通行时发生事故,有关部门可以参照本法有关规定处理。

2) 道路交通安全法对人的效力。中华人民共和国境内的车辆驾驶人、行人、乘车人以及与道路交通活动有关的单位和个人,都应当遵守本法。

3) 道路交通安全法的时间效力。道路交通安全法自2004年5月1日起施行。

二、车辆和驾驶人

1. 机动车

1) 机动车的定义和分类。

① 机动车的定义。机动车是指以动力装置驱动或者牵引,上道路行驶的供人员乘用或者用

于运送物品以及进行工程专项作业的轮式车辆。

② 机动车的分类。根据不同标准，机动车的分类方法很多。根据《道路交通安全法》的规定，我国将机动车分为六类：汽车、摩托车、电车、轮式自行机械、拖拉机和挂车。

另外，根据车辆的用途不同，可将汽车分为载货机动车和载客机动车。

2）机动车登记制度的种类。国家对机动车实行登记制度。机动车经公安机关交通管理部门登记后，方可上道路行驶。尚未登记的机动车，需要临时上道路行驶的，应当取得临时通行牌证。我国机动车登记分为以下几类：

① 注册登记。又称行驶资格登记，是机动车的"出生"登记。经过注册登记之后，机动车正式成为道路交通的一个活动主体，从而正式纳入道路交通安全法的管理范围。

② 转移登记。即所有权转移登记，是指因机动车的所有权发生转移所作的登记。包括过户登记和所有权转移的转入登记。

③ 变更登记。已注册的机动车，在发生法定情形的变更时，应当申请办理变更登记。需要变更登记的具体情形包括：

a）改变机动车车身颜色的。

b）更换发动机的。

c）更换车身或者车架的。

d）因质量有问题，制造厂更换整车的。

e）营运机动车改为非营运机动车或者非营运机动车改为营运机动车的。

f）机动车所有人的住所迁出或者迁入公安机关交通管理部门管辖区域的。

④ 抵押登记。已注册登记的机动车作为抵押物时，应当办理抵押登记。

⑤ 注销登记。机动车在报废或者灭失场合，需要办理的登记。

3）办理机动车登记的程序。办理机动车登记，应当到机动车所有人住所地的公安机关道路交通管理部门办理。主要工作由公安机关交通管理部门的车辆管理机构具体负责。这里的机动车所有人住所地，一般是指所有人的常住户口所在地。如果其户口所在地与经常居住地不同，可以将经常居住地视为住所地。

上道路行驶的拖拉机的登记管理，由农业（农业机械）主管部门行使由公安机关交通管理部门的车辆管理机构所行使的关于机动车登记的管理职权。

4）机动车注册登记的项目。车辆办理注册登记，应当登记下列内容：

① 机动车登记编号、机动车登记证书编号。

② 机动车所有人的姓名或者单位名称、身份证明名称、身份证明号码、住所地址、邮政编码和联系电话。

③ 机动车的类型、制造厂、品牌、型号、车辆识别代号、发动机号码、出厂日期、车身颜色。

④ 机动车的有关技术数据。

⑤ 机动车的使用性质。

⑥ 机动车获得方式。

⑦ 机动车来历凭证的名称、编号和进口机动车进口凭证的名称、编号。

⑧ 车辆购置税完税或者免税证明的名称、编号。

⑨ 机动车办理第三者责任强制保险的日期和保险公司的名称。

⑩ 机动车照片记录的机动车外形。

⑪ 注册登记的日期。

⑫ 法律、行政法规规定登记的其他事项。

5）机动车注册登记的申请。初次申领机动车号牌、行驶证的，应当向机动车所有人住所地的公安机关交通管理部门申请注册登记。申请机动车注册登记，应当交验机动车，并提交以下证明、凭证：

① 机动车所有人的身份证明。

② 购车发票等机动车来历证明。

③ 机动车整车出厂合格证明或者进口机动车进口凭证。

④ 车辆购置税完税证明或者免税凭证。

⑤ 机动车交通事故责任强制保险凭证。

⑥ 法律、行政法规规定应当在机动车注册登记时提交的其他证明、凭证。

另外，不属于国务院机动车产品主管部门规定免予安全技术检验的车型，还应当提供机动车安全技术检验合格证明。

6）检验制度和安全技术标准的规定。机动车检验是公安机关交通管理部门的车辆管理所依法对机动车进行的检测、查验和技术鉴定等工作。我国机动车检验制度规定的基本方法有5种：初次检验、定期检验、临时检验、特殊检验与技术监督。

机动车安全技术标准是国家强制性安全标准。准予登记的机动车必须符合机动车国家安全技术标准。机动车国家安全技术标准，主要是指由国家主管部门颁布的有关机动车的整车及其发动机、转向系、制动系、传动系、行驶系、照明和信号装置等有关运行安全的技术标准。

从2004年5月1日起全国正式实施的《机动车安全检验项目和方法的行业标准》，统一了车辆的检验项目、程序、方法。车辆技术标准应符合《机动车运行安全技术条件》（GB 7258—2017），对于从事道路客货运输的经营性车辆，还应执行《道路运输车辆综合性能要求和检验方法》（GB 18565—2016）。

7）特种车辆的规定。特种车辆是指警车、消防车、救护车、工程救险车。这四类车应当按照规定喷涂标志图案，安装警报器、标志灯具。其他机动车不得喷涂、安装、使用上述车辆专用的或者与其相类似的标志图案、警报器或者标志灯具。

警车、消防车、救护车、工程救险车应当严格按照规定的用途和条件使用。这主要是指：一必须在执行任务时，才享有相应的特权；二应当在确保安全的前提下，才享有相应的特权。特权的内容包括：不受行驶路线、行驶方向、行驶速度和信号灯的限制，其他车辆和行人应当让行，不准穿插或超越。但这种特权也不是绝对的，如果遇到交通警察出示停车示意牌时，特种车辆也必须停车接受检查。

此外，公路监督检查的专用车辆，应当依照公路法的规定，设置统一的标志和示警灯。

8）法定保险制度。《道路交通安全法》第十七条规定，国家实行机动车第三者责任强制保险制度（即现行的机动车交通事故责任强制保险），设立道路交通事故社会救助基金，具体办法由国务院规定。

2. 机动车驾驶人

1）驾驶许可和准驾车型。

① 驾驶许可。驾驶机动车，应当依法取得机动车驾驶证。申请机动车驾驶证，应当符合国务院公安部门规定的驾驶许可条件；经考试合格后，由公安机关交通管理部门发给相应类别的机动车驾驶证。

② 准驾车型。由于不同类型的机动车，如大型客车、大型货车、小型机动车等，在操作方法、保养使用知识和紧急情况处理等方面都有所不同，要求不同的驾驶技术和操作规范，因此，

机动车驾驶考试根据不同的车型，设置不同的考试内容。通过相应车型的驾驶考试，公安机关交通管理部门应当发给相应类别的机动车驾驶证。

驾驶人应当按照驾驶证载明的准驾车型驾驶机动车；机动车驾驶证上记载有持证人准驾车型代号。准驾车型代号表示一种或者几种机动车驾驶人准予驾驶的车辆种类。机动车驾驶人可以驾驶该代号表示机动车驾驶人准予驾驶的车辆种类。机动车驾驶人可驾驶该代号代表的一种或几种机动车。取得准驾大型机动车资格的，可以驾驶小型机动车；取得准驾小型机动车资格的，需要增加驾驶车型时，应经考试合格后在机动车驾驶证上签注。

2）驾驶证的申领。根据《道路交通安全法》的规定，符合国务院公安部门规定的驾驶许可条件的人，可以向公安机关交通管理部门申请机动车驾驶证。机动车驾驶证分为中华人民共和国机动车驾驶证（以下简称驾驶证）、中华人民共和国机动车学习驾驶证、中华人民共和国临时驾驶证。

① 积极条件（申请人应当具备的条件）。

a）年龄条件。申请机动车驾驶证的年龄条件：

ⅰ 申请小型汽车、小型自动档汽车、残疾人专用小型自动挡载客汽车、轻便摩托车准驾车型的，在18周岁以上、70周岁以下。

ⅱ 申请低速载货汽车、三轮汽车、普通三轮摩托车、普通二轮摩托车或者轮式自行机械车准驾车型的，在18周岁以上，60周岁以下。

ⅲ 申请城市公交车、大型货车、无轨电车或者有轨电车准驾车型的，在20周岁以上，50周岁以下。

ⅳ 申请中型客车准驾车型的，在21周岁以上，50周岁以下。

ⅴ 申请牵引车准驾车型的，在24周岁以上，50周岁以下。

ⅵ 申请大型客车准驾车型的，在26周岁以上，50周岁以下。

ⅶ 接受全日制驾驶职业教育的学生，申请大型客车、牵引车准驾车型的，在20周岁以上，50周岁以下。

b）身体条件。

ⅰ 身高：申请大型客车、牵引车、城市公交车、大型货车、无轨电车准驾车型的，身高为155厘米以上。申请中型客车准驾车型的，身高为150厘米以上。

ⅱ 视力：申请大型客车、牵引车、城市公交车、中型客车、大型货车、无轨电车或者有轨电车准驾车型的，两眼裸视力或者矫正视力达到对数视力表5.0以上。申请其他准驾车型的，两眼裸视力或者矫正视力达到对数视力表4.9以上。

ⅲ 辨色力：无红绿色盲。

ⅳ 听力：两耳分别距音叉50厘米能辨别声源方向；有听力障碍但佩戴助听设备能够达到以上条件的，可以申请小型汽车、小型自动档汽车准驾车型的机动车驾驶证。

ⅴ 上肢：双手拇指健全，每只手其他手指必须有三指健全，肢体和手指运动功能正常；但手指末节残缺或者左手有三指健全，且双手手掌完整的，可以申请小型汽车、小型自动档汽车、低速载货汽车、三轮汽车准驾车型的机动车驾驶证。

ⅵ 下肢：双下肢健全且运动功能正常，不等长度不得大于5厘米。但左下肢缺失或者丧失运动功能的，可以申请小型自动档汽车准驾车型的机动车驾驶证。

ⅶ 躯干、颈部：无运动功能障碍。

ⅷ 右下肢、双下肢缺失或者丧失运动功能但能够自主坐立，且上肢符合本项第5条规定的，可以申请残疾人专用小型自动档载客汽车准驾车型的机动车驾驶证。一只手掌缺失，另一只手拇指健全，其他手指有两指健全，上肢和手指运动功能正常，且下肢符合本项第6条规定的，可以申请残疾人专用小型自动档载客汽车准驾车型的机动车驾驶证。

② 消极条件(有下列情形之一的,不得申请机动车驾驶证)。

a) 有器质性心脏病、癫痫病、美尼尔氏症、眩晕症、癔病、震颤麻痹、精神病、痴呆以及影响肢体活动的神经系统疾病等妨碍安全驾驶疾病的。

b) 年内有吸食、注射毒品、长期服用依赖性精神药品成瘾尚未戒除的。

c) 造成交通事故后逃逸构成犯罪的。

d) 饮酒后或者醉酒驾驶机动车发生重大交通事故构成犯罪的。

e) 醉酒驾驶机动车或者饮酒后驾驶营运机动车依法被吊销机动车驾驶证未满5年的；醉酒驾驶营运机动车依法被吊销机动车驾驶证未满10年的。

f) 因其他情形依法被吊销机动车驾驶证未满2年的。

g) 驾驶许可依法被撤销未满3年的。

h) 法律、行政法规规定的其他情形。

3) 驾驶证变更和补发、换发驾驶证。

① 驾驶证变更的规定。机动车驾驶证的变更是机动车驾驶证登记的姓名、住所、所在车辆管理所管辖区等内容发生变更，机动车驾驶人应当向公安机关交通管理部门提交相关证明和申请材料，申请变更机动车驾驶证。经公安机关交通管理部门审核后，根据变更情况更改机动车驾驶证档案，使机动车驾驶证档案与机动车驾驶证登记内容保持一致，便于机动车管理。

② 驾驶证补发的规定。机动车驾驶证是证明驾驶人具有驾驶资格的法定证件。驾驶机动车时，驾驶人应当随身携带机动车驾驶证。机动车驾驶证丢失、损毁，机动车驾驶人申请补发的，应当向公安机关交通管理部门提交本人身份证明和申请材料。公安机关交通管理部门经与机动车驾驶证档案核实后，在收到申请之日起3日内补发。

③ 驾驶证换发的规定。机动车驾驶证的有效期分为6年、10年和长期有效3种。机动车驾驶人的机动车驾驶证的一般有效期为6年。在6年的有效期内，每个记分周期均未达到12分的，换发10年有效期的机动车驾驶证；在机动车驾驶证的10年有效期内，每个记分周期均未达到12分的，换发长期有效的机动车驾驶证。机动车驾驶人应当于机动车驾驶证有效期满前90日内，向机动车驾驶证核发地车辆管理所申请换证。对于已经取得境外机动车驾驶证的人，不需要经过初次申领驾驶证的程序取得机动车驾驶证，可以直接申请换发中国的机动车驾驶证。

4) 累积记分制度。公安机关交通管理部门对机动车驾驶人违反道路交通安全法律、法规的行为，除依法给予行政处罚外，还实行累积记分制度。机动车驾驶人的累积记分制度，是指主管部门对机动车驾驶人的道路交通违法行为除依法给予行政处罚外，还根据违法行为的不同，累积不同的分数，当累积记分达到规定的分数时，扣留其机动车驾驶证，对其进行道路交通安全法律、法规教育，并要求其重新考试，对于考试合格的，发还其机动车驾驶证，记分重新计算的管理制度。道路交通安全违法行为累积记分周期为12个月。对在一个记分周期内记分达到12分的，由公安机关交通管理部门扣留其机动车驾驶证，该机动车驾驶人应当按照规定参加道路交通安全法律、法规的学习并接受考试。考试合格的，记分予以清除，发还机动车驾驶证；考试不合格的，继续参加学习和考试。这是我国第一次以法律的形式对累积记分制度所作的规定。

应当给予记分的道路交通安全违法行为及其分值，由国务院公安部门根据道路交通安全违法行为的危害程度规定。公安机关交通管理部门应当提供记分查询方式供机动车驾驶人查询。

对遵守道路交通安全法律、法规，在一年内无累积记分的机动车驾驶人，可以延长机动车驾驶证的审验期。这里的一年，是指记分周期所规定的一个年度，即从机动车驾驶人初次领取机动车驾驶证之日起向后计算的一个年度。

5）驾驶资格的丧失。机动车驾驶人患有妨碍安全驾驶机动车的疾病的，不得驾驶机动车。这种驾驶资格的丧失是临时性的丧失，待驾驶人的身体条件恢复后，仍可继续驾驶。机动车驾驶人的身体状况，是保证安全驾驶的重要条件之一。如果患有足以影响观察、判断事物能力和控制行为能力的疾病，直接妨碍安全驾驶机动车的，在疾病未治愈前，将不得驾驶机动车。

驾驶人违反道路交通安全法律、法规的规定，发生重大交通事故，构成犯罪的，除依法追究其刑事责任外，公安机关交通管理部门应吊销其机动车驾驶证。另外，造成交通事故后逃逸的，由公安机关交通管理部门吊销机动车驾驶证，且终生不得重新取得机动车驾驶证。

3. 非机动车

1）非机动车的定义。非机动车是指以人力或者畜力驱动，上道路行驶的交通工具，以及虽有动力装置驱动但设计最高时速、空车质量、外形尺寸符合有关国家标准的残疾人机动轮椅车、电动自行车等交通工具。

2）非机动车的分类。纳入非机动车管理的非机动车一般有自行车、三轮车、残疾人专用车、人力车、畜力车、电动自行车。

3）非机动车行驶的规定。所有非机动车都应分类进行登记和注册，并经公安机关交通管理部门登记后，方可上道路行驶。依法应当登记的非机动车的种类，由省、自治区、直辖市人民政府根据当地实际情况规定。非机动车的外形尺寸、质量、制动器、车铃和夜间反光装置，应当符合非机动车安全技术标准。

驾驶非机动车在道路上行驶应当遵守有关交通安全的规定。非机动车应当在非机动车道内行驶；在没有非机动车道的道路上，应当靠车行道的右侧行驶。残疾人机动轮椅车、电动自行车在非机动车道内行驶时，最高时速不得超过 15km/h。非机动车应当在规定地点停放。未设停放地点的，非机动车停放不得妨碍其他车辆和行人通行。驾驭畜力车，应当使用驯服的牲畜。驾驭畜力车横过道路时，驾驭人应当下车牵引牲畜。驾驭人离开车辆时，应当拴系牲畜。

三、道路、交通设施及道路通行规范

1. 道路

1）道路的概念及组成。

① 道路的概念。道路是《道路交通安全法》适用的空间。根据《道路交通安全法》的规定，"道路"是指公路、城市道路和虽在单位管辖范围但允许社会机动车通行的地方，包括广场、公共停车场等用于公众通行的场所。道路的范围包括了供公共通行的整个路面：机动车道、非机动车道、人行道以及隔离带等整个路面。

② 道路的分类及道路的组成。我国的道路分为城市道路和公路两大部分。

城市道路是指城市规划区内供车辆和行人通行的具备一定技术条件的道路、桥梁及其附属设施，包括车行道、人行道、广场、停车场、隔离带、立交桥、过街天桥、过街地下通道、跨河桥及隧道等建筑物和已经征用的规划红线范围内的道路建设用地。

公路是位于城市、县镇、大城市远郊以及其他独立的工矿区以外，连接相邻市县或工矿区的道路。

道路(除高架专用干路外)通常由路面设施和地下设施两大部分组成。路面设施通常由车行道、人行道、交叉路口、广场、道路车辆停放点、公共交通车辆和其他车辆停靠站、交通管理设施、绿化带、沿街的地上设施、排水系统和人行过街天桥及立交桥组成。地下设施主要由人行过街地道和地下管线组成。

城市道路一般由车行道、人行道、隔离带、绿化带等部分组成。

公路道路一般由车行道、分车带、路肩等组成。

车行道的大型车道的宽度为 3.75m，小型车道的宽度为 3.5m，公共汽车停站或路口渠化车道宽度分别为 3~3.2m。分车带是道路行车道上纵向分隔不同类型、不同车速或不同行驶方向车辆的设施。路肩是位于车行道外缘至路基边缘，具有一定宽度的带状部分。根据有关规定，二三级公路路肩宽度不小于 0.75m，四级公路路肩宽度不小于 0.5m。路肩可以起到保护路面的作用，也可以停放发生故障的车辆。在混合交通的情况下，路肩还可以供行人、自行车、畜力车通行使用。

2）道路的等级标准。

① 公路。根据我国现行的《公路工程技术标准》（JTG B01—2014），公路按使用任务、功能和适应的交通量分为高速公路、一级公路、二级公路、三级公路、四级公路 5 个等级：

a）高速公路为专供汽车分向分、分车道行驶、全部控制出入的多车道公路。高速公路的年平均日设计交通流量宜在 15 000 辆小客车以上。

b）一级公路为供汽车分向、分车道行驶，可根据需要控制出入的多车道公路。一级公路的年平均日设计交通流量宜为 15 000 辆小客车以上。

c）二级公路为供汽车行驶的双车道公路。二级公路的年平均日设计交通流量宜为 5 000~15 000 辆小客车。

d）三级公路为供汽车非汽车交通混合行驶的双车道公路。三级公路的年平均日设计交通量宜为 2 000~6 000 辆小客车。

e）四级公路为供汽车、非汽车交通混合行驶的双车道或单车道公路。双车道四级公路年平均日设计交通量宜在 2 000 辆小客车以下；单车道四级公路年平均日设计交通量宜在 400 辆小客车以下。

② 公路技术等级选用应遵循下列原则。

a）公路技术等级选用应根据路网规划/公路功能，并结合交通业流量论证确定。

b）主要干线公路应选用高速公路。

c）次要干线公路应选用二级及三级以上公路。

d）主要集散公路宜选用一、二级公路。

e）次要集散公路宜选用二、三级公路。

f）支线公路宜选用三、四级公路。

2. 道路交通设施管理

1）道路交通设施的分类及作用。道路交通设施是设置在道路或路旁边，用于帮助车辆和行人正确使用道路，保证道路安全、畅通和低公害的各种设施。道路交通设施设立的目的是为了保障道路交通的安全和畅通，管制和引导交通，因此它是道路交通系统不可缺少的重要组成部分。道路交通设施种类多，数量大，包括交通标志、交通标线、交通信号灯和隔离设施等管制和引导交通的其他设施。

道路交通设施按其功能不同可分为交通安全与控制设施和交通服务设施。

① 道路交通安全与控制设施。道路交通安全与控制设施主要是为道路交通管理服务的设施，主要包括交通信号灯、交通标志、交通标线、交通警察的指挥、行人过街设施、分隔带、分隔岛等。

交通信号灯分为机动车信号灯、非机动车信号灯、人行横道信号灯、车道信号灯、方向指示信号灯、闪光警告信号灯、道路与铁路平面交叉道口信号灯。交通标志分为指示标志、警告标志、禁令标志、指路标志、旅游区标志、道路施工安全标志和辅助标志。道路交通标线分为指示标线、警告标线、禁止标线。交通警察的指挥分为手势信号和使用器具的交通指挥信号。

② 道路交通服务设施。道路交通服务设施是直接为车辆运行和停驻提供服务的设施。具体包括停车场、加油站、修车场和洗车场。

停车场(库)是指在路面以外专门开辟较大面积,供给社会车辆长时间停放的场地或库房。停车场(库)可以分为城市出入口、大型宾馆、饭店、商场、影剧院、体育场馆、医院、机场、车站、码头、仓库及大型公用建筑物前等社会公共停车场(库)和机关自用专用停车场(库)两大类。停车场(库)有地面式、地下式、多层式和屋顶式等。停车场(库)由停车坪、车辆出入门、通道、停车管理设施及其他的附属设施组成。

③ 道路照明设施。道路照明设施既属于公用设施,也属于安全设施,而且还具有交通控制能力。

2) 道路交通设施的设置和保护。

① 道路交通设施的设置。道路交通设施的设置应当符合道路交通安全畅通及其功能上的需要。此外,道路交通设施还应当符合国家标准,保持清晰醒目、准确完好。根据通行需要及时增设、调换、更新道路交通设施,并提前向社会公告,广泛宣传。

② 道路交通设施的保护。任何单位和个人不得擅自设置、移动、占用和损毁道路交通设施,种植植物、设置广告牌和管线等应当与道路交通设施保持必要的距离,不得遮挡路灯、信号灯等道路交通设施,不得妨碍安全视距影响通行。

3. 道路通行原则

道路通行原则是所有道路交通参与者都必须严格遵循的行为准则,也是道路通行规范制定的依据。根据《道路交通安全法》的规定,我国的道路交通通行原则主要包括右侧通行、各行其道原则、遵守交通信号原则和优先通行原则4个方面。

1) 右侧通行原则。《道路交通安全法》第三十五条规定:机动车、非机动车实行右侧通行。右侧通行原则是指驾驶车辆上道路通行时,除有特殊规定的外,一律靠道路的右侧通行。汽车转向盘安装在车座的左边位置,便于驾驶人在行驶中目测安全间距,安全会车和超车。

车辆同向行驶时,车辆通行实行低速置右原则,即在道路通行带的划分上,按照不同交通主体的车速从右向左由低到高依次排列。《道路交通安全法实施条例》第四十四条规定:在道路同方向划有两条以上机动车道,左侧为快速车道,右侧为慢速车道;在快速车道行驶的机动车应当按照快速车道规定的速度行驶,未达到快速车道规定的行驶速度的,应当在慢速车道行驶;摩托车应当在最右侧车道行驶。一般情况是,道路以路面中心线为界划分为两个相反的方向,同一方向行驶的道路通行带中最左侧为机动车道路,向右依次为非机动车道和人行道。在道路同方向划有两条以上机动车道的,左侧为快速车道,右侧为慢速车道。

机动车超车时,应从左侧超车,被超车辆降低速度、靠右让路。

车辆在会车让行时,应该靠右行驶。前车让后车超越时靠右让路。

《道路交通安全法》第五十七条规定了非机动车右侧通行原则。非机动车应当在非机动车道内行驶;在没有非机动车道的道路上,应当靠车行道的右侧行驶。《道路交通安全法》第六十一条规定:行人应当在人行道内行走,没有人行道的靠路边行走。也就是说对于行人通行并不实行右侧通行的规定。

2) 各行其道原则。各行其道原则是指车辆、行人按照道路通行带的划分,在道路交通安全法律、法规准许通行的各自相应的区域、道路或道路的某一部位上通行。《道路交通安全法》第三十六、三十七条规定:根据道路条件和通行需要,道路划分为机动车道、非机动车道和人行道的、机动车、非机动车、行人实行分道通行。没有划分机动车道、非机动车道和人行道的，机动车在道路中间通行，非机动车和行人在道路两侧通行。道路划设专用车道的，在专用车道内，只准许规定的车辆通行，其他车辆不得进入专用车道内行驶。具体包括：

① 车辆、行人各行其道。根据道路条件和通行需要，道路划分为机动车道、非机动车道和人行道的，机动车、非机动车、行人实行分道通行。没有划分机动车道、非机动车道和人行道的，机动车在道路中间通行，非机动车和行人在道路两侧通行。

② 机动车在机动车道内行驶。道路划设专用车道的，在专用车道内，只准许规定的车辆通行，其他车辆不得进入专用车道内行驶。在道路同方向划有两条以上机动车道的，左侧为快速车道，右侧为慢速车道。在快速车道行驶的机动车应当按照快速车道规定的速度行驶，未达到快速车道规定的行驶速度的，应当在慢速车道行驶。摩托车应当在最右侧车道行驶。有交通标志标明行驶速度的，按照标明的行驶速度行驶。

③ 非机动车在非机动车道行驶。行人在人行道或其他行人通行设施内行走。

④ 慢速车道内的机动车超越前车时，可以借用快速车道行驶。在道路同方向划有两条以上机动车道的，变更车道的机动车不得影响相关车道内行驶的机动车的正常行驶。机动车遇有前方车辆停车排队等候或者缓慢行驶时，不得借道超车或者占用对面车道，不得穿插等候的车辆。

3）遵守交通信号原则。《道路交通安全法》第三十八条规定：车辆、行人应当按照交通信号通行；遇有交通警察现场指挥时，应当按照交通警察的指挥通行；在没有交通信号的道路上，应当在确保安全、畅通的原则下通行。因此，交通警察指挥的效力高于交通标志、标线和信号灯信号的效力。没有信号的情况下，安全、畅通是通行的基本原则。

根据《道路交通安全法》的有关规定，交通信号包括交通信号灯、交通标志、交通标线和交通警察的指挥。其中交通信号灯包括机动车信号灯、非机动车信号灯、人行横道信号灯、车道信号灯、方向指示信号灯、闪光警告信号灯及道路与铁路平面交叉道口信号灯；交通标志包括指示标志、警告标志、禁令标志、指路标志、旅游区标志、道路施工安全标志及辅助标志；道路交通标线包括指示标线、警告标线和禁止标线；交通警察的指挥包括手势信号和使用器具的交通指挥信号。

4）优先通行原则。《道路交通安全法》第四十四条、第四十五条、第四十六条、第四十七条、第五十三条、第五十四条、第五十六条及《道路交通安全法实施条例》的有关规定确定了优先通行原则。优先通行原则是指当行人与车辆、车辆与车辆在道路的同一部分内相遇时谁拥有优先权，可以先行通过的规定。优先通行原则的内容比较广泛，其总的要求如下：

① 转弯的车辆让直行的车辆先行。

② 右转弯的车辆让左转弯的车辆先行。

③ 准备进入环形路口的车辆让已在路口内的车辆先行。

④ 有障碍一方的车辆让无障碍一方的车辆先行。

⑤ 下坡的车辆让上坡的车辆先行。

⑥ 一般车辆让执行紧急任务的警车、消防车、工程救险车、救护车先行。

5）机动车的优先通行原则。机动车在机动车道内通行。《道路交通安全法实施条例》第四十八条规定：在没有中心隔离设施或者没有中心线的道路上，机动车遇相对方向来车时应当遵守：在有障碍的路段，无障碍的一方先行；但有障碍的一方已驶入障碍路段而无障碍的一方未驶入时，有障碍的一方先行。在狭窄的坡路，上坡的一方先行；但下坡的一方已行至中途而上坡的一方未上坡时，下坡的一方先行。在狭窄的山路，不靠山体的一方先行。

在道路同方向划有两条以上机动车道的，变更车道的机动车不得影响相关车道内行驶的机动车的正常行驶。道路划设专用车道的，在专用车道内，只准许规定的车辆通行，其他车辆不得进入专用车道内行驶。公共汽车在公共汽车专用车道内，可以优先通行。

机动车在路口通行。机动车通过有交通信号灯控制的交叉路口时，优先通行权规定：准备进入环形路口的让已在路口内的机动车先行；在没有方向指示信号灯的交叉路口，转弯的机动车让直行的车辆、行人先行。相对方向行驶的右转弯机动车让左转弯车辆先行。机动车通过没有交通信号灯控制也没有交通警察指挥的交叉路口时，有交通标志、标线控制的，让优先通行的一方先行；没有交通标志、标线控制的，在进入路口前停车瞭望，让右方道路的来车先行；转弯的机动车让直行的车辆先行；相对方向行驶的右转弯的机动车让左转弯的车辆先行。

6）非机动车的优先通行原则。非机动车通过有交通信号灯控制的交叉路口时，转弯的非机动车让直行的车辆、行人优先通行。向右转弯遇有同方向前车正在等候放行信号时，在本车道内能够转弯的，可以通行；不能转弯的，依次等候。

非机动车通过没有交通信号灯控制也没有交通警察指挥的交叉路口，还应当遵守下列规定：有交通标志、标线控制的，让优先通行的一方先行；没有交通标志、标线控制的，在路口外慢行或者停车瞭望，让右方道路的来车先行；相对方向行驶的右转弯的非机动车让左转弯的车辆先行。

7）特种车辆的优先通行原则。《道路交通安全法》第五十三条规定，警车、消防车、救护车、工程救险车执行紧急任务时，可以使用警报器、标志灯具；在确保安全的前提下，不受行驶路线、行驶方向、行驶速度和信号灯的限制，其他车辆和行人应当让行。警车、消防车、救护车、工程救险车非执行紧急任务时，不得使用警报器、标志灯具，不享有上述的道路优先通行权。

《道路交通安全法》第五十四条规定，道路养护车辆、工程作业车进行作业时，在不影响过往车辆通行的前提下，其行驶路线和方向不受交通标志、标线限制，过往车辆和人员应当注意避让。洒水车，清扫车等机动车应当按照安全作业标准作业；在不影响其他车辆通行的情况下，可以不受车辆分道行驶的限制，但是不得逆向行驶。

4. 机动车通行规范

机动车辆行驶，不同于人的行走，机动车在行驶时都具有潜在的危险性和对外界的威胁性。这种危险性和威胁性常常产生于某一瞬间，因此必须对机动车辆的行驶作出严格的通行规范，以保障道路交通的安全和畅通。

1）行驶车道的规定。机动车应按照各行其道的规定，分道行驶。同车道行驶的机动车，后车应当与前车保持足以采取紧急制动措施的安全距离。

在道路同方向划有两条以上机动车道的，变更车道的机动车不得影响相关车道内行驶的机动车的正常行驶；当慢速车道内的机动车需要超越前车时，可以借用快速车道行驶；机动车遇有前方车辆停车排队等候或者缓慢行驶时，不得借道超车或者占用对面车道。

2）行驶速度的规定。

① 最高时速。一般情况下，机动车上道路行驶，不得超过限速标志、标线标明的最高时速。

a）如果道路上没有限速标志、标线，也没有道路中心线，规定城市道路最高行驶速度为30km/h，公路最高行驶速度为40km/h。

b）对于没有限速标志、标线的同方向只有一条机动车道的道路，则机动车的最高行驶速度限定为城市道路50km/h，公路70km/h。

c）机动车在冰雪、泥泞的道路上行驶，遇雾、雨、雪、沙尘、冰雹，能见度在50m以内，掉头、转弯、下陡坡，进出非机动车道，通过铁路道口、急弯路、窄路、窄桥，牵引发生故障的机动车，或者行驶中发生故障等几种情况下，最高行驶速度均不得超过30km/h，其中拖拉机、电动车、轮式专用机械车不得超过15km/h。

在有限速标志的单位院内或居民居住区内，机动车应当避让行人，按照不超过限速标志所标速度的车速行驶。

② 减速行驶。

a）机动车夜间行驶或者在容易发生危险的路段行驶，以及遇有沙尘、冰雹、雨、雪、雾、结冰等气象条件时，应当降低行驶速度。

b）在单位院内、居民居住区内，机动车应当低速行驶，避让行人。机动车行经人行横道时，也应当减速行驶。

c）当机动车通过没有交通信号灯、交通标志、交通标线或者交通警察指挥的交叉路口时，应减速慢行；通过没有交通信号或者管理人员的铁路道口时，应当减速或者停车，在确认安全后通过。

3）机动车的超车与会车的规定。

① 超车的规定。

a）超车与被超车。机动车超车时，应当提前开启左转向灯，变换使用远、近光灯或者鸣喇叭。在没有道路中心线或者同方向只有1条机动车道的道路上，前车遇后车发出超车信号时，在条件许可的情况下，应当降低速度，靠右让路。后车应当在确认有充足的安全距离后，从前车的左侧超越，在与被超车辆拉开必要的安全距离后，开启右转向灯，驶回原车道。

b）禁止超车的情形。有下列情形之一的，不得超车。

ⅰ 前车正在左转弯、掉头、超车的。

ⅱ 与对面来车有会车可能的。

ⅲ 前车为执行紧急任务的警车、消防车、救护车、工程救险车的。

ⅳ 行经铁路道口、交叉路口、窄桥、弯道、陡坡、隧道、人行横道、市区交通流量大的路段等没有超车条件的。

② 会车的规定。会车是指相对方向行驶的车辆在同一时间、同一地点通过的交通现象。在没有中心隔离设施或者没有中心线的道路上，机动车遇相对方向来车时应当遵守下列规定：

a）减速靠右行驶，并与其他车辆、行人保持必要的安全距离。

b）在有障碍的路段，无障碍的一方先行；但有障碍的一方已驶入障碍路段而无障碍的一方未驶入时，有障碍的一方先行。

c）在狭窄的坡路，上坡的一方先行；但下坡的一方已行至中途而上坡的一方未上坡时，下坡的一方先行。

d）在狭窄的山路，不靠山体的一方先行。

e）夜间会车应当在距相对方向来车150m以外改用近光灯，在窄路、窄桥与非机动车会车时应当使用近光灯。

4）机动车行经交叉路口、人行横道、铁路道口和渡口的规定。

① 通过交叉路口。机动车通过交叉路口，应当按照交通信号灯、交通标志、交通标线或者交通警察的指挥通过；通过没有交通信号灯、交通标志、交通标线或者交通警察指挥的交叉路口时，应当减速慢行，并让行人和优先通行的车辆先行。

a）灯控交叉路口。灯控交叉路口是指有交通信号灯控制的交叉路口。机动车通过这样的交叉路口时，应当按照下列规定通行：

ⅰ 在划有导向车道的路口，按所需行进方向驶入导向车道。

ⅱ 准备进入环形路口的让已在路口内的机动车先行。

ⅲ 向左转弯时，靠路口中心点左侧转弯。转弯时开启转向灯，夜间行驶开启近光灯。

ⅳ 遇放行信号时，依次通过。

ⅴ 遇停止信号时，依次停在停止线以外。没有停止线的，停在路口以外。

ⅵ 向右转弯遇有同车道前车正在等候放行信号时，依次停车等候。

ⅶ 在没有方向指示信号灯的交叉路口，转弯的机动车让直行的车辆、行人先行。相对方向行驶的右转弯机动车让左转弯车辆先行。

b）非灯控交叉路口。非灯控交叉路口是指没有交通信号灯控制的交叉路口。机动车通过这样的交叉路口时，如果有交通警察的指挥，应当按照交通警察的指挥通行；如果既没有交通信号灯控制也没有交通警察指挥，机动车通行时应当遵守：准备进入环形路口的让已在路口内的机动车先行；向左转弯时，靠路口中心点左侧转弯；转弯时开启转向灯，夜间行驶开启近光灯等规定。此外，还应当遵守下列规定：

ⅰ 有交通标志、标线控制的，让优先通行的一方先行。

ⅱ 没有交通标志、标线控制的，在进入路口前停车瞭望，让右方道路的来车先行。

ⅲ 转弯的机动车让直行的车辆先行。

ⅳ 相对方向行驶的右转弯的机动车让左转弯的车辆先行。

当机动车在这种既没有交通信号灯控制、也没有交通警察指挥的交叉路口遇到停车排队等候或者缓慢行驶时，应当依次交替通行。

② 行经人行横道。机动车行经人行横道时，应当减速行驶；遇行人正在通过人行横道，应当停车让行。机动车行经没有交通信号的道路时，遇行人横过道路，应当避让。

③ 行经铁路道口。铁路道口是铁路与公路的交叉路口。由于行驶的列车速度快，难以停车和减速，因此，铁路道口是很容易发生交通事故的地方。而且，一旦发生交通事故，多是重、特大事故。为防止交通事故的发生，机动车通过铁路道口时，应当按照交通信号或者管理人员的指挥通行；没有交通信号或者管理人员的，应当减速或者停车，在确认安全后通过。机动车载运超限物品行经铁路道口的，应当按照当地铁路部门指定的铁路道口及时间通过。

④ 渡口。渡口是车辆上下渡船的地方，机动车行经渡口，应当服从渡口管理人员指挥，按照指定地点依次待渡。机动车上下渡船时，应当低速慢行。

5）掉头、倒车、交通阻塞的规定。

① 机动车掉头的规定。

a）机动车在有禁止掉头或者禁止左转弯标志、标线的地点以及在铁路道口、人行横道、桥梁、急弯、陡坡、隧道或者容易发生危险的路段，不得掉头。

b）机动车在没有禁止掉头或者没有禁止左转弯标志、标线的地点可以掉头，但不得妨碍正常行驶的其他车辆和行人的通行。

② 倒车的规定。倒车是车辆的倒行。机动车倒车时，应当察明车后情况，确认安全后倒车。不得在铁路道口、交叉路口、单行路、桥梁、急弯、陡坡或者隧道中倒车。

③ 交通阻塞的行驶。机动车遇有前方交叉路口交通阻塞时，应当依次停在路口以外等候，不得进入路口。机动车在遇有前方机动车停车排队等候或者缓慢行驶时，应当依次排队，不得从前方车辆两侧穿插或者超越行驶，不得在人行横道、网状线区域内停车等候。机动车在车道减少的路口、路段，遇有前方机动车停车排队等候或者缓慢行驶的，应当每车道一辆依次交替驶过。

6）灯光、喇叭的规定。

① 灯光。机动车的灯光装置是车辆安全装置的重要组成部分。按照规定使用灯光装置，对防止自身车辆与其他车辆及行人发生交通事故有着重要作用。

a）机动车的灯光装置。

ⅰ 转向灯。安装于车头和车尾两侧，车辆转向时表示所转方向，以及表示停车、起步的灯光装置。

ⅱ 前照灯。安装于车头两侧，用于车辆行驶时照明道路。前照灯有远光灯和近光灯之分，近光灯必须符合防眩光要求。

ⅲ 雾灯。雾天行车时使用。

ⅳ 后位灯。安装于车尾两侧，夜间或雾天、阴天行车时使用，其作用是向后车表明自己的位置。

ⅴ 示宽灯。表示车辆的宽度。

ⅵ 制动灯。安装于车尾两侧，车辆制动时使用，其作用是向后车表明自己已制动。

ⅶ 牌照灯。安装在后牌照上下位置，夜间行驶时使用，用以照明后牌照。

ⅷ 仪表灯。安装于驾驶室，夜间行车时使用，便于驾驶人观察驾驶室内的各种仪表。

ⅸ 挂车标志灯。表示拖带挂车的灯光装置，夜间行车时使用，提醒其他车辆注意。

b）转向灯的使用。机动车向左转弯、向左变更车道、准备超车、驶离停车地点或者掉头时，应当提前开启左转向灯；向右转弯、向右变更车道、超车完毕驶回原车道、靠路边停车时，应当提前开启右转向灯。

c）远光灯、近光灯的使用。机动车夜间行驶在没有中心隔离设施或者没有中心线的道路上，遇相对方向来车时应当在距相对方向来车150m以外熄灭远光灯，改用近光灯；在窄路、窄桥与非机动车会车时应当使用近光灯。在夜间通过急弯、坡路、拱桥、人行横道或者没有交通信号灯控制的路口时，应当交替使用远、近光灯。

在夜间没有路灯、照明不良或者遇有雾、雨、雪、沙尘、冰雹等低能见度情况下，同方向行驶的后车与前车近距离行驶时，不得使用远光灯。

d）前照灯、示廓灯和后位灯的使用。机动车在夜间没有路灯、照明不良、遇有雾、雨、雪、沙尘、冰雹等低能见度情况下行驶时，应当开启示廓灯和后位灯。

e）危险报警闪光灯、雾灯和示警灯。机动车雾天行驶、道路养护施工作业车辆夜间作业、机动车在道路上发生故障或交通事故，妨碍交通又难以移动时都应当开启危险报警闪光灯。雾天行驶应当同时开启雾灯。养护施工作业车辆夜间作业应当同时开启示警灯。白天发生故障或交通事故，妨碍交通又难以移动时应当同时在车后50~100m处设置警告标志。夜间在道路上发生故障或者交通事故，妨碍交通又难以移动时，则应当同时开启示廓灯和后位灯。

牵引故障机动车时，牵引车和被牵引车均应当开启危险报警闪光灯。

② 喇叭。机动车驶近急弯、坡道顶端等影响安全视距的路段以及超车或者遇有紧急情况时，应当减速慢行，并鸣喇叭示意。但是严禁在禁止鸣喇叭的区域或者路段鸣喇叭。

7）机动车故障的处理。

① 发生故障。机动车在道路上发生故障，需要停车排除故障时，驾驶人应当立即开启危险报警闪光灯，将机动车移至不妨碍交通的地方停放；难以移动的，应当持续开启危险报警闪光灯，并在来车方向设置警告标志等措施扩大示警距离，必要时迅速报警。

② 故障车牵引。机动车在行驶中难免会发生一些故障，有的故障也是事前难以发现和预防的。车辆发生故障后，有的难以及时修复排除，有的则不能及时排除。这就需要用别的车辆牵引行驶，将其送到指定地点。有的甚至还需要装在别的车上运走。

为了确保安全，机动车发生故障需要被牵引时，应当遵守下列规定：

a）被牵引的机动车除驾驶人外不得载人，不得拖带挂车。

b）被牵引的机动车宽度不得大于牵引机动车的宽度。

c）使用软连接牵引装置时，牵引车与被牵引车之间的距离应当大于4m小于10m。

d）对制动失效的被牵引车，应当使用硬连接牵引装置牵引。

e）牵引车和被牵引车均应当开启危险报警闪光灯。

汽车吊车和轮式专用机械车不得牵引车辆。摩托车不得牵引车辆或者被其他车辆牵引。转向或者照明、信号装置失效的故障机动车，应当使用专用清障车拖曳。

③ 牵引挂车。机动车牵引挂车应当符合下列规定：

a）载货汽车、半挂牵引车、拖拉机只允许牵引一辆挂车。挂车的灯光信号、制动、连接、安全防护等装置应当符合国家标准。

b）小型载客汽车只允许牵引旅居挂车或者总质量700kg以下的挂车。挂车不得载人。

c）载货汽车所牵引挂车的载质量不得超过载货汽车本身的载质量。

大型、中型载客汽车，低速载货汽车，三轮汽车以及其他机动车不得牵引挂车。

8）机动车装载的规定。

① 货车装载。

a）机动车载物应当符合核定的载质量，严禁超载；不得遗洒、飘散载运物。装载长度、宽度不得超出车厢。重型、中型载货汽车，半挂车载物，高度从地面起不得超过4m，载运集装箱的车辆不得超过4.2m；其他载货的机动车载物，高度从地面起不得超过2.5m。

b）机动车运载超限的不可解体的物品，影响交通安全的，应当按照公安机关交通管理部门指定的时间、路线、速度行驶，悬挂明显标志。在公路上运载超限的不可解体的物品，应当依照公路法的规定执行。机动车载运超限物品行经铁路道口的，应当按照当地铁路部门指定的铁路道口、时间通过。

c）机动车载运爆炸物品、易燃易爆化学物品以及剧毒、放射性等危险物品，应当经公安机关批准后，按指定的时间、路线、速度行驶，悬挂警示标志并采取必要的安全措施。同时，严禁尚处于实习期的机动车驾驶人驾驶载有爆炸物品、易燃易爆化学物品、剧毒或者放射性等危险物品的机动车。

d）摩托车载物，高度从地面起不得超过1.5m，长度不得超出车身0.2m。两轮摩托车载物宽度左右各不得超出车把0.15m；三轮摩托车载物宽度不得超过车身。

e）载货汽车车厢不得载客。在城市道路上，货运机动车在留有安全位置的情况下，车厢内可以附载临时作业人员1~5人；货物高度超过车厢栏板时，货物上不得载人。

f）在允许拖拉机通行的道路上，拖拉机可以从事货运，但是不得用于载人。

② 客车装载的规定。

a）载客汽车除车身外部的行李架和内置的行李舱外不得载货。载客汽车行李架载货，从车顶起高度不得超过0.5m，从地面起高度不得超过4m。

b）公路载客汽车不得超过核定的载客人数，但按照规定免票的儿童除外，在载客人数已满的情况下，按照规定免票的儿童不得超过核定载客人数的10%。

c）摩托车后座不得乘坐未满12周岁的未成年人，轻便摩托车不得载人。

9）作业车和特种车行驶的规定。

① 作业车行驶的规定。作业车主要是指洒水车、清扫车、道路维修车等。为适应作业车作业的需要，道路交通安全法律规范对作业车作出了放宽性的规定：道路养护车辆、工程作业车进行作业时，在不影响过往车辆通行的前提下，其行驶路线和方向不受交通标志、标线限制，过往车辆和人员应当注意避让。洒水车、清扫车等机动车应当按照安全作业标准作业；在不影响其他车辆通行的情况下，可以不受车辆分道行驶的限制，但是不得逆向行驶。

② 特种车行驶的规定。警车、消防车、救护车、工程抢险车是执行紧急任务的特种车辆，

道路交通安全法律规范作出了以下规定：警车、消防车、救护车、工程救险车执行紧急任务时，可以使用警报器、标志灯具；但夜间在市区不得使用警报器，不得在禁止使用警报器的区域或者路段使用警报器；列队行驶时，前车已经使用警报器的，后车不再使用警报器。同时，警车、消防车、救护车、工程救险车执行紧急任务时，在确保安全的前提下，不受行驶路线、行驶方向、行驶速度和信号灯的限制，其他车辆和行人应当让行。但警车、消防车、救护车、工程救险车非执行紧急任务时，不得使用警报器、标志灯具，不享有道路优先通行权。

10）临时停车和车辆停放的规定。

① 临时停车的规定。《道路交通安全法实施条例》第五十六条对临时停车作了明确规定。为了保障临时停车的车辆安全，保障交通的畅通，车辆在停车场外的其他地点临时停车，除不得妨碍其他车辆和行人通行外，同时还应当遵守下列规定：

a）在设有禁停标志、标线的路段，在机动车道与非机动车道、人行道之间设有隔离设施的路段以及人行横道、施工地段，不得停车。

b）交叉路口、铁路道口、急弯路、宽度不足4m的窄路、桥梁、陡坡、隧道以及距离上述地点50m以内的路段，不得停车。

c）公共汽车站、急救站、加油站、消防栓或者消防队（站）门前以及距离上述地点30m以内的路段，除使用上述设施的以外，不得停车。

d）车辆停稳前不得开车门和上下人员，开关车门不得妨碍其他车辆和行人通行。

e）路边停车应当紧靠道路右侧，机动车驾驶人不得离车，上下人员或者装卸物品后，立即驶离。

f）城市公共汽车不得在站点以外的路段停车上下乘客。

② 车辆停放。机动车应当在规定地点停放。除了城市人民政府有关部门在不影响行人、车辆通行的情况下，在城市道路上施划并规定使用时间的停车泊位外，禁止在人行道上停放机动车。

11）学习驾驶的规定。在道路上学习机动车驾驶技能，应当按照公安机关交通管理部门指定的路线、时间使用教练车，在教练员随车指导下进行，与教学无关的人员不得乘坐教练车。不允许在道路上学习驾驶非机动车。

12）禁止性行为规定。《道路交通安全法实施条例》第六十二条规定，驾驶机动车不得有下列行为：

① 在车门、车厢没有关好时行车。

② 在机动车驾驶室的前后窗范围内悬挂、放置妨碍驾驶人视线的物品。

③ 拨打接听手持电话、观看电视等妨碍安全驾驶的行为。

④ 下陡坡时熄火或者空档滑行。

⑤ 向道路上抛撒物品。

⑥ 驾驶摩托车手离车把或者在车把上悬挂物品。

⑦ 连续驾驶机动车超过4h未停车休息或者停车休息时间少于20min。

⑧ 在禁止鸣喇叭的区域或者路段鸣喇叭。

5. 高速公路通行规范

1）车辆的进入与拦截检查。

① 车辆进入的禁止性规定。《道路交通安全法实施条例》第六十七条规定，行人、非机动车、拖拉机、轮式专用机械车、铰接式客车、全挂拖斗车以及其他设计最高时速低于70km/h的机动车，不得进入高速公路。高速公路限速标志标明的最高速度不得超过120km/h。

② 车辆的检查。《道路交通安全法实施条例》第六十九条规定，除公安机关的人民警察依法执行紧急公务之外，任何单位和个人均不得在高速公路上拦截检查行驶的车辆。

2）车辆行驶的规定。

① 车辆驶入驶出高速公路的规定。《道路交通安全法实施条例》第七十九条规定，机动车从匝道驶入高速公路，应当开启左转向灯，在不妨碍已在高速公路内的机动车正常行驶的情况下驶入车道。机动车驶离高速公路时，应当开启右转向灯，驶入减速车道，降低车速后驶离。

② 前后车距的规定。《道路交通安全法实施条例》第八十条规定，机动车在高速公路上行驶，车速超过 100km/h 时，应当与同车道前车保持 100m 以上的距离；车速低于 100km/h 时，与同车道前车距离可以适当缩短，但最小距离不得少于 50m。

③ 低能见度行驶规定。《道路交通安全法实施条例》第八十一条规定，机动车在高速公路上行驶，遇有雾、雨、雪、沙尘、冰雹等低能见度气象条件时，应当遵守下列规定：

① 能见度小于 200m 时，开启雾灯、近光灯、示廓灯和前后位灯，车速不得超过 60km/h，与同车道前车保持 100m 以上的距离。

② 能见度小于 100m 时，开启雾灯、近光灯、示廓灯、前后位灯和危险报警闪光灯，车速不得超过 40km/h，与同车道前车保持 50m 以上的距离。

③ 能见度小于 50m 时，开启雾灯、近光灯、示廓灯、前后位灯和危险报警闪光灯，车速不得超过 20km/h，并从最近的出口尽快驶离高速公路。

遇有前款规定情形时，高速公路管理部门应当通过显示屏等方式发布速度限制、保持车距等提示信息。

④ 禁止性规定。《道路交通安全法实施条例》第八十二条规定，机动车在高速公路上行驶，不得有下列行为：

a）倒车、逆行、穿越中央分隔带掉头或者在车道内停车。

b）在匝道、加速车道或者减速车道上超车。

c）骑、轧车行道分界线或者在路肩上行驶。

d）非紧急情况时在应急车道行驶或者停车。

e）试车或者学习驾驶机动车。

此外，在高速公路上行驶的载货汽车车厢不得载人。两轮摩托车在高速公路行驶时不得载人。

3）速度限制。

① 高速公路应当标明车道的行驶速度，最高车速不得超过 120km/h，最低车速不得低于 60km/h。

② 在高速公路上行驶的小型载客汽车最高车速不得超过 120km/h，其他机动车不得超过 100km/h，摩托车不得超过 80km/h。

③ 同方向有两条车道的，左侧车道的最低车速为 100km/h；同方向有三条以上车道的，最左侧车道的最低车速为 110km/h，中间车道的最低车速为 90km/h。道路限速标志标明的车速与上述车道行驶车速的规定不一致的，按照道路限速标志标明的车速行驶。

机动车通过施工作业路段时，应当注意警示标志，减速行驶。

4）高速公路交通管制。遇有自然灾害、恶劣气象条件或者重大交通事故等严重影响交通安全的情形，采取其他措施难以保证交通安全时，公安机关交通管理部门可以实行交通管制。这种交通管制常常应用于高速公路的交通管理。机动车驾驶人遇到高速公路交通管制时，应当配合公安机关交通管理部门，另行寻找合适路径。

5）发生故障和救援。机动车在高速公路上发生故障，需要停车排除故障时，驾驶人应当立即开启危险报警闪光灯，将机动车迅速转移到右侧路肩上或者应急车道内，并且迅速报警。难以移动的，应当持续开启危险报警闪光灯，并在故障车来车方向150m以外设置警告标志以扩大示警距离，同时迅速报警。

机动车在高速公路上发生故障或者交通事故，无法正常行驶的，应当由救援车、清障车拖曳、牵引。

四、道路交通事故处理

1. 道路交通事故处理的一般规定

1）道路交通事故的概念。

① 道路交通事故的概念。交通事故是指车辆在道路上因过错或者意外造成的人身伤亡或者财产损失的事件。交通事故中的道路是指公路、城市道路和虽在单位管辖范围内但允许社会机动车通行的地方，包括广场、公共停车场等用于公众通行的场所。交通事故不仅是由特定的人员违反交通管理法规造成的，也可以是由地震、台风、山洪、雷击等不可抗拒的自然灾害造成的。

② 道路交通事故的构成。交通事故的构成要件通常包括四个方面：客观要件（车辆要件和道路要件）、主观要件（过错或意外）、损害后果要件、过错或意外与损害后果之间的因果关系要件。任何一起交通事故都必须包括以下这四个要件，否则就不能构成一起交通事故。

a）客观要件（车辆要件和道路要件）。交通事故必须是涉及车辆的事件，即交通事故当事人至少有一方是车辆，不涉及车辆的事件不能称为交通事故。《道路交通安全法》对车辆及其形态作了专门规定。交通事故必须是发生在道路上的事件，不发生在道路上的事件不能称为交通事故。《道路交通安全法》《公路工程技术标准》（JTG B01—2014）和《城市道路交通规划设计规范》（GB 50220—1995）对道路的内涵、外延作了比较明确的规定。

b）主观要件。交通事故必须是由于过错或意外造成的事件。

ⅰ过错。过错是指行为人的主观心态，包括故意和过失。故意是指行为人已经预见到自己行为可能造成的后果，仍然积极地追求或者放任该后果的发生。过失是指行为人应当预见到自己的行为可能造成某种后果，因疏忽大意而没有预见，或者预见后而轻信能够避免，以致发生这种后果的心理态度。对于交通事故而言，交通事故的当事人经常故意违反交通安全法规，但他们并不希望造成人员伤亡或财产损失的后果。如果他们对事故的发生持有故意的主观心态，行为人的行为可能构成故意伤害、故意杀人、诈骗等犯罪。

ⅱ意外。行为人主观上没有过错，即使交通意外事件的发生是由不能抗拒或者不能预见的原因所引起的，也要作为交通事故对待。《道路交通安全法》将意外引入交通事故的概念中，使得交通事故的范畴比以往扩大了许多。

ⅲ损害后果。交通事故必须有损害后果，即交通事故必须有人身伤亡或财产损失的后果。人身损害以《人体重伤鉴定标准》《人体轻伤鉴定标准（试行）》和《人体轻微伤鉴定标准》为依据。财产损失以交通事故现场的直接财产损失为依据。如果客观上没有损害后果的发生，则该事件不属于交通事故。

ⅳ行为与损害后果之间的因果关系。当事人的过错或意外是交通事故损害后果出现的原因，交通事故损害后果是当事人的过错或意外事件的结果，二者之间构成因果关系。若二者之间没有因果关系，则不构成交通事故。

2）道路交通事故的主管和管辖。

① 道路交通事故的主管。《道路交通安全法》第五条规定，国务院公安部门负责全国道路交通安全管理工作。县级以上地方各级人民政府公安机关交通管理部门负责本行政区域内的道路交

通安全管理工作；《道路交通安全法》以授权的形式明确了公安部是全国道路交通安全的管理主管机关，县级以上地方各级人民政府公安机关交通管理部门是同级人民政府的道路交通安全主管机关。公安机关交通管理部门通过对各类道路交通安全活动和与道路交通安全有关的活动的管理，来行使其法定权力，履行其法定职责。而道路交通事故处理又是道路交通安全管理的重要内容之一。

② 道路交通事故的管辖。道路交通事故的管辖是指公安机关交通管理部门在受理道路交通事故上的分工和权限。根据有关规定，县级以上公安机关交通管理部门负责处理所管辖区域或者道路内发生的交通事故。我国公安机关交通管理部门分为公安部管理部门和地方各级公安机关交通管理部门。地方公安机关交通管理部门通常分为三级，即省、直辖市、自治区人民政府所属的公安厅(局)交通警察总队(交通管理局)，地(市)级人民政府所属公安交通警察支队和县级人民政府所属公安局交通警察大队。

③ 道路交通事故管辖的种类。根据《中华人民共和国行政处罚法》《道路交通安全法》《道路交通安全法实施条例》《交通事故处理程序规定》及《公安机关办理行政案件程序规定》，公安机关交通管理部门受理道路交通事故案件的管辖可以分为职能管辖、地域管辖、移送管辖、指定管辖。

a) 职能管辖。职能管辖是公安机关交通管理部门按照职责权限，划分处理道路交通事故的分工。道路交通事故由公安机关交通管理部门负责处理。

b) 地域管辖。地域管辖是公安机关交通管理部门按行政区域划分处理道路交通事故的管辖权限。道路交通事故发生地所在的市、县公安机关交通管理部门负责处理。

c) 移送管辖。移送管辖是先期处置的公安机关交通管理部门将道路交通事故案件，移送给有管辖权的公安机关交通管理部门处理。上级公安机关交通管理部门在必要的时候，可以处理下级公安机关交通管理部门管辖的交通事故，或者指定下级公安机关交通管理部门限时将案件移送其他下级公安机关交通管理部门处理。下级公安机关交通管理部门认为案情复杂、影响重大或者涉及公安机关人员、车辆的交通事故，可以申请移送上一级公安机关交通管理部门处理；上一级公安机关交通管理部门应当在接到申请后 24h 内，作出移送或者由原公安机关交通管理部门继续处理的决定。案件管辖发生转移的，处理时限从移送案件之日起计算。

d) 指定管辖。指定管辖是上级公安机关交通管理部门对某一道路交通事故案件，以行政命令的方式确定由某下级公安机关交通管理部门处理。指定管辖一般用于管辖权限有争议的案件，还包括需回避的事故由上级指定管辖的案件。管辖权限有争议的道路交通事故案件，首先由争议的双方协商解决，协商不成的，由双方共同的上级公安机关交通管理部门指定管辖。对管辖权发生争议的，报请共同的上级公安机关交通管理部门指定管辖，上级公安机关交通管理部门应当在 24h 内作出决定，并通知争议各方。

对高速公路、城市快速路的道路交通安全管理工作，省、自治区、直辖市人民政府公安机关交通管理部门可以指定设区的市人民政府公安机关交通管理部门或者相当于同级的公安机关交通管理部门承担。

④ 有关非交通事故的管辖。《道路交通安全法》第七十七条规定，车辆在道路以外通行时发生的事故，公安机关交通管理部门接到报案的，参照本法有关规定办理。也就是说，公安机关交通管理部门对道路以外的事故也有管辖权。

3) 道路交通事故的形态和种类。

① 交通事故的形态是指交通事故的外部表现形式，分为碰撞、刮擦、碾压、翻车、坠车、失火、撞固定物、撞静止车辆等。

② 交通事故种类。根据交通事故分析的角度、方法不同，交通事故的分类亦有所不同。通

常可以将道路交通事故分为以下几种：

a）根据交通事故损害后果，可将交通事故分为死亡事故、伤人事故、财产损失事故。

b）按交通事故形态分类，可将交通事故分为撞车事故、翻车事故、撞人事故、失火事故等。

c）按交通事故性质分类，可将交通事故分为责任事故、机械事故、意外事故等。

d）按交通事故主要责任分类，可将交通事故分为机动车驾驶人事故、非机动车事故、行人事故等。

e）按交通事故车主系统分类，可将交通事故分为专业运输车辆事故、公共电汽车事故、机关企业事业车辆事故、军车事故、个体车辆事故等。

f）按交通事故地点分类，可将交通事故分为路段事故、交叉口事故、弯道事故、坡道事故等。

g）按交通事故区域分类，可将交通事故分为市区事故、公路事故、村镇事故等。

h）按交通事故时间分类，可将交通事故分为凌晨事故、白天事故、傍晚事故、夜间事故等。

i）按人身伤害分类，可将交通事故分为死亡事故、重伤事故、轻伤事故、致残事故等。

此外，还可以按照交通事故当事人的年龄、性别、驾驶经历、职业等进行分类。

4）道路交通事故处理的回避。交通事故处理中的回避，是指交通事故处理过程中如果出现同交通事故案件有法定的利害关系或者其他可能影响交通事故案件公正处理的有关人员，不得参与交通事故处理或者与该交通事故有关的其他活动的制度。

① 交通事故处理回避适用人员。交通事故处理回避的人员包括公安交通管理部门负责人、参与交通事故处理的交通警察、交通事故检验人员、交通事故鉴定人员和交通事故案件中的翻译人员。

② 交通事故处理回避的理由。依据法律规定，有下列情形之一的人员应当回避：

a）交通事故案件的当事人或者当事人的近亲属。当事人是指正在接受交通事故案件调查处理的行政相对人。当事人的近亲属，是指与当事人有直系血亲、三代以内旁系血亲及姻亲关系的，包括当事人的配偶、父母、子女、兄弟姐妹、祖父母、外祖父母、孙子女和外孙子女。这些人员参与案件处理会影响到交通事故案件的公正处理；即使不会产生偏袒，其他当事人和社会公众自然也会产生疑虑，从而影响到案件的处理。

b）本人或者其亲属与本案有利害关系。

c）本案的证人、检验人、鉴定人或者翻译人员。

d）与本案当事人有其他关系，可能影响案件公正处理。

③ 交通事故处理回避的种类。交通事故处理回避有三种：自行回避、申请回避和指令回避。

a）自行回避是指具有法定回避理由之一的公安交通管理部门负责人、参与交通事故处理的交通警察、交通事故检验人员、交通事故鉴定人员和交通事故案件中的翻译人员在已经或者将要参与的道路交通事故处理过程中，发现本人或者自己的近亲属与道路交通事故有牵连或者有利害关系，应当自行主动提出回避。

b）申请回避是指交通事故的当事人及其法定代理人，认为公安机关公安交通管理部门负责人、参与交通事故处理的交通警察、交通事故检验人员、交通事故鉴定人员和交通事故案件中的翻译人员具有法定回避理由而向公安机关交通管理部门提出申请，要求有关人员回避。

c）指令回避是指公安交通管理部门负责人、参与交通事故处理的交通警察、交通事故检验人员、交通事故鉴定人员和交通事故案件中的翻译人员具有应当回避的情形之一，本人没有申请回避，当事人及其法定代理人也没有申请他们回避的，有权决定他们回避的公安机关管理部门或者公安机关交通管理部门负责人可以指令他们回避。

2. 道路交通事故处理

1）道路交通事故现场的概念和特点。

① 道路交通事故现场的概念。道路交通事故现场是指发生道路交通事故的地点及与交通事故有关范围内的空间场所，包括事故的车辆、物体、人、畜以及与道路交通事故有关的痕迹、物证所在的空间。道路交通事故现场由时间、空间、车辆、人员、物体五个要素构成，其实质就是道路交通事故当事人的行为与特定的时间、空间以及人、物所形成的各种关系的反映。道路交通事故现场是分析交通事故的基础。

② 道路交通事故现场的特点。道路交通事故绝大多数是在露天的道路上发生的，因此道路交通事故现场具有暴露性、整体性的特点。从道路交通事故的内在关系看，道路交通事故现场又具有客观性、隐蔽性、共同性和特殊性的特点。

a）现场存在的客观性和现场状况的可变性。任何道路交通事故的发生都必然形成一个事故现场，而且现场元素的原始分布形式和状况符合事故发生规律，能够客观反映事故发生的情况。即使当事人故意改变或毁灭事故现场，也只能改变事故的某些表象，掩盖不了事实的本质。现场存在的客观性，为我们分析处理事故提供了重要的客观依据。

道路交通事故现场状况又具有易变性，原始状况容易受主客观因素的影响而发生变化。现场暴露在露天，车多人多，极易使现场受到破坏和变动。另外，现场元素自身的性质也决定了其易变性。

b）现场的暴露性和因果关系的隐蔽性。暴露性是指道路交通事故现场必然呈现一定的外观形态，具有直观性。现场是道路交通事故造成的结果，无论事故现场的各种交通元素本身，还是它们的状态特征和事故的损害后果，都明显直观地暴露在外，容易被人们的感官所感知和认识。即使是一些细微的痕迹、物证，只要仔细勘查，也是可以发现的。现场现象的暴露性，使勘查人员能够认识道路交通事故案件的存在，为揭示事故发生的原因提供客观依据。

因果关系的隐蔽性，是指道路交通事故现场与事故有关的各种元素的关系，现场现象中所包含的事故发展过程的本质联系，即前因后果的关系，不是直观的、表面化的，而是复杂的，需要通过分析判断才能揭示，才能认识。

在道路交通事故现场，各种交通元素的相互关系，各种现象之间的相互关系，特别是违法行为与事故后果的因果关系，以及事故发生的过程常常是复杂隐蔽的。因果关系的隐蔽性，决定了认识道路交通事故案件的艰巨性。现场勘查人员的任务就是要通过现场调查，全面掌握现场的客观情况，科学分析判断，透过各种表面现象，揭示事故发生的原因和过程。

c）现场的整体性和形成过程的阶段性。每一起道路交通事故都有一个现场，呈现在调查人员面前的是一个现场整体。虽然道路交通事故的持续时间并不长，但事故现场要经过事故的一系列过程才能最终形成，是一系列事故过程演变的终结表现，体现着整个事故演变过程的整体性。现场勘查是由终结回溯其演变过程，再现整个事故发生发展和最终形成的过程。阶段性是指作为一个整体的事故现场，是随事故的发生演变过程逐步形成的，现场不仅从整体上反映事故的状况，还在阶段上反映事故发生的过程。

道路交通事故的每一个发展阶段都会留下相应特征的现场表象，各个阶段形成的表象的总和就构成了道路交通事故现场的整体。道路交通事故现场是时间性和空间性要素的综合。空间要素是直观的，时间要素则是通过空间要素间接地反映出来。道路交通事故发生全过程的动态情况都会通过现场元素具体形态的前后连续性和联系性表现出来。现场的阶段性为认识道路交通事故发生过程提供了重要依据。

道路交通事故演变大致可分为道路交通事故发生前各方当事人的动态、事故发生时各有关事故元素的变化、事故发生后的状态这样三个阶段。

d）现场的共性和每一具体现场的特殊性。道路交通事故尽管各种各样，千差万别，但是，所有的道路交通事故都具有共同特征。例如，都存在车辆碰撞、刮擦、碾压等痕迹。而且这些都是交通事故所特有的痕迹，尤其是同类交通事故具有的相同特征更多。道路交通事故现场的共性为发现、鉴别及利用痕迹物证判断事故性质提供了一定的规律性。

提示

道路交通事故的情况又是千变万化的，绝对没有完全雷同的两个道路交通事故现场，每一个道路交通事故现场都有自身的特殊性。正是这种特殊性，才将不同的道路交通事故现场相互区别开来。

在实际工作中，现场勘查人员就是要在道路交通事故现场共性的指导下对现场进行勘查，对事故进行分析。同时，现场勘查人员又必须注意在共性的指导下，识别每一具体现场的特殊性，运用不同的方法对现场进行勘查，具体情况具体分析，针对不同的道路交通事故特点进行分析和处理。

2）道路交通事故处理程序。道路交通事故处理程序是指公安机关交通管理部门、交通事故当事人及有关人员进行交通事故处理及相关活动的内容、顺序、时限的总称。根据交通事故的情形不同，交通事故处理可适用一般程序和简易程序。

① 交通事故处理的一般程序。

a）交通事故报警、受理。发生交通事故后，有关人员应将交通事故的发生情况及时告知公安机关交通管理部门。公安机关交通管理部门接到事故报警后，应当登记备案，并根据不同情况作出不同的处理。对于不属于交通事故的案件，公安机关交通管理部门不予受理，并应当告知报案人向有管辖权的机关报案。

发生交通事故后，当事人应当采取适当措施，尽到法律规定的义务。根据《道路交通安全法》第七十条规定：在道路上发生交通事故，车辆驾驶人应当立即停车，保护现场；造成人身伤亡的，车辆驾驶人应当立即抢救受伤人员，并迅速报告执勤的交通警察或者公安机关交通管理部门。因抢救受伤人员变动现场的，应当标明位置。乘车人、过往车辆驾驶人、过往行人应当予以协助。具体来说，道路交通事故当事人的现场处理措施包括以下内容：

ⅰ立即停车。当发生道路交通事故时，机动车驾驶人应当首先采取制动措施停车，切不可将车辆缓慢地靠向道路一边或向前缓慢停车，或者向后倒车再停，更不能明知发生交通事故而驶离现场。这些行为将对现场造成不同程度的破坏，使事故损害进一步扩大。驾驶人停车后应按有关规定操作：拉紧驻车制动，切断电源，开启危险信号灯，夜间还须开启示宽灯、后位灯。同时下车察看现场，确认事故是否发生，受害人和有关物品的损害情况，在车后设置警告标志。还应注意将可能造成事故扩大的危险因素消除，如装载的危险品外溢、燃油流出等。这些危险因素如果不及时消除，将可能引发二次事故，造成损失的进一步扩大。因此，当发生道路交通事故时，机动车驾驶人应当立即停车，并采取相应的措施，消除事故进一步扩大的隐患。

ⅱ抢救伤员。抢救伤员与保护现场应当同步进行。对造成人身伤亡的，车辆驾驶人应当根据情况，立即采取相应的措施，抢救受伤人员，如立即止血，防止流血过多，同时要及时拦截过往车辆，将受伤人员送往医院。在紧急情况下，事故车辆也可以直接将伤员送往医院。对抢救受伤人员需要移动现场物品、人体躺卧位置，或者需要使用事故车辆运送受伤人员等而变动现场的，应当采取措施，明显、准确、有效地标明原物品、人体、车辆等的位置和相互关系。如果受害者已经死亡，则不应当搬动，要保护现场，等待交通警察来处理。

ⅲ保护现场。当发生道路交通事故时，要注意保护现场，以便查明造成道路交通事故的原因和分清双方责任。现场的范围通常是指机动车采取制动措施时的地域至停车的地域，以及受害人行进、终止的位置。在实践中，简单保护现场的方法包括在事故区域周围放上小石头或者其他物体；有条件的用绳索围拦等。当然，保护现场，要根据事故的性质、严重程度和现场的交通情况灵活处理。

ⅳ及时报案。车辆驾驶人在停车保护现场、抢救受伤人员的同时，应当及时将事故发生的时间、地点、肇事车辆及伤亡情况，用电话向交通警察或者公安机关交通管理部门报告，在交通警察到来之前不得离开现场。车辆驾驶人可以自己向交通警察或者公安机关交通管理部门报告，也可以委托现场目击者、车上乘客、同乘人员、过往车辆驾驶人、过往行人等向交通警察或者公安机关交通管理部门报告。

b）出警及现场调查。公安机关交通管理部门接到报警后，应当根据交通事故的类型、损害情况等及时出警。对于一般交通事故，应派出两名或者两名以上交通警察处理。对于发生人员死亡的交通事故，县级公安机关交通管理部门负责人应当到场组织、指挥现场救援和调查取证工作；对于一次死亡3人以上及其他重大影响的交通事故，地（市）公安机关交通管理部门负责人应当到场组织、指挥现场救援和调查取证工作；对于一次死亡10人以上的交通事故，省级交警部队要派有关人员赶赴现场，协调并指导当地的交通事故调查、处理工作。

ⅰ现场调查。交通警察到达现场调查交通事故现场时，应当全面、及时地收集有关证据，具体包括交通事故当事人的基本情况、车辆安全技术状况及装载情况、交通事故的基本事实、当事人的道路交通安全违法行为及导致交通事故的过错或者意外情况、与交通事故有关的道路情况、其他与交通事故有关的事实。

ⅱ现场勘查、照相、摄像、绘制现场图。交通警察应勘查交通事故现场。勘查交通事故现场应按照有关法规和标准的规定，拍摄现场照片，绘制现场图，采集、提取痕迹、物证，制作现场勘查笔录。一次死亡3人以上的交通事故应当进行现场摄像。现场图应当由参加勘查的交通警察、当事人或者见证人签名。当事人拒绝签名或者无法签名以及无见证人的，应当记录在案。

ⅲ交通事故询问、讯问。公安机关交通管理部门应当按照《公安机关办理行政案件程序规定》，对肇事人、其他当事人、证人进行询问或进行讯问。询问或者讯问时，应当根据需要问明交通方式、驾驶人和机动车所有人、管理人的基本情况以及机动车驾驶证号、准驾车型、领取机动车驾驶证日期、驾驶经历、驾驶前活动、休息、餐饮情况、驾驶时身体状况、所驾车辆状况、保险情况、行驶路线、驾驶时间、行驶速度，交通事故发生经过、临危采取的措施及主观心态等与交通事故有关的情况。询问或讯问之后应当制作笔录，让被询问（讯问）人确认无误后签字。

ⅳ事故的检验、鉴定。公安机关交通管理部门对当事人生理、精神状况、人体损伤、尸体、车辆及其行驶速度、痕迹、物品以及现场的道路状况等需要进行检验、鉴定的，应当在勘查现场之日内指派或者委托专业技术人员、具备资格的鉴定机构进行检验、鉴定。

ⅴ检验、鉴定的时限。检验、鉴定应当在20日内完成；需要延期的，经设区的市公安机关管理部门批准可以延长10日。检验、鉴定周期超过时限的，须报经省级人民政府公安机关交通管理部门批准。

ⅵ精神病的医学鉴定。精神病的医学鉴定应当由省级人民政府指定的医院进行。当事人交通事故致残的，在治疗终结后，应当由具有资格的伤残鉴定机构评定伤残等级。对有争议的财产损失的评估，应当由具有评估资格的评估机构进行。具备资格的检验、鉴定、评估机构应当向省级人民政府公安机关交通管理部门备案。公安机关交通管理部门可以向当事人介绍符合条件的检验、鉴定、评估机构，由当事人自行选择。

ⅶ尸体的处理。交通事故造成人员死亡的，由急救、医疗机构或者法医出具死亡证明。尸体应当存放在殡葬服务单位或者有停尸条件的医疗机构。检验尸体不得在公众场合进行。解剖尸体需征得其亲属的同意。检验完成后，应当通知死者亲属在10日内办理丧葬事宜。无正当理由逾期不办理的，经县级以上公安机关负责人批准，由公安机关处理尸体，逾期存放的费用由死者亲属承担。对未知名尸体，由法医提取人身识别检材、采集其他相关信息后，公安机关交通管理部门填写《未知名尸体信息登记表》，报设区的市公安机关有关部门。核查出未知名尸体身份的，通知其亲属或者单位认领并处理交通事故。经核查无法确认身份的，应当在地（市）级以上报纸刊登认尸启事。登报后10日仍无人认领的，由县级以上公安机关负责人或者上一级公安机关交通管理部门负责人批准处理尸体。

ⅷ车辆的扣留。《道路交通安全法》第七十二条规定，交通警察因对交通事故进行勘验、检查、收集证据需要，可以扣留事故车辆，但是应妥善保管，以备核查。

ⅸ制作交通事故认定书。交通事故认定书是公安机关通过对现场的勘查、技术分析和有关的检验、鉴定结论所出具的法律文书。根据《道路交通安全法》第七十三条的规定，交通事故认定书应当载明交通事故的基本事实、成因和当事人的责任，并送达当事人。同时，作为处理交通事故的证据。

② 交通事故处理的简易程序。

a）适用简易程序处理的交通事故应满足下列条件之一：

ⅰ发生交通事故，但未造成人身伤亡，当事人对事实及成因有争议不即行撤离现场或者当事人自行撤离现场后，经协商未达成协议的。

ⅱ发生交通事故，但仅造成轻微财产损失，当事人对事实及成因有争议不即行撤离现场或者当事人自行撤离现场后，经协商未达成协议的。

ⅲ发生交通事故，受伤人员认为自己伤情轻微，当事人对事实及成因无争议，但是对赔偿有争议的。

适用简易程序的，可以由一名交通警察处理。

b）简易程序处理的步骤。此类交通事故无需进行现场勘查，根据实际情况，适用简易程序处理的道路交通事故分为两类：

一类是当事人不撤离现场的处理步骤：

ⅰ现场调查，对道路交通事故有关情况进行记录。适用简易程序的交通事故，当事人不撤离现场的，交通警察应当记录交通事故发生的时间、地点、天气、当事人姓名、机动车驾驶证号、联系方式、机动车牌号、保险凭证号、交通事故形态、碰撞部位等，由当事人签名后，责令当事人撤离现场，恢复交通。

ⅱ对拒不撤离现场的，予以强制撤离。

ⅲ确定当事人责任，制作事故认定书。当事人撤离现场后，交通警察根据当事人的行为对发生道路交通事故所起的作用以及过错的严重程度，确定当事人的责任，当场制作道路交通事故认定书。

另一类是当事人自行撤离现场后，协商损害赔偿未达成协议报警的道路交通事故处理步骤：

ⅰ当事人提供交通事故文字材料。当事人自行撤离现场后，协商损害赔偿未达成协议报警的，应当向交通警察提供有当事人签名的道路交通事故文字记录材料。

ⅱ交通警察予以记录，由当事人签名。

ⅲ确定责任，制作道路交通事故认定书。交通警察根据当事人的行为，对发生道路交通事故所起的作用以及过错的严重程度，确定当事人的责任，当场制作道路交通事故认定书。

③ 未造成人身伤亡，基本事实及成因无争议的处置。机动车与机动车、机动车与非机动车

在道路上发生未造成人身伤亡的交通事故，当事人对事实及成因无争议的，在记录道路交通事故的时间、地点、对方当事人的姓名和联系方式、机动车牌号、驾驶证号、保险凭证号、碰撞部位，并共同签名后，撤离现场，自行协商损害赔偿事宜。当事人对交通事故事实及成因有争议的，应当迅速报警。因此，道路交通事故当事人选择即行撤离现场、自主协商处理交通事故，应当同时满足以下四个条件：

a）道路交通事故没有造成人身伤亡，如果造成人身伤亡，应当按照《道路交通安全法》第七十条的规定，保护现场，抢救伤员并及时报警，不得撤离、破坏现场。

b）当事人对道路交通事故的事实和事故的形成原因没有争议。

c）当事人自愿协商处理道路交通事故引起的损害赔偿事宜。

d）当事人必须记录道路交通事故的时间、地点、对方当事人的姓名和联系方式、机动车牌号、驾驶证号、保险凭证号、碰撞部位，并共同签名后才可以撤离现场。

④ 仅造成轻微财产损失，基本事实清楚的处置。在道路上发生交通事故，仅造成轻微财产损失，并且基本事实清楚的，当事人应当先撤离现场再进行协商处理。道路交通事故仅造成轻微财产损失，发生事故的车辆、车辆驾驶人、损坏部位等均明确的，当事人必须首先撤离现场，离开道路或者将车辆移至不妨碍交通的地方，再协商处理损害赔偿。如果当事人不履行这一义务，将承担由此引起不良后果的法律责任。

3）交通事故中受伤人员的抢救。

① 医疗机构的抢救责任。抢救治疗道路交通事故受伤人员是所有医疗机构的责任，拒绝、放弃、拖延抢救治疗均要承担法律责任。对道路交通事故中的受伤人员，医疗机构应当及时抢救，不得因抢救费用未及时支付而拖延救治。因抢救而产生的费用采取以下方式解决：一是当事人自己支付，包括受害人自己预先支付和肇事者先行支付；二是保险公司支付；三是道路交通事故社会救助基金垫付抢救费用。

② 保险公司支付抢救费用的责任。肇事车辆已参加机动车第三者责任强制保险的，由保险公司在责任限额范围内支付抢救费用。保险公司支付抢救治疗费用的时间，应当在发生事故接到报案并确定损害发生或者得到公安机关的通知后立即支付，不得拖延，影响救治。保险公司支付抢救治疗费用的数额，应当根据伤情和抢救治疗必需的费用，一次性或者分步骤及时支付，以责任限额内支付为限。

③ 社会救助基金的垫付问题。道路交通事故社会救助基金先行垫付，是指对抢救费用超过保险责任限额的，未参加机动车第三者责任强制保险或肇事后逃逸的交通事故，其受伤人员的抢救治疗费用由道路交通事故社会救助基金先行垫付。之后，道路交通事故社会救助基金管理机构再向道路交通事故的责任人追偿先行垫付的抢救治疗费用。保险公司支付和道路交通事故社会救助基金垫付的道路交通事故抢救治疗费用的接受单位，应当是医疗机构。这些费用应当按照道路交通事故社会救助基金的管理规定和道路交通事故处理程序的有关规定办理。

4）车辆在道路以外通行发生事故的处理。车辆在道路以外发生交通事故，主要是指在工厂、油田、农场、林场的专用道路、农村机耕道路、渡口、机关、学校、单位大院、车站、机场、港口、铁道道口、渡口、货场内以及住宅楼群之间不供公众通行的地方发生的事故。由于在道路以外的其他场所，没有交通规则的标准，对车和行人的行为很难进行违法行为认定和过错判断。对于道路以外的场所发生的交通事故，其损害赔偿事宜，原则上由当事人协商解决，协商不成的，可以向人民法院依法提起民事诉讼。如果当事人要求公安机关交通管理部门进行调解，公安机关原则上也应当接受。

3. 道路交通事故责任认定

交通事故责任是指公安机关在查明交通事故责任后，依照道路交通管理的法律、法规和部门规章，对当事人的违章行为与事故之间的因果关系以及违章行为在交通事故中所起的作用作出的结论。道路交通事故认定是事故处理工作的核心，事故处理人员对事故现场勘查、讯问当事人、收集证人证言、检查、鉴定所获取的证据，其目的都是为了对道路交通事故责任准确认定。道路交通事故责任是对道路交通事故当事人的交通行为与造成道路交通事故的关系及其应承担义务的一种确认。

> **提示**
>
> 　　交通事故责任不能直接等同于法律责任。它是当事人的违章行为与事故之间是否存在因果关系、有多大程度的因果关系的问题。构成道路交通事故责任必须同时具备以下条件：
>
> 　　一是必须有道路交通事故责任的主体。具有交通活动能力的人才可能成为责任主体。责任主体与民事赔偿主体有时是一个，在有些情况下，两者可能是分离的。
>
> 　　二是有一定的交通行为存在。引起交通事故的交通行为可能是违法行为，也可能是意外事故。对于前一种情况，法律要求交通事故的主体必须有违法行为存在，即违反《道路交通安全法》和其他有关道路交通管理法规、规章的行为。违法行为可能是事故中某一方当事人的行为，也可能是事故中双方当事人的行为。对于意外导致的交通事故，法律并没有要求有违法行为存在的要求。
>
> 　　三是交通行为和道路交通事故之间存在因果关系。违章行为或意外事故与损害后果之间存在因果关系。因果关系就是由于一定的原因，必然引起一定的后果的联系。但是，并非所有的道路交通安全违法行为都必然导致交通事故的发生。与道路交通事故的发生存在因果关系的交通行为，是认定道路交通事故责任的关键。道路交通安全违法行为与交通事故之间存在因果关系是构成道路交通事故责任的决定性条件。道路交通事故当事人虽有违法行为，但违法行为与交通事故无因果关系的，不构成道路交通事故责任。

1）道路交通事故责任认定的基本原则。

① 依法定责原则。公安机关交通管理部门作为行政机关，必须依法行政。这包括行为必须是明确的法律依据，程序必须严格按法定的程序，否则就是违法或不产生行政法效果的行为。交通事故责任认定作为公安机关交通管理部门的行政行为，必须以法律为准绳，依法定责。认定道路交通事故责任的法律依据不仅是道路交通安全法律、法规、规章，还包括《刑法》《民法通则》《刑事诉讼法》《民事诉讼法》《行政处罚法》《行政诉讼法》等相关法律、法规。

② 因果关系原则。因果关系是客观存在的规律，并不以人们的意志为转移，但是可以被人们认识和接受。认定道路交通事故责任的因果关系，就是作为事故原因与引起道路交通事故发生之间的因果关系。

道路交通事故情况千变万化，原因错综复杂，每起道路交通事故当事人的违法行为也是多种多样的。基于对违法行为和道路交通事故之间存在因果关系是构成道路交通事故责任的决定性要件的认识，分析出与造成道路交通事故有直接的、内在的、必然的、主要的关系的违法行为，而不是那些间接的、外在的、偶然的和次要的关系的违法行为。

2）责任的分类和承担。公安机关交通管理部门经过调查后，应当根据当事人的过错对交通事故所起的作用及过程，确定当事人的责任。当事人的责任主要分为全部责任、主要责任、同等责任、次要责任、无责任。

① 全部责任和无责任。因一方当事人的过错导致交通事故的，承担全部责任；当事人逃逸造成现场变动、证据灭失，公安机关交通管理部门无法查证交通事故事实的，逃逸的当事人承担

全部责任；当事人故意破坏、伪造现场、毁灭证据的，承担全部责任。

② 主要责任和次要责任。交通事故主要由两方或者两方以上的行为及过错造成，其中一方的行为及过错对交通事故的影响最大，已超过其他各方共同的影响之和，则对交通事故影响最大的一方当事人的责任为主要责任。其他各方责任为次要责任。

③ 同等责任。交通事故主要由两方的行为及过错造成，且影响相当或者相同，这两方当事人的责任也相当，即同等责任。

3）《交通事故认定书》的制作与送达。

① 《交通事故认定书》。《交通事故认定书》是公安机关交通管理部门根据交通事故现场勘查、对有关情况进行调查、鉴定后制作的载明交通事故基本事实、成因和当事人责任的一种结论性法律文书。《交通事故认定书》对当事人不产生直接的法律后果，它仅是公安机关交通管理部门、法院处理交通事故、民事赔偿及刑事责任的一个证据。

② 《交通事故认定书》的内容。《交通事故认定书》应当载明以下内容：

a）交通事故当事人、车辆、道路和交通环境的基本情况。

b）交通事故的基本事实。

c）交通事故证据及形成原因的分析。

d）当事人导致交通事故的过错及责任或者意外的原因。

③ 《交通事故认定书》的制作。公安交通管理部门对经过勘验、检查现场的交通事故应当自勘验现场之日起 10 日内制作《交通事故认定书》。《交通事故认定书》应当加盖公安机关交通管理部门交通事故处理专用章，分别送达当事人，并告知当事人申请公安机关交通管理部门调解的期限和直接向人民法院提起民事诉讼的权利。

交通肇事逃逸的，在查获逃逸人和车辆后 10 日内制作《交通事故认定书》；未查获交通肇事逃逸人和车辆，交通事故损害赔偿当事人要求出具《交通事故认定书》的，公安机关交通管理部门可以在接到交通事故损害赔偿当事人的书面申请后 10 日内制作《交通事故认定书》，载明交通事故发生的时间、地点、受害人情况及调查得到的事实。有证据证明受害人有过错的，确定受害人的责任；无证据证明受害人有过错的，确定受害人无责任。并送达交通事故损害赔偿当事人。

对无法查证交通事故事实的，公安机关交通管理部门制作《交通事故认定书》，载明交通事故发生的时间、地点、当事人情况及调查得到的事实，分别送达当事人。

④ 《交通事故认定书》的送达。公安机关交通管理部门送达《交通事故认定书》的方式有直接送达、留置送达、委托送达、邮寄送达和公告送达。

五、法律责任

1. 道路交通安全法律责任概述

1）道路交通安全法律责任的概念。道路交通安全法律责任指道路交通安全法律关系中的主体，由于违反了有关道路交通安全法律的规定，而承担的某种不利的法律后果。交通事故法律责任是法律责任的一种。《道路交通安全法》第七章对道路交通安全法律责任作了专门的规定。法律责任的规定体现了法律规范中的国家强制性，若责任人不能主动履行其法律责任，有关人员可以请求国家有关机关强制义务人履行其义务。所以，如果没有法律责任的规定，法律所规定的权利的实现和义务的履行就难以得到保障。

2）一般法律责任的构成要件。

① 行为的违法性。没有违法行为，就不存在法律责任。一个道路交通行为违反了道路交通安全法律、法规的规定，才会受到处罚。违法行为的性质和危害程度不同，其所应承担的法律责

任也不相同。

② 行为的社会危害性。行为的社会危害性是指行为人的行为侵害了法律所保护的社会关系，造成了某种损害结果；或虽未造成现实的损害结果，但却使法律所保护的社会关系处于直接的危险之中。《道路交通安全法》及相关法规中规定了无证驾车、超速行驶、酒后驾车等多种道路交通安全违法行为，所有这些道路交通安全违法行为都无一例外地已经或可能扰乱道路交通秩序，妨碍道路交通安全和畅通，侵害他人交通权益。

③ 行为人的过错。过错指的是某种主观的心理状态，包括故意和过失两种形式。故意是指行为人明知自己的行为会发生危害社会的结果，并希望或放任结果发生的心理状态。过失是指行为人因疏忽大意而未能预见危害结果的发生，或轻信可以避免结果的发生，而最终使危害结果实际发生的心理状态。

④ 由国家强制力保障实施。法律责任必须由国家强制力保障实施。就道路交通安全法律责任而言，国家机关指的是公安机关及其交通管理部门。

道路交通安全法律责任与一般法律责任有所区别，这种区别主要体现在民事责任的构成要件方面。

3）道路交通安全法律责任的种类。

① 交通事故的行政责任。交通事故行政责任既包括行政主体在执行职务过程中违反行政义务而引起的法律责任，也包括行政相对人违反行政法义务所引起的法律责任。前者的行政责任一般称为行政处分，后者一般称为行政处罚。

行政处分主要适用于对行政机关和事业单位人员违反行政法律、法规、规章或者行政机关的内部规定而实施的制裁。行政处分的形式主要有警告、记过、记大过、降级、撤职、开除。《道路交通安全法》第一百一十五条规定了15种依法应给予行政处分的行为。

《行政处罚法》第八条规定的行政处罚的种类有警告，罚款，没收违法所得、没收非法财物，责令停产停业，暂扣或者吊销许可证、暂扣或者吊销执照，行政拘留以及法律、行政法规规定的其他行政处罚。《道路交通安全法》第八十八条规定：对道路交通安全违法行为的处罚种类包括警告、罚款、暂扣或者吊销机动车驾驶证、拘留。《道路交通安全法》所称的法律责任主要是指此类责任。

② 交通事故的民事责任。民事责任是指民事法律关系的主体因违反民事义务而依法应当承担的民事法律后果。《民法通则》第一百三十四条规定的民事责任有停止侵害，排除妨碍，消除危险，返还财产，恢复原状，修理、重作、变换赔偿损失，支付违约金，消除影响、恢复名誉，赔礼道歉等。《道路交通安全法》中的民事责任主要是发生道路交通事故后应当承担的损害赔偿责任。另外还有比较特殊的补偿、赔偿等民事责任的情形：

a）未经批准，擅自挖掘道路、占用道路施工或者从事其他影响道路交通安全活动的，由道路主管部门责令停止违法行为，并恢复原状，可以依法给予罚款；致使通行的人员、车辆及其他财产遭受损失的，依法承担赔偿责任。

b）道路施工作业或者道路出现损毁，未及时设置警示标志，未采取防护措施，或者应当设置交通信号灯、交通标志、交通标线而没有设置，或者应当及时变更交通信号灯、交通标志、交通标线而没有及时变更，致使通行的人员、车辆及其他财产遭受损失的，负有相关职责的单位应当依法承担赔偿责任。

c）刑事责任。犯罪行为是对法律秩序最严重的破坏，因此刑事责任也是最严厉的法律责任。刑事责任是指行为人对违反刑事法律义务的行为所引起的刑事法律后果的一种应有的、体现国家对行为人否定的道德政治评价的承担。刑事责任是由犯罪行为所引起的、与刑事制裁相联系的法律责任。根据《刑法》的规定，刑罚分为主刑和附加刑。其中，主刑有管制、拘役、有期徒刑、无期徒刑和死刑；附加刑有罚金、剥夺政治权利和没收财产。

《道路交通安全法》第一百零一条第一款规定："违反道路交通安全法律、法规的规定，发生重大交通事故，构成犯罪的，依法追究刑事责任，并由公安机关交通管理部门吊销机动车驾驶证。"

《刑法》第一百三十三条规定："违反交通运输管理法规，因而发生重大事故，致人重伤、死亡，或者使公私财产遭受重大损失的，处三年以下有期徒刑或者拘役；交通运输肇事后逃逸或者有其他特别恶劣情节的，处三年以上七年以下有期徒刑；因逃逸致人死亡的，处七年以上有期徒刑。"

最高人民法院于 2000 年 11 月 15 日公布了《关于审理交通肇事刑事案件具体应用法律若干问题的解释》（以下简称《解释》）。该《解释》第一条规定："……违反交通运输管理法规发生重大交通事故，在分清事故责任的基础上，对于构成犯罪的，依照《刑法》第一百三十三条的规定定罪处罚。"《解释》的第二条就构成交通肇事罪的条件作出了规定：

a) 死亡一人或者重伤三人以上，负事故全部或者主要责任的。

b) 死亡三人以上，负事故同等责任的。

c) 造成公共财产或者他人财产直接损失，负事故全部或者主要责任，无能力赔偿，数额在 30 万元以上的。

另外，该条第二款同时规定，交通肇事致一人以上重伤，负事故全部或者主要责任，并具有下列六种情形之一的，也构成犯罪：

a) 酒后、吸食毒品后驾驶机动车辆的。

b) 无驾驶资格驾驶机动车辆的。

c) 明知是安全装置不全或者安全机件失灵的机动车辆而驾驶的。

d) 明知是无牌证或者已报废的机动车辆而驾驶的。

e) 严重超载驾驶的。

f) 为逃避法律追究逃离事故现场的。

机动车安全技术检验机构不按照机动车国家安全技术标准进行检验，出具虚假检验结果的，由公安机关交通管理部门处所收检验费用 5 倍以上 10 倍以下罚款，并依法撤销其检验资格；构成犯罪的，依法追究刑事责任。

伪造、变造或者使用伪造、变造的机动车登记证书、号牌、行驶证、检验合格标志、保险标志、驾驶证或者使用其他车辆的机动车登记证书、号牌、行驶证、检验合格标志、保险标志的，由公安机关交通管理部门予以收缴，扣留该机动车，并处 200 元以上 2000 元以下罚款；构成犯罪的，依法追究刑事责任。

生产或者销售不符合机动车国家安全技术标准的机动车，构成犯罪的，依法追究刑事责任。

交通警察利用职权非法占有公共财物，索取、收受贿赂，或者滥用职权、玩忽职守，构成犯罪的，依法追究刑事责任。

2. 道路交通安全违法行为及其处罚

1) 道路交通安全违法行为。

① 道路交通安全违法行为的概念。道路交通安全违法行为是指道路交通安全法律关系主体（国家机关、企业事业单位、社会团体及其他组织或公民）违反道路交通安全法律、法规，并依照道路交通安全法律、法规的规定应受行政处罚的行为。

② 道路交通安全违法行为的构成要件。道路交通安全违法行为由四个要件构成：

a）道路交通安全违法行为的主体。道路交通安全违法行为的主体，是指实施了道路交通安全法律、法规规定的危害社会交通的行为，并依法应该承担责任的自然人、法人和其他组织。《道路交通安全法》第二条规定："中华人民共和国境内的车辆驾驶人、行人、乘车人以及与道路交通活动有关的单位和个人，都应当遵守本法。"

　　b）道路交通安全违法行为的主观方面。道路交通安全违法行为的主观方面是指道路交通安全违法行为人对自己所实施的违法行为及其危害后果所持的心理态度。

　　c）道路交通安全违法行为的客体。道路交通安全违法行为的客体，是指我国道路交通安全法律、法规所保护的，而被道路交通安全违法行为所侵害的社会关系。这种社会关系在道路交通中主要表现为道路交通秩序、道路交通安全、畅通、效率以及他人的交通权益。

　　d）道路交通安全违法行为的客观方面。道路交通安全违法行为的客观方面，是指道路交通安全违法行为的客观外在表现，它包括有作为和不作为两种表现形式。《道路交通安全法》第一百零五条规定的就是一种不作为的表现。

　　2）道路交通安全违法行为的处罚。

　　① 处罚的法律依据。道路交通安全违法行为的处罚，是指公安机关依据道路交通安全法律、法规，对违反道路交通安全的行为人所给予的一种法律制裁。《道路交通安全法》第八十七条第二款规定："公安机关交通管理部门及其交通警察应当依据事实和本法的有关规定对道路交通安全违法行为予以处罚。"

　　道路交通安全违法行为处罚的法律依据主要是道路交通安全法律、法规以及与道路交通安全有关的法律、法规和规章等。法律依据如《道路交通安全法》《行政处罚法》《行政诉讼法》等；行政法规如《道路交通安全法实施条例》；行政规章如《道路交通安全违法行为处理程序规定》《机动车驾驶证申领和使用规定》《机动车登记规定》；地方性道路交通安全法规及规章。各省、自治区、直辖市的人民代表大会及其常务委员会有权制定地方性法规，而由各省、自治区、直辖市的人民政府制定的则是地方性规章。地方性道路交通安全法规及规章也只在各地方颁布生效的范围内有效。

　　② 处罚的原则。公安机关交通管理部门及其交通警察对违法行为的处理，应当遵循合法、及时、公正、公开和处罚与教育相结合的原则。对应当给予处罚的，依据违法行为的事实和法律、法规的规定作出处罚决定。因此，对道路交通安全违法行为的处罚应当遵守以下原则：

　　a）处罚法定的原则。处罚的主体法定，处罚的依据法定，处罚的程序也必须是法定的。

　　b）公开、公正原则。公正原则也可称为过罚相当原则，即所实施的处罚必须与违法行为的性质、情节及社会危害程度相当。它要求公安机关及其交通管理部门在决定和执行处罚时，做到法律面前人人平等，公正地行使裁量权，以事实为根据，以法律为准绳，这样才能做到定性准确，处罚适当。处罚应当公开，要求行政处罚的依据要公开、行政处罚的程序和结果要公开、处罚决定之前要明确告知当事人有陈述、申辩的权利，有要求回避的权利以及在法律规定的情况下有要求听证的权利，并且听证原则应当公开举行。

　　c）处罚与教育相结合的原则。《道路交通安全法》第八十七条第二款以及《道路交通安全违法行为处理程序规定》第七条第一款均有这方面的规定。

　　d）保障当事人合法权利的原则。依法保护当事人的知情权、申请回避的权利、要求听证的权利、要求法律救济的权利。

　　3）处罚的种类和幅度。《道路交通安全法》第八十八条规定："对道路交通安全违法行为的处罚种类包括警告、罚款、暂扣或者吊销机动车驾驶证、拘留。"

　　4）处罚的适用。

a）数种道路交通安全违法行为的处罚。《道路交通安全违法行为处理程序规定》第四十七条第一款规定："一人有两种以上违法行为的，分别裁决，合并执行，可以制作一份公安交通管理行政处罚决定书。"

b）共同违反道路交通安全行为的处罚。对于二人以上共同违反道路交通安全行为的，则根据其在共同违法中所处的地位和违法情节的轻重来决定处罚，并分别制作公安交通管理行政处罚决定书。

c）从重处罚。从重处罚是指在法定的处罚种类和幅度内，对道路交通安全违法行为给予较重的处罚。违法行为人有下列情形之一的，应当从重处罚：

ⅰ造成严重后果的。

ⅱ胁迫、诱骗他人或者教唆未成年人实施违法行为的。

ⅲ传授违法行为方法、手段、技巧的。

ⅳ对控告人、举报人、证人等打击报复的。

ⅴ一年内因同一种违法行为受到两次以上处罚的。

d）从轻或者减轻处罚。《公安机关办理行政案件程序规定》第一百五十九条规定："违法行为人有下列情形之一的，应当依法从轻或者减轻行政处罚：

ⅰ主动消除或者减轻违法行为危害后果的。

ⅱ受他人胁迫有违法行为的。

ⅲ配合公安机关查处违法犯罪行为有立功表现的。

ⅳ其他依法应当从轻或者减轻行政处罚的。

e）不予处罚。道路交通安全违法行为人有下列情形之一的，不予处罚：

ⅰ不满14周岁的人有违法行为的，不予行政处罚，但是应当责令其监护人严加管教。

ⅱ精神病人在不能辨认或者不能控制自己行为时有违法行为的，不予行政处罚，但应当责令其监护人严加看管和治疗。

ⅲ聋哑人或者盲人，由于生理缺陷的原因而有违法行为的，不予处罚。

ⅳ违法行为轻微并及时纠正，没有造成危害后果的，不予行政处罚。

5）公安交通管理行政强制措施。公安交通管理行政强制措施，是指公安机关为了维护道路交通秩序，保障道路交通的安全与畅通而即时采取的一种辅助性的强制手段。公安机关交通管理部门依法可以采取的行政强制措施主要有以下几种：

①　扣留车辆。扣留车辆又分为扣留机动车与扣留非机动车。

②　扣留机动车驾驶证。

③　拖移机动车。

④　收缴非法装置或者机动车牌证。

⑤　检验体内酒精、国家管制的精神药品、麻醉药品含量。

⑥　约束。约束主要是针对精神病人以及醉酒的人所采取的一种行政强制措施。

a）人的约束。公安机关的人民警察对严重危害公共安全或者他人人身安全的精神病人，可以采取保护性约束措施。需要送往指定的单位、场所加以监护的，应当报请县级以上人民政府公安机关批准，并及时通知其监护人。

b）醉酒人的约束。醉酒后驾驶机动车或驾驶营运机动车的，应由公安机关交通管理部门约束至酒醒，并处以相应的处罚。

⑦　强制排除妨碍。在道路两侧及隔离带上种植树木、其他植物或者设置广告牌、管线等，遮挡路灯、交通信号灯、交通标志、妨碍安全视距的，由公安机关交通管理部门责令行为人排除

妨碍。

⑧ 撤销机动车登记和驾驶许可。以欺骗、贿赂等不正当手段取得机动车登记或者驾驶许可的，收缴机动车登记证书、号牌、行驶证或者机动车驾驶证。

3. 侵权及侵权责任

1）侵权。

① 侵权行为的概念和特征。侵权行为是民事主体违反民事义务，侵害他人合法的民事权益，依法应承担法律责任的行为。《民法通则》第一百零六条规定：公民、法人由于过错侵害国家的、集体的财产，侵害他人财产、人身的，应当承担民事责任。没有过错，但法律规定应当承担民事责任的，应当承担民事责任。根据这一规定可以看出，侵权行为具有以下特征：

a）侵权行为是违法行为。

b）侵权行为的侵害对象是他人人身和财产。

c）侵权行为是行为人基于过错而实施的行为。

d）侵权行为是承担侵权责任的根据。

侵权行为与犯罪行为具有一定的联系，又存在显著的区别。其联系表现在，侵权行为与犯罪行为往往会发生重合，如杀人、放火等行为既构成侵权又构成犯罪，因而在追究其刑事责任后，并不排斥继续追究其民事侵权责任。其区别表现在，侵权行为是对民事主体人身或财产权利的侵害，其后果是对受害人的补救；犯罪行为是对社会秩序与公共利益的伤害，其结果是对行为人实施惩罚。

侵权行为与违约行为虽然都是民事违法行为，但亦存在显著的区别。其一，侵权行为违反的是法定义务，违约行为违反的是合同中的约定义务；其二，侵权行为侵犯的是绝对权，违约行为侵犯的是相对权即债权；其三，侵权行为的法律责任包括财产责任和非财产责任，违约行为的法律责任仅限于财产责任。

② 侵权行为的分类。侵权行为分为一般侵权行为与特殊侵权行为。

a）一般侵权行为，是指行为人基于主观过错实施的，应适用侵权责任一般构成要件和一般责任条款的致人损害的行为。例如故意侵占、毁损他人财物，诽谤他人名誉等诸如此类的行为。

b）特殊侵权行为，是指由法律直接规定，在侵权责任的主体、主观构成要件、举证责任的分配等方面不同于一般侵权行为，应适用民法上的特别责任条款的致人损害的行为。

2）侵权责任。侵权责任是指行为人不法侵害社会公共财产或者他人财产、人身权利而应承担的民事责任，它是民事责任的一种形式。

① 侵权责任的构成要件。侵权责任的构成要件是指侵权行为人承担侵权行为责任的条件。侵权责任的构成要件是侵权行为归责原则的具体体现。行为人实施某种致人损害的行为后，只有在符合一定条件下才承担责任。这些条件就是侵权责任的构成要件。一般侵权责任应满足以下条件：

a）行为的违法性。

b）损害事实。

c）因果关系。

d）主观过错。

② 侵权责任的形式。《民法通则》第一百三十四条规定，民事责任的责任形式有10种，除了支付违约金与修理、重作、更换适用于违约责任外，其他方式均可适用于侵权责任：

① 停止侵害。

② 排除妨碍。

③ 消除危险。

④ 返还财产。

⑤ 恢复原状。

⑥ 修理、重作、更换

⑦ 赔偿损失。

⑧ 支付违约金

⑨ 消除影响、恢复名誉。

⑩ 赔礼道歉。

3）道路交通事故侵权。

① 道路交通事故的概念及含义。道路交通事故，是指车辆在道路上因过错或者意外造成的人身伤亡或者财产损失的事故。道路交通事故一般表现为一种侵权行为，并且一般既侵害人身权，又侵害财产权。因此，道路交通事故侵权和构成及责任表现形式均适用民法关于侵权的法律规定。

道路交通事故是交通事故的一种表现形式，广义的交通事故包括铁路机车、船舶、航空器等运行造成的交通事故，这里所称的道路交通事故仅指公路运输和城市交通中车辆造成的事故。道路交通事故包括车辆本身事故、车辆与车辆间的事故、车辆与非机动车及行人间的事故。

② 道路交通事故损害赔偿归责原则。

a）机动车与行人、非机动车发生交通事故的情形。机动车发生交通事故造成人身伤亡、财产损失的，由保险公司在机动车第三者责任强制保险（现简称交强险）责任限额范围内予以赔偿。不足的部分，按照下列规定承担赔偿责任：机动车与非机动车驾驶人、行人之间发生交通事故的，非机动车驾驶人、行人没有过错的，由机动车一方承担赔偿责任；有证据证明非机动车驾驶人、行人有过错的，根据过错程度适当减轻机动车一方的赔偿责任。机动车一方没有过错的，承担不超过百分之十的赔偿责任。按照本条规定，对于车辆与行人、非机动车之间的交通事故，处理道路交通事故损害赔偿时，应适用无过错责任原则，即损害赔偿责任的成立不以车辆所有人或驾驶人一方有过错为要件，所有人或驾驶人一方也不能通过证明自己无过错而获免责。但适用无过错责任原则并不排除过失相抵原则的适用。无过错责任原则的基本含义是受害人无需证明行为人有过错，行为人也不得以自己无过错作为免责和减轻责任的抗辩事由，但并非不考虑受害人的过错，受害人对于损害的发生有过错的，可以减轻加害人的赔偿责任。

机动车行为人在无过错的情况下造成非机动车一方人员伤亡的，除非出于受害人自杀等机动车行为人难以控制的情形，机动车行为人仍应给受害人适当的赔偿；在双方当事人都有过错的情况下，即使受害人有重大过失，也只能按照过失相抵原则适当减轻机动车一方的赔偿责任，而不能免除其赔偿责任，更不得判决过错相抵后，再要求受害人赔偿机动车一方的损失。

公安交通管理部门的事故责任认定与交通事故损害赔偿责任之间并不是等同的。公安交通管理部门的责任认定实际上是对交通事故因果关系的分析，是对造成交通事故原因的确认。不能将公安交通管理部门的责任认定简单地等同于民事责任的分担，应将其作为认定当事人承担责任或者确定受害人一方也有过失的重要证据材料，以适用过失相抵原则。

机动车伤害行人与非机动车的交通事故采用无过错责任原则并不排除过失相抵原则的适用，行人和非机动车如存在重大过失，可根据过失相抵原则，减轻机动车保有者的赔偿责任，但必须明确的是减轻，而不是免除。

b）机动车相互碰撞造成损害。机动车之间发生交通事故，《道路交通安全法》第七十六条第一款第一项规定，机动车发生交通事故造成人身伤亡、财产损失的，由保险公司在机动车第三者责任强制保险（现简称交强险）责任限额范围内予以赔偿。超过责任限额的部分，按照下列方式承担赔偿责任：由有过错的一方承担责任；双方都有过错的，按照各自过错的比例分担责任。机动车相互碰撞造成损害应适用过错责任原则，根据双方过错大小分担损失。

较准确地说，我国现阶段实行的是有限的无过错原则，用以确定相应的经济赔偿责任。

③ 交通事故损害赔偿的责任主体。在交通事故案件中存在两个责任主体：交通事故责任者和交通事故损害赔偿的责任主体。交通事故损害赔偿的责任主体则是依法应当承担民事责任的人。赔偿责任主体可能是交通事故责任者，也可能是车辆所有人、其他对车辆有支配权的人以及取得运行利益的人。前者是行政法上的责任承担者，后者是民事责任的承担者。两者有时相同，有时是不同的。当两者不同时，确定民事责任主体的问题就十分重要。根据民法有关理论，对车辆进行控制并获得利益的人应是民事责任主体。具体包括以下情形：

a）所有人自主驾驶和雇人驾驶情形的责任主体。

b）擅自驾驶情形下的责任主体。

c）出租、出借情形下的责任主体。

d）车辆买卖未过户情形下的责任主体。

e）分期付款买卖情况下的责任主体。

f）车辆送交修理或保管期间的责任主体。

g）车辆被质押情形下的责任主体。

h）盗窃驾驶情形下的责任主体。

i）车辆承包、发包情形下的责任主体。

j）挂靠情形下的责任主体。

道路交通事故责任主体确定是比较复杂的，除了以上情形外，还包括如跟随教练员驾驶的情况下、无法找到致害人的情形、无偿同乘等情形，对于责任主体的确定，只能根据有关法律规定和民法的基本理论加以确定。

4）道路交通事故的赔偿项目及其金额。道路交通事故作为一种侵权行为，既可能造成财产损失、人身损害，在某些情况下，也可能给当事人精神造成严重损害。

① 财产损失。交通事故造成的财产损失包括直接损失和间接损失。

直接损失是指道路交通事故造成的财产利益的直接减少。通常包括车辆损失、随身财物损失、车载货物损失、现场抢救费用、善后处理费用等。

间接损失是指道路交通事故造成财产利益的间接减少，通常包括停运损失等。最高人民法院1999年2月公布的《关于交通事故中的财产损失是否包括被损车辆停运损失问题的批复》中指出："在交通事故损害赔偿案件中，如果受害人以被损车辆正用于货物运输或者旅客运输经营活动，要求赔偿损坏车辆修复期间的停运损失的，交通事故责任者应予赔偿。"因此，对于交通事故中受害人的车辆正用于经营活动，并且受害人又要求赔偿被损坏车辆修复期间的停运损失的，交通事故责任者应当按其所负的事故责任给予赔偿。

② 人身损害。道路交通事故除了造成财产损失之外，还可能造成一定的人身损害。根据道路交通事故造成人身损害程度的不同，一般可分为三种情况：其一，交通事故损害造成人身损害，但未达到残疾程度；其二，交通事故损害造成受害人残疾；其三，交通事故造成受害人死亡。根据损害程度不同，损害赔偿项目也有所不同。

交通事故损害造成人身损害，但未达到残疾程度时，损害赔偿主要涉及医治支出的各种费用、因误工减少的收入，部分情形下还有精神抚慰金。受害人请求赔偿的项目一般包括医疗费、误工费、护理费、交通费、住院费、住院伙食补助费、必要的营养费、伤残鉴定费。

交通事故损害造成人身损害，并致受害人残疾时，受害人可能请求赔偿的项目包括医疗费、误工费、护理费、交通费、住院费、住院伙食补助费、必要的营养费、伤残鉴定费、残疾赔偿金、残疾辅助器具费、被抚养人生活费、康复护理费、继续治疗费、整容费、精神损害抚慰金等。

交通事故造成受害人死亡时，其近亲属以及生前依法承担抚养义务的被抚养人可能请求的赔偿项目包括医疗费、误工费、护理费、交通费、住院费、住院伙食补助费、必要的营养费、被抚养人生活费、丧葬费、死亡补偿费、精神损害抚慰金及受害人亲属办理丧葬支出的交通费、住宿费和误工损失等其他合理费用。

③ 精神损害。交通事故损害赔偿中的精神损害赔偿问题，法律没有规定明确的赔偿标准、最高和最低限额。一般主要由法官根据案件具体情况和当地的经济发展水平自由裁量，也就是说精神损害赔偿问题只能在诉讼中提出，由法官根据具体情况决定。

根据交通事故中当事人过错程度不同，精神损害的抚慰金的请求亦有所不同。特别是对于因侵权人与受害人的混合过错造成损害的情形。当受害人一方请求精神抚慰金的，依照最高法院《关于确定民事侵权精神损害赔偿责任若干问题的解释》第十一条的规定，一要考虑该精神损害是否造成严重后果；二要结合双方的过错程度进行认定。受害人对损害事实和损害结果的发生有过错的，可以根据其过错程度减轻或者免除侵权人的精神损害赔偿责任。当侵权人对损害事实和损害结果的发生承担全部责任时，应承担精神损害赔偿责任。侵权人对损害事实和损害结果的发生承担事故主要责任，受害人有过错但负次要责任的，适用过失相抵原则，可根据受害人的过错程度减轻侵权人的精神损害赔偿责任。在受害人有过错并承担主要或同等责任的情况下，因受害人的过错行为与侵权人相当或作用更大，可免除侵权人的精神损害赔偿责任。

精神损害抚慰金的支付方式应当一次性支付。

精神损害抚慰金提起的限制。根据《最高人民法院关于审理人身损害赔偿案件适用法律若干问题的解释》第六条规定，当事人在侵权诉讼中没有提出赔偿精神损害的诉讼请求，诉讼终结后又基于同一侵权事实另行起诉请求赔偿精神损害的，人民法院不予受理。也就是说提起精神损害赔偿应当在财产损害赔偿之诉中同时提起。

④ 交通事故损害赔偿的范围和标准。交通事故中人身损害赔偿的范围和标准，参照《最高人民法院关于审理人身损害赔偿案件适用法律若干问题的解释》的规定执行，各种赔偿项目及计算标准在第十章中详述。

交通事故中财产损害赔偿按第九十二条因确定损害赔偿的数额，需要进行伤残评定、财产损失评估的，由各方当事人协商确定有资质的机构进行，但财产损失数额巨大涉嫌刑事犯罪的，由公安机关交通管理部门委托。当事人委托伤残评定、财产损失评估的费用，由当事人承担。

第三节　保险合同争议的解决途径

《交强险条例》第三十条，被保险人与保险公司对赔偿有争议的，可以依法申请仲裁或者向人民法院提起诉讼。

《交强险条款》第二十五条，因履行交强险合同发生争议的，由合同当事人协商解决。协商不成的，提交保险单载明的仲裁委员会仲裁。保险单未载明仲裁机构或者争议发生后未达成仲裁协议的，可以向人民法院起诉。

机动车商业保险条款也有规定，如 A 条款第三十四条，因履行本保险合同发生的争议，由当事人协商解决。协商不成的，提交保险单载明的仲裁机构仲裁。保险单未载明仲裁机构或者争议发生后未达成仲裁协议的，可向人民法院起诉。

所以保险合同争议的解决途径应该是

协商是前提，协商无果首选仲裁，如果达不成仲裁协议再考虑诉讼。由于我国仲裁体系的不完善，保险合同纠纷案仲裁的少，诉讼的多，从西方保险业发达的国家来看，保险合同争议案通过仲裁解决的要比诉讼解决的多得多。笔者认为在机动车辆保险合同纠纷案中，由于绝大多数案件涉案金额较小，通过诉讼解决耗时长，费用相对较高，被保险人往往得不偿失，这样既对被保险人不公平，又助长了保险业惜赔之风，对保险业的健康发展极为不利。所以机动车辆保险业更应采用仲裁方式解决合同纠纷。

一、仲裁

1. 仲裁概述

1）仲裁的概念。仲裁（Arbitration）是指由双方当事人协议将争议提交（具有公认地位的）第三者，由该第三者对争议的是非曲直进行评判并作出裁决的一种解决争议的方法。仲裁异于诉讼和审判，仲裁需要双方自愿，也异于强制调解，是一种特殊调解，是自愿型公断，区别于诉讼等强制型公断。

仲裁一般是当事人根据他们之间订立的仲裁协议，自愿将其争议提交由非司法机构的仲裁员组成的仲裁庭进行裁判，并受该裁判约束的一种制度。仲裁活动和法院的审判活动一样，关乎当事人的实体权益，是解决民事争议的方式之一。

2）仲裁范围。仲裁的适用范围是指哪些纠纷可以通过仲裁解决，哪些纠纷不能以仲裁来解决，这就是我们通常讲的"争议的可仲裁性"。

《中华人民共和国仲裁法》（以下简称《仲裁法》）的第2条规定："平等主体的公民，法人和其他组织之间发生的合同纠纷和其他财产权益纠纷，可以仲裁。"这里明确了三条原则：一是发生纠纷的双方当事人必须是民事主体，包括国内外法人、自然人和其他合法的具有独立主体资格的组织；二是仲裁的争议事项应当是当事人有权处分的；三是仲裁范围必须是合同纠纷和其他财产权益纠纷。

合同纠纷是在经济活动中，双方当事人因订立或履行各类经济合同而产生的纠纷，包括国内、国外平等主体的自然人、法人，以及其他组织之间的国内各类经济合同纠纷、知识产权纠纷、房地产合同纠纷、期货和证券交易纠纷、保险合同纠纷、借贷合同纠纷、票据纠纷、抵押合同纠纷、运输合同纠纷和海商纠纷等，还包括涉外的、涉及香港、澳门和台湾地区的经济纠纷，以及涉及国际贸易、国际代理、国际投资、国际技术合作等方面的纠纷。

其他财产权益纠纷，主要是指由侵权行为引发的纠纷，这在产品质量责任和知识产权领域的侵权行为见之较多。

根据《仲裁法》的规定，有两类纠纷不能仲裁：

① 婚姻、收养、监护、扶养、继承纠纷不能仲裁，这类纠纷虽然属于民事纠纷，也不同程度涉及财产权益争议，但这类纠纷往往涉及当事人本人不能自由处分的身份关系，需要法院作出判决或由政府机关作出决定，不属仲裁机构的管辖范围。

② 行政争议不能裁决。行政争议，亦称行政纠纷，行政纠纷是指国家行政机关之间，或者国家行政机关与企事业单位，社会团体以及公民之间，由于行政管理而引起的争议。外国法律规定这类纠纷应当依法通过行政复议或行政诉讼解决。

《仲裁法》还规定：劳动争议和农业集体经济组织的内部的农业承包合同纠纷的仲裁，由国家另行规定，也就是说解决这类纠纷不适用《仲裁法》。这是因为，劳动争议、农业集体经济组织内部的农业承包合同纠纷虽然可以仲裁，但它不同于一般的民事经济纠纷，因此只能另作规定予以调整。

3) 仲裁原则。

① 自愿原则。当事人采用仲裁方式解决纠纷，应当双方自愿，达成仲裁协议，没有仲裁协议一方申请仲裁的，仲裁委员会不予受理。

② 独立原则。仲裁依法独立进行，不受行政机关，社会团体和个人的干涉，具体表现在：

a) 仲裁机构不属于行政机关。

b) 仲裁机构的设置以按地域设置为原则，相互独立，没有上下级之分，没有隶属关系。

c) 仲裁委员会、仲裁协会与仲裁庭三者之间相互独立，仲裁庭依法对案件进行审理，不受仲裁协会，仲裁委员会的干预。

d) 法院必须依法对仲裁活动行使监督权，仲裁并不附属于审判，仲裁机构也不附属于法院。

③ 合法、公平原则。《仲裁法》规定，仲裁应当根据事实、符合法律规定，公平合理地解决纠纷。

4) 仲裁机构与仲裁委员会。

① 仲裁协会。中国仲裁协会是仲裁人员的自律性组织，根据章程对仲裁委员会及其组成人员、仲裁员的违纪行为进行监督。仲裁委员会是中国仲裁协会的会员，中国仲裁协会的章程由全国会员大会制定。中国仲裁协会依照《仲裁法》和《民事诉讼法》的有关规定制定仲裁规则。

② 仲裁委员会。仲裁委员会是常设性仲裁机构，一般在直辖市，省、自治区人民政府所在地的市设立，也可以根据需要在其他设区的市设立，不按行政区划层层设立。

仲裁委员会由市的人民政府组织有关部门和商会统一组建，并应经省、自治区、直辖市的司法行政部门登记。

仲裁委员会由主任1人，副主任2至4人和委员7至11人组成。仲裁委员会的主任、副主任和委员由法律、经济贸易专家和有实际工作经验的人员担任。仲裁委员会的组成人员中法律、经济贸易专家不得少于1/3。

仲裁员应当符合下列条件：

a) 从事仲裁工作满8年的。

b) 从事律师工作满8年的。

c) 曾任审判员满8年的。

d) 从事法律研究，教学工作并具有高级职称的。

e) 具有法律知识，从事经济贸易等专业工作并具有高级职称或具有同等专业水平的。

仲裁委员会根据不同专业设置仲裁员名册，便于当事人挑选仲裁员。

5) 仲裁时效。仲裁时效是指权利人向仲裁机构请求保护其权利的法定期限，也即权利人在法定期限内没有行使权利，即丧失提请仲裁以保护其权益的权利。仲裁分为商事仲裁和劳动仲裁两个大类。《仲裁法》第七十四条规定："法律对仲裁时效有规定的，适用该规定。法律对仲裁时效没有规定的，适用诉讼时效的规定。"

2. 仲裁协议

1) 仲裁协议的概念与特征。仲裁协议是指双方当事人自愿将他们之间已经发生或者可能发生的可仲裁事项提交仲裁裁决的书面协议。仲裁协议包括双方当事人在合同中订立的仲裁条款和以其他书面方式在纠纷发生前或者纠纷发生后达成的请求仲裁的协议。仲裁协议是仲裁委员会受理案件的前提条件。

双方当事人在自愿、协商、平等互利的基础之上将他们之间已经发生或者可能发生的争议提交仲裁解决的书面文件，是申请仲裁的必备材料。

可以从以下三个方面来理解仲裁协议这一概念：

① 从性质上看，仲裁协议是一种合同。它必须建立在双方当事人自愿、平等和协商一致的基础上。仲裁协议是双方当事人共同的意思表示，是他们同意将争议提交仲裁的一种书面形式，所以说仲裁协议是一种合同。

② 从形式上看，仲裁协议是一种书面协议。一般的合同可以是书面形式也可以是口头形式，仲裁协议的形式具有特殊性，这种特殊性就是要求要有书面形式。对此仲裁法有明确规定。《仲裁法》第十六条规定，仲裁协议包括合同中订立的仲裁条款和以其他书面方式在纠纷发生前或者纠纷发生后达成的请求仲裁的协议。从《仲裁法》的这一规定可以看出，我国只承认书面仲裁协议的法律效力，以口头方式订立的仲裁协议不受法律保护。当事人以口头仲裁协议为依据申请仲裁的，仲裁机构不予受理。因此，在实践中当事人应用书面形式订立仲裁协议，如果是以口头形式订立的，应及时转化为书面协议。例如，如果双方当事人通过电话谈妥了将他们之间的纠纷提交仲裁的事宜，一方当事人应当及时整理出电话记录，并要求对方予以确认，否则仲裁协议无效。

③ 从内容上看，仲裁协议是当事人约定将争议提交仲裁解决的协议。

当事人约定提交仲裁的争议可以是已经发生的，也可以是将来可能发生的争议。在仲裁协议中需要约定的是有关仲裁的内容。仲裁协议作为整个仲裁活动的前提和基本依据，有着如下法律特征：

a）仲裁协议只能由具有利害关系的合同双方（或多方）当事人或其合格的代理人订立，否则，就不可能在有关合同发生争议时约束各方当事人。如果有关当事人在仲裁程序开始时提出证据，证明他不是仲裁条款或仲裁协议的当事人，或订立时没有权利能力或行为能力，那么仲裁协议无效，对双方均无法律约束力。

b）仲裁协议是当事人申请仲裁、排除法院管辖的法律依据。仲裁协议一经签订，就成为仲裁委员会受理合同争议的凭据，同时在申请法院执行时，也以它作为撤销裁决或强制执行的依据。

c）仲裁协议具有相对的独立性。如果是以仲裁条款的形式写入合同，那就是合同的重要组成部分，其他条款的无效不影响仲裁条款的效力。如果双方当事人签订了单独的仲裁协议，则可视为一个独立的合同。仲裁协议与它所指的合同本身，由不同的法律、法规调整，前者是程序性合同，后者是实体性合同，是两个不同的合同。

2) 仲裁协议的内容。一份完整、有效的仲裁协议必须具备法定的内容。根据《仲裁法》第16条的规定，仲裁协议应当包括下列内容：

① 请求仲裁的意思表达。请求仲裁的意思表达是仲裁协议的首要内容。当事人在表达请求仲裁的意思表示需要注意四个问题：

a）仲裁协议中当事人请求仲裁的意思表达要明确。

b）请求仲裁的意思表达必须是双方当事人共同的意思表示，而不是一方当事人的意思表示。不能证明是双方当事人的意思表示的仲裁协议是无效的。

c）请求仲裁的意思表达必须是双方当事人的真实意思表示，即不存在当事人被胁迫、欺诈等而订立仲裁协议的情况，否则仲裁协议无效。

d）请求仲裁的意思表达必须是双方当事人自己的意思表示，而不是任何其他人的意思表示。如上级主管部门不能代替当事人订立仲裁协议。

② 仲裁事项。仲裁事项即当事人提交仲裁的具体争议事项。它解决的是"仲裁什么"的问题。在仲裁实践中，当事人只有把订立于仲裁协议中的争议事项提交仲裁，仲裁机构才能受理。同时，仲裁事项也是仲裁庭审理和裁决纠纷的范围。即仲裁庭只能在仲裁协议确定的仲裁事项的范围内进行仲裁，超出这一范围进行仲裁，所作出的仲裁裁决，经一方当事人申请，法院可以不予执行或者撤销。因此仲裁协议应约定仲裁事项。

③ 选定的仲裁委员会。选定仲裁委员会，解决的是"由谁来仲裁"的问题。

3）仲裁协议的无效。根据《仲裁法》第十七条规定，结合其他有关司法解释，仲裁协议无效的情形可以归纳为：

① 约定的仲裁事项超出法律规定的仲裁范围的。

② 无民事行为能力人或者限制民事行为能力人订立的仲裁协议。

③ 一方采取胁迫手段，迫使对方订立仲裁协议的。

④《仲裁法》第十八条规定，仲裁协议对仲裁事项或者仲裁委员会没有约定或者约定不明确的，当事人可以补充协议；达不成补充协议的，仲裁协议无效。

3. 仲裁程序

1）申请仲裁的条件。《仲裁法》第二十一条规定，当事人申请仲裁应当符合下列条件：

① 有仲裁协议。

② 有具体的仲裁请求和事实、理由。

③ 属于仲裁委员会的受理范围。

2）仲裁申请书。《仲裁法》第二十二条规定，当事人申请仲裁，应当向仲裁委员会递交仲裁协议、仲裁申请书及副本。

《仲裁法》第二十三条规定，仲裁申请书应当载明下列事项：

① 当事人的姓名、性别、年龄、职业、工作单位和住所，法人或者其他组织的名称、住所和法定代表人或者主要负责人的姓名、职务。

② 仲裁请求和所根据的事实、理由。

③ 证据和证据来源、证人姓名和住所。

3）受理。《仲裁法》第二十四条规定，仲裁委员会收到仲裁申请书之日起5日内，认为符合受理条件的，应当受理，并通知当事人；认为不符合受理条件的，应当书面通知当事人不予受理，并说明理由。

《仲裁法》第二十五条规定，仲裁委员会受理仲裁申请后，应当在仲裁规则规定的期限内将仲裁规则和仲裁员名册送达申请人，并将仲裁申请书副本和仲裁规则、仲裁员名册送达被申请人。被申请人收到仲裁申请书副本后，应当在仲裁规则规定的期限内向仲裁委员会提交答辩书。仲裁委员会收到答辩书后，应当在仲裁规则规定的期限内将答辩书副本送达申请人。被申请人未提交答辩书的，不影响仲裁程序的进行。

《仲裁法》第二十六条规定，当事人达成仲裁协议，一方向人民法院起诉未声明有仲裁协议，人民法院受理后，另一方在首次开庭前提交仲裁协议的，人民法院应当驳回起诉，但仲裁协议无效的除外；另一方在首次开庭前未对人民法院受理该案提出异议的，视为放弃仲裁协议，人民法院应当继续审理。

4）仲裁异议。《仲裁法》第二十条规定，当事人对仲裁协议的效力有异议的，可以请求仲裁委员会作出决定或者请求人民法院作出裁定。一方请求仲裁委员会作出决定，另一方请求人民法院作出裁定的，由人民法院裁定。当事人对仲裁协议的效力有异议，应当在仲裁庭首次开庭前提出。

5）仲裁反请求。《仲裁法》第二十七条规定，申请人可以放弃或者变更仲裁请求。被申请人可以承认或者反驳仲裁请求，有权提出反请求。

反请求，是被申请人在仲裁程序进行过程中提出的，以申请人为被申请人，与仲裁请求的标的和理由有牵连的一种独立请求。被申请人提出反请求除了必须符合仲裁请求的一般规定外，还必须具备下列条件：

① 反请求的被申请人必须是已经受理的仲裁申请中的申请人，或者说，递交反请求书的人必须是该仲裁申请中的被申请人。

② 反请求和仲裁请求必须是基于同一事实或同一法律关系，即反请求与仲裁请求的标的或理由相互有牵连。

③ 提出反请求的时间必须是在仲裁规则规定的期限内，一般应当在开庭结束前提出。如果提出反请求的时间超过了仲裁规则规定的期限，反请求将不会被受理。在这种情况下，如果要申请仲裁，可以采取一般方式另行提出仲裁申请。

6）财产保全。《仲裁法》第二十八条规定，一方当事人因另一方当事人的行为或者其他原因，可能使裁决不能执行或者难以执行的，可以申请财产保全。

仲裁中的财产保全，是指法院根据仲裁委员会提交的当事人的申请，就被申请人的财产作出临时性的强制措施，包括查封、扣押、冻结、责令提供担保或者法律规定的其他方法，以保障当事人的合法权益不受损失，保证将来作出的裁决能够得到执行。

在仲裁过程中，当事人申请财产保全的，一般案件由被申请人住所地或者财产所在地的基层人民法院作出裁定；属涉外仲裁案件的，依据《中华人民共和国民事诉讼法》第二百五十八条的规定，由被申请人住所地或者财产所在地的中级人民法院作出裁定。有关人民法院对仲裁机构提交的财产保全申请应当认真进行审查，符合法律规定的，即应依法作出财产保全的裁定；如认为不符合法律规定的，应依法裁定驳回申请。申请有错误的，申请人应当赔偿被申请人因财产保全所遭受的损失。

7）仲裁庭组成。

① 组成形式。《仲裁法》第三十条规定，仲裁庭可以由3名仲裁员或者1名仲裁员组成。由3名仲裁员组成的，设首席仲裁员。

由3名仲裁员组成的仲裁庭称合议仲裁庭，1名仲裁员组成的称独任仲裁庭。

② 仲裁庭的组成。《仲裁法》第三十一条规定，当事人约定由3名仲裁员组成仲裁庭的，应当各自选定或者各自委托仲裁委员会主任指定一名仲裁员，第3名仲裁员由当事人共同选定或者共同委托仲裁委员会主任指定。第3名仲裁员是首席仲裁员；当事人约定由1名仲裁员成立仲裁庭的，应当由当事人共同选定或者共同委托仲裁委员会主任指定仲裁员。

《仲裁法》第三十二条规定，当事人没有在仲裁规则规定的期限内约定仲裁庭的组成方式或者选定仲裁员的，由仲裁委员会主任指定。

《仲裁法》第三十三条规定，仲裁庭组成后，仲裁委员会应当将仲裁庭的组成情况书面通知当事人。

8）回避。《仲裁法》第三十四条规定，仲裁员有下列情形之一的，必须回避，当事人也有权提出回避申请：

① 是本案当事人或者当事人、代理人的近亲属。

② 与本案有利害关系。

③ 与本案当事人、代理人有其他关系，可能影响公正仲裁的。

④ 私自会见当事人、代理人，或者接受当事人、代理人的请客送礼的。

《仲裁法》第三十五条规定，当事人提出回避申请，应当说明理由，在首次开庭前提出。回避事由在首次开庭后知道的，可以在最后一次开庭终结前提出。

《仲裁法》第三十六条规定，仲裁员是否回避，由仲裁委员会主任决定；仲裁委员会主任担任仲裁员时，由仲裁委员会集体决定。

《仲裁法》第三十七条规定，仲裁员因回避或者其他原因不能履行职责的，应当依照仲裁法规定重新选定或者指定仲裁员。因回避而重新选定或者指定仲裁员后，当事人可以请求已进行的仲裁程序重新进行，是否准许，由仲裁庭决定；仲裁庭也可以自行决定已进行的仲裁程序是否重新进行。

9）仲裁方式。《仲裁法》第三十九条规定，仲裁应当开庭进行。当事人协议不开庭的，仲裁庭可以根据仲裁申请书、答辩书以及其他材料作出裁决。

《仲裁法》第四十一条规定，仲裁委员会应当在仲裁规则规定的期限内将开庭期通知双方当事人。当事人有正当理由的，可以在仲裁规则规定的期限内请求延期开庭。是否延期，由仲裁庭决定。

《仲裁法》第四十条规定，仲裁可不公开进行。当事人协议公开的，可以公开进行，但涉及国家秘密的除外。

10）开庭。《仲裁法》第四十二条规定，申请人经书面通知，无正当理由不到庭或者未经仲裁庭许可中途退庭的，可以视为撤回仲裁申请。被申请人经书面通知，无正当理由不到庭或者未经仲裁庭许可中途退庭的，可以缺席裁决。

《仲裁法》第四十三条规定，当事人应当对自己的主张提供证据。仲裁庭认为有必要收集的证据，可以自行收集。

《仲裁法》第四十五条规定，证据应当在开庭时出示，当事人可以质证。

《仲裁法》第四十四条规定，仲裁庭对专门性问题认为需要鉴定的，可以交由当事人约定的鉴定部门鉴定，也可以由仲裁庭指定的鉴定部门鉴定。根据当事人的请求或者仲裁庭的要求，鉴定部门应当派鉴定人参加开庭。当事人经仲裁庭许可，可以向鉴定人提问。

《仲裁法》第四十六条规定，在证据可能灭失或者以后难以取得的情况下，当事人可以申请证据保全。当事人申请证据保全的，仲裁委员会应当将当事人的申请提交给证据所在地的基层人民法院。

《仲裁法》第四十七条规定，当事人在仲裁过程中有权进行辩论。辩论终结时，首席仲裁员或者独任仲裁员应当征询当事人的最后意见。

《仲裁法》第四十八条规定，仲裁庭应当将开庭情况记入笔录。当事人和其他仲裁参与人认为对自己陈述的记录有遗漏或者差错的，有权申请补正。如果不予补正，应当记录该申请。笔录由仲裁员、记录人员、当事人和其他仲裁参与人签名或者盖章。

11）和解与调解。

① 和解。《仲裁法》第四十九条规定，当事人申请仲裁后，可以自行和解。达成和解协议的，可以请示仲裁庭根据和解协议作出裁决书，也可以撤回仲裁申请。

《仲裁法》第五十条规定，当事人达成和解协议，撤回仲裁申请后反悔的，可以根据仲裁协议申请仲裁。

② 调解。《仲裁法》第五十一条规定，仲裁庭在作出裁决前，可以先行调解。当事人自愿调解的，仲裁庭应当调解。调解不成的，应当及时作出裁决。调解达成协议的，仲裁庭应当制作调解书或者根据协议的结果制作裁决书。调解书与裁决书具有同等法律效力。

调解达成协议的结果需要到国外履行的，应制作裁决书，不制作调解书，以有利于在外国法院申请执行。如果调解协议的内容是国内纠纷，不发生到外国法院申请执行，只需在中国法院申请执行，那么应当根据当事人的意愿，既可以制作调解书，也可以制作裁决书。

《仲裁法》第五十二条规定，调解书应当写明仲裁请求和当事人协议的结果。调解书由仲裁员签名，加盖仲裁委员会印章，送达双方当事人。调解书经双方当事人签收后，即发生法律效力。在调解书签收前当事人反悔的，仲裁庭应当及时作出裁决。

12）裁决。

① 裁决的作出。《仲裁法》第五十三条规定，裁决应当按照多数仲裁员的意见作出，少数仲裁员的不同意见可以记入笔录。仲裁庭不能形成多数意见时，裁决应当按照首席仲裁员的意见作出。

《仲裁法》第五十四条规定，裁决书应当写明仲裁请求、争议事实、裁决理由、裁决结果、仲裁费用的负担和裁决日期。当事人协议不愿写明争议事实和裁决理由的，可以不写。裁决书由仲裁员签名，加盖仲裁委员会印章。对裁决持不同意见的仲裁员，可以签名，也可以不签名。

《仲裁法》第五十六条规定，对裁决书中的文字、计算错误或者仲裁庭已经裁决但在裁决书中遗漏的事项，仲裁庭应当补正；当事人自收到裁决书之日起 30 日内，可以请求仲裁庭补正。

《仲裁法》第五十七条规定，裁决书自作出之日起发生法律效力。

② 先行裁决。《仲裁法》第五十五条规定，仲裁庭仲裁纠纷时，其中一部分事实已经清楚，可以就该部分先行裁决。即为了及时保护当事人的合法权益或有利于继续审理其他问题，仲裁庭对当事人的部分仲裁请求先行作出的裁决。

4. 申请撤销仲裁裁决

1）申请撤销裁决的条件。《仲裁法》第五十九条规定，当事人申请撤销裁决的，应当自收到裁决书之日起 6 个月内提出。

《仲裁法》第五十八条规定，当事人提出证据证明裁决有下列情形之一的，可以向仲裁委员会所在地的中级人民法院申请撤销裁决：

① 没有仲裁协议的。

② 裁决的事项不属于仲裁协议的范围或者仲裁委员会无权仲裁的。

③ 仲裁庭的组成或者仲裁的程序违反法定程序的。

④ 裁决所根据的证据是伪造的。

⑤ 对方当事人隐瞒了足以影响公正裁决的证据的。

⑥ 仲裁员在仲裁该案时有索贿受贿、枉私舞弊、枉法裁决行为的。

2）人民法院对撤销仲裁裁决申请的处理。《仲裁法》第五十八条还规定，人民法院经组成合议庭审查核实裁决有应当撤销的情形之一的，应当裁定撤销。人民法院认定该裁决违背社会公共利益的，也应当裁定撤销。

《仲裁法》第六十条规定，人民法院应当在受理撤销裁决申请之日起两个月内作出撤销裁决或者驳回申请的裁定。

《仲裁法》第六十一条规定，人民法院受理撤销裁决的申请后，认为可以由仲裁庭重新仲裁的，通知仲裁庭在一定期限内重新仲裁，并裁定中止撤销程序。仲裁庭拒绝重新作出的，人民法院应当裁定恢复撤销程序。

5. 仲裁裁决的执行

1）申请执行的条件与程序。《仲裁法》第六十二条规定，当事人应当履行裁决。一方当事人不履行的，另一方当事人可以依照民事诉讼法的有关规定向人民法院申请执行。受申请的人民法院应当执行。

如申请涉外仲裁裁决，应当"向被申请人住所地或者财产所在地的中级人民法院申请执行"。执行裁决是法院对仲裁制度予以支持的最终和最重要的表现，它构成仲裁制度的重要组成部分，在仲裁制度上有重要意义。

人民法院执行仲裁裁决，必须具备以下条件：

① 必须有胜诉方当事人的申请，人民法院才会予以执行。

② 当事人必须在法定期限内提出申请。申请执行的期限，双方或者一方当事人是公民的为1年，双方是法人或者其他组织的为6个月。该期限从法律文书规定履行期间的最后1日起计算；法律文书规定分期履行的，从规定的每次履行期间的最后1日起计算。

③ 当事人必须向有管辖权的人民法院提出申请。如何确定管辖权，适用民事诉讼法的规定。

2）仲裁裁决的不予执行。同撤销裁决。《仲裁法》第六十四条规定，一方当事人申请执行裁决，另一方当事人申请撤销裁决的，人民法院应当裁定中止执行。人民法院裁定撤销裁决的，应当裁定终结执行。撤销裁决的申请被裁定驳回的，人民法院应当裁定恢复执行。

二、民事诉讼

民事诉讼是人民法院在所有诉讼参与人的参加下，审理与解决民事案件的诉讼活动以及在活动中产生的各种法律关系的总和。民事诉讼法是国家制定的、规范法院与民事诉讼参与人诉讼活动、调整法院与诉讼参与人法律关系的法律规范的总和。

1. 民事诉讼法的效力

《民事诉讼法》第四条规定，凡在中华人民共和国领域内进行民事诉讼，必须遵守本法。中华人民共和国领域包括领土、领海、领空，以及领土延伸的范围。这是民事诉讼法对人的效力和在空间上的效力。

2. 民事诉讼法基本原则

民事诉讼法的基本原则是指在民事诉讼的全过程中起指导作用或主导作用的基本原则：

1）诉讼权利平等原则。《民事诉讼法》第八条规定，民事诉讼当事人有平等的诉讼权利。人民法院审理民事案件，应当保障和便利当事人行使诉讼权利，对当事人在适用法律上一律平等。

2）同等原则。《民事诉讼法》第五条规定，外国人、无国籍人、外国企业和组织在人民法院起诉、应诉，同中华人民共和国公民、法人和其他组织有同等的诉讼权利义务。

3）对等原则。《民事诉讼法》第五条规定，外国法院对中华人民共和国公民、法人和其他组织的民事诉讼权利加以限制的，中华人民共和国人民法院对该国公民、企业和组织的民事诉讼权利，实行对等原则。对等原则是国际惯例，有利于国家之间的平等交往。

4）独立审判原则。《民事诉讼法》第六条规定，民事案件的审判权由人民法院行使。人民法院依照法律规定对民事案件独立进行审判，不受行政机关、社会团体和个人的干涉。

5）以事实为根据、以法律为准绳的审理原则。《民事诉讼法》第七条规定，以事实为根据，以法律为准绳是对审判人员审理案件最基本的要求，是保证公正审判的最基本的原则。

6）调解原则。《民事诉讼法》第九条规定，人民法院审理民事案件，应当根据自愿和合法的原则进行调解。调解不成的，应当及时判决。

7）辩论原则。《民事诉讼法》第十二条规定，人民法院审理民事案件，当事人有权进行辩论。辩论权的行使贯穿于诉讼全过程，而不仅仅是限于辩论阶段。

8）处分原则。《民事诉讼法》第十三条规定，是指民事诉讼当事人有权在法律规定的范围内处分自己的民事权利和诉讼权利。处分即自由支配，对于权利可行使，也可以放弃。

9）检察监督原则。《民事诉讼法》第十四条规定，人民检察院有对民事审判活动实行法律监督的权力。人民检察院对审判活动实行法律监督的方式是对人民法院已经发生法律效力的判决、裁定确有错的，提出抗诉。人民法院对人民检察院提出抗诉的案件，应当再审。

10）支持起诉原则。《民事诉讼法》第十五条规定，机关、社会团体、企业事业单位对损害国家、集体或者个人民事权益的行为，可以支持受损害的单位或者个人向人民法院起诉。由此可见，支持起诉的条件应当是：限于侵权行为而产生的纠纷，支持起诉者应当是机关、社会团体、企事业单位；被支持的受害人没有起诉。

3. 审判制度

《民事诉讼法》第十条规定，人民法院审理民事案件，依照法律规定实行合议、回避、公开审判和两审终审制度。

1）合议制度。合议制是民主集中制在人民法院审判案件时的具体体现。《民事诉讼法》第三十九条规定，人民法院审理第一审案件，除适用简易程序审理的民事案件外，均应当由审判员、陪审员共同组成合议庭或者由审判员组成合议庭审理。上级人民法院审理上诉案件必须组成合议庭审理；上级人民法院发回重审的案件，通过审判监督程序决定再审的案件，都应当另行组成合议庭审理。合议庭的人数必须是单数。合议庭评议案件时，实行少数服从多数的原则。

2）回避制度。回避制是指审理本案的人员（包括审判员、陪审员、书记员、翻译人员、鉴定人、勘验人）与案件有利害关系，或者与本案的当事人、诉讼代理人有近亲属关系，或者与本案当事人有其他关系可能影响案件公正审理的，应当回避对本案的审理。《民事诉讼法》第四十四条规定，审判人员有下列情形之一的，必须回避，当事人有权用口头或者书面方式申请他们回避：

① 是本案当事人或者当事人、诉讼代理人的近亲属。

② 与本案有利害关系。

③ 与本案当事人有其他关系，可能影响对案件公正审理的。

回避的规定适用于书记员、翻译人员、鉴定人、勘验人。

《民事诉讼法》第四十五条规定，当事人提出回避申请，应当说明理由，在案件开始审理时提出；回避事由在案件开始审理后知道的，也可以在法庭辩论终结前提出。被申请回避的人员在人民法院作出是否回避的决定前，应当暂停参与本案的工作，但案件需要采取紧急措施的除外。

《民事诉讼法》第四十六条规定，院长担任审判长时的回避，由审判委员会决定；审判人员的回避，由院长决定；其他人员的回避，由审判长决定。

《民事诉讼法》第四十七条规定，人民法院对当事人提出的回避申请，应当在申请提出的3日内，以口头或者书面形式作出决定。申请人对决定不服的，可以在接到决定时申请复议一次。复议期间，不停止参与本案的工作。人民法院对复议申请，应当在3日内作出复议决定，并通知复议申请人。

3）公开审判制度。《民事诉讼法》第一百三十四条规定，人民法院审理民事案件，除涉及国家秘密、个人隐私或者法律另有规定的外，应当公开进行。但离婚案件、涉及商业秘密的案件，当事人申请不公开审理的，可以不公开审理。

《民事诉讼法》第一百四十八条规定，人民法院对公开审理或者不公开审理的案件，一律公开宣告判决。

4）两审终审制度。两审终审制度是指人民法院的审级制度，民事案件一般需经两级人民法院审理，第二审人民法院作出的判决、裁定是发生法律效力的判决、裁定。我国的人民法院分为四级，即最高人民法院、高级人民法院、中级人民法院和基层人民法院。按照级别管辖的规定，各级人民法院都受理其有权管辖的第一审民事案件，当事人对第一审人民法院的判决、裁定不服，可以向其上一级人民法院提起上诉，由上一级人民法院进行第二审。但是，最高人民法院审理的第一审案件，作出的判决、裁定，即是终审的判决、裁定，不得上诉。

4. 民事诉讼管辖

民事诉讼管辖是指确定上下级法院之间和同级人民法院之间受理第一审民事案件的分工与权限。我国民事诉讼法规定了以下几种管辖：级别管辖、地域管辖、指定管辖与移送管辖。

1）级别管辖。级别管辖是指人民法院系统内划分上下级人民法院之间受理第一审民事案件的分工与权限。我国各级人民法院受理第一审民事案件的分工如下：基层人民法院的管辖是级别管辖的基础；中级人民法院管辖重大涉外案件和在本辖区有重大影响的案件和最高人民法院确定由中级人民法院管辖的案件；高级人民法院管辖在本辖区有重大影响的第一审民事案件；最高人民法院管辖在全国有重大影响的案件和认为应当由本院审理的案件。

2）地域管辖。地域管辖是指同级的不同区域的人民法院受理第一审民事案件的分工与权限。

① 一般地域管辖。一般地域管辖遵循"原告就被告的原则"，即对公民提起民事诉讼，由被告住所地人民法院管辖；被告住所地与经常居住地不一致的，由经常居住地人民法院管辖。对法人或者其他组织提起的民事诉讼，由被告住所地人民法院管辖。同一诉讼的几个被告住所地、经常居住地在两个以上人民法院辖区的，各人民法院都有管辖权。

② 特殊地域管辖。特殊地域管辖是指以诉讼标的所在地、被告住所地与法院辖区之间的关系所确定的管辖。特殊地域管辖因合同纠纷提起的诉讼，由被告住所地或者合同履行地人民法院管辖；因保险合同纠纷提起的诉讼，由被告住所地或者保险标的物所在地人民法院管辖。最高人民法院关于适用《中华人民共和国民事诉讼法》若干问题的意见"一、管辖第25项，因保险合同纠纷提起的诉讼，如果保险标的物是运输工具或者运输中的货物，由被告住所地或者运输工具登记注册地、运输目的地、保险事故发生地的人民法院管辖；因票据纠纷提起的诉讼，由票据支付地或者被告住所地人民法院管辖；因铁路、公路、水上、航空运输和联合运输合同纠纷提起的诉讼，由运输始发地、目的地或者被告住所地人民法院管辖；因侵权行为提起的诉讼，由侵权行为地或者被告住所地人民法院管辖；因铁路、公路、水上和航空事故请求损害赔偿提起的诉讼，由事故发生地或者车辆、船舶最先到达地、航空器最先降落地或者被告住所地人民法院管辖；因船舶碰撞或者其他海事损害事故请求损害赔偿提起的诉讼，由碰撞发生地、碰撞船舶最先到达地、加害船舶被扣留地或者被告住所地人民法院管辖；因海难救助费提起的诉讼，由救助地或者被救助船舶最先到达地人民法院管辖；因共同海损提起的诉讼，由船舶最先到达地、共同海损理算地或者航程终止地的人民法院管辖等几种"。

③ 协议管辖。协议管辖是尊重合同双方当事人的意愿，由他们在法律规定的范围内选择最有利于纠纷解决的法院管辖。

④ 专属管辖。专属管辖是根据案件的性质、特点，法律规定某种案件只能由某地人民法院管辖。

⑤ 共同管辖。共同管辖是指两个或两个以上的人民法院都有管辖权的诉讼，原告可以向其中一个人民法院起诉；原告由两个以上有管辖权的人民法院起诉的，由最先立案的人民法院管辖。如因产品质量不合格造成他人财产、人身损害提起的诉讼，产品制造地、产品销售地、侵权行为地和被告住所地的人民法院都有管辖权。

3）移送管辖与指定管辖。

① 移送管辖。人民法院发现受理的案件不属于本法院管辖的，应当移送有管辖权的人民法院，受移送的人民法院应当受理。受移送的人民法院认为受移送的案件依照规定不属于本法院管辖的，应当报请上级人民法院指定管辖，不得再自行移送。

② 指定管辖。有管辖权的人民法院由于特殊原因，不能行使管辖权的，由上级人民法院指定管辖。人民法院之间因管辖权发生争议，由争议双方协调解决；协商解决不了的，报请他们的共同上级人民法院指定管辖。

4）管辖权异议。管辖权异议是指在人民法院受理案件后，被告对该法院的管辖权提出异议，认为该案件依照法律规定不属于受理该案件的人民法院管辖。当事人对管辖权有异议，应当在提交答辩状期间提出。提交答辩状时未提出管辖异议的，或者未提交答辩状而参加开庭审理的，视为同意该法院管辖。人民法院对当事人提出的异议应当审查。异议成立的，裁定将案件移送有管辖权的人民法院；异议不成立的，裁定驳回。

5. 诉讼参加人

民事诉讼当事人，指因民事上的权利义务关系发生纠纷，以自己的名义进行诉讼，并受人民法院裁判拘束的利害关系人。民事诉讼当事人具有以下三个特征：以自己的名义进行诉讼；与案件有直接关系；受人民法院裁判拘束。我国民事诉讼法规定的当事人分为狭义当事人和广义当事人。狭义当事人仅指原告和被告；广义的当事人还包括诉讼中的第三人。当事人在不同的诉讼程序中有不同的称谓。在一审普通程序和简易程序中，称为原告和被告；在二审程序中，称为上诉人和被上诉人；在执行程序中，称为申请人和被申请人（或称被执行人）。

1）当事人的诉讼权利和诉讼义务。

① 当事人的诉讼权利包括委托诉讼代理人的权利；申请回避的权利；收集、提供证据的权利；进行辩论的权利；请求调解的权利；提起上诉的权利；申请执行的权利；查阅并复制本案有关材料和法律文书的权利。

② 当事人的诉讼义务包括依法行使诉讼权利；遵守诉讼秩序；履行发生法律效力的判决书、裁定书和调解书。

2）共同诉讼。当事人一方或双方为二人以上的诉讼为共同诉讼。原告为二人以上的，称为积极的共同诉讼；被告为二人以上的，称为消极的共同诉讼。共同诉讼分为必要的共同诉讼与普通的共同诉讼两种。

① 必要的共同诉讼。当事人一方或者双方为二人以上，其诉讼标的是共同的，为必要的共同诉讼。诉讼一方当事人对诉讼标的有不可分的共同的权利义务。

② 普通的共同诉讼。普通的共同诉讼当事人一方或者双方为二人以上，其诉讼标的为同一种类，人民法院认为可以合并审理并经当事人同意的诉讼为普通的共同诉讼。共同诉讼人之间没有共有的利害关系，可以将他们作为各自独立的诉讼分别审理，也可以作为共同诉讼合并审理。

3）诉讼代表人。当事人一方具有共同或同样的法律利益，因人数众多，而由其中的一人或数人作为代表进行诉讼，称代表人诉讼。代表人的诉讼行为对其所代表的当事人发生效力。但代表人变更、放弃诉讼请求或者承认对方的诉讼请求，进行和解，必须经被代表的当事人同意。

4）诉讼第三人。民事诉讼的第三人，指对当事人争议的诉讼标的具有独立的请求权，或者虽无独立的请求权，但案件处理结果同他有法律上的利害关系，从而参加到他人已开始的诉讼中去的人。民事诉讼中的第三人分为有独立请求权的第三人和无独立请求权的第三人。

5）诉讼代理人。诉讼代理人是指根据法律规定或当事人的授权，以被代理人的名义进行诉讼活动的人。具体包括：法定代理人和委托代理人。

6. 民事诉讼证据

1）证据的概念与特征。民事诉讼证据是指能够证明案件真实情况的事实材料。证据具有以下几个特征。

① 客观性，即证据必须是客观存在的事实材料。

② 关联性，即证据必须与待证的案件事实有内在的联系。

③ 合法性，即证据应当按照法定程序取得。

2）证据的种类。我国民事诉讼法将证据分为八种：书证、物证、视听资料、证人证言、电子数据、当事人的陈述、鉴定结论和勘验笔录。

① 书证。是指以文字、符号、图案等表示的内容来证明案件待证事实的书面材料。

② 物证。是指以其存在的形态、特征、质量、性能等来证明案件待证事实的物品。

③ 视听资料。是指以声音、图像及其他视听信息来证明案件待证事实的录音、录像等制品。

④ 证人证言。证人是指了解情况，并到法庭作证的人。证人在法庭所作的能够证明案件情况的陈述，称为证人证言。

⑤ 当事人的陈述。是指当事人向法庭所作的案件事实情况的叙述和对对方当事人所述情况的承认。

⑥ 鉴定结论。是指鉴定机构或鉴定人运用专门的知识，对诉讼中的有关问题进行分析研究，提出的书面判断结论。

⑦ 勘验笔录。是指勘验人员对被勘察的现场或物品所作的记录。

3）举证责任。

① 举证原则。当事人对自己提出的主张，有责任提供证据，即"谁主张，谁举证"。

② 证据收集。当事人及其诉讼代理人因客观原因不能自行收集的证据，或者人民法院认为审理案件需要的证据，人民法院应当调查收集。人民法院应当按照法定程序，全面地、客观地审查核实证据。

③ 质证。所谓质证，是指当事人双方在法庭上对证据的真实性、合法性及证明力进行对质、辩论和证明的活动。但对涉及国家秘密、商业秘密和个人隐私的证据应当保密，需要在法庭出示的，不得在公开开庭时出示。

④ 作证。凡是知道案件情况的单位和个人，都有义务出庭作证。有关单位的负责人应当支持证人作证。证人确有困难不能出庭的，经人民法院许可，可以提交书面证言。不能正确表达意志的人，不能作证。

4）证据保全。证据保全是指人民法院依法采取的、对有可能灭失或以后难以取得的证据先行确定的活动。证据需要保全有两种情况。

① 证据可能灭失。可能灭失的证据主要是指书证、物证和视听资料。

② 证据可能以后难以取得。

7. 财产保全与先予执行

1）财产保全。

① 诉讼保全。诉讼保全是指在诉讼过程中，人民法院对于可能因当事人一方的行为或者其他原因，使判决不能执行的案件，可以根据对方当事人的申请，作出财产保全的裁定。当事人没有提出申请的，人民法院在必要时也可以裁定采取财产保全措施。

② 诉前保全。诉前保全是指起诉前因情况紧急，不立即申请财产保全将会使利害关系人的合法权益受到难以弥补的损害，人民法院根据利害关系人的申请而对有关财产采取保护措施的制度。

③ 财产保全的范围和措施。财产保全的范围应当限制在请求的范围内或者是与本案诉讼标的有关的财物。财产保全采取查封、扣押、冻结或者法律规定的其他方法。人民法院冻结财产后，应当立即通知被冻结财产的人。财产已被查封、冻结的，不得重复查封、冻结。

④ 申请保全错误的法律责任。人民法院根据申请人的申请，对被申请人的财产采取查封、扣押、冻结等保全措施，被申请人在被采取保全措施的期间内，将无法使用其被保全的财产，可产生经济上的损失。对于申请人申请错误，造成被申请人因财产保全所遭受的损失，应当由申请人赔偿。并依据国家赔偿法第三十一条的规定，提起国家赔偿的诉讼。

2) 先予执行的范围。先予执行是指人民法院在判决之前，因当事人一方生活或者生产的急需，依法裁定义务人预先履行义务并立即执行的制度。需要采取先予执行的案件，限于以下范围：

① 追索赡养费、抚养费、抚育费、抚恤金、医疗费用的案件。申请人急需上述费用维持生活、医疗的费用的。

② 追索劳动报酬的。

③ 因情况紧急需要先予执行的。该紧急情况包括：需要立即停止侵害、排除妨碍的；需要立即制止某项行为的；需要立即返还用于购置生产原料、生产工具货款的；追索恢复生产、经营急需的保险理赔费的。

人民法院采取先予执行措施，必须根据当事人的申请。当事人未申请的，不得采取先予执行措施。先予执行应以裁定方式作出。

3) 申请复议。财产保全和先予执行的裁定作出后，当事人对财产保全或者先予执行的裁定不服的，不得上诉，但可以申请复议一次。申请复议是向作出裁定的法院提出申请。复议期间不停止裁定的执行。如果经复议发现裁定有错误，人民法院应当裁定撤销财产保全或先予执行的裁定，解除保全措施或返还先予执行的财产。案件终结后，财产保全和先予执行的裁定自然失败，当事人应当按生效的判决、调解书执行。

8. 普通程序

1) 起诉。公民、法人和其他组织之间因人身关系和财产关系发生纠纷，其中一方向人民法院提出诉讼，请求人民法院通过审判以保护自己合法权益的行为，称之为起诉。起诉必须同时符合下列条件。

① 原告是与本案有直接利害关系的公民、法人和其他组织。

② 有明确的被告。

③ 有具体的诉讼请求和事实、理由。

④ 属于人民法院受理民事诉讼的范围和受诉人民法院管辖。

起诉的方式以书面起诉为原则，以口头起诉为例外。我国民事诉讼法规定，起诉应当向人民法院递交起诉状，并按照被告人数提出副本。书写起诉状确有困难的，可以口头起诉，由人民法院记入笔录，并告知对方当事人。

起诉状应当记明下列事项：当事人的姓名、性别、年龄、民族、职业、工作单位和住所，法人或者其他组织的名称、住所和法定代表人或者主要负责人的姓名、职务；诉讼请求和所根据的事实与理由；证据和证据来源，证人姓名和住所。

2) 审查与受理。人民法院收到起诉状或者口头起诉，经审查，认为符合起诉条件的，应当在7日内立案，并通知当事人；认为不符合起诉条件的，应当在7日内裁定不予受理；立案后发现起诉不符合受理条件的，裁定驳回起诉。不予受理的裁定书由负责审查立案的审判员、书记员署名；驳回起诉的裁定书由负责审理该案的审判员、书记员署名。原告对裁定不服的，可以提起上诉。

3）不予受理的情形。人民法院对下列起诉，分别情形，予以处理。

① 依照行政诉讼法的规定，属于行政诉讼受案范围的，告知原告提起行政诉讼。

② 依照法律规定，双方当事人在书面合同中订有仲裁条款，或者在发生纠纷后达成书面仲裁协议，一方向人民法院起诉的，人民法院裁定不予受理，告知原告向仲裁机构申请仲裁。但仲裁条款、仲裁协议无效、失效或者内容不明确无法执行的除外。

③ 依照法律规定，应当由其他机关处理的争议，告知原告向有关机关申请解决。

④ 对不属于本法院管辖的案件，告知原告向有管辖权的人民法院起诉；原告坚持起诉的，裁定不予受理；立案后发现本院没有管辖权的，应当将案件移送有管辖权的人民法院。

⑤ 对判决裁定已经发生法律效力的案件，当事人又起诉的，告知原告按照申诉处理，但人民法院准许撤诉的裁定除外。

⑥ 依照法律规定，在一定期间内不得起诉的案件，在不得起诉的期间内起诉的，不予受理。

⑦ 判决不准离婚和调解和好的离婚案件，判决、调解维持收养关系的案件，没有新情况、新理由，原告在 6 个月之内又起诉的，不予受理。但判决不准离婚、调解和好的离婚案件以及判决、调解维持收养关系的案件的被告向人民法院起诉的，不受此项规定的条件限制。

4）审理前的准备。

① 送达起诉状副本与答辩状。人民法院应当在立案之日起 5 日内将起诉状副本发送被告，被告在收到之日起 15 日内提出答辩状。被告提出答辩状的，人民法院应当在收到之日起 5 日内将答辩状副本发送原告。被告不提出答辩状的，不影响人民法院审理。对必须到庭的被告，经人民法院两次传票传唤，无正当理由拒不到庭的，可以拘传。必须到庭的被告，一般指追索赡养费、抚养费、抚育费、抚恤金等案件的被告，以及其他不到庭就无法查清案情的被告。

② 告知当事人诉讼权利义务。人民法院对决定受理的案件，应当在受理案件通知书和应诉通知书中向当事人告知有关的诉讼权利义务，或者口头告知。

③ 告知合议庭组成人员。合议庭组成人员确定后，应当在 3 日内告知当事人。

④ 追加当事人。必须共同进行诉讼的当事人没有参加诉讼的，人民法院应当通知其参加诉讼。

5）开庭审理。

① 开庭前的准备。人民法院审理民事案件，应当在开庭 3 日前通知当事人和其他诉讼参与人。公开审理的，应当公告当事人姓名、案由和开庭的时间、地点。

② 准备开庭。开庭审理前，书记员应当查明当事人和其他诉讼参与人是否到庭，宣布法庭纪律。开庭审理时由审判长核对当事人，宣布案由，宣布审判人员、书记员名单，告知当事人有关的诉讼权利义务，询问当事人是否提出回避申请。

③ 法庭调查。法庭调查的任务是进一步明确当事人的诉讼请求，调查争议的事实和提出证据。法庭调查按下列顺序进行：当事人陈述，即由当事人对自己的主张及其所根据的事实和理由加以陈述，具体按原告、被告、第三人及其诉讼代理人的先后顺序进行陈述；证人出庭作证，对未到庭的证人，对其所作出的书面证言，应当当庭宣读，未在法庭上宣读的证人证言，不能作为认定案件事实的依据，经法庭许可，当事人及其诉讼代理人可以向证人发问；出示书证、物证和视听资料，证据应当在法庭上出示，并由当事人互相质证，上述证据出示后，当事人、第三人可以进行质证，对出示的证据陈述自己的意见；宣读鉴定结论，宣读鉴定结论应当庭宣读，经法庭许可，当事人及其诉讼代理人可以向鉴定人发问，当事人认为鉴定有错误，可以向人民法院要求重新鉴定，是否准许，由人民法院决定；宣读勘验笔录，宣读勘验笔录应当庭宣读，经法庭许

可，当事人及其诉讼代理人可以向勘验人发问，当事人认为勘验有错误，可以向人民法院要求重新勘验，是否准许，由人民法院决定。

④ 法庭辩论。法庭调查结束后，诉讼进入法庭辩论阶段。法庭辩论是指各方当事人在法庭上就法庭调查阶段所出示的证据及陈述的事实，分别提出自己的主张，为维护自己的诉讼请求，就事实的认定、责任的归属以及适用法律提出自己的意见，互相进行辩论的活动。法庭辩论按照下列顺序进行：原告及其诉讼代理人发言；被告及其诉讼代理人答辩；第三人及其诉讼代理人发言或者答辩；相互辩论。为了保证当事人充分行使辩论权，辩论终结后，由审判长按照原告、被告、第三人的先后顺序征询各方最后意见。在此要注意，在案件受理后，法庭辩论结束前，原告增加诉讼请求，被告提起反诉，第三人提出与本案有关的诉讼请求，可以合并审理的应当合并审理。此外，判决前能够调解的，还可以在法庭上进行调解。调解不成的，应当及时判决。

⑤ 评议与宣判。法庭辩论结束后，审判长宣布休庭，由合议庭组成人员对案件进行评议。评议实行少数服从多数的原则。人民法院对公开审理或者不公开审理的案件，一律公开宣告判决。宣告判决有两种方式：一种是当庭宣判，一种是定期宣判。当庭宣判的，应当在 10 日内发送判决书；定期宣判的，宣判后立即发给判决书。宣告判决时，必须告知当事人上诉权利、上诉期限和上诉的法院。宣告离婚判决，必须告知当事人在判决发生法律效力前不得另行结婚。

⑥ 审理期限。人民法院适用普通程序审理的案件，应当在立案之日起 6 个月内审结。有特殊情况需要延长的，由本院院长批准，可以延长 6 个月；还需要延长的，报请上级人民法院批准。上述审限是指从立案的次日起至裁判宣告、调解书送达之日止的期间，但公告期间、鉴定期间、审理当事人提出的管辖权异议以及处理人民法院之间的管辖争议期间不应计算在内。再审案件按照第一审程序或者第二审程序审理的，审限自决定再审的次日起计算。

6）撤诉、缺席判决与延期审理。

① 撤诉。撤诉是指原告在案件受理后，人民法院尚未作出判决前，撤回起诉的行为，包括申请撤诉和按撤诉处理。撤诉是原告的诉讼权利，但是，要以不损害他人利益为前提。因此，原告申请撤诉需经人民法院批准。对因原告撤诉有损于国家、集体和他人利益的，人民法院不应准其撤诉。人民法院准予或者驳回原告撤诉申请，应当以裁定的方式作出。按撤诉处理的情况有：原告或上诉人未按期交纳诉讼费用；原告经传票传唤，无正当理由拒不到庭；原告未经法庭许可中途退庭；原告应预交而未预交案件受理费，经人民法院通知后仍不交纳；或申请缓、减、免未获法院批准仍不交纳诉讼费用的；无民事行为能力的原告的法定代理人，经传票传唤无正当理由拒不到庭的；有独立请求权的第三人经人民法院传票传唤，无正当理由拒不到庭的，或者未经法庭许可中途退庭的。

② 缺席判决。缺席判决是指人民法院在一方当事人无正当理由拒不参加法庭审理的情况下，依法作出判决。缺席判决主要适用于以下情况：被告经传票传唤，无正当理由拒不到庭的，或者未经法庭许可中途退庭的；在人民法院裁定不准许撤诉的情况下，原告经传票传唤，无正当理由拒不到庭的；无民事行为能力的被告的法定代理人，经传票传唤无正当理由拒不到庭的。

③ 延期审理。有下列情形之一的，可以延期开庭审理：必须到庭的当事人和其他诉讼参与人有正当理由没有到庭的；当事人临时提出回避申请的；需要通知新的证人到庭，调取新的证据，重新鉴定、勘验，或者需要补充调查的；其他应当延期的行为。

7）诉讼中止与诉讼终结。

① 诉讼中止。有下列情形之一的，中止诉讼：一方当事人死亡，需要等待继承人表明是否参加诉讼的；一方当事人丧失诉讼行为能力，尚未确定法定代理人的；作为一方当事人的法人或者其他组织终止，尚未确定权利义务承受人的；一方当事人因不可抗拒的事由，不能参加诉讼

的；必须以另一案的审理结果为依据，而另一案尚未审结的；其他应当中止诉讼的情形。中止诉讼的原因消除后，恢复诉讼。裁定中止诉讼的原因消除，恢复诉讼程序时，不必撤销原裁定，从人民法院通知或准许当事人双方继续进行诉讼时起，中止诉讼的裁定即失去效力。

② 诉讼终结。有下列情形之一的，诉讼终结。

a) 原告死亡，没有继承人，或者继承人放弃诉讼权利的。

b) 被告死亡，没有财产，也没有应当承担义务的人；离婚案件的一方当事人死亡的。

c) 追索赡养费、抚养费、抚育费以及解除收养关系，案件的一方当事人死亡的。

8) 判决和裁定。

① 民事判决是人民法院行使国家审判权，对所受理的民事案件，经过审理，依法作出的确定当事人之间民事权利义务关系或者确认民事法律关系的具有法律约束力的决定。判决书应当写明案由、诉讼请求、争议的事实和理由；判决认定的事实、理由和适用的法律依据；判决结果和诉讼费的负担；上诉期间和上诉的法院。判决书由审判人员、书记员署名，加盖人民法院印章。

② 裁定。人民法院对案件审理过程中所发生的程序问题作出的处理决定，称为裁定。裁定适用于下列范围。

a) 对管辖权有异议的。

b) 驳回起诉。

c) 财产保全和先予执行。

d) 准予或者不准予撤诉。

e) 中止或者终结诉讼。

f) 补正判决书中的笔误。

g) 中止或者终结执行。

h) 不予执行仲裁裁决。

i) 不予执行公证机关赋予强制执行效力的债权文书。

j) 其他需要裁定解决的事项。

对上述前三项裁定，可以上诉。裁定书由审判人员、书记员署名，加盖人民法院印章。口头裁定的，记入笔录。最高人民法院的判决、裁定，以及依法不准上诉或者超过上诉期没有上诉的判决、裁定，是发生法律效力的判决、裁定。

9. 简易程序

基层人民法院和它派出的法庭审理事实清楚、权利义务关系明确、争议不大的简单的民事案件，适用简易程序。其中"事实清楚"，是指当事人双方对争议的事实陈述基本一致，并能提供可靠的证据，无须人民法院调查搜集证据即可判明事实、分清是非；"权利义务关系明确"，是指谁是责任的承担者，谁是权利的享有者，关系明确；"争议不大"，是指当事人对案件的是非、责任以及诉讼标的的争执无原则分歧。

适用简易程序审理的案件，审理期限不得延长。在审理过程中，发现案情复杂，需要转为普通程序审理的，可以转为普通程序，由合议庭进行审理，并及时通知双方当事人。审理期限从立案的次日起计算。已经按照普通程序审理的案件，在审理过程中无论是否发生了情况变化，都不得改用简易程序审理。对简单的民事案件，原告可以口头起诉。当事人双方可以同时到基层人民法院或者它派出的法庭，请求解决纠纷。基层人民法院或者它派出的法庭可以当即审理，也可以另定日期审理。适用简易程序审理案件，人民法院应当将起诉内容，用口头或书面方式告知被告，用口头或者其他简便方式传唤当事人、证人，由审判员独任审判，书记员担任记录，不得自审自记。判决结案的，应当公开宣判。

人民法院适用简易程序审理案件，应当在立案之日起 3 个月内审结。

10. 第二审程序

1）上诉。

① 上诉的提起。当事人不服地方人民法院第一审判决的，有权在判决书送达之日起 15 日内向上一级人民法院提起上诉。当事人不服地方人民法院第一审裁定的，有权在裁定书送达之日起 10 日内向上一级人民法院提起上诉。有权提起上诉的人，应该是第一审程序中的原告和被告。双方当事人和第三人都提出上诉的，均为上诉人。必要共同诉讼人中的一人或者部分人提出上诉的，按下列情况处理：

a）该上诉是对与对方当事人之间权利义务分担有意见，不涉及其他共同诉讼人利益的，对方当事人为被上诉人，未上诉的同一方当事人依原审诉讼地位列明。

b）该上诉仅对共同诉讼人之间权利义务分担有意见，不涉及对方当事人利益的，未上诉的同一方当事人为被上诉人，对方当事人依原审诉讼地位列明。

c）该上诉对双方当事人之间以及共同诉讼人之间权利义务承担有意见的，未提出上诉的其他当事人均为被上诉人。

② 上诉的受理。上诉应当递交上诉状。上诉状的内容应当包括当事人的姓名、法人的名称及其法定代表人的姓名或者其他组织的名称及其主要负责人的姓名；原审人民法院名称、案件的编号和案由；上诉的请求和理由。一审宣判时或判决书、裁定书送达时，当事人口头表示上诉的，人民法院应告知其必须在法定上诉期间内提出上诉状。未在法定上诉期间内递交上诉状的，视为未提出上诉。上诉状应当通过原审人民法院提出，并按照对方当事人或者代表人的人数提出副本。当事人直接向第二审人民法院上诉的，第二审人民法院应当在 5 日内将上诉状移交原审人民法院。原审人民法院收到上诉状，应当在 5 日内将上诉状副本送达对方当事人，对方当事人在收到之日起 15 日内提出答辩状。人民法院应当在收到答辩状之日起 5 日内将副本送达上诉人。对方当事人不提出答辩状的，不影响人民法院审理。原审人民法院收到上诉状、答辩状，应当在 5 日内连同全部案卷和证据，报送第二审人民法院。

③ 上诉人撤诉。第二审人民法院判决宣告前，上诉人申请撤回上诉的，是否准许，由第二审人民法院裁定；人民法院经审查认为一审判决确有错误，或者双方当事人串通损害国家和集体利益、社会公共利益及他人合法权益的，不应准许；因和解而申请撤诉，经审查符合撤诉条件的，人民法院应予准许。

2）上诉案件的审理。

① 审理范围。第二审人民法院应当对上诉请求的有关事实和适用法律进行审查。第二审人民法院对上诉人上诉请求的有关事实和适用法律进行审查时，如果发现在上诉请求以外原判确有错误的，也应予以纠正。

② 审理方式。第二审人民法院对上诉案件，应当组成合议庭，开庭审判。经过阅卷和调查、询问当事人，在事实核对清楚后，合议庭认为不需要开庭审判的，也可以进行判决、裁定。第二审人民法院审理上诉案件，可以在本院进行，也可以到案件发生地或者原审人民法院所在地就地进行。

③ 审理期限。人民法院审理对判决的上诉案件，应当在第二审立案之日起 3 个月内审结。有特殊情况需要延长的，由本院院长批准。人民法院审理对裁定的上诉案件，应当在第二审立案之日起 30 日内作出终审裁定。

3）二审裁判。第二审人民法院的判决、裁定，是终审的判决、裁定。第二审人民法院对上诉案件，经过审理，按照下列情形，分别处理。

① 原判决认定事实清楚，适用法律正确的，判决驳回上诉，维持原判决；原判决适用法律错误的，依法改判。

② 原判决认定事实错误，或者原判决认定事实不清，证据不足，裁定撤销原判决，发回人民法院重审，或者查清事实后改判。

③ 第一审人民法院有下列违反法定程序的情形之一，可能影响案件正确判决的，裁定撤销原判决，发回原审人民法院重审。当事人对重审案件的判决、裁定，可以上诉。审理本案的审判人员、书记员应当回避未回避的；未经开庭审理而作出判决的；适用普通程序审理的案件当事人未经传票传唤而缺席判决的；其他严重违反法定程序的。

习　题

一、单项选择题

1. 偿付能力规则主要是体现保险公司的（　　　）。

A. 资本金规模　　　　　B. 最低偿付能力　　　　　C. 承保业务的大小

答案：B

2. 民事诉讼程序简易程序一般要求多久审结？（　　　）

A. 1 个月　　　　　　　B. 3 个月　　　　　　　C. 6 个月　　　　　　　D. 2 年

答案：B

二、多项选择题

3. 车险的核心法规有（　　　）。

A. 保险法　　　　　　　B. 道路交通安全法　　　　C. 侵权责任法　　　　　D. 仲裁法

答案：A、B、C

4. 保险法的基本构成有（　　　）。

A. 保险合同法　　　　　B. 保险业法　　　　　　C. 保险特别法

答案：A、B、C

5. 下列关于机动车合法上道路行驶资格的说法，正确的是（　　　）。

A. 机动车必须取得行驶证方可上道路行驶

B. 机动车必须购买保险方可上道路行驶

C. 已登记上牌车辆必须随车携带行驶证方可上道路行驶

D. 已登记上牌车辆必须悬挂机动车号牌方可上道路行驶

答案：C、D

6. 交通警察调查交通事故现场时，现场调查内容包括（　　　）。

A. 当事人的道路交通安全违法行为及导致交通事故的过错或者意外情况

B. 交通事故当事人的基本情况

C. 车辆安全技术状况及装载情况

D. 交通事故的基本事实

答案：A、B、C、D

7. 道路交通事故的财产损失主要包括（　　　）。

A. 车辆损失　　　　　　B. 随身财物损失　　　　C. 车载货物损失　　　　D. 施救费用

答案：A、B、C、D

8. 仲裁的原则有自愿原则和（　　　）。

A. 或裁或审原则

B. 依据事实与法律原则

C. 独立仲裁原则

D. 一裁终局原则

答案：A、B、C、D

9. 普通程序的特点包括(　　)。

A. 一审案件的常用程序

B. 要求3个月审结

C. 是诉讼程序中最基础的程序

D. 具有审判程序"通则"功能

答案：A、C、D

第五章 车险条款解读

《中华人民共和国道路交通安全法》经中华人民共和国第十届全国人民代表大会常务委员会第五次会议于 2003 年 10 月 28 日通过，自 2004 年 5 月 1 日起施行。与之相配套的《机动车交通事故责任强制保险条例》(以下称《交强险条例》) 2006 年 7 月 1 日实施，2007 年与 2011 年两次修订。车险条款解读必须首先弄清《交强险条例》以及《机动车交通事故责任强制保险条款》以下简称《交强险条款》，在此基础上再读懂和理解《机动车综合商业保险示范条款》(见附录)。

第一节 《交强险条例》解读

第一章 总 则

第一条 为了保障机动车道路交通事故受害人依法得到赔偿，促进道路交通安全，根据《中华人民共和国道路交通安全法》《中华人民共和国保险法》，制定本条例。

制定《交强险条例》的目的首先在于为机动车道路交通事故受害人提供基本保障，及时、合理地填补其遭受的损害，在此基础上，借助交强险所具有的社会管理职能更好地履行政府职责，促进道路交通安全。

制定《交通险条例》的依据：

1) 《中华人民共和国道路交通安全法》(以下简称《道交法》) 第十七条明确规定："国家实行机动车第三者责任强制保险制度，设立道路交通事故社会救助基金。具体办法由国务院规定。"显然，该条对国务院的明确授权，使《道交法》成为《交强险条例》的直接立法依据。

2) 《保险法》第十一条第二款规定，"除法律、行政法规规定必须保险的外，保险合同自愿订立。"这使《保险法》成为国家通过立法实施交强险的法律依据。

第二条 在中华人民共和国境内道路上行驶的机动车的所有人或者管理人，应当依照《中华人民共和国道路交通安全法》的规定投保机动车交通事故责任强制保险。

机动车交通事故责任强制保险的投保、赔偿和监督管理，适用本条例。

1. 中华人民共和国境内

我国宪法规定："国家在必要时可设立特别行政区。在特别行政区内实行的制度按照具体情况由全国人民代表大会以法律规定。"中华人民共和国境内应指除依法设立的特别行政区外的全部中华人民共和国的领土范围。据此，全国人大已于 1990 年和 1993 年分别制定了《香港特别行政区基本法》与《澳门特别行政区基本法》。根据上述法律的规定，除在《基本法》附件中规定的在特别行政区适用的全国性法律外，其他法律不适用于特别行政区，从而将本条例排除在外。

2. 道路

本款及《交强险条例》中"道路"一词取自《道交法》，根据该法第一百一十九条的规定，"道路"是指公路、城市道路和虽在单位管辖范围但允许社会机动车通行的地方，包括广场、公共停车场等用于公众通行的场所。

3. 机动车

根据《道交法》第一百一十九条的规定，"机动车"是指以动力装置驱动或者牵引，上道路行驶的供人员乘用或者用于运送物品以及进行工程专项作业的轮式车辆。显然，此定义涵盖了那些可以上道路行驶的拖拉机，根据 2004 年 4 月 30 日国务院发布的《中华人民共和国道路交通安全法实施条例》（以下简称《道交法实施条例》）第一百一十一条的规定，上道路行驶的拖拉机，是指手扶拖拉机等最高设计行驶速度不超过 20km/h 的轮式拖拉机和最高设计行驶速度不超过 40km/h、牵引挂车方可从事道路运输的轮式拖拉机。

4. 所有人

结合我国《中华人民共和国民法通则》（以下简称《民法通则》）第七十一条有关财产所有权的规定，本款中所称"机动车的所有人"，是指依法对机动车享有所有权的主体，即依法有权占有、使用、收益和处分机动车的自然人和法人。实务中，所谓机动车所有人是指机动车办理登记时登记为所有人的人；在机动车登记尚未开始前叫"车主"。

5. 管理人

本款中所称"管理人"，旨在界定所有人以外实际管理机动车的个人和社会组织，具体是指虽不享有机动车所有权，但依法或依约定实际占有机动车的自然人、企事业单位或其他社会组织，如某些国家机关下设的不具法人资格的事业单位，机动车临时保管人等。

所有人或者管理人是投保人。

根据本款的规定，《交强险条例》仅适用于交强险的投保、赔偿及其监督赔偿三个环节。交强险虽具有不同于既有商业机动车第三者责任险的性质，但本质上仍未完全脱离一般意义上的保险；同时，交强险所涉及内容繁杂，因此，为求立法精简，本款规定交强险的投保、赔偿及其监督管理适用本条例。对于《交强险条例》未规定而交强险必然涉及的其他环节，如保险合同的成立、生效与变更、保险人的代位求偿权、保险赔偿金的给付期限、经营交强险的保险公司资格审定、保险公司经营此险种的业务规则等，可参照适用《保险法》及相关法规和规章。

> **第三条** 本条例所称机动车交通事故责任强制保险，是指由保险公司对被保险机动车发生道路交通事故造成本车人员、被保险人以外的受害人的人身伤亡、财产损失，在责任限额内予以赔偿的强制性责任保险。

责任保险，又称第三者责任保险，是指被保险人依法对第三者负损害赔偿责任时，由保险人负补偿责任的保险。我国《保险法》第六十五条第四款规定："责任保险是指以被保险人对第三者依法应负的赔偿责任为保险标的的保险。"一般而言，责任保险被归入广义的财产保险范畴。因此，在我国《保险法》中，前述规定被置于财产保险合同一节，而第九十五条第二款规定也将责任保险纳入了财产保险业务。

本条是关于交强险定义的规定。受害人因被保险机动车肇事遭受人身伤亡、财产损失时，依据《民法通则》《道交法》规定，将享有对被保险人的损害赔偿请求权，而被保险人也将承担相应的民事损害赔偿责任，这一责任正是此保险的保险标的，保险人将在一定的责任限额内依法或依约定向被保险人或者受害人赔偿保险金。

显然，交强险具有为被保险人转嫁风险并为受害人提供保障这一责任保险的特性。然而，与商业第三者责任险不同的是，交强险立足保障受害人的利益，旨在及时、合理地补偿其遭受的损害，进而充分发挥保险所具有的社会管理效用，促进道路交通安全，维护社会大众的安全与权益。

《交强险条例》规定，受害人中不包括本车人员及被保险人。作为被保险机动车发生道路交通事故时的受害人，是交强险合同双方之外的第三方，但是，出于防范道德风险、降低制度成本等考虑，不少国家对受害第三者的范围作了限制，我国亦不例外，《交强险条例》规定的责任保险的对象在物理上应位于被保险机动车之外，在法律上则不包括被保险机动车本车人员和被保险人。

　　所谓被保险机动车本车人员是指除驾驶人以外的车上承载人员。

　　在已经建立了交强险的国家和地区中，根据强制保险的保障范围，可以分为两类：

　　一类仅对人身伤亡给予保障，对财产损害则不予赔偿，主要有日本、韩国、新加坡、澳大利亚等国家以及我国香港和台湾地区。如我国台湾地区"强制汽车责任保险法"第五条规定："因汽车交通事故致受害人体伤、残疾或死亡者，加害人不论有无过失，在相当于本法规定之保险金额范围内，受害人均得请求保险赔偿给付。"

　　另一类则对人身伤亡和财产损失均予以保障，主要包括英国、美国、意大利等欧美国家。如英国《道路交通法》第一百四十五条即规定，对保单中列明的投保人因在英国道路上使用机动车辆而产生的人身伤亡责任和财产损失应予以承保。

　　在此问题上，为贯彻人本主义精神，预防和减少交通事故，更好地维护交通事故受害人的合法权益，我国《道交法》第七十六条规定，机动车发生交通事故造成人身伤亡、财产损失的，由保险公司在机动车第三者责任强制保险责任限额范围内予以赔偿，从而使我国交强险制度涵盖了受害人的财产损失。《交强险条例》第三条的规定也就此将被保险机动车发生道路交通事故造成的受害人的财产损失纳入了保险公司的赔偿范围。

　　交强险的投保、赔偿通过《交强险条款》来体现，所以《交强险条例》是《交强险条款》制定依据，同时也是保险监管部门的监管依据。

　　第四条　国务院保险监督管理机构（以下简称银保监）依法对保险公司的机动车交通事故责任强制保险业务实施监督管理。

　　公安机关交通管理部门、农业（农业机械）主管部门（以下统称机动车管理部门）应当依法对机动车参加机动车交通事故责任强制保险的情况实施监督检查。对未参加机动车交通事故责任强制保险的机动车，机动车管理部门不得予以登记，机动车安全技术检验机构不得予以检验。

　　公安机关交通管理部门及其交通警察在调查处理道路交通安全违法行为和道路交通事故时，应当依法检查机动车交通事故责任强制保险的保险标志。

　　本条第一款规定，国务院保险监督管理机构依法对保险公司经营强制保险业务实施监督管理。这一规定意味着《交强险条例》授权中国保险监督管理委员会（以下简称保监会）依据《保险法》《交强险条例》以及其他相关的保险业法规、规章，对保险公司经营强制保险业务进行监管。保监会于1998年11月18日成立，是全国商业保险的主管部门，为国务院直属正部级事业单位，根据国务院授权履行行政管理职能，依照法律、法规统一监督管理全国保险市场。

　　根据《道交法》第八条的规定，我国对机动车实行登记制度，机动车经公安机关交通管理部门登记后，方可上道路行驶；同时，该法第一百二十一条规定，对上道路行驶的拖拉机，由农业（农业机械）主管部门行使该法第八条、第九条、第十三条、第十九条、第二十三条规定的公安机关交通管理部门的管理职权。从而将公安机关交通管理部门和农机主管部门确定为法定的机动车管理部门。因此，本条第二款规定由机动车管理部门承担监督检查机动车参加强制保险情况这一职责，既合法又合理；同时，为确保强制保险在机动车管理的首要环节即得以实施，规定要求机动车管理部门不得对未投保强制保险的机动车办理登记。基于同样的考虑，现行《机动车登记规定》规定，初次申领机动车号牌、行驶证的，机动车所有人应当向住所地车辆管理所注册登记。此外，由于《道交法》第十三条规定对已登记上路行驶的机动车应定期进行安全技术检验，如此一来，若由机动车安全技术检验机构在对机动车进行定期安全技术检验的同时查验机动车是否投保强制保险，则可以更好地杜绝机动车逃避强制保险的情况。因此，国务院2004年4月30日公布的《道交法实施条例》中第十七条规定，已注册登记的机动车进行安全技术检验时，未按照规定提供机动车第三者责任强制保险凭证的，不予通过检验。结合上述规定，本款同时要求，对未参加交强险的机动车，机动车安全技术检验机构不得予以检验。

本条第三款规定，公安机关交通管理部门及其交通警察在调查处理道路交通安全违法行为和交通事故时，应检查交强险标志。

交强险保险标志分为内置型交强险标志(图5-1)和便携型交强险标志(图5-2)，全国统一。内置型交强险标志的形状为椭圆形，长为88mm、宽为75mm，正面涂胶，使用时将正面张贴在机动车前风窗玻璃处，以便识别和查验。便携型交强险标志的形状为长方形，长为90mm，宽为60mm，四角为圆角，使用时可方便放置到行驶证或驾驶证中。

正面

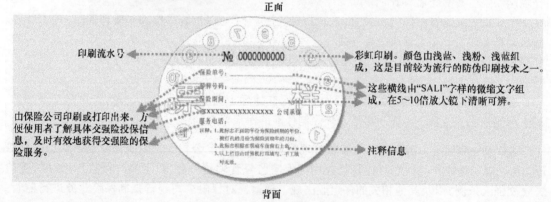

背面

图5-1　内置型交强险标志

保险标志既是表明机动车已投保交强险的有效凭证，也是国家对实施强制保险进行管理的重要手段之一。

依据《道交法》第十一条的规定，驾驶机动车上道路行驶，应当放置保险标志，《道交法实施条例》第十三条第二款同时规定，保险标志应当黏贴在机动车前窗右上角。

强制机动车在上道路行驶时放置保险标志，既便于管理部门管理机动车、监督检查强制保险实施情况，也便于社会公众尤其是交通事故受害人识别投保机动车、及时解决对受害人的赔偿问

正面

背面

图 5-2 便携型交强险标志

题，从而更好地促进交强险制度实现。因此，为确保保险标志的依法放置，根据《道交法》第九十五条第一款的规定，对上道路行驶的机动车未放置保险标志的，公安机关交通管理部门应当扣留机动车，通知当事人提供相应的标志或者补办相应手续，并可以依照该法第九十条的规定予以警告或处 20 元以上 200 元以下罚款。同时，根据《道交法实施条例》第一百零七条的规定，对于因未放置保险标志而被扣留的机动车，驾驶人或者所有人、管理人 30 日内未提供相应的机动车保险标志，未补办相应手续，或者不前往接受处理，经公安机关交通管理部门通知并且经公告 3 个月仍不前往接受处理的，公安机关交通管理部门应将该机动车送交有资格的拍卖机构拍卖，所得价款上缴国库。

第二章 投　保

第五条　保险公司经保监会批准，可以从事机动车交通事故责任强制保险业务。

为了保证机动车交通事故责任强制保险制度的实行，保监会有权要求保险公司从事机动车交通事故责任强制保险业务。

未经保监会批准，任何单位或者个人不得从事机动车交通事故责任强制保险业务。

本条第一款规定，保险公司经保监会批准，可以从事交强险业务。这一规定意味着，保险公司要经营交强险业务，必须要取得保监会的行政许可。

近年来，我国保险业发展极为迅猛，根据我国加入 WTO 法律文件中有关保险业的规定，外资保险公司不允许经营法定保险业务。而我国的具体承诺减让表中的法定保险限于下列具体险种：汽车第三者责任险、公共汽车及其他商业运载工具驾驶人和运营者责任险。

依据上述规定，目前，中资财产保险公司依法成立后，即相应具有经营非寿险业务的资格，无须监管机关另行批准。但对于交强险业务，中资财产保险公司并非当然取得经营资格，必须经过保监会的批准。这便于监管机关加强对交强险经营主体的管理，保障交强险制度的顺利运行。

《交强险条例》未对保监会的批准定程序作出具体规定，但根据《行政许可法》和《中国保险监督管理委员会行政许可实施办法》的规定，申请人应当向保监会提交齐全、符合法定形式以及内容真实的申请材料，保监会将自受理申请之日起20个工作日内作出许可或者不予许可的书面决定，经机关负责人批准，可以延长10个工作日。

本条第二款规定，为了保证交强险制度的实行，保监会有权要求保险公司从事交强险业务。交强险制度的设立，是为了在不过分加重投保人负担的情况下，使机动车道路交通事故受害人迅速得到赔偿。为实现这一目的，《交强险条例》第六条明确规定，交强险实行统一的保险条款和基础保险费率，保监会按照交强险业务总体上不盈利不亏损的原则审批保险费率。因此，交强险与一般商业保险的经营原则有所不同，保险公司在经营交强险时，其盈利空间受到了严格限制。这样也就可能导致出现没有保险公司愿意经营交强险业务，交强险制度无法推行的情形。本款规定即是针对该种情形，赋予了保监会作为交强险业务的主管部门要求保险公司从事该项业务的权力，以确保交强险制度在特殊情形下也能继续运行。这是从维护整个交强险制度的存续和保护道路交通事故受害人的角度出发作出的规定。

强制性不仅体现在强制投保上，同时也体现在强制承保上。

本条第三款规定，未经保监会批准，任何单位和个人不得从事交强险业务。该款实际是从另一个角度强调了从事交强险业务必须具备法定资格条件，并经保监会批准。这款规定实际包含两层含义：一是对于保险公司以外的单位和个人，不得从事交强险业务，否则，将按照《交强险条例》第三十六条的规定承担相应的法律责任；二是对于保险公司，必须要经保监会批准后方可从事交通事故责任强制保险，否则，将按照《交强险条例》第三十七条的规定承担相应的法律责任。

> **第六条** 机动车交通事故责任强制保险实行统一的保险条款和基础保险费率。保监会按照机动车交通事故责任强制保险业务总体上不盈利不亏损的原则审批保险费率。
>
> 保监会在审批保险费率时，可以聘请有关专业机构进行评估，可以举行听证会听取公众意见。

本条是关于交强险条款费率制定和审批原则的规定。

本条包括六层含义。

1）交强险在不同地区、不同保险公司之间实行统一的保险条款。交强险实行统一的保险条款，即不同的投保人和被保险人享有相同的保险保障、责任限额、赔偿标准和权利，应当履行同样的义务和要求，不同的保险公司应当履行相同的责任和义务。交强险是由国家立法规定必须强制实施的险种，对投保双方的选择权都进行了一定的限制，实行统一条款更有利于维护消费者权益，使其无论选择哪家保险公司办理强制保险，无论在哪里发生交通事故均能得到相同的保险保障。同时，保障的同质化也有利于保险公司之间加强合作，提高理赔效率，方便消费者。

为便于实行统一的保险条款，中国保险行业协会可以代表保险行业制定交强险条款，履行相关审批手续后，各公司可以使用行业统一条款。

2）交强险在不同地区、不同保险公司之间实行相同的基础费率。相同的基础费率是指同一使用性质的同一车型机动车具有相同的风险保费。实行统一的基础保费有利于风险的分摊，有利于维护广大消费者利益，也有利于交强险业务的监督和管理。

同时，由于我国幅员辽阔，地区差异较大，保险公司之间的经营水平也不尽相同，交强险的附加费率以及风险修正系数实行差异化，即根据行驶区域、驾驶人性别、年龄、驾龄、安全驾驶记录等风险因素差异，以及保险公司经营成本差异因素，同一车型具有不同的费率水平。具体表现在：

①　在不同地区之间实行差异化的费率浮动系数。由于我国不同地区的风险成本存在着本质性的差异，同一车型在不同地区会有不同的费率水平。导致这种差异的主要原因有以下几个方面：

一是各地区经济发展水平不均衡导致赔付成本差异较大。由于我国经济发展存在较大的差异，东部和西部之间、城市和乡镇之间，生活消费水平和薪酬水平都存在较大差异，导致同一交通事故赔偿案件在各地的赔偿标准也存在着显著差异。根据最高人民法院《关于审理人身损害赔偿案件适用法律若干问题的解释》规定，死亡丧葬费按照受诉法院所在地上一年度职工月平均工资标准，以6个月总额计算。北京2004年丧葬费为12022元，山西丧葬费为5365元，两者相差一倍以上。残疾赔偿金根据受诉法院所在地上一年度城镇居民人均可支配收入或者农村居民人均纯收入标准，按20年计算。在深圳，残疾赔偿金高达50多万元，而陕西仅为14万元左右，两者相差数倍。

二是各地区道路交通环境和交通管理水平不同。由于我国幅员广阔，各地的路况交通情况各异，导致了出险概率和频率分布不同。

据公安部统计年报数据显示，广东、江苏、浙江等机动车保有量较高的地区，交通事故死亡人数也较高，但是，万车死亡率最高的地区却是西藏、青海、新疆等地广人稀的地区。2004年，西藏万车死亡率为49.5，而河南仅为5.18，两地相差近十倍。

三是各地区驾驶人群体的分布状况不同。近年来，在经济发达地区私家车的数量急剧增加，由于私家车的主要消费群体多为新驾驶人，其驾驶技能欠佳，就整体而言，该类消费群存在"损失率、肇事率高"的现象，致使私家车业务总体赔付水平不断上升。因此私家车占有率高的地区，其交强险的风险成本会明显增高。

保费水平应当与风险程度相匹配，否则，会导致在风险成本高的地区，费率水平偏低，在风险成本低的地区，费率水平偏高，这不仅损害了消费者的利益，而且不利于督促各地区交通环境的改善和安全驾驶意识的提高。因此，相同使用性质的同一车型在不同地区体现不同的费率水平。

②　在不同的机动车驾驶人之间实行不同的费率调整系数。驾驶人的性别、年龄、职业、驾龄、经验等个人因素对于风险具有一定影响。尤其在家庭自用车或其他私人用车上，个人因素和风险的匹配度更高。一般情况下，女性比男性驾驶人风险小，驾龄长的驾驶人比驾龄短的风险小。

③　根据机动车肇事或违章频率、程度不同实行不同的费率调整系数。对于经常违章肇事者或不安全驾驶者将适当上调费率，对于安全驾驶者将相应降低费率，以实现费率与风险的挂钩。同时通过奖优罚劣这一经济手段促进驾驶人提高安全驾驶意识，维护道路交通安全。关于保险费率如何与交通违章挂钩的问题在《交强险条例》第八条、第九条中有详细规定，保监会将会同国务院公安部门制定具体的标准。

④　不同保险公司之间可以采用不同的附加费率。保险公司之间在经营水平、管理能力以及销售渠道上有很大差异，实行差异化附加费率，可以督促保险公司提高经营管理水平，通过严格控制费用来降低费率水平，在市场竞争中获得优势。费率水平的下降最终使消费者得到实惠。保监会将对保险公司经营交强险的管理成本规定上限比例，保险公司在不超过该标准的情况下，可以根据实际经营情况，调整具体附加费率。一般情况下，附加保费不得超过毛保费的35%。

中国保险行业协会可以根据保险业历年经营数据和机动车辆保险赔付情况制定交强险的纯费率和风险修正系数，可以根据保险行业平均管理成本，制定行业指导性附加费率。

协会制定的费率应当报送保监会审批。保险公司可以使用行业协会制定的费率。如果保险公司需要调整费率，则应当重新向保监会申报。

我国自 2003 年开始实施机动车辆保险条款费率管理制度改革，取消了在我国存续近 20 年的机动车辆保险统一条款费率管理制度，改由保险公司自主制定车险条款费率，报监管部门审批后执行。车险条款费率市场化改革以来，市场总体反映良好，费率水平与风险程度更加匹配，保险产品朝个性化和多样化方向发展，使消费者得到更多实惠，同时也督促保险公司进一步加强管理，提高服务意识和管理水平。交强险实行统一的保险条款和基础费率，并不是简单的管理制度的回归，而是根据中国交强险的特点而设立的一项制度。

从已实行强制保险的国家或地区经验看，除我国台湾地区、日本、韩国等采用统一条款费率的方式外，大部分欧美国家均由各保险公司按商业运作模式进行经营，其条款及费率也由各保险公司在法定范围内自行确定。

3) 由保监会对交强险条款费率进行审批。根据 2015 版《保险法》第一百三十五条规定，关系社会公众利益的保险险种、依法实行强制保险的险种和新开发的人寿保险险种的保险条款与保险费率，应当报保险监督管理机构审批。交强险属于关系社会公众利益的保险险种，其保险条款和费率依法应由保监会审批。

交强险条款费率的申请人为依法获得交强险经营资格的中资财产保险公司，根据《保监会行政许可事项实施规程》和《财产保险公司保险条款和保险费率管理办法》的规定，申请时应当提供以下材料：

① 申请函。

② 保险条款和费率文本。

③ 保险条款和保险费率的说明材料。

④ 保险费率精算报告。

⑤ 法律责任人声明书。

⑥ 精算责任人声明书。

⑦ 中国保监会规定提交的其他材料。

⑧ 上述材料的电子文档。

保监会依法对交强险条款费率进行审核，审核的原则和标准主要包括：

① 完整性：申报材料符合要求，完整。

② 准确性：条款内容清晰，文字通俗易懂，不存在自相矛盾之处。

③ 合法合规性：不得违反国家法律、法规、国家政策以及保监会的有关规定。

④ 公平性：内容不得显失公平，不得侵害消费者利益。

⑤ 公正性：不得引起不正当竞争。

⑥ 谨慎性：费率不得危及偿付能力。

⑦ 不盈不亏原则：费率厘定基于正常经营成本上。

⑧ 中国保监会规定的其他条件。

4) 强制保险费率审批重点为不盈利不亏损原则。所谓不亏损不盈利原则，即费率的厘定基于正常经营的标准成本之上，这要从整体上来把握。首先，在费率厘定时，不设定预期利润率。在商业保险的费率构成中，一般包含预期利润率，这是商业性企业的正常经营利润，交强险是依法实行强制的险种，其社会性和公益性特点要求商业保险公司不应从中牟取利益，因此，费率构成中不能包含利润率；其次，不亏不盈原则是针对整个保险行业交强险业务而言，个别公司由于自身经营水平差异，在短期内出现一定程度的亏损或盈利，不影响不亏不盈原则的实施；第三，要从一定期限内来审核该原则的有效性，一般根据保险公司交强险业务年度的经营情况来判断是否盈利或亏损，并视情况来调整费率。

强制保险的保费由纯保费和附加保费两部分组成。纯保费又称风险保费，根据保险标的的损失率来确定，对于同一地区同类车型的纯保费，各公司之间的差异一般不会太大。附加保费因公司的经营成本高低而有所差异，经营水平较高的公司附加保费较低。保监会要求保险行业根据业务年度行业整体交通事故责任强制保险损失率情况以及预期损失率来测算纯保费水平，纯保费占毛保费的权重一般为65%左右；各公司的附加保费最高不超过毛保费的35%。

保监会在《保险法》和《交强险条例》赋予的职责范围内，根据以上原则，对公司制定的费率进行审核和调整，对可能产生的各类问题也在此原则基础上进行协调和平衡，维护投保人利益，确保行业稳定。

5) 本条第二款是指，保监会在审批交强险费率时，可以根据需要，聘请专业的精算师事务所对保险公司费率测算中使用的数据、测算方式、费率结构和水平进行评估。引入精算师事务所对费率进行评估，有利于维护费率厘定的合理性和公平性，有利于增加费率制定工作的可信度和透明度，保护广大消费者利益，确保交强险制度改革的有效实施。

保险费率厘定是一项技术性很强的工作，运用了大量的精算技术和数学方法，需要由专业的精算师来进行。目前，在保监会的积极推动下，我国的非寿险精算工作得到较快发展，非寿险精算队伍逐渐壮大，精算技术已经运用到非寿险保险产品定价、责任准备金评估和公司偿付能力评估等多个领域，精算工作得到越来越多的重视。但是，总体上看，我国非寿险精算工作尚在起步阶段，精算人才缺乏，精算经营不足，因此，引进国际先进精算师事务所对交强险费率进行评估，不但有利于交强险制度的实施，而且对保险公司加强精算工作、提高精算水平也有一定促进作用。

6) 保监会在审批交强险费率时，可以根据需要，召开听证会，对保险公司厘定的交强险费率进行听证。实行费率听证有利于费率水平的公平公正，有利于费率厘定工作的公开和透明，确保消费者的知情权。

听证会组织者为中国保监会；听证申请人为经营交强险业务的保险公司或保险行业协会；听证代表为社会各界代表；听证内容为交强险费率水平。具体费率听证办法由中国保监会制定。

> **第七条** 保险公司的机动车交通事故责任强制保险业务，应当与其他保险业务分开管理，单独核算。
>
> 保监会应当每年对保险公司的机动车交通事故责任强制保险业务情况进行核查，并向社会公布；根据保险公司机动车交通事故责任强制保险业务的总体盈利或者亏损情况，可以要求或者允许保险公司相应调整保险费率。
>
> 调整保险费率的幅度较大的，保监会应当进行听证。

本条是关于强制保险管理核算要求的有关规定以及对保险公司调整费率的有关要求。

1) 本条第一款要求交强险业务必须与其他业务分开管理，并实行单独核算。

首先，在业务管理上，保险公司应当根据相关机动车责任强制保险标志和保险单证管理办法，使用经中国保监会监制的保险单证和保险标志，并派专人负责强制保险单证的印制、发送、存放、登记、领用、使用、收回、核销、盘点以及归档等管理工作。保险公司应当根据保险公司内控管理制度的有关规定，加强对交强险的业务流程管理与风险管控。

其次，在财务管理上，强制保险业务在财务核算上应与其他业务分开，单独设账管理，并由专门报表反映其经营情况。强制保险财务管理和核算原则必须符合《保险公司财务制度》《保险公司会计制度》《保险公司非寿险业务准备金管理办法(试行)》《保险公司非寿险业务准备金管理办法实施细则(试行)》以及其他中国保监会规定的分险种核算的有关规定。

强制保险业务项下的收入、支出、准备金提转以及承保利润应记入强制保险相应科目。收入包括保费收入、分保费收入、追偿款收入;支出包括赔款支出、分出保费、分保赔款支出、分保费用支出、手续费支出、营业税金及附加、提取救助基金、提取保险保障基金、营业费用。准备金包括未到期责任准备金、未决赔款准备金和保险监管部门规定的其他责任准备金。

对于难以直接归集到强制保险业务项下的营业费用和理赔费用,应运用合理的方法进行分配后记入相应科目。如果没有更合理的分配方法,营业费用的分配可按保费收入的比例进行分摊,理赔费用的分配可按赔款支出的比例进行分摊。费用的分摊方法应在相关报表中充分披露。

2) 本条第二款要求保监会定期对各保险公司经营交强险情况进行核查,并根据实际经营情况,及时调整费率,确保该项业务的非营利性。

交强险业务在费率厘定时要遵循不盈利不亏损原则,但在实际经营过程中,存在盈利或亏损的可能。同时,由于这是我国在新的法律体系下首次实行的强制保险制度,保险行业缺乏相应的经验数据来厘定费率,费率厘定是否合理与准确需要时间的检验。因此,保监会应加强对保险公司经营强制保险业务的核查,假如承保利润较高,则下调费率,亏损较高,则上调费率。

公司调整交强险费率水平须经保监会批准,保监会根据《财产保险公司保险条款和保险费率管理办法》《保监会行政许可事项实施规程》以及《交强险条例》的有关要求进行审批。

保监会应当将核查结果向社会公布,确保消费者的知情权。

3) 本条第三款要求保监会对保险公司费率调整幅度较大的,应当进行听证。

为确保交强险费率厘定的合理性与透明度,保护消费者权益,交强险费率听证应遵循公开、公正、客观和效率原则,广泛听取社会公众意见,并接受社会监督。听证组织者和主持人为保监会;听证申请人为经营交强险业务的保险公司或保险行业协会;听证代表为社会各界代表;听证内容为交强险费率调整水平。

交强险费率听证办法由保监会制定。

> **第八条** 被保险机动车没有发生道路交通安全违法行为和道路交通事故的,保险公司应当在下一年度降低其保险费率。在此后的年度内,被保险机动车仍然没有发生道路交通安全违法行为和道路交通事故的,保险公司应当继续降低其保险费率,直至最低标准。被保险机动车发生道路交通安全违法行为或者道路交通事故的,保险公司应当在下一年度提高其保险费率。多次发生道路交通安全违法行为、道路交通事故,或者发生重大道路交通事故的,保险公司应当加大提高其保险费率的幅度。在道路交通事故中被保险人没有过错的,不提高其保险费率。降低或者提高保险费率的标准,由保监会会同国务院公安部门制定。

本条的立法目的是建立"奖优罚劣"的保险费率浮动机制。国家建立交强险制度,其目的主要有二:一是建立道路交通事故经济赔偿制度,在发生道路交通事故后及时对有关受害人进行经济补偿,维护道路交通参与人的合法权益,化解社会矛盾,同时提高道路交通事故的处理效率,促进道路通行顺畅;二是建立科学、公平、合理的,体现"奖优罚劣"的费率浮动机制,利用费率经济杠杆的调节作用,提高驾驶人的道路交通安全法律意识,督促驾驶人安全行驶,实现道路交通安全状况的改善。本条体现的就是第二个目的。

"奖优罚劣"的费率浮动机制更为科学、公平、合理。保险公司经营强制保险以不盈利不亏损为原则,其支付赔偿的基金来源于投保人缴纳的保险费,也就是说其赔偿最终还是分散由广大投保人来承担。如果安全谨慎驾驶的驾驶人与不注意交通安全、经常违反道路交通安全法律法规或事故不断的驾驶人支付同样的保险费，实际上就形成了交通安全记录良好的驾驶人为交通安全记录差的驾驶人所造成的交通事故损失进行"买单"的不正常现象，客观上纵容了道路交通违章行为和交通事故的发生，这既对安全驾驶的被保险人不公平，也不利于促进道路交通安全状况的改善。

强制保险的保险费率由基准费率表和费率浮动系数表两部分组成，是依据《交强险条例》的有关规定而制定的。提高或降低费率的具体情况则依据费率浮动系数表确定。

本条关于"被保险机动车没有发生道路交通安全违法行为和道路交通事故的，保险公司应当在下一年度降低其保险费率"的规定，明确了道路交通安全记录、赔偿记录良好的被保险人享有费率优惠的法定权利。这是对驾驶人遵守道路交通安全法律法规的一种经济激励机制。只有那些遵守道路交通安全法律法规和没有发生道路交通事故的驾驶人，才能享受到降低费率的优惠；而且，如果在享受费率优惠的年度内仍然没有道路交通安全违法行为和道路交通事故，下一年度的保险费率可以继续降低，加大奖励力度，更好地体现公平的原则。

本条关于"在此后的年度内，被保险机动车仍然没有发生道路交通安全违法行为和道路交通事故的，保险公司应当继续降低其保险费率，直至最低标准"的规定，是指费率的降低幅度不是无限制的，其下降受到一个下限的限制，即保险费率降低到最低标准后，即使机动车仍然没有发生交通安全违法行为或道路交通事故，也不再降低其保险费率。这是因为：首先，即使是连续多年未发生交通安全违法行为和道路交通事故的机动车，从理论上讲仍然存在发生交通事故、造成损失的一定概率，只不过相对较低而已。其次，保险费由多部分组成，除应对交通事故损失赔偿的纯风险保险费外，还包括从交强险的保险费中提取的道路交通事故社会救助基金(按一定比例提取，构成道路交通事故社会救助基金的主要来源之一)以及保险公司经办国家交强险业务发生的相关管理成本支出。以上两点因素决定了交强险的保险费率不可能降低至"零"，其下降幅度受到"最低标准"的限制。

本条关于"被保险机动车发生道路交通安全违法行为或者道路交通事故的，保险公司应当在下一年度提高其保险费率"的规定，明确对违反道路交通安全法律法规、发生道路交通事故的驾驶人提高其保险费率的法律依据。这是对不遵守交通规章或肇事驾驶人的一种经济惩罚机制，加大了违章肇事者对自己不当行为应付出的成本，督促其安全驾驶。主要有三层含义：一是被保险人发生了交通违章行为，例如闯红灯、酒后驾车等，或者发生了道路交通事故，其下一年度的保险费率就会提高；二是费率提高的幅度不尽相同，主要视道路交通安全违法行为的性质、后果等情节，以及道路交通事故所造成损失的程度而确定，严重违章或造成重大伤亡的，其下一年度费率提高的幅度就大；三是明确了费率提高可以是大幅度的，强化了费率的差异性，更能有效地发挥费率上浮的惩戒效果。对一年内多次违章或肇事，或者一次或多次发生重大交通事故的，驾驶人在下一保险年度可能面临成倍提高费率的惩罚。

本条关于"在道路交通事故中被保险人没有过错的，不提高其保险费率"的规定，明确了虽然发生道路交通事故，但是，可以不提高保险费率的情形。例如，一辆正常行驶的汽车因后车违章而被追尾，虽然前车在该事故中没有任何过错，但按照《道交法》第七十六条规定，前车的保险公司仍应在交强险责任限额内，对后车的人身和财产损失进行赔偿。再例如，一辆在高速公路正常行驶的汽车，突然有行人翻越护栏闯入机动车道，驾驶人采取紧急制动措施后仍未能避免造成行人的人身伤亡，依照《道交法》的规定，驾驶人及其保险公司仍有可能要承担对受害人的部分或全部的赔偿责任。但在整个事故过程中，驾驶人并未有任何违章行为，亦属于事故的"无辜受害者"，理应不再受到费率的惩罚，因此，不应该提高其下一年度的保险费率。

本条关于"降低或者提高保险费率的标准，由保监会会同国务院公安部门制定"的规定，主要有两层含义：一是费率浮动的条件、幅度、方法及管理等具体的操作性规定，由有关部门制定。具体来说，主要包括哪些违章行为应计入费率浮动的范畴，哪些违章行为属于严重违章行为，哪些道路交通事故属于严重事故，不同违章行为、道路交通事故对应的费率浮动幅度，以及费率浮动的计算方法等。二是明确了制定费率浮动标准的主体部门，即主要由保监会负责制定，但同时应征求公安部门的意见。

> **第九条**　保监会、国务院公安部门、国务院农业主管部门以及其他有关部门应当逐步建立有关机动车交通事故责任强制保险、道路交通安全违法行为和道路交通事故的信息共享机制。

本条是关于建立保险和道路交通安全信息共享机制的规定。

本条主要有三层含义：

一是为保险业与公安交通管理部门、国务院农业主管部门等部门共同建立道路交通事故安全信息共享机制提供了法律依据。保险公司向公安交通管理部门提供投保人、投保机动车道路交通事故肇事损失和赔偿等方面的信息，公安交通管理部门、国务院农业主管部门向保险公司提供汽车、拖拉机等机动车及其所有人的违章记录等信息，合作建立信息共享机制，是依据国务院条例规定必须履行的法定义务。这是一件利国利民的大事。

二是建立费率浮动机制的前提是实现保险与道路交通安全信息的共享，而实现保险与道路交通安全信息共享的基础是建立相应的计算机网络平台。计算机网络平台是信息共享机制的载体，离开了现代的计算机技术，就无法有效实现保险与道路交通安全信息之间的共享，费率浮动机制就无法得到真正的实施，通过保险这一经济手段调节道路交通安全行为，进而促进驾驶人安全行驶、改善道路交通安全状况、提高通行效率的立法目的就无法真正实现。

三是建立保险与道路交通安全信息共享机制，是利用经济手段辅助道路交通安全工作管理的有效手段。一方面，保险公司可以利用公安交通管理、农业主管等部门有关机动车及其所有人、驾驶人的道路交通安全信息，准确地厘定保险费率，科学地采用差异性价格，实行奖优罚劣，利用经济手段督促驾驶人提高交通意识，有力促进道路交通安全状况的改善。另一方面，公安交通管理、农业主管等部门可以利用保险公司的机动车出险记录、赔偿等信息，更加全面地掌握每一机动车的道路交通肇事情况，有利于公安交管、农业主管等部门有针对性地对重点车辆（或驾驶人）实行重点管理，甚至可以根据保险公司的统计数据分析，对某一类型机动车的安全性能进行重新审查，大大提高道路交通安全工作的管理效率，实现保险与道路交通安全管理工作的良性互动，最终实现道路交通安全状况的好转。

投保时，保险公司将投保人、机动车等信息通过网络传送到信息平台，信息平台对收到的数据进行核对，并根据自身数据库记录的交通违章等信息自动、准确地计算出保费浮动金额和最终保费，反馈给保险公司签发保单。同时，交巡警总队也可通过查询信息平台，随时了解道路交通事故的损失情况以及机动车未投保交强险（投保面）的情况，及时采取更有针对性的措施，有的放矢地对道路交通安全进行管理。

当然，建立保险与道路交通安全信息共享机制是一项复杂的工程，特别是对于那些地域广阔、经济欠发达的省份，不是一蹴而就的，需要不断总结积累经验，逐步推广。

> **第十条**　投保人在投保时应当选择具备从事机动车交通事故责任强制保险业务资格的保险公司，被选择的保险公司不得拒绝或者拖延承保。
>
> 保监会应当将具备从事机动车交通事故责任强制保险业务资格的保险公司向社会公示。

本条是关于投保人投保交强险时对保险公司的选择权以及保险公司负有的承保交强险义务的

规定。

在中华人民共和国境内道路上行驶的机动车的所有人、管理人，必须依法投保交强险，否则机动车不得上道路行驶，因此，机动车所有人、管理人对是否投保交强险并没有选择权，但对于购买哪家保险公司的交强险则具有选择权，投保人可以在具备交强险经营资格的保险公司中自由选择一家保险公司作为保险人。

保障投保人的自由选择权，一方面是为了加强对投保人合法权益的保护，使其可以根据自己的意愿选择保险人；另一方面，投保自由选择权的存在对于各保险公司之间展开良性竞争也具有较好的促进作用。交强险实行统一的保险条款和基础保险费率，保监会按照交强险总体上不盈利不亏损的原则审批保险费率，而市场竞争的存在则进一步保证了交强险制度能够健康稳定地运行。具备交强险业务经营资格的保险公司之间为了争夺客户，将在交强险产品本身以及相关的服务等方面展开全面的竞争，这对于保险公司自身和整个保险市场的发展都具有十分积极的作用。

对保险公司而言，在取得了交强险的经营资格以后，在经营交强险过程中，如果投保人提出投保要求，则保险公司必须承保，不得拒绝或者拖延。

在商业保险中，通常投保人愿意购买某一保险产品，填写了投保单，并将其送交或者通过保险代理人送交保险公司，就构成了保险合同中的"要约"。保险公司在收到投保单后，将进行风险评估，进而决定是否承保及保险费率的高低。因此，在商业保险中，保险人并不必对投保人的要约作出承诺，即并不必然承保。

在交强险中，由于投保人必须投保，因此，一旦投保人向具备交强险业务经营资格的保险公司提出投保要求，则保险公司必须承保，不得以任何理由或者任何方式加以拒绝或者进行拖延。这是对保险公司承保选择权的限制，而这种限制是保证整个交强险制度顺利运行的重要一环；否则，投保人可能陷入无保险公司愿意承保，其所有的或管理的机动车一旦上路行驶则可能被扣留并处以罚款的尴尬境地。为了避免此种情况的出现，《交强险条例》对保险公司在交强险合同订立过程中的权利进行了限制，以使交强险实现最大的覆盖面，进而最大限度地保障道路交通事故中的受害人依法得到赔偿。保险公司由于不能拒保而出现控制风险手段的缺失的问题，《交强险条例》中主要通过费率调整加以解决，即对高风险车辆可以大幅度提高保费以控制风险。

本条第二款规定了保监会对于具备从事交强险业务资格的保险公司，具有向社会公示的义务。这一规定是为保证投保人充分了解有哪些保险公司能够从事交强险业务，可以向哪些保险公司投保，对于投保人了解相关信息，方便投保，具有十分积极的现实意义。

> **第十一条**　投保人投保时，应当向保险公司如实告知重要事项。
> 重要事项包括机动车的种类、厂牌型号、识别代码、牌照号码、使用性质和机动车所有人或者管理人的姓名（名称）、性别、年龄、住所、身份证或者驾驶证号码（组织机构代码）、续保前该机动车发生事故的情况以及保监会规定的其他事项。

本条是关于交强险投保人如实告知义务的规定。

保险合同中的最大诚信原则要求保险合同当事人必须履行如实告知义务。实践中，保险人不可能对每一保险标的进行详尽的实地调查，也不可能一一了解保险标的的有关的所有情况，因此，保险人要求投保人必须如实告知与投保风险有关的重要事项，以便其决定是否属可以保险的车辆以及收取多少保费。

如实告知义务通常要求：在订立保险合同前，投保人/被保险人有义务告知与保险相关的全部重要事项；在保险责任开始以后，当发生与保险标的、承保危险等相关的变更时，投保人/被保险人有义务告知变更的重要事项；在定期保单续保之前，发生与续保相关的重要事项时，投保人/被保险人有义务予以如实告知。

《保险法》第十七条规定，订立保险合同，保险人应当向投保人说明保险合同的条款内容，并可以就保险标的或被保险人的有关情况提出询问，投保人应当如实告知。

至于哪些事项属于重要事项，我国《保险法》第十六条规定，投保人故意隐瞒事实，不履行如实告知义务，或者因过失未履行告知义务，足以影响保险人决定是否同意承保或者提高保险费率的，保险人有权解除保险合同。这实际意味着，足以影响保险人决定是否同意承保或者提高保险费率的事项应当属于投保人应当如实告知的重要事项。应当说，这样的规定实际赋予了保险公司一定的自由决定空间。但是，由于对于重要事项的理解上，投保人与保险公司可能存在着明显的分歧，因此，《交强险条例》作为调整交强险的行政法规，从交强险的特点出发，为维护交强险制度顺利运行和加强对投保人权益的保护，对于重要事项作出了比较明确的规定，对保险公司的自由决定空间进行了限制。实际上，根据《交强险条例》第十条的规定，只要投保人向具备交强险业务资格的保险公司提出投保交强险的要求，则保险公司必须承保，因此，不存在影响保险人决定是否同意承保的问题。

本条第二款规定，重要事项包括机动车的种类、厂牌型号、识别代码、牌照号码、使用性质和机动车所有人或者管理人的姓名(名称)、性别、年龄、住址、身份证或者驾驶证号码(组织机构代码)、续保前该机动车发生事故的情况以及保监会规定的其他事项。这一规定以列举的方式对重要事项作了比较明确的界定，其列举的事项均属于与保险标的、保险风险、保险费率的厘定密切相关的事项。

本条第二款中"以及保监会规定的其他事项"，意味着本条规定的重要事项除前述具体列举的事项外，还包括保监会规定的其他事项。这一规定主要包括这样几层含义：

1）在该条第二款具体列举的事项之外，保监会可以规定其他事项作为投保人必须如实告知的重要事项。

2）其他重要事项只能由保监会规定，保险公司无权规定。

3）保监会对于其他重要事项的确定必须以规定的形式(包括规章、规范性文件)作出，而不得任意要求。

这一规定的出发点主要是维护交强险制度的顺利运行，保障投保人的合法权益。它既对保险公司的行为实施了限制，同时也在一定程度上对保险监管机关的行为进行了限制，督促其严格依法行政。

> **第十二条**　签订机动车交通事故责任强制保险合同时，投保人应当一次支付全部保险费；保险公司应当向投保人签发保险单、保险标志。保险单、保险标志应当注明保险单号码、车牌号码、保险期限、保险公司的名称、地址和理赔电话号码。
>
> 被保险人应当在被保险机动车上放置保险标志。
>
> 保险标志式样全国统一。保险单、保险标志由保监会监制。任何单位或者个人不得伪造、变造或者使用伪造、变造的保险单、保险标志。

本条是关于保险费的交付以及保险单、保险标志的有关事项的规定。

本条第一款是对签订交强险合同时，合同双方当事人应当履行的义务的规定，主要包括两层含义：

1）就投保人而言，其在与保险公司签订交强险合同时，应当一次支付全部保险费。这一规定意味着：

① 投保人在签订交强险合同时，应当履行支付保险费的义务。

② 投保人必须一次支付全部保险费，这与一般商业险允许分期支付的方式存在较大区别。

2）就保险公司而言，应当向投保人签发交强险的保险单、保险标志。保险单、保险标志应当注明保险单号码、车牌号码、保险期限、保险公司的名称、地址和理赔电话号码。

支付保险费是投保人的主要合同义务，而保险单、保险标志是保险合同的重要证明，同时，对于交强险的监督管理，以及方便对道路交通事故中受害人的及时救治均具有重要的实际意义，因此，及时签发交强险的保险单、保险标志也是保险公司必须履行的义务。

本条第二款，保险标志是《交强险条例》中特别规定的，用以方便证明保险关系存在的要求，保证公安机关交通管理部门实施监督管理，以保证制度在尽可能广泛的范围内得到落实。

本条第三款，交强险保单和保险标志由保监会监制，其目的在于通过加强保险监管机关对交强险保单和保险标志制作的管理，从而为公安交通管理部门对交强险的监督管理提供便利，并进而为交强险制度的顺畅运行提供良好的保障。

所谓伪造保险单、保险标志，是指将一些物质材料经过复印、影印、描绘等方法而使其变成保险单、保险标志的行为。所谓变造保险单、保险标志，是指行为人以真保险单和真保险标志为基本材料，通过涂改、剪贴等方法，改变原有保险单和保险标志的形态、数量、记载事项等的行为。变造保险单和保险标志，从广义上来讲，属于伪造保险单和保险标志的一种。但严格来说，两者存在一定的区别。变造的保险单和保险标志是在真实保险单和保险标志的基础上，对其进行加工改造的行为，变造后的保险单和保险标志或多或少存在着真保险单和保险标志的成分。而伪造保险单和保险标志则不同，它完全是原始制作出虚假保险单和保险标志的行为。有的伪造不需要使用真实的保险单和保险标志，有的虽然利用真实的保险单和保险标志（如用复印、拍摄等方式），但伪造的保险单和保险标志都不含有真实保险单和保险标志的成分。此外，伪造往往利用先进的技术设备，成批量地进行较为逼真的制作；而变造主要是依靠一些手工操作，其制作数量和逼真程度通常不如伪造。

第十三条 签订机动车交通事故责任强制保险合同时，投保人不得在保险条款和保险费率之外，向保险公司提出附加其他条件的要求。

签订机动车交通事故责任强制保险合同时，保险公司不得强制投保人订立商业保险合同以及提出附加其他条件的要求。

本条第一款规定实际是从合同内容的角度再次强化了机动车交通事故责任强制保险的不可选择性和强制性，保险合同的双方当事人对于等同内容本身的自由决定权受到了法律的严格限制，这也是符合机动车交通事故责任强制保险制度的建立目的——保障机动车道路交通事故受害人依法得到赔偿，而潜在的受害人并不是机动车交通事故责任强制保险合同的当事人，因而有必要对合同当事人的权利进行相当的限制。

本条第二款规定保险公司不得强制投保人订立商业保险合同以及提出附加其他条件的要求。这一规定主要针对投保人虽然对保险公司具有选择权，但其选择权行使的前提是：对于是否投保交强险没有选择权。因此，在实践中，具备交强险业务经营资格的保险公司在签订交强险合同方面仍然具有较大的主动权。本款即是为避免保险公司滥用这种主动权而作出的限制性规定，它要求在交强险合同以外，保险公司不得强制投保人订立商业保险合同，也不得提出附加其他条件的要求。

第十四条 保险公司不得解除机动车交通事故责任强制保险合同；但是，投保人对重要事项未履行如实告知义务的除外。

投保人对重要事项未履行如实告知义务，保险公司解除合同前，应当书面通知投保人，投保人应当自收到通知之日起 5 日内履行如实告知义务；投保人在上述期限内履行如实告知义务的，保险公司不得解除合同。

本条是关于保险公司解除交强险合同的禁止及其例外的规定。

通常意义上的合同解除，是指合同有效成立以后，因当事人一方或双方的意思表示而使基于合同发生的债权债务归于消灭的行为。

合同解除行为有多种形式，可以分为两大类，即合同当事人意思表示一致协商解除，以及当事人行使解除权而将合同解除。就当事人行使解除权解除合同而言，又分为约定解除和法定解除两类。所谓约定解除，指当事人在合同中约定，合同成立以后，某种情形发生或某种条件成就，当事人一方或双方享有解除合同的权利；所谓法定解除，指法律直接规定，某种情形下或某种事由发生，当事人一方或双方有权解除合同。合同解除是合同自由的体现，也是合同法的一项基本制度。《合同法》第九十三、九十四条分别规定了合同的协商解除、约定解除和法定解除，这些规定作为一般法规范适用于所有的具体合同。

但是，由于保险合同属于一种特殊的合同，在保险合同解除问题上应当首先考察和优先适用保险法的规定。

我国保险法关于保险合同解除有一些特别规定，其中最重要的是赋予投保人以自由解除权，同时对保险人的解除权进行了限制。

根据《保险法》第十五条规定，"除保险法另有规定和保险合同另有约定外，保险合同成立后，投保人可以解除保险合同，而保险人不得解除保险合同。"结合《合同法》分析《保险法》的上述规定，可以得出如下结论：首先，与一般合同不同，保险合同的投保人可以无须任何理由解除已经成立的保险合同，并且无须经过保险人的同意。实践中称为"退保"。这种解除权也基于法律的直接规定，但与普通合同的法定解除权基于法定条件显然不同，可以称为一种"法定任意解除权"。其次，保险合同的保险人不享有如上述投保人的自由解除权，而且其法定解除权的行使条件仅限于保险法其他条文的"另有规定"。换句话说，保险人不得援引合同法或其他法律关于合同解除的规定而解除合同，保险人的法定解除权被严格限定在保险法规定的一些特定情形下。最后，保险合同当事人可以通过约定限制投保人的上述自由解除权，或者赋予保险人更多的约定解除权。鉴于保险合同关系的特殊性，保险法的上述特别规定，可以起到维护保险关系的稳定性，保护被保险人利益的作用，条文表述上体现了法定强制与意思自治的结合。

《交强险条例》不仅是关于交强险的行政法规，同时也是一部关于交强险合同的特别法。《交强险条例》关于交强险合同解除的规定与一般保险合同又有所不同。本条第一款规定，除投保人未告知重要事项这一情形外，保险公司不得解除交强险合同。与保险法关于保险合同合同解除的规定相比，有两个重要特点：其一，除本条规定的投保人未履行如实告知义务的情形外，保险公司不得援引保险法或其他法律的规定来解除合同。其二，当事人不得通过约定来规避保险公司解除合同的禁止性规定。可见，对交强险合同，保险公司不得解除合同是一个基本原则，其法定解除权被限制在一个严格的范围内。如此严格的立法限制，与交强险制度的目的和强制保险合同的特殊性有关。国家设立交强险制度，并非追求商业利益，而是保障道路交通事故中受害人的损害补偿，虽然由保险公司以业务承保的形式运作，但实质体现了社会救助和社会保障的性质和功能。相应的，交强险合同也区别于一般保险合同，从合同订立到实际履行，更多体现强制性的国家意志，合同自由原则受到极大限制。因此，为保证立法目的的实现，必须将交强险合同的解除作严格限制。如果当事人可以自由约定解除权，或者依据其他法律关于普通合同或者商业保险合同的规定来解除合同，强制保险关系将面临随时终止的可能，其结果是使社会公众暴露在交通事故的巨大风险中，从而使法定强制的社会救助和损害补偿功能失去意义。

本条第一款规定中的"未履行如实告知义务"，是指为履行《交强险条例》第十一条规定的如实告知义务。如实告知义务是保险合同的一项重要规则，也是保险合同当事人的一项主要义务，传统上主要针对投保人或被保险人而言。所谓如实告知，是指保险合同订立时，投保人应当将有关保险标的的一切重要事实和情况，如实告诉保险人，否则即视为没有履行告知义务，保险人有权解除保险合同或拒绝承担保险责任。

本条第二款是关于规定保险公司解除合同前的通知义务以及投保人继续履行义务的规定。根据本条第一款，合同成立以后，如果保险公司发现投保人没有履行重要事项的如实告知义务，有权解除交强险合同，但根据本条第二款的规定，保险公司不能立即解除合同，在行使合同解除权利前，应当先书面通知投保人；投保人在接到通知之日起5日内应当履行如实告知义务；投保人履行了告知义务的，保险公司不得再解除合同。第二款的规定实质体现了如下含义：其一，在第一款规定的法定情形出现时，保险公司不得即时行使法定的合同解除权，必须首先履行一个"书面通知"的义务。这个书面通知实际上类似一个催告，告诉投保人未履行法定或约定义务的事实。其二，投保人在接到保险公司的上述通知后，应当在5日内对未履行义务的行为进行补救。此行为属于继续履行行为，而且是一项法定强制义务。其三，投保人在5日内履行了上述义务，则第一款规定的法定解除条件不复存在，保险公司不得据以解除强制保险合同。因此，第二款相当于对保险公司的解除权设置了一个前置程序和缓冲期，这对维护交强险合同的稳定性有积极意义。

> **第十五条**　保险公司解除机动车交通事故责任强制保险合同的，应当收回保险单和保险标志，并书面通知机动车管理部门。

本条是关于保险公司解除交强险合同履行有关程序的规定。

根据本条规定，保险公司解除交强险合同的，除根据前条规定要书面通知投保人外，还应当收回保险单和保险凭证，并书面通知机动车管理部门。通知机动车管理部门是为了实现强制保险关系与机动车管理部门的互相配合。机动车是否投保了交强险，是机动车管理的一个重要内容，也是处理道路交通事故纠纷和具体赔偿问题的依据之一。因此，如果交强险合同因为法定事由出现而被解除，保险公司应当尽快通知机动车管理部门，有利于后者及时掌握该机动车的最新信息，在监督检查和调查处理道路交通事故和道路交通安全违法行为时，做到心中有数。保险合同既然解除，强制保险关系终止，保险人签发的、由投保人或被保险人持有的保险单和保险凭证应当及时收回，以免机动车投保交强险状况"名不副实"，给机动车的管理和道路交通事故的处理造成不必要的麻烦，防止机动车所有人、管理人或驾驶人利用有关保险单证逃避责任。

> **第十六条**　投保人不得解除机动车交通事故责任强制保险合同，但有下列情形之一的除外。
> （一）被保险机动车被依法注销登记的。
> （二）被保险机动车办理停驶的。
> （三）被保险机动车经公安机关证实丢失的。

本条是关于投保人解除交强险合同的禁止及其例外的规定。

对于一般的商业保险合同，保险法赋予了投保人以相对自由的合同解除权，即除保险法另外规定或当事人另有约定外，投保人可以任意解除合同，而无须对其解除行为提供任何理由。但显然不同的是，对于交强险合同，《交强险条例》对投保人的合同解除则作了一个禁止性的原则规定。这与上一条对保险公司解除权的限制一样，是基于交强险的公共政策性质的价值选择，也体现了立法的公平性原则。

根据本条规定，交强险合同订立后，除非出现本条规定的法定事由，投保人不得随意解除保险合同。因此，投保人的合同解除权也同样被限制在一个严格的范围内，投保人不得援引其他法律、法规的规定或者依据合同的约定来任意扩大自己的解除权，从而规避本条规定的适用。本条规定的投保人可以解除合同的法定情形有三项，即被保险机动车被依法注销登记的，被保险机动车办理停驶手续的，或者被保险机动车经公安机关证实丢失的。根据《道交法》及其实施条例、《机动车登记规定》，国家实行机动车强制报废制度，应当报废的机动车必须及时办理注销登记，机动车达到国家规定的报废标准的，机动车所有人应当依法定程序办理注销登记；机动车灭失的，机动车所有人应当申请注销登记；其他原因机动车需要或应当注销登记的，机动车所有人应当申请注销登记。因此，本条所称的被保险机动车被依法注销登记，包括被保险车辆因达到国家规定的强制报废标准而被注销登记，也包括保险车辆因自然原因、意外事故等灭失，以及其他原因被注销登记的情形。此类情况下，投保人实际上已经失去了保险利益，因此，交强险已经失去意义，因而投保人可以解除合同。投保人有权解除合同的第二类法定情形是机动车办理停驶手续。按照交通管理的相关规定，对于长期不上路行驶的车辆可以办理停驶手续，并交回号牌和行驶证。由于车辆不再上路，因此不再存在致人伤亡或财产损失的风险，从公平起见，投保人无须为不存在的风险提供保障，规定允许投保人在办理停驶手续后解除交强险合同，注意这一条款与商业车险条款不同。本条规定投保人可以解除交强险合同的第三类法定事由，是被保险的机动车丢失。机动车被他人盗窃、因个人疏忽等因素丢失，投保人客观上已经失去与机动车之间的主客体关系，保险利益关系已经终止，投保人应当有权利使保险关系归于消灭，将合同解除。需要注意的是，本条规定的"经公安机关证实丢失"应当理解为投保人的一个举证责任和举证形式，即投保人必须对被保险机动车的丢失负证明责任，投保人主张合同解除的，应当提供公安机关有关车辆丢失的证明。

本条没有明确规定投保人解除合同的方式，依据法理和权利义务平衡原则，在解释上应当参照《交强险条例》第十五条关于保险公司解除合同的要求，并遵循合同法中有关合同解除方式的原则规定。投保人主张解除强制保险合同的，应当以适当方式通知保险公司，合同自通知到达保险公司时解除。

> **第十七条**　机动车交通事故责任强制保险合同解除前，保险公司应当按照合同承担保险责任。
>
> 合同解除时，保险公司可以收取自保险责任开始之日起至合同解除之日止的保险费，剩余部分的保险费退还投保人。

本条规定了合同解除的效力及保费清退原则。

本条第一款规定了在合同解除时保险责任的划分。在交强险制度中，为保证合同关系的稳定，法律对投保人和保险公司解除强制保险合同的权利都作出了严格的限制。除非符合《交强险条例》规定的解除条件，投保人和保险公司才有权解除合同。而《交强险条例》规定的法定解除情形主要有：

1）因投保人未如实告知重要事项，并且投保人在收到保险公司的书面通知后5日内没有纠正的，保险公司可以解除。

2）被保险机动车辆被依法注销登记后，投保人可以要求保险公司解除合同。

3）被保险机动车办理停驶手续的，投保人有权解除合同。

　　4）被保险机动车经公安机关证实丢失的，投保人可以解除合同。在上述四类法定解除条件成立后，有解除权的一方应当通知对方，合同自通知到达对方时解除。

　　另外，由于保险公司或投保人作出合同解除的意思表示至合同真实解除之间，存在一定的时间差，在此期间发生的保险事故如果没有明确规定，双方可能发生法律争议。因此，《交强险条例》规定，在合同解除发生效力前所发生的保险事故，其责任由保险公司承担。

　　那么，交强险合同解除的确实时间究竟如何确定？根据《合同法》第九十六条规定，合同当事人一方行使法定解除权的，应当通知对方，合同自通知到达对方时即行解除。也就是说，在法定解除条件成立的情况下，合同一方收到对方解除合同的通知，无须作出意思表示，合同效力即行终止。其中，对投保人主张解除合同的，自保险人收到投保人发出的通知当日合同终止；保险公司主张解除合同的，则自投保人收到解除合同通知的当日终止。

　　需要特别说明的是，《交强险条例》为了保证交强险合同的连续性，对保险公司主张解除合同的情形，规定了5天的补正期间。也就是说，保险公司发出通知催告投保人对合同瑕疵进行补正，如果投保人未在5天内进行补正的话，保险公司应当再行发出解除合同的通知；当然，保险公司也可以在前次要求补正的通知中，明确约定，如果投保人未在要求期间内补正的，则5天期满合同即行终止。

　　本条第二款对合同解除后的保费清退进行了规定。按照保险合同双务性的要求，当投保人履行缴纳保险费的义务之后，保险公司依照合同约定提供风险保障。由于投保人在既往时间内得到的风险保障是无法恢复或返还的，在法定解除条件成立时，其合同效力自解除始向将来无效。因此，对已缴清保费的投保人，保险公司有权扣除至合同解除日为止的保费，返还剩余费用。

　　第十八条　被保险机动车所有权转移的，应当办理机动车交通事故责任强制保险合同变更手续。

　　机动车辆所有权转移属强制保险合同主体的变更。根据我国《保险法》第四十九条第二款规定："保险标的的转让应当通知保险人，经保险人同意继续承保后，依法变更合同。但是，货物运输保险合同和另有约定的合同除外。"因此，一般财产保险合同的主体变更，投保人应当通知保险公司，在取得其同意后方可变更；如保险公司不同意的，则可以将保险合同终止。但是，区别于一般财产保险合同的是，为了保证交强险合同的连续性，交强险中投保车辆的所有人变更无须保险公司同意，而只要求在机动车所有权转移后前往保险公司办理手续，保险公司不能拒绝变更要求。

　　关于办理变更手续的主体，《交强险条例》没有明确是出让方还是受让方。从立法本义讲，《交强险条例》本身强调的是保证交强险合同的稳定和连续，从而为受害人提供有效保障。由于机动车采取的是登记过户的办法，与车辆的实际交付存在一定的时间差，因此有可能出现受让人实际控制车辆后，但因未过户而没有法律上确认的所有权。按照《保险法》的规定，投保人应当对保险标的具有保险利益，受让人在过户前很难要求保险公司办理保险合同的变更。因此，《交强险条例》在立法中采用了原则规定，只要求机动车所有权转移必须办理变更。从实践看，在过户前，机动车出让人应当主动向保险公司提出办理变更；如延至过户后，则受让人应当及时向保险公司要求办理保险合同的变更。

　　因车辆所有人变更而引起的合同变更，《交强险条例》未规定保险公司有清退及重新计收保费的要求。因此，在办理相关手续的过程中，如果发生交通事故导致人身伤亡或财产损失的，由于该车辆的强制保险合同仍有效，受害人的相应损失保险公司仍应依合同规定予以赔付。

> **第十九条** 机动车交通事故责任强制保险合同期满，投保人应当及时续保，并提供上一年度的保险单。

本条规定了机动车交通事故责任强制合同期满后的续保义务。

交强险基于保护不特定的交通事故第三方的利益，对保单的持续有效提出了严格的要求。对投保人而言，一是必须投保，二是对其所有或管理机动车辆期间，应当始终保有一份有效的交强险保单。因此，投保人应当在保单期满的合理期间，及时向保险公司延续强制保险合同。

对保险公司来说，交强险合同期满后公司不能单方决定合同的自然延续。尽管投保人必须投保，但向哪家保险公司投保是可以自由选择的。投保人可以重新选择具有经营资格的保险公司投保，不受任何限制。

在续保时，《交强险条例》要求投保人提供前一年的保险单，以保证其投保是连续且有效的。尤其在目前机动车安全检验办法修改后，对于新购置小型、微型非营运载客汽车自注册登记之日起6年内，只需每两年检验一次，因此，有可能出现两年中只保1年以应付安全检验的情况。

另外，在交强险制度确立后，相关的出险记录、交通违章记录等一系列承保信息，将在经营交强险的保险公司中实现互通，投保人可以基于价格、服务水平的差异重新选择保险公司，但不得以逃避出险记录或其他交通违章记录，以寻求不合理的费率优惠。

> **第二十条** 机动车交通事故责任强制保险的保险期间为1年，但有下列情形之一的，投保人可以投保短期机动车交通事故责任强制保险：
> （一）境外机动车临时入境的。
> （二）机动车临时上道路行驶的。
> （三）机动车距规定的报废期限不足1年的。
> （四）保监会规定的其他情形。

本条规定了机动车交通事故责任强制保险的保险期限。

《交强险条例》目前设计的期限分两类，一般期限为1年，特殊情况下允许投保不足1年的短期责任保险。其中短期强制责任保险，一般是以月为单位的短期保单。

机动车保险一般采用1年期保单。交强险合同通常将保险期限设定为1年，主要是与机动车辆安全技术检验的期限相衔接，通过车辆安全技术检验，进一步强化对机动车辆投保的监督和管理，保证每一辆机动车始终得到保险保障。根据《道交法》的规定，对于参加机动车安全技术检验的机动车辆，法律要求其必须提供的证件有机动车行驶证和交强险保单，对于不能提供上述两个证件的，不予检验。在《道交法实施条例》中也明确规定，机动车注册登记和年度安全技术检验必须提供交通事故责任强制保险单。《道交法实施条例》同时对机动车辆的年度安全技术检验进行了明确的规定。从登记注册开始，机动车应当按照下列期限进行安全技术检验：

1）载客汽车5年以内每年检验1次；超过5年的，每6个月检验1次。

2）载货汽车和大型、中型非营运载客汽车10年以内每年检验1次；超过10年的，每6个月检验1次。

3）小型、微型非营运载客汽车6年以内每2年检验1次；超过6年的，每年检验1次；超过15年的，每6个月检验1次。

4）摩托车4年以内每2年检验1次；超过4年的，每年检验1次。

5）拖拉机和其他机动车每年检验1次。

根据上述规定，目前只有小型、微型非营运载客汽车6年以内的新车，实行的是每2年检验

1 次的方法，对于此类车辆，机动车安全技术检验机构在检验时，应当要求车主提供两年来的交强险的保单。

对于短期交强险合同，主要考虑到部分机动车辆的实际需要，《交强险条例》规定了三类例外情形：

1）对于临时入境参展、旅游的机动车辆，目前我国已出台《临时入境机动车和驾驶人管理规定》，对不超过 3 个月的境外车辆，规定其必须向入境地或始发地公安机关车辆管理部门申领中华人民共和国机动车临时专用号牌和机动车临时行驶证。其中申领条件的第三项要求其在入境地办理交通事故责任保险。

2）临时上路行驶的机动车，主要是指从事农田作业的农用车、新购置的机动车辆需要去异地上牌、办理停驶手续不上路的车辆。对于此类车辆发生临时转移，可以购买短期责任险。

3）根据目前机动车辆强制报废标准的规定，从国家《汽车报废标准》来看，不同类型的车辆其报废期限从 8 年至 15 年不等。对于超过年限仍需要使用的机动车，交通管理部门要求其 1 年至少参加 2 次检验，不能通过检验的车辆将被强制报废。被强制报废的车辆可以因被注销而与保险公司解除合同，或者提前预计到车辆当年将要报废，而选择购买到报废期限为止不足 1 年的短期责任险保单。

对于其他可能需要投保短期交强险合同的车辆，《交强险条例》授权保监会根据实际情况进行必要的调整。

第三章 赔 偿

第二十一条 被保险机动车发生道路交通事故造成本车人员、被保险人以外的受害人人身伤亡、财产损失的，由保险公司依法在机动车交通事故责任强制保险责任限额范围内予以赔偿。

道路交通事故的损失是由受害人故意造成的，保险公司不予赔偿。

本条第一款是第三条的另一种表述方法，不再赘述。

根据《道交法》规定，道路交通事故是指车辆在道路上因过错或者意外造成的人身伤亡或者财产损失的事件。"道路"是指公路、城市道路和虽在单位管辖范围但允许社会机动车通行的地方，包括广场、公共停车场等用于公众通行的场所。

为了最大限度保护受害人，《交强险条例》第四十四条规定，在道路以外的地方通行时发生的事故，也适用本条款，即保险公司对于被保险机动车发生的非道路交通事故责任，也负责赔偿。

人身伤亡是指人的身体受伤害或人的生命终止。根据《关于审理人身损害赔偿案件适用法律若干问题的解释》，发生人身伤亡依法可以获得的赔偿项目共计 15 项，包括医疗费、误工费、护理费、交通费、住宿费、住院伙食补助费、营养费、残疾赔偿金、残疾辅助器具费、被抚养人生活费、康复费、后续治疗费、丧葬费、死亡补偿费、精神损害抚慰金等。保险公司根据受害人人身损害程度以及实际发生的各项费用在责任限额内给予赔偿。

财产损失是指被保险机动车发生道路交通事故，直接造成事故现场受害人现有财产的实际损毁；财产损失不包括被保险机动车本车和车内财产的损失，也不包括因市场价格变动造成的贬值、修理后因价值降低而造成的损失和其他间接财产损失。

保险公司赔偿金额不超过责任限额。责任限额是保险公司赔偿的最高金额。对于受害人的人身伤亡和财产损失，保险公司最高赔偿的金额不超过责任限额，即对于损失金额超过责任限额以上部分，保险公司不负责赔偿。同时，保险公司依法进行赔偿，即赔偿的内容和标准均按照国家规定的有关法律法规进行。

保险公司依法在交强险责任限额范围内承担赔偿责任，即无论被保险人是否在交通事故中负有责任，保险公司均将按照《交强险条例》以及《交强险条款》的具体要求在责任限额内予以赔偿。这一赔偿原则秉承了《道交法》的立法宗旨，体现了以人为本的精神，对于切实保护道路交通通行者人身财产安全、维护道路安全和畅通具有十分重要的作用。这也是我国法律体系和保险保障体系的创新，减少了法律纠纷，简化了处理程序，有利于受害人获得及时有效的赔偿。

对于受害人故意导致道路交通事故损失的，所谓故意就是希望或放任结果的发生，本条第二款与《民法通则》第一百二十三条相适应，被保险人不承担民事责任，所以保险公司也就无赔偿前提，如果受害人对交通事故后果的发生在主观心理方面存在故意，在主观心理上是希望或者放任结果的发生，那么保险公司可以将此作为免除赔偿责任的抗辩理由。值得注意的是，如果受害人有故意违反交通法的行为，但并不希望或者放任结果的发生，或者没有主观心理上的故意，此种情况不能成为免除保险公司赔偿责任的抗辩事由，保险公司仍应当承担相应赔偿责任。

> **第二十二条**　有下列情形之一的，保险公司在机动车交通事故责任强制保险责任限额范围内垫付抢救费用，并有权向致害人追偿：
> （一）驾驶人未取得驾驶资格或者醉酒的。
> （二）被保险机动车被盗抢期间肇事的。
> （三）被保险人故意制造道路交通事故的。
> 有前款所列情形之一，发生道路交通事故的，造成受害人的财产损失，保险公司不承担赔偿责任。

本条是关于交强险除外责任的有关规定。本条包括三层含义：

1. 下列四类事项属于交强险的除外责任

第一类为驾驶人未取得驾驶资格。机动车是高度危险的交通工具，上道路行驶对驾驶人、乘客和社会公众人身及财产安全都有较大威胁，因此，驾驶机动车应当具备合法的驾驶资格，这是对驾驶人最基本的要求。在未取得驾驶资格情况下上道路行驶是对人对己极不负责的行为，应由驾驶人本人承担责任，保险公司不负责赔偿。

"未取得驾驶资格"是指：

1）无驾驶证。驾驶证是指机动车驾驶人具有驾驶某一车型资格的技术证明，是上道路行驶车辆的法定证件。驾驶人无驾驶证情况包括：一是驾驶人身体、年龄等方面不符合驾驶条件或者驾驶技术达不到规定要求，未取得驾驶证；二是驾驶人未通过正常的学习、考核或者通过其他非法渠道获得驾驶证；三是驾驶人伪造、变造驾驶证；四是驾驶证被依法吊销。

2）驾驶车辆与准驾车型不符。准驾车型是指申领驾驶证人员经考试合格后，车辆管理部门在其驾驶证上签注，准予其驾驶机动车的类型。驾驶人需要驾驶某种类型的机动车，必须取得相应的准驾车型资格，驾驶车辆与准驾车型不符等同于无驾驶资格。

3）公安交管部门规定的其他属于非有效驾驶的情况。

第二类除外责任为驾驶人醉酒驾驶肇事的。GB 19522—2010《车辆驾驶人员血液、呼气酒精含量阈值与检验》规定车辆驾驶人员血液中的酒精含量大于或等于 20mg/100ml，小于 80mg/100ml 的驾驶行为叫饮酒驾车；车辆驾驶人员血液中的酒精含量大于或等于 80mg/100ml 的驾驶行为叫醉酒驾车。车辆驾驶人员的呼吸酒精含量检测结果可按标准换算成血液酒精含量值。

第三类除外责任为被保险机动车被盗抢期间肇事的。被保险机动车被盗窃、被抢劫、被抢夺期间，犯罪嫌疑人驾驶该车肇事并造成的人身伤亡或财产损失，根据最高人民法院《关于被盗机动车事后由谁承担损害赔偿责任问题》的批复，使用盗窃的机动车辆肇事，造成被害人物质损失的，肇事人应当依法承担损害赔偿责任，被盗机动车辆所有人不承担损害赔偿责任。因此保险公司也不承担赔偿责任。

被盗窃指被保险机动车在停放时全车被他人秘密盗取；被抢劫指被保险机动车在使用过程中被他人以暴力胁迫或其他方法使驾驶人不能抗拒强行被抢走；被抢夺指被保险机动车被他人趁被保险人或驾驶人不备公开夺取的行为。

第四类除外责任为被保险人故意制造道路交通事故的，即如果被保险人对交通事故后果的发生在主观心理方面存在故意，在主观心理上是希望或者放任结果的发生，那么保险公司在对受害人的人身伤亡垫付抢救费用后，就垫付金额获得向被保险人追偿的权利。

但是，如果被保险人有故意违反交通法的行为，但并不希望或者放任结果的发生，或者没有主观心理上的故意，此种情况保险公司应当承担相应赔偿责任，并不能就赔偿金额向被保险人追偿。

本条第二款规定了对财产损失的除外责任规定。如果因前款规定的四类情形导致他人财产损失的，则保险公司不负责赔偿损失，完全由致害人自己承担。《交强险条例》对人身伤害和财产损失的不同处理，是在充分平衡各方利益基础上作出的选择：如果保险公司垫付全部费用并进行追偿，一是需要发生追偿成本，二是可能无法追回垫付款，由此导致了全体投保人负担增加，对于守法的投保人来说尤其不公平。因此，从降低制度负担的角度考虑，《交强险条例》规定只对人身伤害的抢救费用予以垫付，财产损失则不予赔偿，由侵权关系双方自行解决。

设立除外责任的目的是为了督促被保险人遵纪守法，维护社会公共秩序，更好地体现以人为本的精神。

2. 对于除外事项保险公司仍负有垫付抢救费用的义务

对于驾驶人未取得驾驶资格或者醉酒、被保险人故意以及被保险机动车被盗抢期间等情况下发生的道路交通事故，造成受害人人身伤亡的，保险公司必须在责任限额内垫付抢救费用。这一规定与传统商业保险的做法有较大区别，在商业保险中，保险公司对于除外责任不承担赔偿责任，也无须垫付费用，而交强险从保护受害人角度出发，要求保险公司对于除外责任情况下发生的人身伤亡事故垫付抢救费用，保证了受害人能够得到及时有效的救助。

保险公司垫付的抢救费用具有一定范围。首先，垫付金额不超过交强险相应的医疗费用责任限额，被保险人在交通事故中无责任的，保险人在无责任医疗费用赔偿限额内垫付；其次，垫付金额为抢救受伤人员所必须支付的相关医疗费用，具体抢救费用的定义在附则中进行了规定。对于超过抢救费用定义之外的费用或者和抢救受伤人员无直接关系的不合理费用，不属于保险公司垫付范围。

3. 保险公司对于垫付的抢救费用可以向致害人追偿

保险公司在履行垫付抢救费用义务之后，就其所垫付金额取得向违法致害人追偿的权利。这样做一方面维护保险公司合法权益，另一方面防止依法应当被追究责任的肇事方逃脱责任。

> **第二十三条** 机动车交通事故责任强制保险在全国范围内实行统一的责任限额。责任限额分为死亡伤残赔偿限额、医疗费用赔偿限额、财产损失赔偿限额以及被保险人在道路交通事故中无责任的赔偿限额。
>
> 机动车交通事故责任强制保险责任限额由保监会会同国务院公安部门、国务院卫生主管部门、国务院农业主管部门规定。

本条是关于对交强险责任限额制定原则、限额结构以及制定部门的有关规定。

本条包括三层含义：

1. 全国实行统一的责任限额

责任限额是指保险公司承担每次事故赔偿责任的最高限额。中国地域辽阔，人民生活水平贫富存在较大的地区差异，为了维护人民基本生命财产安全，体现公平保障原则，强制保险在全国不同的地区实行统一的责任限额，即不同类型的车辆在不同区域得到的每次事故最高赔偿额度是相同的。

实行全国统一责任限额：一是有利于维护消费者权益，使其能得到平等的保险保障；二是有利于提高道路通行效率，并促进保险公司加强合作，逐步建立快速理赔机制；三是实际操作也较简便易行。自2004年5月1日，《最高人民法院关于审理人身损害赔偿案件适用法律若干问题的解释》实施以后，人身损害赔偿的项目、标准、金额等都发生了巨大变化，地区差异化程度提高。设立相同的责任限额后，不但可以使人民的基本生命权得到有效保障，还可以避免为获取高额赔偿，导致跨区域投保和索赔，维护市场秩序稳定。

2. 交强险实行分项责任限额

分项责任限额，即对死亡伤残、医疗费用、财产损失等不同类型的赔付项目分别制定不同的责任限额，各种费用支出在相应的责任限额内进行赔偿。我国一直以来实行的是单一责任限额方式，即无论人身伤亡还是财产损失均在同一个责任限额内进行赔偿，其存在的问题是人身伤亡和财产损失的风险程度和保障水平不十分匹配。从三者险风险特点看，财产损失发生频率高，但案均损失小，人身伤亡发生频率低，但案均损失大。据初步统计，2001~2003年机动车商业三者险总体案均损失约为7640元，财产案均损失约为3550元，人身伤害案均损失约为14870元，其中死亡残疾案均损失约为44130元，医疗费用案均损失约为8470元。死亡伤残、医疗费用和财产损失的出险频率分别为1.5%、6%和16%。

因此，实行分项责任限额不但可以根据人身伤亡和财产损失的风险特点进行有针对性的保障，而且可以减低赔付的不确定性，有效控制风险，降低费率水平。同时，实行分项限额也是目前国际上普遍采用的做法。

死亡伤残责任限额是指每次事故造成受害人死亡、受伤或残疾时，用于支付除医疗费用（含抢救费用）以外的费用开支最高赔偿金额。死亡伤残费用包括误工费、护理费、交通费、住宿费、住院伙食补助费、营养费、残疾赔偿金、残疾辅助器具费、被抚养人生活费、康复费、后续治疗费、丧葬费、死亡补偿费、精神损害抚慰金等合理费用开支。

医疗费用责任限额是指每次事故造成受害人伤亡时，用于医疗费用（含抢救费用）开支的最高赔偿金额。医疗费用（含抢救费用）包括医药费、诊疗费、住院费等。

死亡伤残费用和医疗费用支付的项目和金额应当符合最高人民法院《关于审理人身损害赔偿案件适用法律若干问题的解释》以及卫生主管部门制定的关于临床诊疗指南的有关规定，并提供医疗机构以及相关部门出具的收款凭证、证明。

财产损失责任限额是指每次事故对受害人财产损失的最高赔偿金额。

被保险人在道路交通事故中无责任的赔偿限额是指被保险人在道路交通事故中无过错的情况下，保险公司对于受害人的人身伤亡和财产损失所承担的最高赔偿限额。该责任限额一般低于被保险人有过错情况下的赔偿限额。设计无责任赔偿限额的目的一方面是为了体现以人为本精神，无论交通事故受害人在交通事故中是否有过错，均能获得一定的经济补偿；另一方面也是为了兼顾投保人以及社会公共利益的需要，体现公平性原则。

3. 责任限额具体标准由保监会会同公安部、卫生部、农业部制定

责任限额的标准设置不仅关系到道路交通受害人的合法权益，关系到投保人的经济负担，关系到保险人的偿付能力和风险承受能力，还关系到交强险制度的合理性与可行性，因此设定合理的责任限额至关重要。保监会、公安部、卫生部、农业部作为保险行业、道路交通、医疗机构、农业(农业机械)主管部门，以保障人民生命财产安全为出发点和落脚点，结合中国国情和消费者经济承受能力，制定适合我国经济发展水平和人民生活需要的强制保险责任限额。

> **第二十四条**　国家设立道路交通事故社会救助基金(以下简称救助基金)。有下列情形之一时，道路交通事故中受害人人身伤亡的丧葬费用、部分或者全部抢救费用，由救助基金先行垫付，救助基金管理机构有权向道路交通事故责任人追偿。
> (一) 抢救费用超过机动车交通事故责任强制保险责任限额的。
> (二) 肇事机动车未参加机动车交通事故责任强制保险的。
> (三) 机动车肇事后逃逸的。

本条是关于道路交通事故社会救助基金对在道路交通事故中导致人身伤亡垫付抢救费用的规定。

道路交通事故社会救助基金是《道交法》第十七条规定的一项新制度。这项制度是为了对肇事逃逸机动车、未投保机动车辆造成的交通事故受害人进行补偿的制度。在机动车肇事逃逸后，由于暂时无法确定肇事车辆的身份以及其投保的保险公司，交强险的赔偿救助机制难以发挥作用。同样，如果事故车辆根本就没有参加交强险，也没有理由和措施使保险公司理赔。为了保障受害人得到最基本的抢救治疗，弥补交强险制度可能遗留的保障盲区，《道交法》在确立交强险制度的同时，又规定了道路交通事故社会救助制度。《道交法实施条例》在《道交法》上述规定的基础上，进一步作了延伸，明确了公安机关交通管理部门在支付抢救费用方面的通知义务。《道交法实施条例》第九十条规定，投保交强险的机动车发生交通事故，因抢救受伤人员需要保险公司支付抢救费用的，由公安机关交通管理部门通知保险公司。抢救受伤人员需要道路交通事故救助基金垫付费用的，由公安机关交通管理部门通知道路交通事故社会救助基金管理机构。

实行交强险的一个主要目的就是保护交通事故受害人的合法权益。在肇事逃逸、未投保车辆造成交通事故的情况下，如何保护受害人的合法权益，就成为交强险的一个重要问题。多数国家采取由国家设立政府保障基金，对肇事逃逸、未投保车辆造成的交通事故受害人给予补偿。我国1991年国务院公布的《道路交通事故处理办法》第十四条规定：在实行机动车第三者责任法定保险的行政区域发生机动车交通事故逃逸案件的，由当地中国人民保险公司预付伤者抢救期间的医疗费、死者的丧葬费。中国人民保险公司有权向抓获的逃逸者及其所在单位或者机动车的所有人，追偿其预付的所有款项。多年来，一直由人保担负着交通事故肇事逃逸受伤人员的抢救费和死者的丧葬费的垫付，随着我国法律制度的不断完善，特别是《道交法》第十七条规定："国家实行机动车第三者责任强制保险制度，设立道路交通事故社会救助基金。具体办法由国务院规定。"从法律上明确了设立道路交通事故社会救助基金制度。同时，该法第七十五条规定："医疗机构对交通事故中的受伤人员应当及时抢救，不得因抢救费用未及时支付而拖延救治。肇事车辆参加机动车第三者责任强制保险的，由保险公司在责任限额范围内支付抢救费用；抢救费用超过责任限额的，未参加机动车第三者责任强制保险或者肇事后逃逸的，由道路交通事故社会救助基金先行垫付部分或者全部抢救费用，道路交通事故社会救助基金管理机构有权向交通事故责任人追偿。"

本条规定了道路交通事故社会救助基金垫付抢救费用的范围。

1. 关于抢救费用

1）抢救费用超过责任限额的，参加交强险的机动车造成人员受伤的抢救费用，应当由保险公司在保险责任限额内支付，保险责任限额已全部用完，抢救还没有结束的，为了使受害人得到及时救治，抢救费用超过保险责任限额部分由道路交通事故社会救助基金及时垫付，然后再向责任人追偿。

2）肇事机动车未参加交强险的，按照《道交法》的规定，所有上道路行驶的机动车都必须参加强制保险，这是推行强制保险的基础，但是，由于经济等一些客观因素的影响，造成有一部分机动车没有投保强制保险。没有投保强制保险的机动车一旦发生道路交通事故造成人员受伤，事故责任人应及时为受害人提供抢救费用，如果事故责任人不能及时为受害人提供抢救费用，为了使受害人得到及时抢救，这时就需要道路交通事故社会救助基金及时垫付抢救费用，然后再向事故责任人追偿。

3）机动车肇事后逃逸的，目前我国机动车肇事后逃逸的现象时有发生，有的肇事逃逸的机动车已参加交强险，但驾驶人为逃避责任而逃逸，有的肇事逃逸的机动车没有参加交强险。为使受害人的人身伤害得到及时救治，由道路交通事故社会救助基金先行垫付抢救费用，事后查明机动车参加交强险的，由保险公司按理赔程序处理，没有参加交强险的机动车，由道路交通事故社会救助基金管理机构向交通事故责任人追偿。

应当注意的是，由道路交通事故社会救助基金先行垫付抢救费用与承保交强险的保险公司预先支付抢救费用在性质上是完全不同的。保险公司预先支付抢救费用，是事先履行了其应当履行的合同义务，而道路交通事故社会救助基金垫付抢救费用并不是履行合同义务，而是实现社会救助的职能。根据侵权行为的理论，支付抢救费用是肇事主体对受害人的损害赔偿义务，受害人有权要求交通事故责任人履行其损害赔偿义务。但在责任人因逃逸而无法确定或者虽然责任人确定但没有赔偿能力时，受害人的损害赔偿请求权就得不到保障。尤其是在受害人因受伤需要紧急抢救时，及时获得抢救费用十分关键。在这样的条件下，由道路交通事故社会救助基金先行垫付抢救费用，使受害人获得及时的抢救，道路交通事故社会救助基金获得向交通事故责任人的代位追偿的权利。

2. 关于丧葬费用

以当地依法确定的交通事故死亡人员的丧葬费标准垫付。2004年5月1日起施行的最高人民法院《关于审理人身损害赔偿案件适用法律若干问题的解释》第二十七条规定：丧葬费按照受诉法院所在地上一年度职工月平均工资标准，以6个月总额计算。

国际上许多国家和地区都建立了社会救助基金，对肇事逃逸车辆、未投保交强险的车辆造成的人员伤亡给予救助是通行的做法，世界各地的机动车第三者责任保险法，对于肇事逃逸、事故责任人身份不明的情况，或虽然知道事故责任人身份，但由于未投保机动车交通事故责任保险而事故责任人无赔偿能力的情况，政府开设了机动车损失赔偿责任保险基金，以救助上述情况的受害者。政府支付给受害人的赔款与机动车损失赔偿责任保险一致，但事后，政府将向加害者追偿。需要说明的是，我国救助基金补偿的范围与国外有所不同，国外对肇事逃逸、未投保车辆造成的人员伤亡在保险金额范围内进行补偿，由于我国刚刚实行这一制度，考虑到基金的负担比较重，基金在保险金额范围内补偿受害人可能有困难，因此《交强险条例》规定只垫付受害人的抢救费用、丧葬费用，并向事故责任人追偿。

> **第二十五条**　救助基金的来源包括：
> （一）按照机动车交通事故责任强制保险的保险费的一定比例提取的资金。

（二）对未按照规定投保机动车交通事故责任强制保险的机动车的所有人、管理人的罚款。

（三）救助基金管理机构依法向道路交通事故责任人追偿的资金。

（四）救助基金孳息。

（五）其他资金。

本条是关于道路交通事故社会救助基金来源的规定。

道路交通事故社会救助制度最核心的一个问题是建立这项基金的来源。《交强险条例》规定有五项来源：

1. 按照交强险的保险费的一定比例提取的资金是救助基金的主要来源

主要原因是机动车撞人后逃逸或者没有投保的车辆造成的受害人的损失由机动车辆所有人共同承担其损失赔偿责任较为妥当。因此，救助基金的经费大部分由投保机动车承担。这也是世界各国和地区普遍采取的做法，只是在提取比例上各国和地区有所不同，一般占强制保险保费的1%～5%，提取比例的高低与机动车的投保率有密切的关。投保率高，救助基金提取的比例低，反之就高。

2. 对未按照规定投保交强险的机动车的所有人、管理人的罚款

《道交法》第九十八条规定：机动车所有人、管理人未按照国家规定投保交强险的，由公安机关交通管理部门扣留车辆至依照规定投保后，并处依照规定投保最低责任限额应缴纳的保险费的2倍罚款。缴纳的罚款全部纳入道路交通事故社会救助基金。将罚款纳入基金，作为救助基金的来源，是扩大基金来源的一个渠道。我国立法中将罚款作为特定用途的资金是不多见的。1993年《关于对行政性收费、罚没收入实行预算管理的规定》的通知（中办发〔1993〕19号）中规定，国家机关依法对公民、法人和其他组织收费、罚款和没收财物，是国家管理社会经济生活的重要手段，应作为国家财政收入，逐步纳入预算管理。所收款项，除国家另有规定的外，应根据执收部门的行政隶属关系，分别作为本级财政的预算收入，上缴同级国库。国家建立救助基金的目的是保护受害人的利益，有的国家由财政拿出钱来建立，由于我国财政比较紧张，提取的保费比例作为基金的主要来源。罚款作为财政收入，一般要上缴国库，能够纳入基金，说明国家财政给予了支持。

3. 救助基金管理机构依法向道路交通事故责任人追偿的资金

根据《交强险条例》第二十四条的规定，救助基金对在道路交通事故中导致人身伤亡的丧葬费用，部分或者全部抢救费用垫付后，有权向道路交通事故责任人追偿。救助基金在对道路交通事故受害人进行补偿后，依法代位取得了受害人具有的针对事故责任人的赔偿请求权，要求事故责任人赔偿基金因补偿受害人而遭受的损失。追偿所得依然归救助基金所有。

4. 救助基金孳息

主要包括基金利息以及基金通过其他方式运作而获得的增值收入。救助基金资金的安全性是保证资金运用的前提。最安全的形式是银行存款，其次可以通过购买国债、金融债券、企业债券等形式保值增值，要避免风险比较大的资金运用形式，如购买股票、投资不动产、投资企业等。

5. 其他资金

除以上各种来源以外，还有社会上提供的捐助、政府财政给予一定的扶持等收入。考虑到机动车责任强制保险和救助基金关系到广大社会公众的切身利益，具有较强的社会公益性，为减轻投保人的经济负担，增强救助基金的赔付能力和保障程度，将交强险的营业税收入也作为救助基金的来源使用。

第二十六条　救助基金的具体管理办法，由国务院财政部门会同保监会、国务院公安部门、国务院卫生主管部门、国务院农业主管部门制定试行。

《交强险条例》是关于道路交通事故社会救助基金具体管理办法的规定。

救助基金是一项新创立的制度，由于缺乏实践经验，有许多具体的问题需要另行制定办法加以解决，如救助基金管理机构的设立、运作，救助基金的筹集和使用，救助基金的管理和监管，救助基金的赔偿范围、项目和标准，救助基金的来源等。由于涉及财政部、保监会、公安部、农业部、卫生部等部门，为了能够有效运行，需要有关部门协作配合。

关于交通事故中受伤人员的抢救费用问题，《道交法》第七十五条规定：医疗机构对交通事故中的受伤人员应当及时抢救，不得因抢救费用未及时支付而拖延救治。《道交法实施条例》在《道交法》上述规定的基础上，作了进一步规定，明确了公安机关交通管理部门在支付抢救费用方面的通知义务。《道交法实施条例》第九十条规定，投保交强险的机动车发生交通事故，因抢救受伤人员需要保险公司支付抢救费的，由公安机关交通管理部门通知保险公司。抢救受伤人员需要道路交通事故救助基金垫付费用的，由公安机关交通管理部门通知道路交通事故社会救助基金管理机构。

发生交通事故，有人员受伤的，首要任务是抢救受伤人员。根据《道交法》第七十条和第七十二条的规定，交通事故当事人以及出现场的交通警察均有义务抢救事故受伤人员。在现场的抢救都属于救急措施，真正救治受伤人员还需要通过医疗机构来进行。在过去，由于交通事故受伤人员的救助机制不健全，医院因抢救事故受伤人员而发生的医疗费用往往得不到落实，从而使医院在抢救伤员后蒙受经济上的损失。也正是有这类事情的发生，有的医院担心抢救伤员后抢救费得不到落实而推诿或者拖延抢救事故受伤人员，并因此造成受伤人员伤情恶化甚至死亡。为了避免此类情况的发生，《道交法》在以人为本的原则指导下，通过建立机动车责任强制保险制度、道路交通社会救助基金制度以及建立新的道路交通事故损害赔偿责任的归责原则等方式，完善并加强了对道路交通事故受害人的保障机制。在保障受害人能够得到赔偿保障的基础上，通过立法，将医疗机构对受伤人员的救助义务规定为一项法定义务。根据这项法定义务，一切医疗机构都有义务无条件抢救道路交通事故受伤人员，不得因抢救费用未及时支付而拖延救治。如果医疗机构违反这项法定义务给受害人造成损失，受害人可以依法提起民事诉讼，要求医疗机构就所受损失进行赔偿。

第二十七条　被保险机动车发生道路交通事故，被保险人或者受害人通知保险公司的，保险公司应当立即给予答复，告知被保险人或者受害人具体的赔偿程序等有关事项。

本条是对被保险人或者受害人为出险通知时保险人答复义务的规定。

为使保险人得以控制风险，防止或减少损害，各国保险法一般皆分保险合同成立前、合同成立后保险事故发生前和保险事故发生后三个阶段，分别规定投保方与保险人各自应尽的义务。对投保人或被保险人而言，在保险事故发生后有出险通知、提供相关资料及防损、减损等义务。现代保险法理论认为，保险事故是保险合同约定的保险责任范围内的事故，保险事故的发生是保险人负担保险金赔付或给付义务的法律事实要件，因此，对保险人而言，投保方所作保险事故发生的通知极为重要，其主要目的在于使保险人能及时采取必要措施以防止损失扩大，保全保险标的残余部分，以减轻其损失，并调查事实、搜集证据，以维护其合法权益。有鉴于此，我国《保险法》第二十一条规定："投保人、被保险人或者受益人知道保险事故发生后，应当及时通知保险人。故意或者因重大过失未及时通知，致使保险事故的性质、原因、损失程度等难以确定的，保险人对无法确定的部分，不承担赔偿或者给付保险金的责任，但保险人通过其他途径已经及时知道或者应当及时知道保险事故发生的除外。"

然而，由于交强险制度定位于保障机动车交通事故受害人依法得到及时、便捷的救济，进而促进道路交通安全，加之采取了责任限额内的无过错赔偿责任原则，扩大了保险赔偿责任范围，从而使得该制度中保险事故成就与否的认定，较之商业三者险更为简单明了，因此，《交强险条例》未对被保险人提出出险通知义务，而是在本条中规定了被保险人或受害人通知保险人发生道路交通事故时，保险人的及时答复义务，即保险人接到被保险人或者受害人的相关通知时，应立即给予答复，告知对方具体的赔偿程序等事项。本条的正确理解与适用，应注意以下两个方面。

1）《道交法》第七十条规定，在道路上发生交通事故，造成人身伤亡的，车辆驾驶人应迅速报告执勤的交通警察或者公安机关交通管理部门；未造成人身伤亡，当事人对事实及成因无争议的，可以即行撤离现场，恢复交通，自行协商处理损害赔偿事宜；不即行撤离现场的，应当迅速报告执勤的交通警察或者公安机关交通管理部门；仅造成轻微财产损失，并且基本事实清楚的，当事人应当先撤离现场再进行协商处理。根据这一规定，对于被保险机动车发生道路交通事故未造成受害人人身伤亡、当事人撤离现场自行协商处理的，当事人可以自行通知保险人；而对于造成人身伤亡、经报案由公安机关交通管理部门处理的，按照《道交法实施条例》第九十条的规定，公安交管部门应通知保险公司支付抢救受伤人员所需的抢救费用，保险公司在接到公安交管部门通知后，根据《交强险条例》第三十一条的规定，经核定应当及时向医疗机构支付相关费用。由此可以看出，对保险公司而言，获知保险事故发生的途径，既可以是被保险人的通知，也可以是公安交管部门，虽然实践中被保险人为获保险赔偿通常均主动通知保险公司，但出险通知却非其法定义务。

2）在交强险中，投保人（机动车所有人或管理人）与保险人之间系合同法律关系，加害人（被保险人，包括投保人及其允许的合法驾驶人）与受害人（第三者）之间系侵权法律关系，而受害人与保险人之间不存在法律关系，受害人既不应通知保险人发生保险事故，也无权直接向保险人索赔。但是基于交强险制度保障受害人权益的价值取向，本条规定赋予了受害人通知保险人发生交通事故的权利，从而不至于因被保险人怠于通知而影响对受害人的及时救济。

> **第二十八条**　被保险机动车发生道路交通事故的，由被保险人向保险公司申请赔偿保险金。保险公司应当自收到赔偿申请之日起 1 日内，书面告知被保险人需要向保险公司提供的与赔偿有关的证明和资料。

本条是对保险赔偿金请求权主体和保险索赔程序的规定。

1. 保险赔偿金请求权主体

虽然交强险立足于保障交通事故受害人的利益，但该制度的强制性和公益性并不能否认其责任保险的本质，制度的设计也不应违背责任保险的基本原理，否则，这一制度也就不能称之为强制责任保险，而将异化为纯粹为保护受害人利益、向机动车所有人或管理人征收的"交通安全税"。显然，这样的结果并非国家建立交强险制度的初衷。

所谓责任保险，是指被保险人依法对受到其侵害的人负有赔偿责任时，由保险人依合同约定对被保险人承担补偿责任的保险，其原理在于，通过订立责任保险合同，将被保险人潜在的、可能承担的民事赔偿责任转化为责任保险的保险标的，当被保险人因其不法行为致人损害需承担民事赔偿责任时，由保险人补偿其因此而承受的不利后果，从而将被保险人因承担赔偿责任致使自身受损的风险转嫁于参与投保的社会大众。显然，责任保险制度产生的根本目的在于，补偿作为被保险人的加害人因承担民事赔偿责任而承受的损失，只是间接惠及民事赔偿关系中的受害人。

在交强险中，责任保险的这一基本原理转化为保险人、投保人（被保险人）与受害人之间的法律关系，即投保人（机动车所有人或管理人）与保险人之间的合同法律关系，以及加害人（即被保险人，包括投保人及其允许的合法驾驶人）与受害人（第三者）之间的侵权损害赔偿法律关系，而受害人与保险人之间不存在法律关系，不应享有保险金请求权。因此，《交强险条例》规定，被保险机动车发生道路交通事故的，由被保险人作为保险金请求权主体，向保险公司申请赔偿保险金。

2. 保险索赔程序

保险索赔是指保险事故发生后，保险金请求权主体依据保险合同约定，向保险人请求履行保险赔偿或者给付保险金的行为。根据上述保险金请求权主体的规定，投保交强险的机动车发生交通事故，造成受害人人身伤亡、财产损害时，被保险人有权向保险公司提起索赔，实践中一般应采取索赔请求书形式，从而启动保险赔偿程序。

在商业保险中，根据《保险法》第二十二条的规定，"保险事故发生后，投保人、被保险人或者受益人依照保险合同请求保险人赔偿或者给付保险金时，应向保险人提供其所能提供的与确认保险事故的性质、原因、损失程度等有关的证明和材料，而保险人依据合同的约定，认为相关证明和材料不完整的，应当通知投保人、被保险人或者受益人补充提供。"然而，考虑到交强险制度及时救济交通事故受害人的立法目的，为尽量缩短保险理赔过程，防止保险人以证据材料不足为由推诿塞责，本条并未直接规定被保险人提起索赔时应提供何种证据材料，而是规定保险人自收到索赔要求之日起1日内，应当以书面形式答复被保险人，向其说明通常的赔偿标准以及需要提供的与赔偿有关的证明和资料，从而使被保险人得以明了可能获得的保险赔偿，有针对性地提供证据材料。保险公司提供给被保险人的书面通知一般包括以下事项的说明。

1）赔偿标准。由于保险人是在交强险责任限额内承担赔偿责任，而《交强险条例》又采用了分项限额制度，并授权保监会会同国务院公安部门、国务院农业主管部门对此作具体规定，且就某一被保险机动车而言，其发生交通事故所致受害人的损害可能各不相同，因此，保险人接到索赔要求时，应向被保险人明确说明其执行的各类分项限额下的具体赔偿标准。

2）相关证明材料。实践中，被保险人需要提供的与保险赔偿有关的证明和资料一般包括交强险合同、保险单、已支付保险费的凭证、机动车登记证书、行驶证、被保险人身份证明、交通事故认定书、交通事故损害赔偿调解协议、必要的检验、鉴定与评估结论、死亡证明书、医疗费用单据。

此外，根据《中华人民共和国交通事故处理程序规定》第十二条的规定，发生《道交法》第七十条第二款、第三款规定的交通事故，当事人应当填写交通事故发生的时间、地点、天气、当事人姓名、机动车驾驶证号、联系方式、机动车牌号、保险凭证号、交通事故形态、碰撞部位、赔偿责任人等内容的协议书或者文字记录，共同签名后立即撤离现场，协商赔偿数额和赔偿方式；如双方当事人均已办理交强险，可以直接根据上述记录交通事故情况的协议书向保险公司索赔。

> **第二十九条** 保险公司应当自收到被保险人提供的证明和资料之日起5日内，对是否属于保险责任作出核定，并将结果通知被保险人；对不属于保险责任的，应当书面说明理由；对属于保险责任的，在与被保险人达成赔偿保险金的协议后10日内，赔偿保险金。

本条是关于保险理赔程序和规定。

保险公司收到被保险人提供的证明和资料之日起5个工作日内，应当对是否属于保险责任作出核定，并且应当将核定结果通知被保险人。保险公司应当依据有关交强险的有关法律、法规的规定以及保险合同的约定，根据被保险人提供的证明和资料，对于发生的保险事故是否属于保险责任范围，是否应当赔偿保险金进行审核，并作出决定。

根据《交强险条例》的有关规定，被保险机动车发生道路交通事故造成本车以外的受害人人身伤亡、财产损失的，由保险公司依法在交强险责任限额范围内承担赔偿责任。如果道路交通事故是由受害人故意造成的，保险公司不予赔偿。

如果存在驾驶人未取得驾驶资格或者醉酒的，以及被保险人故意的情形，保险公司在交强险责任限额范围内垫付抢救费用，并有权向致害人追偿。在前述两种情形之下，对于因发生道路交通事故，造成受害人的财产损失，保险公司不承担赔偿责任。

保险公司作出核定之后，应当将结果通知被保险人。其通知行为的时限，仍然为收到被保险人提供的证明和资料之日起 5 个工作日内。

保险公司的核定结果分为属于保险责任和不属于保险责任两类。对不属于保险责任的，保险公司应当以书面形式向被保险人说明理由，例如，根据有关法律、法规的规定，保险公司不承担赔偿责任等。对属于保险责任的，保险公司应当就保险金赔偿事宜与被保险人进行协商，根据有关法律、法规、规章等的规定，以及合同约定，确定保险赔偿的数额。

交强险在全国范围内实行统一的责任限额。其责任限额分为死亡伤残赔偿限额、医疗费用赔偿限额、财产损失赔偿限额和被保险人在道路事故中无责任的赔偿限额。交强险的责任限额由保监会会同国务院公安部门、国务院农业主管部门规定，在交强险条款中约定。保险公司在对被保险人进行保险金赔偿时，应当遵守有关责任限额的规定。

如果经保险公司和被保险人双方协商一致，达成了赔偿保险金的协议，则保险公司应当在达成赔偿保险金协议后 10 个工作日内（保险法第二十四条规定），向被保险人赔偿保险金。

> **第三十条**　被保险人与保险公司对赔偿有争议的，可以依法申请仲裁或者向人民法院提起诉讼。

本条是关于赔偿争议解决方式的规定。

被保险人与保险公司如果就保险赔偿发生争议，可以选择仲裁或者诉讼的方式解决争议。

被保险人与保险公司采用仲裁方式解决纠纷，应当双方自愿，达成仲裁协议。仲裁协议包括合同中订立的仲裁条款和以其他书面方式在纠纷发生前或者纠纷发生后达成的请求仲裁的协议。仲裁协议应当具有下列内容：请求仲裁的意思表示、仲裁事项、选定的仲裁委员会。

没有仲裁协议，一方申请仲裁的，仲裁委员会不予受理。被保险人与保险公司达成仲裁协议，一方向人民法院起诉的，人民法院不予受理，但仲裁协议无效的除外。

仲裁实行一裁终局的制度。裁决作出后，当事人就同一纠纷再申请仲裁或者向人民法院起诉的，仲裁委员会或者人民法院不予受理。

当事人提出证据证明裁决有下列情形之一的，可以向仲裁委员会所在地的中级人民法院申请撤销裁决：没有仲裁协议的，裁决的事项不属于仲裁协议的范围或者仲裁委员会无权仲裁的，仲裁庭的组成或者仲裁的程序违反法定程序的，裁决所根据的证据是伪造的，对方当事人隐瞒了足以影响公正裁决的证据的，仲裁员在仲裁该案时有索贿受贿、徇私舞弊、枉法裁决行为的。人民法院经组成合议庭审查核实裁决有前款规定情形之一的，应当裁定撤销。当事人申请撤销裁决的，应当自收到裁决书之日起 6 个月内提出。

对依法设立的仲裁机构的裁决，一方当事人不履行的，对方当事人可以向有管辖权的人民法院申请执行。受申请的人民法院应当执行。被申请人提出证据证明裁决有下列情形之一的，经人民法院组成合议庭审查核实，裁定不予执行：当事人在合同中没有订有仲裁条款或者事后没有达成书面仲裁协议的，裁决的事项不属于仲裁协议的范围或者仲裁机构无权仲裁的，仲裁庭的组成或者仲裁的程序违反法定程序的，认定事实的主要证据不足的，适用法律确有错误的，仲裁员在仲裁该案时有贪污受贿、徇私舞弊、枉法裁决行为的。

仲裁裁决被人民法院裁定不予执行的，当事人可以根据双方达成的书面仲裁协议重新申请仲裁，也可以向人民法院起诉。

除仲裁之外，被保险人与保险公司也可通过向法院提起诉讼的方式解决赔偿争议。因保险合同纠纷提起的诉讼，由被告住所地或者保险标的物所在地人民法院管辖。

人民法院审理民事案件中，根据当事人自愿的原则，在事实清楚的基础上，分清是非，进行调解。调解达成协议，人民法院应当制作调解书。调解书应当写明诉讼请求、案件的事实和调解结果。调解书双方当事人签收后，即有法律效力。双方未达成调解协议的，则由人民法院作出裁判。

> **第三十一条**　保险公司可以向被保险人赔偿保险金，也可以直接向受害人赔偿保险金。但是，因抢救受伤人员需要保险公司支付或者垫付抢救费用的，保险公司在接到公安机关交通管理部门通知后，经核对应当及时向医疗机构支付或者垫付抢救费用。
>
> 因抢救受伤人员需要救助基金管理机构垫付抢救费用的，救助基金管理机构在接到公安机关交通管理部门通知后，经核对应当及时向医疗机构垫付抢救费用。

本条是关于交强险保险金支付对象和时限的有关规定。

本条第一款第一句确定了交强险保险金支付对象为被保险人或者为受害人。由于受害人不具有直接向保险公司请求赔偿的权利，在保险实务操作中，一般由被保险人首先向受害人赔偿，然后依据赔付凭证向保险公司提出索赔申请，保险公司审查相关证明后，依照保险合同约定向被保险人支付保险金。

为了确保受害人能真正获得保险保障，本条规定保险公司可以向受害人直接赔偿保险金。虽然受害人并非是保险合同当事人，不能向合同当事人保险公司主张权利，但根据《保险法》第六十五条第一款的规定，"保险人对责任保险的被保险人给第三者造成的损害，可以依照法律的规定或者合同的约定，直接向该第三者赔偿保险金。"。

本条第一款第二句规定了保险公司及时支付或垫付抢救费用的义务。为了防止医疗机构因当事人不能缴纳抢救治疗费而拒绝或者放弃抢救治疗，《道交法》第七十五条规定了医疗机构应当及时抢救交通事故受伤者，不得因抢救费用未及时支付而拖延救治。但是，考虑到医疗费用拖延支付会加重医疗机构经济负担，影响抢救治疗交通事故受伤人员的积极性，本条要求保险公司及时支付或垫付抢救费用。在一般情况下，由被保险人先行支付受害人的抢救费用，当被保险人未随身携带所需资金或者无支付能力时，由保险公司进行支付或垫付。

需要由保险公司支付或者垫付抢救费用的，首先，由公安部门向保险公司出具相关的支付（或垫付）费用通知。公安部门出具的通知上应当列明事故发生时间、地点、事故原因、事故责任、当事方和受害人的基本情况以及其他与垫付抢救费用相关的事项。当事方基本情况包括：双方当事人姓名、性别、机动车牌号、车辆类型、驾驶证号、保险公司名称、保单号。受害人基本情况包括：受害人的归属（即受害人属于行人或某机动车车上人员）、受害人损伤部位及程度、抢救医院名称、地址以及已发生的抢救费用等相关情况。

其次，保险公司对于需要支付（或垫付）事项进行初步核对。包括审核出险车辆是否投保交强险、保单是否有效、事故是否属于保险责任以及抢救费用支付是否符合保险公司支付（或）垫付条件等。

经核对，对于满足下列条件的，保险公司应当及时支付抢救费用：

1）肇事车辆投保了交强险，且保单有效。

2）事故属于保险责任。

3）被抢救人员属于被保险机动车肇事致伤的本车以外的受害人。

4）抢救行为及抢救费用支付必要、合理，并且符合有关诊疗规定。

经核对，对于满足下列条件的，保险公司应当及时垫付抢救费用：

1）肇事车辆投保了交强险，且保单有效。

2）事故不属于保险责任，但符合《交强险条例》第二十一条规定的垫付情况（被保险人醉酒驾车、无证驾驶、被保险人故意以及被保险机动车被盗抢期间肇事的）。

3）被抢救人员属于被保险机动车肇事致伤的本车以外的受害人。

4）抢救行为及抢救费用支付属于必要、合理，并且符合有关诊疗规定。

保险公司支付或垫付抢救费用的金额以保险合同约定的医疗费用责任限额为限。

本条第二款规定了救助基金管理机构及时垫付抢救费用的义务。需要由救助基金管理机构垫付抢救费用的，首先由公安部门向救助基金管理机构出具相关的垫付费用通知。公安部门出具的通知上应当列明：肇事机动车车牌号、驾驶人姓名、受害人姓名、受害人损伤部位及程度、抢救医院名称及地址、交通事故原因等情况，并且注明属于救助基金垫付的何种情况（未投保交强险、肇事机动车逃逸或抢救费用超过交强险责任限额）等内容。

救助基金管理机构对需要垫付事项进行初步核对。经核对，对于满足下列条件的，应当及时垫付抢救费用：

1）事故属于救助基金垫付范围（未投保交强险、肇事机动车逃逸或抢救费用超过交强险责任限额）。

2）被抢救人员属于机动车肇事致伤的受害人。

3）抢救行为及抢救费用支付属于必要、合理，并且符合有关诊疗规定。

> **第三十二条**　医疗机构应当参照国务院卫生主管部门组织制定的有关临床诊疗指南，抢救、治疗道路交通事故中的受伤人员。

本条是关于对医疗机构救治标准和方式的有关规定。

道路交通事故创伤是特殊类型的损伤，特点是发生率高、伤情复杂，最典型的是撞击伤。交通事故创伤往往由运动的车辆和人之间交互作用而形成，受伤部位发生率较高的是头部和下肢，其次为体表和上肢，创伤的性质以挫伤、撕裂伤、碾压伤和闭合性骨折最为多见。医疗机构应当针对交通事故创伤的特点，采用相应的治疗标准和方法，有针对性地进行抢救和治疗，争取时间，抢救生命，避免和减少并发症的发生。

为了防止在交通事故救治诊疗过程中发生不合理的医疗费用，《交强险条例》要求医疗机构必须参照国家有关部门制定的诊疗标准来救治伤员。国务院卫生主管部门将根据道路交通事故损伤特点，制定统一的创伤诊疗标准，以进一步规范诊疗行为，以及防止医疗资源浪费。

> **第三十三条**　保险公司赔偿保险金或者垫付抢救费用，救助基金管理机构垫付抢救费用，需要向有关部门、医疗机构核实有关情况的，有关部门、医疗机构应当予以配合。

本条是关于对有关部门、医疗机构配合保险公司或救助基金管理机构进行交通事故及医疗费用核实工作的有关规定。

在一般情况下，保险公司和救助基金管理机构根据被保险人或受害人提供的交通管理部门出具的事故认定书、调解书或判决书、医疗费用支付凭证等支付相应的抢救费用。对于案情比较复杂、疑点较多或者事故证明、诊断证明及医疗费用开支有明显不合理的，保险公司和救助基金管理机构可以向有关部门进行核实。

保险公司和救助基金管理机构向有关部门核实的内容包括道路交通事故现场勘察记录、交通事故证据、交通事故认定、当事人生理及精神状况鉴定、交通事故损害赔偿调解情况、民事诉讼判决情况等。

确定交通事故具体情况是保险公司和救助基金管理机构支付或垫付抢救费用的前提。对于查明属于《交强险条例》第二十条第二款所列由受害人故意行为造成的道路交通事故，保险公司有权拒绝赔偿或垫付；对于查明属于《交强险条例》第二十一条第一款所列在驾驶人未取得驾驶资格或者醉酒情况下，或者被保险人故意行为导致的交通事故，保险公司垫付抢救费用，但事后可以向致害人追偿。

保险公司和救助基金管理机构向医疗机构核实的内容包括当事人病历和诊断证明、抢救的内容和项目、抢救费用支付收款凭证等。

确定抢救诊断情况以及医疗费用支付情况是保险公司和救助基金管理机构支付或垫付强制费用的依据。对于查明抢救费用、医疗费用支付项目、标准、额度存在不合理开支的，或者不属于抢救费用支付范围的，保险公司或救助基金管理机构可以不予支付抢救费用或者向责任方追回已支付费用。

对于保险公司和救助基金管理机构要求核实有关情况的合理要求，有关部门和医疗机构应当予以配合。一是对于保险公司和救助基金管理机构需要核实的资料、单据、证明等及时予以提供；二是协助保险公司和救助基金管理机构向当事人了解相关情况。

> **第三十四条**　保险公司、救助基金管理机构的工作人员对当事人的个人隐私应当保密。

本条是关于保险公司和救助基金管理机构负有保密义务的规定。

由于在交强险投保、理赔以及垫付抢救费用过程中保险公司可能掌握当事人的个人信息，在救助基金支付或垫付抢救费用过程中救助基金管理机构也可能掌握当事人的个人信息，为了保护投保人、被保险人、受害人的合法权益不受侵犯，本条规定，保险公司及救助基金管理机构对于知道或掌握当事人的个人隐私应当予以保密。根据我国《保险法》第三十二条规定，保险人对在办理保险业务中知道的投保人、被保险人、受益人的业务和财产情况及个人隐私，具有保密的义务。

本条所称当事人包括交强险的投保人、被保险人、受害人及其家属。

本条所称个人隐私包括投保人在投保交强险时提供的重要个人信息、被保险人在出险及理赔时提供的重要个人信息、受害人在接受治疗过程中及治疗后提供的个人信息等。

> **第三十五条**　道路交通事故损害赔偿项目和标准依照有关法律的规定执行。

本条是关于保险公司赔偿项目和标准的有关规定。

交强险属于责任保险，由保险公司承担被保险人依法应当承担的民事赔偿责任。因此，保险公司进行赔偿的前提是被保险人依法对受害人损失负有赔偿责任。《道交法》实施后，我国实行事故责任和赔偿责任相分离方式，公安机关交通管理部门对事故现场进行勘验、检查、鉴定和制作交通事故认定书，并负有查明交通事故事实、事故原因和事故责任的职责，人民法院负有确定赔偿责任和赔偿金额的职责。当然，对于轻微事故或责任明确的交通事故赔偿事宜，当事人可以选择自行协商，或请公安机关交通管理部门调解。

保险公司根据公安机关交通管理部门或者法院等机构出具的交通事故认定书、调解书、判决书等有关法律文书及其他证明，对被保险人实际支付给对受害人人身伤亡和财产损失的赔偿费用在保险合同约定范围内进行赔偿。

财产损失的赔偿标准按照实际修复费用计算，折价赔偿费用按照实际价值或者估损价值计算。对有争议的财产损失的评估，根据《交通事故处理程序规定》第四十条规定，可以由具有评估资格的评估机构进行。

当事人因交通事故致残的，在治疗终结后，应当由具有资格的伤残鉴定机构评定伤残等级。人身伤亡的赔偿标准按照《最高人民法院关于审理人身损害赔偿案件适用法律若干问题的解释》规定的项目和标准计算。

第四章　罚　则

第三十六条　未经保监会批准，非法从事机动车交通事故责任强制保险业务的，由保监会予以取缔；构成犯罪的，依法追究刑事责任；尚不构成犯罪的，由保监会没收违法所得，违法所得20万元以上的，并处违法所得1倍以上5倍以下罚款；没有违法所得或者违法所得不足20万元的，处20万元以上100万元以下罚款。

第三十七条　保险公司未经保监会批准从事机动车交通事故责任强制保险业务的，由保监会责令改正，责令退还收取的保险费，没收违法所得，违法所得10万元以上的，并处违法所得1倍以上5倍以下罚款；没有违法所得或者违法所得不足10万元的，处10万元以上50万元以下罚款；逾期不改正或者造成严重后果的，责令停业整顿或者吊销经营保险业务许可证。

第三十八条　保险公司违反本条例规定，有下列行为之一的，由保监会责令改正，处5万元以上30万元以下罚款；情节严重的，可以限制业务范围、责令停止接受新业务或者吊销经营保险业务许可证：

（一）拒绝或者拖延承保机动车交通事故责任强制保险的。

（二）未按照统一的保险条款和基础保险费率从事机动车交通事故责任强制保险业务的。

（三）未将机动车交通事故责任强制保险业务和其他保险业务分开管理，单独核算的。

（四）强制投保人订立商业保险合同的。

（五）违反规定解除机动车交通事故责任强制保险合同的。

（六）拒不履行约定的赔偿保险金义务的。

（七）未按照规定及时支付或者垫付抢救费用的。

第三十九条　机动车所有人、管理人未按照规定投保机动车交通事故责任强制保险的，由公安机关交通管理部门扣留机动车，通知机动车所有人、管理人依照规定投保，处依照规定投保最低责任限额应缴纳的保险费的2倍罚款。

机动车所有人、管理人依照规定补办机动车交通事故责任强制保险的，应当及时退还机动车。

第四十条　上道路行驶的机动车未放置保险标志的，公安机关交通管理部门应当扣留机动车，通知当事人提供保险标志或者补办相应手续，可以处警告或者20元以上200元以下罚款。

当事人提供保险标志或者补办相应手续的，应当及时退还机动车。

第四十一条　伪造、变造或者使用伪造、变造的保险标志，或者使用其他机动车的保险标志，由公安机关交通管理部门予以收缴，扣留该机动车，处200元以上2000元以下罚款；构成犯罪的，依法追究刑事责任。

当事人提供相应的合法证明或者补办相应手续的，应当及时退还机动车。

第五章 附 则

第四十二条 本条例下列用语的含义：

（一）投保人，是指与保险公司订立机动车交通事故责任强制保险合同，并按照合同负有支付保险费义务的机动车的所有人、管理人。

（二）被保险人，是指投保人及其允许的合法驾驶人。

（三）抢救费用，是指机动车发生道路交通事故导致人员受伤时，医疗机构参照国务院卫生主管部门组织制定的有关临床诊疗指南，对生命体征不平稳和虽然生命体征平稳但如果不采取处理措施会产生生命危险，或者导致残疾、器官功能障碍，或者导致病程明显延长的受伤人员，采取必要的处理措施所发生的医疗费用。

本条是对《交强险条例》中出现的专业术语的解释，关系到《交强险条例》具体的适用与执行，对《交强险条例》涉及的各种法律主体意义重大。

第（一）项是对投保人的解释。本项对投保人的内在属性作了直接界定。《保险法》第十条规定，投保人是指与保险人订立保险合同，并按照保险合同负有支付保险费义务的人。作为《保险法》的下位法，《交强险条例》对投保人的解释完全参照了《保险法》的规定。交强险的投保人，是指与保险公司订立强制保险合同，并按照合同负有支付保险费义务的机动车的所有人、管理人。机动车的所有人、管理人之所以能作为投保人，是因为他们对被保险的机动车具有保险利益，即他们承担因被保险机动车而引起的法律后果，他们与机动车之间具有法律上的利害关系。所谓机动车所有人，指的是享有机动车最终处置权的人，包括对机动车的占有、使用、收益和处分权。随着现代产权制度的发展和物尽其用观念下效益最大化原则的影响，机动车的占有、使用、收益和处分权经常出现分离，机动车的所有人并不一定自己实际占有和使用机动车，只是行使收益权和最终的处置权，而将机动车的占有权和使用权让渡给他人以获取更大的收益。据此，机动车管理人，如机动车承租人、使用国家公务用车的国家机关，就享有对机动车的占用、使用权，通过与所有人签订合同或者其他法律规定，与机动车产生法律上的利害关系，从而对其管理的机动车具有保险利益。为了充分保障交通事故受害人及时得到赔偿，促进交通安全，考虑到机动车管理和使用的现状，《交强险条例》通过本项对投保人的界定，明确了机动车所有人、管理人投保交强险的义务，并应按照合同的约定支付保险费。

本条第（二）项是对被保险人的解释。与本条第（一）项的解释方法不同，本项没有采用直接的内涵界定法，而是采用了外延框定法，即不对被保险人的内涵作直接认定，而是通过对被保险人外延的界定，以明确被保险人的概念。《交强险条例》草案在公开征求意见时，很多人提出本项对被保险人的解释应参照《保险法》中被保险人的定义，将其界定为是指投保人与保险公司订立的强制保险合同中载明的享有保险金请求权的人，以与《保险法》的规定一致。我们认为，本项之所以采取外延框定法界定被保险人，而没有对被保险人的内涵作直接界定，主要是因为《交强险条例》第一条就指明，《交强险条例》是依据《保险法》制定的，是《保险法》的下位法规，《保险法》的规定同样适用于本条例，而《保险法》已经对被保险人的内涵作了明确界定，本条例无须再重复规定。根据《保险法》第十二条的规定，被保险人是指其财产或者人身受保险合同保障，享有保险金请求权的人，所以交强险中的被保险人相应的是指与保险公司签订保险合同，约定发生交通事故给他人造成人身伤亡或者财产损失时，可以按照强制保险合同，享有保险金请求权的人。

虽然被保险人的内涵十分清楚、明确，但被保险人的外延却仍处于不确定状态，且机动车的所有人、管理人、使用人状态呈现复杂性，法律也并非保护所有状态下的机动车使用人，因此有必要在《交强险条例》中对交强险的被保险人的范围作明确界定。根据《保险法》第十二条的规定，投保人可以是被保险人，所以本项明确规定，被保险人包括投保人，关于投保人，请参见对本条第(一)项的解释，这里不再赘述。又由于机动车在使用和管理上具有特殊性，机动车的使用人常常并非机动车的所有人，且交强险的保险对象为机动车，为了更好地保护交通事故受害人依法得到赔偿，根据《保险法》的规定，《交强险条例》将投保人允许的合法驾驶人也规定为被保险人。这样，不管机动车处于何人掌控之下，只要机动车处于具有合法掌控权的人手中发生交通事故的，就受交强险的保障，都有权要求保险人理赔。这里需要明确的是"投保人允许的合法驾驶人"包括哪些人。根据《道交法》及其他有关法律法规的规定，机动车驾驶人必须具备相应的驾驶资格。所以，这里的"投保人允许的合法驾驶人"包含两个条件：首先，非机动车所有人必须取得投保人的同意才能驾驶参加投保的机动车；其次，经投保人允许驾驶其机动车的人，必须具有与所驾驶的机动车相应的驾驶资格证。这两个条件缺一不可，即意味着即便经投保人同意，但不具有相应驾驶资格的人就不属于交强险的被保险人，如没有任何驾驶执照的人、拥有C照而驾驶货车的人就不属于本项中的被保险人范围；另外，即便驾驶人拥有所驾驶车辆的相应驾驶证，若其不属于对所驾车辆的合法掌控人，即并非经投保人允许时，也不属于《交强险条例》的被保险人，不受交强险的保障，如因偷盗他人车辆驾驶时发生交通事故的，就不属于交强险的被保险人，不受交强险的保障。但为了更好地保障交通事故受害人的利益，《交强险条例》第二十二条规定，对于被保险机动车被盗抢期间肇事的，保险公司应在交强险责任限额内垫付抢救费用，并有权向致害人追偿，规定了保险人的先予垫付责任，但并没有免除致害人的责任，致害人对受害人的损失承担最终的赔偿责任。

第(三)项是对《道交法》和《交强险条例》中出现的抢救费用的界定。《道交法》第七十五条规定，"医疗机构对交通事故中的受伤人员应当及时抢救，不得因抢救费用未及时支付而拖延救治。肇事车辆参加交强险的，由保险公司在责任限额范围内支付抢救费用；抢救费用超过责任限额的，未参加交强险或者肇事后逃逸的，由道路交通事故社会救助基金先行垫付部分或者全部抢救费用，道路交通事故社会救助基金管理机构有权向交通事故责任人追偿。"《交强险条例》第二十二条、二十四条、三十一条、三十三条等也多次出现抢救费用的概念。抢救费用涉及交通事故社会救助基金的合理、顺畅运作，也关系到受害人和保险公司、医疗机构的切身利益。根据《交强险条例》第二十二条的规定，因驾驶人未取得驾驶资格或者醉酒的，被保险机动车被盗抢期间肇事的，或者被保险人故意而造成交通事故的，保险公司应在交强险责任限额范围内垫付抢救费用；根据《交强险条例》第二十四条的规定，抢救费用超过交强险责任限额的，或者肇事机动车未参加交强险的，或者机动车肇事后逃逸的，由救助基金先行垫付部分或者全部抢救费用，如果把什么费用都算作抢救费用，保险公司和救助基金都将难以承受。《道交法》实施以来，实践中已经出现多起因对抢救费用的理解不同而产生的纠纷和诉讼。由于《道交法》对于抢救的定义是什么，救治的程度如何界定，即抢救费用如何界定没有作出明确规定，因此在《交强险条例》中有必要对抢救费用的内涵作出界定。经医学专家反复研讨，并与卫生部、财政部等共同研究，在《交强险条例》中对抢救费用作了本项界定，可以从以下几方面来理解：

首先，抢救费用限于因抢救交强险范围内的受害人而产生的费用。如前所述，较之第三者的外延来说，受害人的外延更广，第三者仅包括除了机动车本车人员和被保险人之外的交通事故受害人，即并非所有的交通事故受害人都属于《交强险条例》中的第三者。而《交强险条例》第二十二条规定，保险公司垫付抢救费用的前提是在交强险责任限额内，《交强险条例》第二十四条设立的交通事故社会救助基金，从基金来源、设立目的等来看，也只限于交强险保障范围内的受害人的抢救费用的垫付。所以，本条例中的"抢救费用"只限于因抢救交强险范围内的受害人而产生的费用，因抢救发生交通事故的机动车本车人员和被保险人产生的费用，不属于《交强险条例》的抢救费用范畴，保险公司、交通事故社会救助基金无须事先垫付。

其次，抢救费用的发生前提是若不立即进行抢救，将会对受伤人员产生严重后果。抢救是指伤者因道路交通事故导致身体受到严重的损伤，为了避免所受损伤直接导致的身体基本生理功能部分或者全部缺失直至生命丧失，防止（控制）伤情进一步恶化，挽救生命或者保护基本生理功能，医疗机构依据国务院卫生主管部门制定的临床诊疗指南所紧急采取的必需、合理的诊断、治疗等措施。它体现出较强的及时性、紧迫性，若不及时采取措施，将会给受伤人员带来严重的后果。抢救费用作为因对受伤人员采取紧急处理措施而产生的费用，其前提是若不立即进行抢救，将会对受伤人员产生严重后果。由于道路交通事故社会救助基金承受能力的有限性，决定了必须对受伤人员可能产生的严重后果进行明确界定，否则将会无限制地扩大抢救费用的范围。本项所指的严重后果包括受伤人员生命体征不平稳和虽然生命体征平稳但如果不采取处理措施会产生生命危险，或者导致残疾、器官功能障碍，或者导致病程明显延长这两种情形。生命体征是否平稳，主要体现在血压、心跳、呼吸、体温等指标上，这在国务院卫生主管部门组织制定的有关临床诊疗指南中有一个可以参照的标准。生命体征不平稳意味着受伤人员仍然处于危险期，若不立即采取抢救措施，将会对受伤人员的身体、生命产生严重影响，可能导致受伤人员基本生理功能的丧失。交通事故受伤人员虽然生命体征平稳，即在血压、心跳、呼吸、体温等方面的指标虽然与健康状态下无太大差异，但若不采取处理措施将导致受伤人员的生命受到危险，或者导致残疾、器官功能障碍，或者导致病程明显延长时，仍然要对其采取紧急处理措施，以防止伤情的进一步恶化。这主要是因为人的生理、机理功能非常复杂，而道路交通事故的突发性、暴力性等可能会导致受伤人员在交通事故当时的生命体征表面上非常平稳，却可能隐藏着进一步恶化的可能性，有必要给予采取处理措施，以避免这种可能性的发生。其中的生命危险，指的是交通事故受伤人员的生命存在灭失的可能性，除非采取及时合理的抢救措施；残疾，参照世界卫生组织提出的标准，根据我国社会保障体系的实际运行状况，主要是指人的身心功能缺陷，包括不同程度的肢体残缺、活动障碍、体内器官功能不全、精神情绪和行为异常、智能缺陷，以至于不同程度地丧失了正常生活、工作和学习的能力，可以分为听力残疾、精神残疾、肢体残疾、视力残疾、智力残疾等；器官功能障碍是指人的肺、肝、肾、肠道、血液、神经、心血管等器官的正常生理功能在运行上出现一定的障碍或者导致功能改变，而不能维持内环境稳定的医学临床状态；病程明显延长，是指若不立即对交通事故受伤人员采取处理措施，将可能导致良好治疗时机的丧失，使受伤人员经历更长的身体恢复阶段，花费更多的医疗费用。

再次，抢救费用指为挽救交通事故受伤人员而进行紧急处理和治疗所产生的费用，包括事故现场急救费用、伤员转运费用、急诊室紧急处理费用等必要、合理的费用。《交强险条例》的抢救费用，应只限于使受伤人员脱离危险期而采取的必要措施所产生的费用，它与一般的治疗费用不同。所谓的治疗费用，是指因使受伤人员完全恢复受伤前的生理状态，或者恢复至现行医学条件下可能达到的最好恢复状态而产生的一切医药费、护理费等，它的范围远远大于抢救费用。因为抢救只是施于创伤早期的救治工作，以挽救生命为主要目的，其后还有大量的后续治疗。

最后，抢救费用具有一定的额度限制。即便对于抢救费有上述三个条件的限制，但其总额仍可能非常巨大，远远超过交强险的责任限额，如果要求保险公司或者救助基金垫付所有的抢救费用，那么将会使保险公司和救助基金难以承受。所以，结合《交强险条例》第二十二条和第二十四条的规定，《交强险条例》的抢救费用具有一定的额度限制，在保险公司先行垫付的情形下，其最高限额为保险责任限额；救助基金也只是垫付部分或者全部抢救费用，至于具体承担多少，由依据《交强险条例》制定的下位规范性文件来确定。《交强险条例》在公开征求意见时规定，"救助基金垫付受伤人员自接受抢救之时起 3 日内的抢救费用；特殊情况下可以适当延长，但延长期限不超过 4 日，并应当由医疗机构书面说明理由。"有不少意见认为，对受害人的抢救时间事前难以明确限定，且 7 天时间的统一界定，也不利于保护受害人。考虑到对危及生命的创伤，多数情况下难以确定明确的抢救时间，且随着救助基金运行存在的发展可能性，为了更好地保护受害人，确保《交强险条例》的稳定性，不宜在《交强险条例》中统一规定抢救时间，所以《交强险条例》删除了公开征求意见稿中的抢救时间的规定，由国家有关部门根据今后的实际发展情况确定抢救时间。

> **第四十三条**　挂车不投保机动车交通事故责任强制保险。发生道路交通事故造成人身伤亡、财产损失的，由牵引车投保的保险公司在机动车交通事故责任强制保险责任限额范围内予以赔偿；不足的部分，由牵引车方和挂车方依照法律规定承担赔偿责任。

此条是 2012 年条例第二次修改增加的一条，其目的是为了降低挂车运输成本，提高挂车的周转。将挂车视作货物的一种。从保险的角度上看，其牵引车的费率将大幅提高。

> **第四十四条**　机动车在道路以外的地方通行时发生事故，造成人身伤亡、财产损失的赔偿，比照适用本条例。

本条是对《交强险条例》适用范围的补充规定，即机动车在道路以外的地方通行时发生事故，造成人身伤亡、财产损失的赔偿，也要比照适用《交强险条例》。

之所以规定因机动车在道路以外的地方通行时发生事故造成的人身伤亡、财产损失的赔偿，比照适用《交强险条例》，而不是直接将此种情形规定于《交强险条例》的分则之中，主要是基于以下几方面考虑：一是《交强险条例》的整个立法基础是针对在道路上行驶的机动车。本条例是依据《道交法》制定的，而《道交法》规范的是道路交通行为，所以作为下位法的本条例也只能规范在道路上行驶的机动车。二是从《交强险条例》的立法技巧和立法原意来看，针对的是在道路上行驶的机动车，这可以从《交强险条例》第一条中"保障机动车道路交通事故受害人依法得到赔偿"的立法目的，以及第二条"在中华人民共和国境内道路上行驶的机动车的所有人或者管理人，应当依照《道交法》的规定投保交强险"的交强险范围等有关规定，可以得出机动车因在道路以外的地方通行时发生事故的，只能比照适用《交强险条例》，因为两者的基础不同。三是机动车在道路以外的地方通行时发生事故的情形较少。由于道路的范围很广，而且机动车一般都只有在道路上行驶时才有可能发生交通事故，故对机动车在道路以外的地方通行时发生事故的，只宜在附则中作"比照适用"的规定，而无须设立一套独立的制度。四是对机动车在道路以外发生事故给予交强险的保障，符合《交强险条例》的立法本意和以人为本的精神。《交强险条例》的立法目的在于保障受害人依法得到赔偿，促进交通安全，而在道路以外因机动车发生事故而遭受损害的当事人，也是受害人，与道路上交通事故的受害人没有本质区别，其人身或者财产也遭到侵害，结果是一样的，以人为本的立法精神决定了也必须给予这种情形下的受害人以一定的保障，所以应比照适用《交强险条例》的有关规定。五是符合我国的立法惯例。我国的立法惯例是，对于非本法律主要调整对象的事务，但又有给予适用的必要性时，一般是法律的总则和分则针对主要调整对象的特性进行立法语言的表达和制度构建，而在附则中指明非本法律主要调整对象但又有给予特殊保障的事务，比照适用本法，如《中华人民共和国外资保险公司管理条例》第三十九条规定，"香港特别行政区、澳门特别行政区和台湾地区的保险公司在内地设立和营业的保险公司，比照适用本条例。"但是，须明确的是，机动车在道路以外的地方通行时发生事故造成人身伤亡、财产损失的，也必须比照适用《交强险条例》关于交强险的规定，交强险也保护这种事故下的当事人。

理解本条的关键在于明确机动车、道路的范围，根据《道交法》第一百一十九条的规定，机动车是指以动力装置驱动或者牵引，上道路行驶的供人员乘用或者用于运送物品以及进行工程专项作业的轮式车辆，包括载人汽车、载货汽车、低速载货汽车、摩托车、轮式专用汽车等。道路是指公路、城市道路和虽在单位管辖范围但允许社会机动车通行的地方，包括广场、公共停车场等用于公众通行的场所，其中的公路，根据《公路法》的有关规定，是指连接城市之间、城乡之间、乡村与乡村之间的按照国家标准修建的，由公路主管部门验收认可的道路；其中的城市道路，根据《城市道路管理条例》的规定，是指城市供车辆、行人通行，具备一定技术条件的道路、桥梁及其附属设施，包括城市快速路、城市主干道、城市次干道、胡同里巷；其中的广场，是指城市规划在道路用地范围内，专供公众集会、游憩、步行和交通集散的场地；其中的公共停车场，是指规划在道路用地范围内专门划设出供车辆停放的车辆集散地。根据上述对道路内涵的界定和外延的列举，我们可以得出道路以外的地方，是指除了公路、城市道路和虽在单位管辖范围但允许社会机动车通行的地方之外的，能供机动车停放或者通行的地方，如田间或农村自然形成的小道、只限本单位内部车辆通行或者对进出单位车辆有特殊要求的单位内部小道、住宅小区内部的停车场等。道路以外的地方由于车辆少、行驶速度慢等多种原因，一般很少发生事故，所以对于机动车在道路以外的地方发生事故，只在附则中规定"比照适用"即可。虽然很少发生，但一旦机动车在道路以外的地方发生事故，造成受害人人身、财产损失的，则应适用交强险，给予机动车所有人、管理人和受害人以保障。

在《交强险条例》草案公开征求意见时，有人提出将此条修改为，"机动车在道路以外的地方通行时发生事故，造成人员伤亡、财产损失的赔偿，向公安机关交通部门报案，且经公安机关交通管理部门认定的，比照适用本条例。"该建议认为对于道路以外的事故在适用交强险前，赋予交通管理部门事先认定权，否则不予以适用。我们认为，交强险虽然是法定保险形式，但对于投保人和保险人来说，保险合同仍然属于民事合同，如何执行双方之间的民事合同，应充分尊重当事人意思自治原则，公权力无须事先介入，公权力也没有令人说服的理由事先介入民事合同，只有民事合同在具体的实现过程中出现双方当事人无法达成一致意见时，经过当事人的申请，公权力才可以介入当事人之间的民事法律关系。所以，对道路以外的事故是否适用交强险，赋予当事人依据《交强险条例》先自行解决，而不授予交通管理部门事先认定权。

另外，对于本条中法律语言的运用上还须注意的是，本条使用的是"事故"的概念，而没有使用"交通事故"的概念，因为根据《道交法》第一百一十九条的规定，交通事故是指车辆在道路上因过错或者意外造成的人身伤亡或者财产损失的事件，在道路以外发生的人身伤亡或者财产损失的事件不属于交通事故。所以，本条没有采用"交通事故"的概念。

> **第四十五条**　中国人民解放军和中国人民武装警察部队在编机动车参加机动车交通事故责任强制保险的办法，由中国人民解放军和中国人民武装警察部队另行规定。
>
> **第四十六条**　机动车所有人、管理人自本条例施行之日起 3 个月内投保机动车交通事故责任强制保险；本条例施行前已经投保商业性机动车第三者责任保险的，保险期满，应当投保机动车交通事故责任强制保险。

本条是对机动车所有人、管理人投保交强险的时限要求和商业性机动车第三者责任保险向交强险的过渡规定。包含了三层含义：

一是对未投保车辆，自实施之日起满 3 个月为限，必须投保强制保险。在此基础上，保险公司仍推出其他的商业第三者责任保险，但强制保险必须购买，商业三者险则可以自由选择。道路交通事故责任强制保险作为保障道路交通事故受害人的基础性制度，给受害人提供了最基本的保险，车辆所有人或者管理人仍然可以随时投保商业三者险，为交通事故受害人设置了双重保护。因此，今后，商业三者险和交强险是并行不悖的两项制度，两者虽然在赔偿原则、范围等各方面存在着一定的差异，但都在于保证交通事故受害人得到及时救助，保护交通事故受害人的利益。

　　二是已投保有商业三者险的，如果在制度施行的 3 个月内到期的，到期后必须购买强制保险，不得再续保商业三者险。对已投保有商业三者险，且合同到期时间在《交强险条例》实施之日起 3 个月后的，不要求其在实施起 3 个月内变更为强制保险合同，而只需到期后投保强制保险即可。

　　由于交强险合同的签订、有权经营交强险的保险公司的批准等都须一定时间，考虑到保险公司的业务能力，有必要给予投保人投保交强险一定的缓冲期，对于未投保车辆要求在 3 个月内投保，已投保车辆则通过到期自然过渡的方式，实现商业三者险到法定保险制度的转变。这种制度设计，给已经投保商业三者险的机动车所有人、管理人一定的选择权，他可以决定是继续使用商业三者险，还是立即转投交强险。《交强险条例》草案在公开征求意见时，本条是作如下规定，"本条例施行前已经投保商业性机动车第三者责任保险的机动车所有人、管理人投保强制保险的，可以自条例施行之日起 3 个月内，将商业保险合同变更为强制保险合同。"从所收集到的意见来看，此条是草案中意见较为集中的条款。《交强险条例》在综合考虑各方面的意见，将本条修改为现在的内容，赋予了机动车所有人、管理人《交强险条例》施行后 3 个月内的投保时限，取消了对已经投保商业三者险的机动车所有人、管理人的 3 个月时限的过渡限制，并赋予了其自然过渡的权利。

　　三是对于道路交通管理部门来说，自实施满 3 个月起，将严格按《交强险条例》规定对车辆实施检查监督。对未投保强制保险的车辆，将实施扣车和罚款等相应处罚。

　　本条可以从以下几方面来理解：

　　首先，一般情况下，机动车所有人、管理人应当自《交强险条例》施行之日起 3 个月内投保交强险。这是对投保交强险时限的原则要求。它主要适用于在《交强险条例》施行前没有投保商业三者险，或者已经投保商业三者险但保险期在《交强险条例》施行前就届满的机动车所有人、管理人，要求他们在《交强险条例》施行之日起 3 个月内投保交强险。之所以给予 3 个月的投保时限，是基于给予机动车所有人、管理人和保险公司足够的时间来订立交强险合同。由于《交强险条例》是在 2006 年 3 月 21 日公布，而在 2006 年 7 月 1 日施行，期间有将近 4 个月时间让机动车所有人、管理人和保险公司充分了解《交强险条例》的内容，作好投保和承保的准备。这是在充分考虑投保人数量、保险公司的业务能力、等待批准经营交强险的时间等多种因素作出的调整。《交强险条例》草案公开征求意见时，有人提出应给予 6 个月的投保期限。在经过充分调研和数据测算的情况下，《交强险条例》现有的 3 个月的规定已经能够保证机动车所有人、管理人和保险公司完成交强险合同的签订，同时也有利于更好地保护机动车道路交通事故受害人依法得到赔偿，促进道路交通安全。与《交强险条例》草案相比，本条直接明确赋予了机动车所有人、管理人 3 个月的投保时间，符合了法律的可预期性要求，更加体现了以人为本的立法思想。

　　其次，《交强险条例》施行前已经投保商业三者险的，在商业三者险保险期内，即使该商业三者险保险期满之日在《交强险条例》施行后的 3 个月后，机动车所有人、管理人仍可以不投保交强险。这是因为，交强险的主要目的是保护交通事故的受害人，虽然商业三者险在赔偿原则、赔偿范围等方面与交强险存在一定差异，但是其一定程度上也能保证受害人及时得到救助，达到保护受害人的目的，与《交强险条例》的宗旨和目的相符合，所以在《交强险条例》施行前投保的商业三者险保险期内，即便在《交强险条例》施行3个月后，机动车所有人、管理人也可以暂不投保交强险。但需明确的是，该商业三者险必须在《交强险条例》施行前就已投保，于《交强险条例》施行后才投保商业三者险的机动车所有人、管理人，必须在《交强险条例》施行之日起3个月内投保交强险；商业三者险期满，若正处于《交强险条例》施行之日起的3个月内（即2006年10月1日之前），机动车所有人、管理人必须在2006年10月1日前投保交强险，若商业三者险期满之日处于《交强险条例》施行之日起的3个月后（即2006年10月1日之后），机动车所有人、管理人必须马上投保交强险，否则将承担相应的法律责任。

再次，《交强险条例》施行前已投保商业三者险的，且商业三者险的保险期在本条例施行之后的，机动车所有人、管理人也可以在《交强险条例》施行之后，商业三者险期满之前，投保交强险；或者机动车所有人、管理人按照规定投保交强险后，其仍然可以随时投保商业三者险，即商业三者险可以和交强险并存，因为两者在赔偿原则、范围等各方面存在差异，这为交通事故受害人设置了双重保护，更加有利于保证交通事故受害人得到及时救助，保护受害人的利益，符合《交强险条例》的宗旨和目的。

最后，无论是重新投保交强险，还是将商业三者险变更为交强险，必须由经批准具有交强险经营权的保险公司来完成。《交强险条例》草案在公开征求意见时，有人建议将"将商业保险合同变更为强制保险合同"修改为"依法变更合同或解除商业保险合同"，因为在《交强险条例》正式实施前办理商业三者险的保险人不一定都具有办理强制险的资格，若有资格，则可将商业保险合同变更为强制保险合同，若无资格则只能由机动车所有人、管理人与其他有资格的保险人签订强制保险合同，故草案不能统一规定为变更合同。所以，《交强险条例》就取消了"将商业保险合同变更为强制保险合同"的内容，而是根据"法无明文禁止即权利"的一般法学原理，承认在商业性保险合同期内，经保险当事人协商一致，可以将商业性保险合同变更为交强险合同，这也符合《保险法》第二十条规定，"在保险合同有效期内，投保人和保险人可以经协商同意，可以变更保险合同的有关内容。"

当然前提是保险人必须具有交强险的经营资格，否则投保人须解除与原保险人的商业保险合同，重新向有交强险经营资格的保险公司投保交强险，或者待商业保险合同期满后或者在商业保险合同期内，另行向有交强险经营资格的保险公司投保交强险。

另外，从法律语言的规范性、严谨性、对称性角度出发，与《交强险条例》的其他条款一样，本条将条例草案中的"强制保险"改为"交强险"。

在《交强险条例》草案征求意见时，草案对商业三者险向交强险的过渡作了规定，要求在《交强险条例》施行前已经投保了商业三者险的机动车所有人、管理人投保强制保险的，可以自《交强险条例》施行之日起3个月内，将商业保险合同变更为强制保险合同，这对于体现商业保险的意思自治原则，顺利完成商业保险合同向强制保险合同的转变具有重要的作用。但是有人认为，草案规定3个月内完成商业三者险向交强险的过渡难度太大，保险公司现有的业务能力和条件无法在3个月内完成商业三者险向交强险的变更手续，同时影响保险公司的正常经营及社会稳定。也有人认为草案的规定欠妥，一是原保险合同无论在保险责任，还是在除外责任等规定上都与强制保险合同不一致，商业三者险依据过错责任原则，交强险对于人身伤害采取无过错责任原则，交强险赋予第三人保险金直接请求权，而商业保险没有；二是草案中规定强制保险业务应与其他保险业务分开管理，单独核算，倘若按草案规定，则很容易造成账面不清，业务混乱的结果。另外，对于是否采取自然过渡形式，有人建议：《交强险条例》施行前已经投保商业三者险的机动车所有人、管理人，必须自《交强险条例》施行之日起3个月内，向保险公司投保交强险，即采取强制过渡形式，其理由是若采用自然过渡形式，将商业三者险变更为强制保险，在变更比例、保险责任、费率政策、成本核算、基金设立等问题上形成无法解决的矛盾，最终容易导致本条例无法实施。也有人建议对于商业三者险，在一定时限内自动变更，保险到期后由机动车所有人、管理人再投保交强险，这样对保险公司和被保险人来说更便捷。但商业三者险的条款、费率、保额、赔偿范围、赔偿原则等与交强险存在较大差异，只宜由投保人和保险人协商变更，而不能直接由《交强险条例》规定经过一定时期，商业三者险即向交强险转变，否则会引起混乱，也严重侵犯了当事人的意思自治原则。所以，本条取消了《交强险条例》草案中有关商业三者险向交强险变更的规定。

第四十七条 本条例自2006年7月1日起施行。

本条是关于《交强险条例》生效日期的规定，即自2006年7月1日起，机动车所有人、管理人必须在3个月内按照《交强险条例》的规定投保交强险。

第二节 《交强险条款》解读

总 则

第一条 根据《中华人民共和国道路交通安全法》《中华人民共和国保险法》《机动车交通事故责任强制保险条例》等法律、行政法规，制定本条款。

本条款是中国保险行业协会根据《交强险条例》拟定，经中国保监会批准的机动车交通事故责任强制保险条款(以下简称《交强险条款》)，属于附着合同条款。

第二条 机动车交通事故责任强制保险(以下简称交强险)合同由本条款与投保单、保险单、批单和特别约定共同组成。凡与交强险合同有关的约定，都应当采用书面形式。

该条款阐述了保险合同的组成与形式，强调了合同约定均采用书面形式。与商业保险合同条款不同，强制保险一般无特别约定。

第三条 交强险费率实行与被保险机动车道路交通安全违法行为、交通事故记录相联系的浮动机制。
签订交强险合同时，投保人应当一次支付全部保险费。保险费按照中国保险监督管理委员会(以下简称保监会)批准的交强险费率计算。

本条第一款是《交强险条例》第八条精神的具体体现。
本条第二款是《交强险条例》第十二条、第六条精神的具体体现。

定 义

第四条 交强险合同中的被保险人是指投保人及其允许的合法驾驶人。

投保人是指与保险人订立交强险合同，并按照合同负有支付保险费义务的机动车的所有人、管理人。

交强险合同中的被保险人是指投保人及其允许的合法驾驶人。这一定义与《交强险条例》附则一致。这一点与《保险法》中关于被保险的定义有所不同，交强险中的被保险人较一般商业保险中的被保险人的定义要宽，多了投保人允许的合法驾驶人。

投保人是指与保险人订立交强险合同，并按照合同负有支付保险费义务的机动车的所有人、管理人。这一点与《保险法》定义内含一致。

第五条 交强险合同中的受害人是指因被保险机动车发生交通事故遭受人身伤亡或者财产损失的人，但不包括被保险机动车本车车上人员、被保险人。

交强险制定主要目的之一就是保护受害人的利益，而不再强调"第三者"这个概念。"第三者"这个词在保险业中有其特定的含义，受害人的内涵要大于"第三者"，这也是"强三险"改为"交强险"的内在含义。例如，某位先生开车不慎将其父亲撞伤，父亲属于"受害人"而不属于"第三者"。

第六条 交强险合同中的责任限额是指被保险机动车发生交通事故，保险人对每次保险事故所有受害人的人身伤亡和财产损失所承担的最高赔偿金额。责任限额分为死亡伤残赔偿额、医疗费用赔偿限额、财产损失赔偿限额以及被保险人在道路交通事故中无责任的赔偿限额。其中无责任的赔偿限额分为无责任死亡伤残赔偿限额、无责任医疗费用赔偿限额以及无责任财产损失赔偿限额。

交强险合同中的责任限额是指被保险机动车发生交通事故，保险人对每次保险事故所有受害人的人身伤亡和财产损失所承担的最高赔偿金额，而不是累计保险事故所有受害人的人身伤亡和财产损失所承担的最高赔偿金额。

责任限额
- 死亡伤残赔偿限额110000元
- 医疗费用赔偿限额10000元
- 财产损失赔偿限额2000元
- 被保险人在交通事故中无责任的赔偿限额
  - 无责任死亡伤残赔偿限额11000元
  - 无责任医疗费用赔偿限额1000元
  - 无责任财产损失赔偿限额100元

第七条 交强险合同中的抢救费用是指被保险机动车发生交通事故导致受害人受伤时，医疗机构对生命体征不平稳和虽然生命体征平稳但如果不采取处理措施会产生生命危险，或者导致残疾、器官功能障碍，或者导致病程明显延长的受害人，参照国务院卫生主管部门组织制定的交通事故人员创伤临床诊疗指南和国家基本医疗保险标准，采取必要的处理措施所发生的医疗费用。

此条款是《交强险条例》附则中抢救费用的定义。

保 险 责 任

第八条 在中华人民共和国境内(不含港、澳、台地区),被保险人在使用被保险机动车过程中发生交通事故,致使受害人遭受人身伤亡或者财产损失,依法应当由被保险人承担的损害赔偿责任,保险人按照交强险合同的约定对每次事故在下列赔偿限额内负责赔偿:

(一) 死亡伤残赔偿限额为 110000 元;

(二) 医疗费用赔偿限额为 10000 元;

(三) 财产损失赔偿限额为 2000 元;

(四) 被保险人无责任时,无责任死亡伤残赔偿限额为 11000 元;无责任医疗费用赔偿限额为 1000 元;无责任财产损失赔偿限额为 100 元。

死亡伤残赔偿限额和无责任死亡伤残赔偿限额项下负责赔偿丧葬费、死亡补偿费、受害人亲属办理丧葬事宜支出的交通费用、残疾赔偿金、残疾辅助器具费、护理费、康复费、交通费、被抚养人生活费、住宿费、误工费、被保险人依照法院判决或者调解承担的精神损害抚慰金。

医疗费用赔偿限额和无责任医疗费用赔偿限额项下负责赔偿医药费、诊疗费、住院费、住院伙食补助费,必要的、合理的后续治疗费、整容费、营养费。

本条第一款与《交强险条例》第二十一条关于"被保险机动车发生道路交通事故造成本车人员、被保险人以外的受害人人身伤亡、财产损失的,由保险公司依法在机动车交通事故责任强制保险责任限额范围内予以赔偿"相比,《条款》第八条的规定在以下几个方面进行了进一步明确:

1. 交强险只承保境内交通事故

《道路交通安全法》第二条规定:"中华人民共和国境内的车辆驾驶人、行人、乘车人以及与道路交通活动有关的单位和个人,都应当遵守本法。"《交强险条例》第二条第一款规定:"在中华人民共和国境内道路上行驶的机动车的所有人或者管理人,应当依照《中华人民共和国道路交通安全法》的规定投保机动车交通事故责任强制保险。"以上两条分别明确了《道路交通安全法》与《交强险条例》适用的主体范围,即在中华人民共和国境内从事道路交通活动的单位与个人。但前述规定没有明确中华人民共和国境内的单位与个人在境外发生交通事故,应如何处理。

《交强险条款》对此予以了明确,即交强险只承保被保险人在中华人民共和国境内发生交通事故所导致的损害赔偿责任,对于在境外发生的交通事故,保险公司不予赔偿。《交强险条款》作出这一规定还是很有实际意义的,例如在我国的广东、深圳等地,有一些挂有粤港两地牌照的机动车,虽然申请该类车牌需要符合一定的投资要求,但目前数量也不少。这些车由于要在内地上牌照,按照《道路交通安全法》和《交强险条例》的前述规定,需要办理交强险。对于这些车辆在境内发生交通事故的,交强险毫无疑问需要进行赔偿,但对于在境外发生交通事故的,如果不在条款中予以明确,将来就有可能产生纠纷。

2. 交强险的赔偿对象是被保险人

如前所述,《交强险条例》第二十一条与《道交法》第七十六条一样,存在着赔偿对象不明的问题。但是,《交强险条款》对此予以了明确,即保险人对被保险人依法应当承担的损害赔偿责任进行赔偿,可见,交强险的赔偿对象是被保险人。当然,在特殊情况下,保险人也可以向受害人进行赔偿。

$$
死亡伤残赔偿限额
\begin{cases}
丧葬费 \\
死亡补偿费 \\
亲属办理丧葬事宜支出的交通费 \\
残疾赔偿金 \\
残疾辅助器具费 \\
护理费 \\
康复费 \\
交通费 \\
被抚养人生活费 \\
住宿费 \\
误工费 \\
精神损害抚慰金
\end{cases}
$$

$$
医疗费用赔偿限额
\begin{cases}
医药费 \\
诊疗费 \\
住院费 \\
住院伙食补助费 \\
合理后继治疗费 \\
整容费 \\
营养费
\end{cases}
$$

各项费用的内涵应与《人身损害赔偿司法解释》和《最高人民法院关于确定民事侵权精神损害赔偿责任若干问题的解释》相一致。

1）丧葬费：按照受诉法院所在地上一年度职工月平均工资标准，以6个月总额计算。

2）死亡赔偿金：按照受诉法院所在地上一年度城镇居民人均可支配收入或者农村居民人均纯收入标准，按20年计算。但60周岁以上的，年龄每增加1岁减少1年；75周岁以上的，按5年计算。

3）亲属办理丧葬事宜支出的交通费用：此项费用无明确多少规定。

4）残疾赔偿金：根据受害人丧失劳动能力程度或者伤残等级，按照受诉法院所在地上一年度城镇居民人均可支配收入或者农村居民人均纯收入标准，自定残之日起按20年计算。但60周岁以上的，年龄每增加1岁减少1年；75周岁以上的，按5年计算。

受害人因伤致残但实际收入没有减少，或者伤残等级较轻但造成职业妨害严重影响其劳动就业的，可以对残疾赔偿金作相应调整。

5）残疾辅助器具费：按照普通适用器具的合理费用标准计算。伤情有特殊需要的，可以参照辅助器具配制机构的意见确定相应的合理费用标准。

辅助器具的更换周期和赔偿期限参照配制机构的意见确定。

6）护理费：根据护理人员的收入状况和护理人数、护理期限确定。

护理人员有收入的，参照误工费的规定计算；护理人员没有收入或者雇佣护工的，参照当地护工从事同等级别护理的劳务报酬标准计算。护理人员原则上为1人，但医疗机构或者鉴定机构有明确意见的，可以参照确定护理人员人数。

护理期限应计算至受害人恢复生活自理能力时止。受害人因残疾不能恢复生活自理能力的，可以根据其年龄、健康状况等因素确定合理的护理期限，但最长不超过20年。

受害人定残后的护理，应当根据其护理依赖程度并结合配制残疾辅助器具的情况确定护理级别。

7）交通费：一是根据受害人及其必要的陪护人员因就医或者转院治疗实际发生的费用计算。应当以正式票据为凭，有关凭据应当与就医地点、时间、人数、次数相符合。二是受害人死亡的受害人亲属办理丧葬事宜支出的交通费。

8）被抚养人生活费：根据抚养人丧失劳动能力程度，按照受诉法院所在地上一年度城镇居民人均消费性支出和农村居民人均年生活消费支出标准计算。被抚养人为未成年人的，计算至

18 周岁；被抚养人无劳动能力又无其他生活来源的，计算 20 年。但 60 周岁以上的，年龄每增加 1 岁减少 1 年；75 周岁以上的，按 5 年计算。

被抚养人是指受害人依法应当承担抚养义务的未成年人或者丧失劳动能力又无其他生活来源的成年近亲属。被抚养人还有其他抚养人的，赔偿义务人只赔偿受害人依法应当负担的部分。被抚养人有数人的，年赔偿总额累计不超过上一年度城镇居民人均消费性支出额或者农村居民人均年生活消费支出额。

9）住宿费：有两个部分，一是受害人遭受人身损害，因就医治疗支出的住宿费；二是受害人死亡的受害人亲属办理丧葬事宜支出的住宿费。

10）误工费：一是根据受害人的误工时间和收入状况确定。

误工时间根据受害人接受治疗的医疗机构出具的证明确定。受害人因伤致残持续误工的，误工时间可以计算至定残日前一天。

受害人有固定收入的，误工费按照实际减少的收入计算。受害人无固定收入的，按照其最近三年的平均收入计算；受害人不能举证证明其最近三年的平均收入状况的，可以参照受诉法院所在地相同或者相近行业上一年度职工的平均工资计算。

二是受害人死亡的，亲属办理丧葬事宜误工损失的合理费用。

11）精神损害抚慰金：精神损害抚慰金包括以下方式：

① 致人残疾的，为残疾赔偿金。

② 致人死亡的，为死亡赔偿金。

③ 其他损害情形的精神抚慰金。

确定精神损害抚慰金时，一般不宜超过 5 万元。

精神损害抚慰金的请求权，不得让与或者继承。但赔偿义务人已经以书面方式承诺给予金钱赔偿，或者赔偿权利人已经向人民法院起诉的除外。

护理费、交通费、住宿费和误工费与受害人是否死亡或伤残无关。

12）医疗费、康复费、后继治疗费、整容费：根据医疗机构出具的医药费、住院费等收款凭证，结合病历和诊断证明等相关证据确定。赔偿义务人对治疗的必要性和合理性有异议的，应当承担相应的举证责任。这是非常重要的一点，应特别注意。

医疗费的赔偿数额，按照一审法庭辩论终结前实际发生的数额确定。器官功能恢复训练所必要的康复费、适当的整容费以及其他后续治疗费，赔偿权利人可以待实际发生后另行起诉。但根据医疗证明或者鉴定结论确定必然发生的费用，可以与已经发生的医疗费一并予以赔偿。

13）住院伙食补助费：可以参照当地国家机关一般工作人员的出差伙食补助标准予以确定。

受害人确有必要到外地治疗，因客观原因不能住院，受害人本人及其陪护人员实际发生的住宿费和伙食费，其合理部分应予赔偿。

14）营养费：根据受害人伤残情况参照医疗机构的意见确定。

垫付与追偿

第九条　被保险机动车在本条（一）至（四）之一的情形下发生交通事故，造成受害人受伤需要抢救的，保险人在接到公安机关交通管理部门的书面通知和医疗机构出具的抢救费用清单后，按照国务院卫生主管部门组织制定的交通事故人员创伤临床诊疗指南和国家基本医疗保险标准进行核实。对于符合规定的抢救费用，保险人在医疗费用赔偿限额内垫付。被保险人在交通事故中无责任的，保险人在无责任医疗费用赔偿限额内垫付。对于其他损失和费用，保险人不负责垫付和赔偿。

（一）驾驶人未取得驾驶资格的。

（二）驾驶人醉酒的。

（三）被保险机动车被盗抢期间肇事的。

（四）被保险人故意制造交通事故的。

对于垫付的抢救费用，保险人有权向致害人追偿。

《交强险条例》第二十二条规定"在责任限额范围内"垫付抢救费用，并没有明确适用哪个责任限额。但是，抢救费用本身属于医疗费用，应当适用医疗费用责任限额。基于这种情况，《交强险条款》第九条明确规定，垫付抢救费用适用于医疗费用责任限额，被保险人无过错的，适用于无责任医疗费用责任限额。但是，需要保险人垫付抢救费用的情况，往往是交通事故发生后不久，公安机关交通管理部门由于受害人受伤，所需的事故责任认定依据不足，一般还没有作出事故责任的认定。在此情况下，保险人如果要适用无责任医疗费用责任限额，就需要承担举证责任证明被保险人在交通事故中确实无过错。

《交强险条款》第九条同时明确，对于其他损失和费用，保险人不负责垫付和赔偿。而《交强险条例》第二十二条仅规定，造成受害人的财产损失，保险公司不承担赔偿责任。显然，《交强险条款》上述规定界定的范围比《交强险条例》更宽，除财产损失外，还包括受害人的人身伤亡赔偿费用和抢救费用之外的其他医疗费用。实际上，《交强险条例》的上述规定是立法上的疏漏，《交强险条款》的规定更符合立法原意。保险人垫付抢救费用的四种情形，都属于明显违反交通安全的法律、法规甚至犯罪的行为，是保险人不予承保的风险，在传统的商业保险中属于除外责任。《交强险条例》之所以要求保险人垫付抢救费用，目的是充分保护受害人利益，避免出现因抢救费用不足致使受害人死亡或病情加重的情况，实现"以人为本"的立法目的。即使如此，《交强险条例》仍然赋予保险人追偿权，以便弥补垫付抢救费用损失。这也从侧面说明，这些情形导致的损失不属于保险人的责任范围。

《交强险条款》第九条的规定补充了《交强险条例》第二十二条的立法漏洞，是合理的。

责 任 免 除

第十条 下列损失和费用，交强险不负责赔偿和垫付：

（一）因受害人故意造成的交通事故的损失。

（二）被保险人所有的财产及被保险机动车上的财产遭受的损失。

（三）被保险机动车发生交通事故，致使受害人停业、停驶、停电、停水、停气、停产、通讯或者网络中断、数据丢失、电压变化等造成的损失以及受害人财产因市场价格变动造成的贬值、修理后因价值降低造成的损失等其他各种间接损失。

（四）因交通事故产生的仲裁或者诉讼费用以及其他相关费用。

（一）与《交强险条例》第二十一条一致。

（二）根据《交强险条例》第二十一条的规定，本条除外责任涉及的"被保险机动车上的财产遭受的损失"是《交强险条款》对《交强险条例》规定的补充。被保险人机动车上的财产既包括被保险人的财产，也包括车上人员所有的财产，还可能包括被保险人和车上人员之外的人所有的财产。对于被保险人和车上人员之外的人所有的财产，《交强险条例》并没有明确，通过《交强险条款》加以明确，以减少纠纷。

（三）被保险机动车发生交通事故，致使受害人停业、停驶、停电、停水、停气、停产、通信或者网络中断、数据丢失、电压变化等造成的损失以及受害人财产因市场价格变动造成的贬值、修理后因价值降低造成的损失等其他各种间接损失，保险人免责，这些损失依法仍应由被保险人承担，这类风险未能通过交强险而转移。

（四）因交通事故产生的仲裁或者诉讼费用交强险不负责赔偿，也不负责垫付。规定该条除外责任主要是基于以下考虑：一是交强险的各项赔偿限额都比较低，如承担此类费用，将挤占限额空间，不利于对受害人的保障；二是从交强险制度的创设目的看，是倾向于减少交通事故当事人之间的法律纠纷，且交强险对绝大多数类型的事故损失都承担赔偿责任，所以不应鼓励事故当事人就交强险项下的损害赔偿问题形成诉讼。但要注意因索赔纠纷造成被保险人与保险人之间的仲裁或者诉讼费用，保险人应按仲裁法与民事诉讼法关于仲裁费和诉讼费规定执行。

保 险 期 间

第十一条 除国家法律、行政法规另有规定外，交强险合同的保险期间为一年，以保险单载明的起止时间为准。

本条款是《交强险条例》第二十条的规定。

投保人、被保险人义务

第十二条 投保人投保时，应当如实填写投保单，向保险人如实告知重要事项，并提供被保险机动车的行驶证和驾驶证复印件。重要事项包括机动车的种类、厂牌型号、识别代码、号牌号码、使用性质和机动车所有人或者管理人的姓名（名称）、性别、年龄、住所、身份证或者驾驶证号码（组织机构代码）、续保前该机动车发生事故的情况以及保监会规定的其他事项。

投保人未如实告知重要事项，对保险费计算有影响的，保险人按照保单年度重新核定保险费计收。

本条第一款是《交强险条例》第十一条的规定。

本条第二款投保人未如实告知重要事项，对保险费计算有影响的，通常总是保险人在标的出险后通过查勘才知道的，保险人按照保单年度重新核定保险费计收。通常也是通过从赔款中扣除来实现的。

第十三条 签订交强险合同时，投保人不得在保险条款和保险费率之外，向保险人提出附加其他条件的要求。

本条款是《交强险条例》第十三条的规定。

第十四条 投保人续保的，应当提供被保险机动车上一年度交强险的保险单。

本条款是《交强险条例》第十九条的规定。

第十五条 在保险合同有效期内，被保险机动车因改装、加装、使用性质改变等导致危险程度增加的，被保险人应当及时通知保险人，并办理批改手续。否则，保险人按照保单年度重新核定保险费计收。

此条款源自《保险法》第五十二条的规定："在合同有效期内，保险标的的危险程度增加的，被保险人按照合同约定应当及时通知保险人，保险人有权要求增加保险费或者解除合同。被保险人未履行前款规定的通知义务的，因保险标的的危险程度增加而发生的保险事故，保险人不承担赔偿责任。"在订立保险合同时，保险标的的危险程度是保险人决定是否承保及以何种费率承保的一个重要因素。如果保险合同订立后，保险标的的危险程度增加，保险人还依合同约定条件承保，则对保险人实属不公。因此，《交强险条款》第十五条约定了在被保险机动车出现因改装、加装、使用性质改变等导致危险程度增加的，被保险人应当及时通知保险人，并办理批改手续，保险人有权核定保险费计收。必须注意的是，《交强险条例》对于保险人的解除权以及保险责任作了严格规定，保险人无权根据《保险法》第五十二条的规定解除合同。如果被保险人未履行此项义务，因被保险车辆危险程度增加而发生保险事故的，保险人同样不能依据《保险法》第五十二条的规定免除保险责任。也不能按风险增加前后比例赔付，通常也是通过从赔款中扣除应交保险费，再做批单来实现的。

> **第十六条** 被保险机动车发生交通事故，被保险人应当及时采取合理、必要的施救和保护措施，并在事故发生后及时通知保险人。

施救义务源自《保险法》第五十七条，即"保险事故发生时，被保险人有责任尽力采取必要的措施，防止或者减少损失"。保险事故发生后，如果被保险人能够及时采取必要措施以防止或者减少损失，则不仅被保险人减少了损失，而且保险人可减少保险赔偿，对社会而言更是减少了社会财富的损失。因此，从立法角度而言，应对被保险人在保险事故发生后防止或减少损失义务的行为予以鼓励，对被保险人不予施救的行为予以否定。基于此，各国保险法大多规定了施救义务，要求被保险人在保险事故发生后要积极予以施救。在交强险中，如果被保险人为了防止受害人财产损失扩大而实施施救所产生的费用，保险人在财产损失赔偿限额内予以赔偿。

出险通知义务源自《保险法》第二十一条第一款，即"投保人、被保险人或者受益人知道保险事故发生后，应当及时通知保险人"。法律之所以规定投保人、被保险人负有出险通知义务，是为了使保险人在事故发生后能够及时介入，一方面可以采取必要措施防止损失扩大，减少损失；另一方面可以保全证据、勘查事故，确定事故的性质、原因和损失程度，从而可以准确地处理理赔案件。对于"及时"的具体界定，一般认为应当根据出险时的实际状况以及被保险人的通信能力等因素来确定。与商业保险中24小时或48小时报案的规定不同。

> **第十七条** 发生保险事故后，被保险人应当积极协助保险人进行现场查勘和事故调查。发生与保险赔偿有关的仲裁或者诉讼时，被保险人应当及时书面通知保险人。

本条第一款在《交强险条例》中虽未明示，但从保险原理上看也是被保险人应尽的义务。

发生与保险赔偿有关的仲裁或者诉讼时，被保险人应当及时书面通知保险人，这是由于绝大多数被保险人对交通事故造成的损害赔偿处理相应的法律法规不了解，也便于保险人服务于被保险人。但要注意根据本条款第十条第四款规定，因交通事故产生的仲裁或者诉讼费用以及其他相关费用保险人不予赔偿。

赔 偿 处 理

第十八条 被保险机动车发生交通事故的，由被保险人向保险人申请赔偿保险金。被保险人索赔时，应当向保险人提供以下材料：

（一）交强险的保险单。

（二）被保险人出具的索赔申请书。

（三）被保险人和受害人的有效身份证明、被保险机动车行驶证和驾驶人的驾驶证。

（四）公安机关交通管理部门出具的事故证明，或者人民法院等机构出具的有关法律文书及其他证明。

（五）被保险人根据有关法律法规规定选择自行协商方式处理交通事故的，应当提供依照《交通事故处理程序规定》规定的记录交通事故情况的协议书。

（六）受害人财产损失程度证明、人身伤残程度证明、相关医疗证明以及有关损失清单和费用单据。

（七）其他与确认保险事故的性质、原因、损失程度等有关的证明和资料。

根据《交强险条例》第二十八条，被保险机动车发生道路交通事故的，由被保险人向保险公司申请赔偿保险金。保险公司应当自收到赔偿申请之日起1日内，书面告知被保险人需要向保险公司提供的与赔偿有关的证明和资料。为了更好地执行《交强险条例》和提高服务质量，《交强险条款》前六条将被保险人需要向保险公司提供的与赔偿有关的证明和资料进行了格式化。

第十九条 保险事故发生后，保险人按照国家有关法律法规规定的赔偿范围、项目和标准以及交强险合同的约定，并根据国务院卫生主管部门组织制定的交通事故人员创伤临床诊疗指南和国家基本医疗保险标准，在交强险的责任限额内核定人身伤亡的赔偿金额。

保险事故发生后，按照国家相关法律法规规定的赔偿范围、项目和标准以及本保险合同的规定，对于人身损害主要是指依据《人身损害赔偿司法解释》，可以从积极损失和消极损失两个方面界定赔偿范围。"积极损失"又称"所受损失"，一般是指现有财产的减少或者支出。《人身损害赔偿司法解释》中规定的因治疗损伤而支出的费用(医疗费、护理费，交通费、营养费、后续治疗费、康复费、整容费等)和因增加生活上的支出而花费的费用(残疾辅助器具费、长期护理需要的费用等)就属于"积极损失"的范围。"消极损失"又称"所失利益"或"逸失损失"，是指丧失本应获得的利益。例如，因误工导致的收入损失、因丧失劳动能力而导致的收入减损、因死亡而导致的未来收入损失。也可以采取差额赔偿和定型化赔偿相结合的原则来确定赔偿标准。"差额赔偿"是以受害人受到损害前后的实际费用增加或者财产减少作为赔偿依据。"定型化赔偿"则不考虑受害人的实际损失，以固定的标准计算赔偿金额。《人身损害赔偿司法解释》采取了折中做法，对可以量化的具体损失采取"差额赔偿"原则，实际损失多少就赔多少，如误工费、医疗费、交通费；对于不宜量化的抽象损失，则采用了"定型化赔偿"原则，设置固定的赔偿标准和期限，如残疾赔偿金和死亡赔偿金。

由于《交强险条款》规定根据国务院卫生主管部门组织制定的《交通事故人员创伤临床诊疗指南》和《国家基本医疗保险标准》核定人身伤亡的赔偿金额，而《交通事故人员创伤临床诊疗指南》未出台，保险人只能按《国家基本医疗保险标准》核定人身伤亡的赔偿金额。而《交强险条例》中无此规定，医疗部门无执行的理由，目前按此标准核赔是当前索赔纠纷的焦点。

第二十条 因保险事故造成受害人人身伤亡的，未经保险人书面同意，被保险人自行承诺或支付的赔偿金额，保险人在交强险责任限额内有权重新核定。

因保险事故损坏的受害人财产需要修理的，被保险人应当在修理前会同保险人检验，协商确定修理或者更换项目、方式和费用。否则，保险人在交强险责任限额内有权重新核定。

关于保险人的损失核定权，《交强险条例》并未予以明确规定。但本条规定了保险人对被保险人索赔的重新核定权，主要有两种情形：一是人身损害赔偿方面，因保险事故造成受害人人身伤亡的，未经保险人书面同意，被保险人自行承诺或支付的赔偿金额，保险人在交强险责任限额内有权重新核定；二是财产损失赔偿方面，因保险事故损坏受害人的财产需要修理的，如果被保险人在修理前没有会同保险人检验，协商确定修理或者更换项目、方式和费用，保险人有权在交强险责任限额内重新核定。

《交强险条款》规定保险人的损失核定权主要是出于防止道德风险的考虑。与物质损失保险不同，在责任保险中并不是被保险人本人的财产受到了损失，而是第三人的财产或者人身受到损害，保险人承担的是被保险人对于第三人的替代责任。被保险人与第三人协商好赔偿事宜后，直接将赔偿结果告知保险人，向保险人索赔，保险人并未参与被保险人与第三人协商的过程。如果被保险人与第三人为了骗取更多的保险金，相互串通虚增赔偿金额，保险人就会处于不利地位。因此，为了平衡保险人与被保险人、第三人之间的关系，在责任保险的条款中，保险人一般都会设置损失核定条款，要求被保险人在承诺或者支付对于第三人的赔偿前，事先取得保险人的同意。否则，保险人有权重新核定。《交强险条款》赋予保险人损失核定权，有利于防止道德风险，合理使用交强险基金，保护更多投保人的利益。

对于被保险人与受害人达不成协商结果的，应该按《交通事故处理和程序规定》第四十条，对有争议的财产损失的评估，应当由具有评估资格的评估机构进行。具备资格的检验、鉴定、评估机构应当向省级人民政府公安机关交通管理部门备案，公安机关交通管理部门可以向当事人介绍符合条件的检验、鉴定、评估机构，由当事人自行选择。以及《最高人民法院关于民事诉讼证据的若干规定》第二十八条，一方当事人自行委托有关部门作出的鉴定结论，另一方当事人有证据足以反驳并申请重新鉴定的，人民法院应予准许。第二十六条，当事人申请鉴定经人民法院同意后，由双方当事人协商确定有鉴定资格的鉴定机构、鉴定人员，协商不成的，由人民法院指定。

> **第二十一条**　被保险机动车发生涉及受害人受伤的交通事故，因抢救受害人需要保险人支付抢救费用的，保险人在接到公安机关交通管理部门的书面通知和医疗机构出具的抢救费用清单后，按照国务院卫生主管部门组织制定的交通事故人员创伤临床诊疗指南和国家基本医疗保险标准进行核实。对于符合规定的抢救费用，保险人在医疗费用赔偿限额内支付。被保险人在交通事故中无责任的，保险人在无责任医疗费用赔偿限额内支付。

《交强险条例》第三十一条规定，保险公司可以向被保险人赔偿保险金，也可以直接向受害人赔偿保险金。但是，因抢救受伤人员需要保险公司支付或者垫付抢救费用的，保险公司在接到公安机关交通管理部门通知后，经核对应当及时向医疗机构支付或者垫付抢救费用。

《交强险条例》第三十二条规定，医疗机构应当参照国务院卫生主管部门组织制定的有关临床诊疗指南，抢救、治疗道路交通事故中的受伤人员。由于"交通事故人员创伤临床诊疗指南"至今未出台，目前保险人按"国家基本医疗保险标准"核赔，而医疗机构又没有执行《国家基本医疗保险标准》抢救伤者的法律依据，从而造成目前的支付抢救费用的争议。

对于符合规定的抢救费用，保险人依据被保险人在事故中有无责任分别在8000元和1600元的赔偿限额内支付医疗费用。

合同变更与终止

> **第二十二条**　在交强险合同有效期内，被保险机动车所有权发生转移的，投保人应当及时通知保险人，并办理交强险合同变更手续。

本条款实为被保险人义务条款之一。是根据《保险法》第四十九条，保险标的的转让应当通知保险人，经保险人同意继续承保后，依法变更合同。但是交强险不强调被保险人的保险利益，本条也是根据《交强险条例》第十八条的规定。但要注意，保险合同有效期间内，保险车辆所有权发生转移的，被保险人未通知保险人也不能成为保险人拒赔的理由。

> **第二十三条** 在下列三种情况下，投保人可以要求解除交强险合同：
> （一）被保险机动车被依法注销登记的。
> （二）被保险机动车办理停驶的。
> （三）被保险机动车经公安机关证实丢失的。
> 交强险合同解除后，投保人应当及时将保险单、保险标志交还保险人；无法交回保险标志的，应当向保险人说明情况，征得保险人同意。

本条第一款是《交强险条例》第十六条。其中被保险机动车办理停驶的投保人可以要求解除交强险合同，这一点与商业保险合同有区别。

交强险合同解除后，投保人应当及时将保险单、保险标志交还保险人；由于《道交法实施条例》第十三条第二款规定，保险标志应当"粘贴"在机动车前窗右上角。由于保险标志无法完整地取回，无法交回保险标志的，应当向保险人说明情况。

> **第二十四条** 发生《机动车交通事故责任强制保险条例》所列明的投保人、保险人解除交强险合同的情况时，保险人按照日费率收取自保险责任开始之日起至合同解除之日止期间的保险费。

由于交强险展业成本相对较低，发生《交强险条例》所列明的投保人、保险人解除交强险合同的情况时，保险人不再按照月费率收取自保险责任开始之日起至合同解除之日止期间的保险费，而是按日费率收取自保险责任开始之日起至合同解除之日止期间的保险费。这一点与大多数商业保险按月费率收取自保险责任开始之日起至合同解除之日止期间的保险费不同。

附　则

> **第二十五条** 因履行交强险合同发生争议的，由合同当事人协商解决。协商不成的，提交保险单载明的仲裁委员会仲裁。保险单未载明仲裁机构或者争议发生后未达成仲裁协议的，可以向人民法院起诉。

本条款与过去的条款有所不同，提出了协商不成优先仲裁的形式，只有保险单未载明仲裁机构或者争议发生后未达成仲裁协议的，才依法向人民法院起诉。但要注意，目前我国就保险合同纠纷的仲裁体系还不够健全，大多数保险合同纠纷还是通过诉讼解决。在向人民法院起诉时，依据《民事诉讼法》第二十六条规定，因保险合同纠纷提起的诉讼，由被告所在地或者保险标的物所在地人民法院管辖。最高人民法院关于适用《民事诉讼法》若干问题的意见第二十五条又规定，因保险合同纠纷提起的诉讼，如果保险标的物是运输工具或者运输中的货物，由被告住所地或者运输工具登记注册地、运输目的地、保险事故发生地的人民法院管辖。

> **第二十六条** 交强险合同争议处理适用中华人民共和国法律。

法律适用一词有多种含义，其既可指某一具体法律行为或法律关系应适用何种国内法来调整，如保证保险合同应适用《保险法》还是《担保法》，也可指某一具体法律行为或法律关系应适用某一国法律来调整。如适用国内法还是外国法。一般来说，当事人对其法律行为或法律关系应适用何种国内法予以调整并无选择权，这应是由法律来规定的范畴。而且，在法律关系没有涉外因素时，当事人一般无权选择适用外国法律，其只能适用国内法律。只有在民事法律关系具有涉外因素时，当事人才可能选择适用外国法律。

从交强险的保险范围看，其只对被保险人在中华人民共和国境内(不含港、澳、台地区)使用被保险机动车过程中发生交通事故，致使受害人遭受人身伤亡或者财产损失所产生的损害赔偿责任予以保障。因此，交通事故的发生地只可能在中华人民共和国境内。而且，有权在中华人民共和国境内经营交强险业务的主体只能是中国的保险公司，这表明，交强险合同的保险人也是中国的保险人，不具涉外因素。但是，交强险的投保人有可能是外国人，交强险的被保险机动车的车籍地(注册地)、始发地、目的地、交通事故受害人等均可能在外国或是外国人。因此，交强险合同的投保人有可能是外国人，履行过程中可能会有涉外因素。为避免合同分歧与争议，条款约定合同争议处理适用中华人民共和国法律。

第二十七条 本条款未尽事宜，按照《机动车交通事故责任强制保险条例》执行。

此《交强险条款》在保险业内称之为"兜底"条款，《交强险条款》主要约定了交强险合同当事人最基本、最重要的权利义务关系，对其他不是非约定不可的内容则未作详细约定。这是基于两个方面的考虑：一是由于《交强险条款》的出处是《交强险条例》，对《交强险条例》有规定的内容而《交强险条款》内未约定的，其自然适用于交强险合同当事人，因此没必要将《交强险条例》所有涉及交强险合同当事人权利义务关系内容的部分全部写入《交强险条款》；二是为保护投保人、被保险人利益，《交强险条款》应最大限度的进行通俗化，保险条款通俗化的首要要求就是条款简洁。通过这一"兜底"条款提示投保人和被保险人对《交强险条款》未明确约定的内容，可通过《交强险条例》找答案、找解释。

延伸阅读

机动车商业保
险示范条款

习　题

一、单项选择题

1. 关于机动车辆交通事故责任强制保险条例说法错误的是(　　)。

A. 交强险业务必须和其他业务分开核算

B. 保险公司费率调整幅度较大时必须听证

C. 交强险规定的中华人民共和国境内不含港澳台

D. 交强险制定原则之一是各分公司盈亏平衡

答案：D

2. 下列责任不属于 2014 版机动车损失保险条款责任免除的是(　　)。

A. 驾驶出租机动车或营业性机动车无交通运输管理部门核发的许可证书或其他必备证书

B. 事故发生后，在未依法采取措施的情况下驾驶被保险机动车或者遗弃被保险机动车离开事故现场

C. 被保险机动车所载货物、车上人员意外撞击

D. 饮酒、吸食或注射毒品、服用国家管制的精神药品或者麻醉药品

答案：C

3. 车上货物责任险是(　　)险种的附加险。

A. 机动车损失保险

B. 机动车第三者责任保险

C. 机动车车上人员责任保险

D. 机动车全车盗抢保险

答案：B

4. 机动车综合商业保险示范条款车损险事故责任免赔率根据被保险人在事故中的责任次、同、主和全责分别是(　　)%。

A. 5、10、15、20

B. 5、8、15、20

C. 5、8、10、15

D. 8、10、15、20

答案：A

二、多项选择题

5. 交强险条例中规定社会救助基金的赔偿范围是(　　)。

A. 死亡和伤残补偿超过机动车交通事故责任强制保险责任限额的

B. 肇事机动车未参加机动车交通事故责任强制保险的

C. 机动车被盗抢期间发生事故的

D. 机动车肇事后逃逸的

答案：B、D

6. 下列有关交强险"互碰自赔"说法正确的是(　　)。

A. 是建立在交通事故快速处理基础上的一种交强险快速理赔机制

B. 事故双方均有责任

C. 车辆损失在交强险赔偿限额内

D. 不涉及人员伤亡和车外财产损失

答案：B、D

7. 交强险垫付时，被抢救人数多于一人且在不同医院救治的，下面说法正确的是(　　)。

A. 在医疗费用赔偿限额或无责任医疗费用赔偿限额内按人数进行均摊

B. 可以根据医院的意见，在限额内酌情调整

C. 在医疗费用赔偿限额或无责任医疗费用赔偿限额内按费用比例进行分摊

D. 可以根据交警的意见，在限额内酌情调整

答案：A、B、D

8. 同时满足以下(　　)条件的双方或多方事故，适用交强险"无责代赔"。

A. 两方或多方机动车互碰，各方均投保交强险

B. 交警认定或根据法律法规能够协商确定事故责任

C. 无责方车号及交强险保险公司明确

D. 各方同意"无责代赔"

答案：A、B、C

9. 车辆损失保险的保险金额，通常按(　　)。

A. 新车购置价 　　　　　　　　　　　　　B. 实际价值

C. 以实际价值为基础保险当事人双方协商　　D. 出险当时市价

答案：B、C

10. 车辆损失险被保险车辆的(　　)损失和费用，保险人不负责赔偿。

A. 故障 　　　　　　　　　　　　　　　　B. 倾覆

C. 滑坡 　　　　　　　　　　　　　　　　D. 暴乱

答案：A、D

11. 行业示范条款中第三者定义为因被保险机动车发生意外事故遭受人身伤亡或者财产损失的人，但不包括(　　)。

A. 投保人

B. 被保险人

C. 保险人

D. 保险事故发生时被保险机动车本车上的人员

答案：B、D

第六章　现场查勘技术

第一节　现场查勘简介

一、现场分类

根据现场的完整真实程度将现场分为以下四种。

1. 原始现场

原始现场是指事故发生以后，在现场的车辆和遗留下来的一切物体、痕迹仍保持着事故发生的原始状况没有变动和破坏的现场，常被称为第一现场。

2. 变动现场

变动现场是指事故发生后，改变了现场原始状态的一部分、大部分或全部面貌的现场，也称非第一现场或第二现场。变动原因通常有下面几方面。

1）抢救伤者。这里是指因抢救伤者变动了现场的车辆和有关物体的位置。

2）保护不善。这里指现场的痕迹被往车辆和行人碾踏、触动而破坏或消失。

3）自然影响。这里指因雨、雪、风、冰、风沙等自然因素的影响，造成现场物体上遗留下来的痕迹不同程度的破坏或完全消失。

4）特殊情况。特殊情况是指执行特殊任务的车辆或公安部门一、二级保卫的车辆，出于某些特殊情况的需要而离开现场，和由于为了保证特殊车辆通行而被公安部门未查勘即被拆除的现场。

5）其他情况。这里指如汽车发生事故后，当事人没有察觉，驾车离开了现场。这种事故通常为轻微事故。

3. 恢复原始现场

在保险查勘中，时常碰到被保险人或保险事故当事人对保险人现场查勘要求不甚了解，以至于对一些单方车损事故未保存原始现场。然而保险人为了规避道德风险，通常要求被保险人或当事人提供原始现场，这就出现了恢复原始现场。即被保险人或当事人为了证明保险事故的真实性，而将保险车辆恢复到保险事故发生时的"原始"状况。

4. 伪造现场

伪造现场是指与事故有关或被唆使的人员有意改变现场的车辆、物体、痕迹或其他物品的原始状态，甚至对某个部位进行拆卸和破坏，企图达到逃脱罪责或嫁祸于人的目的的行为。

二、现场查勘分类

车险查勘中通常将原始现场查勘和恢复原始现场查勘统称为第一现场查勘。其他现场查勘均称为非第一现场查勘。从而车险现场查勘也就分为第一现场查勘和非第一现场查勘。

第二节　现场查勘前期工作

一、车险理赔流程图

图6-1为车险理赔流程图。

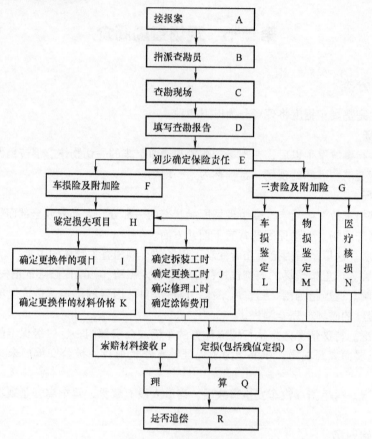

图6-1　车险理赔流程图

二、对现场查勘的要求

1. 对现场查勘人员的要求

现场查勘人员的工作是上述理赔流程中的现场查勘C、填写查勘报告D和初步确定保险责任E，是整个理赔工作的中前期工作，它关系到本次事故是否是保险事故、保险人是否应该立案，从而关系到保险人的赔款准备金等。查勘工作未做好，整个理赔工作就会很被动，后面的工作甚至无法进行，所以现场查勘工作是保险理赔工作的重中之重。现场查勘中包含众多保险知识和汽车知识，并且查勘人员又是外出独立工作，因此对现场查勘人员有下列要求。

1）良好的职业道德。查勘工作的特点是与保险双方当事人的经济利益直接相关，而它又具有相对的独立性和技术性，从而使查勘人员具有较大的自主空间。在我国现阶段总体来说，社会诚信度还不是很高，一些不良的修理厂、被保险人会对查勘人员实施各种方式的利诱，希望虚构、谎报或高报损失，以获得不正当利益，因而要求检验人员具有较高的职业道德水平。首先，应加强思想教育工作，使查勘人员树立建立在人格尊严基础上的职业道德观念。其次，应当加强内部管理，建立和完善管理制度，形成相互监督和制约的机制（如双人查勘、查勘定损分离等）。同时，应采用定期或不定期审计和检查方式，对查勘人员进行验证和评价，经常走访修理厂和被保险人，对被保险人进行问卷调查以了解查勘人员的工作情况。最后，加强法制建设。加强对查勘人员的法制教育，使其树立守法经营的观念。加大执法力度，对于违反法律的应予以严厉处分，以维护法律的尊严，起到应有的震慑和教育作用。同时，实施查勘定损人员的准入制度，使查勘人员收入与劳动和技术输出相适应，是管控查勘人员最有效的办法。

2）娴熟的专业技术。机动车辆查勘人员需要具备的专业技术主要包括：机动车辆构造和修理工艺知识、与交通事故有关的法律法规以及处理办法、机动车辆保险的相关知识。这些都是作为一个检验人员分析事故原因、分清事故责任、确定保险责任范围和确定损失所必需的知识。

3）丰富的实践经验。丰富的实践经验能够有助于查勘人员准确地判断损失原因，科学而合理地确定修理方案。另外，在事故的处理过程中，丰富的实践经验对于施救方案的确定和残值的处理也会起到重要的作用。同时，具有丰富的实践经验对于识别和防止日益突出的道德风险和保险欺诈有着十分重要的作用。

4）灵活的处理能力。尽管查勘人员是以事实为依据，以保险合同及相关法律法规为准绳的原则和立场开展工作，但是，有时各个关系方由于利益和角度的不同，往往产生意见分歧，甚至冲突，而焦点大都集中表现在查勘人员的工作上。所以，查勘人员应当在尊重事实、尊重保险合同的大前提下，灵活地处理保险纠纷，尽量使保险双方在"求大同，存小异"的基础上对保险事故形成统一的认识，使案件得到顺利的处理。

2. 勘查现场的要求

1）赶赴现场必须迅速、及时。现场勘查要力争在发案后短时间内遗留的痕迹、物证明显清晰的有利条件下抓紧进行，决不能拖延时间，失去勘查良机，贻误收集证据的时间，给事故的调查、处理工作带来困难。

2）现场勘查必须全面、细致。全面、细致地勘查现场是获取现场证据的关键。无论什么类型的事故现场，勘查人员都要力争把现场的一切痕迹、物证甚至微量物证收集、记录下来。对变动的现场更要认真细致地勘查。

三、现场查勘前的准备工作

1. 查阅抄单

查阅抄单的具体内容如下。

1）保险期限。复核出险时间是否在保险期限以内，对于出险时间接近保险起讫时间的案件作出标记，以便现场查勘时重点核实。

2）承保险种。记录承保险种，注意是否只承保了第三者责任险种；对于报案有人员伤亡的案件，注意是否承保了车上人员责任险，车上人员责任险是否指定座位；对于火灾车损案件，注意是否承保了自燃损失险；对于与非机动车的碰撞案件，注意是否承保了无过失责任险等。

3）新车购置价、保险金额和责任限额。记住抄单上的新车购置价，以便现场查勘时比对与实际新车购置价是否一致。从抄单的新车购置价和保险金额上可以确定投保比例。注意各险种的保险金额和责任限额，以便于现场查勘时心中有数。

2. 阅读报案登记表

阅读报案登记表的主要内容如下：

1）被保险人名称，标的车牌号。

2）出险时间、地点、原因、处理机关、损失概要。

3）被保险人联系电话。

4）查勘时间、地点。

上述内容不应有缺失，如有缺失应向接报案人员了解缺失原因及相应的情况。

3. 带好必要的资料及查勘用具

根据出险原因及损失概要准备查勘工具。检查查勘包是否带有必要的资料和用具，资料部分有《机动车辆保险索赔须知》《出险通知书》《汽车保险理赔现场查勘报告》相应车型的汽车技术资料（《零件目录》《维修手册》）和《碰撞估价指南》等。用具部分包括照相机、卷尺、手电筒、砂纸、记号表、记录笔等。

第三节 查 勘 技 术

现场查勘工作技术主要包括车辆查验技术、调查取证技术、现场照相技术、现场图绘制技术等。

一、车辆查验技术

1. 查验保险标的

1）车架号（VIN码）、发动机号。现代汽车大多数车架号与 VIN 码相同，现场查勘往往采取拓印的方法将车架号取下，与保单对比检查是否是标的车，这项工作必不可少，是现场查勘的一项重要工作。不要用核对 VIN 码的方法来替代车架号，因为 VIN 码相对于车架号容易仿造。发动机号码现场查勘经常无法看到，一般说来，现代车险查勘对发动机号码不作要求。

2）行驶证。行驶证的查验可参阅第二章。

3）号牌。如果保单有号牌，核对号牌与保险单是否相符，是否是标的车。号牌的查验也可参阅第二章。

4）车辆类型。这里指的是行驶证正本右侧上部的车辆类型，是否是保险公司允许承保的车辆类型，其目的主要核实行驶证车辆类型是否与保单车辆类型是否一致，被保险人是否如实告知，费率选择是否正确，是否比例赔付。

5）车辆型号。核实车辆型号的主要目的是该型号的车是否是委托公司愿意承保的车辆型号；确认保险单新车购置价选择是否正确，是否如实告知，费率确定是否正确，是否比例赔付。

6）使用性质。这里所述的汽车使用性质与行驶证和机动车辆登记证的使用性质有差异，《机动车登记规定》的使用性质分类见表 6-1。

保险人通常将汽车分为家庭用车、非营运用汽车、营运用汽车和特种车，各保险公司在使用性质上的划分不尽相同。保险人确定使用性质的目的确定风险大小，从而确定保险人是否承保，费率选择是否正确，出险后是否比例赔付。被保险人对使用性质有异议时，可以通过行驶证和机动车登记证相关信息确认。

7）检验合格期限。这一点非常重要，这是确定保险合同是否有效、被保险人是否拥有有效行驶证的重要依据，现场查勘中一般采用现场照相、复印的方法取证。

8）核定载荷。查验车辆装载与核定载荷是否一致，可通过货物每件重量、运单、货单等方式确定。

装载是否符合《中华人民共和国道路交通法实施条例》中的装载规定。

表 6-1 机动车使用性质分类表

分 类		说 明
营运		个人或者单位以获取运输利润为目的而使用的机动车
细类	公路客运	专门从事公路旅客运输的机动车
	公交客运	城市内专门从事公共交通客运的机动车
	出租客运	以行驶里程和时间计费,将乘客运载至其指定地点的机动车
	旅游客运	专门运载游客的机动车
	货运	专门从事货物运输的机动车
	租赁	专门租赁给其他单位或者个人使用,以租用时间或者租用里程计费的机动车
非营运		个人或者单位不以获取运输利润为目的而使用的机动车
特种		具有专用标志、灯具,用于完成特殊任务的机动车
细类	警用	公安机关、监狱、劳动教养管理机关和人民法院、人民检察院用于执行紧急职务的机动车
	消防	公安消防部队和其他消防部门用于灭火的专用机动车和现场指挥机动车
	救护	急救、医疗机构和卫生防疫部门用于抢救危重病人或处理紧急疫情的专用机动车
	工程抢险	防汛、水利、电力、矿山、城建、交通、铁道等部门用于抢修公用设施、抢救人民生命财产的专用机动车和现场指挥机动车

9)款式、车辆外内颜色、转向盘左右形式、燃料的种类、变速器形式、倒车镜及门窗运动方式、驱动方式、制冷剂的品种。这些都是为一些冷僻车型车辆定型作准备。

2. 查验标的是否有改装、加装情况

几乎所有的机动车辆保险条款都规定,在保险期限内,保险车辆改装、加装导致保险车辆危险程度增加的,应当及时书面通知保险人;否则,因保险车辆危险程度增加而发生的保险事故,保险人不承担赔偿责任。

车辆改装几乎都是不合法的,加装情况分为两种,一种是合法的。《机动车登记规定》第十七条规定,有下列情形之一,在不影响安全和识别号牌的情况下,机动车所有人可以自行变更:

1)小型、微型载客汽车加装前后防撞装置。

2)货运机动车加装防风罩、散热器、工具箱、备胎架等。

3)机动车增加车内装饰等。

其他都是不合法的。

根据《保险法》第十二条六款规定,保险利益是指投保人对保险标的具有的法律上承认的利益。可见非法改装会造成合法保险利益的散失。

根据国家标准《汽车、挂车及汽车列车外廓尺寸、轴荷及质量限值》(GB 1589—2016)中,有明确的规定:

(1)外廓尺寸要求

1)外廓尺寸限值

① 栏板式、仓栅式、平板式、自卸式货车及其半挂车的外廓尺寸应不超过表 1 规定最大限值。

② 其他汽车、挂车及汽车列车的外廓尺寸应不超过表 2 规定最大限值。

2)外廓尺寸的其他要求

① 车辆间接视野装置单侧外伸量不应超出车辆宽度 250mm。

表1　栏板式、仓栅式、平板式、自卸式货车及其半挂车外廓尺寸的最大限值

（单位为 mm）

车　辆　类　型			长度	宽度	高度
仓栅式货车 栏板式货车 平板式货车 自卸式货车	二轴	最大设计总质量<3500kg	6000	2550	4000
		最大设计总质量>3500kg，且<8000kg	7000		
		最大设计总质量>8000kg，且<12000kg	8000		
		最大设计总质量>12000kg	9000		
	三轴	最大设计总质量<20000kg	11000		
		最大设计总质量>20000kg	12000		
	双转向轴的四轴汽车		12000		
仓栅式半挂车 栏板式半挂车 平板式半挂车 自卸式半挂车	一轴		8600		
	二轴		10000		
	三轴		13000		

表2　其他汽车、挂车及汽车列车外廓尺寸的最大限值　（单位为 mm）

车　辆　类　型			长度	宽度	高度
汽车	三轮汽车①		4600	1600	2000
	低速货车		6000	2000	2500
	货车及半挂牵引车		12000②	2550③	4000
	乘用车及客车	乘用车及二轴客车	12000	2550	4000④
		三轴客车	13700		
		单铰接客车	18000		
挂车	半挂车		13750⑤	2550③	4000
	中置轴、牵引杆挂车		12000⑥		
汽车列车	乘用车列车		14500	2550③	4000
	铰接列车		17100⑦		
	货车列车		20000⑧		

① 当采用方向盘转向，由传动轴传递动力，具有驾驶室且驾驶员座椅后设计有物品放置空间时，长度、宽度、高度的限值分别为5200mm、1800mm、2200mm。

② 专用作业车车辆长度限值要求不适用的要求，但应符合相关标准要求。

③ 冷藏车宽度最大限值为2600mm。

④ 定线行驶的双层城市客车高度最大限值为4200mm。

⑤ 运送45英尺集装箱的半挂车长度最大限值为13950mm。

⑥ 车厢长度限值为8000mm（中置轴车辆运输挂车除外）。

⑦ 长头半挂牵引车与半挂车组成的铰接列车长度限值为18100mm。

⑧ 中置轴车辆运输列车长度最大限值为22000mm。

② 车辆的顶窗、换气装置等处于开启状态时不应超出车辆高度300mm。

③ 汽车的后轴与牵引杆挂车的前轴之间的距离不应小于3000mm。

3）半挂牵引车和半挂车的要求

① 半挂车前回转半径不应大于2040mm。

② 半挂车牵引销中心轴线到半挂车车辆长度最后端的水平距离不应大于12000mm(运送45英尺集装箱的半挂车除外)。

③ 运送标准集装箱的半挂牵引车鞍座空载时高度(牵引主销中心位置的高度)应满足以下要求：

——运送高度为2591mm标准集装箱的半挂牵引车，不应超过1320mm；

——运送高度为2896mm标准集装箱的半挂牵引车，不应超过1110mm。

4）外廓尺寸测量

外廓尺寸测量要求见附录A。

（2）最大允许轴荷限值

1）汽车及挂车的单轴、二轴组及三轴组的最大允许轴荷不应超过该轴或轴组各轮胎负荷之和，且不应超过表3规定的限值。

表3 汽车及挂车单轴、二轴组及三轴组的最大允许轴荷限值 （单位为kg）

类　　型			最大允许轴荷限值
单轴	每侧单轮胎		7000①
	每侧双轮胎	非驱动轴	10000②
		驱动轴	11500
二轴组	轴距<1000mm		11500③
	轴距>1000mm，且<1300mm		16000
	轴距>1300mm，且<1800mm		18000④
	轴距>1800mm（仅挂车）		18000
三轴组	相邻两轴之间距离<1300mm		21000
	相邻两轴之间距离>1300mm，且<1400mm		24000

① 安装名义断面宽度不小于425mm轮胎的车轴，最大允许轴荷限值为10000kg；驱动轴安装名义断面宽度不小于445mm轮胎，则最大允许轴荷限值为11500kg。

② 装备空气悬架时最大允许轴荷的最大限值为11500kg。

③ 二轴挂车最大允许轴荷限值为11000kg。

④ 汽车驱动轴为每轴每侧双轮胎且装备空气悬架时，最大允许轴荷的最大限值为19000kg。

2）对于其他类型的车轴，其最大允许轴荷不应超过该轴轮胎数乘以3000kg。

3）最大允许总质量限值

汽车、挂车及汽车列车的最大允许总质量不应超过各车轴最大允许轴荷之和，且不应超过表4规定的限值。

表4 汽车、挂车及汽车列车最大允许总质量限值 （单位为kg）

车　辆　类　型		最大允许总质量限值
汽车	三轮汽车	2000①
	乘用车	4500
	二轴客车、货车及半挂牵引车	18000②
	三轴客车、货车及半挂牵引车	25000③
	单铰接客车	28000
	双转向轴四轴货车	31000

（续）

车 辆 类 型			最大允许总质量限值
挂车	半挂车	一轴	18000
		二轴	35000
		三轴	40000
	牵引杆挂车	二轴，每轴每侧为单轮胎	12000④
		二轴，一轴每侧为单轮胎，另一轴每侧为双轮胎	16000
		二轴，每轴每侧为双轮胎	18000
	中置轴挂车	一轴	10000
		二轴	18000
		三轴	24000
汽车列车		三轴	27000
		四轴	36000⑤
		五轴	43000
		六轴	49000

① 当采用方向盘转向、由传动轴传递动力、具有驾驶室且驾驶员座椅后设计有物品放置空间时，最大允许总质量限值为3000kg。
② 低速货车最大允许总质量限值为4500kg。
③ 当驱动轴为每轴每侧双轮胎且装备空气悬架时，最大允许总质量限值增加1000kg。
④ 安装名义断面宽度不小于425mm轮胎，最大允许总质量限值为18000kg。
⑤ 驱动轴为每轴每侧双轮胎并装备空气悬架、且半挂车的两轴之间的距离 d 大于等于1800mm的铰接列车，最大允许总质量限值为37000kg。

二、调查取证技术

现场勘查的基本方法、步骤。

1）范围较小的现场，肇事车辆和痕迹相对集中的现场，可以肇事车辆和痕迹集中的地点为中心，采取由内向外勘查的方法。

2）范围较大的现场，肇事车辆和痕迹物证相对分散，为防止远处的痕迹被破坏，可以从现场外围向中心，即由外向内勘查。

3）对车辆痕迹比较分散的重大事故现场，可以从事故发生的起点向终点分段推进勘查，或从痕迹、物证容易受到破坏的路段开始勘查。现场勘查的重点是搜集和提取能够判明事故发生原因和责任的痕迹、物证。如现场上的各种擦划痕迹、制动痕迹、事故发生的第一接触点，肇事车辆和物体上的痕迹、附着物等物证，也包括事故发生后，车辆及尸体的状态、姿势及抛出的物品。对上述痕迹、物证，应首先拍照固定，然后进行必要的测量，其中重要的痕迹、物证，在拍照时，应加放比例尺，然后小心提取以备日后进行技术检验分析。

调查取证下列内容。

1. 出险时间

出险时间的确定非常重要，它关系到是否属于保险责任。尤其接近保险期限起讫时间的案件。必须仔细核对公安部门的证明与当事人陈述的时间是否一致，对有疑问的案件，要详细了解车辆启程或返回的时间、行驶路线、运单、伤者住院治疗时间，及时去公安部门核实和向当地的群众了解情况。

2. 出险地点

1）出险地点是否超出保单所列明的行驶区域。

2）出险地点是否是保单所列明的责任免除地点，如营业性修理场所。

3. 出险原因

出险原因必须是近因，近因原则是保险的基本原则，近因为保险责任则是保险事故，反之，则不是保险事故。若是保险事故，出险原因就按保险责任列明，如碰撞、倾覆、火灾等。一般情况下，应依据公安、消防部门的证明来认定出险原因。

4. 标的车驾驶人情况

1）驾驶证的真伪的核查方法同行驶证。

2）核查驾驶人姓名、证号主要目的。

① 确定是否是被保险人允许的驾驶人。

② 确定是否是保单上约定的驾驶人，以保证准确理算。

③ 确定是否与公安部门的证明一致。

④ 通过姓名和证号查阅驾驶证的真实情况。

3）驾驶人准驾车型。主要目的是确认准驾车型与标的车车型是否相符。

4）驾驶人性别、年龄、驾龄。目的主要是为保险公司做好各类驾驶人出险率的统计工作，为保险公司重新修订费率提供原始数据。

5）驾驶人初次领证时间。目的是核查在高速公路上出险的车辆的驾驶人的驾驶证是否在实习期。

5. 出险经过与原因

出险的原因及经过，原则上要求当事驾驶人自己填写，驾驶人不能填写，要求被保险人或相关当事人填写，将出险经过、原因与公安交通主管部门的事故证明(如责任认定书)作对比，应基本一致，或主要关键内容一致。所谓主要关键内容，即与保险责任相关的内容，主要关键内容有误的，应找当事人和公安交通主管部门，核实不一致的原因，如果当事人填写的出险经过和原因与事实不符，原则上应以事实为依据，以公安部的证明为依据。

6. 处理机关

为核对事故证明提供原始凭证，特别是非道路交通事故，一定要注明。

7. 财产损失情况

1）车损情况。图6-2为某凯越车的碰撞所谓的现场照片，报案人称本人倒车撞墙。图6-3为车损照片。

图6-2 现场照片

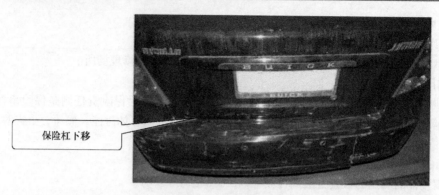

图 6-3　车损照片

如果是倒车撞墙，撞击过程中车的运动前部会下移，由于后保险杠被墙挤着，墙会将保险杠向上托起，造成保险杠上翘。如果被保险杠高度差不多的车追尾，则被追尾的车保险杠由于受到追尾车保险杠向下的拉力，会造成保险杠向下弯曲，与自己撞墙正好相反（此案经查实为被追尾车，也正好证实了这一点）。

会同被保险人详细记录、确认标的车损失情况，注意列明非标的车原车设备，如轮眉、附加音响、出租车计价器、防护网等外观装饰物，对于投保附加设备险的车辆将附加险设备损失单独列明，该栏主要填写车辆损失部位。损失清单、修理方式附车辆损失情况核定表见表6-2。

表 6-2　车辆损失情况现场核定表

车牌号码		车辆型号			
序号	损 失 项 目	更换	拆装	修理	

2）第三者车损情况。会同被保险人与第三者，详细记录、确认车辆损失情况，这里主要填写损失部位。损失清单、修理方式在下面单独说明。

3）标的车车上物质损失。投保车上货物责任险的案件，记录受损物的品名、规格、型号、数量、发运地点、发票、运单、货单、生产厂家、厂址，对于损失较小的案件，车险现场查勘人员可直接评定损失。对于损失较大的案件，建议转给财产定损人员处理。

4）第三者物损分为第三者车上物损和固定物损。车上物损的查勘与标的车上物损相同，固定物损失，损失较小的如交通设施、行道树，各级当地政府和有关部门都有赔偿标准，记录下受损物品、规格、型号、数量；对于非上述物品，损失较大的，建议转财产定损人员评定。

8. 人员伤亡情况

1）明确伤亡人员的关系，哪些属于本车人员，他们的姓名、性别、年龄，他们与被保险人、驾驶人的关系、受伤人员的受伤程度。

2）确认哪些人员属于对方人员，他们的姓名、性别、年龄、受伤人的受伤程度。为医疗核损人员提供查勘核损的原始依据。

9. 施救情况

对事故尚未控制或保险车辆及人员尚处在危险之中的，应采取积极的施救、保护措施。

施救费用是指当保险标的遭遇保险责任范围内的灾害事故时，被保险人或其代理人、雇佣人员等采取必要、合理的措施进行施救，以防止损失的进一步扩大而支出的费用。

施救费用的确定要严格按照条款规定事项，并注意以下几点：

1）被保险人使用他人(非专业消防单位)的消防设备，施救保险车辆所消耗的费用及设备损失可以赔偿。

2）保险车辆出险后，雇用吊车和其他车辆进行抢救的费用，以及将出险车辆拖运到修理厂的运输费用，按当地物价部门颁布的收费标准予以赔偿。

3）在抢救过程中，因抢救而损坏他人的财产，如果应由被保险人承担赔偿责任的，可酌情予以赔偿。但在抢救时，抢救人员个人物品的丢失，不予赔偿。

4）抢救车辆在拖运受损保险车辆途中发生意外事故造成的损失和费用支出，如果该抢救车辆是被保险人自己或他人义务派来抢救的，应予赔偿；如果该抢救车辆是有偿的，则不予赔偿。

5）保险车辆出险后，被保险人赶赴肇事现场处理所支出的费用，不予赔偿。

6）公司只对保险车辆的救护费用负责。保险车辆发生保险事故后，涉及两车以上的，应按责分摊施救费用。受损保险车辆与其所装货物(或其拖带其他保险公司承保的挂车)同时被施救，其救货(或救护其他保险公司承保的挂车)的费用应予剔除。如果它们之间的施救费用分不清楚，则应按保险车辆与货物(其他保险公司承保的挂车)的实际价值进行比例分摊赔偿。

图6-4为某货车倾覆事故，其中案件的查勘重点之一就是关于施救费的问题。

图6-4　某货车倾覆事故

查勘重点如下：

① 车辆装载情况。

② 车上货物投保情况。

③ 根据施救费的分摊规定，查勘中需要确定车辆实际价值和车上货物价值。

查勘技巧如下：

① 车辆装载情况的取证与确认技巧。

② 车辆实际价值评估方法。

③ 车上货物价值的取证方法与技巧。

④ 向当事人说明施救费收费标准等。

将以上工作做好后，为理算时的施救费用确认和分摊提供依据。

7）保险车辆为进口车或特种车，在发生保险责任范围内的事故后，当地确实不能修理的，经公司同意去外地修理的移送费，可予赔偿。但护送车辆者的工资和差旅费，不予赔偿。

8）施救、保护费用与修理费用应分别理算。当施救、保护费用与修理费用相加，估计已达到或超过保险车辆的实际价值时，则可推定全损予以赔偿。

9）车辆损失险的施救费是一个单独的保险金额，但第三者责任险的施救费用不是一个单独的责任限额。第三者责任险的施救费用与第三者损失金额相加不得超过第三者责任险的责任限额。

10）施救费应根据事故责任、相对应险种的有关规定扣减相应的免赔率。了解施救的工具，如拖车吨位的大小、行驶里程，吊车吨位大小、施救是否恰当，都有哪些车、物被施救，施救是有偿还是无偿，施救过程有无扩大损失，为尚未施救的车物提供合理有效的施救措施，为施救费的理算提供凭证。

10. 事故调查笔录

1）询问和访问的准备工作。做好询问访问前的准备工作是保证询问和访问工作顺利进行的前提，准备工作主要有以下两点：

① 勘查人员应首先熟悉现场的基本情况，并对询问和访问的内容作出全面的考虑，如在访问中可能遇到什么问题，应采取什么方法，注意哪些问题等。

② 对于比较复杂的重大事故，应首先研究制定访问提纲，明确访问的重点、步骤和方法，必要时应了解被询问人的社会经历、文化程度、性格等。

2）询问的方法和重点问题。发生重大肇事事故的当事人，一般在思想上顾虑重重，在介绍事故经过时，常常掩盖事实真相，不吐实情，在询问前，应告知被询问人要如实回答问题，不得隐瞒事实和编造假情况。询问人应根据需要审查的问题，逐一问清楚，尤其是关键性的问题不能一带而过，一定要深追细问，直到把问题查清为止。询问时应重点询问以下问题：

① 事故发生的时间、地点，乘车人数及载物名称、数量。

② 发生事故时道路的交通状况。

③ 双方车辆（人）在道路上各自行驶（行走）的方向、位置及速度。

④ 发生事故前当事各方发现自己与对方和关系方的距离，发现险情后采取的措施。

⑤ 当事人自述发生事故的经过。

⑥ 车、人碰撞、碾压部位，车、人损失情况。

⑦ 在行车中是否发觉车辆机件有异常现象。

⑧ 当事人陈述发生事故的具体原因及其对事故的看法。

⑨ 走访证人时，应详细询问发生事故前后所听见或看见的情况。

有条件查一查是否有重复保险、是否存在道德风险。

对重大复杂的案件或有疑问的案件，尤其应注意通过对当事人双方的询问，证实事情的真实情况。询问记录应注明询问日期和被询问人地址，并由被询问人过目签字。

以盗抢险为例，必须注意以下几点：

a）盗抢险实为保险人就盗窃和抢劫风险而制定的保险条款，保险合同中盗窃与抢劫的保险责任和责任免除都不尽相同，车辆盗窃过程中造成的部分损失是不属于保险责任的，而抢劫过程中造成的部分损失多数是由于被保险人或其驾驶人在事故发生时的积极施救所造成的损失，保险合同约定此种情况保险人是赔偿的。

b）从大量的机动车被抢劫的案件中我们发现，几乎所有的机动车被抢劫案都发生在营运性车辆上，这就提醒了查勘人员一旦非营运性机动车被抢劫，查勘人员首先要查明标的车辆是否在从事营业运输，家庭自用车从事出租被抢劫的案件屡屡发生不能不提醒查勘人员对此进行认真而细致的工作。

c）由于现在经济活动频繁，经济活动中的债权债务纠纷也在所难免，被保险人因民事、经济纠纷而导致被保险机动车被抢劫、抢夺时有发生，然而这种"被抢劫、被抢夺"正是盗抢险保险人免责条款所约定的情形之一，所以被保险机动车"被抢劫、被抢夺"是否是因为民事、经济纠纷而导致也是查勘的重点。

11．现场物证

1）术语。

① 地面轮胎痕迹：车辆轮胎相对于地面作滚动、滑移等运动时，留在地面上的印迹。

a）滚印：车辆轮胎相对于地面作纯滚动运动时，留在地面上的痕迹。可显示出胎面花纹。

b）压印：车辆轮胎受制动力作用，沿行进方向相对于地面作滚动、滑移的复合运动时，留在地面上的痕迹。特征为胎面花纹痕迹在车辆行进方向有所延长。

c）拖印：车辆轮胎受制动力作用，沿行进方向相对于地面滑移运动时，留在地面上的痕迹。特征为带状，不显示胎面花纹。通过拖印与路面情况可推断出事故前的车速，可通过汽车制动距离与车速对照表（表6-3）查出当时的车速。

表6-3 汽车制动距离与车速对照表（仅供参考）

汽车行驶速度/(km/h)	驾驶人反应距离/m	制动距离/m						
		结冰路	浮雪路	泥土路	碎石路	水泥、沥青湿路	水泥、沥青路	水泥、沥青粗糙路
		附着系数(0.1)	附着系数(0.2)	附着系数(0.3)	附着系数(0.4)	附着系数(0.5)	附着系数(0.6)	附着系数(0.7)
5	1.04	0.98	0.49	0.33	0.25	0.19	0.16	0.14
10	2.09	3.94	1.97	1.31	0.98	0.78	0.66	0.56
15	3.13	8.85	4.43	2.95	2.21	1.77	1.48	1.26
20	4.17	15.74	7.87	5.25	3.94	3.15	2.62	2.25
25	5.21	24.60	12.30	8.20	6.15	4.92	4.10	3.51
30	6.25	35.42	17.71	11.81	8.85	7.08	5.90	5.06
35	7.29	48.21	24.10	16.07	12.05	9.60	8.03	6.89
40	8.33	62.97	31.48	21.00	15.74	12.59	10.49	9.00
45	9.38	79.70	39.85	26.56	19.92	15.94	13.28	11.38
50	10.42	98.39	49.19	32.80	24.60	19.68	16.40	14.06

（续）

汽车行驶速度 /(km/h)	驾驶人反应距离/m	制动距离/m						
		结冰路	浮雪路	泥土路	碎石路	水泥、沥青湿路	水泥、沥青路	水泥、沥青粗糙路
		附着系数（0.1）	附着系数（0.2）	附着系数（0.3）	附着系数（0.4）	附着系数（0.5）	附着系数（0.6）	附着系数（0.7）
55	11.46	119.05	59.52	39.68	29.76	23.81	19.84	17.00
60	12.50	141.68	70.84	47.23	35.42	28.34	23.61	20.24
65	13.55	166.27	82.14	55.42	41.57	33.25	27.71	23.75
70	14.58	192.84	96.42	64.28	48.21	38.57	32.14	27.55
75	15.62	221.37	110.68	73.79	55.34	44.27	36.90	31.62
80	16.67	251.88	125.93	83.96	62.97	50.40	42.00	36.00
85	17.71	284.34	142.17	94.78	71.08	56.87	47.40	40.62
90	18.75	318.77	159.39	106.36	79.69	63.75	53.10	45.54
95	19.79	355.18	177.59	118.40	88.79	71.04	59.20	50.74
100	20.84	393.55	196.77	131.18	98.39	78.71	65.60	56.22

d）侧滑印：车辆轮胎受制动力作用，在车速、车辆装载、制动系、轮胎、道路及路面等因素的影响下，偏离原行进方向相对于地面作斜向滑移运动时，留在地面上的痕迹。特征为印迹宽度一般大于轮胎胎面宽度，不显示胎面花纹。

② 车体痕迹：车辆在交通事故中与其他车辆、人体、物体相接触，留在车辆上的印迹。

③ 人体痕迹：人员在交通事故中与车辆、道路、物体接触，留在伤亡人员衣着和体表上的印迹。

2）各类痕迹、物证勘验的具体要求。

① 地面痕迹。

a）勘验地面轮胎痕迹。勘验地面轮胎痕迹的种类、形状、方向、长度、宽度，痕迹中的附着情况，以及轮胎的规格、花纹等。逃逸事故现场应勘验肇事逃逸车辆两侧轮胎痕迹的间距和前后轮胎痕迹止点的间距，判明肇事逃逸车辆的类型的行进方向。勘验滚印、压印、拖印、侧滑印分段点外侧相对路面边缘的垂直距离，痕迹与道路中心线的夹角，痕迹的滑移、旋转方向、度数。滚印、压印、拖印、侧滑印迹及痕迹突变点应分别勘验，弧形痕迹应分段勘验，轮胎跳动引起的间断痕迹应作为连续痕迹勘验，根据需要记录间断痕迹之间的距离。

b）勘验人体倒卧位置。

c）勘验车辆、鞋底或其他物体留在地面上的挫伤，沟槽痕迹的长度、宽度、深度，痕迹中心或起止点距离，确定痕迹的造型客体。

d）勘验与交通事故有关的地面散落物、血迹、类人体组织等的种类、形状、颜色及其分布位置，确定主要散落物第一次着地点和着地方向。

e）水泥、沥青、块石路面上的痕迹被尘土、散落物覆盖时，在不妨碍其他项目勘验的前提下，可照相后清除覆盖物再勘验。

f）根据需要制作痕迹模型，提取地面的橡胶粉末、轮胎的橡胶片、轮胎胎面上的附着物等，进行检验、鉴定。

② 车体痕迹。

a）勘验车体上各种痕迹产生的原因。勘验车辆与其他车辆、人员、物体第一次接触的部位和受力方向，确定另一方相应的接触部位。

b）勘验车体上各种痕迹的长度、宽度、凹陷程度，痕迹上、下边缘距离地面的高度，痕迹与车体相关一侧的距离。

c）勘验车辆部件损坏、断裂、变形情况。车辆起火燃烧的，应确定火源起点。

d）与车辆照明系统有关的交通事故，应提取车辆的破碎灯泡和灯丝。

e）车辆与人员发生的交通事故，要特别注意勘验、提取车体上的纤维、毛发、血迹、类人体组织、漆片等附着物。

f）需要确定车辆驾驶人员的，应提取转向盘、变速杆、驾驶室门和踏脚板等处的手、足痕迹。

③ 人体痕迹。

a）人体痕迹勘验应从外到里进行，先衣着后体表。

b）勘验衣着痕迹。勘验衣着上有无勾挂、撕裂、开缝、脱扣等痕迹，有无油漆、油污等附着物，鞋底有无挫划痕迹。勘验衣着上痕迹和附着物的位置、形状、特征，造成痕迹的作用力方向，痕迹中心距足跟的距离。根据需要勘验衣着的名称、产地、颜色、新旧程度等特征及穿着顺序；提取必要的衣着物证。

c）勘验体表痕迹。交通事故死者的体表痕迹由勘验人员或法医勘验；伤者的体表痕迹一般由医院诊断检查，必要时可由法医检查或由勘验人员在医务人员协助下检查。

勘验交通事故死者的体表损伤和尸斑、尸僵形成情况，确定死亡原因、时间。

检查性别、体长、体型等体表特征。

勘验体表损伤的部位、类型、形状尺寸，造成损伤的作用力方向，损伤部位距足跟的距离，损伤部位的附着情况。

勘验各主要骨骼有无骨折，肢体有无断离现象，体内组织有无外溢。

根据需要提取伤、亡人员的衣着、血液、组织液、毛发、体表上的附着物等，进行检查、鉴定。

④ 其他痕迹、物证。

a）勘验行道树、防护桩、桥栏等固定物上痕迹的长度、宽度、深度及距离地面的高度。

b）根据需要提取有关部件碎片，拼复原形，留作物证。

c）逃逸事故现场应提取现场遗留的所有与交通事故有关的痕迹物证。

现场物证是证明保险事故发生的最客观的依据，收取物证是查勘第一现场最核心的工作，多种查勘方法和手段均为收取物证服务，如散落车灯、玻璃碎片、保险杠碎片、各种油料痕迹、轮胎痕迹等，作好物证的收取是确定事故的重要依据，同时是确定是否是保险责任的依据。

查勘结束后，检验人员按规定据实详细填写现场查勘记录，并将检验的情况与被保险人和修理人交流，必要时可以要求被保险人对于检验的初步结果进行确认。

三、现场照相技术

1. 术语

1）方位照相：从远距离采用俯视角度拍摄交通事故发生地周围环境特征和现场所处位置的照相方式。视角应覆盖整个现场范围；一张照片无法包括的，可以使用回转连续拍摄法或者平行连续拍摄法拍照，如图6-5所示。

2）概览照相：从中远距离采用平视角度拍摄交通事故现场有关车辆、尸体、物体的位置及相互间关系的照相方式。以现场中心物体为基点，沿现场道路走向的相对两向位或者多向位分别拍摄。各向位拍摄的概览照相，其成像中各物体间的相对位置应当基本一致，上一个视角的结束部分与下一个视角的开始部分应有联系，如图6-6所示。

3）中心照相：在较近距离拍摄交通事故现场中心、重要局部、痕迹的位置及有关物体之间的联系的照相方式，如图6-7所示。

4）细目照相：采用近距或微距拍摄交通事故现场路面、车辆、人体上的痕迹及有关物体特征的照相方式。照相机镜头主光轴与被摄痕迹面相垂直。视角应当覆盖整个痕迹，一张照片无法覆盖的，可以分段拍摄，如图6-8所示。

2. 勘验照相的一般要求

1）能够提供第一现场，要求拍摄第一现场的全景照片、痕迹照片、物证照片和特写照片。

2）要求拍摄能够反映车牌号码与损失部分的全景照片。

3）要求拍摄能够反映局部损失的特写照片。

4）勘验照相是固定、记录交通事故有关证据材料的重要手段，照相内容应当与交通事故勘查笔录

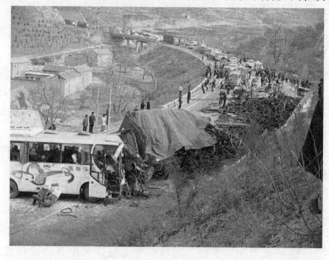

图6-5　方位照相

的有关记载一致。勘验现场时，可根据需要和实际情况确定拍摄项目。

5）交通事故勘验照相应当客观、真实、全面地反映被摄对象。

6）勘验照相不得有艺术夸张，应影像清晰、反差适中、层次分明。

7）现场照相应尽量使用标准镜头，以防成像变形。

8）拍摄痕迹时，应当在被摄物体一侧同一平面放置比例尺。比例标尺的长度一般为50mm。当痕迹、物体面积的长度大于50cm时，可用卷尺作为比例标尺。

3. 勘验照相的具体要求

1）现场环境照相。

① 按照现场勘查的要求，运用方位照相、概览照相方式，拍摄交通事故现场环境、现场位置和现场概貌。

② 拍摄交通事故发生周围的地形、道路走向和现场所处位置。

③ 拍摄交通事故的状态，事故现场有关车辆、尸体、物体的位置、状态。

2）痕迹勘验照相。

① 尽量按照《道路交通事故痕迹物证勘验》标准规定的勘验内容和要求，运用中心照相、细目照相方式，拍摄现场中心和物体分离痕迹、物体表面痕迹、路面痕迹、人体衣着痕迹以及现场遗留物等。

② 拍摄事故现场中心部位或重要局部。

③ 拍摄车辆与其他车辆、人员、物体的接触部位以及在路面的痕迹。

④ 拍摄事故现场路面、车辆、人体或物体上的各种有关痕迹。

⑤ 拍摄与事故有关并且具有证据作用的物体的形状、大小、特征及颜色。

⑥ 进行近距或微距照相时，被摄物体为深色的，应加白底黑字比例标尺；被摄物体为浅色的，应加黑底白字比例标尺。

⑦ 物体分离痕迹。

a）拍摄分离端面的痕迹特征。

b）拍摄分离物在原物体中的具体位置。

c）拍摄原物体的基本状况及内部结构特征。

图6-6　概览照相

⑧ 物体表面痕迹。

a）拍摄痕迹的形状、大小、深浅、受力方向颜色、质感。

b）拍摄痕迹在物体上的具体位置。

c）有必要进行拍摄检验认定的细微痕迹，可按所需比例直接放大照相。

⑨ 路面痕迹。

a）拍摄痕迹在路面上的特定位置和起止距离。

b）拍摄痕迹形态、深浅、受力方向。

c）拍摄路面痕迹的造型客体及其与痕迹的相互位置。

⑩ 人体衣着痕迹。

a）拍摄人体衣着表面上痕迹的形状、大小、受力方向、颜色。

b）拍摄痕迹在衣着上的具体位置。

c）每个痕迹拍摄一张照片；同一部位多层衣着和体表都有痕迹的，应根据需要分别拍摄。

图6-7　中心照相

⑪ 遗留物。

a）拍摄遗留物的形状、体积特征，并充分反映物品的质地。

b）拍摄遗留物品在现场中的原始位置。

c）需要反映物品的立体形状时，拍摄不得少于两个侧面。

⑫ 必要时，应拍摄人体手迹、足迹提取照片。

⑬ 需要鉴定的，应拍摄本物体与原形照片。

3）车辆检验照相。

① 根据检验鉴定交通事故车辆的需要，运用中心照相和细目照相方式，拍摄事故车辆的号牌、车型、部件、零件等。

② 分解检验的车辆及其部件、零件，应当拍摄完整的被检验车辆的损坏情况、形态、号牌、部件、零件及其所属部位。

③ 对分解的部件、零件可根据需要由表及里拍摄分解的各层次，表现出发生故障和损坏的情况。

④ 对直接造成交通事故的故障和损坏的机件，可根据需要拍摄该机件的完好与损坏的对比照。

⑤ 根据车辆检验鉴定书提列，拍摄有关照片。

a）碰撞痕迹。这种痕迹一般在外形上表现为凹陷、隆起、变形、断裂、穿孔、破碎等特征，一般只要选择合适的拍摄角度即可表现出来。凹陷痕迹特别是较小、较浅的凹陷痕迹较难拍摄，拍摄这种痕迹时，用光是关键，一般可采用侧光，也可利用反光板、闪光灯进行拍摄。

b）刮擦痕迹。这种痕迹一般表现为被刮擦的双方表皮剥脱、互相黏挂，如接触点有对方车辆的漆皮或者被刮伤者的衣服纤维，人的皮肉、毛发等。如刮擦痕迹为对方物体的表面漆皮等有颜色物体，可选择相应的滤色镜拍摄，突出被黏挂物。

图6-8　细目照相

c）机件断裂痕迹：一般都有明显的陈旧裂痕，能在现场照相，应立即拍摄，如不便拍摄，可拆下后进行拍摄。

4）人体照相。

① 根据检验鉴定交通事故当事人死亡或受伤原因的需要，运用中心照相、细目照相方式，拍摄人体的伤痕；为辨认需要，拍摄有关人员的辨认照片。

② 人体伤痕。

a）拍摄痕迹的形状、大小、特征，应尽量表现出创伤程度；有擦、挫伤痕迹和创口的，应放置比例尺。

b）拍摄伤痕在人体上的具体位置。

c）拍摄伤员伤痕，应在不影响救护工作的前提下，尽可能拍摄伤痕的原始状况。

d）尸体头部有伤痕的，应剪去局部毛发，显现伤痕后再拍摄。

③ 尸体。

a）拍摄遗留在现场的尸体原始位置。

b）拍摄单独尸体原始着装侧面全身照片和正面半身照片。

c）多人死亡事故，可拍摄群尸排列场面。

d）死者脸部严重受损无法辨认的，应拍摄该死者有关证件的照片。

e）无名尸体还应当拍摄尸体生理、病理特征照片和整容后的正面半身照片。

f）尸体检验时，应拍摄正面或侧面全身裸体照片。

g）尸体解剖检验时，应根据法医鉴定需要拍摄有关照片。

④ 肇事者。根据案情需要拍摄造成重、特人事故无身份证明的肇事者全身或半身辨认照片。拍摄时，可将肇事者安置在肇事车辆的车牌或车门旁。

4. 现场照相中的一般技术常识

现场照相中常存在如下一些技术问题，如现场照相取景、接片技术在现场照相中的运用，滤色镜的使用，事故现场常见痕迹的照相等。

1）现场照相的取景。所谓取景，就是根据照相的目的和要求，确定照相范围、照相重点，选择照相角度、距离的过程。简单地说，就是选择和确定能最充分地反映照相目的和要求，能突出主体物的照相。有以下要点：

① 照相距离：照相距离是指照相立足点和被照相的物体之间的距离。照相距离远则照相范围大，但物体影像小，宜于表现大场面。根据照相点的距离不同，所拍图像分别称为远景、中景、近景和特写，在现场照相中远景、中景用来表现现场概貌，而近景和特写用来表现景物的局部较小物体及某些痕迹等。

② 照相角度：照相角度是指照相立足点与被拍物体的上下和左右关系。上下关系分俯拍、平拍、仰拍；左右关系分正面照相、侧面照相。

③ 光照方向及角度：光照方向就是指光线与相机拍摄方向的关系，所谓光照角度是指光线与被照射物体的上下左右关系，有顺光、侧光和逆光之分。

2）接片技术在现场照相中的应用。由于受到拍摄距离和相机视角的限制，一次照相不能全部摄入被拍物，可采用把被拍摄物体分为几段，几次拍摄，然后把印好的照片拼接在一起，组成一幅照片，表现所需拍摄的景物，就叫做接片。其方法有回转连续照相法和平行直线连续拍摄法等。

5. 照片管理

1）照相地点：照相位置的正式名称。

2）摄影人：执行照相的人员姓名。

3）摄影时间：照相的年、月、日、时、分，并与照片组合。

4）照片尺寸规格。

5）一般应按照现场环境照片、痕迹勘验照片、车辆检验照片、肇事者照片的顺序编排。也可根据需要按照案卷材料分类编排。

6）照片标示。

① 直线标示：用直线划在照片上，顶端为所示物，下端伸出照片下沿 5mm，由左向右依次编号，再按编号分别加文字或数据注释。

② 框形标示：在局部照片处围划框形线，用箭头指向整体照片中的具体位置，框形线距局部照片边缘 2mm。

③ 箭头标示：在照片具体部位用箭头表示人或车的行进方向或道路走向及其他需要标明、认定的物体。

④ 符号标示：在各种符号表明照片中的具体物品的位置，另加文字或数据注释。

⑤ 线条、符号标示使用红色，线条粗不超过 1.5mm。

⑥ 文字说明要简练，使用蓝、黑墨水书写，字迹清楚。

6. 照相机选择

现代照相机有数码照相机和光学照相机，对于现场查勘建议有条件用时采用两种照相机。数码照相机拍摄的照片便于计算机管理，便于网上传输，成像快，缺点是易被修改、伪造，光学照相机正好相反。

现场查勘人员应当十分注重通过摄影记录损失情况，因为，照片不仅是赔款案件的第一手资料，而且是查勘报告具有形象性的旁证材料，也是对文字报告的一个必要补充，应予以充分的重视，防止出现技术失误。

车险查勘人员的理想照相机要求光学变焦范围（相当于 35mm 相机）不小于 28～112，镜头或 CCD 有旋转功能最好。

四、现场图绘制技术

1. 现场图意义

现场图是以正投影原理的绘图方法绘制的。实质上是一张保险车辆事故发生地点和环境的小范围地形平面图。根据现场查勘要求必须迅速全面地把现场上的各种交通元素、遗留痕迹、道路设施以及地物地貌，用一定比例的图例绘制在平面图纸上。它所表现的基本内容如下：

1）能够表明事故现场的地点和方位，现场的地物地貌和交通条件。

2）表明各种交通元素以及与事故有关的遗留痕迹和散落物的位置。

3）表明各种事物的状态。

4）根据痕迹表明事故过程，车、人、畜的动态。

现场图是研究分析出险事故产生原因，判断事故责任，准确定损，合理理赔的重要依据。现场图不仅是绘图者能看懂，更重要的是能使别人看懂，使没有到过出险现场的人能从现场图中了解到出险现场的概貌。

通常，第一现场查勘须绘制现场图，非第一现场一般已不具备绘制现场图的条件。机动车辆保险中第一现场查勘多为单方事故，现场查勘图无判断事故为哪一方责任的意义，只是为了反映现场状况，使他人通过现场图能够对事故现场状况有一个总体的认识。

2. 现场图的种类

现场图根据制作过程可分为现场记录图和现场比例图。

1）现场记录图，是勘查交通事故现场时，对现场环境、事故、形态有关车辆、人员、物体、痕迹的位置及其相互关系所作的图形记录。它是现场查勘的主要记录资料。由于现场记录图是在现场绘制的，而且绘图时间短，因而就不那么工整，但内容必须完整，物体位置和形状、尺寸、距离的大小要成比例，尺寸数字要准确。出图前发现问题，可以修改、补充。在一般情况下，通过平面图和适当的文字说明，即可反映出出险事故现场的概貌。有时，为了表达出险事故现场的空间位置和道路纵、横断面几何线形的变化，也常采用立面图和纵横剖面图。

2）现场比例图，是为了更形象、准确地表现事故形态和现场车辆、物体、痕迹，根据现场记录图和其他勘查记录材料，按《道路交通事故现场图形符号》（GB/T 11797—2005）和一定比例重新绘制交通事故现场全部或局部的平面图形。

现场比例图是根据现场记录图所标明的尺寸、位置，选用一定比例，按照绘图要求，工整准确地绘制而成的正式现场比例图。它是理赔或诉讼的依据。

3. 绘图的一般要求

1）现场记录图是记载和固定交通事故现场客观事实的证据材料，应全面、形象地表现交通事故现场客观情况，但一般案情简明的交通事故，在能够表现现场客观情况的前提下，可力求制图简便。

2）绘制各类现场图需要做到客观、准确、清晰、形象，图栏各项内容填写齐备，数据完整，尺寸准确，标注清楚。用绘图笔或墨水笔绘制、书写。

3）现场记录图、现场比例图、现场分析图以正投影俯视图形式表示。

4）交通事故现场图各类图形符号应按实际方向绘制。

5）交通事故现场的方向，应按实际情形在现场图右上方用方向标标注；难以判断方向的，可用"←"或"→"直接标注在道路图例内，注明道路走向通往的地名。

6）图线宽度在 0.25~2.0mm 之间选择。在同一图中同类图形符号的图线应基本一致。

7）绘制现场图的图形符号应符合《道路交通事故现场图形符号》标准（GB/T 11797—2005）的规定。《道路交通事故现场图形符号》标准中未作规定的，可按实际情况绘制，但应在说明栏中注明。

8）比例。

① 绘制现场比例图时可优先采用 1∶200 的比例。也可根据需要选择其他比例。

② 绘制比例应标注在图中比例栏内。

9）尺寸数据与文字标注。

① 现场数据以图上标注的尺寸数值和文字说明为准，与图形符号选用的比例、准确度无关。

② 图形中的尺寸，以厘米（cm）为单位时可以不标注计量单位。如采用其他计量单位时，必须注明计量单位的名称或代号。

③ 现场丈量的尺寸一般只标注一次。需更改时，应做好记录。

④ 标注文字说明应当准确简练，一般可直接标注在图形符号上方或尺寸线上方，也可引出标注。

10）尺寸线和尺寸界线。

① 尺寸数字的标注方法参照《总图制图标准》（GB/T 50103—2010）的规定。

② 尺寸线用细实线绘制，其两端可为箭头形。在没有位置时也可用圆点或斜线代替。

③ 尺寸界线用细实线绘制，一般从被测物体、痕迹的固定点引出，尺寸界线一般应与尺寸线垂直，必要时才允许倾斜。

11）现场记录图的绘制要求。

① 现场记录图以平面图为主。

② 现场绘图时应注意绘制以下情况：

a）基准点（选择现场一个或几个固定物）和基准线（选择一侧路缘或道路标线）。

b）道路全宽和各车道宽度、路肩宽度及性质。

c）第一冲突点遗留在路面的痕迹及与其相关物体、痕迹间的关系数据。

d）各被测物体、痕迹、尸体所在位置，距丈量基准线尺寸及相互间尺寸。

e）3%以上的道路坡度，弯道的半径及超高，超车视距及停车视距。

f）路口各相位的宽度及视线区。

③ 绘制的现场记录图应反映出现场全貌。现场范围较大的可使用双折线压缩无关道路的画面。

④ 现场记录图中各物体、痕迹、标志、标线、基准点、基准线等间距，一般使用尺寸线、尺寸数据标注或说明，必要时可使用尺寸界线。

⑤ 现场图绘制完毕，必须在现场进行审核，检查有无基准点、基准线及第一冲突点，各被测物体及痕迹有无遗漏，测量数据是否准确，有无矛盾等。

⑥ 现场记录图应在事故现场测绘完成。

12）现场比例图的绘制要求。

① 现场比例图作为证据是现场记录图的补充和说明。

② 现场比例图以现场记录图、现场勘查记录所载的数据为基础和依据，以现场记录图中的基准点和基准线为基准，以俯视图表示，使用相应的图形符号，将现场所绘制的图形及数据按比较严格的比例绘制。

4. 现场记录图的绘制

现场记录图要求在现场查勘结束时当场出图，在很短的时间内，把现场复杂的情况完整无误地反映在图面上，就要求绘图者必须具备一定的业务水平和熟练的绘图技巧。现场记录图的绘制过程如下。

1）根据出险现场情况，选用适当比例，进行图面构思。

2）按近似比例画出道路边缘线和中心线。通常现场图上北下南，上北下南不易表达时，可利用罗盘确定道路走向。在图的右上方绘指北标志，标注道路中心线与指北线的夹角。

3）根据图面绘制的道路，用同一近似比例绘制出险车辆图例，再以出险车辆为中心向外绘制各有关图例。

4）根据现场具体条件选择基准点，应用定位法为现场出险车辆及主要痕迹定位。

5）按现场查勘顺序先标尺寸，后注文字说明。

6）根据需要绘制立面图、剖面图或局部放大图。

7）核对，检查图中各图例是否与现场相符，尺寸有无遗漏和差错。

8）签名，经核对无误，现场查勘人员、当事人或代表应签名。

5. 现场比例图的绘制

对于需要绘制比例图的案件笔者建议采用交通事故现场图专用计算机软件绘制，这里不再赘述。

第四节　交通事故责任认定技术基础

为了确定保险责任，对于交通事故，现场查勘人员必须通过现场的查勘、当事人或处理事故交通民警的情况了解，判断被保险人或其驾驶人与事故中的责任情况，为立案、预估损失、未决赔款准备金的确定做好前期工作。现场查勘人员必须掌握一些交通事故责任认定的基础知识。

交通事故责任是对交通事故当事人的交通行为与造成交通事故的关系及其应承担义务的表述。认定交通事故责任是处理交通事故的核心，直接关系到当事人的切身利益，是一项专业性很强的工作。

交通事故责任的认定是事故处理机关按照事故现场的勘查和调查的事实，依据《中华人民共和国道路交通安全法》《中华人民共和国道路交通安全法实施条例》以及事故发生地的《×××道路交通安全条例》的规定，对交通事故当事人在事故发生过程中有无违章行为，以及违章行为与事故损害的因果关系、作用大小，做出定量、定性分析的结论。定性是对当事人有无违法行为与交通事故之间有无因果关系的分析，即认定当事人有无责任。定量是当事人违章行为在事故中所起作用的大小，即应承担责任的多少。

一、责任认定的原则

1. 依法定责的原则

认定责任的法律依据主要是《中华人民共和国道路交通安全法》（简称《道交法》）。其中主要是右侧通行原则、各行其道原则、先后通行原则和安全原则等。

2. 以事实为依据的原则

客观事实是认定交通事故责任的基础。认定交通事故责任的事实就是交通事故发生的真实过程，造成事故的主、客观原因，人、车、路、环境等因素与交通事故之间的关系。客观事实是通过现场查勘得到的，是认定责任的依据，其中包括客观的直接证据和主观的间接证据。

3. 分析因果关系的原则

因果关系是不以人们的意志为转移的，但可以被人们认识和掌握。责任认定所分析的因果关系，就是作为事故原因的违章行为与造成交通事故之间的关系。要分析与事故发生有直接的、内在的、必然的联系的违章行为。简单地运用"违章是肇事的前因，肇事是违章的后果"这种逻辑关系，往往会把责任认定搞错。

4. 全面分析、综合评断的原则

所谓全面分析就是分析交通事故诸原因中的内在联系和相互影响，防止片面性，从而找出决定发生事故的内在的、本质的、必然的因素；综合评断就是综合评断违章行为在交通事故中的作用，进而认定交通事故责任的大小，因为违章行为在交通事故中作用的大小，并不与违章行为的严重程度成正比。

在交通事故中，违章作用的大小主要是根据路权原则和安全原则来确定的。路权原则是认定交通事故责任大小的根本原则，起主导作用，当因违反路权原则的违章行为与违反安全原则的违章行为而发生事故时，前者应负主要以上责任。

对于路权，《道交法》第三十五条规定，机动车、非机动车实行右侧通行。第三十六条规定，根据道路条件和通行需要，道路划分为机动车道、非机动车道和人行道的，机动车、非机动车、行人实行分道通行。没有划分机动车道、非机动车道和人行道的，机动车在道路中间通行，非机动车和行人在道路两侧通行。第三十七条规定，道路划设专用车道的，在专用车道内，只准许规定的车辆通行，其他车辆不得进入专用车道内行驶。上述法律条文明确指出车辆、行人根据道路的划分，按交通法规规定属于谁的路就由谁走，这就是交通参与者所享有的法定通行道路的权利。

路权的种类：

1）按通行方式分。可分为在道路一侧或单向路上，同一方向通行路权；在划分上下行路上的对向通行路权；不按车种、只按方向分道行驶的导向路权；在某一区域准许通行的区域通行路权。

2）若按主次分。可分为本道通行权和借道通行权。借道通行权与本道通行权发生矛盾时，以本道通行权为主优先通行。借道通行的含义，按公安部的行政解释规定："是指行人在没有划人行横道的路上通过车行道，车辆在转弯、会车、超车、掉头、停车时驶入其他道路，包括机动车变更车道，驶入非机动车道或人行道，非机动车驶入机动车道或人行道。"

二、构成交通事故责任的条件

构成交通事故责任必须同时具备以下条件。

1. 交通事故责任的主体

交通事故责任的主体，就是通常说的交通事故当事人。交通事故责任的主体，绝大多数是自然人，在个别情况下公路建设养护部门和车辆制造部门等法人也可以成为交通事故责任的主体。

2. 交通事故责任的主体必须有违法行为

所谓违法行为，就是违反《道交法》和其他有关道路交通管理法规、规章的行为。交通事故当事人没有违章行为，不构成交通事故责任。

3. 违章行为和交通事故之间存在因果关系

违法是事故的前因，事故是违法的后果，这是一种宏观的逻辑关系。但并不是所有的违法都一定要发生事故。违法行为和交通事故之间是否存在因果关系是构成交通事故责任认定的决定性条件，是交通事故责任认定的核心。也就是说交通事故当事人虽有违法行为，但违法行为与交通事故如无因果关系，则不构成交通事故责任。

三、交通事故中的检验与鉴定

《道路交通事故处理程序规定》第三十九条规定，公安机关交通管理部门对当事人生理、精神状况、人体损伤、尸体、车辆及其行驶速度、痕迹、物品以及现场的道路状况等需要进行检验、鉴定的，应当在勘查现场之日起5日内指派或者委托专业技术人员、具备资格的鉴定机构进行检验、鉴定。

检验、鉴定应当在20日内完成；需要延期的，经设区的市公安机关交通管理部门批准可以延长10日。检验、鉴定周期超过时限的，需报经省级人民政府公安机关交通管理部门批准。

《道路交通事故处理程序规定》第四十条规定，对精神病的医学鉴定，应当由省级人民政府指定的医院进行。

当事人因交通事故致残的，在治疗终结后，应当由具有资格的伤残鉴定机构评定伤残等级。

对有争议的财产损失的评估，应当由具有评估资格的评估机构进行。

具备资格的检验、鉴定、评估机构应当向省级人民政府公安机关交通管理部门备案，公安机关交通管理部门可以向当事人介绍符合条件的检验、鉴定、评估机构，由当事人自行选择。

《道路交通事故处理程序规定》第四十一条规定，交通事故造成人员死亡的，由急救、医疗机构或者法医出具死亡证明。尸体应当存放在殡葬服务单位或者有停尸条件的医疗机构。检验尸体不得在公众场合进行。解剖尸体需征得其亲属的同意。检验完成后，应当通知死者亲属在10日内办理丧葬事宜。无正当理由逾期不办理的，经县级以上公安机关负责人批准，由公安机关处理尸体，逾期存放的费用由死者亲属承担。

对未知名尸体，由法医提取人身识别检材、采集其他相关信息后，公安机关交通管理部门填写《未知名尸体信息登记表》，报设区的市公安机关有关部门。

核查出未知名尸体身份的，通知其亲属或者单位认领并处理交通事故。经核查无法确认身份的，应当在地（市）级以上报纸刊登认尸启事。登报后 10 日仍无人认领的，由县级以上公安机关负责人或者上一级公安机关交通管理部门负责人批准处理尸体。

《道路交通事故处理程序规定》第四十二条规定，公安机关交通管理部门扣留的事故车辆除检验、鉴定外，不得使用。检验、鉴定完成后 5 日内通知当事人领取事故车辆和机动车行驶证。对弃车逃逸的无主车辆或者经通知当事人 10 日后仍不领取的，依据《中华人民共和国道路交通安全法》第一百一十二条的规定处理。

对无牌证、达到报废标准、未投保机动车第三者责任强制保险等车辆，依据有关法律、法规的规定处理。

《道路交通事故处理程序规定》第四十三条规定，检验、鉴定、评估机构、人员接受公安机关交通管理部门指派、委托或者当事人委托的，应当在规定期限内完成检验、鉴定、评估。检验、鉴定、评估结果确定后，应当出具书面结论，由检验、鉴定、评估人签名并加盖机构印章。

《道路交通事故处理程序规定》第四十四条规定，公安机关交通管理部门应当在接到检验、鉴定结果后 2 日内将检验、鉴定结论复印件交当事人。当事人对公安机关交通管理部门的检验、鉴定结论有异议的，可以在接到检验、鉴定结论复印件后 3 日内提出重新检验、鉴定的申请。经县级公安机关交通管理部门负责人批准后，应当另行指派或者委托专业技术人员、有资格的鉴定机构进行重新检验、鉴定。

当事人对自行委托的检验、鉴定、评估结论有异议的，可以在接到检验、鉴定、评估结论后 3 日内另行委托检验、鉴定、评估，并告知公安机关交通管理部门，公安机关交通管理部门予以备案。

申请重新检验、鉴定、评估以一次为限。重新检验、鉴定、评估的时限与检验、鉴定、评估的时限相同。

四、道路交通事故等级划分

现公安交通管理部门的交通事故等级划分仍按 1992 年 1 月 1 日起实行的公安部《交通事故等级划分标准》，道路交通事故分为以下四类：

轻微事故，是指一次造成轻伤 1~2 人，或者财产损失机动车事故不足 1000 元，非机动车事故不足 300 元的事故。

一般事故，是指一次造成重伤 1~2 人，或者轻伤 3 人以上，或者财产损失不足 30000 元的事故。

重大事故，是指一次造成死亡 1~2 人，或者重伤 3 人以上 10 人以下，或者财产损失 30000 元以上不足 60000 元的事故。

特大事故，是指一次造成死亡 3 人以上，或者重伤 11 人以上，或者死亡 1 人，同时重伤 8 人以上，或者死亡 2 人，同时重伤 5 人以上，或者财产损失 60000 元以上的事故。

五、交通事故责任认定程序

交通事故责任认定程序是指在认定交通事故责任过程中，事故处理机关及人员必须遵循的工作流程行为准则。

一般程序分为审核材料、分析起因、上报审批、宣布认定和受理复查。

1）审核材料：是指对全部事故证据材料逐一审查。一是看证据是否收集齐全；二是看证据文书是否已按规定形成。

2）分析起因：是指根据收集得到的证据，分析造成事故的各种原因及其内在的因果关系，由经办人根据分析研究的结果，载入《交通事故成因报告表》。

3）上报审批：是指经集体研究分析交通事故原因，提出认定意见后，由经办人填写《审批报告表》，附上交通事故的全部档案材料，按规定的审批权限，逐级上报审批。

交通事故发生后，公安机关应当依法勘查交通事故现场、收集证据，在查明事实的基础上认定交通事故责任。

《道路交通事故处理程序规定》第四十六条规定：

公安机关交通管理部门对经过勘验、检查现场的交通事故应当自勘查现场之日起 10 日内制作交通事故认定书。交通肇事逃逸的，在查获交通肇事逃逸人和车辆后 10 日内制作交通事故认定书。对需要进行检验、鉴定的，应当在检验、鉴定或者重新检验、鉴定结果确定后 5 日内制作交通事故认定书。

除未查获交通肇事逃逸人、车辆的或者无法查证交通事故事实的以外，交通事故认定书应当载明以下内容：

1）交通事故当事人、车辆、道路和交通环境的基本情况。

2）交通事故的基本事实。

3）交通事故证据及形成原因的分析。

4）当事人导致交通事故的过错及责任或者意外原因。

交通事故认定书应当加盖公安机关交通管理部门交通事故处理专用章，分别送达当事人，并告知当事人申请公安机关交通管理部门调解的期限和直接向人民法院提起民事诉讼的权利。

六、交通事故损害赔偿与责任认定

1. 交通事故损害赔偿

1）《中华人民共和国道路交通安全法》第七十条规定，在道路上发生交通事故，未造成人身伤亡，当事人对事实及成因无争议的，可以即行撤离现场，恢复交通，自行协商处理损害赔偿事宜。

2）《中华人民共和国道路交通安全法》第七十四条规定，对交通事故损害赔偿的争议，当事人可以请求公安机关交通管理部门调解，也可以直接向人民法院提起民事诉讼。经公安机关交通管理部门调解，当事人未达成协议或者调解书生效后不履行的，当事人可以向人民法院提起民事诉讼。

3）《中华人民共和国道路交通安全法》第七十五条规定，肇事车辆参加机动车第三者责任强制保险的，由保险公司在责任限额范围内支付抢救费用；抢救费用超过责任限额的，未参加机动车第三者责任强制保险或者肇事后逃逸的，由道路交通事故社会救助基金先行垫付部分或者全部抢救费用，道路交通事故社会救助基金管理机构有权向交通事故责任人追偿。

4）《中华人民共和国道路交通安全法》第七十六条规定，机动车发生交通事故造成人身伤亡、财产损失的，由保险公司在机动车第三者责任强制保险责任限额范围内予以赔偿。不足部分，按照下列规定承担赔偿责任：

① 机动车之间发生交通事故的，由有过错的一方承担赔偿责任；双方都有过错的，按照各自过错的比例分担责任。

② 机动车与非机动车驾驶人、行人之间发生交通事故，非机动车驾驶人、行人没有过错的，由机动车一方承担赔偿责任；有证据证明非机动车驾驶人、行人有过错的，根据过错程序适当减轻机动车一方的赔偿责任；机动车一方没有过错的，承担不超过百分之十的赔偿责任。

交通事故的损失是由非机动车驾驶人、行人故意碰撞机动车造成的，机动车一方不承担赔偿责任。

2. 责任认定与推定

1）责任认定。《道路交通安全法实施条例》第九十一条规定，公安机关交通管理部门应当根据交通事故当事人的行为对发生交通事故所起的作用以及过错的严重程度，确定当事人的责任。

《道路交通事故处理程序规定》第四十五条规定，公安机关交通管理部门经过调查后，应当根据当事人的行为对发生交通事故所起的作用以及过错的严重程度，确定当事人的责任。

① 因一方当事人的过错导致交通事故的，承担全部责任；当事人逃逸，造成现场变动、证据灭失，公安机关交通管理部门无法查证交通事故事实的，逃逸的当事人承担全部责任；当事人故意破坏、伪造现场、毁灭证据的，承担全部责任。

② 因两方或者两方以上当事人的过错发生交通事故的，根据其行为对事故发生的作用以及过错的严重程度，分别承担主要责任、同等责任和次要责任。

③ 各方均无导致交通事故的过错，属于交通意外事故的，各方均无责任；一方当事人故意造成交通事故的，他方无责任。

交通事故责任认定确定后，应当制作《道路交通事故认定书》，并将《道路交通事故认定书》送交有关事故当事人。

当事人对交通事故责任认定有异议时，有权要求交通事故办案人员出具有关证据，说明责任认定的依据和理由。所谓有关证据，主要是指现场图、现场照片和鉴定结论。鉴定结论包括痕迹鉴定、车速鉴定、车辆安全运行技术鉴定、酒精鉴定等。上述证据均应让当事人阅看。

当事人对交通事故责任认定不服的，可以在民事损害赔偿时，向人民法院提出抗辩。人民法院经审查认为交通事故认定确属不妥，则不予采信，以人民法院审理认定的案件事实作为定案的依据。

2）责任推定。

① 《道路交通安全法实施条例》第九十二条规定，发生交通事故后当事人逃逸的，逃逸的当事人承担全部责任。但是，有证据证明对方当事人也有过错的，可以减轻责任。当事人故意破坏、伪造现场、毁灭证据的，承担全部责任。

② 《道路交通安全法实施条例》第九十五条规定，公安机关交通管理部门调解交通事故损害赔偿争议的期限为 10 日。调解达成协议的，公安机关交通管理部门应当制作调解书送交各方当事人，调解书经各方当事人共同签字后生效；调解未达成协议的，公安机关交通管理部门应当制作调解终结书送交各方当事人。交通事故损害赔偿项目和标准依照有关法律的规定执行。

3）常见轻微交通事故形态。

① 甲车追尾撞击前车尾部，乙车无过错的，甲车负全责，如图 6-9 所示。

② 甲车不按规定导向标线行驶，乙车无过错的，甲车负全责，如图 6-10 所示。

图 6-9 追尾事故

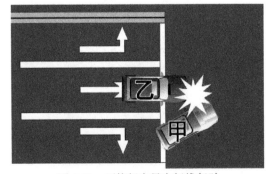

图 6-10 不按规定导向标线行驶

③ 甲车不按规定导向标志行驶，乙车无过错的，甲车负全责，如图 6-11 所示。

④ 甲车违反灯控信号、闯红灯，乙车无过错的，甲车负全责，如图 6-12 所示。

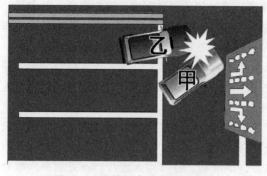
图 6-11　不按规定导向标志行驶

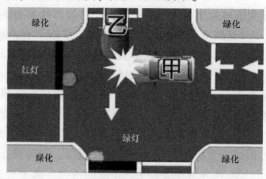
图 6-12　违反灯控信号

⑤ 甲车准备进入环形路口时，未让已在路口内的机动车先行，乙车无过错的，甲车负全责，如图 6-13 所示。

⑥ 右转弯的甲车未让直行的车辆先行的，乙车无过错的，甲车负全责，如图 6-14 所示。

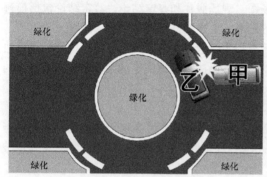
图 6-13　未让已在路口内的机动车先行

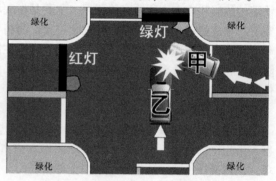
图 6-14　右转弯车辆未让直行车辆先行

⑦ 左转弯的甲车未让直行的车辆先行的，乙车无过错的，甲车负全责，如图 6-15 所示。

⑧ 甲车在与对面来车有会车可能时超车的，乙车无过错的，甲车负全责，如图 6-16 所示。

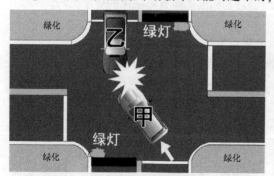
图 6-15　左转弯车辆未让直行车辆先行

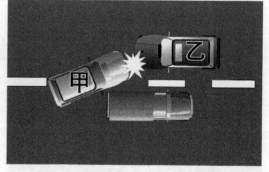
图 6-16　与对面来车有会车可能时超车

⑨ 甲车变更车道时，未让所借道路内的车辆优先通行，乙车无过错的，甲车负全责，如图 6-17 所示。

⑩ 甲车借道通行时，妨碍其他车辆通行，乙车无过错的，甲车负全责，如图 6-18 所示。

图 6-17 变道时未让所变道路车辆先行

图 6-18 借道通行时妨碍其他车辆通行

⑪ 甲车右转弯通过无灯控或交警指挥的路口时，未让左转弯机动车先行，乙车无过错的，甲车负全责，如图 6-19 所示。

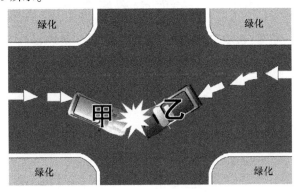

图 6-19 右转弯车辆未让左转弯车辆先行

⑫ 在没有中心隔离设施或者没有中心线有障碍的路段上，甲车遇相对方向来车时，未让无障碍的一方先行的，乙车无过错的，甲车负全责，如图 6-20 所示。

⑬ 甲车逆向行驶，乙车无过错的，甲车负全责，如图 6-21 所示。

图 6-20 未让无障碍一方先行

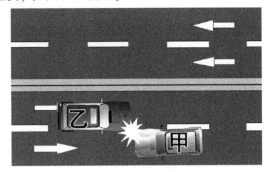

图 6-21 逆向行驶

⑭ 甲车违反规定超越正在超车的车辆，乙车无过错的，甲车负全责，如图 6-22 所示。

⑮ 通过没有交通信号灯控制或者交通警察指挥的交叉路口时，在交通标志，标线未规定优先通行的路口，未让右方道路的来车先行的，乙车无过错的，甲车负全责，如图 6-23 所示。

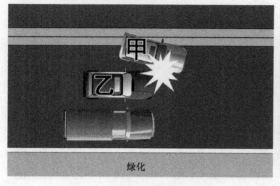

图 6-22　超越正在超车的车辆

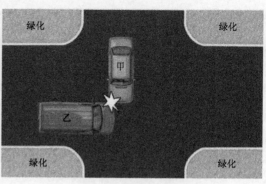

图 6-23　未规定优先通行的路口
未让右方道路来车先行

第五节　缮制现场查勘报告

根据现场查勘情况，填写《机动车辆理赔现场查勘记录》，见表6-4。

表6-4　机动车辆理赔现场查勘记录

现场查勘报告

被保险人：　　　　　　　　　交强险保单号码：

委托公司：　　　　　　　　　商业险保单号码：

委托公司报案编号：　　　　　委托公司立案编号：　　　　　　　　　　公估案件编号：

标的车辆	号牌号码：	是否与底单相符：		车架号码(VIN)：	是否与底单相符：	
	厂牌型号：		车辆类型：		是否与底单相符：	检验合格至：
	初次登记年月：		使用性质：	是否与底单相符：	漆色及种类：	
	行驶证车主：	是否与底单相符：		行驶里程：		燃料种类：
	方向形式：	变速器类型：	驱动形式：	损失程度：□无损失　□部分损失　□全部损失		
	是否改装：	是否具有合法的保险利益：		是否超载：		
驾驶人	姓名：		证号：	领证时间：	审验合格至：	
	准驾车型：	是否是被保险人允许的驾驶人：□是　□否		是否是约定的驾驶人：□是　□否　□合同未约定　□不详		
	是否酒后：□是　□否　□未确定					
查勘时间	(1)　　　是否第一现场：		(2)	(3)		
查勘地点	(1)		(2)	(3)		
出险时间：		保险期限：		出险地点：		
出险原因：□碰撞　□倾覆　□火灾　□自燃　□外界物体倒塌、坠落　□自然灾害　□其他(　　　　)						
事故原因：□疏忽、措施不当　□机械事故　□违章装载　□其他(　　　　　)						
事故涉及险种：□交强险　□车辆损失险　□第三者责任险　□附加险(　　　　　)						
专用车、特种车是否有有效操作证：□有　　□无						
营业性客车有无有效的资格证书：□有　　□无						
事故车辆的损失痕迹与事故现场的痕迹是否吻合：□是　　□否						

（续）

事故为：□单方事故　□双方事故　□多方事故		
标的车上人员伤亡情况：□无　□有　伤　　人；亡　　人。		
第三者车辆交强险情况：□有　□无　承保公司：　　　　　保险单号：		
第三者人员伤亡情况：□无　□有　伤　　人；亡　　人。		
第三者财产损失情况：□无　□有　□车辆损失　号牌号码　　　车辆型号　　　□非车辆损失(　　　)		
事故经过：		
施救情况：		
备注说明：		

被保险人（当事人）签字：　　　　　　　　　　　　　　　　　　查勘员签字：
日期：　　　　　　　　　　　　　　　　　　　　　　　　　　日期：

根据现场查勘记录，在没有事故证明等有关材料的情况下，依据保险条款，全面分析主客观原因，初步确定是否属于保险责任，如果属于保险责任确定涉及险种。

在备注说明栏，填写对保险责任确定可能造成异议的情况。如被保险人是否尽到应尽的义务等。

对电话报案的被保险人向其提供出险机动车辆保险出险通知书，同时，根据报案与现场查勘情况，在保险事故索赔须知上注明索赔时需要提供的单证和证明材料后交给被保险人，并对被保险人进行必要的事故处理和保险索赔的指导。

习　题

一、单项选择题

1. 查勘员接到查勘任务后应立即查阅保单抄件，保单抄件的内容不包括(　　　)。

A. 标的车基本情况　　　　　　　　B. 投保险别

C. 驾驶人详细信息　　　　　　　　D. 批改信息

答案：C

2. C_1 类驾驶证可以驾驶最多几座的客车？(　　　)

A. 5 座　　　　　　　B. 7 座　　　　　　　C. 9 座　　　　　　　D. 11 座

答案：C

3. 对于非第一现场事故查勘，应注意(　　)。

A. 确认现场不报案原因，以查验是否存在酒驾、调包、证件失效等风险

B. 根据案件损失大小程度以及存在风险可能性高低，进行回勘现场

C. 了解事故经过，避免简单复制报案记录，以查找事故原因，核实是否存在故意行为等风险

D. 根据事故责任认定书或其他书面材料所留联系方式，通知三者及时通知我司定损，并电话或者当面核实、了解三者损失

答案：B

4. 国产汽车型号中自卸车的类别代号是(　　)。

A. 1　　　　　　　　B. 3　　　　　　　　C. 4　　　　　　　　D. 7

答案：B

5. 某车辆厂牌型号为"EQ3108"，该车为(　　)。

A. 自卸车　　　　　　B. 轿车　　　　　　C. 大客车　　　　　　D. 牵引车

答案：A

6. 小区道路，甲车右转弯通过，乙车左转弯通过，无主次道路之分，依据道交法实施条例规定，下列说法谁对？(　　)

A. 对向行驶，右转车让左转车　　　　　　B. 对向行驶，左转车让右转车

答案：A

二、多项选择题

7. 以下哪项属于第一现场查勘？(　　)

A. 原始现场　　　　B. 变动现场　　　　C. 第二现场　　　　D. 恢复原始现场

答案：A、D

8. 阅读报案记录时需要关注的是(　　)。

A. 被保险人名称

B. 保险车辆车牌号

C. 出险时间、地点、原因、处理机关、损失概要

D. 被保险人、驾驶人及当事人联系电话

答案：A、B、C、D

9. 确认保险标的车辆信息，需要查验事故车辆的(　　)等信息。

A. 牌照底色　　　　　　　　　　　　　B. VIN码/车架号

C. 车辆颜色　　　　　　　　　　　　　D. 保险情况

答案：A、B、C、D

10. 机动车的车辆识别代码标志在车身固定部位，小型车一般在(　　)、发动机舱防火上沿、(　　)、(　　)、前排乘客座椅侧下方等部位。

A. 仪表台左前侧　　　　　　　　　　　B. 避振座上

C. 右侧B柱上　　　　　　　　　　　　D. 驾驶座椅侧下方

答案：A、B、C

11. 下列属于现场查勘拍照要求的是(　　)。

A. 现场摄影要依据实际情况采用由远至近、由大到小、由外到内、层层展开的拍摄方法

B. 现场照相的内容应当与道路交通事故现场查勘笔录和现场测绘图的有关记载相一致

C. 现场照相不得有艺术夸张，要客观、真实、全面地反映被摄对象

D. 现场照片必须在白天拍摄，否则不能真实反映现场状况

答案：A、B、C

12. 现场查勘报告中必需记录的基本信息是(　　)。

A. 承修厂资质　　　　　　B. 承修厂名称　　　　　　C. 驾驶人姓名　　　　　　D. 查勘地点

答案：C、D

13. 重大交通事故是指一次死亡(　　　)人，或者重伤(　　　)人，或者财产损失(　　　)元的事故。

A. 3人以上　　　　　　B. 1~2人　　　　　　C. 3~10人　　　　　　D. 3万~6万

答案：B、C、D

三、判断题

14. 缮制现场查勘报告是验明标的车、初步确定保险责任的重要环节。　　　　　　　　(　　)

答案：正确

第七章　碰撞损失评估

第一节　汽车碰撞损坏

一、汽车碰撞事故分类及特征

汽车碰撞事故可分为单车事故和多车事故，其中单车事故又可细分为翻车事故和与障碍物碰撞事故。翻车事故一般是驶离路面或高速转弯造成的，其严重程度主要与事故车辆的车速和翻车路况有关，既可能是人车均无大恙的局面，也可能造成车毁人亡的严重后果，图7-1列举了翻车的几种典型状态。与障碍物碰撞事故主要可分为前撞、尾撞和侧撞，其中前撞和尾撞较常见，而侧撞较少发生。与障碍物碰撞的前撞和尾撞又可根据障碍物的特征和碰撞方向的不同再分类，图7-2为几种典型的汽车与障碍物碰撞案例。尽管在单车事故中，侧撞较少发生，但当障碍物具有一定速度时也有可能发生，如图7-3所示。

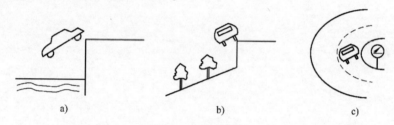

图 7-1　翻车情形

a) 正向坠崖翻车　b) 侧向坠崖翻车　c) 高速转弯翻车

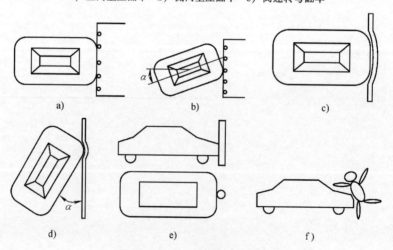

图 7-2　汽车与障碍物碰撞情形

a) 与刚性墙正碰　b) 与刚性墙斜碰　c) 与护栏正碰

d) 与护栏斜碰　e) 与刚性柱碰撞　f) 与行人碰撞

单车事故中汽车可受到前、后、左、右、上、下的冲击载荷，且对汽车施加冲击载荷的障碍物可以是有生命的人体或动物体，也可以是无生命的物体。显然，障碍物的特性和运动状态对汽车事故的后果影响较大。这些特性包括质量、形状、尺寸和刚性等。这些特性参数的实际变化范围很大，如人体的质量远比牛这类动物体的质量小，而路面和混凝土墙的刚性远比松土和护栏的刚性大。障碍物特性和状态的千变万化导致的结果是对事故车辆及乘员造成不同类型和不同程度的伤害。

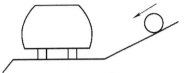

图 7-3 单车侧撞事故

多车事故为两辆以上的汽车在同一事故中发生碰撞，如图 7-4 所示。尽管多车事故中，可能有两辆以上的汽车同时相撞，但讨论其特征时可只考虑两辆车相撞的情形，如图 7-5 所示。图 7-5a 所示的正面相撞和图 7-5c 所示的侧面相撞都是具有极大危险性的典型事故状态，且占事故的 70% 以上。追尾事故在市内交通中发生时，一般相对碰撞速度较低。但由于追尾可造成被撞车辆中乘员颈部的严重损伤和致残，其后果仍然十分严重。从图 7-5 不难看出，在多车事故中，不同车辆所受的碰撞类型是不一样的，

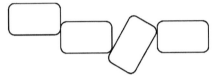

图 7-4 多车事故

如在图 7-5a 所示的正面碰撞中，两辆车均受前撞；在图 7-5b 所示的追尾事故中，前面车辆受到尾撞，而后面车辆却受前撞；在图 7-5c 所示的侧撞事故中，一辆汽车受侧撞，而另一辆汽车却受前撞。在多车事故中，汽车的变形模式也是千变万化的，但与单车事故比，有两个明显的特征：

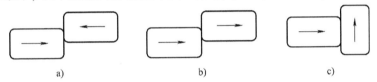

图 7-5 两车相撞情形
a）正碰 b）追尾 c）侧撞

1）在多车事故中一般没有来自上、下方向的冲击载荷。

2）给事故汽车施加冲击力的均为其他车辆，尽管不同车辆的刚性不一样，但没有单车事故中障碍物的刚性变化大。

提示

在实际生活中，除了以上描述的典型单车事故和典型多车事故外，还有这两类典型事故的综合型事故，如在多车事故中，一辆或多辆车与行人或其他障碍物发生碰撞。对于这类综合型事故的分析，可结合典型单车事故和典型多车事故的分析方法来讨论。

汽车事故发生的状态和结果千差万别，很难用有限的篇幅描述全部可能出现的情况。同时，从上述分析可以看出，尽管单车事故看上去只涉及单一车辆，似乎情况相对简单，但车辆本身可能造成的损伤比多车事故更复杂，因为单车事故包括了上、下受冲击载荷的情形，而多车事故中一般不包括这一情形。

二、汽车碰撞机理分析

1. 碰撞冲击力

在汽车碰撞过程中，碰撞冲击力的方向总是同某点冲击力特定角度相关。因此，冲击合力可

以分成分力，通过汽车向不同方向分散。

例如，在某汽车碰撞过程中，冲击力以垂直和侧向角度撞击汽车的右前翼子板，冲击合力可以分解成为三个分力：垂直分力、水平分力和侧向分力。这三个分力都被汽车零部件所吸收，如图7-6所示。水平分力使汽车右前翼子板变形方向指向发动机舱盖中心。侧向分力使汽车的右前翼子板向后变形。这些分力的大小及对汽车造成的损坏取决于碰撞角度。

冲击力造成大面积的损坏也同样取决于冲击力与汽车质心相对应的方向。假设冲击力的方向并不是沿着汽车的质心方向，一部分冲击力将形成使汽车绕着质心旋转的力矩，该力矩使汽车旋转，从而减小冲击力对汽车零部件的损坏，如图7-7a所示。

另一种情况是，冲击力指向汽车的质心，汽车不会旋转，大部分能量将被汽车零件所吸收，造成的损坏是非常严重的，如图7-7b所示。

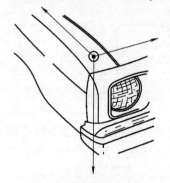

图7-6　碰撞角度和方向
　　对汽车损坏的影响

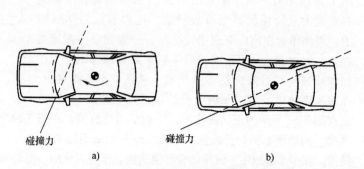

图7-7　碰撞方向与汽车质心的关系
a）偏心碰撞　b）对心碰撞

驾驶人的反应经常影响到冲击力的方向。尤其对于正面碰撞。驾驶人意识到碰撞不可避免时，其第一反应就是转动转向盘以避免正面碰撞，如图7-8a所示。这种反应所导致的汽车碰撞被称为侧面损坏。在众多的碰撞类型中，人们应首先了解这种碰撞类型损坏。

驾驶人的第二反应就是试图踩制动踏板，汽车进入制动状态，使汽车从前沿向下俯冲。这种类型的碰撞一般发生在汽车的前沿，比正常接触位置低，如图7-8b所示。由这种反应所导致的损坏类型称为凹陷，经常在侧向损坏后立即发生。正面碰撞中的凹陷能导致碰撞点高于汽车的前沿。这将引起发动机舱盖板件和车顶盖向后移动及汽车尾部向下移动。如果碰撞点的位置低于汽车的前沿，汽车的车身质量将引起汽车的尾部向上变形，迫使车顶盖向前移动，这就是为什么在车门的前上部和车顶盖之间形成一个大缝隙的原因，如图7-9所示。

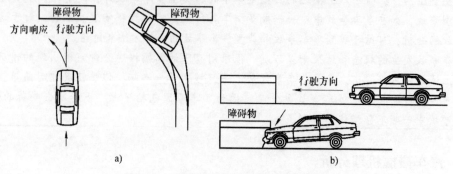

图7-8　驾驶人反应对碰撞方向的影响
a）第一反应——避让　b）第二反应——制动

2. 碰撞接触面积

假设汽车以相同的速度和相近的载货量行驶，碰撞的类型不同，损坏的程度也就不同。例如，撞击电线杆和一面墙，如果撞击的面积较大，损坏程度就较小，如图 7-10a 所示。

从另一个角度说，接触面积越小，损坏就越严重。如图 7-10b 中，保险杠、发动机舱盖、散热器等都发生严重的变形。发动机向后移动，碰撞所带来的影响甚至扩展到后悬架。

图 7-9 典型正面碰撞的损伤

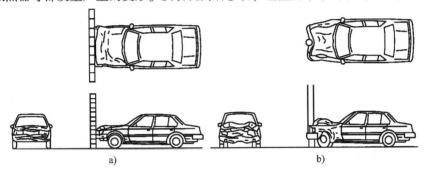

图 7-10 不同的碰撞接触面积产生的损伤
a) 碰撞接触面积大 b) 碰撞接触面积小

另一种情况是，一辆汽车撞击另一辆正在运动的汽车。如图 7-11 所示，假设汽车 1 向正在运动的汽车 2 侧面撞击。汽车 1 的运动使汽车前端向后运动，然而汽车 2 的运动将汽车 1 向侧面"拖动"。尽管这仅是一次碰撞，但是碰撞损失却是两个方向的。此外，在一个方向也可能出现二次碰撞，在高速公路连环相撞是一种普遍存在的现象。一辆轿车撞击另一辆轿车，然后冲向路边的立柱或栏杆，这是两种完全不同类型的碰撞。

还有许多其他类型的碰撞和混合碰撞的类型，要作出精确的损失评估，弄清楚汽车碰撞是如何发生的是非常重要的。通过获取大量的交通事故资料，并将它们同物理测量相结合，判定出汽车碰撞的类型及车身和哪些零件扭曲或折断。

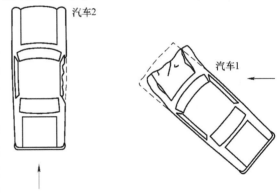

图 7-11 典型侧面碰撞的损伤
（箭头方向为碰撞前汽车行驶方向）

3. 冲击力的传递原理

现代汽车车身上有许多焊接缝。这些焊接缝可以作为汽车结构的刚性连接点。这些刚性连接点将冲击力传递给整个汽车上与之连接的钣金件和汽车零部件，因此大大降低了汽车的结构变形。

例如，如图 7-12 所示，假设汽车前角受到一个力 F_0 作用，B 区域将会变形，减小了 F_1 的冲击作用，剩下的冲击力传递到 C 点，金属将发生变形，能量继续减小，力变为 F_2，F_2 将分解成两个方向传递到 D 点，冲击力继续减弱为 F_3，所受到的力继续改变方向并冲击着车身的支柱和车顶盖，E 点的冲击力 F_4 继续减小，汽车车顶盖金属轻微变形，在 F 点几乎不再有冲击力，也不再发生变形。碰撞能量大部分都被汽车零部件所吸收，刚性连接点、结构件、钣金件都可以吸收能量。不仅这些部分可以直接吸收碰撞能量，而且其他与该点相连的零件也会发生变形，甚至在该点对面的零部件也能够发生变形或偏离原来位置。

要想完全掌握现代汽车特别是承载式车身汽车的碰撞损坏，了解汽车的冲击力传递原理是非常重要的，如图 7-13 所示。否则，就不能理解轻微损坏可能会引起汽车在操纵控制和运行性能上发生严重故障的事故损失。

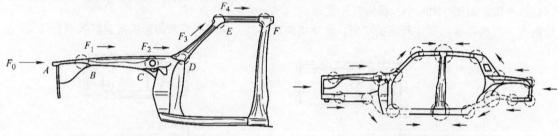

图 7-12　碰撞冲击力传递原理 　　　　图 7-13　追尾碰撞冲击力分布和
　　　　　　　　　　　　　　　　　　　　　　　　碰撞能量吸收区域

三、汽车碰撞损伤类型

按汽车碰撞行为分，汽车碰撞损伤可分为直接损伤（或一次损伤）和间接损伤（或二次损伤）。

1. 直接损伤

直接损伤是指车辆直接碰撞部位出现的损伤。如直接碰撞点为车辆左前方，推压前保险杠、左前翼子板、散热器护栅、发动机舱盖、左车灯等导致其变形，称为直接损伤。

2. 间接损伤

间接损伤是指二次损伤，并离碰撞点有一段距离的损伤，是因碰撞力传递而导致的变形，如车架横梁、行李舱底板、护板和车轮外壳等因弯曲变形和各种钣金件的扭曲变形等。

按汽车碰撞后导致的损伤现象不同，汽车碰撞损伤可归纳为五大类，即侧弯、凹陷、折皱或压溃、菱形损坏、扭曲等，如图 7-14 所示。

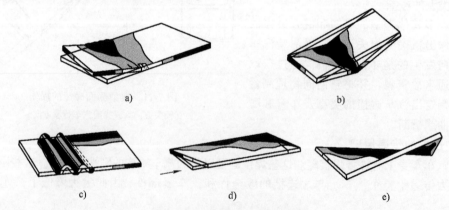

图 7-14　汽车碰撞损坏类型
a) 侧弯　b) 凹陷　c) 折皱或压溃　d) 菱形损坏　e) 扭曲

1）侧弯。汽车前部、汽车中部或汽车后部在冲击力的作用下，偏离原来的行驶方向发生的碰撞损坏称为侧弯。如图 7-14a 所示为汽车的前部侧弯，冲击力使汽车的一边伸长，一边缩短。

侧弯也有可能在汽车中部和后部发生。侧弯可以通过视觉观察和对汽车侧面的检查判别出来，在汽车的伸长侧面留下一条的刮痕，而在另一缩短侧面会有折皱。发动机舱盖不能正常开启等情况都是侧面损坏的明显特征。对于非承载式车身汽车，折皱式侧面损坏一般发生在汽车车架横梁的内部和相反方向的外部。承载式车身汽车车身也能够发生侧面损坏。

2）凹陷。凹陷就是出现汽车的发动机舱盖区域比正常的规定低的情况。损坏的车身或车架背部呈现凹陷形状。凹陷一般是由于正面碰撞或追尾碰撞引起的，有可能发生在汽车的一侧或两侧，如图7-14b所示。当发生凹陷时，可以看到在汽车翼子板和车门之间顶部变窄，底部变宽。也可以看到车门闩处过低。凹陷是一种普通碰撞损坏类型，大量存在于交通事故中。尽管折皱或扭结在汽车车架本身并不明显，但是一定的凹陷将破坏汽车车身的钣金件的结合。

3）折皱或压溃。折皱就是在车架(非承载式车身汽车)或侧梁(承载式车身汽车)上微小的弯曲。如果仅仅考虑车架或侧梁上的折皱位置，常常是另一种类型损坏。

> **提示**
>
> 在车架或在车架边纵梁内侧有折皱，表明有向内的侧面损坏；折皱在车架或在车架边梁外侧，表明有向外的侧面损坏；在车架或在车架边梁的上表面有折皱，一般表明是向上凹陷类型；如果折皱在相反的方向即位于车架的下表面，则一般为向下凹陷类型。

压溃是一种简单、具有广泛性的折皱损坏。这种损坏使得汽车框架的任何部分都比规定要短，如图7-14c所示。压溃损坏一般发生在前罩板之前或后窗之后。车门没有明显的损坏痕迹。然而在前翼子板、发动机舱盖和车架棱角等处会有折皱和变形。在轮罩上部车身框架常向上升，引起弹簧座损坏，如图7-15所示。伴随压溃损坏，保险杠的垂直位移很小。发生正面碰撞或追尾碰撞会引起这种损坏。

图7-15　车架的压溃、折皱和凹陷损坏

a) 汽车正面碰撞　b) 汽车追尾碰撞

> **提示**
>
> 在决定严重压溃损坏的修理方法时，必须记住一点：在承载式车身上，高强度钢加热后易于拉伸，但这种方法要严格限制，因为这些钢材加热处理不当，会使其强度、刚度降低。
>
> 对弯曲横梁采用冷压矫正法拉直可能导致板件撕裂或拉断。然而对小的撕裂，可用焊接的方法修复，但必须合理地考虑零件是修理还是换新件。如果结构部件扭绞，即弯曲超过90°，该零件应该换新件。如果弯曲小于90°，可能拉直并且能够满足设计强度，该零件可以修理。用简单的方法拉直扭绞零部件可能会使汽车结构性能下降。当这种未达到设计标准的汽车再发生事故时，气囊将有可能不能正常打开，这样就会危及乘客的生命。

4）菱形损坏。菱形损坏就是一辆汽车的一侧向前或向后发生位移，使车架或车身不再是矩形。如图7-14d所示，汽车的形状类似一个平行四边形，这是由于汽车碰撞发生在前部或尾部的一角或偏离质心方向所造成的。明显的迹象就是发动机舱盖和车尾行李舱盖发生了位移。在驾驶室后侧围板的后轮罩附近或在后侧围板与车顶盖交接处可能会出现折皱。折皱也可能出现在乘客室或行李舱地板上。通常，压溃和凹陷会带有菱形损坏。

菱形损坏经常发生在非承载式车身汽车上。车架的一边梁相对于另一边梁向前或向后运动。

可以通过量规交叉测量方法来验证菱形损坏。

5）扭曲。扭曲即汽车的一角比正常的要高，而另一角要比正常的低，如图7-14e所示。当一辆汽车以高速撞击到路边或高级公路中间分界之安全岛时，有可能发生扭曲型损坏。后侧车角发生碰撞也常发生扭曲损坏，仔细检查能发现板件不明显的损坏，然而真正的损坏一般隐藏在下部。由于碰撞，车辆的一角向上扭曲，同样，相应的另一角向下扭曲。由于弹簧弹性弱，所以如果汽车的一角凹陷到接近地面的程度，应该检查是否有扭曲损坏。当汽车发生滚翻时，也会有扭曲。

> **提示**
>
> 只有非承载式车身汽车才能真正发生扭曲。车架的一端垂直向上变形，而另一端垂直向下变形。从一侧观察，看到两侧纵梁在中间处交叉。
>
> 承载式车身汽车前后横梁并没有连接，因此并不存在真正意义上的"扭曲"。承载式车身损坏相似的扭曲是，前部和后部元件发生相反的凹陷，如右前侧向上凹陷，左后侧向下凹陷，左前侧向下凹陷而右后侧向上凹陷。
>
> 要区别车架扭曲和车身扭曲，因为它们的修理方法和修理工时是不同的。对于承载式车身汽车而言，在矫正每一端的凹陷时应对汽车的拉伸修理进行评估。对于非承载式车身汽车，需要两方面的拉伸修理：汽车前沿的拉伸修理和汽车后端的拉伸修理。

第二节 碰撞损伤的诊断与测量

要准确地评估一辆事故汽车，就要对其碰撞受损情况作出准确的诊断。就是说，要确切地评估出汽车受损的严重程度、范围及受损部件。确定完这些之后，才能制定维修工艺，确定维修方案。一辆没有经过准确诊断的汽车会在修理过程中发现新的损伤情况，这样，必然会造成修理工艺及方案的改变，从而造成修理成本的改变，由于需要控制修理成本，往往会造成修理质量不尽如人意，甚至留下质量隐患，对碰撞作出准确的诊断是衡量一名汽车评估人员水平的重要标志。

通常，一般的汽车评估人员对碰撞部位直接造成的零部件损伤都能作出诊断，但是这些损伤对于与其相关零部件的影响以及发生在碰撞部位附近的损伤常常可能会被疏忽。因此对于现代汽车，较大的碰撞损伤只用目测来鉴定损伤是不够的，还必须借助相应的工具及仪器设备来鉴定汽车的损伤。

一、在进行碰撞损伤鉴定评估之前应当注意的安全事项

1）在查勘碰撞受损的汽车之前，先要查看汽车上是否有破碎玻璃棱边，以及是否有锋利的刀状和锯齿状金属边角，为安全起见，最好对危险的部位做上安全警示，或进行处理。

2）如果有汽油泄漏的气味，切记勿使用明火和开关电气设备。事故较大时，为保证汽车的安全可考虑切断蓄电池电源。

3）如果有机油或齿轮油泄漏，注意当心滑倒。

4）在检验电气设备状态时，注意不要造成新的设备和零部件损伤。如车窗玻璃升降器，在车门变形的情况下，检验电动车窗玻璃升降功能时，切忌盲目升降车窗玻璃。

5）应在光线良好的场所进行碰撞诊断，如果损伤涉及底盘件或需在车身下进行细致检查时，务必使用汽车升降机，以提高评估人员的安全性。

二、基本的汽车碰撞损伤鉴定步骤

1）了解车身结构的类型。

2）目测确定碰撞部位。

3）目测确定碰撞的方向及碰撞力大小，并检查可能有的损伤。

4）确定损伤是否限制在车身范围内，是否还包含功能部件或零配件（如车轮、悬架、发动机及附件等）。

5）沿着碰撞路线系统地检查部件的损伤，直到没有任何损伤痕迹的位置，例如立柱的损伤可以通过检查门的配合状况来确定。

6）测量汽车的主要零部件，通过比较维修手册车身尺寸图表上的标定尺寸和实际汽车上的尺寸来检查汽车车身是否产生变形。

7）用适当的工具或仪器检查悬架和整个车身的损伤情况。

一般而言，汽车损伤鉴定按图 7-16 所示的步骤进行。

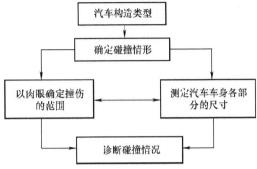

图 7-16　汽车损伤鉴定步骤图

三、目测确定碰撞损伤的程度

在大多数情况下，碰撞部位能够显示出结构变形或者断裂的迹象。用肉眼进行检查时，先要后退离开汽车对其进行总体观察。从碰撞的位置估计受撞范围的大小及方向，并判断碰撞如何扩散。同样先从总体上查看汽车上是否有扭转、弯曲变形，再查看整个汽车，设法确定出损伤的位置以及所有的损伤是否都是由同一起事故引起的。

碰撞力沿着车身扩散，并使汽车的许多部位发生变形，碰撞力具有穿过车身坚固部位抵达并损坏薄弱部件，最终扩散并深入至车身部件内的特性。因此，为了查找出汽车损伤，必须沿着碰撞力扩散的路径查找车身薄弱部位（碰撞力在此形成应力集中）。沿着碰撞力的扩散方向一处一处地进行检查，确认是否损伤和损伤程度。具体可从以下几个方面来加以识别。

1. 钣金件的截面突然变形

碰撞所造成的钣金件的截面变形与钣金件本身设计的结构变形不一样，钣金件本身设计的结构变形处表面油漆完好无损，而碰撞所造成的钣金件的截面变形处油漆起皮、开裂。车身设计时，要使碰撞产生的能量能够按照一条既定的路径传递，在指定的地方吸收，如图 7-17 所示。

2. 零部件支架断裂、脱落及遗失

发动机支架、变速器支架、发动机各附件支架是碰撞应力吸收处，发动机支架、变速器支架、发动机各附件支架在汽车设计时就有保护重要零部件免受损伤的功能。在碰撞事故中常有各种支架断裂、脱落及遗失现象出现。

3. 检查车身每一部位的间隙和配合

车门是以铰链装在车身立柱上的，通常立柱变形就会造成车门与车门、车

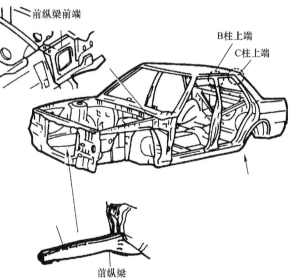

图 7-17　损伤容易出现的部位

门与立柱的间隙不均匀，如图7-18所示。

　　另外还可通过简单地开关车门，查看车门锁与锁扣的配合，从锁与锁扣的配合可以判断车门是否下沉，从而判断立柱是否变形，查看铰链的灵活程度可以判断立柱及车门铰链处是否变形。

　　在汽车前端碰撞事故中，检查后车门与后翼子板、门槛、车顶侧板的间隙，并进行左右对比是判断碰撞应力扩散范围的主要手段。

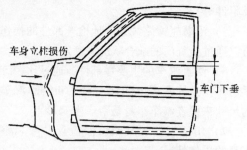

图7-18　通过车门下垂检查立柱是否损伤

　　4. 检查汽车本身的惯性损伤

　　当汽车受到碰撞时，一些质量较大的部件（如装配在橡胶支座上的发动机附离合器总成）在惯性力的作用下会造成固定件（橡胶垫、支架等）及周围部件及钢板移位、断裂，应进行检查，对于承载式车身结构的汽车还需检查车身与发动机及底盘结合部是否变形。

　　5. 检查来自乘员及行李的损伤

　　乘员和行李在碰撞中由于惯性力作用还能引起车身的二次损伤，损伤的程度因乘员的位置及碰撞的力度而异，其中较常见的损伤有转向盘、仪表工作台、转向柱护板及座椅损坏等。行李舱中的行李的撞击是造成行李舱中CD机、音频功率放大器等设施损坏的常见原因。

四、车身变形的测量

　　碰撞损伤汽车车身尺寸的测量是做好碰撞损失评估的一项重要工作，就承载式车身结构的汽车来说，准确的车身尺寸测量对于损伤鉴定更为重要。转向系统和悬架大都装配在车身上。齿轮齿条式转向器通常装配在车身或副梁上，形成与转向臂固定的联系，车身的变形直接影响转向系统中横拉杆的定位尺寸。大多数汽车的主销后倾角和车轮外倾角不可调整，是通过与车身的固定装配来实现的，车身悬架座的变形直接影响汽车的主销后倾角和车轮外倾角。发动机、变速器及差速器等也被直接装配在车身或车身构件支承的支架上。车身的变形还会使转向器和悬架变形，或使零部件错位，而导致转向操作失灵，传动系统的振动和噪声，拉杆接头、轮胎、齿轮齿条的过度磨损和疲劳损伤。为保证汽车正确的转向及操纵性能，关键定位尺寸的误差必须不超过3mm。

　　碰撞损伤的汽车最常见部位测量如下。

　　1. 车身的扭曲变形测量

　　要修复碰撞产生的变形，撞伤部位的整形应按撞击的相反方向进行，修复顺序也应与变形的形成顺序相反。因此，检测也应按相反的顺序进行。

> **提示**
>
> 　　测量车身变形时，应记住车身的基础是它的中段，所以应首先测量车身中段的扭曲和变形状况，这两项测量将告诉汽车评估人员车身的基础是否周正，然后才能以此为基准对其他部位进行测量。
>
> 　　扭曲变形是最后出现的变形，因此应首先进行检测。扭曲是车身的一种总体变形。当车身一侧的前端或后端受到向下或向上的撞击时，另一侧就向相反的方向变形，这时就会呈现扭曲变形。

　　扭曲变形只能在车身中段测量，否则，在前段或后段的其他变形将导致扭曲变形的测量数据不准确。为了检测扭曲变形，必须悬挂两个基准自定心规，它们也称为2号(前中)和3号(后中)规。2号规应尽量靠近车体中段前端，而3号规则尽量靠近车体中段的后端。然后相对于3号规观测2号规：如果平行，则说明没有扭曲变形，否则说明可能有扭曲变形。注意，真正的扭曲变形必须存在于整个车身结构中。当中段内的两个基准规不平行时，要检测是否为真正的扭曲变形，通常我们再挂一个量规。应在未出现损伤变形的车身段上，把1号(前)或4号(后)自定心规挂上。这个自定心规应相对于靠其最近的基准规来进行测量，即1号规相对于2号规，而4号规相对于3号规观测。如果前(或后)量规相对于最靠近它的基准规观测的结果是平行的，则表示不存在真正的扭曲变形，而只是在中段失去了平行。当存在真正的扭曲变形时，各量规将呈现出如图7-19所示的情形。

2. 前部车身的尺寸测量

图7-20所示为典型的承载式结构车身前部的控制点和定位尺寸。

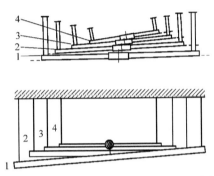

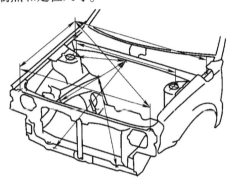

图7-19　车身扭曲时各个自定心规呈现出的状态　　　图7-20　前部车身上的测量点

提示

通过测量图中所标位置的尺寸，和出厂车身尺寸进行比较来判断碰撞产生的变形量。最常用的方法是上部测量两悬架座至另一侧散热器框架上控制点的距离是否一致；下部测量前横梁两定位控制点至另一侧副梁后控制点的距离是否一致。通常检查的尺寸越长，测量就越准确。如果利用每个基准点进行两个或更多个位置尺寸的测量，就能保证所得到的结果更为准确，同时还有助于判断车身损伤的范围和方向。

---

3. 车身侧围的测量

图7-21所示为典型的车身侧围的控制点和定位尺寸。

通常汽车左右都是对称的，利用车身的左右对称性，通过测量可以进行车身挠曲变形的检测，如图7-22所示。

这种测量方法不适用于车身的扭曲变形和左右两侧车身对称受损的情况，如图7-22c所示。

在图7-23中，通过左侧、右侧高度yz、YZ的测量和比较，可对损伤情况作出很好的判断，这一方法适用于左侧和右侧对称的部位，它还应与对角线测量法联合使用。

4. 车身后段的测量

后部车身的变形大致上可通过行李舱盖开关的灵活程度，以及行李舱的密封性来判断。后风

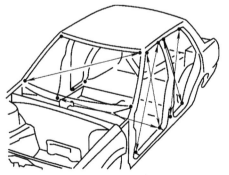

图7-21　车身侧板上的测量点

窗玻璃是否完好；后风窗玻璃与风窗玻璃框的配合间隙左右、上下是否合适也是汽车评估判断车身后部是否变形的常用手段。后部车身的常见测量点如图 7-24 所示。

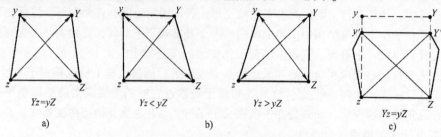

图 7-22　利用对角线法测量车身挠曲变形

a）车身没有挠曲　b）车身挠曲变形　c）车身两侧均发生变形

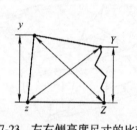

图 7-23　左右侧高度尺寸的比较

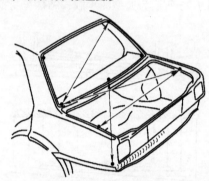

图 7-24　后部车身测量点

第三节　常损零件修与换的掌握

在损失评估中受损零件的修与换是困扰汽车评估人员的一个难题，同时也是汽车评估人员必须要掌握的一项技术，是衡量汽车评估人员水平的一个重要标志。在保证汽车修理质量的前提下，用最小的成本，完成受损部位修复是评估人员评估受损汽车的原则。碰撞中常损零件有承载式车身结构钣金件、车身覆盖钣金件、塑料件、机械件及电器件等。

一、承载式车身结构钣金件修与换的掌握

碰撞受损的承载式车身结构件是更换还是修复？这是汽车评估人员几乎每天都必须面对的问题。实际上，作出这种决定的过程就是一个寻找判断理由的过程。为了帮助汽车评估人员作出正确的判断，美国汽车撞伤修理业协会经过大量的研究，终于得出关于损伤结构件修复与更换的一个简单判断原则，即"弯曲变形就修，折曲变形就换"。

我国于 2011 年 5 月 8 日颁布和实行了 JT/T 795—2011《事故汽车修复技术规范》，其中配件修换原则部分有如下规定：

1）车身结构件损坏以弯曲变形为主应进行修理，折曲变形为主应进行更换。

2）车身板件有严重折曲变形或撕裂的，应予以更换。

3）车门防撞杆、防撞梁、中柱加强板和前后保险杠加强梁等超高强度车身板件，损坏后在冷态下不能矫正的，应予以更换。

4）连接车身与车架、车身板件之间的车身紧固件损坏后，应予以更换。

这与美国规定基本一致。然而，它对折曲变形的定义不一样，美国定义如下：

1）弯曲变形剧烈，曲率半径很小，通常小于3mm，通常在很短的长度上弯曲90°以上，如图7-25所示。

2）矫正后，零件上仍有明显的裂纹或开裂，或者出现永久变形带，不经过调温加热处理不能恢复到事故前的形状。

我国对折曲变形定义如下：弯曲变形剧烈，曲率半径很小（没有了美国的3mm的规定），通常在很短的长度上弯曲90°以上，通过拉拔矫正仍有明显的裂纹和开裂，或者出现永久变形带，需经高温热处理才能恢复到事故前状态的损伤形式。

虽然美国汽车撞伤修理业协会的"弯曲与折曲"原则是判断承载式车身结构件是更换还是修复的依据，但撞伤评估人员必须懂得：

1）为什么在折曲和随后的矫正过程中钢板内部发生了变化以及发生了什么变化。

2）为什么那些仅有一些小的折曲变形或有裂纹的大结构件也必须裁截或更换（图7-26）。

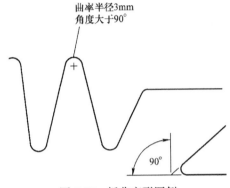

曲率半径3mm
角度大于90°

90°

图7-25　折曲变形图例

图7-26　这段加长梁虽已矫正，但在棱和
两个孔处有裂纹，所以被更换下来

3）当承载式车身决定采用更换结构板件时，应完全遵照制造厂的建议，这一点非常重要。当需要切割或分割板件时，厂方的工艺要求必须遵守，一些制造厂不允许反复分割结构板件。另一些制造厂规定只有在遵循厂定工艺时，才同意分割。所有制造厂家都强调，不要割断可能降低乘客安全性的区域、降低汽车性能的区域或者影响关键尺寸的地方。然而在我国，根据笔者对碰撞修理业的了解，几乎未见汽车修理业完全按制造厂工艺要求更换车身结构件，所以笔者认为在我国应采用"弯曲变形就修，折曲变形就可以换而不是必须更换"的原则，从而避免可能产生更大的车身损伤。

4）高强度钢在任何条件下，都不能用加热来矫正。

二、非结构钣金件修与换的掌握

非结构钣金件又称覆盖钣金件，承载式车身的覆盖钣金件通常包括可拆卸的前翼子板、车门、发动机舱盖、行李舱盖，以及不可拆卸的后翼子板、车顶等。

1. 可拆卸件修与换的掌握

1）前翼子板修与换的掌握。

① 损伤程度没有达到必须将其从车上拆下来才能修复，如整体形状还在，只是中部的局部凹陷，一般不考虑更换。

② 损伤程度达到必须将其从车拆下来才能修复，并且前翼子板的材料价格低廉、供应流畅，材料价格达到或接近整形修复工费，应考虑更换。

③ 如果每米长度超过3个折曲、破裂变形,或已无基准形状,应考虑更换(一般来说,当每米折曲、破裂变形超过3个时,整形和热处理后很难恢复其尺寸)。

④ 如果每米长度不足3个折曲、破裂变形,且基准形状还在,应考虑整形修复。

⑤ 如果修复工费明显小于更换费用应考虑以修理为主。

2) 车门修与换的掌握。

① 如果车门门框产生塑性变形,一般来说是无法修复的,应考虑以更换为主。

② 许多汽车的车门面板是可以作为单独零件供应的(如奥迪100型),面板的损坏可以单独更换,不必更换门壳总成。

其他同前翼子板。

3) 发动机舱盖和行李舱盖修与换的掌握。绝大多数汽车的汽车发动机舱盖和行李舱盖,是用两个冲压成形的冷轧钢板经翻边胶黏制成的。

① 判断碰撞损伤变形的发动机舱盖或行李舱盖是否要将两层分开进行修理,如果不需将两层分开,则不应考虑更换。

② 需要将两层分开整形修理,应首先考虑工时费加辅料与其价值的关系,如果工时费加辅料接近或超过其价值,则不应考虑修理。反之,应考虑整形修复。

其他同车门。

2. 不可拆卸件修与换的掌握

碰撞损伤的汽车中最常见的不可拆卸件就是三厢车的后翼子板(美国教科书称其为1/4车身面板),由于更换需从车身上将其切割下来,而国内绝大多数汽车修理厂在切割和焊接上满足不了制造厂提出的工艺要求,从而造成车身结构新的修理损伤。所以,笔者认为,在国内现有的修理行业设备和工艺水平下,后翼子板只要有修理的可能性都应采取修理的方法修复,而不像前翼子板一样存在值不值得修理的问题。

三、塑料件修与换的掌握

1. 塑料的种类、塑料的鉴别和塑料的修理方法

参阅第四章。

2. 塑料件修与换的掌握

塑料件修与换的掌握应从以下几个方面来考虑:

1) 对于燃油箱及要求严格的安全结构件,必须考虑更换。

2) 整体破碎应考虑以更换为主。

3) 价值较低、更换方便的零件应考虑以更换为主。

4) 应力集中部位,如富康车尾门铰链、撑杆锁机处,应考虑更换为主。

5) 基础零件,并且尺寸较大,受损为划痕、撕裂、擦伤或穿孔,这些零件拆装麻烦、更换成本高或无现货供应,应考虑以修理为主。

6) 表面无漆面的、不能使用氰基丙烯酸酯黏接法修理的且表面美观要求较高的塑料零件,一般来说,由于修理处会留下明显的痕迹,应考虑更换。

四、机械类零件修与换的掌握

1. 悬架系统、转向系统零件修与换的掌握

在阐述悬架系统中零件修与换的掌握之前,我们必须说明悬架系统与车轮定位的关系。非承载式车身,正确的车轮定位的前提是正确的车架形状和尺寸。对于承载式车身,正确的车轮定位的前提是正确的车身定位尺寸，如图 7-27 所示。这一点容易被人们忽视。车身定位尺寸的允许偏差一般在 1~3mm，可见要求之高。

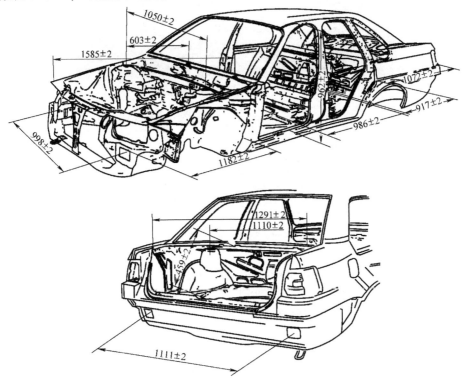

图 7-27　桑塔纳 2000 型车身主要定位尺寸

> **提示**
>
> 　　汽车悬架系统中的任何零件是不允许用矫正的方法进行修理的，当车轮定位仪器（前轮定位或四轮定位仪器）检测出车轮定位不合格时，用肉眼和一般量具又无法判断出具体的损伤和变形的零部件，不要轻易作出更换悬架系统中某个零件的决定。
>
> 　　车轮外倾、主销内倾、主销后倾，它们都与车身定位尺寸密切相关。车轮外倾、主销内倾、主销后倾的误差，首先分析是否是碰撞造成的，由于碰撞事故不可能造成轮胎的不均匀磨损，可通过检查轮胎的磨损是否均匀，初步判断事故前的车轮定位情况。

　　例如桑塔纳轿车，下摆臂橡胶套的磨损、锁板固定螺栓的松动，都会造成车轮外倾角的增大。检查车身定位尺寸，在消除了如摆臂橡胶套的磨损等原因、矫正好车身，使得相关定位尺寸正确后，再进行车轮定位检测。如果此时车轮定位检测仍不合格，再根据其结构、维修手册判断具体的损伤部件，逐一更换、检测，直至损伤部件确认为止。上述过程通常是一个非常复杂而烦琐的过程，又是一个技术含量较高的工作，由于悬架系统中的零件都是安全部件，而零件的价格又较高，鉴定评估工作切不可轻率马虎。

　　图 7-28 所示为某奔驰车左前部撞击。前轮定位失准，且部分在调整范围之外，修理人员首先更换了可能影响定位失准的部分悬架部件，前轮定位仍失准。矫正车身后，前轮定位正常。从这个案例中我们得出，碰撞会造成车身变形，必须首先校正车身，待车身定位尺寸恢复后再进行定位检测，这时的检测结果才能作为更换悬架零部件的前提。

　　转向机构中的零件也有类似问题。

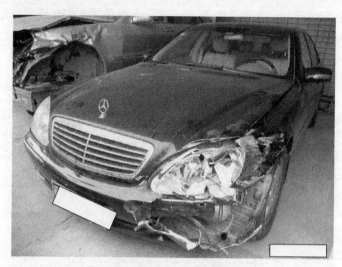

图 7-28　奔驰车左前部撞击

2. 铸造基础件修与换的掌握

汽车的发动机缸体、变速器、主减速器和差速器的壳体往往用球墨铸铁或铝合金铸造而成。在遭受冲击载荷时，常常会造成固定支脚的断裂。球墨铸铁或铝合金铸件都是可以焊接的。一般情况下，对发动机缸体、变速器、主减速器和差速器的壳体的断裂可以进行焊接修理。图 7-29 所示为桑塔纳普通型轿车在遭受正面或左侧正面碰撞时，气缸盖发电机固定处常见的碰撞断裂，这种断裂通过焊接，其强度、刚度和使用性能都可以得到满足。桑塔纳普通型轿车的气缸体的空调压缩机固定处，同样会遭受类似的碰撞损伤，也可以用类似方法修复。

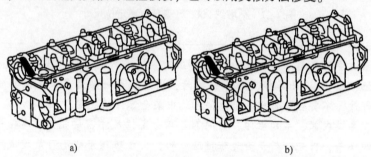

a)　　　　　　　　　　　　　　　　　b)

图 7-29　桑塔纳普通型轿车气缸盖常见的碰撞断裂
a）完好的气缸盖　b）常见的碰撞断裂（箭头所指处）

> **提示**
>
> 不论是球墨铸铁或铝合金铸件，焊接都会造成其变形，这种变形通常用肉眼看不出来。但如果焊接部位的附近对形状尺寸要求较高，则不适于焊接修复，也就是说，如果发动机气缸壁或变速器、主减速器和差速器的轴承座这些部位附近产生断裂，用焊接的方法修复常常是不行的，一般来说应考虑更换。

五、电器件修与换的掌握

有些电器件在遭受碰撞后，它的外观没有损伤，然而其"症状"却"坏了"，但它是真的"坏了"，还是系统中的电路保护装置工作了呢？一定要认真检查。

如果电路过载或短路就会出现大电流，导线发热、绝缘损伤，结果会酿成火灾。因此，电路中必须设置保护装置。熔断器、熔丝链、大限流熔断器和断路器都是过电流保护装置，它们可以单独使用，也可以配合使用。碰撞会造成系统过载，相应的熔断器、熔丝链、大限流熔断器和断路器会因过载而工作，出现断路，"症状"就是"坏了"。

各种电路保护装置如下。

1. 熔断器

现代汽车使用较多的是熔片式熔断器，如图 7-30 所示。

检查时将熔断器从熔断器板(俗称熔丝盒)上拔出来，透过透明塑料壳查看里边的熔丝有没有烧断和塑料壳有没有变色。如果烧断，更换应使用同一规格(电流量)的熔断器。

图 7-30　熔片式熔断器
a) 已烧断　b) 完好

许多欧洲产汽车采用陶瓷熔断器，它的中间是一个陶瓷绝缘体，一侧绕着一根金属丝。检查时可查看绕在陶瓷绝缘体外的金属丝有没有烧断。

无论哪种类型的熔断器都可以用万用表进行断路检测。

2. 熔丝链

熔丝链如图 7-31 所示，它用在最大电流限制要求不十分严格的电路中，通常装在点火开关电路和其他拔出点火钥匙后仍在工作的电路的蓄电池正极一侧，位置一般在发动机舱内的蓄电池附近；也用在不便于将导线从蓄电池引至熔断器板再引回负载的场合。

熔丝链是装在一个导体里的一小段细金属丝，通常靠近电源。由于熔丝链比主导线细，所以能在电路中其他部分损坏之前熔断并形成断路。熔断器表面有一层特殊的绝缘层，过热时会冒泡，表明熔丝已经熔化。如果绝缘表面看起来没问题，轻轻往两边拉拉电线，若能拉长，则说明熔丝链

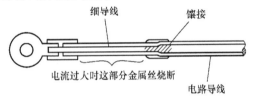

图 7-31　常见的熔丝链

已经熔化。如果拿不准它是否熔化，可以用测试灯或万用表进行断路检测。

3. 大限流熔断器

有些新的电器系统用大限流熔断器取代了常规的熔丝链。大限流熔断器的外观和用法有些像双熔片式熔断器，但外形比较大，电流的额定值也更高(一般要高 4~5 倍)。大限流熔断器装在单独的熔丝盒内，位于发动机舱盖下。

大限流熔断器的熔丝比一般熔丝链便于检查和更换。检查时透过彩色塑料壳可以看到熔丝，如果熔丝断了，将熔断器从熔丝盒里抽出来即可更换。

大限流熔断器的另一个优点是可以将汽车的电器系统分成几个较小的电路，方便诊断和检查。例如，有些汽车上用一个熔丝链控制大半个整机电路，如果这个熔丝链断了，许多电器装置都不能工作，换成若干个大限流熔断器，则因一个熔丝烧断而停机的电器装置的数目显著减少，这样可准确地找到故障源。

4. 断路器

有的电路用断路器保护。它可以集中装在熔丝盒上，也可以分散串在电路中。跟熔断器一样，它也是以电流值来定等级的。

断路器分循环式(图 7-32)和非循环式(图 7-33)两种。

1) 循环式断路器。循环式断路器常用一个由两面金属膨胀率相差较大的金属薄片制成(俗

称双金属熔丝），当流过双金属臂的电流过大时，金属臂就发热，由于两种金属的膨胀率相差较大，金属臂产生弯曲变形而打开触点，切断电流。电流停止后，金属冷却，恢复到原形状触点闭合，恢复供电。如果电流仍过大，电路又切断，如此反复。

图 7-32　典型的循环式断路器

2）非循环式断路器。非循环式断路器有两种。一种是停止给电路供电即可复位的，这种断路器的双金属臂上绕有线圈（图 7-33a），过流时触点打开，有小电流流过线圈。小电流不能驱动负载，但可以加热双金属臂，使金属臂保持断路状态，直到停止供电。另一种要按下复位按钮才能复位，其金属臂由一弹簧顶住，保持触点接通（图 7-33b）。电流过大时，双金属臂发热，弯曲到一定程度，克服弹簧阻力而打开触点，直到按下复位按钮才能重新闭合（如 EQ1091 前照灯线路采用）。

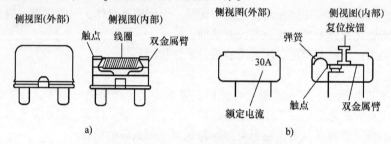

图 7-33　非循环式断路器的复位

a）切断供电电源　b）按下复位按钮

第四节　损失项目的确定

一、损失项目确定的过程和次序

以丰田卡罗拉轿车的碰撞损失为例，说明损失项目确定的过程和次序。

我们首先将丰田卡罗拉轿车的损失项目分为下列 30 多项。

1. 前保险杠及附件

前保险杠及附件由前保险杠、前杠骨架、前杠吸能装置、前保险杠支架、前杠拖钩盖板等组成，如图 7-34 所示。

现代轿车的保险杠绝大多数用塑料制成，对于用热塑性塑料制成，价格又非常昂贵的保险杠，并且为表面做漆的，破损处不多时，可用塑料焊机焊接。

保险杠饰条破损后基本以换为主。

保险杠使用内衬多为中高档轿车，常为泡沫制成，一般可重复使用。

现代轿车的保险杠骨架多数用金属制成，使用较多的是用冷轧板冲压成型，少数高档轿车采用铝合金制成。对于铁质保险杠骨架，轻度碰撞常采用钣金修理的方法修复，价值较低的中度以上的碰撞常采用更换的方法修复。铝合金的保险杠骨架修复难度较大，中度以上的碰撞多以更换修复为主。

保险杠支架多为铁质，一般价格较低，轻度碰撞常采用钣金修复，中度以上的碰撞多为更换修复。

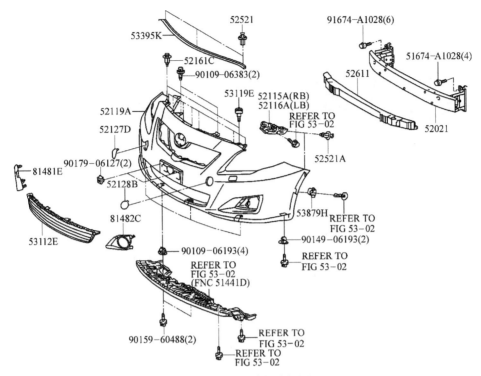

图 7-34　前保险杠分解图

52119A—前保险杠总成　53112E—前杠格栅　81482C—左前雾灯护罩　81481E—右前雾灯护罩

52128B—前杠拖钩盖板左　52127D—前杠钩盖板右　52161C—前杠连接螺钉　53119E—散热器格栅保护装置

53879H—前翼子板内衬挡板　52521A—前杠挡板卡子　52115A—前杠右侧支架　52116A—前杠左侧支架

52021—前杠骨架　52611—前杠吸能装置

　　保险杠灯多为转向信号灯和雾灯，表面破损后多采用更换修复，对于价格较高的雾灯，且损坏为少数支撑部位的，常用焊接和黏接修理的方法修复。

2. 前护栅

　　前护栅及附件由前护栅饰条、前护栅铭牌等组成。如图 7-35 所示。

　　前护栅及附件的破损多数以更换修复为主。

3. 前照灯及灯泡

　　前照灯由前照灯壳、远光灯、近光灯等组成，如图 7-36 所示。

　　现代汽车灯具表面多为聚碳酸酯（PC）或玻璃制成，支撑与反光部位常用丙烯腈-丁二烯-苯乙烯共聚物（ABS）制成。ABS 塑料属热塑性塑料，可用塑料焊焊接。表面的用玻璃制成的，如果破损，且有玻璃灯片供应可考虑更换玻璃灯片，对于价格较昂贵的前照灯，并且只是支撑部位局部破损可采取塑料焊焊接的方法修复。

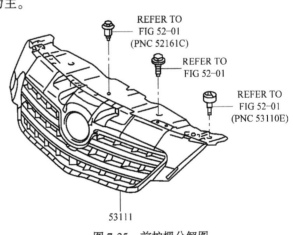

图 7-35　前护栅分解图

53111—汽车散热器护栅（中网）

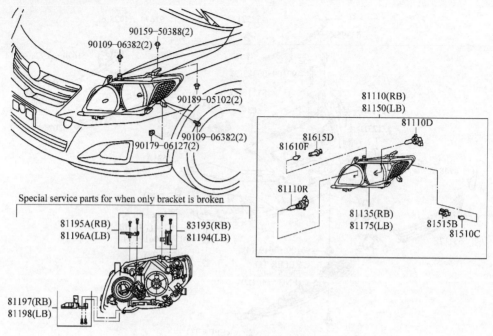

图 7-36　前照灯分解图

81110—前照灯总成　81135—前照灯灯壳　81110D—远光灯

81110R—近光灯　81515B—转向灯　81195A—前照灯卡扣

4. 散热器框架

散热器框架又称前裙，如图 7-37 所示。

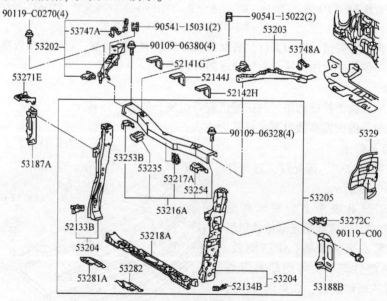

图 7-37　散热器框架分解图

53205—散热器框架总成　53204—散热器框架左、右部件

53216A—散热器框架上横梁　53218A—散热器框架上横梁

现代轿车的散热器框架在承载式车身中属于结构件，多为高强度钢板，如何鉴定结构件的整形与更换，参考前节内容。

由于散热器框架结构形状复杂，轻度的变形通常可以钣金修复，而中度以上的变形往往不易钣金修复，高强度低合金钢更是不宜钣金修复。

5. 冷凝器及制冷系统

空调系统由压缩机、冷凝器、干燥器、膨胀阀、蒸发器、管道及电控元件等组成，如图7-38所示。

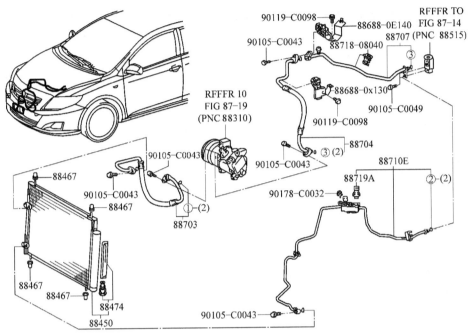

图 7-38　空调系分解图

88310—压缩机　88450—冷凝器(含干燥器)　88474—干燥器

88710E—空调管(蒸发器至冷凝器)　88704—空调管(压缩器至蒸发器)

88703—空调管(压缩机至冷凝器)　88707—空调管(蒸发器至压缩机)

提示

现代汽车空调冷凝器均采用铝合金制成，中低档车的冷凝器一般价格较低，中度以上的损伤一般采用更换的方法处理，高档轿车的冷凝器一般价格较贵，中度以下的损伤常可采用氩弧焊进行修复。注意冷凝器因碰撞变形后虽然未漏制冷剂，但拆下后重新安装时不一定就不漏制冷剂。

储液罐(干燥器)因碰撞变形一般以更换为主。如果系统在碰撞中以开口状态暴露于潮湿的空气中时间较长(具体时间由空气湿度决定)，则应更换干燥器，否则会造成空调系统工作时"冰堵"。

压缩机因碰撞常见的损伤有壳体破裂，带轮、离合器变形等，壳体破裂一般采用更换的方法修复，带轮变形、离合器变形一般采用更换带轮、离合器的方法修复。

汽车的空调管有多根，损伤的空调管一定要注明是哪一根，常用×××~×××加以说明。

汽车空调管有铝管和胶管两种，铝管因碰撞常见的损伤有变形、折弯、断裂等，变形一般采取矫正的方法修复，价格较低的空调管折弯、断裂一般采取更换的方法修复，价格较高的空调管折弯、断裂一般采取截去折弯、断裂处，再接一节用氩弧焊接的方法修复。胶管的破损一般采用更换的方法修复。

汽车空调蒸发器通常包括蒸发器壳体、蒸发器和膨胀阀等，最常见的损伤多为蒸发器壳体的破损，蒸发器壳体大多用热塑性塑料制成，局部的破损可用塑料焊焊接修复，严重的破损一般需更换，决定更换时一定要考虑有无壳体单独更换。蒸发器换与修基本同冷凝器。膨胀阀因碰撞损坏的可能性极小。

提示

空调系统中的压缩机是由发动机通过一个电磁离合器驱动的。在离合器接通和断开的过程中，由于磁场的产生和消失，产生了一个脉冲电压。这个脉冲电压会损坏车上精密的电脑模块。为了防止出现这种情况，在空调电路中接入一个分流二极管，这个二极管阻止电流沿有害的方向流过。当空调系统发生故障时，分流二极管有可能被击穿。如果不将被击穿的二极管换掉，可能会造成空调离合器不触发，甚至损坏电脑模块。

重新加注制冷剂及冷冻油的所需用量因制冷量的大小不同而不同，乘用车的制冷剂量常在500～1500g，所以充加的费用不能"一刀切"，大型客车的制冷剂可能达到20000g。

6. 散热器及附件

散热器及附件包括散热器、进水管、出水管、膨胀水箱等。如图7-39所示。

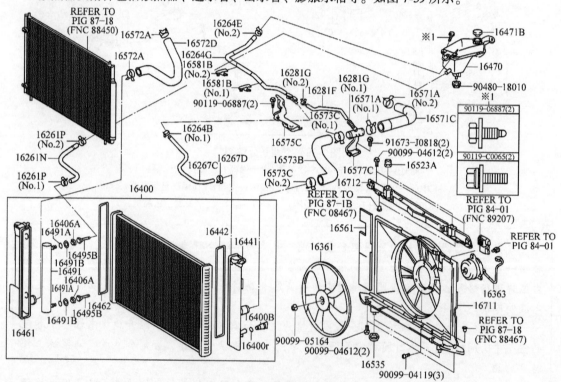

图7-39　冷却系统分解图

16400—散热器总成　16711—风扇护罩　16363—风扇电动机　16361—风扇　16470—膨胀水箱
16571C、16572D、16573B—软水管　16261N、16264G、16267C、16281F—硬水管

现代汽车散热器基本上是铝合金的，铜质散热器由于造价较高，基本已不再使用。判断散热器的修与换基本与冷凝器相似。所不同的是散热器常有两个塑料膨胀水箱，膨胀水箱破损后，一般需更换，而膨胀水箱在遭受撞击后最易破损。

提示

水管的破损一般以更换方式修复。

轻度风扇护罩变形一般以整形矫正为主，严重的变形常常采取更换的方法修复。

主动风扇与从动风扇常为风扇叶破碎，丰田卡罗拉车型将风扇叶做成可拆卸式，有风扇叶单独购买，风扇叶破碎可以单独更换风扇叶。

风扇传动带在碰撞后一般不会损坏，由于其正常使用的磨损也会造成损坏，拆下后如果需更换要确定是否是碰撞原因造成的。

---

7. 发动机盖及附件

发动机盖、铰链及附件等如图 7-40 所示。

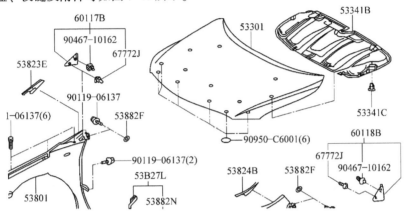

图 7-40 发动机舱盖及附件分解图

53301—发动机舱盖 53341B—发动机盖内衬

轿车发动机盖绝大多数采用冷轧钢板冲压而成，少数高档轿车采用铝板冲压而成。冷轧钢板在遭受撞击后常见的损伤有变形、破损，铁质发动机盖是否需更换主要依据变形的冷作硬化程度，基本几何形状程度，冷作硬化程度较小、几何形状程度较好的发动机盖常采用钣金修理法修复，反之则更换。铝质发动机盖通常产生较大的塑性变形就需更换。

提示

发动机盖锁遭受碰撞变形、破损多以更换为主。

发动机盖铰链遭受碰撞后多以变形为主，由于铰链的刚度要求较高，变形后多以更换为主。

发动机盖撑杆常有铁质撑杆和液压撑杆两种，铁质撑杆基本上都可以通过矫正修复，液压撑杆撞击变形后多以更换修复为主。

发动机盖拉索在轻度碰撞后一般不会损坏，碰撞严重会造成折断，折断后应更换。

---

8. 前翼子板及附件

前翼子板及附件如图 7-41 所示。

前翼子板遭受撞击后其修理与发动机盖基本相同。

前翼子板的附件常有翼子板内衬等，翼子板内衬因价格较低撞击破损后一般作更换处理。

9. 前纵梁及轮罩

前纵梁及附件如图 7-42 所示。

前轮罩及附件如图 7-43 所示。

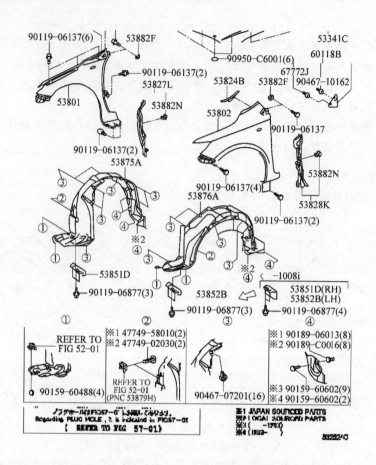

图 7-41　前翼子板及附件分解图

53801—右前翼子板　53802—左前翼子板　53875A—右前翼子板内衬　53876A—左前翼子板内衬
53827L—右前翼子板侧防护件　53828K—左前翼子板侧防护件

承载式车身的汽车前纵梁及轮罩属于结构件，按结构件方法处理。

10. 轮辋(钢圈)

轮辋如图 7-44 所示。轮辋遭撞击后以变形损伤为主，多以更换的方式修复；轮胎遭撞击后会出现爆胎现象，以更换方式修复；轮罩遭撞击后常会产生破损现象，以更换方式修复。

11. 前悬架系统及相关部件

前悬架系统及相关部件主要包括悬架臂、转向节、减振器、稳定杆、发动机托架、制动盘等，如图 7-45 所示。

> **提示**
>
> 　前悬架系统及相关部件中制动盘、悬架臂、转向节、稳定杆均为安全部件，发现有撞出变形均应更换。

　　减振器主要鉴定是否在碰撞前已损坏。减振器是易损件，正常使用到一定程度后会漏油，如果减振器外表已有油泥，说明在碰撞前已损坏。如果外表无油迹，而是由碰撞造成弯曲变形，则应更换。

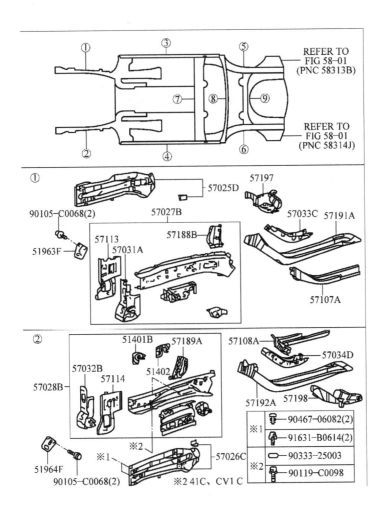

图 7-42　前纵梁及附件分解图

57027B—右前纵梁总成　57028B—左前纵梁总成　57026C—左前外纵梁分总成　57025D—右前外纵梁分总成

57191A—前地板内侧右后纵梁　57192A—前地板内侧左后纵梁　57033C—3 号右前纵梁加强件分总成

57034D—3 号左前纵梁加强件分总成

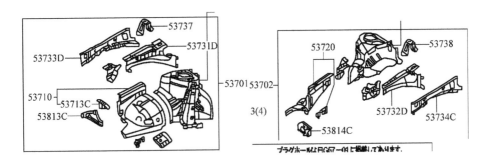

图 7-43　前轮罩及附件分解图

53701—右前轮罩总成　53702—左前轮罩总成前纵梁

※1 Confirm the Manufecturcre Logo Mark locatcd at the revertn side at Dise Wheel.

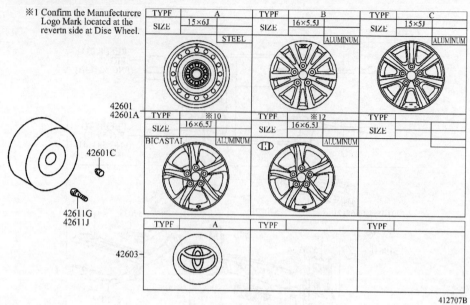

42601
42601A

42601C

42611G
42611J

图 7-44　车轮分解图

42601—铝合金钢圈　42603—轮毂盖　42611—气门芯

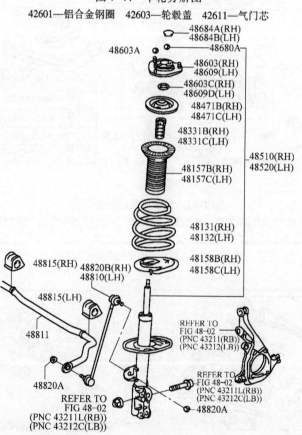

48684A(RH)
48684B(LH)
48680A
48603A
48603(RH)
48609(LH)
48603C(RH)
48609D(LH)
48471B(RH)
48471C(LH)
48331B(RH)
48331C(LH)
48510(RH)
48520(LH)
48157B(RH)
48157C(LH)
48131(RH)
48132(LH)
48158B(RH)
48158C(LH)
48815(RH)
48820B(RH)
48810(LH)
48815(LH)
48811
REFER TO
FIG 48-02
(PNC 43211(RB))
(PNC 43212(LB))
48820A
REFER TO
FIG 48-02
(PNC 43211L(RB))
(PNC 43212C(LB))
48820A
REFER TO
FIG 48-02
(PNC 43211L(RB))
(PNC 43212C(LB))

图 7-45　前悬架及

48510—右前减振器总成　48520—左前减振器总成　48131—右前螺旋弹簧　48132—左前螺旋弹簧　48811—前稳定杆
48069—左前下摆臂　47730—右侧盘式制动器制动缸总成　47750—左侧盘式制动器制动缸总成　47781—右前盘式制动器
04465—前盘式制

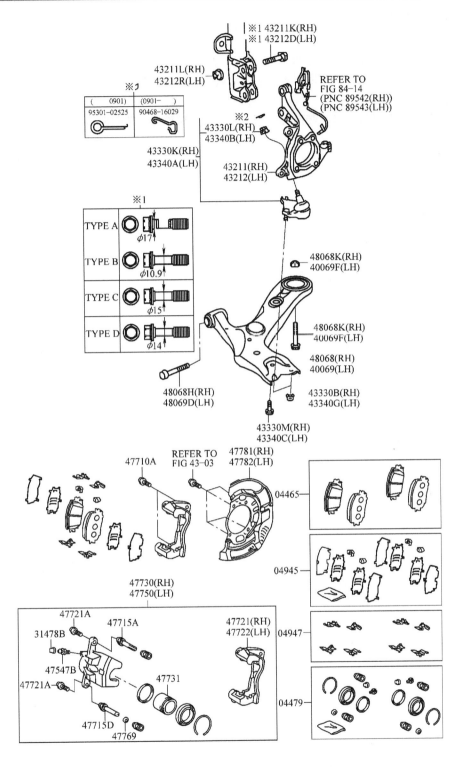

相关系统分解图

48810—右前稳定杆连杆总成　48820—左前稳定杆连杆总成　43211—右转向节　43212—左转向节　48068—右前下摆臂
防尘罩　47782—左前盘式制动器防尘罩　47721—右前盘式制动器制动缸固定架　47722—左前盘式制动器制动缸固定架
动摩擦片组件

12. 传动轴及附件

传动轴及附件如图7-46所示。

中低档轿车多为前轮驱动，碰撞常会造成外侧等角速万向节(俗称外球笼)破损，常以更换方式修复，有时还会造成半轴弯曲变形，也以更换方式修复为主。

13. 转向操纵系统

转向操纵系统包括转向盘、转向传动杆、转向器、横拉杆、转向助力泵等。

转向盘如图7-47所示。

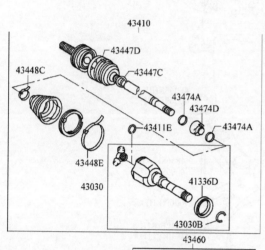

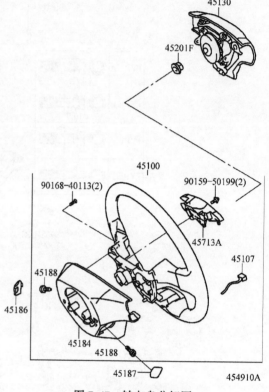

图 7-46　传动轴及附件分解图

43410—右前驱动轴总成

43460—右前外侧驱动万向节轴总成

43030—左前驱动轴内侧万向节总成

04438G—左前驱动轴内侧和外侧防尘套组件

图 7-47　转向盘分解图

45100—转向盘　45130—驾驶人
安全气囊　45184—方向盘凸台下盖

转向柱分解如图7-48所示。

转向器与横拉杆连接如图7-49所示。

> **提示**
>
> 操纵系统中转向操纵系统与制动系统遭撞击损伤后从安全的角度出发多进行更换修复。
>
> 安装有安全气囊系统的汽车，驾驶人气囊都安装在转向盘上，当气囊因碰撞引爆后，不仅要更换气囊，通常还要更换气囊传感器与控制模块等。
>
> 变速操纵系统遭撞击变形后，轻度的常以整修修复为主，中度以上的以更换修复为主。

14. 发动机附件

发动机附件包括油底壳及垫、发动机支架及胶垫、进气系统、排气系统等。

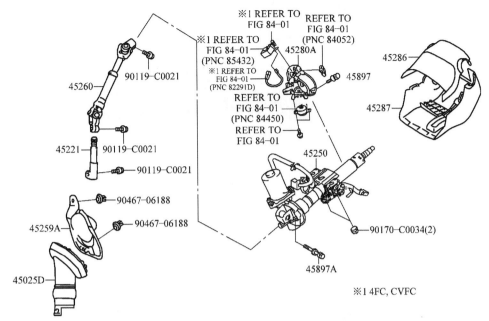

图 7-48 转向柱分解图

45250—转向柱总成 45260—转向管柱下十字连接轴 45259—转向柱孔盖消声板

45025—转向管柱防尘罩 45286—组合开关护罩（上） 45287—组合开关护罩（下）

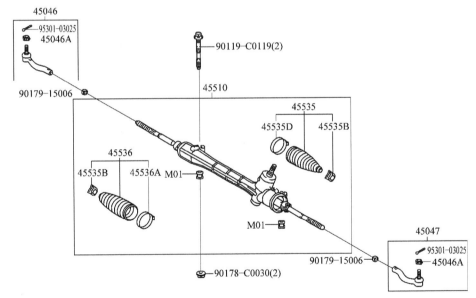

图 7-49 转向器与横拉杆连接分解图

45510—转向器 45046—右横拉杆端头分总成 45047—左横拉杆端头分总成

45535—右转向器防尘罩 45536—左转向器防尘罩

油底壳及垫如图 7-50 所示。

油底壳轻度的变形一般无需修理，放油螺塞处碰伤及中度以上的变形以更换为主。

发动机支架及胶垫如图 7-51 所示。

发动机支架及胶垫因撞击变形、破损以更换修复为主。

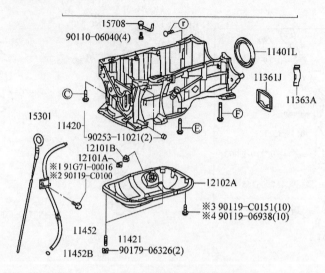

图 7-50　油底壳及垫分解图

11420—曲轴箱　12102A—油底壳　11452—机油尺插管　15301—机油尺

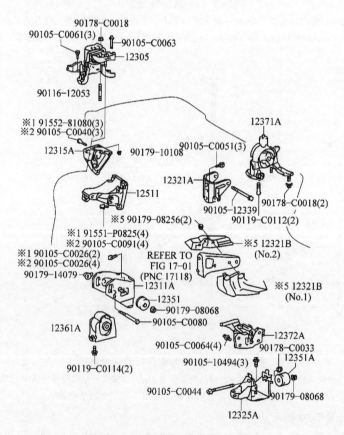

图 7-51　发动机支架及胶垫分解图

12305—发动机右支架胶垫　12315A—发动机右支架（机爪）　12321B—发动机后支架
12371A—发动机后支架胶垫　12311A—发动机前支架　12361A—发动机前支架胶垫

进气系统如图 7-52 所示。

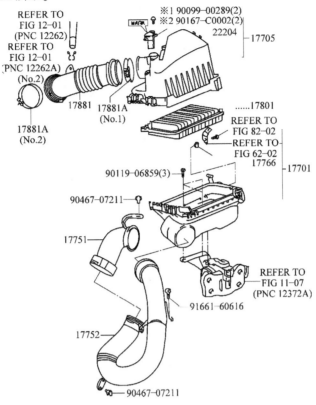

图 7-52 进气系统分解图

17705—空气滤清器壳（上） 17701—空气滤清器壳（下） 17752—空气滤清器前进气管Ⅱ

17751—空气滤清器前进气管Ⅰ 17801—空气滤清器滤芯

进气系统因撞击破损和变形以更换修复为主。

排气系统如图 7-53 所示。

排气系统中最常见的撞击损伤为发动机移位造成的排气管变形，由于排气管长期在高温下工作，氧化现象较严重，通常无法整修。消声器吊耳因变形超过弹性极限破损，也是常见的损坏现象，需更换修复。

15. 发电机及蓄电池

发电机如图 7-54 所示。

发电机最常见的撞击损伤为带轮、散热叶轮变形，壳体破损，转子轴弯曲变形等。带轮变形以更换方法修复。散热叶轮变形以矫正修复为主。壳体破损、转子轴弯曲变形以更换发电机总成修复为主。

蓄电池如图 7-55 所示。

汽车用蓄电池的损坏多以壳体四个侧面破裂为主。汽车蓄电池多为铅酸蓄电池，由 6 个单体（汽油车）或 12 个单体（柴油车）组成。碰撞会造成 1 个或多个单体破裂，电解液外流。一时查看不到破裂处，可通过打开加液盖观察电解液量来判断。如果只是 1 个或几个单体严重缺液多为蓄电池破裂，如果每格都缺液多为充电电流过大所致，而不是破裂。

16. 前风窗玻璃及附件

前风窗玻璃及附件包括前风窗玻璃、前风窗玻璃密封条及饰条、内后视镜等。

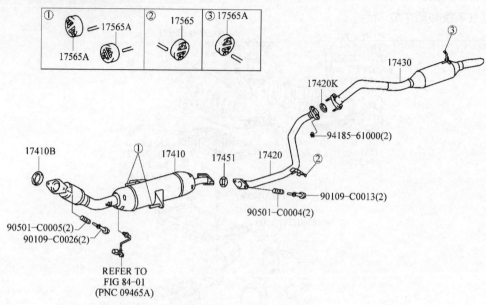

图 7-53 排气系统分解图

17410—排气管前段　17420—排气管中段　17430—排气管后段　17565—排气管吊耳

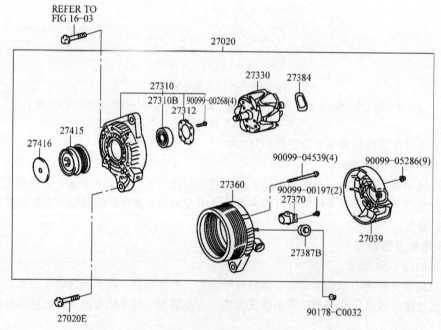

图 7-54 发电机分解图

27020—发电机总成　27415—发电机带轮　27330—发电机转子
27360—发电机定子　27039—发电机后壳

前风窗玻璃及密封条如图 7-56 所示。

前风窗玻璃及附件因撞击损坏基本上以更换修复为主。

前风窗玻璃胶条有密封式和黏贴式,卡罗拉属于黏贴式的风窗玻璃,更换风窗玻璃时可能还要更换风窗玻璃饰条。

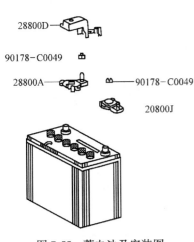

图 7-55 蓄电池及安装图

28800—蓄电池

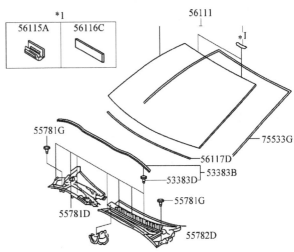

图 7-56 前风窗玻璃及密封条分解图

56111—前风窗玻璃　75533—前风窗玻璃上饰条

56117—前风窗玻璃下饰条　56116—内后视镜

因为许多车将内后视镜黏贴在前风窗玻璃上，所以笔者将其与风窗玻璃归在一起。内后视镜多为二次碰撞致损，破损后一般以更换为主。

17. 刮水器系统

刮水器系统包括刮水器片、刮水器臂、喷水壶、刮水器联动杆、刮水器电动机、喷水管等，如图 7-57 所示。

刮水器系统中刮水器片、刮水器臂、刮水器电动机因撞击损坏主要以更换修复为主。

刮水器固定支架、连杆中度以下的变形损伤以整修修复为主。严重变形一般需更换。

刮水器喷水系统如图 7-58 所示。

一般刮水器喷水壶只在较严重的碰撞中才会损坏，损坏后以更换为主。

刮水器喷水电动机、喷水管和喷水嘴因撞坏的情况较少出现，若撞坏以更换为主。

18. A柱及饰件、前围、暖风系统、集雨栅等

承载式车身的汽车A柱如图 7-59 所示。

A柱因碰撞产生的损伤多以整形修复为主，由于A柱为结构钢，当产生折弯变形以更换外片为主要修复方式。

A柱有上下内饰板，破损后一般以更换为主。

前围如图 7-60 所示。

前围多为结构件，整修与更换按结构件的整修与更换原则执行，A柱内饰板因撞击破损以更换修复为主。

前围上板上安装有暖风系统，如图 7-61 所示。

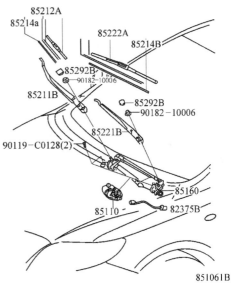

图 7-57 刮水器系统分解图

85110—刮水器电动机

85160—风窗玻璃刮水器连杆总成

85221—左前刮水器臂　85222—左前刮水器片

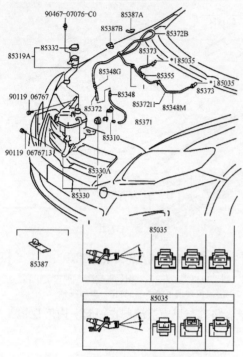

图 7-58 刮水器喷水系统分解图

85330—前风窗刮水器清洗器泵

85373—刮水器喷水管 85035—刮水器喷水嘴

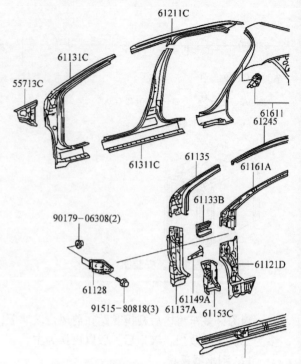

图 7-59 A柱分解图

61131—A柱外板总成 61135—A柱加强筋上(右)

61137—A柱加强筋下(右) 61121—A柱下内板(右)

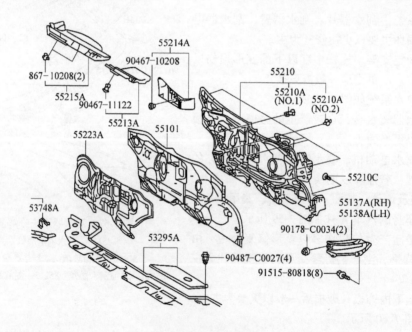

图 7-60 前围分解图

55101—前围板总成 55210—前围板隔热垫总成 55223—前围板外隔热垫

55137—右侧支架(前围至车架)

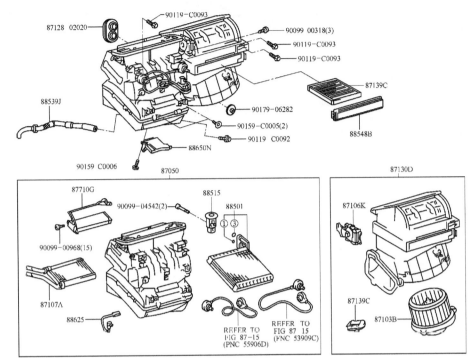

图 7-61　暖风系统分解图

87050—空调散热器总成　87130—鼓风机总成　88501—冷却器 1 号蒸发器分总成　87710—快速加热器总成
87107—加热器散热器装置分总成　88625—冷却器热敏电阻(车内温度传感器)　87130B—鼓风机电动机

较严重的碰撞常会造成暖风机壳体、进气罩的破碎，以更换为主，暖风水箱、鼓风机一般在碰撞中不会损坏。

19. 仪表台

仪表台组件如图 7-62 所示。

> **提示**
>
> 仪表台因正面的严重撞击，或侧面撞击常造成整体变形、皱折和固定爪破损。整体变形在弹性限度内，待骨架矫正好后重新装回即可。皱折影响美观，对美观要求较高的新车或高级车笔者主张更换。因仪表台价格一般较贵，老旧车更换意义不大。少数固定爪破损常以焊修修复为主，多数固定爪破损以更换修复为主。
>
> 左右出风口常在侧面撞击时破碎，右出风口也常因二次碰撞被前排乘员右手支撑时压坏。
>
> 左右饰框常在侧面碰撞时破损，严重的正面碰撞也会造成支爪断裂。均以更换为主。
>
> 杂物箱常因二次碰撞被前排乘员膝盖撞破裂，一般以更换为主。

卡罗拉中央操纵饰件为通道罩，如图 7-63 所示。

严重的碰撞会造成车身底板变形，车身底板变形后会造成通道罩破裂，以更换为主。

20. 车门及饰件

车门及饰件包括前门(后视镜)、后门及饰件等。

以前门为例，前门外部结构如图 7-64 所示。

前门部分结构如图 7-65~图 7-67 所示。

门玻璃升降机如图 7-68 所示。

门防擦饰条碰撞变形应更换，由于门变形需将门防擦饰条拆下整形，多数防擦饰条为自干胶

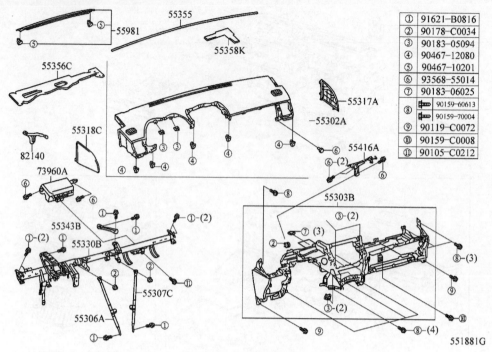

①	91621-B0816
②	90178-C0034
③	90183-05094
④	90467-12080
⑤	90467-10201
⑥	93568-55014
⑦	90183-06025
⑧	90159-60613
	90159-70004
⑨	90119-C0072
⑩	90159-C0008
⑪	90105-C0212

图 7-62　仪表台分解图

55302—上仪表台分总成　　55303—下仪表台分总成　　55330—仪表台骨架

73960—前排乘员安全气囊　　55318—仪表板左面板　　55317—仪表板右面板

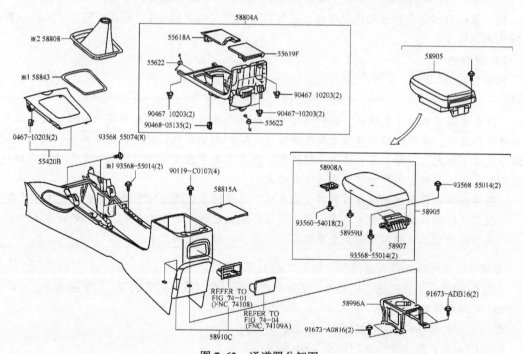

图 7-63　通道罩分解图

58910—中央控制台壳　　58804—扶手箱上面板分总成　　58905—扶手箱箱盖分总成

55420—中央控制台前饰板

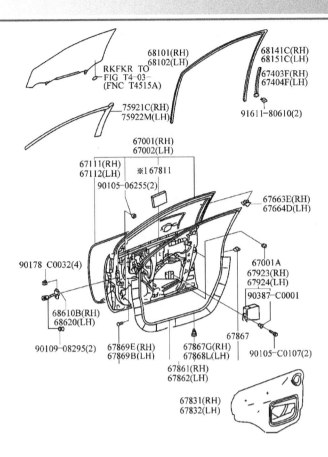

图 7-64　前门外部结构

67001—前门壳

68101—前门玻璃

75921—前门窗框外饰板

68141—前门玻璃绒槽

67861—前门密封胶

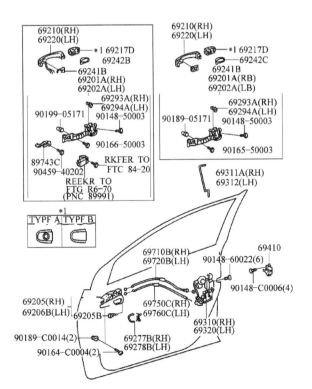

图 7-65　前门部分结构

69410—前车门锁扣板总成

69277—前车门内把手框

69205—前门内把手框

69210—前车门外把手总成

69201—前车门外把手框分总成

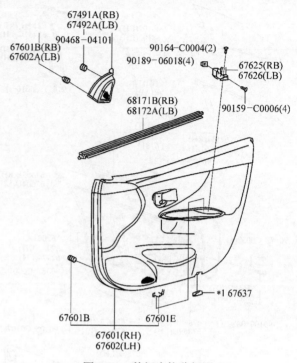

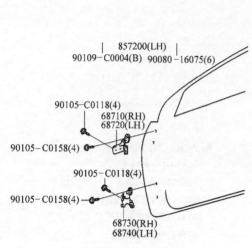

图 7-66 前门铰链分解图

68710—前门上铰链 68730—前门下铰链

图 7-67 前门内饰分解图

67601—前门内饰板 67171—前车门玻璃
内密封条 67491—前车门下门框支架装饰条

式，拆下后重新黏贴上不牢固，用其他胶黏贴影响美观，应考虑更换。

门框产生塑性变形后，一般不好整修，应考虑更换。门下部的修理同发动机盖。

门锁及锁芯在严重撞击后会产生损坏，一般以更换为主。

后视镜镜体破损以更换为主，对于镜片破损，有些高档轿车的镜片可单独供应，可以通过更换镜片修复。

玻璃升降机是碰撞经常损坏的部件，玻璃导轨、玻璃托架也是经常损坏的部件，碰撞变形后一般都要更换，但玻璃导轨、玻璃托架常在评估中遗漏。

车门内饰修理同 A 柱内饰。

后门与前门结构与修理方法基本相同。

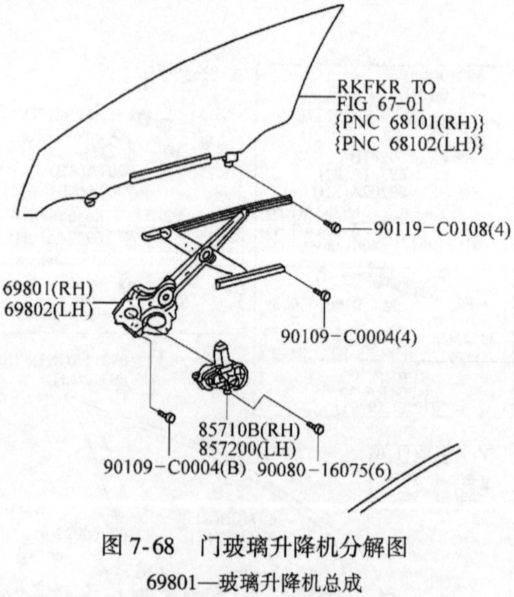

21. 前座椅及附件、安全带

前座椅及附件如图 7-69 所示。

座椅及附件因撞击造成的损伤常为骨架、导轨变形和棘轮、齿轮根切现象，骨架、导轨变形常可以矫正，棘轮、齿轮根切通常必须更换棘轮、齿轮机构，许多车型因购买不到棘轮、齿轮机构常会更换座椅总成。

图 7-68 门玻璃升降机分解图

69801—玻璃升降机总成
85710—前门玻璃升降电动机 68101—前门玻璃

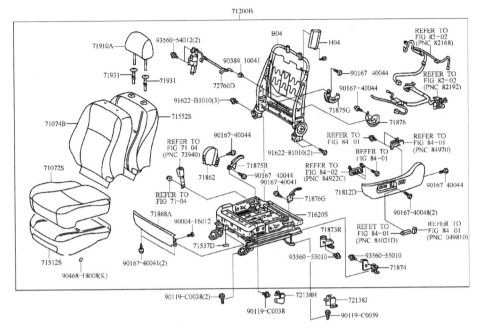

图 7-69　前座椅分解图

71200—前座椅总成　71910—头枕　71620—前排左侧座椅座垫弹簧总成　71552—前排左侧座椅靠背软垫
71074—前排左侧座椅靠背护面　71072—前排左侧座椅座垫护面　71512—前排左侧座椅座垫软垫
71812—前排左侧座椅座垫护板

安全带的一般结构如图 7-70 所示。

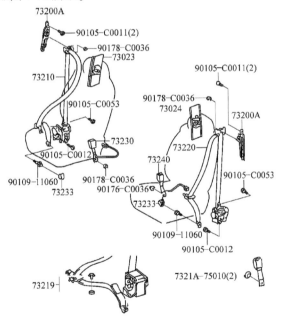

图 7-70　安全带分解图

73210—前排右侧座椅外安全带总成　73220—前排左侧座椅外安全带总成　73230—前排右侧座椅内
安全带总成　73240—前排左侧座椅内安全带总成　73024—前排左侧肩式安全带锚定器板分总成
73023—前排右侧肩式安全带锚定器板分总成　73200—前排肩式安全带锚定器调节器总成

现今我国已强制使用被动安全带，绝大多数中低档车为主动安全带，大多数安全带在中度以下碰撞后还能使用，但必须严格检验，前部严重碰撞的安全带，收紧器处会变形，从安全角度考虑，笔者建议更换。中高档轿车上安装有安全带自动收紧装置，收紧器上拉力传感器感应到严重的正面撞击后，电控自动收紧装置会点火，引爆收紧装置，从而达到快速收紧安全带的作用。但安全带自动收紧装置工作后必须更换。

22. 侧车身、B柱及饰件、门槛及饰件等

有的汽车车身侧面设计成一个整块，如富康车，但卡罗拉没有这样设计。B柱结构如图7-71所示。B柱的整修与更换同A柱。

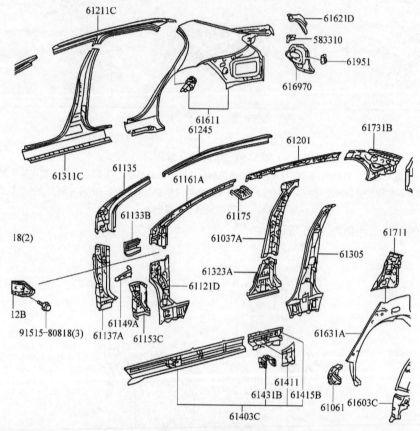

图 7-71　B柱分解图

61311—B柱外板　61305—B柱内板　61037—B柱加强筋上　61323—B柱加强筋下

车身侧面内饰如图7-72所示。车身侧面内饰的破损以更换为主。

边梁及附件如图7-73所示。一般的碰撞边梁的变形以整形修复为主，边梁保护膜是评估中经常遗漏的项目，只要边梁需要整形，边梁保护膜就要更换。门槛饰条破损后一般以更换为主。

23. 车身地板

车身地板结构如图7-74、图7-75所示。车身地板因撞击常造成变形，常以整修方式修复，对于整修无法修复的车身地板，在现有的国内修理能力下，笔者认为应该考虑更换车身总成。

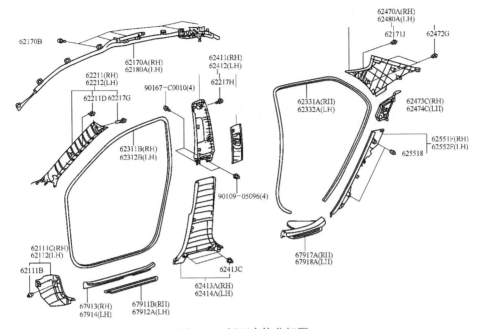

图 7-72　侧面内饰分解图

62211—A柱上内饰板　62111—A柱下内饰板　62411—B柱上内饰板　62413B—柱下内饰　62470—C柱上内饰板
62473—车顶右侧内饰板　62551—后排右侧座椅侧饰板　67917—右后车门防磨板

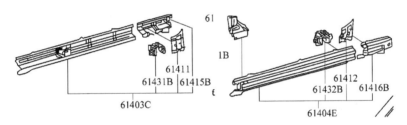

图 7-73　边梁及附件分解图

61403、61404—右侧车门外槛板加强件分总成

24. 车顶及内外饰件

车顶及内外饰件包括落水槽及饰条、车顶(指外金属件)、顶棚(指内饰)、天窗等。车顶结构如图 7-76 如示。

严重的碰撞和倾覆会造成车顶损伤。车顶的修复同发动机盖,只要能修复,原则上不予更换。内饰同车门内饰。落水槽饰条为铝合金外表做漆,损伤后一般应予更换。

25. 后风窗玻璃及附件

后风窗玻璃及附件的结构同前风窗玻璃,包括后风窗玻璃、后风窗玻璃饰条等。区别在于,前风窗玻璃为夹胶玻璃,后风窗为带加热除霜的钢化玻璃。修理方法同前风窗玻璃。

26. 后翼子板

后翼子板结构如图 7-77 所示。后翼子板与前翼子板不同,后翼子板为结构件,按结构件方法处理。

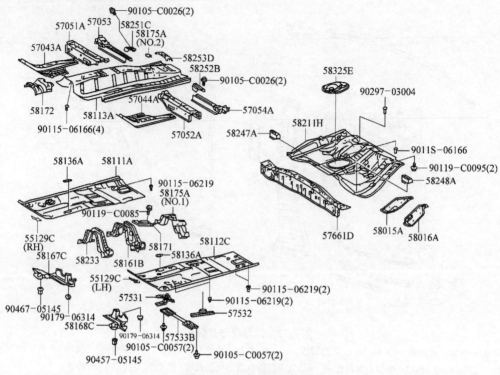

图 7-74 车身底板分解图

58111—前地板右底板　58112C—前地板左底板　58113—前地板中央板　58211—中央地板底板

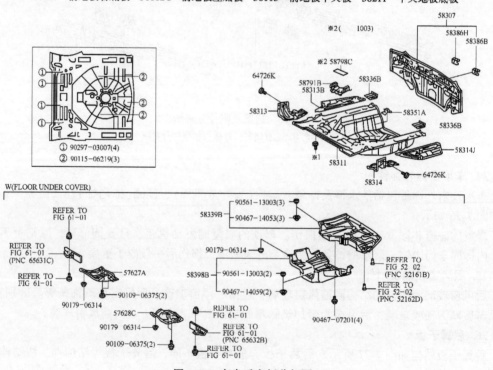

图 7-75 车身后底板分解图

58311—后地板底板　58307—车身下背板分总成

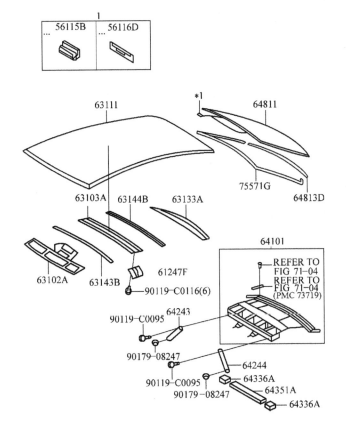

图 7-76　车顶分解图

63111—车顶外板　63102—车顶前横梁　64811—后风窗玻璃
75571—后风窗玻璃上饰条　64813—后风窗玻璃下饰条

行李舱落水槽板、三角窗内板、挡泥板外板及挡泥板内板一般不予更换。

后悬架座按结构件方法处理。

27. 后搁板及饰件

后搁板如图 7-78 所示。后搁板因碰撞基本上都能整形修复，此处如果达到不能整形修复的情况，一般车身也就达到了更换的程度。

行李舱内衬用毛毡制成，一般不用更换。行李舱前装饰板、行李舱侧装饰板也很少破损，如果损坏以更换为主。

28. 后桥及后悬架

后桥结构如图 7-79 所示。后悬架结构如图 7-80 所示。后悬架按前悬架方法处理，后桥按副梁方法处理。

29. 后部地板、后纵梁及附件

后部地板、后纵梁及附件如图 7-81 所示。后纵梁按前纵梁方法处理，其他同车身底板处理方法相似。备胎盖在严重的追尾碰撞中会破损，以更换为主。

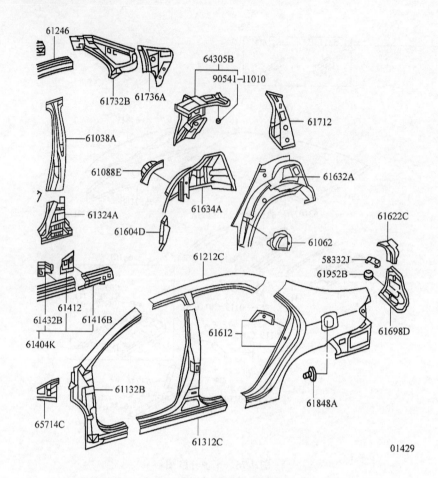

图 7-77　后翼子板结构图

61212—后翼子板　61632—侧围轮罩外板　61634—侧围轮罩内衬板　61712—车顶外侧板
64305—后窗台板连接板　61732—车顶侧围内板　61736A—后车顶内侧板

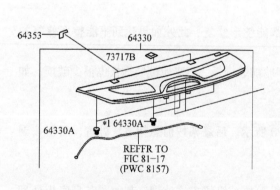

图 7-78　后搁板分解图

64330—杂物箱装饰板总成

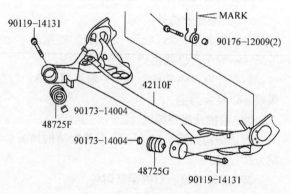

图 7-79　后桥分解图

42110—后桥总成

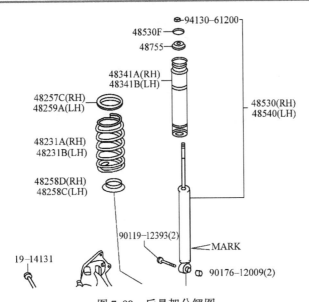

图 7-80 后悬架分解图

48530—后减振器总成 48341—后减振器缓冲块 48231—后减振器螺旋弹簧

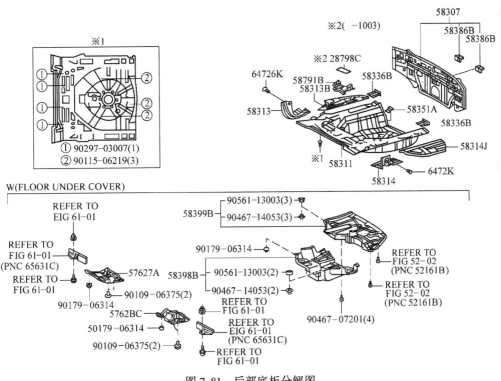

图 7-81 后部底板分解图

58311—后地板底板 58307—车身下背板分总成

30. 行李舱盖及附件

行李舱盖及附件如图 7-82 所示。按发动机盖附件方法处理。

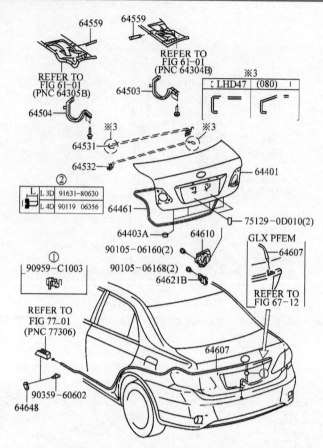

图 7-82　行李舱盖及附件分解图

64401—行李舱盖　64503—行李舱盖铰链　64610—行李舱盖锁机构
64621—行李舱盖锁扣　64461—行李舱密封条

行李舱内饰如图 7-83 所示。行李舱工具盒在碰撞中时常破损，评估时注意不要遗漏。后轮罩内饰、左侧内饰板、右侧内饰板碰撞一般不会损坏。

31. 后围及铭牌

后围结构如图 7-84 所示。按散热器框架方法处理。铭牌损伤后以更换修复为主。

32. 尾灯

尾灯结构如图 7-85 所示。按前照灯方法处理。

33. 后保险杠及附件

后保险杠及附件如图 7-86 所示。按前保险杠方法处理。

我国幅员辽阔，各地汽车零配件名称叫法不尽相同，笔者根据多年从事汽车评估业的经验，上述名称叫法最易被大多数人接受。建议业内人员在汽车评估中统一中英文名称。

根据车辆受损情况，可以从前到后，也可以从后到前，借助 EPC 逐项确定。

> **提示**
>
> 对于汽车标准配置以外的新增设备应单独注明。如果作为保险标的进行评估，对于未投保新增设备损失附加险的汽车，评估中应予以剔除。

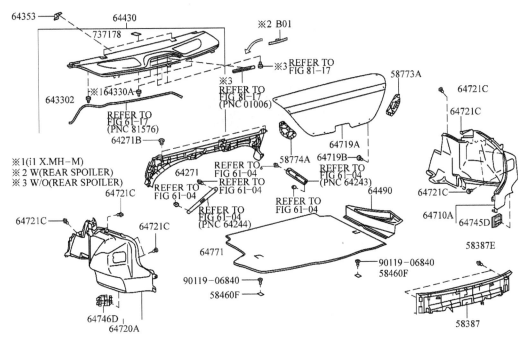

图 7-83　行李舱内饰

64719—行李舱盖内衬　64271—行李舱前装饰板　64771—备胎罩　64720—行李舱侧装饰板　58387—后地板装饰板

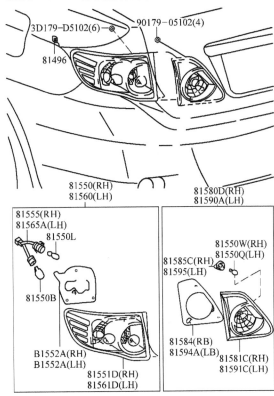

图 7-85　尾灯分解图

81550—外尾灯　81580—内尾灯

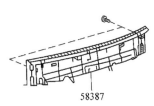

图 7-84　后围分解图

58387—后围总成

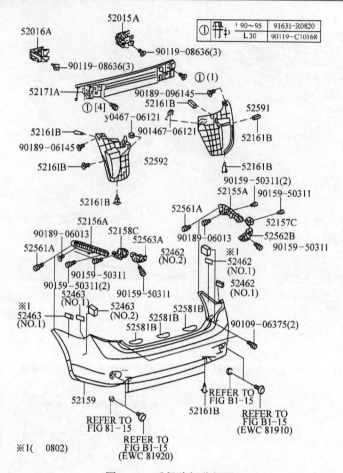

图 7-86　后保险杠分解图

52159—后保险杠　52171—后保险杠骨架　52155—后保险杠支架　52592—后保险杠密封件

二、更换项目的确定

一般，需要更换的零部件归纳为以下四种。

1. 无法修复的零部件

如灯具的严重损毁、玻璃的破碎等。

2. 工艺上不可修复使用的零部件

工艺上不可修复使用的零部件主要有胶贴的各种饰条，如胶贴的风窗玻璃饰条、胶贴的门饰条、翼子板饰条等。这往往在保险汽车损失评估中产生争议。专业汽车评估人员时常要向保险人说明这一点。

3. 安全上不允许修理的零部件

安全上不可修复使用的零部件是指那些对汽车安全起重要作用的零部件，如行驶系中的车桥、悬架；转向系中的所有零部件，如转向横拉杆的弯曲变形等；制动系中的所有零部件。这些零部件在受到明显的机械性损伤后，从安全的角度出发，基本上都不允许再使用。

4. 无修复价值的零部件

无修复价值的零部件是指从经济上讲无修复价值，即那些修复价值接近或超过零部件原价值的零部件。

三、拆装项目的确定

有些零部件或总成并没有损伤，但是更换、修复、检验其他部件需要拆下该零部件或总成后重新装回。

拆装项目的确定要求汽车评估人员对被评估汽车的结构非常清楚，对汽车修理工艺了如指掌。在对被评估汽车拆装项目的确定有疑问时，可查阅相关的维修手册和零部件目录。

四、修理项目的确定

在现行的汽车损失评估（各地的价格认证中心）以及绝大多数机动车保险条款中，受损汽车在零部件的修理方式上仍以修复为主。所以在工艺上、安全上允许的且具有修复价值的零部件尽量修复，这也符合建立节约型社会的思想。

五、待查项目的确定

在车险查勘定损工作中，经常会遇到一些零件，用肉眼和经验一时无法判断其是否受损、是否达到需要更换的程度，甚至在车辆未修复前，就单独某零件用仪器都无法检测（除制造厂外）。例如转向节、悬架臂、副梁等，这些零件在我们的定损工作中时常被列为"待查项目"，这些"待查项目"在车辆修理完工后大都成了更换项目。"待查项目"到底有多少确实需要更换？又确实更换了多少？这里到底有多少道德风险？这个问题始终困扰着保险公司和保险公估公司的理赔定损人员。

笔者从事机动车理赔定损工作十多年，有一些经验和措施，一定程度上能够减少"待查项目"中的大量道德风险，步骤如下。

1）认真检验车辆上可能受损的零部件，尽量减少"待查项目"。例如，汽车发电机在受碰撞后经常会造成散热叶轮、带轮变形，散热叶轮、带轮变形后在旋转时，很容易产生发电机轴弯的错觉，轴到底弯没弯、径向圆跳动量是多少，只要做一个小小的试验即可，用一根细金属丝，一端固定在发电机机身上，另一端弯曲后指向发电机前端轴心，旋转发电机，注意观察金属丝一端与轴心的间隙变化，即发电机轴的径向圆跳动量，轴的弯曲程度一目了然。用这种方法，可以解决空调压缩机、转向助力泵、水泵等类似问题。

2）在确定需要待查的零件上做上记号，拍照备查，并告之被保险人和承修厂家。

3）车辆初步修理后，定损人员必须参与对"待查项目"进行检验、调试、确认全过程。例如，转向节待查，汽车完成初步的车身修理后，安装上悬架等零部件后进行四轮定位检验，四轮定位检验不合格，并且超过调整极限，修理厂提出要求更换转向节，于是定损人员也就同意更换转向节。至于更换转向节后四轮定位检验是否合格，是否是汽车车身校正不到位等其他原因引起的，理赔定损人员往往不再深究。

4）"待查项目"确实损坏需要更换，定损人员必须将做有记号的"待查项目"零件从汽车修理厂带回。

用上述方法解决"待查项目"问题，汽车修理厂也无法获得额外利益，遵循了财产保险的补偿原则，最大限度地杜绝"待查项目"中的道德风险。

第五节　工时费的确定

汽车修理工时包括更换、拆装项目工时，修理项目工时和辅助作业工时。工时费的确定是根据损失项目的确定而确定的，可以从评估基准地的《汽车维修工时定额与收费标准》中查到相应的工时数量或工时费标准。

一、更换、拆装项目的工时费确定

汽车修理中更换项目与拆装项目的工时绝大多数是相似的，有时更是相同的，所以通常将更换与拆装作为同类工时处理。

汽车碰撞损失的更换、拆装项目工时的确定可以从评估基准地的《汽车维修工时定额与收费标准》中查找，然而在我国绝大多数地区没有相应的工时定额与收费标准。通常我们可以首先查阅生产厂有无相应的工时定额，如果有再根据当地的工时单价计算相应的工时费，在我国汽车生产厂几乎没有一家在卖车时向汽车购买者明示告之碰撞损失后的修理费用。发生事故后往往汽车所有者与生产厂的售后服务站和保险公司因价格差异较大而产生矛盾。部分进口乘用车可以从《MITCHELL 碰撞估价指南》中查到各项目的换件和拆装工时。

为了便于汽车评估工作者从事故碰撞损失评估工作，笔者根据多年从事碰撞损失评估的经验，参考《MITCHELL 碰撞估价指南》编制了汽车碰撞损失换件工时表（表7-1）供业内人员参考。

二、修理项目工时费确定

零件的修理工时范围的确定比更换工时的确定要复杂得多，其原因主要有以下几点：

1）一般说来，零件的价格决定着零件修理工时的上限，同样一个名称的零件，不同的汽车价格差距甚远。从而造成同样一个名称的零件修理工时差距非常之大，例如同是发动机盖，零件价格从 300 元至 10000 元不等，从而造成其修理工时从 2~100 工时不等。

2）由于地域的差异，同样一个零件在甲地的市场价格是 100 元，而在乙地的市场价格是 200 元，同样的损失程度，在乙地被认为应该修理，而甲地则认为已不值得修理，所以同样这个零件在甲地的修理工时范围可能是 1~2 工时，而在乙地的修理工时范围可能是 1~4 工时。

3）由于修理工艺的差异，如碰撞致车门轻微的凹陷，如果修理厂无拉拔设备，校正车门就必须拆下车门内饰板，这样车门的校正工时差距就会很大。又如桑塔纳普通型的发动机缸盖因碰撞经常造成发电机支架处断裂，按正常的修理工艺是可以采取氩弧焊工艺焊接的，但是，实际评估时会发现当地根本就没有氩弧焊制备，若要送到有氩弧焊设备的地方加工，往往因时间、运费等原因又无法实现。

由于上述原因造成汽车零件的修理工时定额的制定相当困难，美国 MITCHELL 国际公司在《MITCHELL 碰撞估价指南》中对修理工时的描述也未作出明确的规定。笔者认为，汽车评估人员应根据自己的理论知识和实践经验，结合评估基准时点的实际情况与当地的《汽车维修工时定额与收费标准》，较准确地确定修理工时。同时呼吁汽车制造商编制本企业生产的汽车的碰撞估价指南。

三、辅助工时确定

在汽车修理作业中除包括更换工时、拆装工时、修理工时外，还应包括辅助作业工时，通常包括：

1）把汽车安放到修理设备上并进行故障诊断。

2）用推拉、切割等方式拆卸撞坏的零部件。

3）相关零部件的矫正与调整。

4）去除内漆层、沥青、油脂及类似物质。

表 7-1　换件拆装分项工时

序号	项目	单位	轿车					客车					货车				备注
			微型	普通型	中级	中高级	高级	微型	轻型	中型	大型	特大型	微型	轻型	中型	重型	
1.01	前保险杠	件			1.0~3.0					0.5~3.0					0.4~1.5			
1.02	前保险杠骨架	件	不单独计工费，可另加 0.0~0.3														
1.03	前保险支架	只	不单独计工费，可另加 0.0~0.2														
1.04	前保险杠包角	只			0.1~0.3					0.1~0.3					0.1~0.2		如更换保险杠不另计
1.05	前保险杠格栅	只			0.1~0.3					0.1~0.3							如更换保险杠不另计
1.06	前保险杠饰条	只			0.1~0.3					0.1~0.3							如更换保险杠不另计
1.07	前保险杠导流板	只			0.1~0.4					0.1~0.3							如更换保险杠不另计
1.08	前保险杠衬垫	只													0.1~0.2		如更换保险杠不另计
1.09	前保险杠信号灯	只			0.1~0.3					0.1~0.3					0.1~0.2		如更换保险杠不另计
1.10	前雾灯	只			0.1~0.3					0.1~0.3					0.1~0.2		如更换保险杠不另计
	所有项目更换以更换前保险杠的 1.2 倍为限																
2.01	前护栅	只			0.1~0.4					0.1~0.4					0.1~0.3		
2.02	铭牌	只			0.1~0.2					0.1~0.2					0.1~0.2		
	同时更换以更换前护栅工时为限																
3.01	前照灯总成	只			0.3~1.8					0.3~1.5					0.3~0.8		
3.02	前照灯饰条	根			0.1~0.2					0.1~0.2					0.1~0.2		
3.03	前照灯调节器	根			0.3~1.2					0.3~1.2					0.3~1.2		
3.04	前照灯支座	只	按前照灯费用另加 0.1~0.3														
3.05	角灯	只			0.1~0.3					0.1~0.3					0.1~0.2		
	所有项目更换以更换前照灯总成的 1.5 倍为限																

（续）

序号	项目	单位	轿车 微型	轿车 普通型	轿车 中级	轿车 中高级	轿车 高级	客车 微型	客车 轻型	客车 中型	客车 大型	客车 特大型	货车 微型	货车 轻型	货车 中型	货车 重型	备注
4.01	散热器框架	只			2.5~10.0												包括附件拆装
4.02	发动机舱盖锁机	只			0.2~0.4									0.2~0.3			
4.03	发动机舱盖拉索	只			0.6~1.0									0.6~0.8			
4.04	发动机舱盖撑杆	只			0.1~0.2									0.1~0.2			

所有项目更换以更换散热器框架为限

序号	项目	单位	轿车 微型	轿车 普通型	轿车 中级	轿车 中高级	轿车 高级	客车 微型	客车 轻型	客车 中型	客车 大型	客车 特大型	货车 微型	货车 轻型	货车 中型	货车 重型	备注
5.01	冷凝器	只			0.7~3.2					0.8~4.0				0.5~2.0			包括附件拆装，不含充制冷剂
5.02	干燥瓶	只			0.3~0.7					0.3~0.6				0.3~0.5			不含加制冷剂
5.03	空调泵（压缩机）	只			1.0~2.0					1.0~2.0				1.0~1.6			包括附件拆装，不含充制冷剂
5.04	空调离合器	只			0.3~0.7（在上项基础上增加 0.3）												不含加制冷剂
5.05	空调管	根															
5.06	蒸发器总成	件			0.5~1.1												不含仪表台拆装
5.07	蒸发器壳	件			0.3~1.2												不含蒸发器总成拆装
5.08	暖风机总成	件			0.5~1.0												不含仪表台拆装
5.09	暖风机机壳	件			0.3~1.2												不含暖风机拆装
5.10	鼓风机	件			0.3~1.3												不含仪表台拆装
6.01	散热器	只			0.5~2.0					0.5~3.0				0.5~2.0			

序号	项目名称	计量单位			备注
6.02	散热器上水管	根		0.3~1.2	
6.03	散热器下水管	根		0.5~1.2	
6.04	膨胀罐	只		0.2~0.6	
6.05	风扇护罩	只	0.3~1.0	0.3~1.5	包含在更换散热器里不另计
6.06	风扇	只	0.5~1.0	0.5~2.0	
7.01	发动机舱盖	只	0.5~1.0	0.8~2.0	
7.02	发动机舱盖铰链	只	0.2~0.4	0.2~0.3	
7.03	发动机舱盖隔热垫	只		0.2~0.4	
7.04	发动机舱盖液压撑杆	只		0.2~0.3	
7.05	发动机舱盖风标	只		0.1~0.2	

所有项目更换以更换发动机舱盖的 1.2 倍为限

序号	项目名称	计量单位			备注
8.01	前翼子板	块	1.0~1.5	1.2~4.5	
8.02	前翼子板内衬	块		0.3~0.6	
8.03	前翼子板饰条	条		0.1~0.3	
8.04	前翼子板信号灯	只	0.1~0.2	0.1~0.2	
8.05	前翼子板沿口饰条（轮眉）	根		0.1~0.2	
8.06	前翼子板示宽灯	只		0.1~0.2	
8.07	天线	根			同更换前翼子板
8.08	电动天线	根			同更换前翼子板

所有项目更换以更换前翼子板的 1.2 倍为限

（续）

| | | | 轿车 | | | | | 客车 | | | | | 货车 | | | | |
序号	项目	单位	微型	普通型	中级	中高级	高级	微型	轻型	中型	大型	特大型	微型	轻型	中型	重型	备注
9.01	前纵梁	根			5.0~10.0												含除发动机、仪表台以外的附件拆装
9.02	内轮壳	只			5.0~10.0												含除发动机、仪表台以外的附件拆装
			同时更换以单项的1.5倍为限														
10.01	转向盘气囊	只			0.3~0.4												包含更换转向盘气囊工时
10.02	转向盘游丝	只			0.7~1.8												
10.03	前排乘员气囊	只			0.5~0.7												不含仪表台拆装
10.04	碰撞传感器	只			0.2~0.7												
10.05	气囊控制模块	只			0.4~1.4												
11.01	轮胎	只	0.3	0.3	0.3	0.3	0.3	0.3	0.3	0.3				0.3~0.5	0.3~0.5		不含轮胎动平衡
11.02	钢圈	只	0.3	0.3	0.3	0.3	0.3	0.3	0.3	0.3				0.3~0.5	0.3~0.5		不含轮胎动平衡
11.03	轮罩	只	0.1	0.1	0.1	0.1	0.1	0.1	0.1	0.1							
			同时更换以更换轮胎或钢圈单项工时为限														
12.01	稳定杆	根			0.5~4.0			0.5~2.0	0.5~2.0								包括附件拆装
12.02	上下托臂	只			0.7~3.0			0.5~3.0	0.5~3.0								包括附件拆装

序号	名称	单位	工时	工时	工时	工时	备注
12.03	上下托臂球头	只	0.2~1.1	0.2~1.0		0.2~1.0	包括附件拆装
12.04	前减振器	只	0.5~1.7	0.4~1.5	0.4~1.0	0.4~1.5 / 0.4~1.0	包括附件拆装
12.05	副车架（元宝梁）	台	1.0~2.0				不含发动机拆装
12.06	前钢板总成	付	1.0~2.0	1.0~2.0		1.0~2.0	包括附件拆装
12.07	前桥	根	1.0~6.0	1.0~6.0		1.0~4.0	包括附件拆装

多项更换不得重复计算工时

序号	名称	单位	工时	工时	备注
13.01	半轴外球笼	只	0.3~2.0	0.3~2.5	
13.02	半轴内球笼	只	1.0~2.5	1.0~2.5	
13.03	半轴（前驱）	根	1.5~2.5	1.5~2.5	
13.04	半轴总成（前驱）	根	0.8~1.8	0.8~1.8	

多项更换不得重复计算工时

序号	名称	单位	工时	工时	工时	备注
14.01	制动主缸	只	0.8~2.0	0.8~2.4	0.8~1.6	
14.02	制动储液罐	只	0.2~0.6	0.2~0.4	0.2~0.4	
14.03	ABS控制阀	只	0.8~2.1	1.0~2.0		
14.04	ABS控制模块	只	0.4~1.0	0.4~1.0		
14.05	制动真空助力泵	只	1.0~2.0	1.0~2.0	1.0~2.0	

多项更换不得重复计算工时

（续）

序号	项目	单位	轿车 微型	普通型	中级	中高级	高级	客车 微型	轻型	中型	大型	特大型	货车 微型	轻型	中型	重型	备注
15.01	前制动盘	只		0.3~0.6	0.3~0.6			0.3~0.6									
15.02	前制动轮缸	只		0.3~0.5	0.3~0.5					0.3~1.2				0.3~1.2			
15.03	前制动盘凸缘	只		0.5~2.1	0.5~2.1			0.5~1.0									
15.04	前轮轴承	只		0.5~2.1	0.5~2.1					1.2~4.8					1.0~4.0		
15.05	转向节	只		1.5~2.6	1.5~2.6					1.2~4.8					1.0~4.0		
	多项更换不得重复计算工时																
16.01	转向器	只		1.2~4.8	1.2~4.8					1.0~6.0					1.0~4.0		含摇臂及直拉杆
16.02	转向器助力泵	只		0.8~2.8	0.8~2.8					0.6~2.4					0.6~2.4		
16.03	助力泵油管	根		0.3~1.5	0.3~1.5					0.3~1.0					0.3~1.0		
16.04	转向器储液罐	只		0.2~0.6	0.2~0.6					0.2~0.4					0.2~0.4		
16.05	转向盘	只		0.3~0.6	0.3~0.6					0.3~0.6					0.3~0.6		
16.06	转向盘上下护罩	组		0.2~0.7	0.2~0.7					0.2~0.7					0.2~0.7		
16.07	组合开关	只		0.4~1.5	0.4~1.5					0.4~1.5					0.4~1.5		
	多项更换不得重复计算工时																
17.01	发动机总成	台		4.0~15.0	4.0~15.0					4.0~16.0					3.0~12.0		

序号	名称	单位	工时	工时	工时	备注
17.02	发动机支架	台	0.2~1.0	0.2~2.0	0.2~2.0	
17.03	正时带涨紧轮	只	0.2~2.2	0.2~0.4	0.2~0.4	
17.04	正时齿轮罩	套	0.1~2.7			不含发动机拆装
17.05	凸轮轴正时齿轮	只	2.0~8.0			
17.06	正时带（链条）	根	1.0~2.0			
17.07	水泵	只	1.2~4.0			
17.08	水泵带盘	只	0.5~2.0			
17.09	油底壳（发动机）	只	1.0~3.5	0.8~3.2	0.6~2.4	不拆发动机
17.10	机油泵	只	1.4~7.0			
17.11	空滤器	只	0.2~0.6	0.2~0.4	0.2~0.4	
17.12	化油器	只	0.6~1.2			
17.13	进气管	节	0.1~0.8			
17.14	增压器	只	1.0~4.0		1.0~3.0	
17.15	排气歧管	节	0.8~7.0			
17.16	消声器	节	0.3~1.1			
18.01	发电机	只	0.4~1.6			
18.02	发电机支架	只	0.2~1.0			
18.03	发电机带轮	只	0.2~0.5			不含发电机拆装
18.04	发电机传动带	根	0.2~1.2			

多项更换不得重复计算工时

（续）

序号	项目	单位	轿车					客车					货车				备注
			微型	普通型	中级	中高级	高级	微型	轻型	中型	大型	特大型	微型	轻型	中型	重型	
18.05	蓄电池	只			0.2~0.4												不含蓄电池拆装
18.06	蓄电池托架	只			0.2~0.4												
18.07	蓄电池线	根			0.4~1.6												
18.08	起动机	只			0.8~1.5					0.8~1.5				0.6~1.2			
18.09	点火线圈	只			0.2~10.5					0.2~0.4			0.2~0.3				
18.10	分电器	只			0.8~1.5					0.8~1.2				0.6~1.2			
19.01	前风窗玻璃	块			0.8~4.0					0.6~6.0				0.6~2.4			
19.02	前风窗玻璃胶条	根			0.8~4.0					0.6~6.1				0.6~2.4			
19.03	前风窗玻璃饰条	根			0.2~0.3					0.2~0.4				0.2~0.3			
19.04	内视镜	只			0.1~0.4					0.1~0.3				0.1~0.2			
19.05	刮水器电动机	只								0.4~1.3							
19.06	刮水器连动杆	根								0.3~1.3							
19.07	刮水器臂	根								0.1~0.2							
19.08	刮水器片	片								0.1							
19.09	刮水器喷水壶	只								0.2~2.6							
19.10	刮水器喷嘴	只			0.2~0.5					0.2~0.4				0.2~0.4			多项更换不得重复计算工时

序号	名称	单位	工时	工时	工时	工时	备注
20.01	前风窗玻璃下集雨槽	件	0.1~0.7				
20.02	前围水平面板	件	3.0~7.0				不含发动机及仪表台拆装
20.03	前围板	件	8.0~14.0				不含发动机及仪表台拆装
21.01	仪表台	只	2.5~6.5		2.0~8.0	2.0~4.5	
21.02	组合仪表	只			0.3~1.6		
21.03	仪表台杂物箱	只	0.2~0.6			0.2~0.4	
21.04	仪表台饰件	件	0.2~0.6				
21.05	过道饰件	件	0.2~0.8				
22.01	A柱	根	6.0~12.0		4.0~10.0		
22.02	A柱内饰板	块		0.2~0.6			
22.03	B柱	根	4.0~10.5		6.0~12.0		
22.04	B柱内饰板	块		0.2~0.6			
22.05	边梁	根	4.0~8.5				
22.06	边梁饰件	件	0.2~0.5				
22.07	车身地板	件	10.0~15.0				

（续）

序号	项目	单位	轿车 微型	普通型	中级	中高级	高级	客车 微型	轻型	中型	大型	特大型	货车 微型	轻型	中型	重型	备注
23.01	前座椅总成	只			0.3~0.6												
23.02	前座椅导轨	付			0.3~1.0												
23.03	调角器	只			0.6~1.2												
23.04	安全带	根			0.5~1.5				0.4~1.0					0.4~0.8			
24.01	前(后)门门壳	扇			3.0~5.0									3.0~4.0			自动门加50%
24.02	前(后)门门皮	块			4.5~7.5									4.5~5.5			
24.03	前(后)门防擦饰条	条			0.2~0.3									0.2~0.3			
24.04	前(后)门外饰板	块			0.3~0.6												
24.05	前(后)门下饰条	根			0.2~0.3												
24.06	前(后)门玻璃外挡雨条	根			0.2~0.2										0.2		
24.07	前(后)门内饰板	块			0.4~0.7									0.3~0.6			
24.08	前(后)门玻璃	块			0.8~1.2									0.6~1.0			
24.09	前(后)门内把手	只			0.1~0.3									0.1~0.3			
24.10	前(后)门外把手	只			0.2~0.4									0.2~0.4			
24.11	前(后)门锁机	只			0.3~0.5									0.3~0.4			
24.12	前(后)门铰链	付			0.2									0.2			不包括门拆装
24.13	前(后)门升降器	付			0.2~0.6									0.2~0.4			不包括内饰板拆装

序号	项目名称	单位				备注
24.14	前(后)门门升降器导轨	根	0.2~0.3		0.2~0.3	
24.15	前(后)门玻璃泥槽	条	0.2~0.3		0.2	不包括内饰板及玻璃拆装
24.16	前(后)门玻璃内挡雨条	根	0.2~0.3		0.2	
24.17	前(后)门密封条	根	0.2~0.5		0.2~0.3	
24.18	前(后)门三角玻璃	块	0.5~2.0		0.3~1.2	不包括内饰板拆装
24.19	倒车镜	只	0.3~0.7	0.3~1.0	0.3~0.6	多项更换不得重复计算工时
25.01	换车顶	个	15.0~24.0		10.0~20.0(驾驶室)	
25.02	车顶饰条	根	0.2~0.5			
25.03	内顶篷	个	1.0~3.5		0.5~2.0	
25.04	内扶手	只	0.1~0.2		0.1~0.2	多项更换不得重复计算工时
26.01	后风窗玻璃	块	0.8~4.0	0.2~1.0	0.2~0.8	
26.02	后风窗玻璃密封条	根	0.8~4.0	0.2~1.0	0.2~0.8	
26.03	后风窗玻璃饰条	根	0.2~0.3			
26.04	刮水器电动机	只	0.3~1.2			
26.05	刮水器连动杆	根	0.3~1.2			
26.06	刮水器臂	根	0.1~0.2			
26.07	刮水器片	片	0.1			

（续）

序号	项目	单位	轿车					客车					货车				备注
			微型	普通型	中级	中高级	高级	微型	轻型	中型	大型	特大型	微型	轻型	中型	重型	
26.08	刮水器喷水壶	只					0.2~0.4										
26.09	刮水器喷嘴	只		0.2~0.5						0.2~0.4							
26.10	高位制动灯	只		0.1~0.3						0.1~0.3							多项更换不得重复计算工时
27.01	后翼子板	件		6.0~18.5													
27.02	后翼子板内板(悬架座)	件		4.0~8.0													不包括后翼子板更换工时
27.03	后翼子板饰板	块		0.1~0.2													
27.04	后翼子板轮眉	条		0.3													
27.05	后搁板	块		2.5~4.5													不包括后翼子板及后翼子板内板更换工时
27.06	后搁板饰板	块		0.3~1.1													多项更换不得重复计算工时
28.01	行李舱盖	只		0.8~2.0													客车指侧行李舱盖
28.02	行李舱盖撑杆	根		0.2~0.3													
28.03	后牌照板	块		0.2~0.4													

序号	名称	单位	工时	备注
28.04	后行李舱铰链	付	0.2~0.3	
28.05	后行李舱锁机	付	0.2~0.4	
29.01	后桥与车身脱离	台		拆车无副梁54元，有副梁96元
30.01	备胎箱（架）	只		需拆燃油箱另加1
31.01	后围板	台		
31.02	燃油箱	只		
32.01	后尾灯	只		组合式合并于尾灯，单置式同于牌照灯
32.02	后牌照灯	只		
32.03	后雾灯	只		
33.01	后保险杠皮	根		按前保险杠执行
33.02	后保险杠骨架	根		同上
33.03	后保险杠衬垫	块		同上
33.04	后保险杠饰条	根		同上
33.05	后保险杠下围	根		同上

5）修理生锈或腐蚀的零部件。

6）松动锈死或卡死的零部件。

7）检查悬架系统和转向系统的定位。

8）拆去打碎的玻璃。

9）更换防腐蚀材料。

10）修理作业中当温度超过60℃时，拆装主要电脑模块。

11）拆卸及装回车轮和轮毂罩。

上述各项虽然每项工时不大，但对于较大的碰撞事故，各作业项累计通常是不能忽视的一项重要工作。

> **提示**
>
> 将各类工时累加时，各损失项目在修理过程中有重叠作业时，必须考虑将工时减少。

第六节 涂饰费用的确定

汽车修理做漆收费标准全国各地标准不尽相同，可以按每平方米多少元计算，也可以按每幅多少元计算，但是基本上都是按面积乘以漆种单价作为计价基础。

一、面积的计算方法

笔者根据全国大多数地区的计价方法，总结出这样一个计算方式，以每平方米为计价单位，不足$1m^2$按$1m^2$计价，第2平方米按$0.9m^2$计算，第3平方米按$0.8m^2$计算，第4平方米按$0.7m^2$计算，第5平方米按$0.6m^2$计算，第6平方米以后，每平方米按$0.5m^2$计算。供业内人员参考。

二、漆种单价的确定

1. 确定漆种

关于漆的种类参阅第三章。根据汽车修复中使用的面漆的价格差异，我们可以将汽车面漆分为以下几类。

1）硝基喷漆。

2）单涂层烤漆（常为色漆）。

3）双涂层烤漆（常为银粉漆或珠光漆）。

4）变色烤漆。

5）环保水漆。

> **提示**
>
> 现场用醮有硝基漆稀释剂（香蕉水）的白布摩擦漆膜，观察漆膜的溶解程度。如果漆膜溶解，并在白布上留下印迹，则是喷漆，反之为磁漆。如果是磁漆再用砂纸在损伤部位的漆面轻轻打磨几下，鉴别是否涂了透明漆层。如果砂纸磨出白灰，就是透明漆层，如果砂纸磨出颜色，就是单级有色漆层，最后借光线的变化，用肉眼看一看颜色有无变化，如果有变化为变色漆，通过上述方法，我们可以对汽车面漆加以区分。

2. 确定漆种的单价

市场上所能购买的面漆大多为进口和合资品牌，世界主要汽车面漆的生产厂家，如美国的杜邦和 PPG、英国的 ICI、荷兰的新劲等，每升单价都不一样，估价时常采用市场公众都能够接受的价格。

我们知道每平方米的做漆费用中有材料费和工时费。在经济相对发达的地区，材料费较低而工时费较高，经济相对落后的地区，材料费较高而工时费较低，结合起来，每平方米做漆费用差别不大，笔者制定了一个收费参考价，见表7-2，供业内人士参考。

表7-2　汽车做漆收费参考表

单价/元　　车型 单位 项目	单位	轿　车					客车		货车	
		微型	普通型	中级	中高级	高级	普通	豪华	车箱	驾驶室
硝基喷漆	m²						100		50	
单涂层烤漆	m²	200	250	300	400	500	200	300		250
双涂层烤漆	m²	300	350	400	500	600		400		
变色烤漆	m²			600	700	800				

3. 汽车塑料件做漆

由于塑料与金属薄板的物理性能不同，塑料的做漆与金属薄板表面做漆有一些差异，由于漆对塑料有很好的附着性，多数硬塑料不需要使用塑料底漆，而柔性塑料由于易膨胀、收缩和弯曲，应在漆层的底层喷涂塑料底漆，并在面漆中加入柔软剂，否则会产生开裂和起皮现象，所以柔性塑料做漆的成本会略有增加。可考虑增加 5%～10% 的费用。

第七节　材料价格、修复价值和残值

一、确立更换零配件的材料价格

汽配市场一个零配件有多种价格，如何采价也是困扰机动车辆评估业的一大难题，根据评估学原理以及保险学原理，评估的基准时点应以出险时间为评估基准时，以出险地为评估基准地，以重置成本法为评估基本方法，这样我们就可以得到一种价格。专业机动车保险公估公司都有自己合作汽车配件的报价系统。如北京的精友公司、西班牙 AUDATEX 公司、美国 Mitchell 国际公司等。材料的采价和报价是一个系统工程，它是由一组、一群专业人员，或者是一个专业公司来完成，如各种专业的汽配报价公司。

注意：我国不允许经销旧汽车配件，因此在材料价格中不得使用旧汽车配件价格。

二、关于汽车的修复价值

从理论上讲，任何一辆损坏的汽车都可以通过修理恢复到事故以前甚至和新车一样的状况。但是，这样往往是不经济的或无意义的。

1. 汽车现值或称实际价值

汽车均有一定的寿命(第二章汽车基本知识已叙述)，在事故前的(按第八章汽车实际价值评估方法评估出的)价值，被称为汽车现值或称实际价值(有些保险合同对实际价值有特殊的定义)。

虽然事故前的状况已不存在，但是有经验的评估人员还是可以比较准确地评估出被评估汽车的现值。汽车现值或实际价值还可以通过相关资料及信息查询后对被评估汽车进行修正。

汽车现值或称实际价值不能等同于汽车的年限折旧后的价值，这是保险从业人员时常犯的错误。汽车现值或称实际价值有可能高于或低于汽车的年限折旧后的价值。

2. 推定全损

虽然被评估汽车还有一定的价值，若其修复价值已达到或者超过其现值（实际价值），则被评估汽车为推定全损。

3. 修复价值

当被评估汽车达到全损或推定全损，则被评估汽车已无修复价值。

当碰撞造成被评估汽车损失较大时，都必须对被评估汽车的修复价值进行评定，这是一名专业汽车评估人员必须做的工作。反之评估报告很容易引起保险索赔纠纷，因为它违反了财产保险的损失补偿原则。这也是汽车损失评估与旧汽车评估不可分割的重要原因之一。

三、确定车辆损失残值

在保险车辆损失评估时，经常要确定更换件的残值，绝大多数保险条款都规定残值协商作价折归被保险人，当保险公司与被保险人或修理厂协商残值价格时，保险公司为了提高理赔效率和减少赔付，常常会作一些让步。实际操作中残值大多数折归了修理厂，评估实务中的残值的实际价值通常高于评估单上的残值价值。

对于损失较大的事故，更换件也较多，委托人为保险公司时，通常会要求确定残值，残值的确定通常有以下几步：

1）列出更换项目清单。

2）将更换的旧件分类。

3）估定各类旧件的重量。

4）根据旧材料价格行情确定残值。

第八节 评估实例

把材料费、工时费、表面涂饰费用、材料管理费、税收相加，得到修理总费用。

下面以一辆丰田卡罗拉典型碰撞为例（图7-87~图7-89），说明查勘、检验步骤以及损失评估单的制作过程。

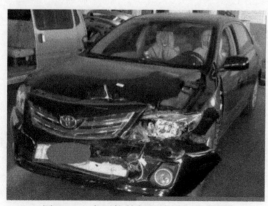

图7-87 卡罗拉前部碰撞受损全景图

图7-88 铭牌

图 7-89 卡罗拉部分碰撞受损局部图组

步骤如下：

1. 填写汽车受损查勘记录表

认真填写汽车受损查勘记录表是做好评估工作的必要条件，所以必须认真对待，漏项是评估水平较差的表现，切不可马虎。

2. 制作汽车损失评估单

通常评估基准时点为事故时点，2012 年 10 月 08 日，地点为南通。损失评估的方法为重置成本法。材料价格来自市场，均为正厂件；工时单价取自市场平均水平；涂饰费用取自表 7-2；残值定价来自废旧材料市场行情以及与承修厂协商的结果。汽车损失评估单如下。

汽车受损现场查勘记录

委托人：×××　　　　　　　　　　　　　　　　　委托书编号：2004122603

号牌号码：苏F ×××××		车架号码（VIN）：LFMAPE2C8A0225222		
厂牌型号：丰田 TV7163GL		车辆类型：轿车		检验合格至：2012 年 12 月
初次登记年月：2010 年 12 月	使用性质：家庭自用		漆色及种类：黑色、双涂层烤漆	
行驶证车主：×××	行驶里程：4.5 万公里		燃料种类：汽油	车身结构：承载式
方向形式：左	变速器类型：AT	驱动形式：前驱	损失程度□无损失■部分损失□全部损失	
查勘时间	(1)2012 年 10 月 10 日	(2)		(3)
查勘地点	(1)×××修理厂	(2)		(3)
受损时间：2012 年 10 月 8 日	保险期限：2012-12-14～2013-12-14			出险地点：×××××××

损 失 清 单					
序号	损失项目	数量	损失情况	修复方式	备注说明
0101	前保险杠	1	破损	更换	
0102	前保险杠内衬	1	缺失	更换	
0103	前保险杠左支架	1	破损	更换	
0104	气囊传感器（左）	1	破损	更换	
0105	散热器护板（左）	1	破碎	更换	
0201	前保险杠下隔栅	1	破碎	更换	
0202	中网	1	破碎	更换	
0203	中网标	1	破碎	更换	
0301	前照灯（左）	1	破碎	更换	
0302	前照灯（右）	1	损坏	更换	
0303	前罩板导水板	1	破碎	更换	
0401	散热器框架	1	中度变形	更换	
0402	空滤壳（上）	1	破碎	更换	
0403	空滤壳（下）	1	破碎	更换	
0501	冷凝器	1	变形	更换	
0502	回收加注 R134 制冷剂		回收后加注	修理	
0601	散热器	1	严重变形	更换	
0602	冷却液		加注	加注	
0603	散热器护板（上）	1	中度变形	更换	
0604	发动机罩铰链（左）	1	严重变形	更换	
0605	发动机罩铰链（右）	1	严重变形	更换	
0701	发动机罩	1	严重变形	更换	
0702	发动机盖锁	1	轻度变形	修理	
0801	左前翼子板	1	严重变形	更换	
0901	左前纵梁	1	轻度变形	校正	
1001	事故处	2m²		做漆	

当事人人签字：×××　　　　　　　　　　　　　　　　　　　查勘员签字：×××

汽车损失评估单

编号：2012101001

车主：×××		牌照号码：苏 F×××××	事故日期：20121008

厂牌型号：丰田 TV7163GL	车辆类型：轿车	结构特征：承载式车身

颜色、漆种：黑色、双涂层烤漆		VIN（车架号）：LFMAPE2C8A0225222	

序号	损失项目 零件编号（视情况）	数量	修理方式	材料费（最终用户价）	工时费	备注
0101	前保险杠	1	更换	782		
0102	前保险杠内衬	1	更换	181	1.5×100	
0103	前保险杠左支架	1	更换	72		
0104	前保险杠下隔栅	1	更换	624		
0105	气囊传感器（左）	1	更换	158		
0201	中网	1	更换	521	0.5×100	
0202	中网标	1	更换	201		
0301	前照灯（左）	1	更换	758	1×100	
0302	前照灯（右）	1	更换	758	1×100	
0401	散热器框架	1	更换	1293		
0402	散热器护板（左）	1	更换	141	3×100	
0403	前罩板导水板	1	更换	772		
0501	冷凝器	1	更换	3010	1×100	
0502	回收加注 R134 制冷剂		修理			
0601	散热器	1	更换	1528		
0602	冷却液及 AT 油（补充）		加注	50	2×100	事故后未漏
0603	散热器护板（上）	1	更换	641		
0701	发动机盖	1	更换	1038		
0702	发动机罩铰链（左）	1	更换	147	2×100	已漏
0703	发动机罩铰链（右）	1	更换	147		
0704	发动机盖锁	1	修理			
0801	左前翼子板	1	更换	825	1.5×100	
0901	左前纵梁	1	校正		4×100	
1001	空滤壳（上）	1	更换	422	0.5×100	
1002	空滤壳（下）	1	更换	1281		
1001	事故处	3m²	做漆			
1101	辅助作业				2×100	
	辅料			100		

材料费合计：15461 元		残值：461 元(约)			工时费合计：2000 元
涂饰费：1200 元（含税）	外加工费：0			修理工期：约 5 天	
修理费总计：18661.00 元		估损金额：壹万捌仟贰佰元（18200.00 元）			

所有人：×××　　　　　承修厂：　　　　　评估员：×××

修理工期只在承保了车辆停驶损失险时需加以确定。

通常，修理评估单一式三份，两份交委托人，一份留存，结论有效期限为30天，限定时间的原因一是零件的价格可能会变，二是汽车的损伤也会变化。

原则上，以事故时点为评估基准时点，如不以事故时点为评估基准时点时，评估单必须加以说明。

习　题

一、单项选择题

1. 通常(　　)车身才会发生真正的扭曲。

A. 承载式　　　　　　　　　　　　　　　　B. 非承载式

答案：B

2. 车身结构性构件损坏，(　　)变形的应以修理为主。

A. 弯曲　　　　　　　　　　　　　　　　　B. 折曲

答案：A

3. 中级车双层烤漆的收费标准大概为(　　)元/平米。

A. 300　　　　　　B. 350　　　　　　C. 400　　　　　　D. 500

答案：C

4. (　　)是损失评估的基本方法。

A. 重置成本法　　　　　　　　　　　　　　B. 折旧法

答案：A

二、多项选择题

5. 汽车碰撞损伤分为直接损伤和间接损伤，间接损伤的类型有(　　)等。

A. 侧弯　　　　　　B. 凹陷　　　　　　C. 褶皱(压溃)　　　　　　D. 扭曲

答案：A、B、C、D

6. 车辆碰撞损伤鉴定时的安全注意事项有(　　)。

A. 注意和标注锋利的边角　　　　　　　　B. 闻到汽油泄漏味道时注意断火和断电

C. 防止电器类的扩大损失　　　　　　　　D. 保证作业环境光线良好

答案：A、B、C、D

7. 对车身损伤程度的确定，主要内容有(　　)。

A. 钣金件截面的突然变形　　　　　　　　B. 部件支架的变形及脱落

C. 车身的间隙和配合　　　　　　　　　　D. 惯性损伤、来自人员及行李的损伤

答案：A、B、C、D

8. 以下塑料件以换为主的有(　　)。

A. 安全结构件　　　　　　　　　　　　　　B. 整体破碎件

C. 价值较贵　　　　　　　　　　　　　　　D. 尺寸较大的基础零件

答案：A、B

9. 前悬架中的安全部件有(　　)。

A. 制动盘　　　　　　B. 悬架臂　　　　　　C. 发动机托架　　　　　　D. 转向节

答案：A、B、D

10. 散热器附件有(　　)。

A. 排气管　　　　　　B. 进水管　　　　　　C. 出水管　　　　　　D. 膨胀水箱

答案：B、C、D

11. 工时费主要包含(　　)等内容的工时。

A. 拆装　　　　　　　B. 更换　　　　　　　C. 修理　　　　　　　D. 辅助作业

答案：A、B、C、D

12. 修理费的构成除了材料费，还包括(　　)。

A. 材料费管理费　　　　　　　　　　　　B. 工时费

C. 表面涂饰费　　　　　　　　　　　　　D. 税

答案：A、B、C、D

三、判断题

13. 车身紧固件损坏，可以修复。

答案：错误

14. 非结构件损坏的修与换，要充分考虑到成本差距，再确定修与换。

答案：正确

15. 为保证整车强度，不到万不得已，承载车身的后叶子板损坏不得更换。

答案：正确

16. 对于各损失项目在修理中有重叠部分的工时，应该考虑将工时减少。

答案：正确

第八章 汽车实际价值评估

汽车评估是指具有专业资质的鉴定评估人员，按照特定的目的、法定或公允的标准和程序，运用科学的方法，对汽车进行手续检查、技术状况鉴定和价格估算的过程。

通常，汽车保险理赔中的实际价值评估与现行的《旧汽车评估规范》中旧汽车评估不同之处有两点。

1）作为保险标的的汽车，其投保人应具有法律上承认的保险利益，所以作为保险标的的汽车通常都具有合法的手续，除非投保时具有合法的保险利益而出险时没有，后者情况较少，所以保险定损人员在进行汽车实际价值评估时，其前提是认为被评估汽车具有合法的手续。

2）在汽车保险理赔中，需要进行实际价值评估的，都出现在全损或推定全损的情况。然而出现全损和推定全损时已不具备汽车技术状况检查的条件。

所以本章不再介绍汽车实际价值评估中的手续检查与技术状况鉴定。

第一节 汽车实际评估方法的选择

一、评估标准

评估的标准是指评估计价时适用的价值类型。选用何种评估标准评估被评估物，是由评估的目的决定的。评估的标准有以下四种。

1. 现行市价标准

现行市价标准是指以类似被评估物在公开市场的交易价格为基础，根据被评估物的个性进行修正，从而评定被评估物现行价值的一种计价标准。

当市场经济环境比较发达，存在与被评估物相类似的物品（通常是单项物品）时，适用现行市价标准。

2. 重置成本标准

重置成本标准是指在现时条件下，通过按功能重置被评估物来确定被评估物现时价值的一种计价标准。

以保险、资产保全为目的的评估，常适用重置成本标准。

3. 收益现值标准

收益现值标准是指根据被评估物未来将产生的预期收益，按适当的折现率将未来收益折算成现值，以评定被评估物现时价值的一种计价标准。

经营性资产的产权转移，变更常选用收益现值标准。

4. 清算价格标准

清算价格标准是指以被评估物拍卖（在非正常市场上）得到的快速变现价值为依据来确定被评估物现时价值的一种计价标准。清算价格一般低于公开交易市场的现行市价。

以企业破产或停业清算、资产抵押为目的的评估，常适用清算价格标准。

二、评估的方法

评估的基本方法有三种，即现行市价法、重置成本法和收益现值法。分别简称为市场法、成本法和收益法。派生方法有一种即清算价格法，简称清算法。

评估的四种方法包括现行市价法、重置成本法、收益现值法和清算价格法。这些方法各有各的特点，同时又是相互关联的。评估方法的多样性，为评估人员提供了适当选择评估的途径和选择合适的评估方法，有利于简捷、准确地确定被评估对象的价值。各种方法选择使用的条件如下。

1）现行市价法是汽车评估优先考虑采用的评估方法，符合市场经济规律，评估结果易于被各方面理解和接受。但需要有一个成熟的、健康的、完全市场经济环境的市场，并且要有大量的同质标的。

2）重置成本法是汽车评估经常采用的评估方法，具有收集资料信息便捷、操作简单易行的特点，评估理论贴近旧汽车的实际，在现行市价法条件不具备的情况下，是一种容易被接受的评估方法。但工作量大，经济性贬值不易准确计算。

3）收益现值法只在少数营业性运输车辆评估上使用。

4）清算价格法只在少数破产、抵押、急于变现等车辆评估上使用。

> **提示**
>
> 作为汽车保险理赔中的汽车实际价值评估，其目的是汽车物质损失评估，而不是利润损失评估，所以收益法不适用于汽车保险理赔中的汽车实际价值评估。清算价格法显然不适用于汽车保险理赔中的汽车实际价值评估。所以汽车保险理赔中的汽车实际价值评估的方法只有现行市价法和重置成本法，优先采取现行市价法，在现行市价法条件不具备的情况下采用重置成本法。

第二节 现行市价法评估旧汽车

一、查勘鉴定被评估汽车

查勘待评估汽车，并对其结构、性能、新旧程度等作必要的技术鉴定，以获得该汽车的基本技术参数，为市场数据资料的搜集及参照物的选择提供依据。

二、选择参照物

根据评估的特定目的、待评估汽车的有关技术参数，按可比性原则选取参照物。参照物的选择一般应在两个以上。从优选择考虑，首先应考虑选择市场上已成交的交易案例中的汽车作为参照物。

三、对被评估汽车和参照物之间的差异进行比较、量化和调整

被评估汽车和参照物之间的差异主要有几个方面。

1. 结构性能的差异及量化

汽车型号间及结构上的差别都会集中反映到汽车间的功能和性能差异上，功能和性能的差异可通过功能、性能对汽车的价格影响进行估算。

$$量化调整值 = 结构性能差异值 \times 成新率 \tag{8-1}$$

例如，同类型的汽油车，电喷发动机相对于化油器发动机要贵3~5千元；对营运性汽车而言主要表现为生产能力、生产效率和运营成本等方面的差异。可利用收益现值法对其进行量化调整。

2. 销售时间的差异及量化

在选择参照物时应尽可能选择评估基准日的成交案例，以免去销售时间差异的量化。若参照物的交易时间在评估基准日之前，可采用价格指数法将销售时间差异量化并调整。

3. 新旧程度的差异及量化

被评估汽车与参照物在新旧程度上不一定会完全一致，参照物也未必是全新汽车。这就要求评估人员对被评估汽车与参照物的新旧程度作出基本判断，取得被评估汽车和参照物成新率后，以参照物的价格乘以被评估汽车和参照物成新率之差即可得到两个汽车新旧程度的差异量：

$$新旧程度差异量=参照物价格×(被评估汽车成新率-参照物成新率) \tag{8-2}$$

4. 销售数量的差异及量化

销售量的大小、采用何种付款方式均会对汽车成交单价产生影响。对这两个因素在被评估汽车与参照物之间的差别，应先了解清楚，然后根据具体情况作出必要的调整。一般来说，卖主充分考虑货币的时间价值，他会以较低的单价吸引购买者(常为经纪人)多买旧汽车，尽管价格比零售价低，但他可提前收到货款。当被评估汽车是成批量时，以单个汽车作为汽车参照物是不恰当的。而当被评估汽车是单件时，以成批汽车作为参照物也是不合适的。销售数量的不同会造成成交价格的差异。必须对此差异进行分析，适当调整被评估汽车的价值。

5. 付款方式的差异及量化

在旧汽车交易中，绝大多数为现款交易。在我国一些经济较活跃的地区已出现了旧汽车的银行按揭销售。银行按揭的旧汽车与一次性付款的旧汽车的价格差异由两部分组成，一是银行的贷款利息，贷款利息按贷款年限确定；二是汽车按揭保险费，各保险公司的汽车按揭保险费率不完全相同，会有一些差异。

找出主要差异后，对其作用程度要加以确定且予以量化，并作出相应的调整。

四、现行市价法评估实例

例 8-1 某捷达车现行市价法评估实例(表 8-1)

表 8-1 某捷达车现行市价评估方法

序号	技术经济参数	参照物 I	参照物 II	被评估汽车
1	车辆型号	捷达 FV7160CL	捷达 FV7160CIX	捷达 FV7160GIX
2	销售条件	公开市场	公开市场	公开市场
3	交易时间	2003 年 12 月	2004 年 6 月	2004 年 6 月
4	使用年限	15 年	15 年	15 年
5	初次登记年月	1998 年 6 月	1998 年 6 月	1998 年 12 月
6	已使用时间	5 年 6 个月	6 年	5 年 6 个月
7	成新率	53%	48%	50%
8	交易数量	1	1	1
9	付款方式	现款	现款	现款
10	地点	北京	北京	北京
11	物价指数	1	1.03	1.03
12	价格	5.0 万元	5.5 万元	求评估值

1) 以参照物Ⅰ为参照物进行各项差异量化和调整。

① 结构性能差异量化与调整。参照物Ⅰ车身为老式车身，被评估物为新式改版车身，评估基准时点该项结构价格差异为0.8万元；参照物Ⅰ发动机为化油器式两气门发动机，被评估物发动机为电喷式五气门发动机。评估基准时点该项结构价格差异为0.6万元。该项调整数为：$(0.8+0.6) \times 50\% = 0.7$ 万元。

② 销售时间差异量化与调整。参照物Ⅰ成交时物价指数为1，被抢估物评估时物价指数为1.03，该项调整系数为：

$$\frac{1.03}{1} = 1.03$$

③ 新旧程度差异量化与调整。

该项调整数为：$5.0 \times (50\% - 53\%) = -0.15$ 万元。

销售数量和付款方式无差异。

$$评估值 = (5.0+0.7-0.15) \times 1.03 \approx 5.72 \text{ 万元}。$$

2) 以参照物Ⅱ为参照物作各项差异量化和调整。

① 结构性能差异量化与调整。参照物Ⅱ发动机为电喷两气门发动机，被评估物为电喷五气门发动机。评估基准时点该项结构价格差异为0.3万元。该项调整数为：$0.3 \times 50\% = 0.15$ 万元。

② 新旧程度差异量化与调整。

该项调整数为：$5.5 \times (50\% - 48\%) = 0.11$ 万元。

销售时间、数量和付款方式无差异。

评估值 $= 5.5 + 0.15 + 0.11 = 5.76$ 万元。

综合参照物Ⅰ和参照物Ⅱ，被评估物评估值 $= \dfrac{5.72+5.76}{2} = 5.74 \approx 5.8$ 万元。

第三节　重置成本法评估旧汽车

一、重置成本法的计算公式

重置成本法的计算公式如下：

$$\text{评估值} = \text{重置成本} - \text{实体性贬值} - \text{功能性贬值} - \text{经济贬值} \qquad (8\text{-}3)$$
$$\text{评估值} = \text{重置成本} \times \text{成新率} \qquad (8\text{-}4)$$

从一般意义上讲，式(8-3)优于式(8-4)，这是因为式(8-3)中不仅扣除了有形损耗，而且扣除了功能性损耗和经济性损耗，从理论上讲更科学，但其实际的可操作性较差，使用困难。式(8-4)中成新率的确定是综合各项贬值的结果，具有收集信息便捷、操作较简单易行、评估理论贴近汽车使用行业实际、容易被委托人接受等优点，被广泛采用。

二、重置成本的确定

重置成本是评估基准时点重新购置具有同等效用的新汽车的完全价值。它不会因为评估的目的而改变。重置成本应以现行市场纯车价加车辆购置税最合理。因为如养路费、保险费会因汽车的使用而逐步被消费掉，将其准确计入重置成本意义不大。

1. 重置成本估算应注意的几个问题

1) 政府对汽车税收的征收有些是在生产和销售环节，有些是在使用环节。前者的税收已包含在汽车的市价里，而后者则没有。确定重置成本只考虑使用环节的税费。

2）纯汽车价格以外的税费因时、因地是动态变化的，汽车鉴定评估人员要根据当时当地的情况按重置成本构成的概念，正确计算重置成本。

3）对于少数的进口汽车，一时难以查找到车价时，可采用功能、性能对比法寻找相似车型，参照相似车型的价格来确定重置成本，也可采用物价指数法确定重置成本。

2. 重置成本的计算方法

重置成本的计算方法如下：

$$C_z = C_j + \frac{C_j}{1.17} \times 10\% \tag{8-5}$$

式中　C_z——重置成本；

　　　C_j——评估基准时点的纯新车购置价。

三、成新率的确定

成新率通常采用的计算公式如下：

$$C = C_n \times J_t \tag{8-6}$$

式中　C——成新率；

　　　C_n——使用年限成新率；

　　　J_t——综合调整系数。

使用年限成新率与综合调整系数的确定方法

1. 使用年限成新率

使用年限法采用的计算公式：

1）等速折旧法：

$$C_n = \left(1 - \frac{Y}{G}\right) \times 100\% \tag{8-7}$$

2）加速折旧法：

① 年份数求和法：

$$C_f = \left[1 - \frac{2}{G(G+1)} \sum_{n=1}^{Y} (G+1-n)\right] \times 100\% \tag{8-8}$$

② 双倍余额递减法：

$$C_n = \left[1 - \frac{2}{G} \sum_{n=1}^{Y} \left(1 - \frac{2}{G}\right)^{n-1}\right] \times 100\% \tag{8-9}$$

式中　C_n——使用年限成新率；

　　　G——规定使用年限；

　　　Y——已使用年限。

规定使用年限按现行的《机动车强制报废标准规定》执行。由于汽车使用年限的变化也会对汽车的实际价值造成影响。然而，机动车辆保险条款中的折旧率是根据老的标准采用直线折旧的方法制定出来的，势必造成保单项下的实际价值与市场的实际价值差异会更大。

上述报废标准是我国现行汽车使用年限规定的法规。汽车有多种使用年限规定，具体如下：

① 小、微型出租客运汽车使用 8 年，中型出租客运汽车使用 10 年，大型出租客运汽车使用 12 年。

② 租赁载客汽车使用 15 年。

③ 小型教练载客汽车使用 10 年，中型教练载客汽车使用 12 年，大型教练载客汽车使用 15 年。

④ 公交客运汽车使用 13 年。

⑤ 其他小、微型营运载客汽车使用 10 年，大、中型营运载客汽车使用 15 年。

⑥ 专用校车使用 15 年。

⑦ 大、中型非营运载客汽车(大型轿车除外)使用 20 年。

⑧ 三轮汽车、装用单缸发动机的低速货车使用 9 年，其他载货汽车(包括半挂牵引车和全挂牵引车)使用 15 年。

⑨ 有载货功能的专项作业车使用 15 年，无载货功能的专项作业车使用 30 年。

⑩ 全挂车、危险品运输半挂车使用 10 年，集装箱半挂车使用 20 年，其他半挂车使用 15 年。

⑪ 正三轮摩托车使用 12 年，其他摩托车使用 13 年。

对小、微型出租客运汽车(纯电动汽车除外)和摩托车，省、自治区、直辖市人民政府有关部门可结合本地实际情况，制定严于上述使用年限的规定，但小、微型出租客运汽车不得低于 6 年，正三轮摩托车不得低于 10 年，其他摩托车不得低于 11 年。

小、微型非营运载客汽车，大型非营运轿车，轮式专用机械车无使用年限限制。

机动车使用年限起始日期按照注册登记日期计算，但自出厂之日起超过 2 年未办理注册登记手续的，按照出厂日期计算。

主要使用年限的汽车年限成新率见表 8-2。

表 8-2　汽车年限成新率　　　　　　　　　　　　　　　　　　　　　　　　(单位:%)

使用年限	使用年限 15 年			使用年限 10 年			使用年限 8 年		
	等速折旧法	加速折旧法		等速折旧法	加速折旧法		等速折旧法	加速折旧法	
		年数求和法	双倍余额法		年数求和法	双倍余额法		年数求和法	双倍余额法
1	93.33	87.50	86.67	90.00	81.82	80.00	87.50	77.78	75.00
2	86.67	75.83	75.11	80.00	65.46	64.00	75.00	58.34	56.25
3	80.00	65.00	65.10	70.00	50.91	51.20	62.50	41.67	42.19
4	73.33	55.00	56.42	60.00	38.18	40.96	50.00	27.78	31.64
5	66.67	45.83	49.90	50.00	27.27	32.77	37.50	16.67	23.73
6	60.00	37.50	44.25	40.00	18.18	26.21	25.00	8.34	17.80
7	53.33	30.00	39.35	30.00	10.91	21.97	12.50	2.78	13.35
8	46.67	23.33	35.11	20.00	5.46	16.78			
9	40.00	17.50	31.43	10.00	1.82	13.42			
10	33.33	12.50	28.24						
11	26.67	8.33	25.48						
12	20.00	5.00	23.09						
13	13.33	2.50	21.01						
14	6.67	0.83	19.21						

由于现在市场环境，汽车的实际折旧呈加速状态，所以等速折旧法是不能使用的。又因为几乎现行所有的汽车损失保险条款都规定：最高折旧金额不超过投保时保险车辆新车购置价的 80%，从表 8-2 中我们可以得出汽车年限成新率应采用式(8-9)计算最为合适。

2. 综合调整系数

综合调整系数推荐采用表8-3。

表8-3　综合调整系数

影响因素	状　况			调整系数		权重（%）
技术状况	一级车			1.1		30
	二级车			1.0		
	三级车			0.8		
重大事故	无			1.0		25
	有			0.5		
需要修理情况	不需要			1.0		20
	需要修理费占	重置成本 0.5%以下		0.9		
		重置成本 0.5%~2%		0.7		
		重置成本 2%~5%		0.5		
		重置成本 5%以上		0.2		
品牌	大贸进口车	地域系数		1.0	1	15
	走私罚没车	地域系数		0.7	1	
	合资名牌车	地域系数		1.1	1.1~1.6	
	合资非名牌车	地域系数		0.8	1	
	国产名牌	地域系数		1.0	1~1.5	
	国产非名牌	地域系数		0.7	1	
使用强度	平均年行驶里程 4 万公里以下			1.0		10
	平均年行驶里程 4 万~8 万公里			0.8		
	平均年行驶里程 8 万公里以上			0.5		

　　汽车成新率的影响因素和鉴定调整系数说明如下：

　　1）汽车技术状况调整系数 J_z。汽车技术状况是汽车品质的最根本因素，用汽车技术等级来评定汽车的技术状况是最为科学和合理的，借用《营运车辆汽车技术等级评定标准》的划分方法，也可将汽车技术等级分为三级，然后取调整系数来修正汽车的成新率，技术状况调整系数取值范围为 1.1~0.8。由于汽车保险理赔中的实际价值评估的被评估汽车已处于全损或推定全损的状态，汽车技术状况调整系数 J_z无法确定，实务中通常取1。

　　2）重大事故调整系数 S_g。重大事故通常是指汽车因碰撞、倾覆造成汽车主要结构件的严重损伤，尤其以承载式汽车的车身件为代表，汽车发生过重大事故后，往往存在严重的质量缺陷，并且不易修复，在汽车交易实务中，往往对汽车的交易价格形成重大影响，同时也是损失评估人员必须非常重视的工作。将重大事故系数设定为1和0.5是统计数据的总结。如果造成是否出过重大事故无法确定则取1。

　　3）需要修理情况调整系数 X_1。汽车需要进行项目修理或换件的，或需进行大修的，对汽车的交易价格构成重要影响，用需要修理费占重置成本的比例来衡量需要修理的程度是较为合理和较为实际的，修理费的评定法采用评估基准地的修理市价。重置成本按本章第六节中的方法计算。需要修理情况系数范围为 1~0.2。

4）品牌调整系数 P_p。汽车品牌对汽车的市场价格也有着重要影响，国家大贸进口的汽车往往质量稳定可靠，售后服务及配件供应有保障，购车者对这类车容易接受。走私罚没汽车往往质量不稳定，售后服务及配件供应没有保障，购旧汽车者风险较大，购车者对这类汽车不容易接受。合资名牌汽车往往质量稳定可靠，售后服务及配件供应有保障，且通常配件价格较大贸进口的汽车合理，旧汽车市场这类汽车较为热销。合资非名牌车往往售后服务及配件供应没有保障，通常配件价格较贵，购旧汽车者有一定的风险，这类旧汽车往往不好销。国产名牌汽车由于质量较稳定，售后服务及配件供应有保障，并且维修价格低廉，购车者对这类车容易接受。国产非名牌汽车由于质量较差，售后服务及配件供应没有保障，虽然时常价格低廉，但大多数旧汽车的购买者不愿问津。

在我国汽车市场上一些品牌有着明显的地域性。如上海大众系列车在华东、西北市场比较走俏，旧汽车市场价格也高于其他品牌的同类型车，而一汽大众捷达车在华北、东北、华南市场比较走俏，旧汽车市场价格也高于其他品牌的同类型车。出于这方面因素的考虑，笔者又设定了品牌地域系数。

5）使用强度调整系数 Y_q。随着我国公路条件的大幅度改善，汽车的使用强度主要来自于行驶里程，我们把汽车的使用强度按行驶里程划分为三档，同时也就兼顾了汽车的使用性质。汽车行驶里程可通过里程表读取，对于里程表的数值要结合汽车的使用性质加以认证，对于里程表读数有质疑的，汽车鉴定评估人员可根据车况，结合经验加以认定。使用强度调整系数的范围为 $1 \sim 0.5$。

$$J_t = J_z \times 30\% + S_g \times 25\% + X_1 \times 20\% + P_p \times 15\% + Y_q \times 10\% \tag{8-10}$$

将重置成本、使用年限（双倍余额法）成新率、鉴定调整系数代入式（8-9）可得重置成法综合计算公式：

$$评估值 = \left(C_j + \frac{C_j}{1.17} \times 10\% \right) \left[1 - \frac{2}{G} \sum_{n=1}^{Y} \left(1 - \frac{2}{G} \right)^{n-1} \right] \times J_t \tag{8-11}$$

四、重置成本法评估实例

例 8-2　某人于 1998 年 7 月共花 13 万元购得捷达 FV7160CL 一辆，用于家庭自用，并于当月登记注册，2004 年 1 月在广州交易，请汽车评估师对其进行鉴定估价。经评估师了解，现该型号的车已不生产，替代产品为捷达 FV7160Ci，车价 10 万元，捷达 FV7160Ci 与捷达 FV7160CL 的主要区别，一是将化油器式发动机改为了电喷发动机；二是将空调系统改为了环保空调系统。两项差别约使车价上升 0.4 万元。该车技术等级评定为二级车，未发现有重大事故痕迹，该车外表有多处轻微事故痕迹，需修理与做漆，约需 0.1 万元。行驶里程 6 万 km，计算评估值。

根据题意：

1）重置成本 $= 10 - 0.4 + \dfrac{10 - 0.4}{1.17} \times 10\% \approx 10.42$ 万元。

2）使用年限为 15 年，采用年限法双倍余额折旧率：

第一年折旧率 $= \dfrac{2}{15} \times \left(1 - \dfrac{2}{15} \right)^{1-1} = 0.1333$

第二年折旧率 $= \dfrac{2}{15} \times \left(1 - \dfrac{2}{15} \right)^{2-1} = 0.1156$

第三年折旧率 $= \dfrac{2}{15} \times \left(1 - \dfrac{2}{15}\right)^{3-1} = 0.1002$

第四年折旧率 $= \dfrac{2}{15} \times \left(1 - \dfrac{2}{15}\right)^{4-1} = 0.0868$

第五年折旧率 $= \dfrac{2}{15} \times \left(1 - \dfrac{2}{15}\right)^{5-1} = 0.0752$

第六年折旧率 $\approx \dfrac{6}{12} \times \dfrac{2}{15} \times \left(1 - \dfrac{2}{15}\right)^{6-1} = 0.0326$

3）采用年限法双倍余额折旧后的年限成新率

$= (1 - 0.1333 - 0.1156 - 0.1002 - 0.0868 - 0.0752 - 0.0326) \times 100\%$

$= 45.63\%$

4）鉴定调整系数：

因为是二级车，技术状况调整系数取 1.0；未见重大事故，重大事故调整系数取 1.0。

修理费用 0.1 万元，重置成本 10.42 万元，需要修理情况调整系数为 0.7。

捷达车为合资名牌车，考虑地域因素，品牌调整系数取 1.5。

年平均行驶里程为 1.1 万 km，使用强度调整系数取 1.0。

鉴定调整系数 $= 1 \times 30\% + 1 \times 25\% + 0.7 \times 20\% + 1.6 \times 15\% + 1 \times 10\% = 1.03$

5）评估值 $= 10.42 \times 45.63\% \times 1.03 \approx 4.9$ 万元。

例 8-3　某人于 2000 年 7 月共花 14.4 万元购得捷达 FV7160Ci 一辆，挂靠某出租公司作为出租车，并于当月登记注册，2004 年 7 月在南京交易，请汽车评估师对其进行鉴定估价。经评估师了解，现该型号的车纯车价 9.6 万元，该车技术等级评定为三级车，发现前纵梁已换过，有重大事故痕迹，该车外表有多处事故痕迹，需二级维护，需保养与车身做漆，约需 0.5 万元，行驶里程 48 万 km，计算评估值。

根据题意：

1）重置成本 $= 9.6 + \dfrac{9.6}{1.17} \times 10\% = 10.42$ 万元。

2）使用年限为 8 年，采用年限法双倍余额折旧率：

第一年折旧率 $= \dfrac{2}{8} \times \left(1 - \dfrac{2}{8}\right)^{1-1} = 0.25$

第二年折旧率 $= \dfrac{2}{8} \times \left(1 - \dfrac{2}{8}\right)^{2-1} = 0.1875$

第三年折旧率 $= \dfrac{2}{8} \times \left(1 - \dfrac{2}{8}\right)^{3-1} = 0.1406$

第四年折旧率 $= \dfrac{2}{8} \times \left(1 - \dfrac{2}{8}\right)^{4-1} = 0.1055$

3）采用年限法双倍余额折旧后的年限成新率

$= (1 - 0.25 - 0.1875 - 0.1406 - 0.1055) \times 100\%$

$= 31.64\%$

4）鉴定调整系数：

因为是三级车，技术状况调整系数取 0.8。有重大事故痕迹，重大事故调整系数取 0。

修理费用 0.5 万元，重置成本 10.42 万元，需要修理情况调整系数取 0.5。

捷达车为合资名牌车，品牌调整系数取 1.1。

年平均行驶里程为 12 万公里，使用强度调整系数取 0.5。

$$鉴定调整系数 = 1×30\%+0×25\%+0.5×20\%+1.1×15\%+0.5×10\% = 0.615$$

5）评估值 = 10.42×31.64%×0.615 ≈ 2.0 万元。

例 8-4 某公司 2000 年 6 月购得一汽大众奥迪 A6 型（排量 2.4L）轿车一辆作为公务使用，2004 年 6 月在北京交易，2004 年 6 月北京市场上该型号车纯车价是 40 万元，该车技术等级评定为二级车，无重大事故痕迹，该车外表有少数划痕，无需修理。行驶里程 15 万 km，计算评估值。

根据题意：

1）重置成本 = $40+\dfrac{40}{1.17}×10\%$ = 43.4 万元。

2）使用年限为 15 年，采用年份数求和法成新率：

$$
\begin{aligned}
C_f &= \left[1 - \frac{2}{G(G+1)} \sum_{n=1}^{Y} (G+1-n) \right] × 100\% \\
&= \left[1 - \frac{2}{15(15+1)} \sum_{n=1}^{4} (15+1-n) \right] ×100\% \\
&= 55\%
\end{aligned}
$$

3）鉴定调整系数：

因为是二级车，技术状况调整系数取 1；无重大事故，重大事故调整系数取 1；无需修理，需要修理情况调整系数取 1。

一汽大众奥迪车为合资名牌车，品牌调整系数取 1.1。

年平均行驶里程为 3.75 万 km，使用强度调整系数取 1。

鉴定调整系数 = 1×30%+1×25%+1×20%+1.1×15%+1×10% = 1.015

4）评估值 = 43.4×55%×1.015 ≈ 24.2 万元。

第四节　小型客车更换车身时的评估

一、国产小型客车更换车身时的评估

以新车价格 10 万元的汽车为例，碰撞事故造成需要更换车身的损失通常如下：

序号	项　　目	价格/元	备　　注
1	车身总成	32000.00	均价
2	其他换件	23000.00	均价
3	工时费	6000.00	以中等发达地区
4	油漆费用	4000.00	均价
5	辅料	500.00	
6	合计	65500.00	

从上表可以看出一辆 10 万元左右的车，碰撞事故造成需要更换车身，其修复费用通常在 65000 元左右（60000 元以上）。然而，一辆 10 万元左右的车，使用 3~5 年后发生了严重碰撞，

即使不修，二手车市场的价格也在2万元左右，保险公司按推定全损处理，即使足额保险加不计免赔，保险公司的定损也就在7万元左右，去除2万元残值，实际赔款也就在5万元左右，按推定全损处理，保险合同终止。

从被保险人的角度，严重的碰撞事故车也不易修复，或者说，严重的碰撞事故车也修不好，通常修复后毛病众多，对被保险人来说也是一件麻烦事。笔者认为，从被保险人的角度出发，大的碰撞事故车不要修，直接将车卖掉是明智的选择。

可见，碰撞造成需要更换车身才能修复的事故车，通常采取的方法是按推定全损方法处理，对保险公司和被保险人是一个双赢的选择。

二、进口小型客车更换车身时的评估

进口汽车碰撞造成必须更换车身才能修复时，由于车身进口受限（[1999]外经贸机电发第628号），无法购买到具备合法手续的车身，只能按推定全损处理。

习　　题

一、单项选择题

1. 汽车评估优先考虑的评估方法是(　　　)。

A. 重置成本法　　　　　　　　　　B. 现行市价法

C. 收益现值法　　　　　　　　　　D. 清算价格法

答案：B

二、判断题

2. 重置成本法广泛使用的公式为重置成本×成新率。

答案：正确

3. 小客车的损失造成需要更换车身总成的，通常做推定全损处理。

答案：正确

第九章 水灾、火灾现场查勘及损失评估

每到夏季，因暴雨、洪水等自然灾害造成的汽车损坏，给车主带来使用不便的同时，也会给车主和保险公司造成较为严重的经济损失。

由于保险条款的约定，保险车辆在水淹中起动或水淹后操作不当致使发动机损坏，保险人不承担保险责任。这就使得当水灾造成发动机损坏时，哪些属于保险责任，哪些不属于保险责任，变得非常重要，证据不足常会造成保险索赔纠纷，甚至于产生民事诉讼。

由于汽车水灾损失通常是众多标的同时受损，在短时间内要对众多车型、不同受损程度的汽车进行较科学的损失评估，往往一般车险评估人员感觉到很棘手，笔者研究大量的水灾案例得出如下结论，即做好汽车水灾理赔工作必须从以下几个方面入手：

1) 认真、细致和快捷的现场查勘。
2) 分车型对不同受损程度的标的进行损失评定。
3) 对同一地区、同一车型、相似受损程度的标的制定一致的损失评定标准。

第一节 水灾损失现场查勘

在遇到暴雨或洪水时，一些经验不够丰富的驾驶人、一些处理水灾受损汽车经验不多的查勘人员，往往不知所措，因所采取的措施不当，扩大了汽车的损失。如：在汽车被淹熄火以后，大部分驾驶人会条件反射似地二次起动发动机，试图尽快脱离险境，结果加重了汽车的损坏，个别救援人员因所采用的施救措施或具体操作不当，扩大了汽车的损坏；一些查勘定损人员无法界定自然损失与人为扩大损失的区别。与碰撞损失现场查勘不同，汽车水灾损失应注意以下几点。

一、水灾损失时的汽车状态

水灾损失时汽车处于行驶状态还是处于停置状态，这是区别是否是保险责任的大前提。汽车处于停置状态受损，此时发动机不运转。如果发动机内部机件产生机械性损伤，如连杆打弯、活塞打碎，可以定为措施不当造成的损失扩大。

汽车处于行驶状态，如果水位低于发动机进气口，通常不会造成发动机损伤，但这不是绝对的，由于水是液体，受到一定的挠动会产生波浪，其他车辆的行驶也会造成水面高低变化，甚至会造成水花飞溅，飞溅的水花也会被其他汽车吸入气缸，造成发动机机件严重受损，例如下雨天，路面积水，前车会激起水花，如果后车为依维柯车，后车超越前车时，会将前车激起的水花吸入气缸。

二、被淹汽车的施救

如果查勘人员到现场时汽车仍处于水淹状态，则必须对水淹汽车进行施救，在对进水汽车进行施救时，一定要遵循"及时、科学"的原则，既保证进水汽车能够得到及时救援，又避免汽车损失的进一步扩大。施救汽车时的注意事项如下。

1) 严禁水中起动汽车。汽车因进水熄火以后，驾驶人绝对不能抱着侥幸心理贸然起动汽车，否则会造成发动机进水，导致损坏。在汽车被水淹的情况下，驾驶人最好马上熄火，及时拨打保险公司的报案电话，或者同时拨打救援组织的电话，等待拖车救援。

> **提示**
>
> 　　实践证明，暴雨中受损的汽车，大多数是因为汽车在水中熄火后，驾驶人会再次起动发动机，从而造成发动机损坏，据统计，大约有90%的驾驶人，当发现自己的汽车在水中熄火后，会再次起动汽车，这是导致发动机损失扩大的主要原因。

2) 科学拖车。在对水淹汽车进行施救时，一般应采用硬牵引方式拖车，或将汽车前轮托起后进行牵引，一般不要采用软牵引的方式。如果采用软牵引方式拖车，一旦前车减速，被拖汽车往往只有选择挂档、利用发动机制动的方式进行减速。这样一来，就会导致被拖汽车发动机的转动，最终导致发动机的损坏。如果能将汽车前轮托起后牵引，可以避免因误挂档而引起的发动机损坏。

3) 谨慎起动。在未对汽车进行排水处理前，严禁采用起动、人工推车或拖车方式起动被淹汽车的发动机。只有在对被淹发动机进行了彻底的排水处理，并进行了相应的润滑处理后，才能进行起动尝试。

具体步骤如下：

1) 将被淹汽车拖离水域。拖车时一定要将变速器置于空档，以免车轮转动时反拖发动机运转，导致活塞、连杆、气缸等部件的损坏。对于自动变速器的汽车，注意不能长距离被拖曳（通常不宜超过20~30km），以免损伤变速器。

2) 在将整车拖出水域后，应尽快把蓄电池的负极线拆下来，以免车上的各种电器因进水而发生短路。

3) 告知车主和承修厂商。告知车主下列措施是保险人应尽的施救义务，最好印好统一的格式化的告知书，交被保险人或当事人签收，最大限度地防止损失进一步的加大。

① 容易受损的电器（如各类电脑模块、音响、仪表、继电器、电动机、开关、电气设备等）应尽快从车上卸下，进行排水清洁，电子元件用无水酒精清洗（不要长时间用无水酒精清洗以免腐蚀电子元件）晾干，避免因进水引起电器短路。某些价值昂贵的电气设备，如果清洗晾干及时，完全可以避免损失；如果清洗晾干不及时，就有可能导致报废。

> **提示**
>
> 　　汽车电脑最严重的损坏形式就是芯片损坏。汽车的前风窗处通常设有流水槽及排水孔，可以及时排掉积水，当汽车被水泡过以后，流水槽下往往沉积了许多泥土及树叶，这时极易堵住排水孔，应及时疏通排水孔，以免排水不畅造成积水。当积水过多时，水会进入车内，还可能危及汽车电脑，导致电控系统发生故障，甚至损坏。一些线路因为沾水，其表皮会过早老化，出现裂纹，引起金属外露，最终导致电路产生故障。尤其是装有电喷发动机的汽车，其控制电脑更是害怕受潮。车主应随时注意电脑的密封情况，避免因电脑进水，使控制紊乱而导致全车瘫痪。

安全气囊的保护传感器有时与电脑做成一体，如果电脑装于车的中间，一般为此结构，维修时只要更换了安全气囊，就无需再额外更换保护传感器。部分高档车（3.0L以上）的安全气囊传感器一般用硅胶密封，其插头为镀银，水淹后一般无需更换；低档车插头为镀铜，水浸后发绿，可用无水酒精擦洗，并用刷子刷，再用高压空气吹干。

一般而言，如果电脑仅仅是不导电，还可进行修理；如果是芯片出现故障，就需要更换新的电脑了。根据不同的车型，电脑价格在1000~8000元之间。

② 电动机进水的处理。对于可以拆解的电动机，可以采用"拆解——清洗——烘干——润滑——装配"的流程进行处理，如起动机、天线电动机、步进电动机、风扇电动机、座位调节电动机、门锁电动机、ABS电动机、油泵电动机等。对于无法拆卸的电动机，如刮水器电动机、喷水电动机、玻璃升降电动机、后视镜电动机、鼓风机电动机、隐藏式前照灯电动机等，则无法按上述办法进行，进水后即使当时检查是好的，使用一段时间后也可能会发生故障，一般说来应该考虑一定的损失率，损失率通常在20%~40%。

③ 检查气缸是否进水。汽车从水中施救出来以后，要对发动机进行检查：先检查发动机气缸有没有进水。气缸进水会导致连杆被顶弯，损坏发动机。

> **提示**
>
> 　　检查机油里是否进水，机油进水会导致其变质，失去润滑作用，使发动机过度磨损。
>
> 　　将发动机机油尺抽出，查看油尺上机油的颜色。如果油尺上的油呈乳白色或有水珠，就要将机油全部放掉，在清洗发动机后，更换新的机油。
>
> 　　将发动机上的火花塞全部拆下，用手转动曲轴，如果气缸内进了水，则从火花塞螺孔处会有水流出来。如果用手转动曲轴时感到有阻力，说明发动机内部可能存在某种程度的损坏，不要借助其他工具强行转动，要查明原因，排除故障，以免引起损坏的进一步扩大。
>
> 　　如果通过检查未发现发动机机油有异常现象，可以从火花塞螺孔处加入约10~15mg的机油，用手转动曲轴数次，使整个气缸壁都涂上一层油膜，以起到防锈、密封的作用，同时也有利于发动机的起动。

④ 检查变速器、主减速器及差速器。查看变速器、主减速器及差速器是否进水，如果上述部位进了水，会使其内的齿轮油变质，造成齿轮磨损。对于采用自动变速器的汽车，还要检查控制电脑是否进水。

⑤ 检查制动系统。对于水位超过制动储液罐的，应更换全车制动液，制动液里有水会使制动液变质，致使制动效能下降，甚至失灵。

⑥ 检查排气管。如果排气管进了水，要尽快地把积水排除，以免水中的杂质堵塞三元催化器和损坏氧传感器。

⑦ 清洗、脱水、晾晒、消毒及美容内饰。如果车内因潮湿而出现霉味，除了在阴凉处打开车门，让车内水汽充分散发，消除车内的潮气和异味外，还需对汽车内部进行大扫除，要注意换上新的或晾晒后的地毯及座套。还要注意车内生锈的痕迹。查看一下车门的铰链部分、行李舱地毯之下、座位下的钢铁部分以及备用轮胎的固定锁部位有没有生锈的痕迹。

> **提示**
>
> 　　车内清洁不能只使用一种清洁剂和保护品。由于各部位材质不同，应注意选择不同的清洁剂。多数做车内美容的装饰店会选用碱性较大的清洁剂，这种清洁剂虽然有增白、去污的功效，但会有一定的后患，碱性过强的清洁剂会浸透绒布、皮椅、顶棚，最终出现板结、龟裂。专业的做法应该是选择pH值不超过10的清洗液，配合车内美容专用的抽洗机，在清洁的同时有大量的循环清水将脏东西和清洗剂带出来，并将此部位内的水汽抽出。还有一种方法是采用高温蒸汽对汽车内的真皮座椅、车门内饰、仪表板、空调风口、地毯等进行消毒，同时清除车内的烟味、油味、霉味等各种异味。

⑧ 保养汽车。如果汽车整体被水浸泡过，除按以上排水方法进行处理外，还要及时擦洗外表，防止酸性雨水腐蚀车体。

最好对全车进行一次二级维护。全面检查、清理进水部位，通过清洁、除水、除锈、润滑等方式，恢复汽车的性能。

三、水的种类

汽车水淹损失评估中通常将水分为淡水和海水，由于海水水淹损失的案例在我国的保险事故中较少，笔者尚无统计数据，有待业内同仁研究，本书只对淡水造成的损失进行评估。其中淡水的混浊情况还应进行认真了解，多数水淹损失中的水为雨水和山洪形成的泥水，但也有由于下水道倒灌而形成的浊水，其中有油、酸性物质和各种异物，油、酸性物质和各种异物对汽车的损伤各不相同，必须在现场查勘时仔细检查，并明确记录。

四、水淹高度

水淹高度是确定水淹损失程度的一个重要参数，水淹高度通常不以高度的计量单位米或厘米为单位，而以重要的具体位置作为参数，以轿车为例，水淹高度通常如图9-1所示。

图 9-1　水淹高度

① 制动盘和制动鼓下沿以上，车身地板以下，乘员舱未进水。

② 车身地板以上，乘员舱进水，而水面在驾驶人座椅座垫以下。

③ 乘员舱进水，而水面在驾驶人座椅座垫面以上，仪表工作台以下。

④ 乘员舱进水，水面在仪表工作台中部。

⑤ 乘员舱进水，水面在仪表工作台面以上，顶篷以下。

⑥ 水面超过车顶。

水淹高度共6级，每级的损失程度差异较大，在后面的损失评估时再进行定性和定量分析。

五、水淹时间

水淹时间也是水淹损失程度的一个重要参数，水淹时间的长短对汽车的损伤的差异很大，在现场查勘时确定水淹时间是一项重要工作。水淹时间的计量单位常以小时为单位，通常分为6级。

1）$H \leqslant 1\text{h}$。

2）$1\text{h} < H \leqslant 4\text{h}$。

3）$4\text{h} < H \leqslant 12\text{h}$。

4）$12\text{h} < H \leqslant 24\text{h}$。

5）$24\text{h} < H \leqslant 48\text{h}$。

6）$H > 48\text{h}$。

水淹时间共6级，每级的损失程度差异较大，在后面的损失评估时再进行定性和定量分析。

六、汽车的配置情况

要对被淹汽车的配置情况进行认真记录，特别注意电子器件的配置情况，如 ABS、ASR、SRS、PTS、AT、CVT、CCS、CD、GPS、TEMS 等对水灾可能造成的受损部件一定要做到心中有数。另外，要对如真皮座椅、高档音响、车载 DVD 及影视设备等配置是否为原车配置进行确认，是否以新增设备进行投保？是否属于保险标的？

七、水灾损失现场查勘报告

表 9-1 为汽车水灾损失的现场查勘报告。格式化的现场查勘报告是实施快捷查勘的前提，专业的保险知识和汽车专业知识是实现快捷查勘的保证。

表 9-1　汽车水灾损失现场查勘报告

标的车辆情况	号牌号码：		车架号码（VIN）：		
	车辆类型：		厂牌型号：		初次登记年月：
	行驶证车主：		驱动形式：□前驱　□后驱　□四驱		行驶里程：
	出险时车辆状态：□静止　□运动　□其他（　　　　　　　　　　　　　　　　　　）				
	发动机种类	□汽油　□化油器　□电喷　□单点喷射　□多点喷射 □柴油　□非增压　□增压		变速器类型：□手动 □自动 □手自一体 □CVT	
	电控动力转向（EPS）：□有　□无		防抱死装置（ABS）：□有　□无	驱动防滑（ASR）：□有 □无	
	电控悬架（TEMS）：□有　□无		安全气囊（SRS）：□无　□有　□单气囊　□双气囊　□多气囊		
	倒车镜种类：□电动　□手动　□一手一电		电动座椅：□是　□否　真皮座椅：□是　□否		
	内饰：□真皮　□桃木　□CD　□DVD　□GPS　□车载电话		油漆种类：　　　　　　　　是否受损：□是□否		
水浸高度	水质情况：□海水　□淡水　□泥水　□污水　□油水				
	1 级□　制动盘和制动鼓下沿以上，车身地板以下，乘员舱未进水				
	2 级□　车身地板以上，乘员舱进水，而水面在驾驶人座椅座垫以下				
	3 级□　乘员舱进水，而水面在驾驶人座椅座垫面以上，仪表工作台以下				
	4 级□　乘员舱进水，水面在仪表工作台中部				
	5 级□　乘员舱进水，水面在仪表工作台面以上，顶篷以下				
	6 级□　水面超过车顶				
	□　其他（　　　　　　　　　　　　　　　　　　）				
水淹时间：□H≤1h　□1<H≤4h　□4<H≤12h　□12<H≤24h　□24<H≤48h　□H>48h					
查勘时间	（1） 是否第一现场：		（2）		（3）
查勘地点	（1）		（2）		（3）
出险时间：		保险期限：		出险地点：	
出险原因：□暴雨　□洪水　□其他（　　　　　　　　　　）					
事故涉及险种：□车辆损失险　□第三者责任险　□附加险（　　　　　　　　　　　　　）					
事故经过：					

（续）

施救情况：

备注说明：

被保险人签字：　　　　　　　　　　　　　　　　　　　　查勘人签字：

第二节 水灾损失评估

本书仍以乘用车为例阐述汽车的水灾损失评估。

一、水淹汽车的损坏形式

1. 静态进水损坏

汽车在停放过程中被暴雨或洪水侵入甚至淹没属于静态进水，图9-2所示为停车场被淹图，属于典型的静态进水。

图9-2　汽车静态进水图

> **提示**
>
> 　　汽车在静态条件下，如果车内进水，会造成内饰、电路、空气滤清器、排气管等部位的受损，有时发动机气缸内也会进水。
>
> 　　在这种情况下，即使发动机不起动，也可能会造成内饰浸水，电路短路，电脑芯片损坏，空气滤清器、排气管和发动机泡水生锈等损失；对于采用电喷发动机的汽车来说，一旦电路遇水，极有可能导致线路短路，造成整车无法起动；如果发动机被强行起动，极有可能导致严重损坏。就机械部分而言，汽车被水泡过之后，进入发动机的水分在高温作用下，会使内部的运动机件锈蚀加剧，当进气吸水过多时，容易变形，严重时导致发动机报废。
>
> 　　另外，汽车进水后，车的内饰容易发霉、变质。如不及时清理，天气炎热时，会出现各种异味。

2. 动态进水损坏

汽车在行驶过程中，发动机气缸因吸入水而使汽车熄火，或在强行涉水未果、发动机熄火后被水淹没，图9-3属于典型的开车入水。

汽车在动态条件下，由于发动机仍在运转，气缸内因吸入了水会迫使发动机熄火。在这种情况下，除了静态条件下可能造成的全部损失外，还有可能导致发动机的直接损坏。

二、发动机进水后的损坏分析

目前的汽车发动机，大多采用的是四冲程工作循环的发动机，包括进气行程、压缩行程、做功行程、排气行程，如图9-4所示。

图9-3 汽车动态进水图

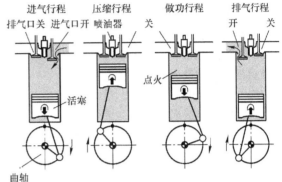

图9-4 四冲程活塞发动机工作原理图

四冲程发动机工作时，当发动机处于进气行程时，进气门打开，排气门关闭，活塞在外力作用下下行，缸内形成真空，燃油和空气的混合气被吸入气缸，活塞位于下止点时，进气行程基本结束。当发动机处于压缩行程时，进气门、排气门均关闭，活塞在外力作用下上行，压缩进入了气缸的混合气，使其压力和温度均提高，作好点火燃烧的准备，当活塞位于上止点时，压缩行程基本结束。当混合气被点燃(汽油发动机)或压燃(柴油发动机)以后，做功行程开始，活塞被爆炸的混合气驱动着下行，对外输出功率，此时进气门、排气门仍关闭。当做功行程结束时，排气门打开，活塞上行，排出燃烧后产生的废气，当活塞到达上止点附近时，排气行程结束，进气门打开，排气门关闭，发动机的工作进入下一个循环。

> **提示**
>
> 如果汽车进了水，水就有可能通过进气门进入气缸。由于发动机气缸内已经进了水，在发动机的压缩行程，活塞在上行压缩时，所遇到的不再只是混合气，还有水。由于水是不可压缩的，那么曲轴和连杆所承受的负荷就要极大地增加，有可能造成弯曲，在随后的持续运转过程中就有可能导致进一步的弯曲、断裂，甚至捣坏气缸。
>
> 需要说明的是，同样是动态条件下的损坏，由于发动机转速高低不同、车速快慢不等、发动机进气管口安装位置不一、吸入水量多少不一样等，所造成的损坏程度自然也就有所不同。

图9-5所示为一组进水后拆解的捷达轿车连杆组，其中，四缸连杆折断、三缸连杆弯曲，一缸、二缸连杆目测似乎没有受到影响。

> **提示**
>
> 如果发动机在较高转速条件下直接吸入了水，完全有可能导致连杆折断、活塞破碎、气门弯曲、缸体被严重捣坏等故障。有时候，发动机因进水导致自然熄火，机件经清洗后可以继续使用，但有个别的汽车经一段时间的使用后，造成连杆折断捣坏缸体，这是因为当时的进水导致了连杆的轻微弯曲，为日后的故障留下了隐患。

发动机捣缸的修理费用往往是十分昂贵的，以新车售价为20多万元的帕萨特为例，如果因发动机进水后强行起动造成气缸损坏的话，仅更换发动机缸体就将花费3万多元。

三、水淹高度1级时的损失评估

图9-5　进水后拆解的捷达轿车连杆组

水淹高度在制动盘和制动鼓下沿以上，车身地板以下，乘员舱未进水，水淹高度本书中定义为1级。水淹高度为1级时，会造成汽车的受伤零部件主要是制动盘和制动鼓生锈，生锈的程度主要取决于水淹的时间和水质。通常无论生锈程度如何，造成的损失主要就是四轮的保养费用。所以在1级水淹高度时，水淹时间为1级时，通常不计损失；水淹时间为2级或2级以上时，水淹时间对损失金额影响不大，损失率通常为0.1%左右。损失率参考见表9-2。

表9-2　水淹高度1级时损失率　　　　　　　　　　　　　　　　　（单位:%）

水淹时间	1级	2级	3级	4级	5级	6级
损失率	0			0.1		

四、水淹高度2级时的损失评估

水淹高度在车身地板以上，乘员舱进水，而水面在驾驶人座椅座垫以下，水淹高度本书中定义为2级。水淹高度为2级时，除造成1级高度所造成的损失以外，还会造成四轮轴承进水，全车悬架下部连接处进水生锈；配有ABS的汽车的轮速传感器的磁通量传感失准；地板进水后车身地板如果防腐层和油漆层本身有损伤就会造成锈蚀。少数汽车将一些控制模块置于地板上的凹槽内（如上海大众帕萨特B5），会造成一些控制模块损毁。损失率参考见表9-3。

表9-3　水淹高度2级时损失率　　　　　　　　　　　　　　　　　（单位:%）

水淹时间	1级	2级	3级	4级	5级	6级
损失率			0.5~2.5			

五、水淹高度3级时的损失评估

水淹高度在驾驶人座椅座垫面以上，仪表工作台以下，水淹高度本书中定义为3级。水淹高度为3级时，除造成2级高度所造成的损失以外，还会造成座椅潮湿和污染，部分内饰潮湿和污染，真皮座椅和真皮内饰损伤严重；通常时间超过24h桃木内饰板会分层开裂；车门电动机被水淹，变速器、主减速器及差速器可能进水，部分控制模块被水淹，起动机被水淹；中高档车行李舱中CD换片机、音响功放被水淹。损失率参考见表9-4。

表9-4　水淹高度3级时损失率　　　　　　　　　　　　　　　　　（单位:%）

水淹时间	1级	2级	3级	4级	5级	6级
损失率			1.0~5.0			

六、水淹高度 4 级时的损失评估

水淹高度在仪表工作台中部，水淹高度本书中定义为 4 级。水淹高度为 4 级时，除造成 3 级高度所造成的损失以外，可能造成发动机进水，仪表台中部分音响控制设备、CD 机、空调控制面板受损，蓄电池放电、进水；大部分座椅及内饰被水淹，音响的扬声器全损；各种继电器、熔丝盒可能进水；高档车的所有控制模块被水淹。损失率参考见表 9-5。

表 9-5 水淹高度 4 级时损失率 （单位:%）

水淹时间	1 级	2 级	3 级	4 级	5 级	6 级
损失率	3.0~15.0					

七、水淹高度 5 级时的损失评估

乘员舱进水，水淹高度在仪表工作台面以上，顶篷以下，水淹高度本书中定义为 5 级。当汽车的水淹高度为 5 级时，除造成 4 级高度所造成的损失以外，还可能造成仪表台中全部音响控制设备、CD 机、空调控制面板受损；除顶篷外，全部座椅及内饰被水淹。损失率参考见表 9-6。

表 9-6 水淹高度 5 级时损失率 （单位:%）

水淹时间	1 级	2 级	3 级	4 级	5 级	6 级
损失率	10.0~50.0					

八、水淹高度 6 级时的损失评估

水淹高度超过车顶，汽车被淹没顶部，水淹高度本书中定义为 6 级。当汽车的水淹高度为 6 级时，增加了顶篷被水淹，如果是电动天窗还可能造成天窗电动机受损、轨道锈蚀损失。损失率参考见表 9-7。

表 9-7 水淹高度 6 级时损失率 （单位:%）

水淹时间	1 级	2 级	3 级	4 级	5 级	6 级
损失率	15.0~60.0					

案例 9-1

图 9-6 为某捷达车的水淹现场照片，事故原因为暴雨，该车水淹高度 4 级，水淹时间 2 级，含泥土的淡水。

图 9-6 水淹现场照片

图 9-7 为该捷达车的水淹损失照片。

图 9-7 水淹损失照片

损失评估单

序号	更换配件名	单位	单价/元	合计/元	备注	修理项目	核价
1	前保险杠	1	641	641	非保险事故	事故拆装	
2	左右前照灯	各1	454	908	回收		
3	左右前雾灯	各1	127	254	回收		
4	前护栅	1	55	55	非保险事故		
5	前标牌	1	21	21	非保险事故		
6	喇叭	1	49	49			
7	离合器片	1	275	275		事故钣金	
8	发动机电脑	1	1231	1231			
9	防盗器电脑	1	180	180			
10	气囊电脑	1	615	615			
11	气囊游丝	1	144	144			
12	组合仪表	1	545	545			
13	音响	1	800	800		事故机修	
14	风扇控制器	1	75	75			
15	熔丝盒	1	58	58			
16	继电器盒	1	1370	1370			

（续）

序号	更换配件名	单位	单价/元	合计/元	备注	修理项目	核价
17	点火开关	1	80	80			
18	转向灯开关	1	90	90			
19	车灯开关	1	120	120		事故电工	
20	报警灯开关	1	59	59			
21	制动灯开关	1	87	87			
22	玻璃升降器电动机	4	218	436	损失率按50%		
23	机油	1	115	115			
24	油底壳	1	25	25		事故油漆	
25	变速器油	4	30	120			
26	制动液	2	30	60			
27	左右后尾灯（外）	各1	128	256			
28	左右后尾灯（内）	各1	123	246			
	材料合计			8915		工时小计	3000
	总计			11915			

损失率约 = 11915/80000 ≈ 14.9%。

在定损工作中宜采取"包干"型定损，有利于"抓大放小"，提高工作效率，充分发挥维修企业的积极性，有利于降低赔付。

第三节　汽车火灾

汽车火灾令人触目惊心，无论是什么原因导致的起火燃烧，都会使车主及周边之人措手不及。即使扑救及时，汽车也会被烧得满目沧桑。如扑救不及时，整个汽车转眼之间就会化为灰烬。若在行驶中起火，还会给驾乘者造成严重的人身伤害。如果被烧汽车已经投保，是否投保了自燃损失险对理赔过程和结果影响颇大。因此，准确分析起火原因，掌握避免火灾的方法及扑救措施，了解汽车火险的理赔规则，无论对车主还是对保险公司的查勘定损人员，都具有十分积极的意义。

一、汽车火灾分类及原因

汽车起火，尽管原因可能极其复杂，但就其实质而言，始终离不开物体燃烧的三大基本要素：①火源，亦即起火点。②可燃烧的物体。③充足的氧气（或空气）。

在汽车火险的查勘过程中，查勘人员在分析、判断起火原因时，实际上就是围绕这三大基本要素展开的。

按照起火原因，汽车火灾大致可以分为五种类型。

1. 自燃

自燃是指在没有外界火源的情况下，由于本车电器、线路、供油系统等车辆自身原因发生故障或所载货物自身原因起火燃烧(图9-8)。

根据消防部门和车险理赔专家的统计分析,在所有汽车自燃的事故中,存在着"五多"现象:

1)小轿车多。在出现火险的汽车中,小轿车起火比率偏高,明显超过了所统计年份的全部轿车保有比率。

2)私家车多。私家车的起火比率同样超出了所统计年份的私家车保有比率。

3)汽车在行驶状态发生的火灾多,大约占70%。

图9-8　马路上正在自燃的乘用车

4)汽车使用了5年(或行驶了10万km)以上者多,大约占70%。

5)火灾原因以漏油和导线短路者居多,占60%以上。

汽车自燃的原因涉及油路、电路、装载、停车以及违章作业等方方面面。

1)漏油。严重的汽车自燃一般都是在燃油系统出现了问题,燃油的泄漏可以说是引发严重汽车自燃的罪魁祸首,油箱中泄漏出来的汽油是汽车上最可怕的助燃物。漏油点大多集中在管件接头处、橡胶管接触体外易摩擦处、固定部位与非固定部位的结合处等薄弱地方。

> **提示**
>
> 无论是行进还是停驶,汽车上都可能存在火源,如点火系产生的高压电火花、蓄电池外部短路时产生的高温电弧、排气管排出的高温废气或喷出的积炭火星等,当泄漏的燃油遇到了电火花,就会造成起火。
>
> 在汽车维修保养的过程中,部分用户只注意修理工是否将汽油滤清器更新,而根本没有在意他们是否对油管进行必要的检查。实际上,橡胶油管在经过长时期较高温度的烘烤之后,很容易因老化而漏油。
>
> 另外,市场上假冒的汽油滤清器、劣质的汽油软管及不符合安装标准的操作方法很多,这些不合格的零部件或不合规范的操作方法,往往会留下汽车自燃的严重后患。

2)漏电。汽车上的漏电分高压漏电和低压漏电两种类型。

高压漏电是指发动机工作时,点火线圈自身温度很高,有可能使高压线绝缘层软化、老化、龟裂,导致高压漏电。另外,高压线脱落引起跳火也是高压漏电的一种表现形式。由于高压漏电是对准某一特定部位持续进行的,必然引发漏电处的温度升高,引燃泄漏出来的汽油。

> **提示**
>
> 汽车在使用了5年或10万km以后,很容易出现高压线漏电现象,瞬间电压可以达到10000V以上,这足以引燃一定浓度的汽油蒸气。另外,如果点火系统存在着因漏电而使个别气缸断火的现象,还容易造成进气系统回火,引发火灾。在目前发生的汽车自燃事故中,长途客车一直占据着多数,这是意料之中的事情。原因在于长途大客车一直都在高速运转,检修时间很少甚至没有,运行超过10万km后,事故率明显上升。

低压漏电指低压线路搭铁漏电,是引发汽车自燃事故的另一主要原因。由于搭铁处会产生大量的热能,如果与易燃物接触,会导致起火。低压线路搭铁漏电的主要原因有导线老化、过载或磨损;导线断路搭铁;触点式控制开关因触点烧结而发生熔焊,使导线长时间通电而过载;冬季天气干燥,橡胶件及塑料件因老化、硬化龟裂而造成短路。

> **提示**
>
> 　　另外，某些私家车用户对刚刚购置的汽车疼爱有加，添加防盗器、换装高档音响、增加通信设备、开设电动天窗、添加空调等，如果因为价格等原因未在专业的汽车维修店改装，未对整车线路布置进行分析及功率复核，难免导致个别线路用电负荷加大，长期工作后因热负荷过大而起火。在对整车进行线路维修或加接控制元件时，如果在导线易松动处未进行有效固定，有可能使导线绝缘层磨损，造成短路。低压线搭铁常见的故障有：电缆线与车架、线夹之间由于振动摩擦产生"破皮"；尾灯、制动灯导线等由于汽车的振动摩擦而产生"破皮"；灯座安装处由于振动、连接件的破损而使绝缘件松脱、损坏；起动开关由于触点烧结而发生熔焊等。

　　3）接触电阻过大。线路接点不牢或触点式控制开关触点接触电阻过大等，会使局部电阻加大，长时间通电时发热。局部电阻过大会产生热能，使导线接点发热引起可燃材料起火。造成这种情况的，大多是车辆在行驶中由于长时间振动或冷热变化，使线路接点松动而造成的。特别是当蓄电池表面或接线柱有杂质、油污时，它们的长时间腐蚀会造成连接点松动、发热、起火。车辆在装饰时，增加音像和通信设备、自动报警装置、空调等，由于乱接电源和增大负载或接点不实，都有可能引发火灾。

　　4）车载易燃物引发火灾。当车上装载的易燃物因泄漏、松动摩擦而起火时，导致汽车起火。

　　5）汽车部件高温自燃。汽车的相关部件因汽车超载而处于过度疲劳和过热状态，一旦超过疲劳极限，就有可能发生自燃。

　　① 制动器超负荷工作：汽车的制动系统是一种将动能转变为摩擦形式热能的机械系统，这种摩擦有助于汽车减速。制动系统的热量是通过固定在制动蹄片上的摩擦片与制动鼓或制动盘之间的摩擦产生的。这种聚集的热量不因汽车的行驶而消失或制动鼓的适当通风而散发，如果汽车超载行驶，频繁的制动会使产生的热量增多。一旦液压油出现泄漏，聚集的热量就会将油液加热到燃点使其起火。另外，长时间、高强度的制动，也会造成制动鼓过热，制动鼓随之又将热量传导到附近的可燃物（轮胎或制动液），增加了自燃的可能性。

　　② 轮胎摩擦过热：轮胎摩擦过热有几种情况，一是气压不足；二是超载；三是气压不足与超载的综合效应。这些情况都会造成轮胎的侧壁弯曲。轮胎弯曲所产生热量的速度要比机动车行驶中散发热量的速度快得多，其结果是侧壁的温度升高。将侧壁纤维与橡胶材料的黏结破坏，所形成的分离又加剧了松散线绳与橡胶间的摩擦，从而产生了更多的热量。如果机动车停驶，失去了风的冷却作用，聚积的热量会很快使侧壁的温度上升而造成自燃。轮胎起火以在高速公路上行驶的车辆居多。理论上来说，任何机动车的轮胎都可能发生这种现象，而对于货车或拖挂车上的双轮胎来说，则危险性更大。当两个轮胎中有一个气压不足时就会发生这种现象，原因是由于相邻的轮胎承受了双倍载荷而形成过载，因此导致了轮胎的摩擦过热，如图9-9所示。

　　6）货物自燃。货车严重超载时，在高速行驶中，车厢底部的货物会发生挤压、摩擦，从而产生高温，导致自燃起火（图9-10）。

2. 停车位置不当，自身高温引燃周围物体

　　现代汽车一般都装有三元催化器。该装置因位于排气管上而温度很高，且在大多数轿车上位置较低。如果停车时恰巧将其停在麦秸等易燃物附近，会引燃可燃物。如果驾驶人夏季将汽车长时间地停放在太阳下曝晒，会将车内习惯性放置在前窗玻璃下的一次性打火机晒爆，如果车内恰巧有火花（如吸烟、正在工作的电气设备产生的电火花、爆炸打破的仪表火线等），就会引燃车内的饰品。

图 9-9　行驶时轮胎自燃　　　　　　　　　图 9-10　正在自燃的超载大货车

3. 外界火源引燃汽车

这是指车辆被其本身以外的火源引起的、在时间或空间上失去控制的燃烧(即有热、有光、有火焰的剧烈的氧化反应)。图 9-11 所示为故意纵火烧毁的汽车。

4. 碰撞起火

碰撞起火是指车辆与外界物体直接接触并发生意外撞击所引起的起火(图 9-12)。

图 9-11　1998 年东南亚某国　　　　　　　图 9-12　一辆轿车撞树后
发生动乱时被点燃的汽车　　　　　　　　　　　引起的起火

> **提示**
>
> 　　当汽车发生追尾或迎面撞击时,一般情况下不会起火,只有当撞击后导致易燃物(如汽油)泄漏且与火源接触时,才会起火。如果一辆发动机前置的汽车发生了较为严重的正面碰撞,散热器的后移有可能使油管破裂,由于此时发动机尚在运转,一旦高压导线脱落,发生火灾的可能性就很大。
>
> 　　当汽车因碰撞或其他原因导致翻滚倾覆时,极易发生油箱泄漏事件,一旦遇上电火花或摩擦产生的火花,就会起火。

5. 爆炸

爆炸是指由车内所载物品或车体安装物品本身发生爆炸所引发的汽车爆炸。如果车内装载有易爆物品,最常见的气体打火机,在阳光曝晒下会爆裂,若遇电火花即会爆炸,或者在车体上安装了爆炸物品,爆炸物品自身的爆炸肯定会引起汽车的起火,甚至油箱的爆炸。

6. 雷击

雷击是指在雷雨天气,露天停放的汽车因遭遇雷击而引发的击穿或燃烧。由于雷击的电压非常高，完全可以将正在流着雨水的车体与地面之间构成回路，从而将汽车上的某些电气电子设备击穿(如车用电脑)，严重者可以引起火灾。

二、汽车火灾保险责任

汽车起火烧损，作为标的车来说，可能构成车辆损失险、自燃险项下的赔偿责任；作为第三者的机动车来说，可能构成交强险、商业三者险项下的赔偿对象。

1. 车辆损失险保险责任与责任免除

在车辆损失险项下，对于保险公司所承担的保险责任，目前各家保险公司所使用的条款不同，责任性质也不相同。就车辆损失险当中的火灾损失而言，A 款、B 款、C 款的保险责任以及责任免除详见表9-8。

表9-8　A 款、B 款、C 款关于机动车辆损失险火灾损失部分的相关约定

条款	适用标的	保险责任	责任免除
A	家庭自用汽车	第四条　保险期间内，被保险人或其允许的合法驾驶人在使用被保险机动车过程中，因下列原因造成被保险机动车的损失，保险人依照本保险合同的约定负责赔偿： (一)碰撞、倾覆、坠落 (二)火灾、爆炸 (三)外界物体坠落、倒塌 (四)暴风、龙卷风 (五)雷击、雹灾、暴雨、洪水、海啸 (六)地陷、冰陷、崖崩、雪崩、泥石流、滑坡 (七)载运被保险机动车的渡船遭受自然灾害(只限于驾驶人随船的情形)	第七条　被保险机动车的下列损失和费用，保险人不负责赔偿： (一)自然磨损、朽蚀、腐蚀、故障 (二)玻璃单独破碎、车轮单独损坏 (三)无明显碰撞痕迹的车身划痕 (四)人工直接供油、高温烘烤造成的损失 (五)自燃以及不明原因火灾造成的损失 (六)遭受保险责任范围内的损失后，未经必要修理继续使用被保险机动车，致使损失扩大的部分 (七)因污染(含放射性污染)造成的损失 (八)市场价格变动造成的贬值、修理后价值降低引起的损失 (九)标准配置以外新增设备的损失 (十)发动机进水后导致的发动机损坏 (十一)被保险机动车所载货物坠落、倒塌、撞击、泄漏造成的损失 (十二)被盗窃、抢劫、抢夺，以及因被盗窃、抢劫、抢夺受到损坏或车上零部件、附属设备丢失 (十三)被保险人或驾驶人的故意行为造成的损失 (十四)应当由机动车交通事故责任强制保险赔偿的金额
B	机动车辆	第一条　在保险期间内，被保险人或其允许的合法驾驶人在使用保险车辆过程中，因下列原因造成保险车辆的损失，保险人按照本保险合同的规定负责赔偿： (一)碰撞、倾覆 (二)火灾、爆炸，按照保险合同约定为非营业企业或机关车辆的自燃 (三)外界物体倒塌或坠落、保险车辆行驶中平行坠落 (四)雷击、暴风、龙卷风、暴雨、洪水、海啸、地陷、冰陷、崖崩、雪崩、雹灾、泥石流、滑坡 (五)载运保险车辆的渡船遭受本条第(四)项所列自然灾害(只限于有驾驶人随船照料的)	第三条　下列原因造成的损失，本公司不负责赔偿： (一)地震 (二)战争、军事冲突、恐怖活动、暴乱、扣押、罚没、查封、政府征用 (三)核反应、核污染、核辐射 (四)本车所载货物的撞击、腐蚀 (五)自燃(按照保险合同约定为非营业企业或机关车辆不受此限)及不明原因火灾 (六)按照保险合同约定为非营业企业或机关车辆的自燃仅造成电器、线路、油路、供油系统、供气系统的损失 (七)人工直接供油、高温烘烤 (八)违反法律法规中有关机动车辆装载的规定 (九)被保险人或其允许的驾驶人故意导致事故发生的行为

（续）

条款	适用标的	保 险 责 任	责 任 免 除
C	机动车辆	第五条　保险期间内，保险机动车在被保险人或其允许的合法驾驶人使用过程中，因下列原因造成保险机动车的全部损失或部分损失，保险人依照保险合同约定负责赔偿： （一）碰撞、倾覆 （二）火灾、爆炸，党政机关、事业团体用车、企业非营业用车的自燃 （三）外界物体倒塌、空中物体坠落、保险机动车行驶中坠落 （四）受保险机动车所载货物、车上人员意外撞击 （五）雷击、暴风、暴雨、洪水、龙卷风、雹灾、台风、海啸、热带风暴、地陷、崖崩、滑坡、泥石流、雪崩、冰陷、雪灾、冰凌、沙尘暴 （六）载运保险机动车的渡船遭受自然灾害（只限于有驾驶人随船照料者）	第八条　下列原因导致的保险机动车的损失和费用，保险人不负责赔偿： （一）本条款第五条第5款未列明的其他自然灾害 （二）战争、军事冲突、恐怖活动、罢工、暴乱、污染、核反应、核污染、核辐射 （三）人工直接供油、高温烘烤、不明原因产生火灾；保险责任第五条第2款中未列明的其他使用性质的车辆的自燃；自燃仅造成电器、线路、供油系统、供气系统的损失 （四）保险机动车无驾驶人操作时自行滑动或被遥控起动；特种车作业中车体失去重心 （五）保险机动车违反《中华人民共和国道路交通安全法》及其他法律法规中有关机动车装载的规定

除以上直接损失外，A款、B款、C款均都规定：发生保险事故后，被保险人为减少保险车辆的损失所支付的必要的、合理的施救费用，保险公司按照合同规定负责赔偿，但最高赔偿金额以保险金额为限。

2. 自燃损失险保险责任与责任免除

在自燃损失险的条款中，各家保险公司的描述虽不尽相同，但在保险责任、责任免除的约定方面，基本是大同小异。

1）保险责任。

① 因保险车辆电器、线路、供油系统发生故障或所载货物自身原因起火燃烧造成本车的损失。

② 发生保险事故时，被保险人为防止或者减少保险车辆的损失所支付的必要的、合理的施救费用。

2）责任免除。

① 自燃仅造成电器、线路、供油系统的损失。

② 所载货物自身的损失。

3）赔偿处理。

① 全部损失，在保险金额内计算赔偿；部分损失，在保险金额内按实际修理费用计算赔偿。

② 施救费用在保险金额内按实际支出计算赔偿。

③ 每次赔偿实行20%的免赔率。

3. 交强险、商业三者险保险责任与责任免除

对于这两个险种，假如因标的车与第三者机动车发生事故，导致对方起火烧损，应视是否有责任以及责任比例确定是否赔偿以及赔偿比率。

1）交强险。如果认定标的车承担责任，无论标的车在事故中所付责任比率大小，均应该在

2000 元的限额内给予对方赔偿；如果认定标的车无责，也应该在 100 元限额内给予对方赔偿。

2）商业三者险。如果认定标的车无责，那么保险公司就无需承担任何赔偿责任；如果认定标的车承担责任，则应该视事故责任比例大小，按照保险合同的约定，分别计算赔偿金额，但总赔偿金额不应超出限额值。

三、汽车火灾的特点

1. 火势发展蔓延迅速

汽车一旦发生火灾，温度迅速升高，物质分解出气体的速度不断加快，使燃烧强度增加，燃烧后产生高温，易导致车上油箱泄漏燃烧。

> **提示**
>
> 汽车火灾无论是交通事故、撞车导致电器短路、油路泄漏，油箱破裂发生火灾，还是车辆自身故障发生火灾，都带有突然性。前者是撞车后紧接着起火，后者由于火源的隐蔽性，在初期并没有被发现，后来由于汽车自身可燃物多，周围助燃空气充分，火势发展迅速，火灾初期过程短，燃烧猛、蔓延快，容易发生爆炸并造成重大人员伤亡及财产损失。交通事故发生的火灾，多数情况是若干车辆连续碰撞造成火灾或爆炸。车内驾驶人及乘员可能因车辆相撞损坏而被挤压，人员受火势威胁，造成重大伤亡；汽车火灾产生的高温，很容易导致车上的燃油箱爆裂；车辆燃油撒落满地，极易造成火势迅速蔓延扩大；由于汽车火灾多发生在公路上，没有近地水源，随车的灭火设备灭火能力有限(有的还没有灭火设备)，火势很容易进入猛烈阶段。从大量的汽车火灾来看，一般一辆汽车从起火到汽车几乎被烧尽不超过45分钟，很多车也就20多分钟的时间即化为一堆废铁。或因车内化纤物燃烧后产生有毒气体，使在场人员中毒，污染环境。在威胁人命安全的同时，造成重大经济损失。

2. 车辆疏散困难

汽车在停放后，驾驶人采取了安全措施，拉紧驻车制动，关闭电源和窗户、锁门等，使汽车失去了机动能力，靠人力疏散难。公路汽车火灾一旦发生，通常会造成公路交通堵塞，也可能由于交通堵塞出现新的车辆碰撞、翻车事故，而出现新的火场。

3. 扑救困难

汽车发生火灾地点不确定，往往出现报警晚、水源缺乏等不利因素。

4. 人员伤亡严重

汽车因其内部空间有限，如车辆经过撞击变形发生火灾后，车的门窗难以打开，人员拥挤易造成人员的伤亡。对于一些高档豪华客车发生火灾一旦火势猛烈，往往由于人员心慌意乱，争相逃生，会使得车门、窗阻塞，甚至打不开，车内人员很难逃出车外。

四、火灾事故认定的相关规定

1.《中华人民共和国消防法》相关规定

《中华人民共和国消防法》第五十一条规定，火灾扑灭后，公安消防机构有权根据需要封闭火灾现场，负责调查、认定火灾原因，核定火灾损失，查明火灾事故责任。

2.《火灾事故调查规定》相关规定

现行的《火灾事故调查规定》中与保险理赔有关的规定有：

1）第四条 火灾事故调查应当坚持及时、客观、公正、合法的原则。

任何单位和个人不得妨碍和非法干预火灾事故调查。

2）第三章简易程序中：

第十二条 同时具有下列情形的火灾，可以适用简易调查程序：

① 没有人员伤亡的。

② 直接财产损失轻微的。

③ 当事人对火灾事故事实没有异议的。

④ 没有放火嫌疑的。

前款第二项的具体标准由省级人民政府公安机关确定，报公安部备案。

第十三条 适用简易调查程序的，可以由一名火灾事故调查人员调查，并按照下列程序实施。

① 表明执法身份，说明调查依据。

② 调查走访当事人、证人，了解火灾发生过程、火灾烧损的主要物品及建筑物受损等与火灾有关的情况。

③ 查看火灾现场并进行照相或者录像。

④ 告知当事人调查的火灾事故事实，听取当事人的意见，当事人提出的事实、理由或者证据成立的，应当采纳。

⑤ 当场制作火灾事故简易调查认定书，由火灾事故调查人员、当事人签字或者捺指印后交付当事人。

火灾事故调查人员应当在 2 日内将火灾事故简易调查认定书报所属公安机关消防机构备案。

从上述规定可以看出对于以乘用车为主要保险标的的保险公司，绝大多数汽车火灾事故的认定适用简易程序，由公安消防部门出具《火灾事故简易调查认定书》。

3）第十六条 火灾发生地的县级公安机关消防机构应当根据火灾现场情况，排除现场险情，初步划定现场封闭范围，并设置警戒标志，禁止无关人员进入现场，控制火灾肇事嫌疑人。

公安机关消防机构应当根据火灾事故调查需要，及时调整现场封闭范围，并在现场勘验结束后及时解除现场封闭。

从这条规定可以看出，一般情况下，保险公司对火灾事故的查勘必须在公安机关消防机构解除火灾现场封闭后才能进行。

4）第四章一般程序，其中第五节火灾事故认定，规定如下：

第二十九条 公安机关消防机构应当根据现场勘验、调查询问和有关检验、鉴定意见等调查情况，及时作出起火原因和灾害成因的认定。

第三十条 对起火原因已经查清的，应当认定起火时间、起火部位、起火点和起火原因；对起火原因无法查清的，应当认定起火时间、起火点或者起火部位以及有证据能够排除的起火原因。

第三十一条 灾害成因的认定应当包括下列内容：

① 火灾报警、初期火灾扑救和人员疏散情况。

② 火灾蔓延、损失情况。

③ 与火灾蔓延、损失扩大存在直接因果关系的违反消防法律法规、消防技术标准的事实。

第三十二条 公安机关消防机构在作出火灾事故认定前，应当召集当事人到场，说明拟认定的起火原因，听取当事人意见；当事人不到场的，应当记录在案。

第三十三条 公安机关消防机构应当制作火灾事故认定书，自制作出之日起 7 日内送达当事人，并告知当事人向公安机关消防机构申请复核和直接向人民法院提起民事诉讼的权利。无法送达的，可以在作出火灾事故认定之日起 7 日内公告送达。公告期为 20 日，公告期满即视为送达。

第三十四条 公安机关消防机构作出火灾事故认定后，当事人可以申请查阅、复制、摘录火灾事故认定书、现场勘验笔录和检验、鉴定意见，公安机关消防机构应当自接到申请之日起 7 日内提供，但涉及国家秘密、商业秘密、个人隐私或者移交公安机关其他部门处理的依法不予提供，并说明理由。

上述规定规定了火灾事故的认定步骤、方法、内容、当事人的权益以及《火灾原因认定》《火灾事故认定书》取得方法。

5）第四章一般程序，其中第六节复核，规定如下：

第三十五条 当事人对火灾事故认定有异议的，可以自火灾事故认定书送达之日起 15 日内，向上一级公安机关消防机构提出书面复核申请。复核申请应当载明复核请求、理由和主要证据。

复核申请以一次为限。

第三十六条 复核机构应当自收到复核申请之日起 7 日内作出是否受理的决定并书面通知申请人。有下列情形之一的，不予受理：

① 非火灾当事人提出复核申请的。

② 超过复核申请期限的。

③ 已经复核并作出复核结论的。

④ 任何一方当事人向人民法院提起诉讼，法院已经受理的。

⑤ 适用简易调查程序作出火灾事故认定的。

公安机关消防机构受理复核申请的，应当书面通知其他相关当事人和原认定机构。

第三十七条 原认定机构应当自接到通知之日起 10 日内，向复核机构作出书面说明，并提交火灾事故调查案卷。

第三十八条 复核机构应当对复核申请和原火灾事故认定进行书面审查，必要时，可以向有关人员进行调查；火灾现场尚存且未变动的，可以进行复核勘验。

复核审查期间，任何一方当事人就火灾向人民法院提起诉讼并经法院受理的，公安机关消防机构应当终止复核。

第三十九条 复核机构应当自受理复核申请之日起 30 日内，作出复核结论，并在 7 日内送达申请人和原认定机构。

原火灾事故认定主要事实清楚、证据确实充分、程序合法，起火原因和灾害成因认定正确的，复核机构应当维持原火灾事故认定。

原火灾事故认定具有下列情形之一的，复核机构应当责令原认定机构重新作出火灾事故认定：

① 主要事实不清，或者证据确实不充分的。

② 违反法定程序，影响结果公正的。

③ 起火原因、灾害成因认定错误的。

第四十条 原认定机构接到重新作出火灾事故认定的复核结论后，应当重新调查，在 15 日内重新作出火灾事故认定，并撤销原火灾事故认定书。重新调查需要委托检验、鉴定的，原认定机构应当在收到检验、鉴定意见之日起 5 日内重新作出火灾事故认定。

原认定机构在重新作出火灾事故认定前，应当向有关当事人说明重新认定情况；重新作出的火灾事故认定书，应当按照本规定第三十三条规定的时限送达当事人，并报复核机构备案。

上述规定规定了当事人对《火灾原因认定书》《火灾事故认定书》有异议的申请复核方法、程序及时效要求。

第四节　火灾的现场查勘

　　汽车火灾的现场勘验工作应当在汽车火灾事发地进行，但是许多原因造成调查人员无法在事发地完成查勘工作，如在调查人员到达火灾现场之前汽车已被拖动等。所以在大多数情况下，只能在报废车停车场、汽车维修厂或仓库等地点进行现场勘验并完成勘验记录。勘验现场痕迹时特别要注意考虑到火灾发生时的风向、风力等气象因素的影响，对于行驶中的车辆起火，逆风燃烧是很困难的，一旦汽车停止或减速，火势就会迅速蔓延扩大。图 9-13 为汽车火灾现场查勘内容和方法的示意图。

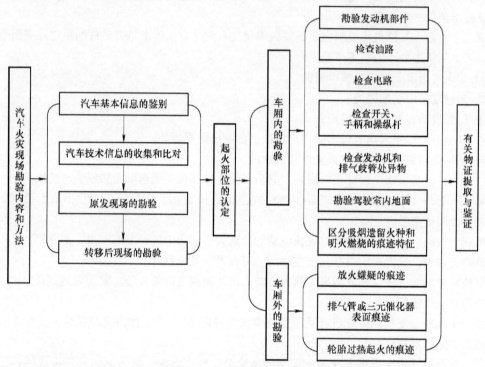

图 9-13　火灾现场查勘内容和方法

一、汽车基本信息的鉴别

　　通过现场勘验对汽车进行鉴别，确定汽车的构造、类型、年代和其他识别标志，记录相关信息。汽车的车辆识别标牌提供汽车生产厂商、产地、车身类型、发动机类型、年代和生产序列号等信息。如果车辆识别标牌或发动机号等无法辨认，或者怀疑此号码被涂改过，就应当向公安交通警察等有关部门寻求帮助。

二、汽车技术信息的收集和比对

　　一旦将汽车确认为调查的主要对象，就应当对其机械构造、功能和火灾危险区域进行细致的勘验。为确保勘验各个环节有效进行，调查人员应当找到与发生火灾汽车的年代、构造、类型及装置相同的汽车，仔细进行比对；或者查阅汽车维修手册，熟悉和掌握相关技术资料。

三、原发现场的查勘

1. 现场简图的绘制

调查人员应当绘制火灾现场简图，该图能准确地表示出汽车在被拖动之前所停放的位置，并标明目击者的位置及其与汽车的距离。

2. 火灾现场的拍摄与记录

通过拍照和记录应能够反映火灾现场全貌，包括周围的建筑物、植被情况、路面坡度弯度、路面平整程度、公路设施、轮胎留下的痕迹和脚印，以及物体的烧损情况、汽车零部件的掉落状况和燃料的流淌痕迹等。

重点确认火灾发生地点的路面痕迹，如车用燃料及其他油品的泄漏痕迹，制动装置、轮胎、车身等与路面接触的痕迹，以及其他可能的来自汽车之外的物品燃烧残留痕迹等。

3. 汽车外部的拍摄与记录

多角度、多方位对汽车外部进行拍摄与记录，包括汽车前后左右、顶部和车下的地面，整体反映出汽车燃烧残留的痕迹特征。将汽车拖走之后，再次对汽车下的地面进行拍照，即使被汽车遮盖住的地面或路面没有明显的火灾烧损痕迹也应当对这部分进行拍照。如果有条件，应当记录汽车被拖以及汽车在拖动的过程中受损的情况。特别值得注意的是，应完整收集从火灾车辆上掉落的汽车零部件残留物或外来物品燃烧残留物等，确定起火原因的重要物证信息很可能就在其中。

4. 汽车内部的拍摄与记录

从不同的角度对汽车内部、外部的烧损和未烧损部位进行有针对性的拍摄和记录。汽车地板上的火灾残留物包括车内的物品、汽车钥匙和点火开关等，清理之前应对其进行拍照，以便记录各个物品的原始位置，这一点尤为重要。汽车各车厢（发动机舱、驾驶室、行李舱、货车拖车等）内部、外部或不属于汽车车厢的，能够反映火灾蔓延方向的所有痕迹，都应当拍摄照片。储物区域也应当拍摄照片，应当明确受到火灾热作用的货物种类和数量，以及其他卷入火灾的物品。

四、转移后现场的查勘

火灾发生后，火灾调查人员应及时到达火灾原发现场，尽可能地全面收集火灾现场信息，合理处置火灾现场掉落的残留物，不可轻易丢弃，应拍摄和记录好火灾现场的真实情况。但是很多时候，汽车火灾发生后调查人员不能及时到达现场，或者火灾对道路和环境产生影响较大，需要及时转移火灾汽车。

1）如果汽车已经被转移，在对汽车本体进行勘验之前，应查看汽车火灾原发现场的照片，尽量收集火灾现场的相关信息，包括起火时间、地点，驾驶人、乘客和目击者的笔录，警方和消防部门的报告，汽车当前的存放位置和被转移的方式等。即使汽车已从火灾现场移走，进行火灾原发现场的勘验工作对汽车火灾原因的确定仍然有所帮助。

2）如果勘验工作被拖延，或汽车停放的地点很偏远，都会造成汽车零部件的丢失或损坏，还有汽车受环境的影响较大，特别是金属表面容易生锈，因此一定要做好火灾车辆的现场保护工作，否则火灾调查将无法进行。存放遭受火灾的汽车时，应当用帆布或其他毡布遮盖整个汽车，通常在火灾发生后的一段时间里，车身壳体的锈蚀使火灾痕迹更为明显，但随着锈蚀程度的发展，火灾痕迹会变模糊。汽车零件如果有缺失的情况，就应当确定该零件是在火灾发生前已经缺失，还是在火灾发生后掉落或缺失的。

3）无论汽车停放在原发现场或已被转移他处，对汽车本体勘验和记录的过程都相同。即使在火灾现场已对汽车本体进行勘验，也可以利用汽车从现场移走后的优势，继续对其勘验。例如，使用叉车或其他升降设备将汽车升起，或者使用破拆工具进行更为细致的勘验工作，同时应全面细致地拍摄照片。

五、起火部位的认定

当车辆全部烧损，又得不到相关人员有效证言时，很难判断起火部位。如果燃料和机油开始燃烧，就会使燃烧面积迅速扩大，给火灾原因调查带来更大的困难。

1）重点检查汽车外部残留的火灾燃烧痕迹，特别是不同位置的火焰作用于前风窗玻璃，其掉落的路径不同，这有助于确定起火点在哪个车厢之内。驾驶室内先起火，火焰很快作用到前风窗玻璃的上方，同时发动机舱盖上形成放射状火灾痕迹（从某一区域向外扩展的火灾痕迹）。发动机舱内起火，发动机舱盖上会留下局部受烧变色严重的痕迹，火焰通常窜入驾驶室，并造成前风窗玻璃底部的破碎，同时车门上也可能留下放射状痕迹。

2）当车辆大部或全部烧损时，应考虑到燃料和机油等参与燃烧加大火势的因素，通过观察车身钢板的燃烧变色锈蚀程度的差异来判断起火部位。

3）如果推测起火部位是轮胎，则需要比较一下前后各个轮胎和轮毂的烧损状态，通常情况下烧损最严重的轮胎和轮毂应为起火部位。

4）即使属于全车烧损严重，车辆底部也不一定烧毁，因此可以将车辆举升起来，确认车辆底部的烧损情况，同时考虑燃料和机油等参与燃烧会加大火势的因素。通常情况下从车辆底部向上扩大燃烧的部分即为起火部位。当车辆底部多处发生局部烧损时，需要调查从局部开始向上扩大烧损的部位。

通过对前后左右各个轮胎和车身外壳的烧损程度检查，可以初步认定火首先起于车的什么部位，进一步通过车内外燃烧状态的比对分析，来判断火首先起于车内还是车外。一旦确定起火部位之后，按照由烧损最轻至烧损最重的顺序，对汽车进行更为细致的勘验。

六、车厢内的查勘

确定起火部位在车厢内之后，再根据起火点在发动机舱、驾驶室或行李舱等不同部位的特点，有针对性地对各个相关系统进行检查，确定其烧损状态，考察能够引起火灾的各种可能性。

1. 勘验发动机部件

1）发动机舱盖。考虑因燃料、机油等参与燃烧的因素，以及舱内空气滤清器、进气管、塑料油罐等安装位置的影响，比较机舱盖外表面和内表面。如果发动机舱盖内外两面同一位置因烧损出现明显变色，那么这个位置很可能就是起火部位。

2）发动机机体。发动机机体设置在发动机舱的中心位置，因此可以通过比较外表面的烧损、变色、熔融程度来推断火灾燃烧蔓延的方向。尤其是可以通过观察位于发动机机体下部的机油滤清器和油底壳的烧损状态，来判断火焰是否从发动机舱上部向下部蔓延，或者是否从发动机舱向乘员舱蔓延等。

3）气缸盖罩。气缸盖罩设置在位于发动机舱中心部缸体的上端，在火灾初期很容易受到火焰和热辐射的影响，因此可以通过其外表面的烧损和熔融状态来判断火焰的蔓延方向。

4）前悬架（钢制）。发动机舱内左右各设一个，可以通过比较左右前悬架的烧损程度，来推测燃烧蔓延方向。

5）真空助力器。真空助力器一般都安装在驾驶人位置前方的发动机舱内后部。通过真空助力器表面受热变色或烧蚀情况，以及连接管路烧蚀炭化程度来判断火灾燃烧蔓延方向。

6）蓄电池。蓄电池安装在发动机舱内的情况较多，也有部分车型蓄电池安装在驾驶室内座椅下或行李舱内。通过蓄电池烧损脱落方向或烧蚀情况来判断火灾燃烧蔓延的方向。

2. 检查油路

1）检查油箱和加油管状态。检查油箱是否破损或局部渗漏，记录加油管的状态。加油管通常为两节，中间用橡胶管或高分子软管连接。部分汽车加油系统的橡胶或高分子衬管或衬垫，深入到油箱内部。汽车受到撞击之后，可导致连接管出现机械性破损，加油系统与油箱连接处断开，以及外火烧毁连接管等，均能造成燃油泄漏。

2）检查油箱盖状态。记录油箱盖是否存在，记录加油口是否烧损或存在机械损伤。许多油箱盖含有塑料件或低熔点金属件，这些零件在火灾中能够被烧毁，并导致部分金属零件的脱落、缺失或掉进油箱。油箱受热或受火焰的作用后，能形成一条分界线，反映出起火时油箱内油面的高度。

3）检查供油管和回油管状态。检查供油管和回油管是否破裂或烧损的情况，油管之间通常用一个或多个橡胶连接管或高分子软管连接，检查油管连接处的卡箍是否变形或脱落，这些连接管处可发生燃油泄漏。检查并记录靠近三元催化器附近的油管，靠近排气歧管的非金属油管，靠近其他炽热表面的非金属油管和容易受到摩擦的油管。

4）检查油液等情况。检查发动机油、变速器油、转向助力油和制动液等容器及连接管路情况，是否有过热燃烧现象或泄漏到排气（歧）管上，形成燃烧炭化痕迹残留在上面。

3. 检查电路

查清因电气线路烧损而断掉的熔丝，利用电路图确认从蓄电池引出的各线路的铺设路径，从熔断的熔丝沿线路查找出现短路的部位，从短路部位推断发动机舱内汽车用电线路的烧损路径和早期发生火灾的部位。因此，检查电路保险装置有助于判断起火部位。

> **提示**
>
> 　　重点检查发动机舱内的发动机线束、发动机室线束以及蓄电池、熔丝盒、起动机、发电机、压缩机、风扇电动机、左右前灯具等用电设备及其连接线路。检查驾驶室内仪表板内线束、中央接线盒、车内其他线束等。检查行李舱内尾灯线束等。当汽车电线的绝缘层破裂时，容易与捆扎电线的卡具以及车身、发动机之间发生短路，因此可以查找因短路造成电线缺损或熔断的部位，来判断起火部位起火点。
>
> 　　一般来讲，如果是车辆本身电气线路或电气设备出现故障引发火灾，则会找到带有金属熔化痕迹的电气线路、插接件和电气设备等。

4. 检查开关、手柄和操纵杆

检查驾驶室内部，记录各开关的位置，以便确定开关是否处于"接通"状态。检查玻璃支架位置，确定门窗玻璃起火前是否处于关闭状态。记录变速杆的档位。重点检查点火开关状态、车钥匙痕迹和车锁破碎的痕迹。虽然这些部件的材料容易被烧损，但是火后的残留物同样有助于汽车火灾的勘验工作。

5. 检查发动机和排气歧管处的异物

重点检查是否有报纸、油棉纱等可燃物掉落在高温的发动机或排气（歧）管附近，可能会有炭化物或未完全燃烧的部分残留在外壁上。

6. 勘验驾驶室内地面

即使车辆烧毁较为严重，驾驶室内的铺地材料多少也会留有燃烧残骸，通过查看驾驶室内地板上的铺地材料烧损状况，来判断火焰蔓延的方向性，确认火焰是来自发动机舱，还是来自行李舱，或是来自车辆底部的三元催化器，这样有助于判断起火部位。

7. 区分吸烟遗留火种和明火燃烧的痕迹特征

应重点鉴别汽车门窗玻璃是机械力破坏造成的炸裂，还是明火燃烧所造成的炸裂。通过观察窗玻璃炸裂的形状、烟熏程度、玻璃落地的位置来判断火源种类和起火特征。对于吸烟遗留火种引起的火灾，起火点多在驾驶室或行李舱的可燃货物上，由于具有引燃起火的特征，往往造成驾驶室内一侧的窗玻璃烟熏严重且烧熔，起火后燃烧严重的部位是上部。对于明火如使用助燃剂的放火火灾，具有猛烈燃烧的特征，短时间内产生大量的热会使玻璃在还没有形成积炭前就破碎或达到其熔点，这种温度的迅速上升通常会使窗玻璃因不均匀的热膨胀而破碎且烟熏轻微。值得注意的是，即使用助燃剂放火，在车门窗封闭较严情况下，也会出现大量浓烟附着在窗玻璃上的现象。

七、车厢外的查勘

1. 勘验是否存在放火嫌疑的痕迹

一般情况下，人为放火大都在四个轮胎或保险杠附近，也可能在驾驶室内或行李舱内，而且大都使用汽油、柴油等作为助燃剂。重点勘验和提取起火点附近的玻璃烟尘、车身烟尘、炭化残留物、地面泥土、可疑引火物和液体盛装容器等物证，以及送到专业鉴定机构进行检测分析。

2. 勘验排气管或三元催化器表面痕迹

要重点考察车辆底盘下地面燃烧情况，是否有干草、树叶、其他可燃物夹带在排气管或三元催化器上以及是否发生过热燃烧现象等情况。

3. 勘验是否存在轮胎过热起火的痕迹

重点考察车辆是否过载且长时间行驶，特别是下坡长时间制动，使得制动鼓过热引起轮胎起火或轮胎充气不足、双轮胎货车其中一个轮胎爆裂，长时间碾压过热引燃轮胎起火。

八、火灾原因认定要点

1. 自燃

1）电气故障火灾起火原因认定要点。

① 根据火灾燃烧痕迹特征，经现场勘验和调查询问等工作，可以确定起火部位（点）。

② 起火部位（点）大多在发动机舱内或仪表板附近。

③ 在起火部位发现有电气线路或电气设备可能的故障点，并提取到相关金属熔化痕迹等物证。

④ 送检到火灾专业鉴定机构对相关电气物证进行鉴定分析，结果得出（一次）短路熔痕或（火前）电热熔痕等结论。

⑤ 综合火灾现场实际情况，可以有根据地排除其他起火因素。

以上要点可以根据实际情况选择使用。

2）漏油火灾起火原因认定要点。

① 一般情况下汽车处于行驶状态。

② 起火部位可以确定在发动机舱内或底盘下面。

③ 在发动机舱内重点过热部位，如发动机缸体外壁、排气歧管、排气管等，发现有机油、柴油、转向助力油等油品燃烧残留物附着在其表面，同时找到可能的泄漏点。

④ 经现场勘验检查，在发动机舱内未发现有电气线路或电气设备可能的故障点，或者存在相关电气物证，经现场分析或专业技术鉴定结果均为二次短路熔痕等。

⑤ 发动机舱内油品燃烧后残留的烟熏痕迹较重，同时起火初期大多数情况下冒黑烟，且当事驾驶人反映汽车起火前可能存在动力异常的现象。

⑥ 结合现场勘验和调查询问情况，可以排除放火等人为因素的可能性。

油品泄漏引发火灾的种类较多，注意汽油泄漏与其他油品泄漏的区别，汽油一般不能被炽热的表面点燃，以上要点需根据实际情况选择使用。

案例 9-2

柴油发动机回油管漏油引起的自燃案例。一辆装用柴油发动机的东风牌自卸汽车，在行驶途中发现发动机冒烟，停车查看时起火，将整个驾驶室、变速器、转向器等铝合金制成的部件全部烧毁。车主拨打 119 火警电话求救，大火被消防警察扑灭。

查勘人员分析：由于该车系九成新的自卸车，于白天起火，起火后驾驶人首先拨打 119 电话求救，排除了道德风险。由于是新车，电路老化问题可以基本排除，排查重点放在油路方面。询问车主在行车途中有无发动机动力不足的现象，得到了"不存在"的明确答案。据此，排除了供油管漏油的可能，重点在回油管查找。进一步检查发现，回油管有一处不明原因之折痕，且位置恰好对准发动机的排气管，估计是该处发生的漏油漏在了排气管上，引起车辆自燃（柴油自燃温度为 335℃，而排气管温度高达 700~800℃），该处起火后，引燃了电缆，将火引入了驾驶室，烧掉了整个驾驶室，变速器、转向器等铝合金件全部烧掉，是因为其内的油液被高温烘烤、外泄、引燃，烧化了外壳。

该案符合自燃条件。

案例 9-3

如图 9-14 所示，时间：2004 年 6 月 2 日 10 时 10 分左右。

仪表板及工作台烧损状态

仪表板上音响控制器烧损状态

GPS控制器烧损状态

控制器与危险警告灯线束连接

图 9-14 自燃案例

火灾简况：汽车在广州市区道路行驶过程中，驾驶人闻到车内有烧焦味，接着发现仪表板冒烟起火。

保险情况：投保了自燃损失附加险。

现场勘验：此起火灾烧损程度较轻，认定起火点为驾驶室内仪表板上：音响附近。重点对起火点处进行了现场勘验，发现如下情况：

1）火灾烧损部位集中在仪表板上音响周围，烧损最严重的位置在加装的GPS接线位置。GPS控制器安装在收放机后部（即烧损最严重的地方），GPS本身没有发现保险装置，控制系统从点火开关位置取电，控制器与危险警告灯线束连接，GPS从原车线路取电的危险警告灯线束熔丝已熔断。

2）GPS相关线束均采用剪断后铰接，然后用电工胶布包裹的方法连接，没有专用的线束插头，连接处松动，局部过热熔化。

原因认定：综上所述，此起汽车火灾认定为非正规接线方式导致连接处接触不良，局部过热引燃可燃物起火。构成了车损险项下被保险人义务条款中"在保险期间内，被保险机动车改装，导致被保险机动车危险程度增加的，应当及时书面通知保险人。否则，因被保险机动车危险程度增加而发生的保险事故，保险人不承担赔偿责任"以及"附加险条款未尽事宜，以本条款为准"，保险公司拒绝赔偿。

2. 停放不当

案例9-4

2013年5月初，某人将丰田车停放在某湖边，湖边土质较为松软潮湿，有深干草，如图9-15所示。基本可确定全损，该车未投保自燃损失险，起火原因成为保险公司是否赔偿的关键，汽车查勘照片如图9-16所示。火灾原因认定如图9-17所示。

根据火灾事故简易调查责任认定书，起火原因为高温排气管引燃周围干芦苇所致，起火点为左前轮后侧排气管部位，现场照片证实了调查结果。标的车损失属于火灾责任事故。

图9-15　火灾现场照片

图9-16　汽车查勘照片

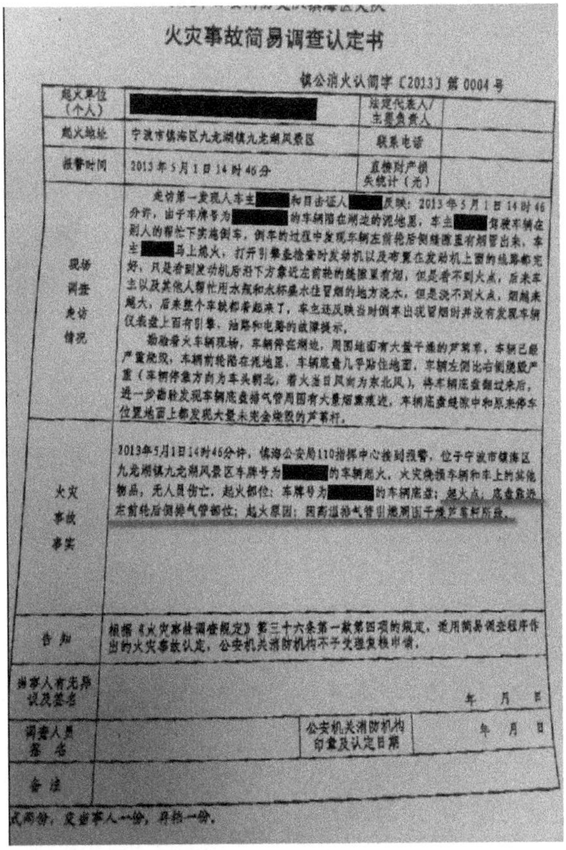

火灾事故简易调查认定书

镇公消火认简字〔2013〕第 0004 号

图 9-17　火灾原因认定

3. 引燃

1）遗留火种火灾起火原因认定要点。

① 经现场勘验和调查询问，可以确定起火部位。

② 起火部位绝大多数在驾驶室。对于货车来说，可能会发生在货箱内。

③ 经现场勘验检查，在起火部位未发现有电气线路或电气设备可能的故障点，或者即使存在相关电器物证，经现场分析或专业技术鉴定均为火灾作用的结果，如二次短路熔痕和火烧熔痕等。

④ 在起火部位存在引燃起火特征，且有局部燃烧炭化的严重现象。

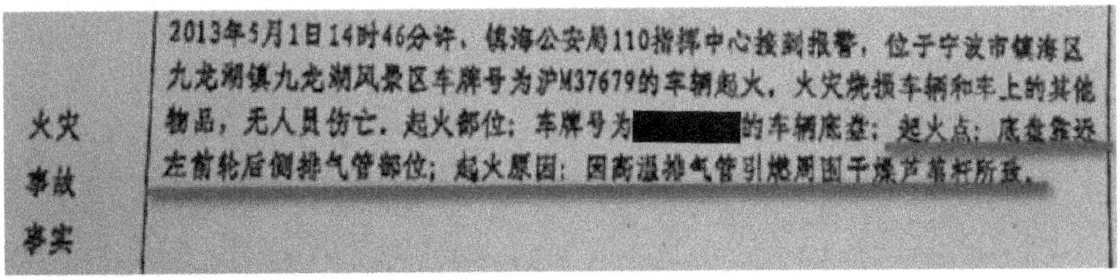

⑤ 可以排除人为故意因素的存在，特别是放火骗保的可能。

汽车火灾中遗留火种主要指烟头火源，注意调查从人员离开到起火的时间数据。以上要点需根据实际情况选择使用。

> **提示**
>
> 　　汽车本身是个复杂的整体，存在多种可能引发火灾的因素，加之外来原因就更加复杂和多样，上面所述的是几种常见汽车火灾原因，其他起火原因认定的要点不能一一列举，但最基本的认定要点均要首先确定起火部位或起火点，然后根据实际火灾情况收集、提取相关的物证，并进行必要的鉴定分析，最后综合各方面情况加以认定。各种原因导致火灾的特征和特点是不同的，在实际火灾认定过程中要善于抓住各自特征和特点，特别要重视调查询问工作，从中快速、准确地找到可能的突破口，初步判断可能的引火因素，进而有目的地开展调查分析工作。

　　2）放火嫌疑案件认定要点。

　　① 根据火灾燃烧痕迹特征，经现场勘验和调查询问，基本可以确定起火部位。

　　② 判断可能有一个或一个以上起火点，且大都在驾驶室内、发动机舱前部、前后轮胎、油箱附近等。

　　③ 经调查询问等一系列工作，发现存在骗保或报复放火的可能因素。

　　④ 在起火部位附近有选择地提取相关物证，如窗玻璃附着烟尘、车体外壳附着烟尘、炭化残留物、地面泥土烟尘、可疑物品残骸以及事发现场附近墙壁树干、隔离带等表面附着烟尘等，送到火灾专业鉴定机构进行检测分析，结果发现存在汽油、煤油、柴油和油漆稀释剂等助燃剂燃烧残留成分，且定量分析出样品量较大，并且可以排除汽车所使用燃油的干扰因素和其他可能的干扰因素。

　　⑤ 经现场勘验检查，在起火部位未发现有电气线路或电气设备可能的故障点，或者即使存在相关电气物证，经现场分析或专业技术鉴定均为火灾作用的结果，如二次短路熔痕和火烧熔痕等。

　　⑥ 虽然在起火部位提取的相关物证经技术鉴定分析未检出助燃剂成分，但经现场勘验确认起火部位无电气火源存在，同时可以排除遗留火种的可能性。

　　以上要点需根据实际情况选择使用。

　　如果是被保险人放火焚烧汽车骗取保险公司赔款已构成刑事犯罪，超出了保险查勘人员所能涉及调查范围，应当由经侦部门立案处理。

　　3）他物燃烧引燃被保险汽车。这种情况一般原因较为明显，只有在一辆汽车先着火，后又引燃他车着火，并且损毁严重时对于谁是火源认定较为复杂。这种情况属于消防部门适用一般程序对火灾进行认定范围，对于保险查勘人员一般不作要求。

　　4. 碰撞

　　寻找碰撞痕迹，确定燃烧点，寻找燃烧物，查找因果关系。

案例 9-5

　　某日产风度车行驶时着火，驾驶人陈述为车下部碰撞一石块，后发动机底部起火，未保自燃险。

　　现场勘验：发动机油底壳碰撞硬物，导致铸铝合金曲轴箱破裂，如图9-18所示，机油泄漏。

　　由于曲轴箱破裂处泄漏的机油正好流到发动机排气管上（本人认为是设计缺陷），此时发动机排气管温度在700~800℃，而机油的燃点在250~300℃左右，造成立即燃烧。

　　原因认定：本次事故是碰撞引起机油室破裂，机油漏到排气管上（图9-19），引起着火，属于保险责任。

图 9-18　机油泄漏

图 9-19　机油漏到排气管上

第五节　火灾的估损

一、火灾对车辆损坏情况的分析

火灾对车辆所造成的损坏，一般分为整体燃烧和局部燃烧。

1）整体燃烧。整体燃烧（一般情况下损坏较严重）是指发动机舱内线路、电器、发动机附件、仪表台、内装饰件、座椅烧损，机械件壳体烧熔变形，车体金属（钣金件）件脱炭（材质内部结构发生变化），表面漆层大面积烧损。

2）局部烧毁。局部烧毁分三种情况：

① 机舱着火造成发动机前部线路、发动机附件、部分电器、塑料件烧损。

② 桥壳或驾驶室着火，造成仪表台、部分电器、装饰件烧损。

③ 货运车辆货箱内着火。

二、火灾车辆的估损方法

对明显烧损的进行分类登记。

对机械件应进行测试、分解检查。特别是转向、制动、传动部分的密封橡胶件。

对金属件（特别是车架，前、后桥，壳体类）考虑是否因燃烧而退火、变形。

对于因火灾使保险车辆遭受损害的，分解检查工作量很大，且检查、维修工期较长，一般很难在短时期内拿出准确估价单，只能是边检查边估损，反复进行。

三、火灾汽车的估损

汽车起火燃烧以后，其损失评估的难度相对大些。

如果汽车的起火燃烧被及时扑灭了，可能只会导致一些局部的损失，损失范围也只是局限在过火部分的车体油漆、相关的导线及非金属管路、过火部分的汽车内饰。只要参照相关部件的市场价格，并考虑相应的工时费，即可确定出损失的金额。

如果汽车的起火燃烧持续了一段时间之后才被扑灭，虽然没有对整车造成毁灭性的破坏，但也可能造成比较严重的损失。凡被火"光顾"过的车身的外壳、汽车轮胎、导线线束、相关管路、汽车内饰、仪器仪表、塑料制品、外露件的美化装饰等可能都会报废，定损时按照需更换件的市场价格、工时费用等确定损失金额。

如果起火燃烧程度严重，外壳、汽车轮胎、导线线束、相关管路、汽车内饰、仪器仪表、塑料制品、外露件的美化装饰等肯定会被完全烧毁。部分零部件，如控制电脑、传感器、铝合金铸造件等，可能会被烧化，失去任何使用价值。一些看似"坚固"的基础件，如发动机、变速器、离合器、车架、悬架、车轮轮毂、前桥、后桥等，在长时间的高温烘烤作用下，会因"退火"而失去应有的精度，无法继续使用，此时，汽车离完全报废的距离已经很近了。

习　题

一、单项选择题

1. 水淹车按水淹时间分，第一级为(　　)。

A. 小于等于半小时　　　　　　　　B. 小于等于一小时

C. 小于等于两小时　　　　　　　　D. 小于等于三小时

答案：B

2. 处理水淹车时，整车拖出水域后，只要条件允许，应该(　　)。

A. 尽快放掉机油

B. 尽快从车上卸下容易受损的电器，进行排水清洁

C. 尽快拆检机械件

D. 以上都不对

答案：B

3. 水淹事故事故损失程度和哪些因素有关？(　　)

A. 水淹高度　　　　　　　　　　　B. 水质

C. 浸水时间　　　　　　　　　　　D. 以上都是

答案：D

4. 关于火灾车现场查勘处理，下列说法不正确的是(　　)。

A. 根据事故经过及火烧痕迹，判断是否是"自燃"或责任事故，并要求被保险人提供火灾证明

B. 对全车烧损，出险地点偏僻，无目击者的案件，按正常理赔处理

C. 走访消防队及目击者，调查起火原因

D. 尽快查勘第一现场，拍摄车架号，核对保险标的，针对司乘人员作调查笔录

答案：B

二、多项选择题

5. 车辆的自燃事故通常有以下特点(　　)。

A. 私家车发生居多　　　　　　　　B. 旧车居多

C. 行驶中居多　　　　　　　　　　D. 漏油和短路原因居多

答案：A、B、C、D

三、判断题

6. 水淹车的施救要讲究科学，通常拖车用软拖车方法。

答案：错误

第十章 人伤诊治、鉴定、查勘与费用核定

在机动车辆保险理赔案中，除机动车辆损失及其他物产损失赔偿以外，人员伤亡相关赔款占了总赔款的相当比例。据不完全统计，近年人员伤亡赔款支出约占机动车辆保险总赔款支出的（含各附加险种）50%~60%，且随着生活水平及法律意识的提高呈现逐年上升的趋势。由于人伤赔偿的相关理论、实务与机动车辆损失及其他物产损失分属不同学科，因此财产保险公司理赔人员往往在处理人员伤亡部分的损失核定时较为困难，也容易陷入误区并导致错误或纠纷的发生。随着《中华人民共和国保险法》《中华人民共和国道路交通安全法》《中华人民共和国侵权责任法》等法律文件的出台以及与现行法律配套的一系列司法解释的颁布，人伤赔偿处理的理论与处理原则逐步趋向统一完善。

交通保险事故发生后，大多数受害方往往会就自身实际损失向肇事方提出索赔，但或多或少伴随着如下心态：

1）认为自己无缘无故受伤，应该得到赔偿，且要多赔。

2）认为自己不要求多赔，对方认为"软弱可欺"，到最后得不到公正的赔偿，要求多赔的目的是"不吃亏"。

3）认为让肇事方多赔是对肇事方的惩罚，要求多赔是理所当然的等。

肇事方出于愧疚往往不会深究受害方索赔金额的具体内容，这种情况往往就会被一小部分人或利益相关体利用。

1. 不合理治疗及非必须治疗

交通事故受害人故意扩大对损伤的治疗。如应该在门诊治疗的非要住院治疗；损伤治愈后该出院的滞留医院；在治疗损伤的同时治疗本身固有的疾病或者在诊疗过程中为他人开其他药品等。

2. 高额医疗费用

在许多地区，交通事故导致的受害者医疗费用往往不被社会医疗保险涵盖，或为全自费项目。与此同时，随着医学高科技技术的不断发展，新的诊断技术、治疗方式不断更新，随之而来的是高额的检查费、手术费、材料费、药费。部分医疗机构因为利益的驱动，利用部分受害者要求积极治疗的心态及受害者医药费大部分由肇事者或保险公司支付的情况，利用不必要检查、高档医疗措施、昂贵药物的多种手段创收，扩大医药费用项目。

3. 涵盖非事故相关疾病的治疗

伤者既往自身的疾病与损伤相关时，往往故意隐瞒病史，以得到更多的赔偿。如某伤者过去左腿损伤后留有部分功能障碍，丧失部分劳动能力，交通事故受伤后左腿再次受伤，完全丧失劳动能力，起初伤者没有向处理人员说明以前的左腿受伤情况，隐瞒病史，后经处理人员调查，明确交通事故前其左腿的功能障碍情况，只对交通事故加重了的功能障碍进行赔偿。

4. 不积极配合治疗

医院的治疗需要伤者积极配合才能起到预期的治疗效果。比如神经损伤的伤者，在医院进行治疗的同时需伤者进行适当的功能锻炼，才能恢复到原来的功能状态。有些老年受害者家属在交

通事故处理前不积极配合治疗，或者拖延治疗以期获得更多的赔偿。

　　上述各种交通肇事受害方的各种索赔心理表现被部分机构及个人利用，无形中加大了被保险人的经济赔偿负担，同时也加大了保险人的不合理赔款支出。为了维护广大被保险人和保险人的经济利益，避免不合理的人为加大医疗费支出，大部分保险公司都配备了专门的医疗调查员，加大了对事故人员伤亡医疗的查勘、跟踪、调查的力度。要有效地做好这方面的工作，保险公司理赔人员必须了解和掌握有关交通事故人员伤亡相关医疗、查勘、鉴定、法律方面的基本知识。

第一节　道路交通事故的伤亡特点

1. 道路交通事故创伤发生的特点

1）发生率高，在临床医学上属常见病、多发病。

2）伤情复杂，往往是多发伤、复合伤并存，表现为多个部位损伤，或多种因素的损伤。

3）发病突然，病情凶险，变化快，休克、昏迷等早期并发症发生率高。

4）现场急救至关重要，往往影响着临床救治时机和创伤的转归。

5）致残率高。

　　这些都要求现场急救人员、事故处理人员、医务人员等有关工作人员尽最大努力争取时间，抢救伤员生命，避免或减少并发症的发生。

　　道路交通事故人员创伤是特殊类型的损伤，由运动的车辆和人之间交互作用而形成，机制复杂，伤情多变，其中最多见的和最典型的是撞击伤。就撞击伤而言，由于受伤者所处的具体条件的不同，伤情可有很大差异。有关统计资料表明，受伤部位发生率较高的是头部和下肢，其次为体表和上肢。重伤的发生率较高，约占创伤的40%，多为多发伤。创伤的性质以挫伤、撕裂伤、碾压伤和闭合性骨折最为多见。

2. 不同受伤人员的伤情特点

　　1）机动车内人员伤情特点。道路交通事故创伤中，驾驶人与前排乘坐人员受伤发生率较后排人员为高。

　　机动车内人员受伤的基本机理是惯性作用所致，在车辆被撞击的瞬间，由于车辆的突然减速，驾乘人员受惯性作用撞向车前部，甚至经前窗抛出而受伤。就受伤部位而言，驾驶人较多发生头面部、上肢，其次是胸部、脊柱和股部的损伤；乘客较多发生锁骨和肱骨的损伤。

　　翻车事故时，乘客可被抛出致摔伤、减速伤、创伤性窒息、砸伤等；发生车辆追尾事故时，乘客可受挥鞭伤，出现颈髓、颅内损伤等；困在车内的乘客经多次抛投、撞击、挤压，造成严重多发伤。

　　2）摩托车驾驶人的伤情特点。摩托车驾驶人在驾车行驶时，上半身基本上没有保护，易受伤。在乘客座位上的人员，多数是在撞击时被抛出而致摔伤。摩托车创伤致死者中80%的摩托车驾驶人和90%的摩托车搭乘人员死于头颈部创伤。

　　3）骑自行车人的伤情特点。一般说，自行车车速较慢，冲击力不大，因自身因素发生的创伤多较轻。当机动车与其相撞而发生创伤时，骑自行车人被撞倒，如头部先着地，则造成颅脑伤，其次是上肢和下肢损伤。或继发碾压伤，或在受第二次撞击造成腹部内脏损伤。

　　4）行人的伤情特点。在道路交通事故创伤中，行人的受伤多是由机动车撞伤，其受伤的作用力一是撞击力，二是摔伤或碾压。再者，行人因受撞击时所处的位置不同和车辆类型不同，伤情特点各异。小车正面撞击行人，直接碰撞行人的下肢或腰部，行人常被弹至车体上方，碰撞到风窗玻璃、车顶而致伤，继而摔至地面，可发生头颅或软组织损伤，又可遭受碾压；若侧面撞击，先被抛出，后遭另外车辆碾压。大型车辆撞击，多撞击行人的头部或胸腹部，易造成两手、两膝和头面部损伤。

造成人员伤亡是道路交通事故的直接后果，但是不同的车辆及车辆的不同状态造成伤亡的特点是不尽相同的。在同样的条件下，车速快、质量大的车辆造成的人体损伤要比车速慢、质量小的车辆严重，非机动车辆对人体的损伤要比机动车辆轻。

道路交通事故所造成的人体损伤绝大多数属于机械性损伤范畴。机械性损伤是指人体遭受机械性冲击力作用，造成人体组织器官的损坏、移位或者功能障碍。机械性损伤的程度和特征由致伤物、作用力和受伤的部位三方面因素决定。同一致伤物作用人体的不同部位，可以造成不同的损伤，直接作用力和间接作用力对人体造成的损伤也不尽相同。交通事故中的致伤物主要是机动车及其车辆的不同部位，它可以直接作用人体，如撞击、碾压、挤压等，也可以间接作用人体，如拖、擦等。无论何种车辆以何种方式造成人身伤亡，其损伤的特征主要包括软组织损伤、骨骼损伤、颅脑损伤、胸腹部损伤。下面对这几种损伤分别加以描述。

一、软组织损伤

道路交通事故中造成人体皮肤、肌肉、神经、血管等损伤统称软组织损伤，可以涉及全身各个部位，主要表现在如下几方面。

1. 表皮擦伤

又叫表皮剥脱，是由于致伤物摩擦体表，使皮肤的表皮层与真皮脱离的现象。这种损伤可发生在体表的任何部位，但以突出部位最为多见。其形态不一、大小不等，深度仅限于表皮。创面呈暗棕色或浅红色，有时与挫伤、挫裂伤并存。表皮擦伤所受作用力相对较小，为交通损伤中程度最轻的一种。表皮损伤能客观地反映出作用物表面结构的作用力和方向。如长条形表皮擦伤，深浅一体，创面平整，说明致伤物表面平整。根据创面表皮游离卷曲形状，可以断定造成表皮卷曲堆集的作用力的方向。

2. 皮下出血

人体受到撞击或碾压时，皮下组织的毛细血管受到外力作用而造成破裂，血液从血管中溢入皮下组织叫皮下出血。皮下出血可以发生在人体的任何部位，并出现条块状青紫斑痕。其范围大小、程度轻重取决于致伤物的作用面、作用力大小等因素，与受伤部位的血管分布和组织的疏松程度也有关。在致密组织中，血液扩散较难，范围就相对较小；在疏松组织里，出血容易扩散，其范围较大。

道路交通事故中形成人体皮下出血一般有四种情况：

1）人体被车、物碰撞后，在着力部位表皮反映出与碰撞物作用面形状相似的皮下溢血痕。

2）人体被车辆刮、撞倒时，头、肩、肘、膝、髋等部位触地后，在受伤部位出现撞碰形成的皮下出血。

3）车轮从人体的胸、背、臀、腿等部位直接碾压后，皮肤上出现紫红色花纹样收缩压痕。这种压痕一般与轮胎胎面宽度相似。

4）人体被车轮碾压部位的相对一面体表，受地面砂石块、皱折的衣物、纽扣、织物花纹等的衬垫，会显现出与衬垫物形状相似的皮下出血。

皮下出血的颜色变化可以推断受伤的时间，新鲜的损伤皮下出血为青紫色，保持 3~6 日，然后逐渐变为绿色，再转为褐色，最后吸收消失。

3. 挫伤

挫伤是指人体受到钝器外力的打击、碰撞或挤压，使皮下的深部组织受到严重损坏的损伤。

挫伤表现为损伤部位皮下组织挫伤、出血，周围伴有擦伤或肿胀等。严重的挫伤甚至造成内部器官的损伤及骨折，一般呈片状、条状，受伤部位的受力作用明显大于擦伤。

4. 裂创

凡是因为暴力的作用使人体的皮肤及皮下组织裂开的损伤都称之为裂创。创伤的结构特征有创口、创缘、创角、创壁、创底和创腔。钝器、锐器都可以形成创伤。交通事故中常见的裂创有两种。

1) 挫裂创。它是由于人体受到挫压和牵拉作用而形成的创伤，如车辆碾压、身体抛落、车辆刮撞等。这种创伤具有的特征是创缘不整、创角钝圆、创壁粗糙、创底不平、创壁间有组织间桥等，常伴有骨折的存在。

2) 撕裂创。是指人体受到带有棱角的物体撞击或重力扎拉，皮肤和肌肉组织受到过度牵张以及被骨骼断端刺破形成的创伤。常见的有头皮撕裂伤，腹股沟、会阴部撕裂创等。这类伤往往伴有骨折和深部脏器组织的严重损伤。

二、骨骼损伤

1. 骨折及其形态

骨骼的完整性和连续性发生中断叫做骨折。按照造成骨折的原因可以分为直接外力骨折和间接外力骨折及病理性骨折。直接外力骨折就是骨折发生在外力直接作用部位，间接外力骨折就是骨折发生在外力作用点以外的部位。交通事故中直接外力骨折较多见，但也有间接外力骨折。按照骨折部位周围软组织的病理情况，骨折又可分为闭合性和开放性两种，闭合性骨折的骨折处皮肤或黏膜完整，骨折断端不与外界相通。开放性骨折的骨折处皮肤或黏膜破裂，骨折的断端与外界相通。

按照骨折的断裂程度，骨折可以分为不完全骨折和完全骨折两种。不完全骨折是指损伤骨骼的完整性未完全被破坏，如裂缝骨折等。完全骨折是指整个骨的连续性，包括骨膜完全破裂的骨折。在完全骨折中，骨折端保持在原位的叫无移位骨折。而形成重叠、分离、旋转延长等情况的叫移位骨折。道路交通事故中这两种骨折大量存在。

2. 骨折的分类

按照交通事故中受伤人体的骨折部位，可分为颅骨骨折、躯干骨折和四肢骨折。

1) 颅骨骨折。人的颅骨分为颅盖骨和颅底骨两部分，颅盖骨由额骨、顶骨、枕骨和颞骨组成。颅底骨在人的头颅下部，与颈椎及颈部肌肉相连，从外部看不到。颅骨的厚薄不均，特别是颅底骨凹凸不平，厚薄相差很大。因而颅骨骨折在交通事故中比较常见，主要有以下几种情况。

颅骨开放性骨折：这种骨折大部分是头颅被车轮碾压或外力碰撞造成的。多为粉碎性骨折，颅骨变形，头颅裂开或脑组织外露。

颅骨闭合性骨折：这种骨折多数为裂纹或线状骨折，常常伴有头皮血肿。致伤原因主要是由于头部受到车、物的碰撞或头部直接与地面发生碰撞造成的。

颅底骨折：这种骨折多数是间接外力造成的，如人被车撞倒后，头又撞到坚硬的物体上。在外表无法判断骨折存在的情况下，可以通过某些症状帮助确定。如眼周青紫色(俗称熊猫眼)提示可能存在颅前窝骨折。鼻腔、外耳道有血性液体流出时，提示可能存在颅中窝骨折。在交通事故中，颅底骨折死亡率较高。

颅骨孔状、凹陷性骨折：孔状骨折是头皮颅骨被穿透、缺损而造成。凹陷性骨折在头表有明显的凹陷状，有时头皮有一定形状的裂创。这两种骨折一般由撞击头部造成，与撞击力的大小及物体形状有关。

颌面骨、颈椎骨骨折：人体的面部、颈部是感觉器官、神经、血管密集的地方。颌面骨骨折常与颅骨开放性骨折、头颅变形有关。颈部是神经的通路，颈椎骨折多数是"挥鞭状损伤"和压缩性骨折，如颈部高位骨折可影响呼吸循环功能而造成死亡。

2）躯干骨骨折。人体躯干骨有脊椎骨、锁骨、肩胛骨、胸骨、肋骨以及髂骨、耻骨等。交通事故中常见的躯干骨骨折如下。

脊椎骨骨折：较常见的是胸椎和腰椎的压缩性骨折和椎骨脱位。其原因是腰背部被车辆撞击或人体被甩出从空中坠落造成。这种损伤易伤及脊髓造成瘫痪等躯体症状，严重时可致人死亡。

骨盆骨折：这种损伤多由于挤压造成，也伤及膀胱等盆腔脏器，严重时可大出血造成休克死亡。

胸肋骨骨折：这是由于人体胸壁被车辆挤压造成的，可以是直接外力处骨折，也可以是间接外力处骨折，需要注意的是直接外力处骨折往往骨折端伤及肺及其他胸腔脏器，造成气胸、血气胸而危及生命。

3）四肢骨骨折。四肢骨骨折是交通事故中最常见的一种损伤。由于四肢骨在人体功能上承担着负重、精细活动等方面的作用，因而骨折后势必影响到人的正常生活，使劳动能力、自理能力丧失或减弱，在这方面要求赔偿的纠纷较多，在损伤鉴定时应较好地掌握尺度，做到轻重适当。

三、颅脑损伤

人体头部受到外来暴力打击。形成颅骨骨折的同时，往往并发颅脑损伤。由于大脑是人体的神经中枢，所以颅脑损伤对生命和人体正常活动的威胁远远超过其他部位的损伤。因此在交通事故中因颅脑损伤造成人员死亡、重伤以至残疾的比例较大。脑组织的结构比较复杂，当头部受到突然外力物质的冲击时，脑组织也会受到振动引起损伤。由于冲撞，磕撞头颅的外力的大小、速度和方向不同，所形成的颅脑损伤的程度不尽一样。通常交通事故中的颅脑损伤有以下几种。

1. 脑震荡

头部受到面积较大的暴力作用后，立即出现脑功能障碍叫脑震荡。表现为短暂的意识丧失，逆行性遗忘，恶心、呕吐、头痛、头昏等症状。

2. 脑干损伤

脑干包括中脑、脑桥、延髓等部分，位于颅底的骨面上，由于颅底骨面不平，脑干损伤在交通事故中多见，常伴有颅底骨折，死亡率高。

3. 脑挫伤

脑挫伤是指暴力作用头部时，在力的直接作用部位或对称部位，由于脑组织与颅骨内壁发生碰撞而引起脑组织出血或挫伤，称为脑挫伤。在暴力直接作用部位的脑挫伤叫冲击伤，在对称部位出现的脑挫伤叫对冲伤。脑挫伤多发生于颞前位、额前部、脑底部等处，严重时可发生脑病而死亡。交通事故中，具有脑挫伤的伤者一般在伤后立即出现意识障碍，持续时间长，产生深度昏迷，有时伴有颅骨骨折和颅内出血。

4. 颅内出血与血肿

颅内出血或血肿聚积在颅腔内，占据腔内的空间，会造成急性颅内压增高，进而发展为脑疝。据不完全统计，这类损伤在交通事故中占闭合性颅脑损伤的 10%~30%。根据血肿在颅内的位置不同，又可分为硬脑膜外血肿、硬脑膜下血肿、蛛网膜下腔出血和脑内血肿四种。

1）硬脑膜外出血与血肿。在硬脑膜与颅骨之间积聚血液，造成对脑组织的压迫叫硬脑膜外出血或血肿，硬脑膜外出血者，会出现昏迷——清醒——再昏迷，并伴有呕吐和意识障碍逐步加深等症状。

2）硬脑膜下出血与血肿。急性硬脑膜下血肿是严重颅脑闭合性损伤的常见并发症。它是脑表面的静脉血管破裂，血液积聚在蛛网膜与硬脑膜之间形成的血肿。这种血肿比硬脑膜外血肿发展慢，伤者常常是神志清醒，只是稍感头部不适，但数小时后甚至数日后出现头痛、呕吐、昏迷甚至死亡。

3）蛛网膜下腔出血。血液积聚在蛛网膜与软脑膜之间的脑出血。一般范围较广，颅内压高，形成血性脑脊液，其症状类似硬脑膜下出血。

4）脑内血肿。脑内血肿是由于脑组织内血管受损。血液积聚在脑组织之间，常常伴有脑挫伤，在交通事故中单纯的脑内血肿少见，常伴有其他颅脑损伤。

四、胸腹部损伤

人的胸腹部称为人体的躯干部分。胸腹部具有人体的重要脏器。胸部有心、肺、大血管、呼吸、循环系统的重要脏器；腹部有肝、肾、脾、胃、肠等消化、泌尿系统的脏器。在交通事故中，胸腹部损伤以闭合性损伤多见，常见的损伤有气胸、血胸、血气胸、心肺损伤、肝破裂、脾破裂等。当损伤严重时可影响呼吸循环功能，造成呼吸衰竭或休克而危及生命。

需要说明的是，在道路交通事故造成的人体损伤中，伤者损伤的性质和程度，往往取决于车辆的类型、速度、损伤的方式以及伤者当时的位置、衣着等方面情况，一般说运动中的现代交通工具所致的损伤后果较为严重，而且为多部位的复合损伤，死亡率高。

第二节　医疗终结时间

医疗终结时间是指人身受损伤后治疗及休息时间的期限。人体组织受损伤后，其修复与愈合的时间有一定的规律，比如创口一般在清创缝合后7天即可愈合、拆线，软组织挫伤一般在2~3周即可痊愈，骨折经2~3月即可形成骨痂。上述几种损伤也可因感染、年龄、部位等因素而明显影响病程，这些规律就是判定医疗终结时间的基础。确定医疗终结时间就损伤而言，应该是受损伤的组织愈合、受伤者临床症状消失、临床体征消失或体征固定，以治疗角度来看已经没有特殊治疗意义。明确医疗终结时间可以为赔偿医疗费、住院伙食补助费、护理费等提供科学依据。

各种交通事故中，由于受损组织器官较多，虽然各自损伤的严重程度不一，但相互之间仍有许多影响。有的损伤可直接影响到另一损伤的恢复，同时也影响到本身的恢复，这样也就延长了受损组织器官修复和功能恢复时间。各种损伤造成的组织器官破坏及功能障碍的修复和恢复过程是一种极其复杂的过程，既有一定的规律，也有其个体特殊性。损伤修复过程不仅与受损伤的严重程度有密切关系，而且与受伤者的年龄、体质、性别、职业、气温、环境、地理区域的差别、医疗条件及诊疗水平的高低、本身原有的疾病、饮食结构及生活习惯均有关系。对人体损伤修复及功能恢复有影响的常见因素有以下几种：

1）年龄体质因素：同一程度的组织损伤，年青体壮的人损伤恢复得快，而年老体弱的人恢复得慢。

2）职业因素：长时期从事体力劳动的人较从事脑力劳动的人损伤恢复得快。

3）感染因素：相同类型的损伤，如合并或继发感染，会使原损伤的修复期延长。反复多次感染有时会导致器官功能的严重障碍。

4）异物因素：损伤处有异物存留直接影响组织的修复，使修复期延长。

5）组织低灌流因素：全身及局部组织的供血不足可使修复期延长，部分局部长时间缺血或低灌流可使受波及的组织坏死而致严重功能障碍。

6）医疗因素：医疗条件好，能积极得到治疗和护理并且处理得当的受损组织修复较快。反之，修复慢且易产生并发症。

7）营养因素：伤者以往的营养程度及伤者的营养水平较好的人较高度营养不良的人其损伤恢复较快。

8）疾病因素：患有严重慢性消耗性疾病（如糖尿病、肝硬化、肺结核、尿毒症、血液病、癌症、肠道慢性疾病等）的人损伤修复较慢，有时造成损伤长期不愈。

9）温度因素：在常温下组织修复较快，而在过低或过高温度环境中损伤的修复变慢。

10）环境精神因素：环境洁净宽松，精神开朗愉快的人损伤恢复得快。反之恢复较慢。

> **提示**
>
> 　　由于受损组织的恢复程度及所需时间不尽相同，不同程度的损伤所需修复的时间也不尽相同，因此在确定不同损伤所需医疗时间时，应根据不同损伤的转归进行全面综合分析。对于同一个体全身不同组织器官遭受不同程度的损伤，在确定其医疗终结时间时以最严重的损伤所需最长医疗终结时间为主，不能将不同损伤所需的医疗终结时间进行累加后计算。
>
> 　　临床诊疗应达到临床医学一般原则所承认的治愈（即临床症状和体征消失）或体征固定。具体时限可参照中华人民共和国公共安全行业标准《道路交通事故受伤人员治疗终结时间》（GA/T 1088—2013），必要时申请司法鉴定。

一、常见损伤并发症的医疗终结时间

1. 头面部损伤

1）颅骨骨折伴有明显神经系统体征，经治疗短时间无明显改善，遗留有单瘫、偏瘫、植物状态、精神障碍、痴呆、外伤性癫痫，医疗终结时间6~10个月。

2）颅底骨折伴有面神经、听神经、视神经损伤的，脑脊液漏长期不愈的医疗终结时间8~16个月，需手术的延长医疗终结时间。

3）开放性及闭合性颅脑损伤合并脑脓肿或化脓性脑膜炎，医疗终结时间6~10个月。

4）颅脑损伤行去颅板减压术后存在颅骨缺损综合症的医疗终结时间8~12个月。

5）颅脑外伤致颅内积液需手术吸除或引流的医疗终结时间6~14个月。

6）眶骨骨折致眼球内陷手术矫正医疗终结时间6~8个月。

7）颅内损伤或眼球损伤致眼球活动障碍需手术治疗的医疗终结时间6~16个月。

8）眼外伤后合并感染医疗终结时间3~6个月。

9）上下颌骨骨折合并慢性骨髓炎医疗终结时间6~12个月。

10）面部软组织损伤合并感染延长医疗终结时间。

11）颞颌关节损伤合并张口明显受限需手术治疗终结时间延长。

12）上下颌骨折错位愈合明显影响咬合关系的医疗终结时间6~12个月。

13）鼻骨损伤颅脑损伤并发呼吸阻塞，嗅觉丧失医疗终结时间6~10个月。

14）颧骨弓骨折合并复视医疗终结时间6~10个月。

15）甲状腺损伤造成甲状腺功能障碍的医疗终结时间6~12个月。

2. 胸腹部损伤

1）胸部软组织损伤致疤痕挛缩致胸廓运动功能障碍的，需手术治疗的，医疗终结时间3~6个月。

2）胸部骨折形成连枷胸的医疗终结时间6~12个月。

3）胸、肋骨骨折形成胸廓畸形的医疗终结时间8~12个月。

4）胸肋骨骨折伴有慢性骨髓炎的医疗终结时间 8~12 个月。

5）胸部损伤合并脓胸、乳糜胸医疗终结时间 10~24 个月。

6）肺部损伤后致肺不张、肺脓肿、纵膈脓肿、肺纤维化等医疗终结时间 10~18 个月。

7）气管损伤合并气管胸膜瘘、支气管扩张、气管狭窄医疗终结时间 6~12 个月。

8）心包心脏损伤合并心包粘连、缩窄性心包炎、心肌异物存留医疗终结时间 10~24 个月，伴有严重传导阻滞的医疗终结时间 1~2 年。

9）食管损伤合并进食困难、食管瘘、纵膈脓肿、胸腔脓肿医疗终结时间 6~12 个月。

10）胸部挤压致颅内出血伴有神经系统体征的医疗终结时间 4~12 个月。

11）乳腺损伤合并感染需手术治疗的医疗终结时间 2~6 个月。

12）膈肌损伤合并有膈疝需手术治疗的医疗终结时间 6~12 个月。

13）胃肠道损伤合并肠瘘医疗终结时间 6~12 个月。

14）胃肠道破裂后产生明显肠梗阻及肠粘连症状的医疗终结时间 8~12 个月。

15）胃肠道损伤切除伴发严重消化不良的医疗终结时间 10~18 个月。

16）肝脏损伤合并肝脓肿、肝硬化、肝功能严重障碍、胆汁性肝炎的医疗终结时间 10~20 个月。

17）胆管损伤后狭窄出现梗阻性黄疸反复发作医疗终结时间 10~18 个月。

18）胰腺损伤后伴发明显消化功能障碍的医疗终结时间 12 个月。

19）肾脏损伤后造成肾功能障碍的医疗终结时间 6~12 个月。

20）肾脏损伤并发肾性高血压的医疗终结时间 6~16 个月。

21）肾损伤并发肾衰竭医疗终结时间 6~12 个月。

22）肾损伤后伴发肾周脓肿和脓肾医疗终结时间 8~12 个月。

23）肾损伤后并发肾积水、肾萎缩、肾实质囊变性、尿外渗、肾机化医疗终结时间 6~14 个月。

24）肾上腺损伤造成内分泌功能障碍的医疗终结时间 8~14 个月。

25）腹腔内积血机化引起粘连医疗终结时间 6~12 个月。

26）肠损伤后合并低位消化道瘘医疗终结时间 8~14 个月。

27）输尿管损伤后并发尿外渗、尿瘘、肾盂积水、肾萎缩医疗终结时间见相应条款。

28）输尿管伴发顽固性感染医疗终结时间 8~16 个月。

29）膀胱损伤后伴有感染医疗终结时间 6~12 个月。

30）膀胱损伤后并发膀胱阴道瘘、膀胱肠瘘、膀胱体表瘘医疗终结时间 8~16 个月。

31）膀胱损伤并发严重排尿困难需手术治疗医疗终结时间 6~12 个月。膀胱损伤后伴尿潴留的医疗终结时间 6~12 个月。

32）膀胱损伤致尿失禁医疗终结时间 6~10 个月。

33）卵巢严重挫伤造成分泌激素障碍医疗终结时间 6~12 个月。

34）输卵管损伤后致输卵管狭窄或不需手术治疗的医疗终结时间 6~12 个月。

35）阴道损伤致阴道狭窄或闭锁医疗终结时间 5~10 个月。

36）子宫损伤致子宫内膜炎及内膜萎缩医疗终结时间 6~12 个月。

3. 脊柱损伤

1）颈椎损伤致双上肢功能障碍及颈部强直医疗终结时间 6~12 个月。

2）颈髓损伤致高位截瘫医疗终结时间 1~2 年。

3）胸腰部脊髓损伤致双下肢永久性完全丧失机能医疗终结时间 1~2 年。

4）骨盆骨折畸形愈合医疗终结时间6～12个月，女性影响受孕生产医疗终结时间8～16个月。

4. 四肢损伤

1）上肢骨骨折后畸形愈合，伴有骨折延迟愈合、骨不连、骨髓炎等医疗终结时间8～18个月。

2）上肢关节腔内积血，关节囊损伤及关节周韧带损伤伴发关节强直需手术矫形医疗终结时间6～12个月。

3）上肢大中血管损伤后出现肌肉挛缩、萎缩、关节僵硬医疗终结时间6～12个月。

4）上肢血管损伤致肢体坏死后截肢医疗终结时间见有关条文。

5）股骨颈骨折合并股骨头坏死、骨髓炎、骨折延迟愈合、严重畸形需手术矫正的医疗终结时间8～16个月。

6）髌骨骨折并发骨不连或坏死需手术治疗的医疗终结时间4～8个月。

7）下肢大中血管损伤致肌肉挛缩、关节僵硬医疗终结时间6～16个月。

8）下肢神经损伤致足下垂需手术行踝关切融合手术医疗终结时间8～16个月。

9）各种骨折畸形愈合影响关节功能需手术进行矫正治疗的均应延长医疗终结时间。

10）各种严重韧带损伤、关节囊损伤以及关节腔内出血后影响关节功能需手术改善关节功能的医疗终结时间均应延长。

5. 外阴肛门损伤

1）阴茎表面软组织损伤疤痕形成致功能障碍需手术矫正医疗终结时间5～8个月。

2）阴茎损伤后形成器质性阳痿医疗终结时间8～14个月。

3）睾丸损伤后引起睾丸萎缩而致分泌激素及生精能力下降医疗终结时间8～16个月。

4）阴茎损伤致排尿困难需手术治疗的医疗终结时间6～8个月。

5）女性外阴损伤致疤痕挛缩需手术治疗的医疗终结时间6～12个月。

提示

人体是由众多的组织器官系统组成的，当损伤受到冲击力作用后，不仅损伤的局部组织器官发生一系列的病理改变，与该损伤部位相关的系统也发生一系列的病理改变，有时是全身性的病理改变，有的原发损伤并不严重，而其所引发产生的并发症却十分严重。损伤后的并发症很多，除上述各系统损伤有其各自特点的损伤并发症外，各种损伤还会造成若干全身性的并发症，在各种损伤中经常遇到，现就此类并发症简单介绍如下。

1）破伤风：是由于破伤风杆菌进入伤口繁殖产生毒素引起全身或局部肌肉阵发性痉挛或抽搐的急性感染。治疗及时无后遗症，有的伤者在治疗后遗有脑、心、肺的功能障碍。破伤风医疗终结时间4～12个月。

2）气性坏疽：经治疗无任何后遗症，但有的病例经治疗留有心、肝、肾、四肢后遗症。

气性坏疽的医疗终结时间4～12个月。

3）创伤性休克：由于损伤造成大量失血使全身灌流量减少。经治疗无后遗症存在，偶有脑部较长时间缺氧后损伤存在。创伤性休克的医疗终结时间1～4周。

4）创伤后感染性败血症：治愈后不形成功能障碍，有的会遗留脑、心、肺等严重功能障碍。败血症的医疗终结时间4～6个月。

5）空气栓塞：由于体外的气体短时间进入血液循环系统而阻塞血管造成组织器官缺血而产生症状。治愈后不留后遗症，有的经治疗可留有脑、心、肺等重要器官功能障碍。空气栓塞的医疗终结时间 2~6 个月。

6）脂肪栓塞：损伤后局部脂肪进入血管，形成脂肪滴阻塞血管而引起不同的症状。经治疗后可不留后遗症，有的经治疗后遗留有脑、心、肺等重要器官功能障碍。脂肪栓塞的医疗终结时间 2~6 个月。

7）挤压综合症：肌体大面积的软组织损伤后，引起肌肉缺血性坏死，出现肌红蛋白血症及肌红蛋白尿而引起急性肾衰竭。经治疗后可无后遗症，部分可留有四肢、肾脏等器官的功能障碍。挤压综合症的医疗终结时间 6~18 个月。

二、常见损伤的医疗终结时间

1. 头皮外伤

1）头皮擦伤医疗终结时间 2 周。

2）头皮血肿。

① 头皮下血肿，医疗终结时间 2 周。

② 帽状腱膜下血肿或骨膜下血肿，范围较小，经加压包扎即可吸收，医疗终结时间 1 个月。

③ 帽状腱膜下血肿或骨膜下血肿，范围较大，需穿刺抽血和加压包扎，医疗终结时间 2 个月。

3）头皮裂伤

① 轻度裂伤（帽状腱膜完整或帽状腱膜受损创长度小于 10cm），医疗终结时间 2 个月。

② 重度裂伤（帽状腱膜受损长度大于等于 10cm），医疗终结时间 3 个月。

2. 颅骨损伤

1）颅盖骨折。

① 闭合性线性骨折，医疗终结时间 3 个月。

② 粉碎性或开放性骨折，非手术治疗，医疗终结时间 4 个月。

③ 开放性、凹陷性或粉碎性骨折，经手术治疗，医疗终结时间 6 个月。

2）颅底骨折医疗终结时间 3 个月。

3）颅底骨折伴脑脊液漏，医疗终结时间 6 个月。

3. 脑损伤

1）脑震荡医疗终结时间 2 个月。

2）脑挫裂伤。

① 局限性挫裂伤，医疗终结时间 6 个月。

② 多发或广泛挫裂伤，医疗终结时间 8 个月。

3）原发性脑干损伤或弥漫性轴索损伤，医疗终结时间 12 个月。

4）颅内血肿（出血）

① 非手术治疗，医疗终结时间 4~6 个月。

② 手术治疗，医疗终结时间 8 个月。

5）开放性颅脑损伤医疗终结时间 8 个月。

4. 面部皮肤损伤

① 皮肤挫伤医疗终结时间为 2 周。

② 浅表创或创长度小于等于 5cm，医疗终结时间为 3 周。

③ 创长度大于等于 6cm，医疗终结时间为 1.5 个月。

④ 重度撕脱伤（大于 25cm），医疗终结时间为 3 个月。

5. 眼损伤

1）泪道损伤医疗终结时间6个月。

2）结膜损伤

① 出血或充血，医疗终结时间1个月。

② 后遗粘连伴眼球运动障碍，医疗终结时间6个月。

3）角膜损伤

① 角膜擦伤医疗终结时间为1个月。

② 角膜挫伤医疗终结时间为3个月。

③ 角膜裂伤医疗终结时间为4个月。

4）晶体损伤

① 晶体脱位医疗终结时间3个月。

② 外伤性白内障医疗终结时间为6个月。

5）视神经损伤，医疗终结时间6个月。

6）眼眶骨折

① 眼眶线性骨折医疗终结时间为3个月。

② 眼眶粉碎性骨折医疗终结时间6个月。

6. 耳损伤

1）耳廓损伤

① 耳廓创，无软骨损伤医疗终结时间为2~3周。

② 耳廓创并软骨损伤医疗终结时间为4~8周。

2）外伤性鼓膜穿孔

① 鼓膜穿孔自愈医疗终结时间为2~4周。

② 鼓膜穿孔经手术修补，医疗终结时间为2~3个月。

7. 鼻骨骨折

① 鼻骨线性骨折医疗终结时间为2~4周。

② 鼻骨粉碎性骨折保守治疗或鼻骨线性骨折，经复位治疗后医疗终结时间4~6周。

8. 口腔损伤

1）舌损伤

① 舌裂伤(浅表)医疗终结时间为1个月。

② 舌裂伤(深在,广泛)医疗终结时间为2个月。

2）牙齿损伤

① 牙齿脱位或松动(不包括Ⅰ度)医疗终结时间为1~2个月。

② 牙齿断裂医疗终结时间为2个月。

③ 牙齿撕脱医疗终结时间为3个月。

9. 颌面部骨、关节损伤

1）齿槽骨骨折，医疗终结时间3个月。

2）颌骨骨折

① 单纯性骨折医疗终结时间为3个月。

② 粉碎性骨折医疗终结时间为6个月。

10. 颈部损伤

1）食管损伤

① 食管挫伤(血肿)医疗终结时间为2个月。

② 食管裂伤(非全层)医疗终结时间为3个月。

③ 食管穿孔伤医疗终结时间为6~8个月。

④ 食管断裂医疗终结时间为10~12个月。

2) 甲状腺损伤

① 甲状腺挫伤医疗终结时间为2个月。

② 甲状腺裂伤医疗终结时间为3个月。

11. 胸部损伤

1) 胸腔积血

① 小量(胸腔积血小于等于500mL)医疗终结时间为2个月。

② 中量(胸腔积血大于500mL、小于等于1500mL)医疗终结时间为3个月。

③ 大量(胸腔积血大于1500mL)医疗终结时间为4个月。

2) 胸腔积气

① 小量(肺压缩1/3以下)医疗终结时间为2个月。

② 中量(肺压缩2/3以下)医疗终结时间为3个月。

③ 大量(肺压缩2/3以上)医疗终结时间为4个月。

3) 肺损伤

① 单侧肺挫伤医疗终结时间为1.5个月。

② 双侧肺挫伤医疗终结时间为2个月。

③ 肺裂伤医疗终结时间2个月。

④ 肺裂伤伴胸腔积血或胸腔积气医疗终结时间为4个月。

⑤ 肺裂伤伴纵膈气肿或纵膈血肿医疗终结时间6个月。

4) 肋骨骨折

① 单根肋骨骨折医疗终结时间为3个月。

② 一侧多于3根肋骨骨折,另一侧少于3根肋骨骨折医疗终结时间为4个月。

③ 双侧均多于3根肋骨骨折医疗终结时间为6个月。

④ 多发性肋骨骨折(连枷胸)医疗终结时间为8个月。

5) 胸骨骨折医疗终结时间3个月。

12. 腹部和盆部损伤

1) 腹壁穿透伤

① 腹壁轻度穿透伤,浅表;深入腹腔;但未累及深部结构医疗终结时间为2个月。

② 腹壁严重穿透伤,伴组织缺损大于100cm² 深入腹腔医疗终结时间为6个月。

2) 胃损伤

① 胃挫伤(血肿)医疗终结时间为2个月。

② 胃非全层裂伤医疗终结时间为3个月。

③ 胃全层裂伤(穿孔)医疗终结时间为4个月。

④ 胃广泛性损伤伴组织缺损医疗终结时间为6个月。

3) 十二指肠损伤

① 十二指肠挫伤(血肿)医疗终结时间为2个月。

② 十二指肠非全层裂伤医疗终结时间为3个月。

③ 十二指肠全层裂伤医疗终结时间为5个月。

④ 十二指肠广泛撕脱伤伴组织缺损医疗终结时间为 10 个月。

4）空-回肠（小肠）

① 挫伤（血肿）医疗终结时间为 2 个月。

② 非全层裂伤医疗终结时间为 3 个月。

③ 全层裂伤但未完全横断医疗终结时间为 4 个月。

④ 广泛撕脱或组织缺损或横断医疗终结时间为 6 个月。

5）结肠损伤

① 结肠挫伤（血肿）医疗终结时间为 2 个月。

② 结肠非全层裂伤医疗终结时间为 3 个月。

③ 结肠全层裂伤医疗终结时间为 6 个月。

④ 结肠广泛撕脱伤伴组织缺损医疗终结时间为 10 个月。

6）直肠损伤

① 挫伤（血肿）医疗终结时间为 2 个月。

② 直肠非全层裂伤医疗终结时间为 3 个月。

③ 直肠全层裂伤医疗终结时间为 6 个月。

④ 直肠广泛撕脱伤伴组织缺损医疗终结时间为 10 个月。

7）肛门损伤

① 肛门挫伤（血肿）医疗终结时间为 2 个月。

② 肛门非全层裂伤医疗终结时间为 3 个月。

③ 肛门全层裂伤医疗终结时间为 6 个月。

④ 肛门广泛撕脱伤伴组织缺损医疗终结时间为 10 个月。

8）肠系膜损伤

① 肠系膜挫伤（血肿）医疗终结时间为 2 个月。

② 肠系膜破裂伤，经手术治疗医疗终结时间为 4 个月。

9）肝脏损伤

① 肝脏挫裂伤，保守治疗医疗终结时间为 3 个月。

② 肝脏损伤，修补术医疗终结时间为 4 个月。

③ 肝脏损伤，肝叶切除医疗终结时间为 6 个月。

10）脾脏损伤

① 脾脏挫裂伤，保守治疗医疗终结时间为 2 个月。

② 脾脏损伤，修补术医疗终结时间为 3 个月。

③ 脾破裂，脾切除医疗终结时间为 4 个月。

11）肾脏损伤

① 肾脏轻度挫伤，包括包膜下血肿、浅表、实质无裂伤，保守治疗，医疗终结时间为 1.5 个月。

② 肾脏重度挫伤，包括包膜下血肿；面积大于 50% 或呈扩展性，医疗终结时间为 3 个月。

③ 肾脏轻度裂伤，肾皮质深度小于等于 1cm；无尿外渗，医疗终结时间为 3 个月。

④ 肾脏中度裂伤，肾皮质深度大于 1cm；无尿外渗，医疗终结时间为 6 个月。

⑤ 肾脏重度裂伤累及肾实质和主要血管，尿外渗，经手术治疗后，医疗终结时间 8 个月。

12）膀胱损伤

① 膀胱挫伤（血肿）医疗终结时间为 2 个月。

② 膀胱非全层裂伤，行修补手术，医疗终结时间4个月。

③ 膀胱全层裂伤、手术治疗，医疗终结时间为6个月。

④ 膀胱广泛损伤伴组织缺损、手术治疗，医疗终结时间为10个月。

13）子宫损伤

① 子宫挫伤（血肿）医疗终结时间为2个月。

② 子宫轻度裂伤小于等于1cm；浅表，行修补术，医疗终结时间为2个月。

③ 子宫重度裂伤大于1cm；深在，行修补术，医疗终结时间为3个月。

④ 子宫广泛破裂伤、行切除术，医疗终结时间为4个月。

14）卵巢损伤

① 卵巢挫伤（血肿）医疗终结时间为1个月。

② 卵巢轻度裂伤，浅表；小于等于0.5cm，医疗终结时间为2个月。

③ 卵巢重度裂伤，深在；大于0.5cm，或广泛损伤，行卵巢切除术，医疗终结时间为3个月。

15）会阴部损伤

① 会阴挫伤（血肿）医疗终结时间为1月。

② 会阴裂伤医疗终结时间为2个月。

③ 会阴撕脱伤，广泛破裂伤（Ⅲ度以上裂伤），医疗终结时间为6个月。

16）骨盆骨折

① 骨盆耻骨坐骨枝骨折医疗终结时间为3个月。

② 骨盆后关环骨折医疗终结时间为6个月。

③ 骨盆骨折伴骶髂关节脱位医疗终结时间为9个月。

13. 脊椎损伤

1）环、枢椎骨折、脱位

① 环、枢椎骨折医疗终结时间为6个月。

② 环、枢椎脱位医疗终结时间为4~6个月。

2）颈椎骨折、脱位

① 颈椎骨折或脱位医疗终结时间为4个月。

② 颈椎骨折伴脱位医疗终结时间为6个月。

③ 颈椎骨折或脱位合并肢体瘫痪，医疗终结时间为12个月。

3）腰椎棘突骨折医疗终结时间3个月。

4）腰椎横突骨折医疗终结时间3个月。

5）胸、腰椎骨折

① 椎体轻度压缩（前侧压缩小于等于1/3）医疗终结时间为3个月。

② 椎体重度压缩（压缩大于1/3）医疗终结时间为6个月。

③ 椎体粉碎性骨折医疗终结时间为6个月。

14. 上肢骨折

1）肩胛骨骨折

① 肩胛骨闭合性骨折医疗终结时间为3个月。

② 肩胛骨开放性骨折医疗终结时间为4~6个月。

2）锁骨骨折

① 锁骨闭合性骨折医疗终结时间为3个月。

② 锁骨开放性骨折医疗终结时间为 4 个月。

3) 肱骨骨折

① 肱骨闭合性骨折医疗终结时间为 3 个月。

② 肱骨开放性骨折医疗终结时间为 4~6 个月。

③ 肱骨下 1/3 开放性骨折医疗终结时间为 6 个月。

4) 尺骨骨折

① 尺骨闭合性骨折医疗终结时间为 3 个月。

② 尺骨开放性骨折医疗终结时间为 4 个月。

5) 桡骨骨折

① 桡骨闭合性骨折医疗终结时间为 3 个月。

② 桡骨开放性骨折医疗终结时间为 4 个月。

6) 尺、桡骨双骨折

① 尺、桡骨闭合性骨折医疗终结时间为 6 个月。

② 尺、桡骨开放性骨折医疗终结时间为 6~8 个月。

7) 腕骨骨折

① 腕骨骨折医疗终结时间为 6 个月。

② 手舟状骨骨折医疗终结时间为 8 个月。

③ 舟状骨骨折伴月骨周围脱位医疗终结时间为 10 个月。

8) 掌骨骨折医疗终结时间 4 个月。

9) 手指骨折医疗终结时间 3 个月。

15. 下肢损伤

1) 坐骨神经损伤

① 坐骨神经挫伤医疗终结时间为 8 个月。

② 坐骨神经部分损伤医疗终结时间为 10 个月。

③ 坐骨神经完全性损伤医疗终结时间为 12 个月。

2) 胫神经损伤

① 胫神经挫伤医疗终结时间为 6 个月。

② 胫神经部分断裂伤医疗终结时间为 9 个月。

③ 胫神经完全断裂伤医疗终结时间为 12 个月。

3) 腓总神经损伤

① 腓总神经挫伤医疗终结时间为 6 个月。

② 腓总神经部分损伤医疗终结时间为 10 个月。

③ 腓总神经撕脱伤或完全断裂伤医疗终结时间为 12 个月。

4) 股血管、腘血管损伤

① 股血管、腘血管内膜撕裂(未破裂)医疗终结时间为 2 个月。

② 股血管、腘血管破裂医疗终结时间为 4 个月。

5) 肌腱及韧带损伤

① 髌韧带裂伤(破裂、撕裂、撕脱)医疗终结时间为 3 个月。

② 髌韧带完全横断医疗终结时间为 6 个月。

6) 膝关节侧副韧带损伤医疗终结时间 3 个月。

7) 跟腱损伤

① 跟腱不完全性裂伤(破裂、撕脱、撕裂)医疗终结时间为3个月。

② 跟腱完全性裂伤(破裂、撕脱、撕裂)医疗终结时间为6个月。

8) 膝关节半月板损伤

① 非手术治疗医疗终结时间为2个月。

② 半月板修补缝合医疗终结时间为3个月。

③ 关节镜修整医疗终结时间为3个月。

9) 髋关节损伤

① 髋关节软组织钝挫伤医疗终结时间为2个月。

② 髋关节挱伤医疗终结时间为2个月。

③ 单纯髋关节脱位(关节软骨未受累)医疗终结时间为3个月。

④ 髋关节骨折伴脱位医疗终结时间为8~12个月。

⑤ 髋关节开放性脱位医疗终结时间为8~12个月。

10) 踝关节损伤

① 踝部软组织钝挫伤医疗终结时间为2个月。

② 踝关节挱伤医疗终结时间为3个月。

③ 踝关节骨折/伴脱位医疗终结时间为8个月。

④ 踝关节开放性脱位医疗终结时间为6个月。

16. 下肢骨折

1) 股骨骨折医疗终结时间6~8个月。

2) 股骨转子间骨折

① 稳定型手术医疗终结时间为6个月。

② 不稳定型手术治疗医疗终结时间为6~9个月。

3) 股骨颈骨折

① 骨折内固定医疗终结时间为9~12个月。

② 人工股骨头或全髋置换医疗终结时间为6~9个月。

4) 胫骨骨折

① 胫骨平台闭合性骨折医疗终结时间为6个月。

② 胫骨平台开放性骨折医疗终结时间为8~10个月。

③ 胫骨髁间嵴骨折医疗终结时间为6个月。

④ 单纯性内髁骨折医疗终结时间为4个月。

⑤ 单纯性后髁骨折医疗终结时间为3个月。

5) 髌骨骨折医疗终结时间3~4个月。

6) 腓骨骨折医疗终结时间3个月。

7) 踝部多发性骨折

① 双踝或三踝骨折医疗终结时间为6个月。

② 开放性双踝或三踝骨折医疗终结时间为6个月。

8) 跟骨骨折医疗终结时间3个月。

9) 跖骨或跗骨骨折医疗终结时间3个月。

10) 足趾骨折医疗终结时间3个月。

17. 烧伤和腐蚀伤

1) 烧伤,以实际治愈或稳定时间为准。

2）腐蚀伤，以实际治愈或稳定时间为准。

第三节　最佳医疗鉴定时间

对因各种交通事故造成的损伤程度及伤残程度的评定与我国颁布的刑法、民法通则和治安管理处罚法中所规定的性质有所不同。前者因交通事故的发生一般均为意外，非主观上有意去伤害他人，因此对受害者的损伤进行法医学损伤程度及伤残程度鉴定的主要目的是补偿受害者在事故中所受损伤及由此产生的组织器官功能障碍给受害者今后生活及工作带来困难和不便的经济损失。组织器官功能障碍轻重程度评定结果直接影响到受伤者的经济利益和造成伤害当事人的赔偿数额。在《人体损伤致残程度分级》中有充分的说明，鉴定原则应依据人体伤后治疗效果，结合受伤当时的伤情认真分析残疾与事故、损伤之间的关系，实事求是地评定。

由于交通事故损伤极为复杂，个体差异的存在，各受损组织器官功能恢复所需时间也不尽相同，因此在选择伤残鉴定最佳时期时不能一概而论，必须根据不同损伤的各自特点进行深入分析，然后进行评定。值得牢记的是：对于不同部位、不同性质及不同程度的损伤在选择最佳鉴定时间时应以损伤较重、最难以恢复、最易形成功能障碍的损伤部位进行鉴定，不能避重就轻而使伤残程度减轻。

各种交通事故损伤大多为复合性损伤，损伤的部位较为广泛，损伤的程度各不相同，各种损伤在不同时期有其不同的转归，因此在不同时期进行鉴定可以产生不同的结果，由于鉴定时间不同而产生的分歧在实际处理交通事故中经常发生，为了能较为客观而准确地对损伤有一个认定，以使出具的法医鉴定能正确反应损伤程度、组织器官功能丧失程度，掌握和确定最合理的鉴定时间是能否对损伤程度及其所造成的组织器官功能障碍进行合理认定的基础。

下面列举部分常见损伤的最佳鉴定时期。

1. 软组织损伤

一般软组织损伤是指外来暴力作用于人体后，人体受损组织仅限于体表或较为浅表的皮下组织。损伤后多表现为表皮剥落、皮下出血、软组织挫伤、浅表的裂创和挫裂创及韧带关节囊的非撕裂性损伤。此类损伤有时虽然分布较广泛，但一般均较局限，不引起腔内器官的破裂及积血。临床表现为生命体征平稳，无重要器官的功能障碍，经一般的对症治疗后短时间内可以恢复，愈后良好。此类损伤，在损伤后即可进行鉴定，也可在医院观察一段时间后，在无并发症产生的情况下进行鉴定。对于大面积软组织损伤，应在明确其损伤不会造成严重的并发症（如挤压综合症）的情况下进行损伤程度鉴定。对于面部等特殊部位的软组织损伤，有可能产生疤痕及色素沉着而影响面貌的损伤，应在软组织损伤愈合后，确认在正常情况下不可能出现影响面容的疤痕及色素沉着的同时进行鉴定。不能借观察愈后效果为由拖延鉴定。有可能出现影响面容的色素沉着及细小片状疤痕，鉴定应在3~5个月进行。

2. 颅脑损伤

1）头皮撕脱、头皮软组织撕裂、头皮严重挫伤致使头皮供血不足坏死或无毛发，无颅内损伤及颅骨骨折，主要以治疗原损伤为主，鉴定时间在2~4周内进行。

2）头部损伤造成软组织挫伤，确证有原发昏迷史，脑震荡诊断成立，根据损伤的轻重程度确定鉴定时间，一般在损伤后至2周内进行。

3）颅盖骨单纯线性骨折和颅盖骨凹陷性骨折不伴有脑实质及血管损伤，无需手术治疗则鉴定在确定上述损伤后即可鉴定。开放性颅骨骨折，2~4周确定。

4）单纯颅底骨折不伴有相应的并发症，在损伤明确诊断后即可进行鉴定。

颅前凹骨折伴有嗅神经损伤、脑脊液鼻漏及球后出血造成嗅觉丧失及眼球运动障碍鉴定时间应在治疗好转病情相对稳定情况下进行，一般为2~4个月。

颅中凹骨折伴有颞叶损伤症状及视神经受损萎缩而致视力下降，鉴定应在损伤后4~6个月进行。

颅后凹骨折伴有小脑、脑干及其他颅神经损伤而致相应功能障碍的，经治疗短时间能治愈的在病情稳定的基础上鉴定，如损伤较严重，目前临床上仍无有效治疗方法的损伤，在损伤后即进行或损伤后2~3个月进行鉴定。

5) 颅内出血及脑实质损伤。硬膜外及硬膜下出血量少不需手术清除的颅骨骨折的鉴定应在1~2个月进行。出血量大需手术清除的鉴定时间为2~3个月。

脑实质出血及挫伤、挫裂伤但无神经系统阳性体征及症状1~2个月进行鉴定。有轻微的神经系统体征但无肢体功能明显障碍，1~3个月进行鉴定。

颅内出血伴有明显神经系统阳性体征及症状经治疗后能短时间恢复的损伤，应在症状消失稳定情况下进行鉴定。

颅脑损伤致伤者呈植物状态持续1个月以上则可鉴定伤者为植物人。

颅脑损伤致伤者智力低下的，鉴定时间为3~6个月。

颅脑损伤致伤者出现器质性精神障碍，鉴定时间为4~6个月。

颅脑损伤致伤者出现癔症性精神失常，鉴定时间为3~4个月。

颅脑损伤造成伤者产生单瘫、偏瘫不能恢复的，其鉴定最佳时间是症状稳定存在，无明显好转及恶化，一般为4~6个月。

颅脑损伤合并颅内感染或脑脊液漏久治不愈的鉴定时间一般不宜超过6个月。

颅脑损伤造成伤者出现失读症、失语症、失用症、失写症、脑外伤后尿崩症、共济失调等较为特殊的情况应在病情稳定的情况下进行鉴定。

3. 面部损伤

1) 面部软组织挫裂伤、皮肤片状缺失及较严重、较广泛的表皮擦伤，损伤愈合后出现明显影响面容的疤痕及色素沉着，因部分疤痕及色素沉着在经过一段时间可软化吸收而不明显或减轻影响面容的程度，鉴定时间应为3~5个月。

2) 面部损伤及颅脑损伤致面神经功能障碍造成肌肉瘫痪、眼睑不能闭合等，引起面容损毁和语言功能及进食功能障碍，鉴定时间应为4~6个月。

4. 鼻部损伤

外鼻因损伤而缺失，在损伤后即可进行鉴定。而由于鼻骨骨折塌陷、畸形引起的面容丑陋，其鉴定时间为2~3个月。

5. 颌面骨及口腔损伤

1) 单纯外伤性牙齿缺失、折断，损伤后即可进行鉴定。

2) 单纯性下颌骨骨折无移位，鉴定时间为1~2个月。

3) 颌骨骨折伴有明显移位致咬合关系错位，影响咀嚼功能，3~5个月进行鉴定。

4) 颧骨骨折伴有错位致使张口受限、面容不对称变形的，3~5个月进行鉴定。

5) 颞颌关节损伤(无骨质损伤)致张口受限，2~4个月鉴定。

6) 口唇损伤、舌系带断裂、舌体部分缺失，影响进食及语言功能，3个月后进行鉴定。

6. 视觉器官损伤

1) 眼球因外伤性破裂手术摘除，在术后即可进行伤残鉴定。外伤性白内障、玻璃体混浊等眼部损伤引起的视力下降，对其鉴定时间为3~5个月。视网膜震荡引起的视力下降大多为短时间的，损伤后确诊即可鉴定。

2）由于眼睑部分缺失而致眼睑闭合功能不全，鉴定时间为 1 个月之内，因局部软组织疤痕收缩致眼睑闭合功能障碍的鉴定时间为 3~5 个月。外伤造成眼轮匝肌提上睑肌的损伤、眼睑组织疤痕及运动支配神经的损伤引起的眼睑下垂。鉴定时间在伤后 2~5 个月。

3）对于颅脑损伤或眼部损伤造成视神经萎缩而致伤者视力下降或视野缺损，由于视神经萎缩的程度大多数情况下为渐进性引发，因此过早鉴定不能正确反映视力情况，鉴定时间应在损伤后 6~8 个月为宜。

4）外伤性视野缺损、狭窄、偏盲及复视、斜视由于伴有眼底及眼球运动肌肉和颅脑神经损伤，在损伤较轻微时，经一定时间的治疗后有可能得到恢复，鉴定时间在损伤后 3~5 个月。

7. 听觉器官损伤

1）耳廓缺失性损伤在伤后即可进行鉴定。

2）外伤性鼓膜穿孔致听力下降，属于传导性耳聋，大部分随着破裂鼓膜的修复而恢复正常，小的穿孔在数周内就可以修复，大的穿孔后无法自行修复而产生较明显的听力下降。此类损伤在伤后 3~8 周进行鉴定。

3）内耳迷路震荡引起伤者听力下降、耳鸣、眩晕症状为功能性的，一般经过一段时间治疗就可以恢复，此种损伤在伤后 1~3 个月进行鉴定。

4）头部震荡及颅骨骨折可引起迷路窗破裂、前庭膜和螺旋器等内耳器官损伤，损伤不易恢复，大多伴有明显的听力下降。此类损伤的鉴定在伤后 3~6 个月进行。

5）内耳损伤引起的眩晕及平衡功能障碍，鉴定时间为伤后 3~5 个月。

8. 颈部损伤

1）颈部一般软组织损伤未造成深部组织损伤可在损伤后即进行鉴定。也可在治疗一段时间结合愈后进行鉴定，一般不超过一个月。

2）颈部损伤合并局部或全身感染的，局部有脓肿形成，伴有纵膈炎或疤痕形成，应在治疗结束后视其后遗症情况做出鉴定。

3）颈部损伤后造成咽或食管狭窄有梗阻现象，影响进食或吞咽功能的应在彻底治疗后根据其功能障碍进行鉴定，鉴定在损伤后 4~6 个月进行。

4）颈部损伤造成甲状腺损伤而致甲状腺功能减退或甲状腺功能缺失，应根据其损伤造成影响机体代谢的程度进行鉴定，鉴定在损伤后 4~6 个月进行。

5）颈部损伤造成喉返神经、迷走神经等损伤致失音或严重声音嘶哑的，应在治疗后症状稳定的情况下进行鉴定，一般在损伤后 4~6 个月进行。

9. 胸部损伤

1）因交通事故致闭合性血胸及气胸在损伤诊断明确后即可鉴定。如有其他伴发症同时存在，则视具体情况在病情稳定时进行鉴定。

2）胸部较轻微的软组织损伤可在损伤后即进行鉴定，伤后有明显的局部和全身感染趋势的可推迟鉴定，待治疗后视其影响胸部功能情况进行评定。

3）胸部损伤造成单纯肋骨线性骨折，无移位，无血气胸及其他伴发症，可在损伤后即鉴定，也可在 1 个月左右进行鉴定。多根多处肋骨骨折，伴有明显移位，经治疗骨折端对位仍无明显好转的，鉴定应在损伤后 2~4 个月进行，对有较严重并发症的可在治疗后症状稳定情况下进行鉴定。

4）肋骨骨折位有多量胸腔内积血的应在积血得到彻底控制对呼吸无明显影响的情况下进行鉴定。由于积血不能有效地吸收，造成积血机化而致胸廓运动障碍引起呼吸功能低下者；损伤后继发感染，形成脓胸、胸膜炎、弥漫性肺间质纤维化留有胸膜粘连肺不张等情况及肺不张、支气管胸膜瘘、食管胸膜瘘、创伤性乳糜胸等，应在伤者症状稳定不继续发展时及时进行鉴定，一般需半年左右。肋骨骨折后需手术治疗而致多根肋骨缺失者，应在损伤治疗后视其功能情况进行鉴定。

5）胸骨骨折不伴有胸内脏器损伤的伤后即可进行鉴定。胸骨多处粉碎性骨折，因其愈合后可能会出现严重的胸廓塌陷、连枷胸等影响呼吸功能，应在损伤后经治疗症状稳定时进行鉴定。胸骨损伤形成骨髓炎则在骨髓炎形成后4~6个月进行鉴定。

6）对于胸部损伤后造成心肌损伤、心包填塞、纵膈损伤、胸腔或胸腔内脏器异物存留，应在损伤后伤情彻底稳定，不再发展变化的情况下进行鉴定。

7）胸腔内大血管的损伤在明确诊断后即可进行鉴定。如需手术治疗的可在手术后症状稳定情况下进行鉴定。

8）对于外伤后致双乳或单侧乳房缺失，可在损伤后即进行鉴定，对于乳房不全缺失及较严重的损伤，视其损伤情况、萎缩情况及可能影响乳房功能的程度进行鉴定，一般在损伤后4~6个月进行鉴定。鉴定时不应因伤者的年龄较小尚无哺乳功能而减轻伤残程度。应视损伤的轻重程度，对今后可能出现的功能障碍进行全面的分析说明。

9）损伤造成食管断裂、食管破裂，经手术施行断端吻合或修补后，经2~4个月的观察治疗可进行鉴定，如有较严重的并发症如食管胸膜瘘及食管支气管瘘，则损伤鉴定需半年左右进行。

10）外伤致膈肌损伤经手术修补无明显并发症，胸腹腔内脏器无损伤的在手术后即可进行鉴定，也可在临床治愈后进行鉴定。

11）膈肌损伤后伴有胸腹腔内脏器损伤的，应视腔内脏器损伤情况按损伤最重的确定鉴定时间。

12）膈肌损伤经治疗后出现膈疝，需再次手术的，其鉴定时间应在二次手术后症状稳定时进行。

10. 腹部损伤

1）一般软组织损伤可在损伤后即行鉴定。

2）胃损伤后行胃手术修补的，损伤后1个月左右可进行鉴定。损伤后胃部分或全部切除影响消化功能的，在手术后2~4个月进行鉴定。胃损伤破裂致腹膜炎的，鉴定在损伤后3~6个月进行，胃破裂形成腹膜炎引起腹腔粘连影响肠蠕动功能的，在伤后6个月左右鉴定。如手术失败需第二次手术者，鉴定应在第二次手术后3个月进行鉴定。

3）肠破裂行手术修补的，在确定无明显功能障碍情况下可进行鉴定。肠损伤后坏死需手术切除者，在手术后2~4个月进行鉴定。如损伤严重，伴有明显肠粘连症状的，鉴定应在症状稳定时进行鉴定。需再次手术的应在再次手术后进行鉴定。肠破裂瘘管形成，手术治疗不能根除，反复发作的，鉴定在损伤后6~8个月进行。

4）肝脏损伤仅为肝挫伤无需手术治疗的，损伤后1个月进行鉴定。肝挫裂伤或肝包膜下血肿无需手术治疗的，损伤后2~3个月进行鉴定。肝破裂需手术修补及手术切除者，鉴定应在术后1~4个月进行。肝脏损伤合并肝脏肿，鉴定在损伤后4~6个月进行。肝脏损伤后形成肝硬化引起腹水及高压的，在损伤后确诊上述情况存在可进行鉴定。

5）胆囊、胆管损伤后无需手术，无明显后遗症存在，可在损伤后1~3个月进行鉴定。损伤后需手术治疗但无后遗症的，在手术后2~4个月进行鉴定。损伤后经手术治疗后遗有明显功能障碍的，鉴定应在功能障碍程度稳定情况下进行。

6）外伤致脾包膜下出血及脾挫裂伤，不需手术治疗的，损伤后1个月进行鉴定。外伤性脾破裂切除的，在手术后即可进行鉴定。其他如外伤性脾动脉结扎及外伤性脾动脉栓塞的在伤情稳定时进行鉴定。

7）胰损伤后经保守治疗症状稳定后进行鉴定。胰损伤后行手术部分或全部切除的，手术后1个月进行鉴定。

8）十二指肠损伤鉴定时间见肠损伤鉴定部分。

9）肾挫伤伴有少量包膜下出血，包膜完整的，损伤后1~2个月进行鉴定。肾部分裂伤、全层裂伤、肾盂破裂伤及肾蒂损伤在损伤后2~4个月进行鉴定。对于肾损伤后致肾积水、肾周围脓肿、肾脓肿、肾萎缩、肾机化等，鉴定应在上述症状稳定，无进一步恶化时进行，一般在出现症状后1~3个月进行鉴定。一侧或双侧肾切除，可在手术后无其他并发症情况下进行鉴定。

10）外伤致输尿管损伤经手术治疗后无明显后遗症的，在损伤后1~2个月进行鉴定。如经手术治疗后遗留有明显的并发症则在并发症出现，且情况稳定时进行鉴定。

11）一般性膀胱损伤在治疗一段时间后就可恢复，鉴定在损伤1个月后进行。膀胱损伤致部分切除的，可在手术后无瘘管形成情况下进行鉴定。膀胱损伤后致较严重排尿困难的，在明确症状不进一步发展情况下进行鉴定。膀胱损伤后产生各种瘘管，经治疗无明显好转的情况下进行鉴定。

12）卵巢损伤致切除的，在手术切除后即进行鉴定。

13）输卵管损伤在损伤确定后即可进行鉴定。

14）子宫损伤致子宫部分及全切，手术后即可进行鉴定。

11. 骨盆损伤

1）骨盆单纯性骨折，对位好，不影响骨盆的解剖结构，在伤后三个月即可鉴定。

2）粉碎性骨折、骨盆分离严重，伴有明显的错位，可能会影响分娩、肢体关节功能的，鉴定不宜过早，在6个月左右进行评定。

12. 脊柱、脊髓损伤

1）单纯颈椎、胸椎、腰椎及骶尾椎骨折，不伴有神经根压迫症状的损伤，在伤后1个月可进行鉴定。如合并骨髓炎等则鉴定相应推迟。

2）颈椎骨折、移位伴有神经根受压及颈髓损伤的，在伤后3~5个月进行鉴定。损伤严重如造成颈髓完全性离断，则伤后就可进行鉴定。部分离断影响肢体功能及呼吸功能的，在损伤治疗后4~6个月进行鉴定。

3）胸椎压缩性骨折伴有胸段外观畸形及神经根压迫的，应在治疗后3~5个月进行鉴定。伴有脊髓胸段受损或离断的，在损伤治疗后2~6个月进行鉴定。

4）腰椎损伤致使腰部活动功能明显受限的，在损伤后3~5个月进行鉴定。腰椎脊髓损伤在治疗后短期能恢复或症状明显好转的，应在症状稳定后进行鉴定。腰椎损伤致使脊髓离断或马尾产生不可逆损伤，可在损伤后或治疗无效果情况下进行鉴定。

5）骶骨骨折造成骨盆畸形愈合的，在损伤后3~6个月进行鉴定。

13. 四肢损伤

1）外伤致大关节脱位，经复位治疗关节复位，关节囊无严重撕脱伤，受损肢体无明显功能障碍，鉴定在治疗后即可进行。对于存在关节腔出血、关节韧带严重撕裂及关节囊严重损伤的，受损肢体存在不同程度的运动障碍，应在治疗及功能锻炼3~5个月进行鉴定。

2）肢体损伤造成肢体离断或缺失无严重感染，在损伤后即可进行鉴定。如损伤后有严重感染，可能引起或加重损伤的，应在有效控制感染，病情稳定时进行鉴定。

3）肢体骨折，对位对线好，骨折部位对关节无明显影响的，在损伤治疗后1~3个月进行鉴定。对于年老体弱骨痂生长不良或骨折延迟愈合的，鉴定在损伤后 3~5 个月进行。因并发骨髓炎而致骨折愈合不良甚至造成骨不连的，应在临床上积极治疗后，视其情况具体判定，鉴定时间一般不超过 10 个月。个别情况确属骨不连、假关节形成，经治疗无明显效果的，鉴定时间不超过 12 个月。

4）肢体骨折，伴有明显移位，经手法复位及手术固定仍对位不良，改变了受伤关节的解剖结构，致使受伤关节的活动功能受限或障碍的，应在进一步治疗及功能锻炼后，受伤关节功能无明显改善情况下进行鉴定。鉴定时间在 3~5 个月后。

5）肢体大血管的破损、断裂性损伤，在手术吻合成功后即可进行鉴定。损伤造成较大血管血栓影响肢体功能的，在 6 个月左右鉴定。

6）肢体主要神经损伤，在鉴定时应注意区别受损神经是挫伤还是断裂。因神经损伤的恢复较慢，不宜过早鉴定，一般在半年后进行。

14. 外阴肛门损伤

1）阴茎外伤性缺失一般在伤后即可进行鉴定。如伴有严重感染可推迟鉴定。睾丸严重挫伤及附睾严重损伤等在伤愈后经一段时间观察后做出鉴定。阴茎海绵体损伤及疤痕挛缩致使性功能障碍的，3~5 个月进行鉴定。

2）阴道撕裂后致使阴道狭窄，影响性功能及生产的，3 个月后进行鉴定。

3）肛门损伤后留有严重狭窄，或严重大便失禁的，在伤后 2~4 个月进行鉴定。

第四节　伤残程度、劳动能力丧失程度、护理依赖程度

一、道路伤残十级分类法的划分原则

伤残等级是赔偿伤残人员生活补助费的重要依据，道路交通事故伤残的受伤人员伤残等级评定根据《人体损伤致残程度分级》进行。

1980 年，WHO（世界卫生组织）制订并公布第 1 版《国际残损、残疾和残障分类》（International Classification of Impairment，Disability and Handicap，简称 ICIDH），它是一种对疾病所造成的健康结果进行分类的分类体系。1996 年，WHO 又根据当代世界各国卫生事业发展的状况制定了新的残疾分类体系《国际功能、残疾和健康分类》（International Classification of Functioning，disability and health，简称 ICF）。在 2001 年 5 月第 54 届世界卫生大会上，各成员国通过了将《国际损伤、残疾和障碍分类》（第 2 版）改名为《国际功能、残疾和健康分类》的决议，并鼓励各成员国考虑其具体情况，在研究、监测和报告中应用 ICF。ICF 已经正式由 WHO 颁布，在世界各地运用。

ICF 的理论模式是建立在一种残疾性的社会模式基础上，它从残疾人融入社会的角度出发，将残疾性作为一种社会性问题，残疾性不再仅仅是个人的特性，而且也是由社会环境形成的一种复合状态，如图 10-1 所示。ICF 为综合分析身体、心理、社会和环境因素提供了一个有效的系统性工具。它广泛应用于保健、保险、社会保障、就业、人权、科学研究、制订计划和政策、教育和训练以及经济和人类发展等各个领域。

我国对赔偿医学的研究还刚刚起步，通常把伤残看成形态障碍，对能力低下和

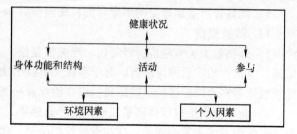

图 10-1　ICF 理论模式图

社会的不利后果考虑不足，这就是我国赔偿医学的现状。明确伤残等级可以为确定伤残者生活补助费提供科学依据。

《人体损伤致残程度分级》将道路交通事故中损伤所致受伤人组织器官功能障碍程度分成十个级别来进行评定，对受损组织器官引起功能障碍程度的划分是依据受伤人在受损伤后组织器官的功能障碍的程度导致受伤人在日常生活中是否需要其他人进行帮助、生命的维持质量、意识障碍的程度、各种活动的受限程度及受伤者今后的社交能力障碍程度等综合因素来进行分类和区别的。因此在伤残评定时，损伤后造成上述各种能力障碍程度大的则其致残程度也大，而损伤后造成上述各种能力影响较小则其致残程度也较小，不影响上述各种能力的损伤则不构成伤残。伤残划分依据：

1. 一级残疾的划分依据

1）组织器官缺失或者功能完全丧失，其他器官不能代偿。

2）存在特殊医疗依赖。

3）意识丧失。

4）日常生活完全不能自理。

5）社会交往完全丧失。

2. 二级残疾的划分依据

1）组织器官严重缺损或者畸形，有严重功能障碍，其他器官难以代偿。

2）存在特殊医疗依赖。

3）日常生活大部分不能自理。

4）各种活动严重受限，仅限于床上或者椅子上的活动。

5）社会交往基本丧失。

3. 三级残疾的划分依据

1）组织器官严重缺损或者畸形，有严重功能障碍。

2）存在特殊医疗依赖。

3）日常生活大部分或者部分不能自理。

4）各种活动严重受限，仅限于室内的活动。

5）社会交往极度困难。

4. 四级残疾的划分依据

1）组织器官严重缺损或者畸形，有重度功能障碍。

2）存在特殊医疗依赖或者一般医疗依赖。

3）日常生活能力严重受限，间或需要帮助。

4）各种活动严重受限，仅限于居住范围内的活动。

5）社会交往困难。

5. 五级残疾的划分依据

1）组织器官大部分缺损或者明显畸形，有中度（偏重）功能障碍。

2）存在一般医疗依赖。

3）日常生活能力部分受限，偶尔需要帮助。

4）各种活动中度受限，仅限于就近的活动。

5）社会交往严重受限。

6. 六级残疾的划分依据

1）组织器官大部分缺损或者明显畸形，有中度功能障碍。

2）存在一般医疗依赖。

3）日常生活能力部分受限，但能部分代偿，条件性需要帮助。

4）各种活动中度受限，活动能力降低。

5）社会交往贫乏或者狭窄。

7. 七级残疾的划分依据

1）组织器官大部分缺损或者明显畸形，有中度（偏轻）功能障碍。

2）存在一般医疗依赖，无护理依赖。

3）日常生活有关的活动能力极重度受限。

4）各种活动中度受限，短暂活动不受限，长时间活动受限。

5）社会交往能力降低。

8. 八级残疾的划分依据

1）组织器官部分缺损或者畸形，有轻度功能障碍，并造成明显影响。

2）存在一般医疗依赖，无护理依赖。

3）日常生活有关的活动能力重度受限。

4）各种活动轻度受限，远距离活动受限。

5）社会交往受约束。

9. 九级残疾的划分依据

1）组织器官部分缺损或者畸形，有轻度功能障碍，并造成较明显影响。

2）无医疗依赖或者存在一般医疗依赖，无护理依赖。

3）日常生活有关的活动能力中度受限。

4）工作与学习能力下降。

5）社会交往能力部分受限。

10. 十级残疾的划分依据

1）组织器官部分缺损或者畸形，有轻度功能障碍，并造成一定影响。

2）无医疗依赖或者存在一般医疗依赖，无护理依赖。

3）日常生活有关的活动能力轻度受限。

4）工作与学习能力受到一定影响。

5）社会交往能力轻度受限。

二、劳动能力丧失程度评定原则

《中华人民共和国宪法》中规定中国公民在年老、患病及丧失劳动力时有享受物质保证的权利。《中华人民共和国国家赔偿法》的精神宗旨，侵犯公民生命健康的，应按其劳动能力丧失的程度予以赔偿。因此，对伤者损伤后致劳动能力丧失程度的评定极为关键，因为损伤后劳动能力丧失程度评定结果不仅仅影响致受伤者的经济赔偿，而且也关系到国家财产是否受到损害。

劳动能力的丧失是指损伤或疾病所致原有劳动能力的下降或完全丧失。根据劳动能力丧失的时间可分为暂时劳动能力丧失和永久劳动能力丧失。暂时劳动能力丧失是指损伤或疾病致使机体功能障碍，经一段时间的治疗痊愈后其劳动力可以恢复；永久性劳动能力丧失是指损伤造成的劳动能力下降或丧失，经相当长的时间治疗仍不能恢复或仅能部分恢复。

2014年，国家发布《劳动能力鉴定　职工工伤与职业病致残等级》（GB/T 16180—2014），依据伤病者于医疗期满时的器官损伤、功能障碍及其对医疗与护理的依赖程度，适当考虑了由于伤残引起的社会心理因素影响，对伤残程度进行综合判定分级。标准共分10级，符合标准一级至四级的为全部丧失劳动能力，五级至六级的为大部分丧失劳动能力，七级至十级的为部分丧失劳动能力。

职工工伤与职业病致残等级分级原则

一级：器官缺失或功能完全丧失，其他器官不能代偿，存在特殊医疗依赖，生活完全或大部分不能自理。

二级：器官严重缺损或畸形，有严重功能障碍或并发症，存在特殊医疗依赖，或大部分或部分生活自理障碍。

三级：器官严重缺损或畸形，有严重功能障碍或并发症，存在特殊医疗依赖，或部分生活自理障碍。

四级：器官严重缺损或畸形，有严重功能障碍或并发症，存在特殊医疗依赖，或部分生活自理障碍或无生活自理障碍。

五级：器官大部缺损或明显畸形，有较重功能障碍或并发症，存在一般医疗依赖，无生活自理障碍。

六级：器官大部缺损或明显畸形，有中等功能障碍或并发症，存在一般医疗依赖，无生活自理障碍。

七级：器官大部分缺损或畸形，有轻度功能障碍或并发症，存在一般医疗依赖，无生活自理障碍。

八级：器官部分缺损，形态异常，轻度功能障碍，有医疗依赖，无生活自理障碍。

九级：器官部分缺损，形态异常，轻度功能障碍，无医疗依赖，无生活自理障碍。

十级：器官部分缺损，形态异常，无功能障碍，无医疗依赖，无生活自理障碍。

劳动能力是人工作能力的总和，通常可分为一般劳动能力（日常生活、家务劳动等）、职业劳动能力（指本人从事各种职业及工作等）、专长劳动能力（专门从事一定工作的能力）。因此，劳动能力是实际生活表现在各种结合中的很复杂的现象。如一位失去手指的一般工人，丧失了一般劳动力但保留着职业劳动能力，而且也保留有专长劳动能力。而同样的损伤对于一位乐器演奏家来说，不仅丧失了一般劳动能力，也同时丧失了专长劳动的能力，但保留有职业劳动能力。脑外伤后呈植物状态的伤者则全部三种劳动能力均告丧失。

在对损伤造成劳动能力丧失程度的评定中，作为评定者必须首先判明受检查者是否真正存在劳动能力丧失，这种劳动能力丧失是过渡性的还是永久性的，是何类型的劳动能力丧失，然后再进行劳动能力丧失程度评定。

劳动能力丧失程度是指在损伤后一定时间内受损组织器官功能障碍对受伤人的生活和工作所受影响程度进行的评定，这种影响是长时间的或者永久的，过渡性功能障碍则不在劳动能力丧失评定的范围内。因此，在对一种损伤是否造成劳动能力丧失及劳动能力丧失程度进行评定时，必须在原损伤经过积极的治疗，经过一定时间的功能锻炼后，其功能障碍在相当一段时间内无好转，以损伤所造成的后果进行评定，而不能按照损伤当时情况进行评定，要综合分析，做出公正科学的鉴定结论。

三、护理依赖程度与损害参与度评定

《人身损害护理依赖程度评定》（GA/T 31147—2014）规定了人身损害躯体伤残者和精神障碍者，日常生活是否需要护理依赖及其程度的评定原则和方法。标准适用于因人为伤害、交通事

故、意外伤害等因素所造成的人身伤残、精神障碍护理依赖程度的评定。

护理依赖(nursing dependency)指躯体伤残或精神障碍者在治疗终结后，仍需他人帮助、护理才能维系正常日常生活。护理依赖程度(level of nursing dependency)指躯体伤残或精神障碍者需要他人护理所付出工作量的大小，分为完全、大部分和部分护理依赖。

评定的原则：以伤害因素对人体直接造成的损害及并发症和后遗症导致日常生活能力或日常生活自理能力丧失为依据，综合评定。

评定的过程：

1）对被评定人应进行客观、全面、详细的查体，必要时应做相应的辅助检查。

2）除被评定人主诉及其近亲属的陈述外，被鉴定人还应有客观临床体征，并与辅助检查、病历记载相符合。

3）被评定人原有疾病或残疾需要护理依赖的，必要时确定本次损伤因素的参与度。被评定人同时有躯体残疾和精神障碍的，应分别评定，按护理依赖程度较重的定级。

躯体残疾者护理依赖程度评定时机，应在其治疗终结后进行。精神障碍者护理依赖程度评定，应在其精神障碍至少经过一年以上治疗后进行。护理依赖程度评定主要包括进食、床上活动、穿衣、修饰、洗澡、床椅转移、行走、小便始末、大便始末、用厕等十个方面，分别就是否能自主完成、部分依靠他人帮助完成、完全依靠他人三个程度对应分值予以评估，并获得总分值。日常生活活动能力项目总分值为100分，其中61分以上，日常生活活动基本自理，为不需要护理依赖；60分以下，为需要护理依赖。护理依赖程度总分值在60分~41分，为部分护理依赖；总分值在40分~21分，为大部分护理依赖；总分值在20分以下，为完全护理依赖。

护理依赖赔付比例是指各护理依赖程度等级所需护理费用的比例，分以下三等：完全护理依赖100%；大部分护理依赖80%；部分护理依赖50%。

护理依赖后果是由于损害因素及其并发症、后遗症与原有疾病或残疾共同造成的，需要在所需护理依赖程度之加上损害因素所占损伤参与度的百分比。完全由损害因素及其并发症、后遗症造成，其原有疾病或残疾与所需护理依赖后果无因果关系的，损伤参与度为100%。主要由损害因素及其并发症、后遗症造成，其原有疾病或残疾对所需护理依赖后果只起到加重和辅助作用的，损伤参与度75%。损害因素及其并发症、后遗症与其原有疾病或残疾共同造成护理依赖后果，且作用相当，难分主次的，损伤参与度为50%。主要由原有疾病或残疾造成，损害因素及其并发症、后遗症对所需护理依赖后果只起到加重和辅助作用的，损伤参与度为25%。完全由原有疾病或残疾造成，损害因素及其并发症、后遗症与所需护理依赖后果无明确因果关系的，损伤参与度为0。

第五节　人身损害赔偿案件查勘

车险中人身损害案件查勘是指保险公司查勘人员通过电话联系、医院探视，核实事故中受伤者的伤情诊断，分析事故成因与伤者伤情的因果关系；核实伤者个人信息、伤者护理人员信息、伤者家庭成员信息；初步判断案件性质排查案件风险、预估人伤损失金额大小的过程。

人伤查勘通常包括电话查勘和医院查勘。

电话查勘是非现场查勘，由查勘岗通过电话、微信等沟通工具，与被保险人、驾驶人、伤者等事故中主体进行交流，从而掌握伤者相关信息的查勘形式；适用于非住院的轻微人伤案件。

医院查勘是现场查勘，由查勘岗前往伤者就诊医院探视，面见伤者、家属、管床医生，从而掌握伤者伤情诊断、治疗方案及预后，伤者家庭成员信息、护理人员信息、了解事故信息的过程。

一、电话查勘

电话查勘是车险人伤案件非现场查勘的基本手段，查勘岗应使用专门录音电话用于电话查勘，也可以根据当事人要求，使用微信、QQ等通信方式完成查勘。电话查勘应当按照以下规范进行。

1. 电话查勘时效要求

1）工作时间收到派工短信通知的，10min之内开始首次电话查勘。非工作时间收到调度派工案件，次日上午9点前必须进行首次电话查勘。

2）无论是否工作时间，电话中心转派客户催促案件，应立即联系客户进行电话安抚，指导客户处理。

3）如果保户不接电话，必须通过理赔系统发送联系短信"您好，我是××××保险公司医疗查勘员××，为了更好维护您的权利，方便保险理赔，请与我联系！联系电话：×××××××，微信号：×××××××"。客户不接陌生电话通常是害怕伤者家属的骚扰，收到保险公司理赔人员的联系短信后一般都会主动联系查勘人员。

2. 电话查勘规范

1）电话查勘先表明自己保险公司医疗查勘员身份，安抚客户情绪；倾听客户叙述，解答客户问题。沟通过程中不得出现服务忌语，不能与客户发生争吵。

2）沟通案情：了解事故经过、伤(亡)人数、伤情；了解伤(亡)者姓名、年龄段；了解伤者是住院还是门诊治疗、送诊医院名称、伤者初步诊断及已经发生费用、费用是谁支付，病历资料由谁保管；了解事故责任是否划分。引导客户提供本人办公(住宅)电话，方便后续联系客户。

3）电话查勘应对客户进行必要告知。

① 告知客户事故处理基本流程，强调定好事故责任的技巧及意义；告知客户保险理赔流程及注意事项。

② 告知客户我司人伤理赔联系人姓名、电话号码，方便客户咨询。

③ 告知保险公司可以提供专业人士出院陪同、协助处理事故等增值服务。

4）电话查勘录音需妥善保存备查，电话查勘获悉的主要内容必须及时录入在理赔系统的相应界面。

二、医院查勘

当车险人伤事故中伤者住院治疗期间，保险公司查勘人员应前往伤者接受治疗的医院面见伤者、伤者家属及护理人员、伤者的主治医生，开展查勘工作。通过开展医院查勘，进一步了解事故经过和事故信息；了解伤者个人信息、家庭状况、护理人员信息；收集伤者诊疗资料，医院查勘应当按照以下规范进行。

1. 医院查勘任务的发起

伤者住院的人伤案件，均需医院查勘；伤者持续在急诊科留观超3天的，也应该进行医院查勘。

2. 医院查勘时效要求

医院查勘应该在接报案后3天之内进行，最晚不超过7天。伤者伤情不稳定、或者入住ICU病房，一次查勘难以核实的，均需在后续合适时间点安排二次医院查勘，通常在首次医院查勘后10天左右安排二次医院查勘。

3. 医院查勘内容要求

1）核实事故原因、经过。保险查勘人员通过与伤者（伤者家属）交流，了解事故经过，要注意伤者（伤者家属）描述事故发生过程中标的驾驶人有无"酒驾""换驾""逃逸"等情况；如存在这些违约情况应及时做笔录记录违约情况，笔录内容经伤者核对无误后由伤者签名确认。

2）核实伤者个人信息。保险查勘人员通过与伤者（伤者家属）交流，准确记录伤者姓名、联系电话、工作单位信息、收入状况、误工对收入的影响程度、居住情况、被抚养人数等家庭成员信息。了解伤者住院期间的护理人员信息：有几个人护理、护理人员是亲属还是护工、护工收费标准；如果亲属护理涉及误工的，需要核实误工标准。

3）核实伤者伤情诊断。保险查勘人员通过与管床医生访谈，掌握伤者的伤情诊断、严重程度、有无并发症、目前诊疗方案、下一步诊疗计划、目前医疗费用发生情况，预计总体医疗费用、正常情况下的康复时间及康复程度。

4）住院查勘必须拍照，照片应当包括医院大门、就诊科室、床头卡、伤者全身像、受伤部位照片、病历资料、辅助检查报告单、影像学资料（X片、CT、MRI）、伤者身份证等，如图10-2~图10-9所示。照片须确保清晰，时间设置正确。

5）保险查勘人员当场填写《人伤查勘报告》、请伤者（伤者家属）签字确认查勘信息。

6）与伤者（伤者家属）沟通介绍保险理赔流程、注意事项；告知保险公司垫付、灵活支付政策，在政策范围内主动预赔，在经济上帮助伤者接受治疗；互留电话、互加微信保持联系，为后续保持跟踪交流做好铺垫。

住院查勘照片范例：

图10-2　拍摄查勘医院门头

图10-3　楼层照片

图10-4　拍摄床头卡

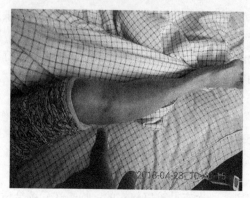

图10-5　伤者受伤部位

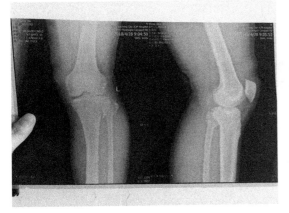

图 10-6　伤者影像资料

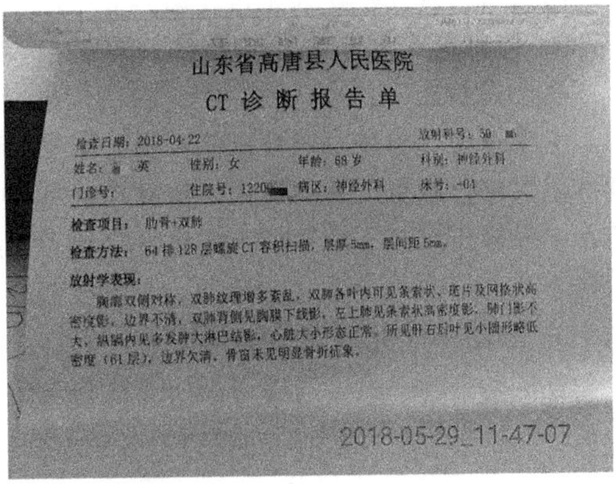

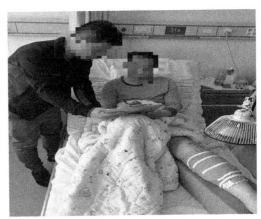

图 10-7　伤者辅助检查报告单

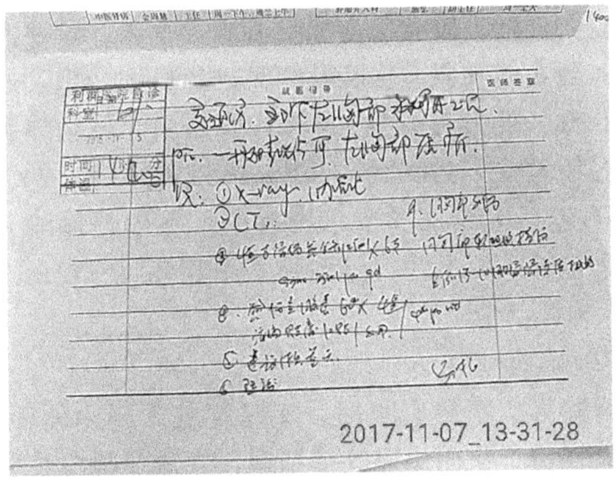

图 10-8　伤者门诊病历

图 10-9　伤者确认人伤查勘信息表

三、查勘后事项

当次的查勘任务完成后，医疗岗应在 24h 内完成理赔系统操作，将人伤相关信息录入系统，并将查勘过程中取得的照片上传系统。根据公司准备金管理策略及预估立案时效管理要求，及时、合理完成人伤查勘预估立案。

对于需要进行垫付的案件，应在查勘当天将伤者伤情诊断资料、医疗费清单上传系统，以便核赔人及时审核垫付申请。对于涉及保险责任有疑义的及时上报理赔经理，进一步展开调查，排查案件风险。后期需要继续开展人伤跟踪的，在系统内设置合理的跟踪提醒时间，一般首次跟踪在医院查勘后 2 周。

查勘完成后，医疗岗还应及时将查勘获得的最新情况及时与客户反馈沟通。沟通的主要内容如下：

1. 有关伤者治疗方面需要注意的事项

发现伤者使用医保外药品费用过高的，指导客户与医生沟通及公关处理，尽量使用医保目录内药品，这样保险公司都能赔付，减轻损失。如果医疗(抢救)费需要保险公司垫付的，指导客户收集垫付单证。客户在为伤者结账时，要注意留存伤者医疗发票(收据)、医疗费用清单、出院小结等资料，方便理赔。涉及二次手术后续治疗的，告知合理的费用区间，指导客户在合理区间内内支付，并保存相关支付凭据。

2. 有关伤者康复过程中需要注意的事项

在伤者康复中，客户经常会遇到的问题是伤者方要求支付部分费用的问题。如果客户负全责、主要责任，指导客户可以垫付部分康复期间费用；假如客户与伤者同等事故责任或者次责，则不建议垫付康复期间的费用。伤者伤情可能评残的，告知客户，如果伤者去评残一定要陪同鉴定；如果客户自己不能陪同鉴定要及时通知保险公司人伤岗陪同鉴定，只有事故双方到场的鉴定结果才有公信力。

3. 协助客户处理事故的举措

应主动告知保险公司理赔部门提供的人伤增值服务项目；主动告知人伤岗联系电话，诚意协助客户处理事故。

四、车险人伤赔偿常见的欺诈识别与处理

保险欺诈(也称道德风险)是指投保人、被保险人或受益人以骗取保险金为目的，以虚构保险标的、编造保险事故或保险事故发生原因、夸大损失程度、故意制造保险事故等手段，致使保险人陷于错误认识而向其支付保险金的行为。随着保险业的发展，保险欺诈有逐步扩大趋势。西方因欺诈而导致的赔款支出，最高可达保费收入的50%，通常为10%~30%。我国由于诚信体制的不完善，欺诈成本较低，目前保险欺诈的情况逐年增多。1980年、1994年、2000年、2004年，保险骗赔比率为2%、6%、9.1%、12%，这还不包括骗赔成功尚未发现的；不包括保险公司存疑，但因缺少证据，其拒赔主张未被司法机关采纳的。以上情况已引起了保监会与公安司法部门的重视。

常见的人伤赔偿欺诈有以下几种：

1) 冒名替换。最常见的是他人冒充实际事故驾驶人。事故发生时，实际驾驶人因为无证、醉酒、吸毒等原因找其他人顶替，冒充事故时驾驶人身份，从而逃避法律制裁，规避保险免责事项，企图获得赔付。另一种常见情况是，家庭成员、亲友、企业员工因其他事故损伤而无法获得补偿，就想到编造交通事故期望获得赔偿。在这种情况下，我们不仅要详细了解事故经过，判断损伤与事故过程是否存在合理性及逻辑性，同时还需要了解伤者与驾驶人的关系，通过其他调查方式排除道德风险。

2) 伪造文件。目前全国大部分地区赔偿标准与伤者的社会属性直接相关，伤者是城镇人员还是农村人员对于后期的赔付结果影响较大。部分伤者通过隐瞒、伪造、编造其本人的工作经历、收入情况以及被抚养人的家庭情况，期望在赔偿中能获得更大利益。

3) 伪残虚高鉴定。伤者的残疾等级与赔偿结果也息息相关。部分伤者在专业人士的指导下，通过伪造功能障碍或者通过自残等方式虚高评残，故意扩大伤残损失。

第六节 人身损害赔偿费用核定

人身损害赔偿费用的核定主要依据有法律法规、国家标准、合同条款。

在审核时主要应用的法律法规有：最高院《关于审理人身损害赔偿案件适用法律若干问题的司法解释》《关于审理道路交通事故损害赔偿案件适用法律若干问题的解释》《适用〈中华人民共和国保险法〉若干问题的解释(一)》《适用〈中华人民共和国保险法〉若干问题的解释(二)》《适用〈中华人民共和国保险法〉若干问题的解释(三)》《民法总则》《继承法》《合同法》《侵权责任法》、各地颁布的地方性法律法规等。

在审核时主要应用的国家标准：《人身损害误工期、护理期、营养期评定规范》（GA/T 1193—2014）《人体损伤致残程度分级》《人身损害护理依赖程度评定》（GB/T 31147—2014）、地方性法医临床工作指引、司法鉴定规定、司法鉴定协会通知等地方性法医类司法鉴定标准。各省、自治区、直辖市以及经济特区和计划单列市统计局公布的上一年度相关统计数据：常用的有"城镇居民人均可支配收入""农村居民人均纯收入""城镇居民人均消费性支出""农村居民人均年生活消费支出""职工平均工资""各行业平均工资"等。

一、医疗费

《最高人民法院关于审理人身损害赔偿案件适用法律若干问题的解释》（以下简称"人身损害赔偿司法解释"）第十九条规定：医疗费根据医疗机构出具的医药费、住院费等收款凭证，结合病历和诊断证明等相关证据确定。赔偿义务人对治疗的必要性和合理性有异议的，应当承担相应的举证责任。

医疗费的赔偿数额，按照一审法庭辩论终结前实际发生的数额确定。器官功能恢复训练所必要的康复费、适当的整容费以及其他后续治疗费，赔偿权利人可以待实际发生后另行调解或起诉。但根据医疗证明或者鉴定结论确定必然发生的费用，可以与已经发生的医疗费一并予以赔偿。

核定要点：

1. 核定医疗费所需材料

门诊病历、诊断证明、出院小结、医疗费收据、医疗费清单、辅助检查单、其他相关资料。

2. 常见的审核点

1）医疗费必要性、合理性审核。保险公司是间接赔偿义务人，因此保险公司的人伤岗对医疗费的审核承担责任。审核环节：查勘岗在查勘时就要及时核实伤者诊断及诊疗措施，对伤者有基础疾病的要及时记录，以便后续针对性审核。人伤核损岗在介入调解、协助应诉时要仔细审核伤者医疗费相关材料，甄别费用是否合理；此环节审核出的不合理费用，可以由伤者自己负担。

通过病历资料内容审查，甄别是否外伤、疾病并存，如存在，需剔除治疗疾病的费用。通过对医疗费清单的审查，对虽然是治疗外伤，但是明显违反医疗常规的医疗费用要剔除。对于医院方明显不合理的乱收费，（如明显不合理的耗材费用）要剔除。

挂床，小伤大养的，超出限度的，应剔除相应诊疗费、床位费等费用。医疗费必要性、合理性有争议的也可以通过申请司法鉴定获得支持。

2）医保外费用范围审核。不在国家、地方医保目录内的药品费用、检查诊疗等费用为医保范围外费用。虽然在国家、地方医保目录内但是需要自负部分的药品费用、检查诊疗等费用。

剔除医保外费用的法律依据、条款依据：

① 最高院《关于适用〈中华人民共和国保险法〉若干问题的解释（三）》第十九条：保险合同约定按照基本医疗保险的标准核定医疗费用，保险人以被保险人的医疗支出超出基本医疗保险范围为由拒绝给付保险金的，人民法院不予支持；保险人有证据证明被保险人支出的费用超过基本医疗保险同类医疗费用标准，要求对超出部分拒绝给付保险金的，人民法院应予支持。

②《国务院交强险条例》第三十二条：医疗机构应当参照国务院卫生主管部门组织制定的有关临床诊疗指南，抢救、治疗道路交通事故中的受伤人员。

③ 卫生部《道路交通事故受伤人员临床诊疗指南》第二篇中第三条：在对道路交通事故受伤人员进行临床诊疗的过程中，各项临床检查、治疗包括用药和使用医用材料，以及病房和病床等标准在当地基本医疗保险规定的范围内选择。

④ 交强险条款第七条：交强险合同中的抢救费用是指被保险机动车发生交通事故导致受害人受伤时，医疗机构对生命体征不平稳和虽然生命体征平稳但如果不采取处理措施会产生生命危险，或者导致残疾、器官功能障碍，或者导致病程明显延长的受害人，参照国务院卫生主管部门组织制定的《交通事故人员创伤临床诊疗指南》和国家基本医疗保险标准，采取必要的处理措施所发生的医疗费用。

⑤ 商业示范条款第二十六条：下列人身伤亡、财产损失和费用，保险不负责赔偿……。（六）超出《道路交通事故受伤人员临床诊疗指南》和国家基本医疗保险同类医疗费用标准的费用部分。

3）医疗单证内含风控信息点的审核。审核医疗费不是简单的累加伤者的就诊医疗费收据，要完整审核医疗单证，关注医疗单证中内含的时间、地点、伤情等内在信息。审核医疗单证记录的时间与伤者首诊时间与保单起保时间、事故发生时间的关系；伤者首诊的主诉内容与交通事故发生的关系；伤者伤情与交通事故受伤机理之间的关系。对有疑点案件及时开展调查。在审核医疗单证时，还要注意医疗单证内容的逻辑性；对医疗单证内容矛盾、异常的及时开展调查。

4）后续医疗费审核。无骨折、无脑外伤的一般伤害事故，调解时基本都治疗终结，不建议给付后续治疗费。有骨折、脑外伤事故，治疗周期长，在调解时确实骨折未愈合、脑外伤康复进行中，可以酌情给付后续治疗费；骨折有内固定需要取出的、颅骨缺损需要修补的，应该给付二次手术费用；很多地方针对此类诊断，确定会发生的"后续医疗费"有司法鉴定标准，可以参考。治疗牙齿的后续治疗费，应按照普及型标准进行核定。由于评残时机是"治疗终结"，故一般评残案件无后续治疗费。

3. 医疗费审核案例

1）剔除非外伤手术诊疗费用。

① 事故概况：2017年9月11日，被保险人驾驶机动车与电动三轮车发生碰撞事故；标的、三者车损，三轮电动车骑行人、三轮车上乘客受伤。2017年9月29日，交警下发《道路交通事故认定书》认定：标的驾驶人与三者电动车骑行人同责、三轮车上乘客无责。

② 诊疗概况：9月11日事故当天三轮电动车驾驶人住院治疗，入院诊断"颈髓损伤、C7椎体骨折、脑震荡、全身多处软组织挫伤"；9月29日三轮电动车驾驶人出院，出院诊断："颈髓损伤、C7椎体骨折、脑震荡、全身多处软组织挫伤、左额部肿物"。

③ 发现非外伤手术诊疗行为经过：在伤者康复期间，保险公司医疗岗介入调解，在调解过程中审查了伤者的诊疗资料，发现了出院诊断中记录的"左额部肿物"，引起了注意：额部肿物到底是外伤引起？还是伤者自身疾病？通过沟通伤者配合复印了全套的住院病历资料。医疗岗检查发现伤者颈髓损伤、C7骨折为保守治疗；9月22日在局麻下行"左额部肿块切除术"，9月25日，肿块病理切片报告为"脂肪瘤"；在费用清单中发现有"高频电刀"费用、局麻药费用、换药费用、手术中心电监测费用等，如图10-10所示。综合认定，伤者住院期间进行了左额部脂肪瘤切除术。

④ 处理结果：保险公司医疗岗与伤者进行了沟通解释，住院期间伤者切除左额部脂肪瘤相关费用自行负担，剔除相关费用2172多元。

2）剔除伤者自身疾病诊疗费用。

① 事故概况：2017年3月21日，被保险人驾驶机动车因避让机动车与行人发生碰撞事故；标的受损、三者行人倒地受伤。交警出具《道路交通事故认定书（简易程序）》认定：标的驾驶人全责、三者无责。

② 诊疗概况：3月21日事故当天行人住院治疗，入院诊断"左侧多发肋骨骨折、全身多处

250403053a	梅毒螺旋体特异抗体测定	1.00	40.0000	40.00	感染免疫学检
260000002a	ABO血型鉴定	1.00	8.0000	8.00	(六)血型与配
260000004	Rh血型鉴定	1.00	16.0000	16.00	(六)血型与配
270300005a	手术标本检查与诊断-	1.00	300.0000	300.00	3、组织病理学
310701008	遥测心电监护	143.00	4.0000	572.00	心电生理和心
310701027	指脉氧监测	143.00	4.0000	572.00	心电生理和心
331602004b	浅表肿物切除术-5——1	1.00	340.0000	340.00	皮肤和皮下组
331700060	高频电刀	1.00	122.0000	122.00	17、手术仪器

图 10-10　住院费用明细节录

软组织挫伤、头皮裂伤”；5 月 3 日行人康复出院，诊断：“左侧多发肋骨骨折、全身多处软组织挫伤、头皮裂伤、糖尿病”。

③ 发现伤者自身疾病诊疗经过：案件调解过程中，保险公司审查伤者的诊疗资料，发现了出院诊断中记录的“糖尿病”，引起了注意，糖尿病系内科疾病，与肋骨骨折的外伤无因果关系。在费用清单中发现有“微量血糖测定”、胰岛素费、二甲双胍等糖尿病诊治费用，且“微量血糖测定”共计 329 次，与住院 43 天不符，医院可能存在乱收费。费用清单如图 10-11 所示。

[illegible]	5.00	2.00项	10.00	甲
尿素测定(酶促动力学法)	8.00	1.00项	8.00	乙
尿糖定量测定(临床)	5.00	9.00次	45.00	甲
尿糖定性试验(临床)	2.00	3.00次	6.00	甲
尿酮体定性试验[临床]	2.00	12.00项	24.00	甲
尿液分析	10.00	2.00次	20.00	甲
凝血酶时间测定(仪器法)	20.00	1.00项	20.00	乙
葡萄糖测定(其他方法)	4.00	2.00次	8.00	甲
铁测定(其他方法)	4.00	2.00项	8.00	甲
微量血糖测定(临床)	8.00	329.00次	2,632.00	乙
无机磷测定(血标本)(其他方法)	4.00	2.00项	8.00	甲
血浆凝血酶原时间测定(仪器法)	14.00	1.00项	14.00	乙
血浆纤维蛋白原测定(仪器法)	20.00	1.00项	20.00	乙

a)

静脉注射	4.00	1.00	4.00	甲
普通输液器输液(第一组)	5.00	38.00次	190.00	甲
输液泵使用费	2.00	24.00小时	48.00	甲
微量泵使用费	2.00	82.00小时	164.00	甲
雾化吸入(超声)	5.00	11.00次	55.00	甲
小针刀治疗	50.00	1.00每部位	50.00	甲
穴位封闭	15.00	2.002个穴位	30.00	甲
穴位贴敷治疗	10.00	344.00每个穴位	3,440.00	甲
胰岛素注射	3.50	107.00项	374.50	甲
胰岛素注射	3.50	86.00	301.00	甲
中频脉冲电治疗	10.00	232.00每部位/	2,320.00	乙
中药封包治疗(特大)(包中草药)	30.00	123.00每部位	3,690.00	甲
小计：			12,612.50	

b)

图 10-11　费用清单

a）检查血糖次数明显不合常理　b）使用胰岛素

④ 处理结果：保险公司医疗岗与伤者进行了沟通解释，住院期间伤者糖尿病诊治相关费用自行负担，剔除糖尿病诊治相关费用 4155 元。

二、误工费

“人身损害司法解释”第二十条规定：误工费根据受害人的误工时间和收入状况确定。

误工时间根据受害人接受治疗的医疗机构出具的证明确定。受害人因伤致残持续误工的，误工时间可以计算至定残日前一天。误工时间还应严格执行《人身损害误工期、护理期、营养期评定规范》(GA/T 1193—2014)的规定。

受害人有固定收入的，误工费按照实际减少的收入计算。受害人无固定收入的，按照其最近三年的平均收入计算；受害人不能举证证明其最近三年的平均收入状况的，可以参照受诉法院所在地相同或者相近行业上一年度职工的平均工资计算。

核定要点：

1. 核定误工费所需材料

伤者劳动合同、工资银行流水、个人所得税纳税证明、个人社保缴纳证明、单位扣发工资证明、"三期"鉴定报告。

2. 常见核定要点

1）对于无收入伤者，不赔付误工费，如伤者系幼儿、中小学生、失能高龄老人。

2）对于不会减少收入的伤者原则上不赔付误工费，如退休工人、公务员、军人。

3）误工时长的确定要根据《人身损害误工期、护理期、营养期评定》（GA/T 1193—2014）结合医疗机构出具的证明来考虑。误工期有司法鉴定的一般从其鉴定。对于评残案件，不应机械计算到定残前一日，要注意其等待评残时间是否过长，要注意其是否"持续误工"。

4）死亡案件处理事故的家属误工费时常一般按照3人3~7天计算。

5）受害人收入状况确定一般要结合查勘、探视时获悉的伤者的职业情况、大致收入区间情况，结合当地统计局、法院发布的各行业收入，参考伤者提供的工资单、收入证明、社保缴费记录、银行流水单来综合考虑确定。

6）对于收入超纳税标准的，一定要查验个税税单，确定其误工费标准的真实性。

7）对于公司高管，由于其大部分收入主要是根据其任职公司经营绩效考核决定，因此日常病假并不会导致收入明显减少，通常协商解决误工费。

8）伤者处在劳动力年龄段，但无有效收入证明的"自由职业"者，可以参照相近行业标准赔付误工费。

9）农民没有"退休制度"，故对于超过60岁农民一般也需要按照农业标准赔付误工费。

三、护理费

"人身损害赔偿司法解释"第二十一条规定：护理费根据护理人员的收入状况和护理人数、护理期限确定。

护理人员有收入的，参照误工费的规定计算；护理人员没有收入或者雇佣护工的，参照当地护工从事同等级别护理的劳务报酬标准计算。护理人员原则上为一人，但医疗机构或者鉴定机构有明确意见的，可以参照确定护理人员人数。

护理期限应计算至受害人恢复生活自理能力时止。受害人因残疾不能恢复生活自理能力的，可以根据其年龄、健康状况等因素确定合理的护理期限，但最长不超过20年。

受害人定残后的护理，应当根据其护理依赖程度并结合配制残疾辅助器具的情况确定护理级别。

核定要点：

1. 核定护理费所需材料

伤者诊断证明书、出院小结、伤者支付护理费收据、护理员主张按照误工费赔付的，所需资料同误工费，"三期"鉴定报告。

2. 护理费核定要点

1）不赔付护理费的情况。软组织伤门诊治疗的。伤者ICU期间专业护理人员护理，家属不能进入，无护理费。

2）需要护理的几种情形。伤者住院期间的（软组织伤住院观察的可以不给护理费）；伤者骨折未愈合的；伤者是婴幼儿，在治疗期间的；伤者 5 级以上高残的；伤者肢体缺损，但未安装假肢的。

3）护理人数的审核。护理人数原则上是一人，如医疗机构、鉴定机构明确要求两人的，可以结合伤者伤情综合认定。

4）常规护理时长的审核。住院伤者的护理时长一般等于住院时长；但是住院挂床、小伤大养的住院伤者，护理期限要重新核减；骨折病人根据外固定类型、愈合康复程度，认可 1~6 个月。高等级伤残残后护理时间原则上不超过 75 岁的人均期望寿命，且最长不超 20 年。植物人状态伤者，因为预期生存寿命较短，护理费一般采用"定期金"给付，以 5 年为一次给付期。截肢体配用假肢后原则上不再给以残后护理。本身疾病较多的高龄伤者，护理时间计算一般协商处理。其他复杂的、存在较大争议的可以申请司法鉴定。

5）护理费用标准审核。护理费原则上按照当地护工标准。护理人员有误工，可采用误工费计算标准，需注意审核该护理人员误工的真实性。在农村居住需要长期护理的伤者的护理费，可以采用当地农业收入标准给付护理费。

6）有关护理依赖的审核。护理依赖的确定依据：是指外伤致残者因生活不能自理需依赖他人护理。生活自理范围主要包括以下五项：①进食；②翻身；③大小便；④穿衣、洗漱；⑤自我移动。五项均需护理者为完全护理依赖，五项中有三项需护理者为大部分护理依赖，五项中有一项需护理者为部分护理依赖，一般认为完全护理依赖和大部分护理依赖者应当给予护理，部分护理依赖者可以不给予护理。护理依赖比例系数参照《工伤保险条例》第三十二条和《人身损害护理依赖程度评定》GA/T 31147—2014 附录 B。完全护理依赖 100%，大部分护理依赖 80%，部分护理依赖 50%。

核定护理依赖比例系数时，可根据伤者实际的伤情和护理情况，做部分协商调整。

四、交通费

"人身损害赔偿司法解释"第二十二条规定：交通费根据受害人及其必要的陪护人员因就医或者转院治疗实际发生的费用计算。交通费应当以正式票据为凭；有关凭据应当与就医地点、时间、人数、次数相符合。

核定要点：

1）参照出险地国家机关一般工作人员出差的差旅费标准。

2）乘坐的交通工具以普通公共汽车、普通硬座火车、轮船三等以下舱位为主，伤情危急、交通不便等特殊情况可乘坐救护车、出租车，软座、卧铺火车，应要求受害人说明其合理性。

3）车票时间应与就医地点、时间、人数、次数相符。

4）包车费用超过正常金额的部分不予认可。

5）连号交通费发票不合理的部分不予认可。

6）对陪护人员交通费的计算以必要和合理为前提。

五、住院伙食补助费

"人身损害赔偿司法解释"第二十三条规定：住院伙食补助费可以参照当地国家机关一般工作人员的出差伙食补助标准予以确定。

受害人确有必要到外地治疗，因客观原因不能住院，受害人本人及其陪护人员实际发生的住宿费和伙食费，其合理部分应予赔偿。

核定要点：

1）此项目赔偿的对象应是受害人本人，且仅限于住院期间。陪护人员不应是此项目的赔偿对象，但受害人到外地治疗而又不能住院的情况除外。

2）"因客观原因不能住院"一般是指医院无床位，或确需候诊且伤情不允许往返医院与住处等情况。

3）住宿费和伙食费的赔偿均参照当地国家机关一般工作人员出差的住宿费和伙食补助标准计算。住宿费的赔偿以有正式发票为前提。

4）2006年11月13日，财政部制定的《关于中央国家机关、事业单位工作人员差旅费开支》第十三条："出差人员的伙食补助费按出差自然（日历）天数实行定额包干，每人每天50元"。实务中一般参照此标准赔付。

六、营养费

"人身损害赔偿司法解释"第二十四条规定：营养费根据受害人伤残情况参照医疗机构的意见确定。

核定要点：

1）医疗机构没有出具意见的，营养费不予认可。

2）医疗机构出具意见的，应明确需要增加营养的必要性及期限，营养费的赔偿标准，由法院酌情裁决，可参照当地国家机关一般工作人员出差伙食补助标准计算。

七、残疾赔偿金

"人身损害赔偿司法解释"第二十五条规定：残疾赔偿金根据受害人丧失劳动能力程度或者伤残等级，按照受诉法院所在地上一年度城镇居民人均可支配收入或者农村居民人均纯收入标准，自定残之日起按20年计算。但60周岁以上的，年龄每增加1岁减少1年；75周岁以上的，按5年计算。

受害人因伤致残但实际收入没有减少，或者伤残等级较轻但造成职业妨害严重影响其劳动就业的，可以对残疾赔偿金作相应调整。

核定要点：

1）此项目赔偿的不是受害人收入的减少，而是劳动能力的丧失，伤残等级是衡量劳动能力丧失程度的一个标准。

2）如果没有丧失劳动能力程度鉴定的，可选择伤残等级作为计算标准，计算残疾赔偿金时，需乘以伤残等级比例，一级乘100%，二级乘90%，其他的依此类推。

3）对于受害人因伤致残但实际收入没有减少（包括本来就没有劳动收入）的，残疾赔偿金应适当调低。

4）伤残评定明显不合理的，可向法院申请重新评定。申请前可详细寻找受害人伤残评定时机、程序、评定依据的事实、评定依据的标准等方面的问题，以争取法庭的支持。

5）多处伤残者以最重的等级作为赔偿的主要依据，每增加一处伤残，则增加一定的赔偿比例，增加赔偿的比例之和不超过10%，伤残赔偿指数总和不超过100%。

八、残疾辅助器具费

"人身损害赔偿司法解释"第二十六条规定：残疾辅助器具费按照普通适用器具的合理费用标准计算。伤情有特殊需要的，可以参照辅助器具配制机构的意见确定相应的合理费用标准。

辅助器具的更换周期和赔偿期限参照配制机构的意见确定。

核定要点:

1) 民政部门的假肢与矫形康复机构,是从事辅助器具研究和生产的专业机构,可从事残疾辅助器具的鉴定和配制工作。

2) 如辅助器具配制机构出具的意见不合理,可申请另外的假肢配制机构出具配制意见书,以此作为反证向法院抗辩。

3) 开庭前应调查取证交通事故受害人实际安装的残疾辅助器具型号、价格、产地、更换周期等,以调查结果为据向法院抗辩。

九、丧葬费

"人身损害赔偿司法解释"第二十七条规定:丧葬费按照受诉法院所在地上一年度职工月平均工资标准,以六个月总额计算。

十、被抚养人生活费

"人身损害赔偿司法解释"第二十八条规定:被抚养人生活费根据抚养人丧失劳动能力程度,按照受诉法院所在地上一年度城镇居民人均消费性支出和农村居民人均年生活消费支出标准计算。被抚养人为未成年人的,计算至18周岁;被抚养人无劳动能力又无其他生活来源的,计算20年。但60周岁以上的,年龄每增加1岁减少1年;75周岁以上的,按5年计算。

被抚养人是指受害人依法应当承担抚养义务的未成年人或者丧失劳动能力又无其他生活来源的成年近亲属。被抚养人还有其他抚养人的,赔偿义务人只赔偿受害人依法应当负担的部分。被抚养人有数人的,年赔偿总额累计不超过上一年度城镇居民人均消费性支出额或者农村居民人均年生活消费支出额。

核定要点:

1) 未成年人是指未满18周岁的自然人。

2) 被抚养人为成年人的,"丧失劳动能力"与"无其他生活来源"两个条件必须同时具备。

3) 男性60周岁以上、女性55周岁以上,可视为无劳动能力。男性60周岁以下、女性55周岁以下的成年人,如主张丧失劳动能力且无其他生活来源应有充分的证据。

4) 近亲属包括配偶、父母、子女、兄弟姊妹、祖父母、外祖父母、孙子女、外孙子女。子女包括非婚生子女、养子女、有抚养关系的继子女,对于受到损害时尚未出生的胎儿,如果出生后死亡的,不予认可。凡请求养子女及养父母被抚养人生活费的,均需提供县级以上民政部门出具的登记证书。

5) 赔偿此项费用仅限于受害人依法应当承担抚养义务的被抚养人和份额:

① 夫妻有互相抚养的义务。

② 受害人作为父母,对未成年的或不能独立生活的子女承担抚养义务;受害人作为子女,对无劳动能力的或生活困难的父母承担抚养义务。

③ 受害人作为有负担能力的祖父母、外祖父母对未成年的孙子女、外孙子女承担抚养义务,必须以未成年的孙子女、外孙子女的父母已经死亡或父母无力抚养作为条件;受害人作为有负担能力的孙子女、外孙子女对祖父母、外祖父母承担抚养义务,必须以祖父母、外祖父母的子女已经死亡或子女无力赡养作为条件。

④ 受害人作为有负担能力的兄、姐对未成年的弟、妹承担抚养义务,必须以父母已经死亡或父母无力抚养作为条件;受害人作为有负担能力的弟、妹对缺乏劳动能力又缺乏生活来源的兄、姐承担抚养义务,必须以受害人由兄、姐抚养长大作为条件。

6）以受害人遭受人身伤害的时间作为判断受害人依法是否应承担抚养义务的时点。

7）以受害人定残之日（或死亡之日）作为被抚养人年龄的计算起点。

8）受害人无劳动能力且无劳动收入的，被抚养人的生活费不予赔偿。

9）仅应在受害人死亡的情况下，赔偿被抚养人的生活费，在受害人伤残的情况下，不予赔偿被抚养人的生活费。因为人伤司法解释已经规定对死亡受害人赔偿的是余命的赔偿，对伤残受害人赔偿的是劳动能力丧失的赔偿，那么赔偿了残疾赔偿金，就已经包含了受害人伤残前负担对被抚养人的抚养费了，在受害人伤残的情况下，再予以赔偿被抚养人的生活费，就是重复赔偿。

10）对于在受害人伤残的情况下，法院认为必须赔偿被抚养人生活费的地区，如果受害人没有进行丧失劳动能力程度鉴定，可选择用伤残等级作为计算标准。计算被抚养人生活费时，需乘以伤残等级比例，一级伤残乘100%，二级乘90%，其他的依此类推。伤残不等于劳动能力丧失，如面部瘢痕可致残，但一般不影响劳动能力。如果受害人请求受害人的被抚养人生活费，可先对受害人劳动力进行评估，必要时可申请劳动能力鉴定，再根据鉴定结果确定是否赔付及赔付的比例。

11）被抚养人有数人且既有城镇居民又有农村居民的，按各自的身份状况分别适用城镇和农村的标准。

12）受害人定残后，在诉讼过程中死亡的，如果受害人的死亡与伤害行为具有因果关系，应当赔偿死亡赔偿金，不再赔偿残疾赔偿金，如果没有因果关系，就应当赔偿残疾赔偿金。

13）原则上不赔付配偶父母的生活费。如果受害人生前及残疾前承担了其配偶父母的主要抚养义务，在提供相应的能证明其尽到主要抚养义务的证据后，可以赔付其配偶父母的生活费。

14）涉及被抚养人生活费的分摊，特别是成年被抚养人生活费分摊时，虚假证明较多（现在的派出所证明多数情况下也仅仅是证明目前的家庭情况，不能证明家庭分立的情况），建议提前调查取证。

15）被抚养人有数人的，年赔偿总额累计不超过上一年度城镇居民人均消费性支出额或者农村居民人均年生活消费支出额。

十一、死亡赔偿金

"人身损害赔偿司法解释"第二十九条规定：死亡赔偿金按照受诉法院所在地上一年度城镇居民人均可支配收入或者农村居民人均纯收入标准，按20年计算。但60周岁以上的，年龄每增加1岁减少1年；75周岁以上的，按5年计算。

核定要点：

1. 核定死亡赔偿金所需资料

赔偿权利人需提供法医的尸检证明（未尸检者除外）、死亡证明（公安机关出具或是医院出具）、死者户籍证明（确定死者属于城镇居民或者农村居民、确定死者的真实年龄，特别是60岁以上的人员）、户籍注销证明、火化证明等。

2. 核定实务

1）核实死亡赔偿金的赔付标准。要审核查勘时了解到的死者户籍性质、务工情况与索赔时死者家属提供的户籍资料、务工情况是否一致。不一致的要及时开展调查。对于农业户籍按照非农业标准赔付的要严格审核死者居住城市一年以上的居住证明、有稳定工作的务工证明等材料；必要时发起调查。在执行"居民户籍"的省份，警方电脑中还是对户籍标注有"农业""非农业"的区别。实务中务必落实。根据《侵权法》第十七条因同一侵权行为造成多人死亡的，可以以相同数额确定死亡赔偿金。因此，如果一起事故中多人死亡，如果其中一个死者属于城标的，其他人均按城标赔付。

2）要审慎审核死亡赔偿金核实死亡原因。对于"外伤、疾病"共同参与的死亡案件，按照外伤参与度的比例进行赔付。

3）死亡赔偿金的支付对象。被保险人履行赔付义务的，死亡赔偿金支付被保险人。被保险人未履行赔付义务的，死亡赔偿金支付死者第一顺位继承人。保险人要审核死者第一顺位继承人人数，留存所有继承人身份信息，所有第一顺位继承人均分份额。如果死亡赔偿金由其中一个继承人代领的，要留存其他第一顺位继承人委托该继承人代领的委托书。

4）无名氏死亡赔偿金。非国家法定权利人，民政局、交警队等，不能索赔无名氏的死亡赔偿金。

十二、精神损害抚慰金

"人身损害赔偿司法解释"第十八条规定：受害人或者死者近亲属遭受精神损害，赔偿权利人向人民法院请求赔偿精神损害抚慰金的，适用《最高人民法院关于确定民事侵权精神损害赔偿责任若干问题的解释》予以确定。

精神损害抚慰金的请求权，不得让与或者继承。但赔偿义务人已经以书面方式承诺给予金钱赔偿，或者赔偿权利人已经向人民法院起诉的除外。

核定要点：

1）精神损害赔偿为保险条款的免责内容，同时，精神损害赔偿的目的之一是对加害人进行制裁，因此，应首先向法院主张保险公司不应承担精神损害赔偿责任。

2）精神损害，只有在造成严重后果的情况下，才需承担赔偿责任，未造成严重后果，受害人或者死者近亲属请求赔偿精神损害的，法院一般不予支持。

3）法院一般从以下几个方面把握是否属于"造成严重后果"的情形：

① 造成受害人死亡的，属于"造成严重后果"。

② 造成受害人残疾的，属于"造成严重后果"，伤残等级越高，精神损害越重。

③ 对于受害人既没有死亡，也没有残疾的，一般不予赔偿。

4）精神损害的赔偿数额主要根据以下因素确定：

① 侵权人的过错程度。

② 侵权行为所造成的后果。

③ 侵权人承担责任的经济能力。

④ 受诉法院所在地平均生活水平。

5）精神损害赔偿数额一般不超过本地高院规定。

6）受害人对损害事实和损害后果的发生有过错的，可以根据其过错程度减轻或者免除侵权人的精神损害赔偿责任。同等责任的情况下，一般不予承担精神损害赔偿责任。

7）诉讼案件代理人应结合上述各点，对精神损害赔偿的必要性及赔偿数额进行最大程度维护公司利益的抗辩。

十三、事故处理人员的相关费用

"人身损害赔偿司法解释"第十七条第三款规定：受害人死亡的，赔偿义务人除应当根据抢救治疗情况赔偿本条第一款规定的相关费用外，还应当赔偿丧葬费、被抚养人生活费、死亡补偿费以及受害人亲属办理丧葬事宜支出的交通费、住宿费和误工损失等其他合理费用。

核定要点：

除了受害人亲属办理丧葬事宜支出的交通费、住宿费和误工损失等费用外，对于受害人亲属在非死亡案件中支出的住宿费和误工损失等费用不予赔偿。

习 题

一、单项选择题

1. 人伤交通事故发生后，少部分受伤者在就诊过程中会采取一些不诚信的行为，损害机动车主、保险人的利益；以下属于不诚信行为的是(   )。

A. 伤者骨折手术拆线后回家康复

B. 伤者外伤住院期间要求医生切除了手腕的脂肪瘤

C. 伤者桡神经吻合术4周后每天康复科进行康复训练

D. 伤者住院期间使用了部分医保乙类药品

答案：B

2. 由于不同场景的机动车事故中，车上人员受伤的特点不同，这些特点常用来分析受伤机理。以下受伤特点分析，错误的是(   )。

A. 驾驶人多发生头面部、上肢受伤

B. 乘客多发生锁骨、肱骨损伤

C. 车辆倾覆时因车内司乘人员多发生"挥鞭伤"

D. 车辆追尾时，车上乘客容易发生颈髓、颅内损伤

答案：C

3. 机动车与行人发生事故后，行人的受伤机制复杂，以下分析错误的是(   )。

A. 机动车与行人事故中，撞击伤多、碾压伤少

B. 小客车低速正面直接撞击行人，行人多小腿骨折

C. 小客车高速正面撞击行人，行人常被"抄起"到车顶后摔下，导致颅脑损伤

D. 大型平头客车与行人相撞，多造成行人腹部内脏损伤

答案：D

4. 掌握医疗终结时间的国家标准，有利于预估医疗费、误工时长等；实务中除了参照国家标准，还要结合受伤者个体情况科学预估，以下影响医疗终结时间的因素错误的是(   )。

A. 年龄因素，幼儿康复快、老人康复慢

B. 职业因素，长期从事体力劳动的人较从事脑力劳动的人损伤恢复的慢

C. 感染因素，相同类型的损伤，如伤口合并或继发感染，会使医疗期延长

D. 疾病因素，患有如糖尿病、肺结核等基础疾病的人医疗期延长

答案：B

5. 关于人伤事故的相关鉴定，以下说法正确的是(   )。

A. 按照"两院三部"规定，道路交通事故受伤人员伤残鉴定按照《人体损伤致残程度分级》进行，共分十级

B. 道路交通事故受伤人员劳动力鉴定按照《劳动能力鉴定职工工伤与职业病致残等级》进行，其中评定为"五级至六级的"，为部分丧失劳动能力

C. 道路交通事故受伤人员护理依赖评定按照《人身损害护理依赖程度评定》进行，分为完全、大部分和部分、小部分护理依赖

D. 根据《人身损害护理依赖程度评定》附录A规定，损伤参与度采用百分比表示，分为：

100%、70%、50%、30%、0 五种

答案：A

6. 住院查勘完成后，以下哪项工作一般不需要当天完成？（　　　）

A. 在理赔系统录入人伤查勘获取的信息

B. 根据公司预估立案时效要求，在理赔系统完成查勘预估立案

C. 对于需要进行垫付的案件，当天将伤者伤情诊断资料、医疗费清单上传系统

D. 对于涉及保险责任有疑义的当天上报理赔经理，以便抓住调查窗口期组织风险排查

答案：B

二、多项选择题

7. 关于人伤查勘的意义及规范正确的是（　　　）。

A. 电话查勘工具是利用电话、微信等与伤者、被保险人沟通了解情况，适用于非住院的轻微人伤案件

B. 首次电话查勘时遇到客户不接电话的，必须通过理赔系统发送格式化的联系短信，主动联系客户

C. 通过住院查勘，核实事故中受伤者的伤情诊断，核实伤者个人信息、伤者护理人员信息

D. 通过住院查勘，与伤者建立直接联系，为后续开展跟踪、协商做好铺垫

答案：A、B、C、D

8. 以下关于车险人伤欺诈风险案件的表现形式及处理方式，正确的是（　　　）。

A. 换驾：驾驶人因为无证、醉酒等原因肇事后，寻找适格人员冒名顶替的风险案件。可以通过现场询问、走访伤者、查看监控等方式进行调查

B. 收入证明造假：伤者变造标准较高的误工证明、护理证明等、银行流水等企图获得较高赔付的风险案件。可以到证明出具机关正面、侧面核实其真伪

C. 赔付标准造假：伤者变造务工证明、城市房屋租赁证明企图将赔偿中"农标"变为"城标"获得较高赔付的风险案件。可以到房屋住所、务工单位正面、侧面调查其真伪

D. 虚高伤残：伤者通过伪造功能障碍虚高评残企图获得较高的残疾赔偿金。可以通过暗访核实伤者实际肢体功能掌握证据，伤残重评降低虚高残疾水分

答案：A、B、C、D

9. 关于人伤赔案中医疗费审核思路及要点，正确的是（　　　）。

A. 医疗费必要性、合理性审核，剔除不合理费用

B. 医保外费用范围审核，根据条款剔除医保外费用

C. 医疗单证内含风控信息点的审核，比如要审核医疗单证中时间信息与交通事故发生时间信息是否吻合

D. 后续医疗费审核比较宽松，可以作为协商时调整金额高低的筹码

答案：A、B、C

10. 关于人伤赔案中核定误工费的思路及要点，正确的是（　　　）。

A. 对于无收入者，不赔付误工费，如伤者系失能高龄老人无需赔付误工费

B. 对于不会减少收入的伤者原则上不赔付误工费，如领取退休金的退休工人

C. 伤者康复后故意拖很长时间才去评残，其误工时长也只能计算到评残前一日

D. 伤者处在劳动力年龄段，但无有效收入证明的"自由职业"者，可以参照上年度国有在岗职工平均工资标准给付

答案：A、B

参 考 文 献

[1]　王永盛. 汽车评估[M]. 北京：机械工业出版社，2005.

[2]　张俊才. 机动车辆保险理赔实务[M]. 西安：西安地图出版社，2002.

[3]　王伟. 机动车辆保险与理赔实务[M]. 北京：人民交通出版社，2004.

[4]　曾娟. 机动车辆保险与理赔[M]. 北京：电子工业出版社，2005.

[5]　曹建国. 汽车维修实用技术[M]. 重庆：重庆大学出版社，2003.

[6]　中国机械工业教育协会. 汽车检测与维修[M]. 北京：机械工业出版社，2004.

[7]　刘森. 汽车表面修复技术[M]. 北京：金盾出版社，2002.

[8]　天天汽车工作室. 轿车车身维修技能实训[M]. 北京：机械工业出版社，2004.

[9]　刘召，杨华柏，郭左践. 机动车交通事故责任强制保险条例释义[M]. 北京：法律出版社，2006.

[10]　邹志洪. 机动车交通事故责任强制保险法律实务指引[M]. 北京：法律出版社，2006.

[11]　李敏. 汽车保险法律法规[M]. 北京：人民交通出版社，2005.

[12]　刘振刚. 汽车火灾原因调查[M]. 天津：天津科学技术出版社，2008.

扫一扫 关注有礼

欢迎关注 机械工业出版社汽车分社 官方微信公众号

"爱车邦AutoClub"微信订阅号

扫一扫
关注我们

- 免费赠送汽车专业学习课件！
- 免费赠送汽车专业学习视频！
- 免费赠送汽车专业海量资料！

"汽修邦"微信订阅号	"汽车极客"微信订阅号	"车界瞭望"微信订阅号

扫一扫 加入汽车维修技师之家， 免费领取汽车维修视频	扫一扫 加入汽车工程师之家，获 取最前沿的汽车科技资讯	扫一扫 洞悉汽车行业最新动态， 获取最新鲜的科技知识

机械工业出版社
CHINA MACHINE PRESS